Mathematics
for Economics and Business

Ian Jacques

 Pearson

MATHEMATICS FOR ECONOMICS AND BUSINESS

by Ian Jacques

제8판

MATHEMATICS
FOR ECONOMICS AND BUSINESS

경제경영을 위한 수학

IAN JACQUES 지음 | 설 윤 · 박성용 · 빈기범 · 이용주 · 임병화 옮김

역자 소개

설윤 경북대학교 경영학부 교수
seoly@knu.ac.kr

박성용 중앙대학교 경제학부 교수
sungpark@cau.ac.kr

빈기범 명지대학교 경제학과 교수
bink1@mju.ac.kr

이용주 영남대학교 경제금융학부 교수
yongjulee@ynu.ac.kr

임병화 수원대학교 경제학부 교수
byunghwalim@suwon.ac.kr

제8판

Mathematics
for Economics and Business

경제경영을 위한 수학

발행일 2017년 8월 31일 초판 1쇄
지은이 Ian Jacques
옮긴이 설윤 · 박성용 · 빈기범 · 이용주 · 임병화
펴낸이 김준호
펴낸곳 한티미디어 | **주 소** 서울시 마포구 연남동 570-20
등 록 제 15-571호 2006년 5월 15일
전 화 02)332-7993~4 | **팩 스** 02)332-7995
ISBN 978-89-6421-306-3 (93320)

정 가 35,000원

인 쇄 갑우문화사

이 책에 대한 의견이나 잘못된 내용에 대한 수정정보는 한티미디어 홈페이지나 이메일로 알려주십시오.
독자님의 의견을 충분히 반영하도록 늘 노력하겠습니다.
홈페이지 www.hanteemedia.co.kr | **이메일** hantee@empal.com

CONTENTS

서문

이 책은 주로 경제, 비즈니스 연구 및 경영 수업을 듣는 학생들을 대상으로 한다. 기본 지식이 거의 없다는 것을 전제로 하므로, 얼마 동안 수학 과목을 수강하지 않은 학생들도 공부할 수 있다. 형식은 비정형화되어 있고, 책 안에 많은 실습 예제가 수록되어 있기 때문이다. 각 절을 읽을 때 학생들 스스로 문제를 해결하기를 권장한다. 상세한 해답이 제공되어 모든 답을 확인할 수 있다. 결과적으로, 이 책을 통해 스스로 학습할 수 있어야 한다. 자료는 광범위하며 백분율 및 선형 방정식과 같은 기초적인 주제부터 다변수 함수의 제약된 최적화와 같은 보다 정교한 주제까지 다양하게 다룬다. 따라서 이 책은 하위 및 상위수준의 정량적 방법론 수업으로 사용하기에 적합하다.

이 책은 1991년에 처음 출판되었다. 당시 이 책을 쓴 주된 동기는 학생들이 스스로 읽고 이해할 수 있는 교과서를 만들고자 한 데 있었다. 이것은 8판을 쓸 때에도 지침의 원칙이었다. 이전 판의 고마운 익명의 많은 검토자의 제안을 기반으로 두 가지 중요한 점을 개선했다.

즉, 경영과 관련된 더 많은 완성된 예제와 문제를 실었다.

또한 추가 질문을 핵심 연습문제에 실었으며, 더 어려운 문제는 별표가 있는 연습문제로 구분해서 실었다.

이안 자크

역자 서문

이 책의 번역은 경제경영수학을 처음 접하는 1학년 신입생이 배우기에 시중에 나와 있는 교과서의 내용이 어렵다는 데서 출발하였다. 저자가 서문에서도 밝혔듯이 이 책을 통하여 수학을 어렵게 느끼는 학생들도 두려움 없이 공부를 시작할 수 있기를 기대한다. 책의 내용은 경제학 혹은 경영학에서 학습하는 주요 이론과 내용을 광범위하게 다루고 있으며, 수식과 그림을 통하여 쉽게 설명하고 있다.

경제경영수학은 경제학 혹은 경영학을 전공하는 학생들이 주요 이론이나 개념을 이해하는 데 필수적인 도구로 자리매김하고 있다. 수학의 이해를 통해 궁극적으로 경제학이나 경영학의 핵심 내용을 학습하는 것을 목적으로 해야 할 것이다. 예를 들어 최적화 문제를 풀어냄으로써 그 해답이 경제학적으로 어떠한 의미를 가지고 있는지 이해하는 것이 중요하다. 따라서 학생들은 수학 자체가 아닌 경제학이나 경영학을 학습하는 데 도움이 되는 윤활유와 같은 기능으로서 수학을 접하는 것도 좋을 듯하다.

이 지면을 통해 번역을 무사히 마칠 수 있도록 도움을 준 한티미디어 김준호 사장님, 최상욱 차장님, 이소영 팀장님께 감사의 말씀을 드린다. 초판 번역이니만큼 번역상의 오류나 실수는 발견될 수 있으며 이는 역자들의 몫이다. 지적된 부분은 다음 개정판에서 최대한 반영하여 독자에게 쉽고 명확한 설명을 제공하고자 한다. 이 책을 통해 경제경영수학을 수강하는 학생들이 수학의 두려움에서 벗어나 경제경영수학과목에 좋은 인상을 가질 수 있기를 희망한다.

역자를 대표하여 설윤 씀

서론
시작하기

학생들을 위한 노트: 어떻게 이 책을 사용하는가

나는 1학년 경제학 수업에서 학생들의 혼합된 분포에 매번 놀란다. 일부는 기초 대수학 이상의 수학 지식을 습득하지 못했고(심지어 천성적으로 그런 게 아닌가 의심스러운 성향도 있음), 일부는 경제학을 공부한 경험이 없으며, 일부는 둘 다에서 예비 과정을 통과했다. 당신이 어떠한 범주에 속해 있든 간에, 나는 이 책의 가치를 찾을 수 있기를 바란다. 대수적 조작, 간단한 미적분, 금융, 행렬 및 선형계획법을 다루는 장들은 경영 연구 및 매니지먼트 과정에 있는 학생들에게도 마찬가지로 도움이 된다.

처음 몇 장은 초보자와 수학 과정을 수강하지 않은 학생들을 대상으로 한다. 나는 이 학생들은 한때 수학을 즐겼으며, 이 분야에서 계속 공부할 의향이 있었지만 이미 과밀한 학업 시간표에 맞출 시간을 찾지 못했을지도 모른다고 생각한다. 그러나 나는 현실은 다소 다르다고 의심한다. 아마도 그들은 문제를 싫어했고, 그것을 이해할 수 없었고, 가능한 한 빨리 그것을 포기했다. 만약 당신이 그런 위치에 있다면, 당신은 지평선에서 어렴풋이 나타나는 시험을 통해 정량적 방법론 과정을 시작해야 한다는 사실을 알고 끔찍해할 것이다. 그러나 걱정할 필요 없다. 나는 경험상 모든 학생들이 수학 시험에 합격할 수 있다는 것을 알고 있다. 필요한 것은 공부에 대한 헌신과 학교에서 얻은 문제에 대한 편견을 없애기 위한 의지가 전부다. 당신이 이 책을 사기 위해 고민했다는 사실은 당신이 이 두 가지를 할 준비가 되어 있음을 증명한다.

이 책을 최대한 활용할 수 있도록, 경제학과 공학 학생의 실무 사례를 비교해보도록 하겠다. 전자는 깊이 있는 개별 서적을 거의 읽지 않는다. 그들은 대학 도서관을 방문하는 경향이 있다(일반적으로 에세이를 제출하기로 돼 있는 날짜에서 며칠 지나서). 관련 정보를 찾아 수많은 책을 훑어본다. 실제로 선택적으로 읽고 다양한 정보원을 비교하는 능력은 모든 예술 및 사회과학 학생들이 습득해야 하는 중요한 기술이다. 반면에 공학 학생들은 어느 해에 단지 몇 권의 책을 읽을 가능성이 크다. 그들은 이런 책 각각을 앞표지부터 뒤표지까지 읽고 거의 모든 문제를 풀려고 시도한다. 비록 당신이 엔지니어가 아닐지라도 수학을 공부하는 동안 적용해야 할 공학적 접근 방법이다. 이것에 대한 몇 가지 이유가 있다. 첫째, 수학 서적은 가장 열렬한 찬미자조차 결코 잠자리에서 취침용으로 읽기 적당한 책이 아니다. 수학 교과서의 몇 페이지를 이해하는 데 한두 시간의 집중적인 노력이 필요하다. 따라서 전체 페이지를 다 읽으려 하지 말고 짧은 시간 안에 체계적으로 이 책을 읽을 것을 추천한다. 각 장은 마치는 데 한 시간에서 두 시간이 걸리도록 설계되어 있으므로 이는 짧은 시간에 충분하다. 두 번째로, 수학은 한 주제가 다음 주제로 이어지는 계층적 과목이다. 사무실 건물을 건설하는 건설 회사가 중간층과 기초가 제자리에 확실하게 설치되어 있는지 확인하지 않고 50층을 세울 가능성은 거의 없다. 마찬가지로, 수학 서적은 중간에 '찍어' 먹을 수 없으며 해당 주제에 대한 전제 조건을 충족시키지 않으면 그 책을 따라갈 수 있다.

마지막으로, 수학을 이해하기 전에 스스로 수학을 해야 할 필요가 있다. 아무리 강사가 훌륭하고 아무리 많은 문제를 교실에서 다루더라도, 수학적 기법을 사용하고 적용하는 데 자신감을 갖게 되는 것은 단지 문제를 직접 해결할 때이다. 이런 이유로, 몇 가지 문제가 교과서 안에 실려 있으며 여러분이 따라갈 때 이러한 문제를 해결하기를 권장한다. 그러기 위해서는 종이, 그래프용지, 연필, 그리고 계산기가 필요하다. 지금 특별히 주머니 사정이 넉넉하지 않은 사람이라면 비싼 계산기를 구입할 필요는 없다. 최하위 범위를 다루는 공학용 계산기로 충분하다. 모든 문제에 대한 해답이 이 책 뒤에 나와 있으므로 자신의 답을 신속하게 확인할 수 있다. 그러나 각자가 정직하게 시도하기 전에는 그 유혹을 피하라. 머지않아 빈 종이를 앞에 두고 불편한 의자에 앉아서, 비슷한 유형의 시험 문제에 해답을 제시해야 할 것이다.

각 장의 끝에는 두 개의 연습문제가 있다. 별표가 없는 연습문제는 이러한 주제를 처음으로 만나는 학생들을 대상으로 하며 질문은 기본 원칙에 충실하도록 고안되었다. 별표가 붙은 연습문제는 더욱 도전적이지만 여전히 전체 범위를 포함하므로 더 많은 경험을 가진 학생들은 두 가지 연습문제 모두를 선택하거나 혼합하지 않고도 이러한 유형의 질문에 더욱 집중할 수 있게 된다. 각 장의 의존도는 그림 I.1에 나타나 있다. 만약 이전에 고급 수학을 공부했다면, 1, 2, 그리고 4장의 일부분을 잘 알고 있을 것이다. 그러나 경제학 응용에 대한 절은 새로운 자료가 포함되어 있을 수 있다. 만약 당신이 재교육 과정의 일부로 그것을 읽어야 할 필요가 있다면 각 장의 별표 표시된 연습문제에서 문제를 선택하여 자신을 테스트해보는 것이 가장 좋다. 미적분의 즐거움을 경험하려는 절망적인 경제학 학도들은 연속성을 잃지 않으면서도 3장을 건너뛰고 4장으로 바로 넘어갈 수 있다. 비록 경제학 강의의 일부인 경우 언제든지 나중에 읽을 수 있지만, 금융수학은 경영 및 회계학 학생과 더 관련이 있다.

이 책이 여러분이 수학 강좌에서 성공하는 데 도움이 되기를 바란다. 당신도 모르는 사이, 그것을 즐기게 될 것이다. 책을 읽는 동안 잊지 말고 엔지니어의 모자를 써라. 자료를 가능한 한 쉽게 이용할 수 있도록 최선을 다했다. 나머지는 여러분에게 달렸다!

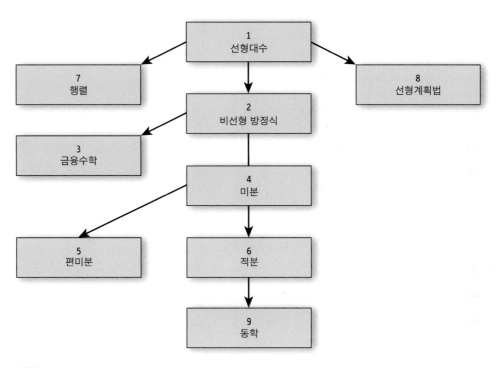

그림 I.1

CHAPTER 1
선형대수

이 장의 주요 목표는 선형 방정식과 관련된 수학을 소개하는 것이다. 이 쉬운 주제는 많이 응용되기 때문에 첫 번째 소개하기에는 적절한 선택이다. 이 장은 차례대로 읽어야 하며, 7개의 절로 구성된다.

1.1절, 1.2절, 1.3절, 1.4절, 그리고 1.6절은 수학적 방법에 집중한다. 학교에서 배운 혹은 잊고 있을지 모르는 연산과 대수학의 규칙을 재조명한다. 특별히 음수와 분수의 특성을 다룬다. 나머지는 괄호 곱셈연산에 대한 방법과 수학적 표현을 다루는 방법에 관한 것이다. 또한 어떻게 연립 선형 방정식을 푸는지도 보게 될 것이다.

두 개의 알지 못하는 방정식 구조는 1.3절에 묘사된 그래프를 이용하여 답을 구할 수 있다. 그러나 더 선호되는 방법은 1.4절에서 소개한 소거법을 이용하는 것이다. 이 대수학적 접근은 언제나 정확한 답을 제공하는 장점을 가지고 있고 이것은 방정식의 더 큰 구조로 손쉽게 확장된다.

나머지 두 절은 미시경제학과 거시경제학의 응용을 위해 남겨둔다. 여기서 다루는 기본적 수학 도구를 이용하여 분석할 수 있는 경제 이론이 많다는 데 깜짝 놀랄 수도 있다. 1.5절은 경제적 함수의 기본 개념을 소개하고, 공급과 수요이론에서 균형 가격과 수량을 어떻게 계산하는지 묘사한다. 1.7절은 단순 거시경제 모형에서 국가 소득을 결정하는 요인에 대해 다룬다.

처음 여섯 절은 책의 나머지 부분을 뒷받침하는 것으로 반드시 봐야 한다. 마지막 절은 덜 중요하므로, 생략할 수 있다.

SECTION 1.1
대수학 소개

목표

이 절을 공부한 후에는 다음을 할 수 있다:

- 덧셈, 뺄셈, 곱셈, 음수 나눗셈을 할 수 있다.
- 대수학적 표현에 의해 의미하는 것을 이해할 수 있다.
- 대수학적 표현을 수치적으로 평가할 수 있다.
- 동류항들을 모으는 것에 의해 대수학적 표현을 단순화할 수 있다.
- 괄호 곱하기를 할 수 있다.
- 대수학적 표현으로 인수분해할 수 있다.

대수학은 지루하다

대수학이 지루하다는 것은 벗어날 수 없는 사실이다. 천부적으로 대수학에 재능이 없는 사람도 일부 존재하지만, 경제학이나 경영학을 전공하는 학생들은 이 범주에 드는 사람은 드물다. 그러나 진실은 '대수학'이라는 단어의 단순한 언급은 많은 대학 신입생의 마음에 두려움을 주기에 충분하다는 것이다.

불행하게도, 이 주제를 완벽하게 숙달하지 않고서 수학을 잘할 방법은 없다. 체스게임을 하기 전에 개별 조각이 이동하는 법을 배우는 지루함을 거치는 것은 필수적인 일이다.

이와 동일한 방법으로 수학 '게임'을 즐기기 전에 대수학의 규칙을 배우는 것은 중요한 일이다. 물론 규칙은 단지 당신이 게임에서 낙오되지 않도록만 도와줄 뿐이며 당신이 수학의 대사제가 되리라고는 아무도 기대하지 않는다. 하지만 당신은 적어도 수학의 방식을 따라야 한다.

> **조언**
>
> 만약 당신이 최근에 수학 공부를 하고 있다면 당신은 당연히 직관적으로 책의 첫 번째 몇 절에 있는 내용을 발견할 것이다. 당신은 단지 스스로 가속도를 높이기 위해 각 절 끝에 있는 별표 연습문제를 풀려고 할 수 있다. 하지만 만약 이 주제를 학습한 뒤로 시간이 좀 걸린다면 우리의 조언은 매우 다를 수 있다. 만약 이러한 것이 친숙하지 않다면 철저하게 내용을 학습하기 바란다. 당신이 제기한 문제들을 이 책 뒤에 제공된 해답과 당신의 답을 체크하면서 해결하라. 내용은 세 개의 부연 세부항으로 나뉘어 있다:
>
> - 음수
> - 식
> - 괄호
>
> 당신은 이러한 개념들을 충분히 이해하도록 분리된 하위 절의 학습을 좋아할지도 모른다. 이 주제를 완벽하게 이해하지 않았다면 이 책의 마지막 장을 공부할 때는 몇 배의 좌절감을 맛보게 될지도 모른다.

1.1.1 음수

수학에서 수는 다음 세 유형 가운데 하나로 분류된다: 양, 음, 혹은 영. 학교에서 당신은 아마 섭씨로 측정된 온도계의 온도를 통해 음수의 개념을 배웠을 것이다. -5와 같은 수는 영하 밑의 5도의 온도로 해석된다. 개인금융의 음의 은행잔고는 계좌가 '붉은색으로' 표시되며 '부채' 상태임을 말해준다. 유사하게 $-500,000$의 기업 이익은 백만 달러의 반의 손실을 의미한다.

음수의 곱셈 규칙은 다음과 같다.

$$\boxed{음수} \times \boxed{음수} = \boxed{양수}$$

$$\boxed{음수} \times \boxed{양수} = \boxed{음수}$$

두 수가 곱셈될 때의 순서는 중요하지 않다, 따라서

$$\boxed{양수} \times \boxed{음수} = \boxed{음수}$$

이러한 규칙은 각각 다음의 식으로 표현할 수 있다.

$$(-2) \times (-3) = 6$$
$$(-4) \times 5 = -20$$

$$7 \times (-5) = -35$$

또한 나눗셈은 곱셈과 같은 동일한 종류로 작동을 하기 때문에(이것은 단지 곱셈의 결과를 취소하고 당신이 시작한 지점으로 되돌아간다), 하나의 수를 다른 수로 나눌 때 정확히 동일한 규칙이 적용된다. 예를 들어

$$(-15) \div (-3) = 5$$
$$(-16) \div 2 = -8$$
$$2 \div (-4) = -1/2$$

일반적으로, 많은 수의 곱셈 혹은 나눗셈을 하기 위해서는 단순하게 연산 시작을 부호를 무시하고 단지 답에 부호를 작성할 것이다. 만약 음의 부호의 총숫자가 홀수이면 마지막 결과는 음수이고 총숫자가 짝수이면 양수이다.

예제

평가하라.

(a) $(-2) \times (-4) \times (-1) \times 2 \times (-1) \times (-3)$

(b) $\dfrac{5 \times (-4) \times (-1) \times (-3)}{(-6) \times 2}$

풀이

(a) 부호를 무시한 결과는 다음과 같다.

$$2 \times 4 \times 1 \times 2 \times 1 \times 3 = 48$$

홀수 개의 음의 부호(사실 5개)가 존재하여 답은 −48이다.

(b) 부호를 무시한 결과는 다음과 같다.

$$\frac{5 \times 4 \times 1 \times 3}{6 \times 2} = \frac{60}{12} = 5$$

짝수 개(사실 4개)의 음의 부호가 있다. 따라서 답은 5이다.

조언

계산기 사용 여부에 관계없이 다음 문제를 스스로 시도하라.

대부분의 기계에서 −6과 같은 음수는 6에 따르는 라벨 버튼을 눌러 입력한다.

실전문제

1. (1) 계산기를 사용하지 않고 계산하라.

   (a) $5 \times (-6)$ (b) $(-1) \times (-2)$

   (c) $(-50) \div 10$ (d) $(-5) \div (-1)$

   (e) $2 \times (-1) \times (-3) \times 6$ (f) $\dfrac{2 \times (-1) \times (-3) \times 6}{(-2) \times 3 \times 6}$

   (2) 계산기를 사용하여 (1)에 대한 답을 확인하라.

음수를 더하거나 뺄 때는 수직선상의 단위를 생각하면 도움이 된다:

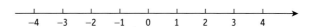

만약 b가 양수라면

$$a - b$$

a에서 시작하고 왼쪽 b 단위로 이동하는 것을 지침으로 생각할 수 있다. 예를 들면

$$1 - 3 = -2$$

왜냐하면 만약 1에서 시작하고 왼쪽 3으로 이동한다면 −2로 끝나게 된다:

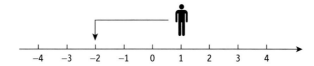

유사하게,

$$-2 - 1 = -3$$

왜냐하면 −2 왼쪽에 대한 1 단위 이동은 −3이기 때문이다.

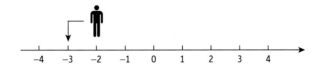

다른 한편,

$a - (-b)$

는 $a + b$가 된다. 이것은 두 음수를 곱하는 규칙을 따른다. 그러므로

$-(-b) = (-1) \times (-b) = b$

결과적으로, 답을 구하기 위해

$a - (-b)$

당신은 a에서 시작하고 오른편의 b 단위로 이동한다(즉, 이것은 양의 방향이다). 예를 들면

$-2 - (-5) = -2 + 5 = 3$

왜냐하면 만약 −2에서 시작하고 오른쪽으로 5 단위 이동하면서 3으로 끝나기 때문이다.

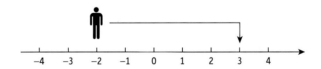

실전문제

2. (1) 계산기를 사용하지 않고 계산하라.

      (a) $1 - 2$ (b) $-3 - 4$

      (c) $1 - (-4)$ (d) $-1 - (-1)$

      (e) $-72 - 19$ (f) $-53 - (-48)$

   (2) 계산기를 사용하여 (1)에 대한 답을 확인하라.

1.1.2 식

대수학에서 문자는 숫자를 표현하는 데 사용된다. 순수 수학에서 사용되는 가장 일반적인 글자는 x와 y이다. 그러나 응용 프로그램에서 의미 있는 글자를 선택하는 것이 도움이 되므로 수량에 Q를 사용하고 투자에 I를 사용할 수 있다. 대수학 식은 이러한 문자, 괄호, 그리고 +, 혹은 −와 같은 다른 수학적 기호의 단순한 결합이다. 예를 들어, 다음 식은 얼마나 많은 저축계좌에 있는 돈이 주어진 기간 동안 계산되는지에 이용된다.

$$P\left(1+\frac{r}{100}\right)^n$$

문자 P, r과 n은 투자된 원래 금액(원금으로 불린 − 그러므로 문자 P로 사용), 이자율과 연도 수를 각각 나타낸다. 이 모든 것을 풀기 위해서는 실제 숫자로 이 글자를 대체할 필요가 있을 뿐만 아니라 이와 같은 대수식을 사용하는 다양한 규칙을 이해해야 한다.

대수학에서 문자로 표현된 두 개의 숫자를 곱할 때 우리는 일반적으로 곱셈 기호를 사용하지 않는다. a와 b의 곱은 부호 사이에 곱셈 기호를 넣지 않고 단순하게 ab로 표현한다. 마찬가지로 문자 Y로 표시된 숫자가 두 배로 증가할 때 우리는 $2Y$로 쓴다. 이 경우 우리는 곱셈 기호를 쓰지 않을 뿐만 아니라 문자 앞에 숫자를 쓰는 관습을 채택한다. 여기 좀 더 나아간 예제가 있다:

$P \times Q$는 PQ로 쓴다

$d \times 8$는 $8d$로 쓴다

$n \times 6 \times t$는 $6nt$로 쓴다

$z \times z$는 z^2로 쓴다   (제곱수를 가리키기 위해 지수 2를 이용하여)

$1 \times t$는 t로 쓴다   (1에 의한 곱셈은 숫자가 변하지 않기 때문에)

이 식들을 평가하기 위해서는 반드시 각 글자의 수치가 주어져야 한다. 이 작업이 완료되면 다음 순서대로 작업을 수행하여 최종값을 산출할 수 있다:

괄호 1순위   (B)

지수 2순위   (I)

나누기와 곱셈 3순위   (DM)

더하기와 빼기 4순위   (AS)

이것은 때때로 BIDMAS라는 약자로 쓰이며, 이 순서가 모든 수학적 계산을 수행하는 데 핵심이다. 예를 들어, $n = 3$일 때 다음 각 표현식을 평가한다고 가정해보자:

$$2n^2 \text{ and } (2n)^2$$

첫 번째 식에 $n = 3$을 대입하면

$$
\begin{aligned}
2n^2 &= 2 \times 3^2 \quad \text{(대수에서 숫자로 전환할 때 곱셈 기호가 나타난다)} \\
&= 2 \times 9 \quad \text{(BIDMAS에 따르면 지수는 곱하기 전에 계산한다)} \\
&= 18
\end{aligned}
$$

두 번째 식에서 우리는 다음을 얻는다.

$$
\begin{aligned}
(2n)^2 &= (2 \times 3)^2 \quad \text{(다시 곱셈 기호가 나타난다)} \\
&= 6^2 \quad \text{(BIDMAS에 따르면 먼저 괄호 안을 계산한다)} \\
&= 36
\end{aligned}
$$

두 답은 동일하지 않으므로 BIDMAS가 지시한 순서가 실제로 중요하다. 이전 목록을 살펴보면 3위는 곱셈과 나눗셈 사이에 동점이 있고 4위는 덧셈과 뺄셈 사이에 또 하나의 동점이 있다는 것에 주목하라. 이 두 쌍의 연산은 동등한 우선순위를 가지며 이러한 상황에서 식을 평가할 때 왼쪽에서 오른쪽으로 작업한다.

예를 들어, 식에서 $x = 5$와 $y = 4$를 대입하면, $x - y + 2$는 다음의 값을 준다.

$$
\begin{aligned}
x - y + 2 &= 5 - 4 + 2 \\
&= 1 + 2 \quad \text{(왼쪽으로부터 오른쪽으로 읽으면서 먼저 뺄셈을 한다)} \\
&= 3
\end{aligned}
$$

예제

(a) $x = 9$, $y = 4$일 때 $2x - 3y$의 값을 구하라.

(b) $Q = 10$일 때 $2Q^2 + 4Q + 150$의 값을 구하라.

(c) $a = 4$, $b = 6$, $c = 1$일 때 $5a - 2b + c$의 값을 구하라.

(d) $t = 4$일 때 $(12 - t) - (t - 1)$의 값을 구하라.

풀이

(a) $2x - 3y = 2 \times 9 - 3 \times 4$ (수를 대입하여)

$\qquad\qquad = 18 - 12$ (곱셈은 뺄셈에 대해 우선시된다)

$\qquad\qquad = 6$

(b) $2Q^2 + 4Q + 150 = 2 \times 102 + 4 \times 10 + 150$ (수를 대입하여)

$\qquad\qquad\qquad\qquad = 2 \times 100 + 4 \times 10 + 150$ (지수는 곱셈과

$\qquad\qquad\qquad\qquad\qquad\qquad\qquad$ 덧셈에 대해 우선시된다)

$\qquad\qquad\qquad\qquad = 200 + 40 + 150$ (곱셈은 덧셈에 대해 우선시된다)

$\qquad\qquad\qquad\qquad = 390$

(c) $5a - 2b + c = 5 \times 4 - 2 \times 6 + 1$ (수를 대입하여)

$\qquad\qquad\qquad = 20 - 12 + 1$ (곱셈은 덧셈과 뺄셈에 대해 우선시된다)

$\qquad\qquad\qquad = 8 + 1$ (덧셈과 뺄셈은 동등한 우선순위를 가지므로

$\qquad\qquad\qquad\qquad\qquad\qquad$ 왼쪽에서 오른쪽으로 작업한다)

$\qquad\qquad\qquad = 9$

(d) $(12 - t) - (t - 1) = (12 - 4) - (4 - 1)$ (수를 대입하여)

$\qquad\qquad\qquad\quad = 8 - 3$ (먼저 괄호를 풀면)

$\qquad\qquad\qquad\quad = 5$

실전문제

3. 문자를 주어진 숫자로 대입하여 다음을 평가하라.

  (a) $Q = 7$일 때 $2Q + 5$.

  (b) $x = 10$, $y = 3$일 때 $5x^2y$.

  (c) $d = 7$, $f = 2$, $g = 5$일 때 $4d - 3f + 2g$.

  (d) $a = 5$, $b = 1$, $c = 3$일 때 $a(b + 2c)$.

동류항(like terms)은 동일한 문자(또는 문자)의 배수이다. 예를 들어, $2P$, $-34P$ 및 $0.3P$는 P의 배수이므로 동류항이다. 동일한 방식으로, xy, $4xy$ 및 $69yy$는 모두 xy의 배수이므로 동류항이다. 만약 대수 표현식에 더해지거나 뺄셈되는 같은 항이 포함되어 있으면 동등한 짧은 식으로 간단하게 표현할 수 있다.

예제

가능한 경우, 다음 식을 각각 단순화하라.

(a) $2a + 5a - 3a$

(b) $4P - 2Q$

(c) $3w + 9w^2 + 2w$

(d) $3xy + 2y^2 + 9x + 4xy - 8x$

풀이

(a) 세 개 모두는 동류항이다. 왜냐하면 그것들은 모두 a의 배수이기 때문에 식은 단순화될 수 있다:

$$2a + 5a - 3a = 4a$$

(b) $4P$와 $2Q$ 항은 하나가 P의 배수이고 다른 하나는 Q의 배수이기 때문에 식이 단순해질 수 없다는 점에서 차이가 있다.

(c) 첫 번째와 마지막 항은 w의 배수이므로 동류항이다. 따라서 이러한 항을 함께 모아 쓸 수 있다.

$$3w + 9w^2 + 2w = 5w + 9w^2$$

$5w$와 $9w^2$은 서로 다른 항이기 때문에 더 이상 단순화할 수 없다.

(d) $3xy$와 $4xy$는 동류항이고 $9x$와 $8x$ 또한 동류항이다. 따라서 이러한 쌍들을 함께 모아 다음과 같이 나타낼 수 있다.

$$3xy + 2y^2 + 9x + 4xy - 8x = 7xy + 2y^2 + x$$

최종 답은 3개의 다른 항을 포함하기 때문에 $1x$ 대신에 x를 쓰고 더 이상 단순화할 수 없음에 주목하라.

실전문제

4. 가능한 경우, 다음 식을 각각 단순화하라.

(a) $2x + 6y - x + 3y$

(b) $5x + 2y - 5x + 4z$

(c) $4Y^2 + 3Y - 43$

(d) $8r^2 + 4s - 6rs - 3s - 3s^2 + 7rs$

(e) $2e^2 + 5f - 2e^2 - 9f$

(f) $3w + 6W$

(g) $ab - ba$

1.1.3 괄호

괄호를 포함하는 식을 가져오고 괄호 없이 해당 식으로 다시 쓰거나 그 반대의 경우에도 유용할 수 있다. 괄호 제거 과정을 '괄호 확장' 또는 '괄호 곱셈'이라고 한다. 이 법칙은 3개의 숫자 a, b, c를 설명하는 분배 법칙(distributive law)에 기반하고 있다.

$$a(b + c) = ab + ac$$

간단한 예로 이 법칙을 쉽게 확인할 수 있다. 예를 들어, $a = 2$, $b = 3$, $c = 4$이면 왼쪽은

$2(3 + 4) = 2 \times 7 = 14$이다.

하지만,

$ab = 2 \times 3 = 6$과 $ac = 2 \times 4 = 8$

따라서 오른쪽은 6 + 8이고, 또한 14이다.

이 법칙은 괄호 안에 여러 개의 항이 있을 때 사용할 수 있다. 다음을 갖는다.

$$a(b + c + d) = ab + ac + ad$$
$$a(b + c + d + e) = ab + ac + ad + ae$$

그리고 기타 등등.

두 개의 숫자의 곱해진 순서는 중요하지 않으므로, 또한 다음을 갖는다.

$$(b + c)a = ba + ca$$
$$(b + c + d)a = ba + ca + da$$
$$(b + c + d + e)a = ba + ca + da + ea$$

예제

다음을 괄호 곱셈하라.

(a) $x(x - 2)$

(b) $2(x + y - z) + 3(z + y)$

(c) $x + 3y - (2y + x)$

$\rightarrow$

풀이

(a) $x(x - 2)$를 배분하는 분배 법칙의 사용은 간단하다. 괄호 외부의 x는 x^2의 결과로 내부 x를 곱한다. 괄호 외부의 x는 내부 -2를 곱하여 $-2x$를 얻는다. 따라서

$$x(x - 2) = x^2 - 2x$$

(b) 확장하기 위해서는

$$2(x + y - z) + 3(z + y)$$

분배 법칙을 두 번 적용해야 한다. 다음을 갖는다.

$$2(x + y - z) = 2x + 2y - 2z$$
$$3(z + y) = 3z + 3y$$

함께 더하여 다음을 갖는다.

$$2(x + y - z) + 3(z + y) = 2x + 2y - 2z + 3z + 3y$$
$$= 2x + 5y + z \quad \text{(동류항을 모아)}$$

(c) 확장하는 방법이 명백해 보이지 않을 수 있다.

$$x + 3y - (2y + x)$$

그러나 다음을 주목하라.

$$-(2y + x)$$

는 다음과 동일하다.

$$(-1)(2y + x)$$

을 확장하면 다음과 같다.

$$(-1)(2y) + (-1)x = -2y - x$$

따라서 동류항을 모은 후의 결과는 다음과 같다.

$$x + 3y - (2y + x) = x + 3y - 2y - x = y$$

조언

이 예에서 해답은 공들인 세부 사항으로 작성된다. 이는 분배 법칙이 어떻게 적용되는지 정확하게 보여주기 위해 수행된다. 세 부분 모두에 대한 해답은 한 개 혹은 두 단계의 작업으로 기록될 수 있다. 물론 자신의 해답에서 작업을 압축할 수 있는 자유를 누리고 있지만 이 작업을 과도하게 사용하는 것에 현혹되지 말라. 나중에 해답을 확인하는 것을 원할지 모르고, 너무 영리해지려고 노력한다면 어려울 수도 있다.

실전문제

5. 가능한 한 답을 간단하게 만드는 괄호 곱셈을 하라.

   (a) $(5 - 2z)z$ 　　　　　　　　　　(b) $6(x - y) + 3(y - 2x)$

   (c) $x - y + z - (x^2 + x - y)$

수학 공식은 많은 비즈니스 모델에서 계산해야 하는 정확한 계산 방법을 제공한다. 하지만 이러한 수식은 제한된 범위의 값에만 유효하다는 것을 인식하는 것이 중요하다. 대부분의 대기업은 직원들이 승용차를 이용해 여행할 수 있도록 경비를 상환해주는 방침을 가지고 있다. 첫 50마일에 대해 마일당 90센트를 청구할 수는 있지만 마일당 60센트까지 떨어질 수 있다. 만약 거리 x마일이 50마일보다 크지 않다면 여행 경비 E(달러)는 공식 $E = 0.9x$를 사용하여 계산할 수 있다. x가 50마일을 초과하면 종업원은 처음 50마일에 0.90마일을 청구할 수 있지만 마지막 $(x - 50)$마일에 대해서는 마일당 0.60달러에 불과하다. 총 금액은 다음과 같다.

$$E = 0.9 \times 50 + 0.6(x - 50)$$
$$= 45 + 0.6x - 30$$
$$= 15 + 0.6x$$

그러므로 여행 경비는 두 가지 별도의 공식을 사용하여 계산할 수 있다.

- x가 50마일보다 크지 않을 때 $E = 0.9x$
- x가 50마일을 초과할 때 $E = 15 + 0.6x$

이 주제를 떠나기 전에 충고를 한마디 하고 싶다. 이전에 연습한 예제와 실전문제 (c)에서 고려된 것처럼 매우 간단한 식에서 괄호를 제거할 때 주의하라. 일반적으로 다음 식과 같은 실수를 저지른다.

$$(a + b) - (c + d) = a + b - c + d \qquad \text{이것은 사실이 아니다.}$$

분배 법칙은 −1이 두 번째 괄호에 곱해져서 d와 c에 적용되므로 정답은 다음과 같이 되어야 한다.

$$(a + b) - (c + d) = a + b - c - d$$

대수학에서 절차를 뒤집고 괄호를 다시 넣는 것이 때로는 유용할 때도 있다. 이것을 인수분해(factorisation)라고 부른다. 식 $12a + 8b$를 고려하자. 8과 12로 나눌 수 있는 숫자가 많이 있다. 그러나 우리는 항상 가장 큰 숫자를 선택한다. 이 경우 4이다. 따라서 괄호 밖의 4의 인수를 취하려고 한다:

$$12a + 8b = 4(? + ?)$$

?은 괄호 안에 몇 개의 알 수 없는 항을 나타낸다. 괄호 안의 첫 번째 항이 4로 곱해져서 12가 되기를 원한다. 그래서 우리는 3을 놓치고 있다. 마찬가지로 우리가 $8b$를 생성한다면 괄호 안의 두 번째 용어는 $2b$이어야 한다. 따라서

$$12a + 8b = 4(3a + 2b)$$

오른쪽 괄호를 확장하면 실제로는 좌변에 식이 표시되는 것에 주목하라.

예제

다음을 인수분해하라.

(a) $6L - 3L^2$ (b) $5a - 10b + 20c$

풀이

(a) 두 항 모두 공통인자가 3이다. 또한 $L^2 = L \times L$이기 때문에 $6L$과 $-3L^2$은 모두 L의 인자를 가지므로 공통인자 $3L$을 모두 취할 수 있다.

$$6L - 3L^2 = 3L(2) - 3L(L) = 3L(2 - L)$$

(b) 세 항 모두 공통인자가 5이므로 다음과 같이 쓴다.

$$5a - 10b + 20c = 5(a) - 5(2b) + 5(4c) = 5(a - 2b + 4c)$$

실전문제

6. 다음을 인수분해하라.

    (a) $7d + 21$ (b) $16w - 20q$

    (c) $6x - 3y + 9z$ (d) $5Q - 10Q^2$

동시에 두 개의 괄호를 곱하는 방법을 설명하는 것으로 괄호에 대한 논의를 마친다. 식 $(a + b)$과 $(c + d)$에서 두 항 a와 b는 각각 괄호 $(c + d)$를 곱해야 한다. 따라서

$$(a + b)(c + d) = a(c + d) + b(c + d)$$

첫 번째 항 $a(c + d)$은 자체로 $ac + ad$로 확장될 수 있다. 유사하게, $b(c + d) = bc + bd$이다. 따라서

$$(a + b)(c + d) = ac + ad + bc + bd$$

이 절차는 두 개 이상의 항을 가진 괄호로 확장된다:

$$(a + b)(c + d + e) = a(c + d + e) + b(c + d + e) = ac + ad + ae + bc + bd + be$$

예제

다음을 괄호 곱셈하라.

(a) $(x + 1)(x + 2)$

(b) $(x + 5)(x - 5)$

(c) $(2x - y)(x + y - 6)$

가능한 한 당신의 답을 단순화하라.

풀이

(a) $(x + 1)(x + 2) = x(x + 2) + (1)(x + 2)$

$= x^2 + 2x + x + 2$

$= x^2 + 3x + 2$

(b) $(x + 5)(x - 5) = x(x - 5) + 5(x - 5)$

$= x^2 - 5x + 5x - 25$

$= x^{2v} - 25$ ($5x$는 소거)

(c) $(2x - y)(x + y - 6) = 2x(x + y - 6) - y(x + y - 6)$

$= 2x^2 + 2xy - 12x - yx - y^2 + 6y$

$= 2x^2 + xy - 12x - y^2 + 6y$

실전문제

7. 다음을 괄호 곱셈하라.

(a) $(x + 3)(x - 2)$

(b) $(x + y)(x - y)$

(c) $(x + y)(x + y)$

(d) $(5x + 2y)(x - y + 1)$

이전 작업 예의 (b)를 보면서, 다음을 주목하라.

$$(x + 5)(x - 5) = x^2 - 25 = x^2 - 5^2$$

상당히 일반적으로

$$(a + b)(a - b) = a(a - b) + b(a - b)$$
$$= a^2 - ab + ba - b^2$$
$$= a^2 - b^2$$

이 결과는 두 제곱의 차이(difference of two squares) 공식이라고 불린다. 이것은 특정 표현을 인수분해하는 빠른 방법을 제공한다.

예제

다음 식을 인수분해하라:

(a) $x^2 - 16$ (b) $9x^2 - 100$

풀이

(a) 다음을 주목하면서

$$x^2 - 16 = x^2 - 4^2$$

우리는 다음을 유추하기 위해 두 제곱의 차이 공식을 사용할 수 있다

$$x^2 - 16 = (x + 4)(x - 4)$$

(b) 다음을 주목하면서

$$9x^2 - 100 = (3x)^2 - (10)^2$$

$(3x)^2 = 3x \times 3x$
$\qquad\;\; = 9x^2$

우리는 다음을 유추하기 위해 두 제곱 차이 공식를 사용할 수 있다.

$$9x^2 - 100 = (3x + 10)(3x - 10)$$

실전문제

8. 다음 식을 인수분해하라:

   (a) $x^2 - 64$

   (b) $4x^2 - 81$

> ### 조언
>
> 이것으로 수학의 첫 번째 부분을 완료한다. 우리는 당신이 처음 생각했던 것만큼 아주 나쁜 점을 발견하지 않기를 희망한다. 이제는 좀 더 연습할 수 있는 몇 가지 추가 실전문제가 있다. 이것은 수학 능력을 강화하는 데 도움을 줄 뿐만 아니라 전반적인 자신감을 향상시켜줄 것이다. 이용 가능한 두 가지 대안적인 연습문제가 있다. 연습문제 1.1은 수학 실력이 녹슬고 이해를 강화해야 할 필요가 있는 학생들에게 적합하다. 연습문제 1.1*에는 더 도전적인 문제가 포함되어 있으므로 이 절을 매우 쉽게 학습한 학생들에게 더 적합하다.

주요 용어

동류항(Like terms)　동일한 대수 기호 조합의 배수.

두 제곱의 차이(Difference of two squares)　$a^2 - b^2 = (a + b)(a - b)$라고 표시된 대수 결과.

분배 법칙(Distributive law)　a, b, c에 대해 $a(b + c) = ab + ac$라는 산술 법칙.

인수분해(Factorisation)　괄호를 사용하여 보다 간단한 표현의 산물로서 식을 작성하는 과정.

연습문제 1.1

1. 계산기를 사용하지 않고 평가하라.

   (a) $10 \times (-2)$

   (b) $(-1) \times (-3)$

   (c) $(-8) \div 2$

   (d) $(-5) \div (-5)$

   (e) $24 \div (-2)$

   (f) $(-10) \times (-5)$

   (g) $\dfrac{20}{-4}$

   (h) $\dfrac{-27}{-9}$

   (i) $(-6) \times 5 \times (-1)$

   (j) $\dfrac{2 \times (-6) \times 3}{(-9)}$

2. 계산기를 사용하지 않고 평가하라.

   (a) $5 - 6$

   (b) $-1 - 2$

   (c) $6 - 17$

   (d) $-7 + 23$

   (e) $-7 - (-6)$

   (f) $-4 - 9$

   (g) $7 - (-4)$

   (h) $-9 - (-9)$

   (i) $12 - 43$

   (j) $2 + 6 - 10$

3. 계산기를 사용하지 않고 평가하라.

(a) $5 \times 2 - 13$

(b) $\dfrac{-30-6}{-18}$

(c) $\dfrac{(-3)\times(-6)\times(-1)}{2-3}$

(d) $5 \times (1 - 4)$

(e) $1 - 6 \times 7$

(f) $-5 + 6 \div 3$

(g) $2 \times (-3)2$

(h) $-10 + 22$

(i) $(-2)^2 - 5 \times 6 + 1$

(j) $\dfrac{(-4)^2 \times (-3) \times (-1)}{(-2)^3}$

4. 다음 대수식을 각각 단순화하라.

(a) $2 \times P \times Q$

(b) $I \times 8$

(c) $3 \times x \times y$

(d) $4 \times q \times w \times z$

(e) $b \times b$

(f) $k \times 3 \times k$

5. 비슷한 항을 수집하여 다음 대수식을 단순화하라.

(a) $6w - 3w + 12w + 4w$

(b) $6x + 5y - 2x - 12y$

(c) $3a - 2b + 6a - c + 4b - c$

(d) $2x^2 + 4x - x^2 - 2x$

(e) $2cd + 4c - 5dc$

(f) $5st + s^2 - 3ts + t^2 + 9$

6. 계산기를 사용하지 않고 다음 값을 구하라.

(a) $x = 7$, $y = 4$일 때 $2x - y$.

(b) $x = 6$일 때 $x^2 - 5x + 12$.

(c) $m = 10$일 때 $2m^3$.

(d) $f = 2$, $g = 3$일 때, $5fg^2 + 2g$.

(e) $v = 20$, $w = 10$일 때, $2v + 4w - (4v - 7w)$.

7. $x = 2$, $y = -3$일 때 다음 식을 평가하라.

(a) $2x + y$

(b) $x - y$

(c) $3x + 4y$

(d) xy

(e) $5xy$

(f) $4x - 6xy$

8. (a) 계산기를 사용하지 않고, $(-4)^2$의 값을 구하라.

(b) 계산기에서 다음의 키 배열을 누른다.

$(-)$ 4 x^2

이것이 왜 (a)와 같은 결과를 제시하지 않는지 신중하게 설명하고 정답을 제공하는 대체키 배열을 제공하라.

9. 계산기를 사용하지 않고 구하라.

    (a) $(5 - 2)^2$ (b) $5^2 - 2^2$

    $(a - b)^2 = a^2 - b^2$이 일반적으로 사실인가?

10. 계산기를 사용하여 다음을 수행하라. 필요한 경우 소수점 아래 둘째자리까지 답
    하라.

    (a) $5.31 \times 8.47 - 1.01^2$ (b) $(8.34 + 2.27)/9.41$

    (c) $9.53 - 3.21 + 4.02$ (d) $2.41 \times 0.09 - 1.67 \times 0.03$

    (e) $45.76 - (2.55 + 15.83)$ (f) $(3.45 - 5.38)^2$

    (g) $4.56(9.02 + 4.73)$ (h) $6.85/(2.59 + 0.28)$

11. 다음을 괄호 곱셈하라.

    (a) $7(x - y)$ (b) $3(5x - 2y)$

    (c) $4(x + 3)$ (d) $7(3x - 1)$

    (e) $3(x + y + z)$ (f) $x(3x - 4)$

    (g) $y + 2z - 2(x + 3y - z)$

12. 다음을 인수분해하라.

    (a) $25c + 30$ (b) $9x - 18$

    (c) $x^2 + 2x$ (d) $16x - 12y$

    (e) $4x^2 - 6xy$ (f) $10d - 15e + 50$

13. 다음을 괄호 곱셈하라.

    (a) $(x + 2)(x + 5)$ (b) $(a + 4)(a - 1)$

    (c) $(d + 3)(d - 8)$ (d) $(2s + 3)(3s + 7)$

    (e) $(2y + 3)(y + 1)$ (f) $(5t + 2)(2t - 7)$

    (g) $(3n + 2)(3n - 2)$ (h) $(a - b)(a - b)$

14. 동류항을 모아 다음 식을 단순화하라.

    (a) $2x + 3y + 4x - y$ (b) $2x^2 - 5x + 9x^2 + 2x - 3$

    (c) $5xy + 2x + 9yx$ (d) $7xyz + 3yx - 2zyx + yzx - xy$

    (e) $2(5a + b) - 4b$ (f) $5(x - 4y) + 6(2x + 7y)$

    (g) $5 - 3(p - 2)$ (h) $x(x - y + 7) + xy + 3x$

15. 두 제곱의 차이에 대한 공식을 사용하여 인수분해하라.

    (a) $x^2 - 4$ (b) $Q^2 - 49$

    (c) $x^2 - y^2$ (d) $9x^2 - 100y^2$

16. 다음 대수식을 단순화하라.

(a) $3x - 4x^2 - 2 + 5x + 8x^2$

(b) $x(3x + 2) - 3x(x + 5)$

17. 법률 회사는 최고 수준의 경험이 풍부한 변호사를 모집한다. 제공되는 총 패키지는 세 가지 개별 구성 요소의 합이다: 현재 급여의 1.2배인 기본 급여와 자격을 갖춘 21세 이상의 변호사로 근무하는 동안 매년 3000달러가 인상되며 매년 1000달러가 추가로 지급된다. A세 이상인 사람에게 제공하고 E년 동안 관련 경험을 쌓았으며 현재 N달러를 벌고 있는 사람의 연봉 총계 S를 계산하는 데 사용할 수 있는 공식을 작성하라. 따라서 5년 경력의 30세이며 현재 150,000달러를 벌어들이는 사람에게 제공되는 급여를 계산하라.

18. 각 상황에 대한 공식을 적어라.

(a) 배관공은 80달러의 고정 호출 비용에 시간당 60달러의 요금이 발생한다. 재료 및 부품 비용이 K달러이며 L시간이 걸리는 작업에 대해 총비용 C를 계산하라.

(b) 공항 환전소는 모든 거래에 대해 10달러의 고정 수수료를 부과하고 1달러에 대해 0.8유로의 환율을 제공한다. x유로를 사기 위한 총 청구액 C(달러)를 계산하라.

(c) 한 회사는 준숙련 근로자 각각에 대해 5시간의 사내 교육을 제공하고 숙련된 근로자 각각에 대해 10시간의 교육을 제공한다. 회사가 준숙련 노동자와 숙련 노동자를 고용하는 경우 총 시간 수(H)를 계산하라.

(d) 자동차 대여 회사는 마일당 추가 c달러와 함께 하루에 C달러를 부과한다. 그 시간 동안 d일간 m마일을 여행할 경우 총 요금 X달러를 계산하라.

연습문제 1.1*

1. 계산기를 사용하지 않고 평가하라.

(a) $(12 - 8) - (6 - 5)$ (b) $12 - (8 - 6) - 5$

(c) $12 - 8 - 6 - 5$

2. 다음 각 항목의 왼쪽에 한 쌍의 괄호를 넣어 정확한 설명을 하라.

(a) $2 - 7 - 9 + 3 = -17$ (b) $8 - 2 + 3 - 4 = -1$

(c) $7 - 2 - 6 + 10 = 1$

3. $a = 3$, $b = -4$, $c = -2$인 경우 계산기를 사용하지 않고 다음 식을 각각 계산하라.

(a) $a(b - c)$

(b) $3c(a + b)$

(c) $a^2 + 2b + 3c$

(d) $2abc^2$

(e) $\dfrac{c + b}{2a}$

(f) $\sqrt{2(b^2 - c)}$

(g) $\dfrac{b}{2c} - \dfrac{a}{3b}$

(h) $5a - b^3 - 4c^2$

4. 계산기를 사용하지 않고 $x = -1$, $y = -2$, $z = 3$인 경우 다음 식을 각각 계산하라.

(a) $x^3 + y^2 + z$

(b) $\sqrt{\left(\dfrac{x^2 + y^2 + z}{x^2 + 2xy - z} \right)}$

(c) $\dfrac{xyz(x + z)(z - y)}{(x + y)(x - z)}$

5. 괄호 곱셈하고 단순화하라.

$$(x - y)(x + y) - (x + 2)(x - y + 3)$$

6. 다음 식을 단순화하라.

(a) $x - y - (y - x)$

(b) $(x - ((y - x) - y))$

(c) $x + y - (x - y) - (x - (y - x))$

7. 괄호 곱셈하라.

(a) $(x + 4)(x - 6)$

(b) $(2x - 5)(3x - 7)$

(c) $2x(3x + y - 2)$

(d) $(3 + g)(4 - 2g + h)$

(e) $(2x + y)(1 - x - y)$

(f) $(a + b + c)(a - b - c)$

8. 다음을 인수분해하라.

(a) $9x - 12y$

(b) $x^2 - 6x$

(c) $10xy + 15x^2$

(d) $3xy^2 - 6x^2y + 12xy$

(e) $x^3 - 2x^2$

(f) $60x^4y^{26} - 15x^2y^4 + 20xy^3$

9. 두 제곱의 차이에 대한 공식을 사용하여 인수분해하라.

(a) $p^2 - 25$

(b) $9c^2 - 64$

(c) $32v^2 - 50d^2$

(d) $16x^4 - y^4$

10. 계산기를 사용하지 않고 다음을 평가하라.

(a) $50{,}563^2 - 49{,}437^2$

(b) $902 - 89.99^2$

(c) $759^2 - 541^2$

(d) $123{,}456{,}789^2 - 123{,}456{,}788^2$

11. 전문 페인트 제조업체가 화분 1개당 12달러에 판매한다. 생산 가동에 대한 초기 설치비용은 800달러이며 페인트의 각 주석을 만드는 데 드는 비용은 3달러이다.

   (a) 회사가 x개의 도료를 제조하고 y개 화분을 판매하는 경우 총 이익 π에 대한 공식을 적어라.

   (b) $x = 1000$, $y = 800$일 때 공식을 사용하여 수익을 계산하라.

   (c) (a)의 수학 공식의 변수에 대한 제한 사항을 기술하라.

   (d) 회사가 제조한 모든 것을 판매하는 경우 공식을 단순화하라.

12. 다음을 인수분해하라.

   (a) $2KL^2 + 4KL$ (b) $L^2 - 0.04K^2$

   (c) $K^2 + 2LK + L^2$

SECTION 1.2

대수학 더 나아가기

목표

이 절을 공부한 후에는 다음을 할 수 있다:

- 공통인수를 제거하여 분수를 단순화할 수 있다.
- 분수를 더하거나, 빼거나, 곱하고 나눌 수 있다.
- 양변에 똑같은 작업을 함으로써 방정식을 풀 수 있다.
- $<$, $>$, $\leq$, $\geq$ 기호를 인식할 수 있다.
- 선형 부등식을 풀 수 있다.

이 절은 다음 세 개의 관리 가능한 하위 절로 나뉜다.

- 분수
- 방정식
- 부등식

1.1절에서 제공한 조언은 여기서도 똑같이 적용된다. 별도의 경우에 이 주제들을 공부하고 책을 내려놓고 교과서에서 제시한 연습문제를 풀 준비를 하라.

1.2.1 분수

다음과 같은 숫자 분수의 경우

$$\frac{7}{8}$$

위에 있는 숫자 7을 분자(numerator)라고 하고 아래에 있는 숫자 8을 분모(denominator)라고 한다. 이 책에서 우리는 분자와 분모가 숫자뿐만 아니라 문자를 포함하는 경우에도 관심이 있다. 이것들을 대수적 분수(algebraic fractions)라고 일컫는다.

예를 들어,

$$\frac{1}{x^2-2}, \quad \frac{2x^2-1}{y+z}$$

은 모두 대수적 분수이다. x, y와 z 문자는 숫자를 나타내는 데 사용되므로 대수적 분수를 조작하는 규칙은 일반 숫자 분수와 동일하다. 그러므로 계산기 없이 숫자 분수를 조작하는 데서 즐거움을 느껴야 이 기술을 문자를 포함한 분수까지 확장할 수 있다.

두 개의 분수가 동일한 숫자 값을 나타내는 경우 등가(equivalent)라고 한다. 우리는 3/4이 모두 10진수 0.75와 같기 때문에 6/8과 동등하다는 것을 알고 있다. 직관적으로도 명백하다. 초콜릿을 똑같이 4조각으로 나누고 그중 3개를 먹는다고 상상해보자. 당신은 똑같이 8조각으로 나누어 그중 6개를 먹는 사람과 같은 양을 먹는 셈이다. 각 조각은 크기가 절반에 불과하므로 두 배나 많은 개수를 먹는 것으로 보완해야 한다. 전형적으로 우리는 분자와 분모가 모두 같은 수로 곱해질 때 분수의 값은 변하지 않는다고 말한다. 이 예에서는 다음을 갖는다.

$$\frac{3}{4} = \frac{3 \times 2}{4 \times 2} = \frac{6}{8}$$

이 과정은 분자와 분모가 둘 다 같은 수로 나뉠 때 동등한 분수가 생성되도록 되돌릴 수 있다. 예를 들어,

$$\frac{16}{24} = \frac{16/8}{24/8} = \frac{2}{3}$$

분수 16/24과 2/3는 동등하다. 분수는 분자와 분모에 공통적인 요소가 없을 때 가장 단순한 형태로 표현되거나 가장 낮은 항으로 축소된다. 가장 간단한 형태로 주어진 분수를 나타내기 위해서는 분자와 분모의 가장 큰 공통인자를 찾아서 분수의 상단과 하단을 이것으로 나누어야 한다.

예제

다음 각 분수를 가장 낮은 항으로 줄여라.

(a) $\dfrac{14}{21}$

(b) $\dfrac{48}{60}$

(c) $\dfrac{2x}{3xy}$

(d) $\dfrac{3a}{6a+3b}$

(e) $\dfrac{x-2}{(x-2)(x+1)}$

풀이

(a) 14와 21로 나눌 수 있는 최대 숫자는 7이므로 상단과 하단을 7로 나눈 값을 선택한다.

$$\frac{14}{21} = \frac{14/7}{21/7} = \frac{2}{3}$$

이것을 쓰는 다른 방법(대수적 분수를 다룰 때 도움이 된다)은 다음과 같다.

$$\frac{14}{21} = \frac{2 \times \cancel{7}}{3 \times \cancel{7}} = \frac{2}{3}$$

(b) 48과 60의 가장 큰 공통인수는 12이므로 우리는 다음과 같이 쓴다.

$$\frac{48}{60} = \frac{4 \times \cancel{12}}{5 \times \cancel{12}} = \frac{4}{5}$$

(c) 인수 x는 $2x$와 $3xy$에 공통적이므로 상단과 하단을 x로 나눌 필요가 있다. 즉, x를 제거한다.

$$\frac{2x}{3xy} = \frac{2 \times \cancel{x}}{3 \times \cancel{x} \times y} = \frac{2}{3y}$$

(d) 분모 인수분해는 다음과 같다.

$$6a + 3b = 3(2a + b)$$

이는 제거될 수 있는 상단과 하단에 공통인수 3이 있음을 보여준다.

$$\frac{3a}{6a+3b} = \frac{\cancel{3}a}{\cancel{3}(2a+b)} = \frac{a}{2a+b}$$

(e) 우리는 상부와 하부에 $(x-2)$의 공통인자가 있다는 것을 즉각 알 수 있으므로 이것을 제거할 수 있다.

$$\frac{\cancel{x-2}}{\cancel{(x-2)}(x+1)} = \frac{1}{x+1}$$

이 개념을 떠나기 전에 충고를 한마디 하고 싶다. 분자 또는 분모의 인수(factor)로 나누어 제거할 수 있다. 위의 예 (d)에서 a를 제거하려고 시도하지 말고 다음과 같이 무언가를 작성하라.

$$\frac{a}{2a+b} = \frac{1}{2+b} \qquad \text{이것은 사실이 아니다}$$

이것이 완전히 잘못되었다는 것을 확인하기 위해 숫자를 $a = 3$, $b = 4$로 바꾸어보자. 왼쪽은 $\frac{a}{2a+b} = \frac{3}{2 \times 3 + 4} = \frac{3}{10}$ 반면에 우측은 $\frac{1}{2+b} = \frac{1}{2+4} = \frac{1}{6}$ 이며, 동일한 값은 아니다.

실전문제

1. 다음 분수를 가장 낮은 항으로 줄여라:

(a) $\frac{9}{15}$ (b) $\frac{24}{30}$ (c) $\frac{x}{2xy}$

(d) $\frac{3x}{6x+9x^2}$ (e) $\frac{x(x+1)}{x(x-4)(x+1)}$

곱셈과 나눗셈에 대한 규칙은 다음과 같다.

> 분수를 곱하려면 해당 분자와 분모를 곱하면 된다.

기호에서,

$$\frac{a}{b} \times \frac{c}{d} = \frac{a \times c}{b \times d} = \frac{ac}{bd}$$

> 분수로 나누려면 거꾸로 뒤집고 곱하면 된다.

기호에서

$$\frac{a}{b} \div \frac{c}{d} = \frac{a}{b} \times \frac{d}{c}$$ 약수를 거꾸로 뒤집다

$$= \frac{ad}{bc}$$ 분수 곱하기 규칙

예제

다음을 계산하라.

(a) $\dfrac{2}{3} \times \dfrac{5}{4}$

(b) $2 \times \dfrac{6}{13}$

(c) $\dfrac{6}{7} \div \dfrac{4}{21}$

(d) $\dfrac{1}{2} \div 3$

풀이

(a) 곱셈 규칙은 다음과 같다.

$$\frac{2}{3} \times \frac{5}{4} = \frac{2 \times 5}{3 \times 4} = \frac{10}{12}$$

우리는 이렇게 답을 도출할 수도 있고, 위와 아래를 2로 나누어 $^5/_6$로 단순화할 수도 있다. 그것은 또한 처음부터 2로 '제거'하는 것이다: 즉,

$$\frac{{}^{1}\cancel{2}}{3} \times \frac{5}{\cancel{4}_{2}} = \frac{1 \times 5}{3 \times 2} = \frac{5}{6}$$

(b) 정수 2는 분수 $^2/_1$과 동일하므로

$$2 \times \frac{6}{13} = \frac{2}{1} \times \frac{6}{13} = \frac{2 \times 6}{1 \times 13} = \frac{12}{13}$$

(c) 계산하기 위해

$$\frac{6}{7} \div \frac{4}{21}$$

약수가 거꾸로 되어 $^{21}/_4$을 얻은 다음 곱해져서

$$\frac{6}{7} \div \frac{4}{21} = \frac{{}^{3}\cancel{6}}{\cancel{7}_{1}} \times \frac{\cancel{21}^{3}}{\cancel{4}_{2}} = \frac{3 \times 3}{1 \times 2} = \frac{9}{2}$$

(d) 우리는 3을 $^3/_1$로 쓴다. 그래서

$$\frac{1}{2} \div 3 = \frac{1}{2} \div \frac{3}{1} = \frac{1}{2} \times \frac{1}{3} = \frac{1}{6}$$

실전문제

2. (1) 계산기를 사용하지 않고 평가하라.

(a) $\dfrac{1}{2} \times \dfrac{3}{4}$　　　　　　　　　(b) $7 \times \dfrac{1}{4}$

(c) $\dfrac{2}{3} \div \dfrac{8}{9}$　　　　　　　　　(d) $\dfrac{8}{9} \div 16$

(2) 계산기를 사용하여 (1)에 대한 답을 확인하라.

덧셈과 뺄셈에 대한 규칙은 다음과 같다.

> 두 분수를 공통분모를 사용하여 같은 분수로 더하거나 빼고 그 분자를 더하거나 뺀다.

예제

계산하라.

(a) $\dfrac{1}{5} + \dfrac{2}{5}$　　　　　　　　(b) $\dfrac{1}{4} + \dfrac{2}{3}$　　　　　　　　(c) $\dfrac{7}{12} - \dfrac{5}{8}$

풀이

(a) 분수 $^1/_5$와 $^2/_5$는 이미 동일한 분모를 가지고 있으므로, 그것들을 더하기 위해 우리
는 분자를 더하면 된다.

$$\frac{1}{5} + \frac{2}{5} = \frac{1+2}{5} = \frac{3}{5}$$

(b) 분수 $^1/_4$과 $^2/_3$는 분모 4와 3을 가진다. 3과 4로 나눌 수 있는 한 숫자는 12이므로,
이것을 공통분모로 선택한다. 이제 4를 정확하게 3배 하면 12가 되므로

$$\frac{1}{4} = \frac{1 \times 3}{4 \times 3} = \frac{3}{12}$$

3을 분모와 분자에 곱한다

3을 정확하게 4배 하면 12가 되기 때문에

$$\frac{2}{3} = \frac{2 \times 4}{3 \times 4} = \frac{8}{12}$$

4를 분모와 분자에 곱한다

따라서

$$\frac{1}{4} + \frac{2}{3} = \frac{3}{12} + \frac{8}{12} = \frac{3+8}{12} = \frac{11}{12}$$

(c) 분수 $^{7}/_{12}$과 $^{5}/_{8}$는 분모 12와 분모 8을 가진다. 12와 8로 나눌 수 있는 한 숫자는 24이므로, 이것을 공통분모로 선택한다. 이제 12명을 정확히 2배 하면 24가 되므로

$$\frac{7}{12} = \frac{7 \times 2}{24} = \frac{14}{24}$$

8을 정확히 3배 하면 24가 되므로

$$\frac{5}{8} = \frac{5 \times 3}{24} = \frac{15}{24}$$

따라서

$$\frac{7}{12} - \frac{5}{8} = \frac{14}{24} - \frac{15}{24} = \frac{-1}{24}$$

반드시 가장 낮은 공통분모를 사용할 필요는 없다. 두 개의 원래 분모로 나눌 수 있다면 어떤 숫자라도 가능하다. 두 개가 붙어 있다면 항상 원래의 두 분모를 함께 곱할 수 있다. (c)에서는 분모가 96이 되기 위해 곱해지므로 이것으로 대신 사용할 수 있다.

$$\frac{7}{12} = \frac{7 \times 8}{96} = \frac{56}{96}$$

그리고

$$\frac{5}{8} = \frac{5 \times 12}{96} = \frac{60}{96}$$

그래서 전과 같다.

$$\frac{7}{12} - \frac{5}{8} = \frac{56}{96} - \frac{60}{96} = \frac{56-60}{96} = \frac{-4}{96} = -\frac{1}{24}$$

이 예제의 (c)에 대한 최종 답안이 어떻게 작성되었는지 주목하라. 우리는 단순히 음수를 양수로 나눌 때 그 답은 음수라는 사실을 사용했다. 이와 같이 음의 분수를 쓰는 것이 표준 연습이므로 $\dfrac{3}{-4}$ 또는 $\dfrac{-3}{4}$에 우선하여 $\dfrac{3}{4}$을 쓰고 물론 $\dfrac{-3}{-4}$는 $\dfrac{3}{4}$으로 작성된다.

이 주제를 떠나기 전에 충고를 한마디 하고 싶다. 공통분모를 찾는 데 어려움을 겪은 후에만 분수를 더하거나 **뺄** 수 있음에 유의하라.

특히, 다음과 같은 바로 가기는 정답을 제시하지 못한다.

$$\frac{a}{b} + \frac{c}{d} = \frac{a+c}{b+d} \qquad \text{이것은 사실이 아니다}$$

늘 그렇듯이 자신이 선택한 실제 숫자를 사용하여 완전히 말도 안 되는 소리임을 스스로 확인할 수 있다.

실전문제

3. (1) 계산기를 사용하지 말고 평가하라.

   (a) $\dfrac{3}{7} - \dfrac{1}{7}$ 　　　　　　 (b) $\dfrac{1}{3} + \dfrac{2}{5}$

   (c) $\dfrac{7}{18} - \dfrac{1}{4}$

   (2) 계산기를 사용하여 (1)에 대한 답을 확인하라.

정규 분수를 조작할 수 있다면 규칙이 동일하기 때문에 대수적 분수를 쉽게 조작하지 못할 이유가 없다.

예제

다음 각각에 대한 식을 찾아라.

   (a) $\dfrac{x}{x-1} \times \dfrac{2}{x(x+4)}$ 　　　　　 (b) $\dfrac{2}{x-1} \div \dfrac{x}{x-1}$

   (c) $\dfrac{x+1}{x^2+2} + \dfrac{x-6}{x^2+2}$ 　　　　　 (d) $\dfrac{x}{x+2} - \dfrac{1}{x+1}$

풀이

(a) 두 분수를 곱하기 위해서 우리는 상응하는 분자와 분모를 곱한다. 따라서

$$\frac{x}{x-1} \times \frac{2}{x(x+4)} = \frac{2x}{(x-1)x(x+4)} = \frac{2}{(x-1)(x+4)}$$

위와 아래의 x를 제거한다

(b) 다음으로 나누기 위해,

$$\frac{x}{x-1}$$

우리는 거꾸로 뒤집고 곱한다. 따라서

$$\frac{2}{x-1} \div \frac{x}{x-1} = \frac{2}{x-1} \times \frac{x-1}{x} = \frac{2}{x}$$

위와 아래에 $(x-1)$를 제거한다

(c) 분수는

$$\frac{x+1}{x^2+2} \text{과} \frac{x-6}{x^2+2}$$

그리고 이미 동일한 분모를 가지고 있기 때문에, 그것들을 더하기 위해서 우리는 분자를 더해서

$$\frac{x+1}{x^2+2} + \frac{x-6}{x^2+2} = \frac{x+1+x-6}{x^2+2} = \frac{2x-5}{x^2+2}$$

(d) 분수는

$$\frac{x}{x+2} \text{과} \frac{1}{x+1}$$

분모 $x+2$와 $x+1$을 가진다. 분명한 공통분모는 $(x+2)(x+1)$의 곱으로 주어진다. 이제 $x+2$는 $(x+2)(x+1)$로 정확히 $x+1$ 곱으로 들어가기 때문에

$$\frac{x}{x+2} = \frac{x(x+1)}{(x+2)(x+1)}$$

위와 아래에 $(x+1)$을 곱한다

또한 $x+1$은 정확하게 $x+2$ 곱하면 $(x+2)(x+1)$이기 때문에

$$\frac{1}{x+1} = \frac{(x+2)}{(x+2)(x+1)}$$

위와 아래에 $(x+2)$을 곱한다

따라서

$$\frac{x}{x+2} - \frac{1}{x+1} = \frac{x(x+1)}{(x+2)(x+1)} - \frac{(x+2)}{(x+2)(x+1)} = \frac{x(x+1) - (x+2)}{(x+2)(x+1)}$$

단순화하기 위해 상단에 있는 괄호를 곱하면 된다. 즉,

$$\frac{x^2 + x - x - 2}{(x+2)(x+1)} = \frac{x^2 - 2}{(x+2)(x+1)}$$

실전문제

4. 다음의 대수 분수식을 찾아 최대한 간단하게 답을 구하라.

(a) $\dfrac{5}{x-1} \times \dfrac{x-1}{x+2}$ (b) $\dfrac{x^2}{x+10} \div \dfrac{x}{x+1}$

(c) $\dfrac{4}{x+1} + \dfrac{1}{x+1}$ (d) $\dfrac{2}{x+1} - \dfrac{1}{x+2}$

1.2.2 방정식

1.1.2과 1.2.1에서 우리는 더 간단하지만 동일한 형식으로 대수식을 다시 쓰는 방법을 보았다.

$$x^2 + 3x + 3x^2 - 10x = 4x^2 - 7x \quad \text{(동류항을 모으는 것)}$$

혹은

$$\frac{x}{x+2} - \frac{1}{x+1} = \frac{x^2 - 2}{(x+2)(x+1)} \quad \text{(이전 예에서 작업한 (d))}$$

우리는 좌우의 양변이 동일하므로 각 문장은 x의 모든 가능한 값에 대해 참이라는 지식을 마음속에 가지고 있다. 이러한 이유로 위의 관계를 항등식(identities)이라고 부른다. 다음과 같은 구문과 비교하라:

$$7x - 1 = 13$$

혹은

$$x^2 - 5x = 1$$

이러한 관계를 방정식(equations)이라고 부르며 x의 특정 값에 대해서만 발견할 수 있다. 위의 첫 번째 수식에는 단 하나의 해답이 있지만 두 번째 수식에는 두 가지 해답이 있음이 밝혀졌다. 후자는 2차 방정식이라고 부르며 다음 장에서 다룰 것이다.

$7x - 1 = 13$과 같은 방정식의 해답에 대한 순진한 접근법은 시행착오를 사용하는 것일 수 있다. 즉, 우리가 어떠한 값이 작용하는 것을 발견할 때까지 x의 값을 추측할 수 있다.

이 경우 x가 무엇인지 알 수 있을까? 그러나 보다 안정적이고 체계적인 접근법은 실제로 수학 규칙을 사용하여 이 방정식을 푸는 것이다. 사실, 우리에게 필요한 유일한 규칙은 다음과 같다:

> 당신이 양변에 똑같은 일을 한다면 원하는 어떠한 수학적 조작을 방정식에 적용할 수 있다.

이 규칙에는 한 가지 예외가 있다: 양변을 절대로 0으로 나누면 안 된다는 것이다. 이것은 11/0과 같은 숫자가 존재하지 않기 때문이다. (이것을 믿지 않는다면, 계산기에서 11을 0으로 나누어보라.)

방정식 $7x - 1 = 13$에서 즉시 x의 값으로 적지 못하게 하는 첫 번째 장애물은 좌변의 -1의 존재이다. 이것은 1을 더하는 것에 의해 제거될 수 있다. 이것이 올바른 규칙이 되기 위해서는 우변에 1을 더해야 한다.

$$7x - 1 + 1 = 13 + 1$$
$$7x = 14$$

두 번째 장애물은 x에 곱하는 숫자 7이다. 좌변을 7로 나눔으로써 제거할 수 있다. 물론 우변에 똑같은 일을 해야 한다.

$$\frac{7x}{7} = \frac{14}{7}$$
$$x = 2$$

이것은 간단한 시행착오를 통해 이전에 발견한 의심의 여지 없는 해법이다. 이러한 전형적인 방법으로 귀찮게 해야 하는 이유가 무엇인지 궁금할 수 있다. 그 이유는 간단하다: 추측은 해답이 명확하지 않은 더 복잡한 방정식 또는 해가 분수인 간단한 방정식을 푸는 데 도움이 되지 않는다. 이러한 상황에서 우리는 위에서 설명한 '방정식의 균형'을 잡는 방법을 따라야 한다.

예제

다음을 풀어라.

(a) $6x + 1 = 10x - 9$

(b) $3(x - 1) + 2(2x + 1) = 4$

(c) $\dfrac{20}{3x - 1} = 7$

(d) $\dfrac{9}{x + 2} = \dfrac{7}{2x + 1}$

(e) $\sqrt{\dfrac{2x}{x - 6}} = 2$

풀이

(a) 다음을 풀기 위한 한 전략은

$$6x + 1 = 10x - 9$$

방정식의 한 변에 x가 포함된 항을 모으고 다른 항에 나머지 모든 항의 항을 모으는 것이다. 이것이 어느 방향으로 진행되었는지는 중요하지 않다. 이 특별한 경우는 좌변에 있는 것보다 우변에 더 많은 x가 있는 것이다. 결과적으로 음수를 피하기 위해 x항을 우변에 쌓는 것이 좋다. 자세한 내용은 다음과 같다:

$$1 = 4x - 9 \quad \text{(양변으로부터 } 6x \text{을 차감하라)}$$
$$10 = 4x \quad \text{(양변에 9를 더하라)}$$
$$\frac{10}{4} = x \quad \text{(양변을 4로 나누어라)}$$

그러므로

$$x = {}^5/_2 = 2{}^1/_2$$

(b) 방정식의 독창적인 특징은

$$3(x - 1) + 2(2x + 1) = 4$$

괄호가 있다는 것이다. 이를 해결하기 위해서 먼저 곱하기를 사용하여 괄호를 제거한 다음 동류항을 수집한다:

$$3x - 3 + 4x + 2 = 4 \quad \text{(괄호 곱셈하라)}$$
$$7x - 1 = 4 \quad \text{(동류항을 모아라)}$$

이 방정식은 이제 해결 방법을 알고 있는 형태라는 것에 주목하라.

$7x = 5$ (양변에 1을 더하라)

$x = \dfrac{5}{7}$ (양변을 7로 나누어라)

(c) 방정식의 새로운 특징은

$$\frac{20}{3x-1} = 7$$

그것은 대수적 분수를 포함한다는 사실이다. 이는 양변에 분수의 맨 아래를 곱하면 쉽게 제거할 수 있다:

$$\frac{20}{3x-1} \times (3x-1) = 7(3x-1)$$

제거하여 다음과 같다.

$$20 = 7(3x - 1)$$

나머지 단계는 (b)에서 설명한 것과 유사하다:

$20 = 21x - 7$ (괄호 곱셈을 한다)

$27 = 21x$ (양변에 7을 더한다)

$\dfrac{27}{21} = x$ (21로 양변을 나눈다)

그러므로

$$x = \,^9/_7 = 1\,^2/_7$$

(d) 다음 방정식,

$$\frac{9}{x+2} = \frac{7}{2x+1}$$

양측에 분수가 있기 때문에 특히 쉽지 않을 것 같다. 그러나 이들은 양변에 분모를 곱함으로써 쉽게 제거된다:

$9 = \dfrac{7(x+2)}{2x+1}$ ($x + 2$를 양변에 곱한다)

$9(2x + 1) = 7(x + 2)$ ($2x + 1$을 양변에 곱한다)

연습을 통해 이 두 단계를 동시에 수행하고 이를 작업의 첫 번째 라인으로 작성할 수 있다. 다음으로부터 직진의 절차는

$$\frac{9}{x+2} = \frac{7}{2x+1}$$

로

$$9(2x + 1) = 7(x + 2)$$

이를 '교차곱셈(cross−multiplication)'이라고 한다. 일반적으로, 만약

$$\frac{a}{b} = \frac{c}{d}$$

이라면

$$ad = bc$$

나머지 단계는 이 예제의 앞부분에서 사용한 단계와 유사하다:

$$18x + 9 = 7x + 14 \quad \text{(괄호 곱셈한다)}$$
$$11x + 9 = 14 \qquad \text{(양변으로부터 } 7x \text{를 차감한다)}$$
$$11x = 5 \qquad\quad \text{(양변으로부터 9를 차감한다)}$$
$$x = \frac{5}{11} \qquad\quad \text{(11로 양변을 나눈다)}$$

(e) 최종 방정식의 좌변은

$$\sqrt{\frac{2x}{x-6}} = 2$$

제곱근으로 둘러싸여 있고, 이는 양변을 제곱하여 쉽게 제거할 수 있다.

$$\frac{2x}{x-6} = 4$$

나머지 단계는 '표준'이다:

$$2x = 4(x - 6) \quad (x - 6 \text{을 양변에 곱한다)}$$
$$2x = 4x - 24 \quad \text{(괄호 곱셈을 한다)}$$
$$-2x = -24 \qquad \text{(양변을 } 4x \text{로 차감한다)}$$
$$x = 12 \qquad\quad \text{(양변을 } -2 \text{로 나눈다)}$$

앞의 예에서 각 부분을 살펴보면 일반적인 전략이 있음에 주목하라. 각각의 경우에 목표는 주어진 방정식을 다음 중 하나의 형식으로 변환하는 것이다.

$$ax + b = c$$

이것은 우리가 쉽게 풀 수 있는 방정식의 일종이다. 원래 방정식에 괄호가 포함된 경우 배수로 제거하라. 만약 방정식에 분수가 포함된 경우 교차 곱셈에 의해 제거하라.

조언

만약 시간이 있다면 언제나 해를 원래 방정식에 대입하여 답을 확인할 가치가 있다. 위의 예제의 마지막 부분에서 다음과 같이 $x = 12$를

$$\sqrt{\frac{2x}{x-6}} \text{에 놓아} \quad \sqrt{\frac{2 \times 12}{12-6}} = \sqrt{\frac{24}{6}} = \sqrt{4} = 2 \quad ✔$$

을 얻는다.

실전문제

5. 다음 방정식을 각각 풀어라. 필요한 경우 분수로 해답을 남겨둬라.

(a) $4x + 1 = 25$

(b) $4x + 5 = 5x - 7$

(c) $3(3 - 2x) + 2(x - 1) = 10$

(d) $\dfrac{4}{x-1} = 5$

(e) $\dfrac{3}{x} = \dfrac{5}{x-1}$

1.2.3 부등식

1.1.1에서 우리는 숫자선(number line)을 사용했다:

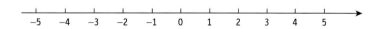

이제 다이어그램에 정수만 표시되었지만 분수와 소수를 나타내는 데도 사용할 수 있다고 암묵적으로 가정한다. 선의 각 점에는 특정 숫자가 대응된다. 반대로 모든 숫자는 선

의 특정 지점으로 나타낼 수 있다. 예를 들어 $-2\frac{1}{2}$는 정확하게 -3과 -2 사이의 중간에 있다. 유사하게, $4\frac{7}{8}$은 4와 5 사이의 $\frac{7}{8}$에 놓여 있다. 이론적으로, 그러한 점을 정확하게 그리는 것이 어려울지라도, 우리는 $\sqrt{2}$와 같은 수에 해당하는 선에서 점을 찾을 수 있다. 실제로, 내 계산기는 $\sqrt{2}$의 소수점 아래 여덟째자리의 값을 1,414,213,56으로 지정한다. 따라서 이 숫자는 1과 2 사이의 중간보다 단지 작은 위치에 놓여 있다.

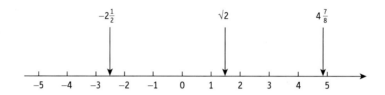

숫자선은 한 숫자가 다른 숫자보다 크거나 작은지 여부를 결정하는 데 사용할 수 있다. 숫자 a가 선의 b의 오른쪽에 있는 경우 숫자 a가 숫자 b보다 크고 다음과 같이 쓴다.

$a > b$

마찬가지로, a가 b의 왼쪽에 놓이면 a가 b보다 작고 다음과 같이 쓴다.

$a < b$

다이어그램에서 우리는 다음을 안다.

$-2 > -4$

-2가 -4의 오른쪽에 있기 때문이다. 이것은 다음 식과 동등하다.

$-4 < -2$

유사하게,

$0 > -1$ (혹은 동등하게 $-1 < 0$)

$2 > -2\frac{1}{2}$ (혹은 동등하게 $-2\frac{1}{2} < 2$)

$4\frac{7}{8} > \sqrt{2}$ (혹은 동등하게 $\sqrt{2} < 4\frac{7}{8}$)

a와 b를 실제 숫자가 아닌 수학적 표현으로 표현하기를 원할 때도 종종 있다. 이 상황에서 때때로 $\geq$과 $\leq$ 기호는 각각 '보다 크거나 같음'과 '보다 작거나 같음'을 의미하기도 한다.

양변에 똑같은 일을 한다면 원하는 어떤 식으로든 방정식을 조작할 수 있다는 것을 이미 알고 있다. 분명한 질문은 이 규칙이 부등식까지 미치는지 여부이다.

참인 문장을 고려해보라.

$1 < 3$ (*)

- 양쪽에 4를 더하면 5 < 7이 되는데, 이는 참이다.
- 양쪽에 −5를 추가하면 −4 < −2가 되는데, 이는 참이다.
- 양변에 2를 곱하면 2 < 6이 되는데, 이는 참이다.
- 양변에 −6을 곱하면 −6 < −18이 되며 이는 거짓이다. 사실 명백히 반대의 경우가 참이다; −6은 실제로 −18보다 크다. 이것은 부등식에 적용하기 전에 규칙을 수정해야 한다는 것과 부등식을 다룰 때 주의해야 한다는 것을 나타낸다.

실전문제

6. 참인 문장으로 시작하기

   $6 > 3$

   양변에서 연산을 수행할 때 다음 중 올바른 연산을 결정하라:

   (a) 6을 더한다   (b) 2를 곱한다

   (c) 3을 뺀다   (d) −3을 더한다

   (e) 3으로 나눈다   (f) −4를 곱한다.

   (g) −1로 나눈다   (h) −3으로 나눈다

   (i) −10을 더한다

이 예들은 중요한 규칙을 가진 부등식에 일반적인 규칙이 적용된다는 것을 보여준다.

> 만약 양변에 음수를 곱하거나 나눈다면, 부등식의 의미는 바뀐다.

이것은 '>'이 '<', '≤'은 '≥' 등으로 변경된다는 것을 의미한다.

이것이 실제로 어떻게 작동하는지 알아보려면 다음 부등식을 고려하자.

$2x + 3 < 4x + 7$

만약 우리가 방정식에 했던 것과 같은 방식으로 풀면, 첫 번째 단계는 양변에서 $4x$를 빼

서 다음을 얻는 것이다.

$$-2x + 3 < 7$$

그리고 양변에서 3을 빼서 다음을 얻는다.

$$-2x < 4$$

마지막으로 양변을 −2로 나눔으로써 다음을 얻는다.

$$x > -2$$

이 단계에서는 음수로 나누었기 때문에 의미가 반대로 되었음에 주목하라.

> **조언**
>
> 두 가지 테스트 값을 사용하여 답을 확인해야 한다. 원 부등식 $2x + 3 < 4x + 7$의 양변으로 $x = 1$(−2의 오른쪽에 놓여 있으므로 그렇게 작동해야 함)을 대입하면 $5 < 11$이 되며 이는 참이다. 한편, $x = -3$(−2의 좌변에 있으므로, 실패해야 함)으로 대입하면 $-3 < -5$가 되며, 이는 거짓이다. 물론, 같은 숫자를 확인하는 것만으로도 최종 부등식이 옳다는 것을 증명하지는 못하지만, 총체적인 실수에 대비할 수 있다.

> **연습문제**
>
> 7. 부등식을 단순화하라.
>   (a) $2x < 3x + 7$ (b) $21x - 19 \geq 4x + 15$

자원 배분에 대한 예산상의 제약이 있을 때 경영의 불평등이 발생한다. 다음 예제는 관련 부등식을 설정하고 해결하는 방법을 보여준다.

> **예제**
>
> 회사의 인사부에는 교육 및 노트북에 지출하는 25,000달러의 예산이 있다. 교육 과정은 700달러이고 새로운 노트북은 1200달러이다.
>
> (a) 만약 부서가 E 직원을 훈련시키고 L 노트북을 구입하는 경우, E와 L의 부등식을 적어라.
>
> (b) 만약 12명의 직원이 수업에 참석한다면, 몇 대의 노트북을 구입할 수 있는가?

풀이

(a) E 직원 교육비용은 $700E$이고 L 노트북 구매 비용은 $1200L$이다. 지출된 총 금액이 25,000달러를 초과해서는 안 된다. 따라서 $700E + 1200L \leq 25,000$.

(b) $E = 12$를 부등식에 대입하면 $8400 + 1200L \leq 25,000$이 된다.

$$1200L \leq 16,600 \quad \text{(양변에서 8400을 뺀다)}$$
$$L \leq 13^5/_6 \quad \text{(1200으로 양변을 나눈다)}$$

따라서 최대 13대의 노트북을 구입할 수 있다.

주요 용어

대수적 분수(Algebraic fractions) $p(x)$와 $q(x)$는 $ax^2 + bx + c$ 또는 $dx + e$와 같은 대수식이며 두 식의 비율.

등가분수(Equivalent fractions)   다른 것처럼 보이지만 같은 수치 값을 갖는 분수.

방정식(Equations)   변수의 특정 값에 대해서만 적용되는 두 대수식의 방정식.

분모(Denominator)   분수의 맨 아래에 있는 숫자(또는 식).

분자(Numerator)   분수의 맨 위에 있는 숫자(또는 식).

숫자선(Number line)   점이 원점에서 (부호가 있는) 거리만큼 실수를 나타내는 무한 선.

인수(Factor)   다른 모든 인자에 의해 곱해질 때, 완전한 식을 제공하는 식의 부분.

항등식(Identities)   변수의 모든 값에 대해 적용되는 두 대수식의 동등성.

연습문제 1.2

1. 다음의 각 분수를 가장 낮은 항으로 줄여라:

   (a) $\dfrac{13}{26}$ (b) $\dfrac{9}{12}$ (c) $\dfrac{18}{30}$

   (d) $\dfrac{24}{72}$ (e) $\dfrac{36}{27}$

2. 2011년 미국에서는 100명당 35명이 스마트폰을 소유했다. 2013년까지 이 수치는 100명당 56개로 증가했다.

   (a) 가장 낮은 항으로 줄인 분수로 이 두 수치를 표현하라.

   (b) 이 기간 동안 스마트폰 소유권은 어떤 요인으로 증가했는가? 가장 낮은 항에서 혼합 분수로 해답을 제시하라.

3. 다음 대수적 분수를 각각 가장 낮은 항으로 줄여라.

(a) $\dfrac{6x}{9}$ (b) $\dfrac{x}{2x^2}$

(c) $\dfrac{b}{abc}$ (d) $\dfrac{4x}{6x^2y}$

(e) $\dfrac{15a^2b}{20ab^2}$

4. 다음 분수의 분자 및/또는 분모를 인수분해하여 각각 가장 낮은 항으로 줄여라:

(a) $\dfrac{2p}{4q+6r}$ (b) $\dfrac{x}{x^2-4x}$

(c) $\dfrac{3ab}{6a^2+3a}$ (d) $\dfrac{14d}{21d-7de}$

(e) $\dfrac{x+2}{x^2-4}$

5. 다음 대수적 분수 중 어느 것이 단순화될 수 있는가? 다른 두 분수를 단순화할 수 없는 이유를 설명하라.

$$\dfrac{x-1}{2x-2},\quad \dfrac{x-2}{x+2},\quad \dfrac{5t}{10t-s}$$

6. (1) 계산기를 사용하지 않고 가장 낮은 조건에서 답을 제시하면 다음과 같이 된다:

(a) $\dfrac{1}{7}+\dfrac{2}{7}$ (b) $\dfrac{2}{9}-\dfrac{5}{9}$ (c) $\dfrac{1}{2}+\dfrac{1}{3}$

(d) $\dfrac{3}{4}-\dfrac{2}{5}$ (e) $\dfrac{1}{6}+\dfrac{2}{9}$ (f) $\dfrac{1}{6}+\dfrac{2}{3}$

(g) $\dfrac{5}{6}\times\dfrac{3}{4}$ (h) $\dfrac{4}{15}\div\dfrac{2}{3}$ (i) $\dfrac{7}{8}\times\dfrac{2}{3}$

(j) $\dfrac{2}{75}\div\dfrac{4}{5}$ (k) $\dfrac{2}{9}\div 3$ (l) $3\div\dfrac{2}{7}$

(2) 계산기를 사용하여 (1)에 대한 답을 확인하라.

7. 자동차 한 대의 연간 서비스를 완료하는 데 $1^1/_4$시간이 걸린다. 만약 47시간 반을 사용할 수 있다면, 몇 대의 차량을 서비스할 수 있는가?

8. 가능한 한 답을 단순화하면서 다음을 수행하라:

(a) $\dfrac{2}{3x} + \dfrac{1}{3x}$

(b) $\dfrac{2}{x} \times \dfrac{x}{5}$

(c) $\dfrac{3}{x} - \dfrac{2}{x^2}$

(d) $\dfrac{7}{x} + \dfrac{2}{y}$

(e) $\dfrac{a}{2} \div \dfrac{a}{6}$

(f) $\dfrac{5c}{12} + \dfrac{5d}{18}$

(g) $\dfrac{x+2}{y-5} \times \dfrac{y-5}{x+3}$

(h) $\dfrac{4gh}{7} \div \dfrac{2g}{9h}$

(i) $\dfrac{t}{4} \div 5$

(j) $\dfrac{P}{Q} \times \dfrac{Q}{P}$

9. 다음 방정식을 각각 풀어라. 필요한 경우 가장 낮은 항으로 축소된 혼합 분수로 답을 제시하라.

(a) $x + 2 = 7$

(b) $3x\ 18$

(c) $\dfrac{x}{9} = 2$

(d) $x - 4 = -2$

(e) $2x - 3 = 17$

(f) $3x + 4 = 1$

(g) $\dfrac{x}{6} - 7 = 3$

(h) $3(x - 1) = 2$

(i) $4 - x = 9$

(j) $6x + 2 = 5x - 1$

(k) $5(3x + 8) = 10$

(l) $2(x - 3) = 5(x + 1)$

(m) $\dfrac{4x - 7}{3} = 2$

(n) $\dfrac{4}{x + 1} = 1$

(o) $5 - \dfrac{1}{x} = 1$

10. 다음 부등식 중 어느 것이 맞는가?

(a) $-2 < 1$

(b) $-6 < -4$

(c) $3 < 3$

(d) $3 \leq 3$

(e) $-21 \geq -22$

(f) $4 < 25$

11. 다음 부등식을 단순화하라:

(a) $2x > x + 1$

(b) $7x + 3 \leq 9 + 5x$

(c) $x - 5 > 4x + 4$

(d) $x - 1 < 2x - 3$

12. 다음 대수적 식을 단순화하라:

$$\dfrac{4}{x^2 y} \div \dfrac{2x}{y}$$

13. (a) 방정식을 풀어라.

$$6(2 + x) = 5(1 - 4x)$$

(b) 부등식 풀어라.

$$3x + 6 \geq 5x - 14$$

8. 가능한 한 답을 단순화하면서 다음을 수행하라:

(a) $\dfrac{2}{3x} + \dfrac{1}{3x}$ (b) $\dfrac{2}{x} \times \dfrac{x}{5}$ (c) $\dfrac{3}{x} - \dfrac{2}{x^2}$

(d) $\dfrac{7}{x} + \dfrac{2}{y}$ (e) $\dfrac{a}{2} \div \dfrac{a}{6}$ (f) $\dfrac{5c}{12} + \dfrac{5d}{18}$

(g) $\dfrac{x+2}{y-5} \times \dfrac{y-5}{x+3}$ (h) $\dfrac{4gh}{7} \div \dfrac{2g}{9h}$ (i) $\dfrac{t}{4} \div 5$

(j) $\dfrac{P}{Q} \times \dfrac{Q}{P}$

9. 다음 방정식을 각각 풀어라. 필요한 경우 가장 낮은 항으로 축소된 혼합 분수로 답을 제시하라.

(a) $x + 2 = 7$ (b) $3x\ 18$ (c) $\dfrac{x}{9} = 2$

(d) $x - 4 = -2$ (e) $2x - 3 = 17$ (f) $3x + 4 = 1$

(g) $\dfrac{x}{6} - 7 = 3$ (h) $3(x - 1) = 2$ (i) $4 - x = 9$

(j) $6x + 2 = 5x - 1$ (k) $5(3x + 8) = 10$ (l) $2(x - 3) = 5(x + 1)$

(m) $\dfrac{4x - 7}{3} = 2$ (n) $\dfrac{4}{x+1} = 1$ (o) $5 - \dfrac{1}{x} = 1$

10. 다음 부등식 중 어느 것이 맞는가?

(a) $-2 < 1$ (b) $-6 < -4$ (c) $3 < 3$

(d) $3 \leq 3$ (e) $-21 \geq -22$ (f) $4 < 25$

11. 다음 부등식을 단순화하라:

(a) $2x > x + 1$ (b) $7x + 3 \leq 9 + 5x$

(c) $x - 5 > 4x + 4$ (d) $x - 1 < 2x - 3$

12. 다음 대수적 식을 단순화하라:

$$\dfrac{4}{x^2 y} \div \dfrac{2x}{y}$$

13. (a) 방정식을 풀어라.

$$6(2 + x) = 5(1 - 4x)$$

(b) 부등식 풀어라.

$$3x + 6 \geq 5x - 14$$

연습문제 1.2*

1. 다음 대수적 분수를 각각 단순화하라:

(a) $\dfrac{2x-6}{4}$

(b) $\dfrac{9x}{6x^2-3x}$

(c) $\dfrac{4x+16}{x+4}$

(d) $\dfrac{x-1}{1-x}$

(e) $\dfrac{x+6}{x^2-36}$

(f) $\dfrac{(x+3)(2x-5)}{(2x-5)(x+4)}$

(g) $\dfrac{3x}{6x^3-15x^2+9x}$

(h) $\dfrac{4x^2-25y^2}{6x-15y}$

2. (1) 계산기를 사용하지 않고 평가하라.

(a) $\dfrac{4}{5}\times\dfrac{25}{28}$

(b) $\dfrac{2}{7}\times\dfrac{14}{25}\times\dfrac{5}{8}$

(c) $\dfrac{9}{16}\div\dfrac{3}{8}$

(d) $\dfrac{2}{5}\times\dfrac{1}{12}\div\dfrac{8}{25}$

(e) $\dfrac{10}{13}-\dfrac{12}{13}$

(f) $\dfrac{5}{9}+\dfrac{2}{3}$

(g) $2\dfrac{3}{5}+1\dfrac{3}{7}$

(h) $5\dfrac{9}{10}-\dfrac{1}{2}+1\dfrac{2}{5}$

(i) $3\dfrac{3}{4}\times1\dfrac{3}{5}$

(j) $\dfrac{3}{5}\times\left(2\dfrac{1}{3}+\dfrac{1}{2}\right)$

(k) $\dfrac{5}{6}\times\left(2\dfrac{1}{3}-1\dfrac{2}{5}\right)$

(l) $\left(3\dfrac{1}{3}\div2\dfrac{1}{6}\right)\div\dfrac{5}{13}$

(2) 계산기를 사용하여 (1)에 대한 답을 확인하라.

3. 다음 분수식을 정리하라:

(a) $\dfrac{x^2+6x}{x-2}\times\dfrac{x-2}{x}$

(b) $\dfrac{1}{2}\div\dfrac{1}{x+1}$

(c) $\dfrac{2}{xy}+\dfrac{3}{xy}$

(d) $\dfrac{x}{2}+\dfrac{x+1}{3}$

(e) $\dfrac{3}{x}+\dfrac{4}{x+1}$

(f) $\dfrac{3}{x}+\dfrac{5}{x^2}$

(g) $x-\dfrac{2}{x+1}$

(h) $\dfrac{5}{x(x+1)}-\dfrac{2}{x}+\dfrac{3}{x+1}$

4. 다음 방정식을 풀어라:

(a) $5(2x+1)=3(x-2)$

(b) $5(x+2)+4(2x-3)=11$

(c) $5(1-x)=4(10+x)$

(d) $3(3-2x)-7(1-x)=10$

(e) $9-5(2x-1)=6$

(f) $\dfrac{3}{2x+1}=2$

(g) $\dfrac{2}{x-1}=\dfrac{3}{5x+4}$

(h) $\dfrac{x}{2}+3=7$

(i) $5 - \dfrac{x}{3} = 2$ (j) $\dfrac{5(x-3)}{2} = \dfrac{2(x-1)}{5}$

(k) $\sqrt{(2x-5)} = 3$ (l) $(x+3)(x-1) = (x+4)(x-3)$

(m) $(x+2)^2 + (2x-1)2 = 5x(x+1)$ (n) $\dfrac{2x+7}{3} = \dfrac{x-4}{6} + \dfrac{1}{2}$

(o) $\sqrt{\dfrac{45}{2x-1}} = 3$ (p) $\dfrac{4}{x} - \dfrac{3}{4} = \dfrac{1}{4x}$

5. Ariadne의 돈의 2/3는 Brian의 돈의 5/7와 합쳐서 Catriona의 돈의 3/5과 같다. Ariadne의 돈이 2.40달러이고 Catriona의 돈이 11.25달러인 경우, Brian이 얼마나 많은 돈을 벌었는지 계산할 수 있는 방정식을 작성하라. 이 방정식을 풀어라.

6. 금액 P달러가 예금 계좌에 저축되었다. 이자율은 매년 $r\%$ 복리로 계산되므로 n년 후에 저축 S는

$$S = P\left(1 + \dfrac{r}{100}\right)^n$$

(a) $P = 2000$, $n = 5$, $r = 10$일 때 S를 구하라.

(b) $S = 65{,}563.62$, $n = 3$, $r = 3$일 때 P를 구하라.

(c) $S = 7320.50$, $P = 5000$, $n = 4$일 때 r을 구하라.

7. 다음 부등식을 풀어라:

(a) $2x - 19 > 7x + 24$ (b) $2(x-1) < 5(3x+2)$

(c) $\dfrac{2x-1}{5} \geq \dfrac{x-3}{2}$ (d) $3 + \dfrac{x}{3} < 2(x+4)$

(e) $x < 2x + 1 \leq 7$

8. 광택 잡지의 광고 디자인 비용은 9000달러이며 인쇄물 cm^2당 비용은 50달러이다.

(a) x cm^2를 부담하는 광고를 출판하는 총비용에 대한 식을 적어라.

(b) 광고 예산은 800~12,000달러이다. 사용할 수 있는 최소 및 최대 영역을 산출하기 위해 부등식을 적어서 풀어라.

9. 다음 부등식 둘 모두를 동시에 만족하는 모든 정수를 나열하라:

$$-7 \leq 2x < 6, \quad 4x + 1 \leq x + 2$$

10. (a) 단순화하라.

$$\frac{31x-8}{(2x-1)(x+2)} - \frac{14}{x+2}$$

(b) 방정식을 풀어라.

$$\frac{x+1}{8} = \frac{x+3}{4} - \frac{1}{2}$$

(c) 부등식을 단순화하라.

$$(2x + 1)(x - 5) \le 2(x + 2)(x - 4)$$

11. 단순화하라.

$$\frac{x^2}{x+1} \div \frac{2x}{x^2-1}$$

SECTION 1.3

선형 방정식 그래프

목표

이 절을 공부한 후에는 다음을 할 수 있다:

- 좌표평면의 주어진 그래프용지에 점을 찍을 수 있다.
- 선상의 두 점의 좌표를 찾아 선을 스케치할 수 있다.
- 연립 선형 방정식을 그래프로 풀어낼 수 있다.
- 기울기와 절편을 사용하여 선을 스케치할 수 있다.

그림 1.1의 두 직선을 고려하자. 수평선을 x축(x axis), 수직선을 y축(y axis)이라고 한다. 이 선들이 교차하는 점을 원점(origin)이라고 하며 문자 O로 표시한다. 이 선들은 좌표 (coordinate) (x, y)로 점 P를 고유하게 식별할 수 있게 한다. 첫 번째 숫자 x는 x축을 따라 수평 거리를 나타내며 두 번째 숫자 y는 y축을 따라 수직 거리를 나타낸다. 축의 화살 표는 각각의 경우에 양의 방향을 나타낸다.

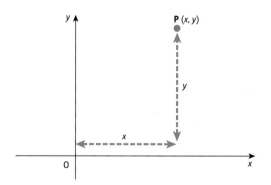

그림 1-1.

그림 1.2는 좌표축에 그려진 다섯 개의 점 A(2, 3), B(−1, 4), C(−3, −1), D(3, −2), 그리고 E(5, 0)를 나타낸다. 좌표 (2, 3)인 점 A는 원점에서 시작하여 오른쪽으로 2 단위 이동한 다음 수직으로 위쪽으로 3 단위 이동하여 얻게 된다. 마찬가지로 좌표 (−1, 4)가 있는

점 B는 O의 왼쪽에 1 단위(x 좌표가 음수이기 때문에)에 위치하며 4 단위 위에 위치한다.

점 C는 x와 y 좌표가 모두 음수이므로 맨 아래 왼쪽 사분면에 있다는 것에 주목하라. y좌표가 0이므로 E가 실제로 x축에 있다는 것을 알아두는 것도 중요하다. 마찬가지로, 어떤 숫자 y에 대한 $(0, y)$ 형태의 좌표를 갖는 점은 y축의 어딘가에 위치할 것이다. 물론 좌표 $(0, 0)$이 있는 점이 원점이다.

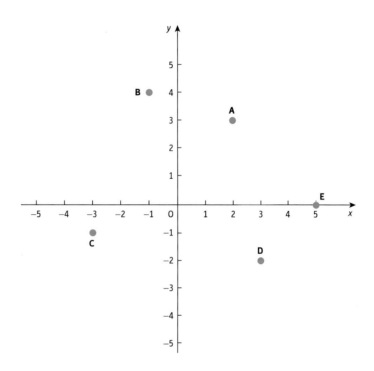

그림 1-2.

실전문제

1. 그래프용지에 다음 점을 찍어라. 당신은 무엇을 관찰하는가?

$(2, 5)$, $(1, 3)$, $(0, 1)$, $(-2, -3)$, $(-3, -5)$

경제학에서 우리는 단순히 그래프용지에 개별 점을 그려야 할 필요가 없다. 우리는 방정식으로 표현된 곡선을 스케치하고 그러한 그림에서 정보를 추론할 수 있기를 원한다. 우리는 이 절에서 그래프를 직선인 방정식으로 관심사를 제한하고, 2장까지 보다 일반적인 곡선 스케치를 고려해야 한다.

실전문제 1에서는 다섯 개의 점 (2, 5), (1,3), (0, 1), (−2, −3), (−3, −5)가 모두 직선에 놓여 있다는 것에 주목하라. 사실, 이 선의 방정식은 다음과 같다.

$$-2x + y = 1$$

x와 y 좌표가 이 방정식을 만족하면 모든 점은 이 선 위에 있다. 예를 들어, $x = 2$, $y = 5$의 값이 방정식의 좌변에 대입될 때 (2, 5)가 선 위에 있기 때문에 다음과 같이 얻을 수 있다.

$$-2(2) + 5 = -4 + 5 = 1$$

이것은 방정식의 우변이다. 다른 점도 비슷하게 확인할 수 있다(표 1.1을 참조하라).

표 1.1

좌표	확인	
(1, 3)	$-2(1) + 3 = -2 + 3 = 1$	✓
(0, 1)	$-2(0) + 1 = 0 + 1 = 1$	✓
(−2, −3)	$-2(-2) - 3 = 4 - 3 = 1$	✓
(−3, −5)	$-2(-3) - 5 = 6 - 5 = 1$	✓

직선의 일반 방정식은 다음과 같은 형식을 취한다.

x의 배수   + y의 배수   =   숫자

즉

$$dx + ey = f$$

몇몇 주어진 수 d, e 및 f에 대해서 결과적으로, 이러한 방정식을 선형 방정식(linear equation)이라고 한다. 숫자 d와 e는 계수로 언급된다. 선형 방정식의 계수는

$$-2x + y = 1$$

$-2x + y = 1$은 −2와 1이다(y의 계수는 $1 \times y$로 생각할 수 있기 때문에 y의 계수는 1이다).

실전문제

2. 점들을 확인하라.

$$(-1, 2), (-4, 4), (5, -2), (2, 0)$$

모두가 선에 놓여 있다.

$$2x + 3y = 4$$

그래프용지에 이 선을 스케치하라. 점 (3, −1)이 이 선에 놓여 있는가?

일반적으로 수학 방정식에서 선을 스케치하려면, 그 위에 놓여 있는 두 개의 별개 점의 좌표를 계산하면 충분하다. 이 두 점은 그래프용지와 그 점을 지나는 선을 그리는 데 사용되는 눈금자에 그려질 수 있다. 선 위에 있는 점의 좌표를 찾는 한 가지 방법은 단순히 x에 대한 수치 값을 선택하고 이를 방정식으로 대체하는 것이다. 이 방정식을 사용하여 y의 해당 값을 추론할 수 있다. x에 대해 다른 값을 선택하여 두 번째 점의 좌표를 찾기 위해 전체 과정을 반복할 수 있다.

예제

선을 스케치하라.

$$4x + 3y = 11$$

풀이

첫 번째 점으로 $x = 5$를 선택하자. 이 숫자를 방정식에 대입하면

$$4(5) + 3y = 11$$
$$20 + 3y = 11$$

문제는 이제 y에 대해 이 방정식을 푸는 것이다:

$$3y = -9 \quad \text{(양변으로부터 20을 차감한다)}$$
$$y = -3 \quad \text{(양변을 3으로 나눈다)}$$

결과적으로, 선 위의 한 점의 좌표는 (5, −3)이다.

두 번째 점으로 $x = -1$을 선택하자. 이 숫자를 방정식에 대입하면

$$4(-1) + 3y = 11$$
$$-4 + 3y = 11$$

이것은 다음과 같이 y에 대해 풀 수 있다:

$$3y = 15 \quad \text{(양변에 4를 더한다)}$$
$$y = 5 \quad \text{(양변을 3으로 나눈다)}$$

따라서 $(-1, 5)$가 그림 1.3에 표시된 것처럼 그래프용지에 스케치될 수 있는 선 위에 있다.

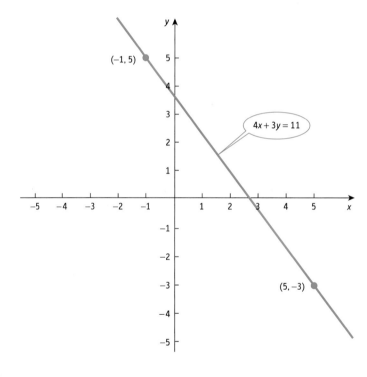

그림 1-3.

실전문제

3. 선 위에 있는 두 점의 좌표를 찾아라.

$$3x - 2y = 4$$

첫 번째 점은 $x = 2$이고 두 번째 점은 $x = -2$라고 할 때의 그래프를 스케치하라.

이 예제에서 우리는 임의로 x의 두 값을 선택하고 선형 방정식을 사용하여 y의 해당 값을 계산했다. 변수 x에 대해 특별한 것은 없다. 우리는 y에 대한 값을 똑같이 선택하고 x에 대한 방정식을 풀 수 있다. 실제로, (산술 연산의 양과 관련하여) 가장 쉬운 방법은 $x = 0$을 입력하고 y를 찾은 다음 $y = 0$을 입력하고 x를 찾는 것이다.

예제

선을 스케치하라.

$$2x + y = 5$$

풀이

$x = 0$ 설정은 다음 결과를 얻는다.

$$2(0) + y = 5$$
$$0 + y = 5$$
$$y = 5$$

그러므로 $(0, 5)$는 이 선 위에 있다.

$y = 0$ 설정은 다음 결과를 얻는다.

$$2x + 0 = 5$$
$$2x = 5$$
$$x = 5/2 \quad \text{(양변을 2로 나눈다)}$$

그러므로 $(5/2, 0)$는 이 선 위에 있다.

$2x + y = 5$ 선은 그림 1.4에 그려져 있다. 대수가 이 접근법을 얼마나 쉽게 사용하는지 주목하라. 두 점 자체도 약간 의미가 있다. 그것들은 선이 좌표축과 교차하는 점이다.

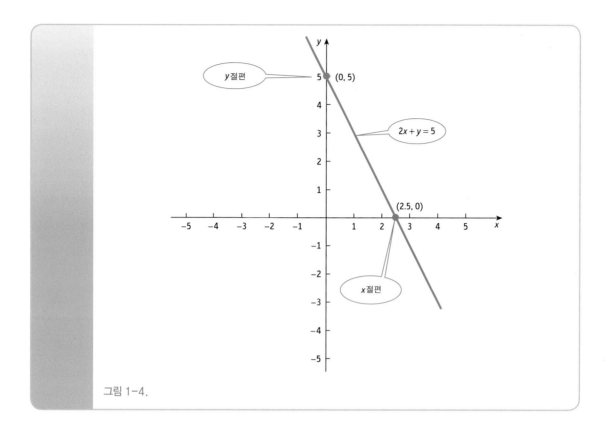

그림 1-4.

실전문제

4. 선이 있는 점의 좌표를 찾아라.

$$x - 2y = 2$$

축과 교차한다. 따라서 그래프를 스케치하라.

경제학에서는 때로는 하나 이상의 방정식을 동시에 처리할 필요가 있다. 예를 들어, 수요 공급 분석에서 우리는 공급 방정식과 수요 방정식의 두 방정식에 관심이 있다. 두 변수 모두 Q와 P 변수가 관련 있으므로 동일한 다이어그램에서 변수를 스케치하는 것이 좋다. 이것은 두 선의 교점을 찾아서 시장 균형 수량과 가격을 결정할 수 있게 한다. 우리는 1.5절의 수요 공급 분석으로 돌아갈 것이다. 교차점의 좌표를 결정할 필요가 있을 때 경제학과 경영학 연구에 다른 많은 예가 있다. 다음은 일반적인 원칙을 설명하는 간단한 예이다.

예제

두 선의 교차점을 찾아라.

$$4x + 3y = 11$$
$$2x + y = 5$$

풀이

우리는 앞의 두 예제에서 어떻게 이러한 선들을 스케치하는지를 알게 되었다. 그러므로 다음과 같이 표현한다.

$$4x + 3y = 11$$

$(5, -3)$과 $(-1, 5)$를 통과하고, 그것은

$$2x + y = 5$$

$(0, 5)$와 $(5/2, 0)$을 통과한다.

이러한 두 선은 그림 1.5의 동일한 다이어그램에서 스케치되며, 여기서 교점이 $(2, 1)$로 표시된다.

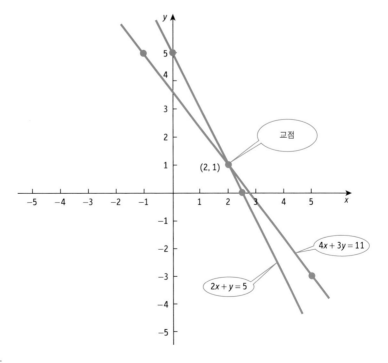

그림 1-5.

우리는 (2, 1)이 두 선에 있음을 확인함으로써 실수를 하지 않았음을 쉽게 증명할 수 있다. 그것은 다음 위에 놓여 있다.

$$4x + 3y = 11 \text{ 왜냐하면 } 4(2) + 3(1) = 8 + 3 = 11 \checkmark$$

그리고 $2x + y = 5$에 놓여 있다. 왜냐하면 $2(2) + 1 = 4 + 1 = 5 \checkmark$

이러한 이유 때문에 $x = 2$, $y = 1$은 연립 선형 방정식(simultaneous linear equation)의 해이다.

$$4x + 3y = 11$$
$$2x + y = 5$$

실전문제

5. 교차점을 찾아라.

$$3x - 2y = 4$$
$$x - 2y = 2$$

[힌트: 문제 3과 4에 대한 해답을 찾는 데 유용할 것이다.]

방정식의 정확한 그림을 산출할 필요가 없을 때가 많다. 요구되는 모든 것은 몇 가지 핵심 요소 또는 특징과 함께 일반적인 모양을 나타내는 것이다. e가 0이 아니라면, 다음에 의해 주어진 임의의 방정식이 표시될 수 있다.

$$dx + ey = f$$

특별한 형태로 재배치될 수 있다.

$$y = ax + b$$

이러한 재배치를 수행하는 방법을 보여주는 예가 잠시 후 고려된다. 계수 a와 b는 특별히 중요하다. 구체적으로, 다음을 고려하자.

$$y = 2x - 3$$

여기서 $a = 2$와 $b = -3$이다.

x가 0일 때 y의 값은

$$y = 2(0) - 3 = -3$$

이 선은 (0, −3)을 통과하므로 y절편은 −3이다. 이것은 단지 b의 값이다. 다시 말해, 상수항인 b는 y축의 절편(intercept)을 나타낸다.

동일한 방식으로, x의 계수인 a가 선의 기울기(slope)를 결정한다는 것을 쉽게 알 수 있다. 직선의 기울기는 단순히 x값의 1 단위 증가만큼 가져오는 y값의 변화이다. 방정식

$$y = 2x - 3$$

$x = 5$를 선택하고 $x = 6$이 되도록 하나의 단위로 이것을 증가시키자. 그 뒤 y의 해당 값은 각각 다음과 같다,

$$y = 2(5) - 3 = 10 - 3 = 7$$
$$y = 2(6) - 3 = 12 - 3 = 9$$

x가 1 단위 증가할 때 y값은 2 단위 증가한다. 그러므로 선의 기울기는 a의 값인 2이다. 선의 기울기는 길이 전체에 걸쳐 고정되어 있으므로 두 점을 취하는 것은 중요하지 않다. $x = 5$와 $x = 6$의 특별한 선택은 전적으로 임의적이었다. $x = 20$과 $x = 21$과 같이 두 개의 다른 점을 선택하고 앞의 계산을 반복하여 이 점을 스스로 확신할 수 있다.

이 선의 그래프

$$y = 2x - 3$$

은 그림 1.6에 그려져 있다. 이것은 절편이 −3인 정보를 사용하여 스케치되며, 2 단위가 올라갈 때마다 1 단위당 진행된다. 이 예에서 x의 계수는 양수이다. 이것은 반드시 그럴 필요는 없다. a가 음수이면 x가 증가할 때마다 선이 내리막임을 나타내는 y가 그에 상응하여 감소한다.

만약 a가 0이면 방정식은 단지

$$y = b$$

y가 b에 고정되고 선이 수평임을 나타낸다. 세 가지 경우가 그림 1.7에 묘사되어 있다.

기울기–절편 접근법을 사용하려면 방정식을 다음과 같이 쓰는 것이 필요하다는 것을 알아야 한다.

$$y = ax + b$$

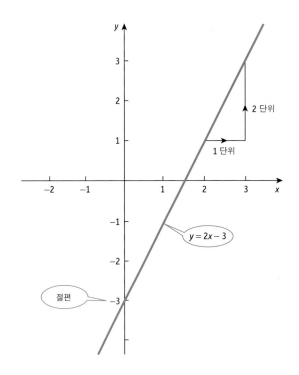

그림 1-6.

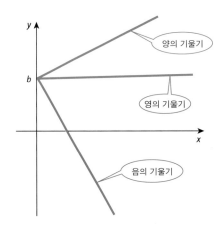

그림 1-7.

만약 선형 방정식이 이 형태가 아니면 일반적으로 좌변에서 변수 y를 분리하기 위해 예비 재배치를 수행할 수 있다.

예를 들어, 기울기−절편 접근법을 사용하여 선을 스케치하기 위해

$$2x + 3y = 12$$

왼쪽에서 x항을 제거하는 것으로 시작한다. 양쪽에서 $2x$를 빼면 다음이 주어진다.

$$3y = 12 - 2x$$

그리고 양변을 3으로 나누면 다음을 얻는다.

$$y = 4 - \frac{2}{3}x$$

이것은 $a = -2/3$과 $b = 4$인 필수 형태이다. 이 선은 그림 1.8에 그려져 있다. $-2/3$의 기울기는 1 단위마다 2/3 단위 아래로 이동한다는 것을 의미한다(또는 동등하게 3 단위마다 2 단위 내려간다). 4의 절편은 그것이 $(0, 4)$를 통과한다는 것을 의미한다.

실전문제

6. 선을 스케치하기 위해 기울기−절편 방식을 사용하라.

(a) $y = x + 2$　　　　(b) $4x + 2y = 1$

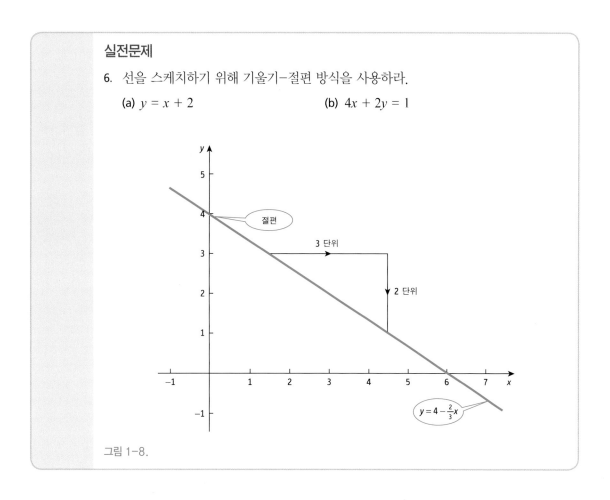

그림 1−8.

이 절에서는 선형 그래프를 어떻게 경영학에서 사용하는지를 보여주는 두 가지 예를 보이고 결론을 맺는다.

예제

스마트폰의 두 가지 새로운 모델이 2015년 1월 1일에 출시된다. 판매 예측은 다음과 같이 주어져 있다:

$$\text{Model 1: } S_1 = 4 + 0.5n \qquad \text{Model 2: } S_2 = 8 + 0.1n$$

여기서 S_i(수만 단위)는 n개월 후 모델 i의 월간 판매량을 나타낸다.

(a) 각 선의 기울기와 절편의 값을 기술하고 해석을 제시하라.

(b) 동일한 축에 그래프를 그려 첫해에 두 모델의 판매를 설명하라.

(c) 모델 1의 판매가 모델 2의 판매를 추월하는 달을 찾기 위해 그래프를 사용하라.

풀이

(a) 모델 1의 절편은 4이다. 제품을 출시할 때 이 전화기의 판매량은 40,000대이다. 기울기는 0.5이므로 매월 판매는 5000대씩 증가한다. 모델 2의 해당 수치는 각각 8과 0.1이다.

(b) 모델 1의 절편은 4이므로 선은 (0, 4)를 통과한다. n의 1 단위 증가마다 S_1 값이 0.5만큼 증가하므로 예를 들어 n이 2 단위 증가하면 S_1이 1 단위 증가한다. 선은 (2, 5)와 (4, 6) 등을 통과한다. 이 선은 그림 1.9에 그려져 있다.

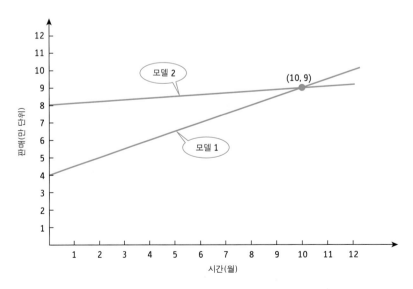

그림 1-9.

모델 2의 경우, 선은 (0, 8)을 통과하고 기울기가 0.1이므로 (10, 9)를 통과한다.

(c) 그래프가 (10, 9)에서 교차하므로 모델 1의 판매가 모델 10의 판매를 10개월 후에 추월한다.

예제

세 회사는 대학에 수학 소프트웨어를 제공할 수 있다. 회사마다 가격 구조가 다르다:

회사 1은 130,000달러의 비용이 들어간 사이트의 라이선스를 제공하며, 대학에서 누구든지 사용할 수 있다;

회사 2는 사용자당 1000달러를 부과한다;

회사 3은 처음 60명의 사용자에게는 고정 금액인 40,000달러를 부과하고 추가 사용자 한 명당 500달러를 부과한다.

(a) 축의 동일한 집합에 대해 각 비용함수의 그래프를 그려라.

(b) 어떤 회사를 선택할지에 대해 당신은 대학에 어떤 조언을 할 수 있는가?

풀이

(a) 만약 n명의 사용자가 있는 경우 각 공급자의 비용 C는 다음과 같다:

회사 1: $C = 130{,}000$. 그래프는 절편 130,000인 수평선.

회사 2: $C = 1000n$. 그래프는 기울기가 있는 원점을 통과하는 선이다.

회사 3: $n \leq 60$이면 $C = 40{,}000$.

만약 $n > 60$이면 $C = 40{,}000 + 500(n - 60) = 500n + 10{,}000$

C 회사의 그래프는 절편이 40,000인 $n = 60$까지 수평선이며, 그 후에 선은 기울기 500인 위쪽으로 구부러진다.

그래프는 그림 1.10에 그려져 있다.

(b) 가장 저렴한 공급업체는 사용자 수에 의존한다:

만약 $n \leq 40$인 경우 회사 2가 가장 저렴하다;

만약 $40 \leq n \leq 240$인 경우 회사 3이 가장 저렴하다;

만약 $n \geq 240$인 경우 회사 1이 가장 저렴하다.

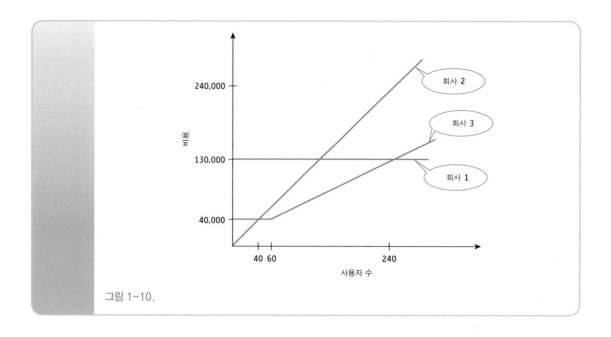

그림 1-10.

주요 용어

계수(Coefficient)   식 $4x + 7yz^2$에서 숫자 4과 7과 같은 대수항에 있는 변수의 수치 승수.

선의 기울기(Slope of a line)   기울기라고도 알려져 있는데, x가 1 단위 증가하면 y값이 변경된다.

선형 방정식(Linear equation) $dx + ey = f$의 방정식.

연립 선형 방정식(Simultaneous linear equations)   방정식과 미지수가 같은 (보통) 선형 방정식의 기울기의 해는 동시에 모든 방정식을 만족시키는 미지수의 값으로 구성된다.

원점(Origin)   좌표축이 교차하는 점.

절편(Intercept)   그래프가 좌표축 중 하나와 교차하는 지점.

좌표(Coordinates)   축 집합을 기준으로 한 점의 위치를 결정하는 숫자 집합.

x축(x axis)   왼쪽으로부터 오른쪽을 가리키는 수평 좌표축.

y축(y axis)   위쪽으로 향하는 수직 좌표축.

연습문제 1.3

1. 그래프용지에서 x와 y값이 −3과 10 사이인 축을 그리고 다음 점들을 그린다:

$$P(4, 0), \quad Q(-2, 9), \quad R(5, 8), \quad S(-1, -2)$$

따라서 P와 Q를 지나는 선과 R과 S를 통과하는 선의 교차점 좌표를 찾아라.

2. 항공기는 2000km 비행 시 300달러, 4000km 비행 시 700달러를 부과한다.

   (a) 가로축은 거리를, 세로축은 비용을 그래프용지에 그린다.

   (b) 선형 모형 추정치

      (i) 3200km의 비행 비용

      (ii) 400달러의 비행 비용으로 여행한 거리를 가정한다.

3. 값들을 방정식에 대입하여 $x + 4y = 12$인 선에 다음 중 어느 점에 놓을지 결정한다:

   $A(12, 0)$, $B(2, 2)$, $C(4, 2)$, $D(-8, 5)$, $E(0, 3)$

4. 선 $3x - 5y = 8$에 대해,

   (a) $y = 2$일 때 x의 값을 구하라.

   (b) $x = 1$일 때 y의 값을 구하라.

   그러므로 이 선 위에 있는 두 점의 좌표를 적어라.

5. 만약 $4x + 3y = 24$이면, 다음 표를 완성하고 이 선을 스케치하라.

x	y
0	
	0
3	

6. 다음 연립 선형 방정식 쌍을 그래프로 풀어라:

   (a) $-2x + y = 2$ (b) $3x + 4y = 12$

       $2x + y = -6$ $x + 4y = 8$

   (c) $2x + y = 4$ (d) $x + y = 1$

       $4x - 3y = 3$ $6x + 5y = 15$

7. 다음의 각 선에 대해 기울기 및 y-절편의 값을 적어라.

   (a) $y = 5x + 9$ (b) $y = 3x - 1$

   (c) $y = 13 - x$ (d) $-x + y = 4$

   (e) $4x + 2y = 5$ (f) $5x - y = 6$

8. 다음 선의 대략적인 스케치를 만들기 위해 기울기-절편 방식을 사용하라:

   (a) $y = -x$

   (b) $x - 2y = 6$

9. 택시 회사는 4달러의 고정비용과 1마일당 2.50달러의 요금을 부과한다.

    (a) x 마일 여행의 비용 C에 대한 공식을 적어라.

    (b) $0 \le x \le 20$에 대해 x에 대한 C의 그래프를 그려라.

    (c) 따라서, 또는 다른 방법으로 24달러가 소요되는 여정의 거리를 해결하라.

10. 일련의 카페에 고용된 사람 수 N은 방정식에 따라 카페의 수 n과 관련된다:

    $$N = 10n + 120$$

    (a) $0 \le n \le 20$에 대해 n에 대한 N의 그래프를 그려 이 관계를 설명하라.

    (b) 따라서, 또는 다른 방법으로, 다음의 수를 계산하라.

        (i) 회사에 14개의 카페가 있을 때 직원의 수;

        (ii) 회사가 190명을 고용할 때 카페의 수;

    (c) 그래프의 기울기와 절편의 값을 기술하고 해석을 제시하라.

11. 월별 판매 수익 S(달러) 및 월간 광고비 A(달러)는 선형 관계 $S = 9000 + 12A$로 모형화할 수 있다.

    (a) 만약 회사가 광고비를 지출하지 않을 경우 그 달에 예상되는 판매 수익은 얼마인가?

    (b) 만약 회사가 1개월 동안 광고비로 800달러를 지출한다면 예상 판매 수익은 얼마인가?

    (c) 매월 15,000달러의 판매 수익을 달성하기 위해 회사가 광고에 지출해야 하는 비용은 얼마인가?

    (d) 회사가 광고에 대한 월간 지출을 1달러 증액하면 판매 수익이 어느 정도 증가하는가?

연습문제 1.3*

1. 다음 중 선 $3x - 5y = 25$에 속하는 점은 무엇인가?

    $(5, -2)$, $(10, 1)$, $(-5, 0)$ $(5, 10)$, $(-5, 10)$, $(0, -5)$

2. 다음 쌍의 연립 방정식을 그래프로 풀어라:

    (a) $y = 3x - 1$ (b) $2x + y = 6$

    $\quad\ y = 2x + 1$ $\quad\ x - y = -3$

(c) $2x + 3y = 5$ (d) $3x + 4y = -12$

$5x - 2y = -16$ $-2x + 3y = 25$

3. 다음의 각 선에 대해 기울기 및 y-절편의 값을 기술하라:

(a) $y = 7x - 34$ (b) $y = 1 - x$ (c) $3x - 2y = 6$

(d) $-4x + 2y = 5$ (e) $x - 5y = 0$ (f) $y = 2$

(g) $x = 4$

4. 다음 목록에서 병렬인 두 선을 식별하라:

(a) $3x + 5y = 2$ (b) $5x - 3y = 1$ (c) $5x + 3y = 13$

(d) $10x - 6y = 9$ (e) $y = 0.6x + 2$

5. (a) Wonderful Mobile Phone Company는 매달 70달러를 부과하고 통화는 분당 0.50 달러의 비용을 청구한다. 한 달에 x분 동안 휴대전화를 사용하는 경우 총비용을 x로 표현한다.

(b) 매달 20달러, 분당 1달러를 부과하는 Fantastic Mobile Phone Company에 대해 (a)을 반복하라.

(c) 두 그래프를 같은 축에 그리고, 두 회사에 대해 총비용이 같은 월별 통화 시간을 구하라.

6. 제과점은 생일 케이크 가격을 1달러씩 내리면 매월 12개씩 케이크가 더 팔린다는 사실을 발견했다.

(a) 월간 판매량 M이 가격 P와 선형모형 $M = aP + b$로 관련된다고 가정하여 a값을 기술하라.

(b) 제과점이 한 달에 240개의 케이크를 판매하는 경우 케이크 가격이 14달러일 때 b값을 계산하라.

(c) 이 모형을 사용하여 가격이 9달러일 때 월별 판매액을 추정하라.

(d) 만약 제과점이 한 달에 단지 168개의 케이크만 만들 수 있다면, 모두 판매하기 위한 가격을 계산하라.

7. (1) $ae - bd = 0$일 때마다 $ax + by = c$와 $dx + ey = f$가 평행하다는 것을 보여라.

(2) (1)의 결과를 사용하여 다음 연립 방정식의 해답에 대해 의견을 제시하라:

$2x - 4y = 1$

$-3x + 6y = 7$

8. 선 $ax + by = c$가 축과 만나는 지점의 좌표를 기록하라.

SECTION 1.4

연립 선형 방정식의 대수해

목표

이 절을 공부한 후에는 다음을 할 수 있다:

- 제거법을 사용하여 두 개의 미지수에서 두 개의 선형 연립 방정식을 풀어낼 수 있다.
- 방정식 구조에 해가 없을 때를 감지할 수 있다.
- 방정식 구조가 무한히 많은 해를 가질 때를 감지할 수 있다.
- 제거법을 사용하여 3개의 미지수에서 3개의 연립 선형 방정식을 풀어낼 수 있다.

1.3절에서 연립 선형 방정식의 해를 구하는 그래픽 방법을 묘사했다. 두 선은 동일한 그래프용지에 스케치되고 교점의 좌표는 다이어그램에서 간단히 읽을 수 있다. 불행히도 이 접근법은 몇 가지 단점이 있다. 축에 적합한 척도를 결정하는 것이 항상 쉬운 게 아니라는 것이다. 눈금이 네 점(각 선에서 두 개)을 다이어그램에 맞게 허용할지라도 교차점 자체도 그 위에 놓여 있다는 보장은 없다. 이 경우에는 대안이 없지만 그래프용지를 버리고 다시 시작하여 해가 적합해질 것이라는 희망으로 작은 규모를 선택하라. 두 번째 단점은 그래픽 해의 정확성과 관련이 있다. 1.3절의 모든 문제는 해답이 좋은 숫자를 갖도록 의도적으로 선택되었다; -1, 2, 5와 같은 정수 또는 $\frac{1}{2}$, $2\frac{1}{2}$ 및 $-\frac{1}{4}$과 같은 최악의 단순한 분수. 실제로, 방정식의 계수는 십진법을 포함할 수 있으며 십진법의 해를 기대할 수 있다. 실제로 계수가 정수이면 해답 자체는 $7/8$ 또는 $231/571$과 같은 지저분한 분수를 포함할 수 있다. 우리가 심지어 이 과정에서 실제적으로 큰 규모와 가장 선명한 **HB** 연필을 사용한다고 해도 이러한 상황에서 그래픽을 통해 해답을 얻는 것은 사실상 불가능하다는 것을 납득해야 한다. 마지막 단점은 문제 자체의 성격에 관한 것이다. 경제학에서 꽤 자주 3개의 미지수로 3개의 방정식을 풀거나 4개의 미지수로 4개의 방정식을 풀어야 한다. 불행하게도, 해의 그래픽 방법은 이러한 경우까지 확장되지 않는다.

이 절에서는 대수에 의존하는 대안 방법을 설명한다. 과정의 각 단계에서 미지의 하나(또는 그 이상)가 제거되므로 이를 제거법(elimination method)이라고 한다. 이 방법은 항상 정확한 해를 산출하며 2개의 미지수에서 방정식 2개 방정식보다 큰 시스템에 적용할 수

있다. 이 방법을 설명하기 위해 이전 절에서 살펴본 간단한 예제로 되돌아간다:

$$4x + 3y = 11 \qquad\qquad\qquad (1)$$
$$2x + y = 5 \qquad\qquad\qquad (2)$$

식 (1)에서 x의 계수는 4이고 식 (2)에서 x의 계수는 2이다. 만약 이 수가 정확히 같으면 다른 변수에서 하나의 방정식을 빼서 변수 x를 제거할 수 있다. 그러나 우리는 두 번째 방정식의 좌변에 2를 곱하여 이를 계산할 수 있다. 물론 이 작업을 유효하게 수행하려면 두 번째 방정식의 우변에 2를 곱해야 한다. 그러면 두 번째 방정식이 다음과 같게 된다.

$$4x + 2y = 10 \qquad\qquad\qquad (3)$$

이제 다음을 얻기 위해 (1)에서 방정식 (3)을 뺄 수 있다.

$$y = 1$$

당신은 두 개의 기수를 빼는 일반적인 레이아웃의 측면에서 이것을 생각할 수 있다: 즉,

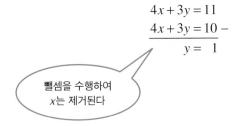

이 숫자는 x를 추론할 원 방정식 중 하나로 대체될 수 있다. 식 (1)로부터,

$$4x + 3(1) = 11 \quad (y = 1\text{로 대입한다})$$
$$4x + 3 = 11$$
$$4x = 8 \quad (\text{양변을 3으로 차감한다})$$
$$x = 2 \quad (\text{양변을 4로 나눈다})$$

따라서 해는 $x = 2$, $y = 1$이다. 확인 작업으로 이러한 값들을 다른 원 방정식 (2)에 대입하면

$$2(2) + 1 = 5 \checkmark$$

제거법은 다음과 같이 요약할 수 있다.

1단계

x를 제거하기 위해 다른 배수로/부터 한 방정식의 배수를 더하거나/빼다.

2단계

y에 대한 결과 방정식을 풀어라.

3단계

x를 추론하기 위해 원 방정식 중 하나에 y의 값을 대입한다.

4단계

x와 y를 다른 원 방정식에 대입하여 실수가 없는지 확인하라.

예제

다음 방정식 시스템을 풀어라.

$$3x + 2y = 1 \qquad (1)$$
$$-2x + y = 2 \qquad (2)$$

풀이

1단계

방정식 (1)과 (2)의 x의 계수는 각각 3과 −2이다. 방정식 (1)에 2를 곱하고 (2)에 3을 곱함으로써 이들이 같은 크기(그러나 반대 부호)가 되도록 조정할 수 있다. 새로운 방정식은 x계수가 6과 −6이므로, 방정식을 함께 더하여 이번에 x를 제거할 수 있다. 자세한 내용은 다음과 같다.

첫 번째 방정식을 두 배로 하면

$$6x + 4y = 2 \qquad (3)$$

두 번째 방정식을 세배로 하여 생성한다.

$$-6x + 3y = 6 \qquad (4)$$

만약 방정식 (4)가 방정식 (3)에 추가되면

$$\begin{array}{r} 6x + 4y = 2 \\ -6x + 3y = 6\ + \\ \hline 7y = 8 \end{array} \qquad (5)$$

덧셈을 수행하여 x는 제거된다

2단계

식 (5)는 양변을 7로 나누면 다음과 같이 풀 수 있다.

3단계

만약 8/7이 식 (1)에 y에 대해 대입되면

$$3x + 2\left(\frac{8}{7}\right) = 1$$

$$3x + \frac{16}{7} = 1$$

$$3x = 1 - \frac{16}{7} \qquad \text{(양변을 16/7로 차감한다)}$$

$$3x = \frac{7 - 16}{7} \qquad \text{(공통분모로 놓는다)}$$

$$3x = -\frac{9}{7}$$

$$x = \frac{1}{3} \times \left(-\frac{9}{7}\right) \qquad \text{(양변을 3으로 나눈다)}$$

$$x = -\frac{3}{7}$$

따라서 해는 $x = -3/7$, $y = 8/7$이다.

4단계

확인 작업으로, 방정식 (2)는 다음을 제공한다.

$$-2\left(-\frac{3}{7}\right) + \frac{8}{7} = \frac{6}{7} + \frac{8}{7} = \frac{6+8}{7} = \frac{14}{7} = 2 \checkmark$$

조언

이 방법의 일반적인 설명에서 우리는 1단계에서 변수 x를 제거할 것을 제안했다. x에 특별한 것은 없다. 이 단계에서 y를 똑같이 제거한 다음 2단계에서 x에 대한 결과 방정식을 풀 수 있다.

이 대안적 전략을 사용하여 위의 예를 해결할 수도 있다. 방정식 (2)을 곱한 다음 (1)을 뺀다.

실전문제

1. (a) 변수 중 하나를 제거하여 방정식을 풀어라.

$$3x - 2y = 4$$
$$x - 2y = 2$$

   (b) 변수 중 하나를 제거하여 방정식을 풀어라.

$$3x + 5y = 19$$
$$-5x + 2y = -11$$

다음 예제는 이 방법을 사용하는 데 있어 더 많은 실전문제를 제공하고 가능한 몇 가지 특별한 예제를 묘사한다.

예제

방정식 시스템을 풀어라.

$$x - 2y = 1$$
$$2x - 4y = -3$$

풀이

변수 x는 첫 번째 방정식을 두 배로 하고 두 번째 방정식을 뺀 다음 제거될 수 있다:

$$\begin{array}{r} 2x - 4y = 2 \\ 2x - 4y = -3 \ - \\ \hline 0 = 5 \end{array}$$

x와 y는 둘 다 제거된다

'0 = 5' 문장은 분명히 난센스이며 심각하게 잘못되었다. 여기서 무슨 일이 벌어지고 있는지 이해하기 위해 이 문제를 그래픽으로 풀어보자.

$x - 2y = 1$ 선은 점 $(0, -1/2)$과 $(1, 0)$을 통과한다(이것을 확인하라). $2x - 4y = -3$ 선은 점 $(0, 3/4)$과 $(-3/2, 0)$을 통과한다(이것을 확인하라). 그림 1.11은 이 선들이 평행하고 따라서 교차하지 않는 것을 보여준다. 그러므로 이 방정식 시스템에는 대수가 없으므로 대수학을 사용하여 해답을 찾을 수 없다는 것은 놀라운 일이 아니다. 방정식을

제거하기 전에 이러한 사실을 추론할 수 있었다. 2단계에서 단지 y만 포함하는 방정식은 다음과 같이 쓸 수 있다.

$$0y = 5$$

문제는 이 방정식이 참인 값 y를 찾는 것이다. 그러한 값은 존재하지 않는다. 왜냐하면

영 $\times$ 어떠한 수 $=$ 영

따라서 방정식의 원래 시스템에는 해답이 없다.

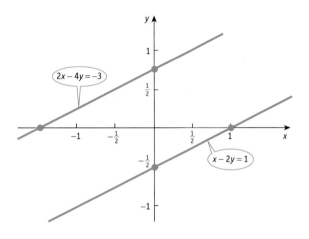

그림 1–11.

예제

방정식을 풀어라.

$$2x - 4y = 1$$
$$5x - 10y = 5/2$$

풀이

변수 x는 첫 번째 방정식에 5를 곱한 다음 두 번째 방정식에 2를 곱하고 빼서 제거될 수 있다.

$$10x - 20y = 5$$
$$\underline{10x - 20y = 5} \; -$$
$$0 = 0$$

우변을 포함한 모든 것이 제거된다

다시 한번, 그래프를 사용하여 이것을 설명하기는 쉽다. $2x - 4y = 1$ 선은 $(0, -1/4)$ 및 $(1/2, 0)$을 통과한다. $5x - 10y = 5/2$ 선은 $(0, -1/4)$ 및 $(1/2, 0)$을 통과한다. 결과적으로 두 방정식은 같은 선을 나타낸다.

그림 1.12에서 선들은 전체 길이를 따라 교차하며 이 선 위의 어떤 점도 해이다. 이 방정식 시스템에는 무수히 많은 해가 있다. 이것은 또한 대수적으로 추론될 수 있다. 2단계에서 y를 포함하는 방정식은 다음과 같다.

$$0y = 0$$

이는 y의 어떤 값에 대해서 참이다.

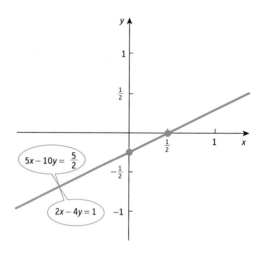

그림 1-12.

실전 문제

2. 다음 방정식 시스템을 풀어보라:

(a) $3x - 6y = -2$

   $-4x + 8y = -1$

(b) $-5x + y = 4$

   $10x - 2y = -8$

각각의 경우에 해의 특성에 대해 설명하라.

일반적인 방정식을 고려하여 연립 방정식이 언제 고유한 해를 갖지 못하는지 식별할 수 있다:

$$ax + by = c$$
$$dx + ey = f$$

변수 y는 첫 번째 방정식에 e를 곱하고 두 번째 방정식에 b를 곱한 다음 뺄셈으로 제거될 수 있다:

$$\begin{aligned} aex + bey &= ce \\ bdx + bey &= bf \\ \hline (ae - bd)x &= ce - bf \end{aligned} \quad -$$

그래서 다음과

$$x = \frac{ce - bf}{ae - bd}$$

동일한 방법으로 다음을 보여주는 것은 가능하다.

$$y = \frac{af - cd}{ae - bd} \quad \text{(연습문제 1.4* 질문 3을 보라)}.$$

이 공식은 $ae = bd$일 때 사용할 수 없으므로 0으로 나누는 것은 불가능하다. 이 경우 시스템은 해가 없거나 무수히 많은 해가 있다. 실전문제 2의 두 시스템 모두에서 이 조건이 유효한지 확인하고 싶을 수도 있다.

이제 3개의 미지수에서 3개의 방정식을 풀기 위해 대수적 방법을 어떻게 사용할 수 있는지 보여준다. 예상된 바와 같이 세부 정보는 방금 두 개의 방정식보다 복잡하지만 원리는 같다. 일반적인 방법을 설명하기 위해 간단한 예제로 시작한다.

다음 시스템을 고려하라.

$$\begin{aligned} x + 3y - z &= 4 & (1) \\ 2x + y + 2z &= 10 & (2) \\ 3x - y + z &= 4 & (3) \end{aligned}$$

목적은 이 방정식을 동시에 충족시키는 세 개의 수 x, y와 z를 찾는 것이다. 우리의 이전 연구는 방정식 중 하나를 제외하고는 모두 x를 제거함으로써 시작해야 한다고 제안한다.

변수 x는 방정식 (1)에 2를 곱하고 방정식 (2)을 뺀 다음 두 번째 방정식에서 제거될 수 있다:

$$\begin{array}{r} 2x + 6y - 2z = 8 \\ \underline{2x + y + 2z = 10} \;- \\ 5y - 4z = -2 \end{array}$$

(4)

유사하게 식 (1)에 3을 곱하고 식 (3)을 뺀 다음 세 번째 방정식에서 x를 제거할 수 있다:

$$\begin{array}{r} 3x + 9y - 3z = 12 \\ \underline{3x - y + z = 4} \;- \\ 10y - 4z = 8 \end{array}$$

(5)

이 단계에서 첫 번째 방정식은 변경되지 않지만 시스템의 두 번째와 세 번째 방정식은 각각 방정식 (4)와 (5)로 변경되므로 현재 방정식은 다음과 같다.

$$\begin{aligned} x + 3y - z &= 4 \\ 5y - 4z &= -2 \\ 10y - 4z &= 8 \end{aligned}$$

(1)
(4)
(5)

마지막 2개의 방정식은 2개의 미지수 y와 z에서 단지 두 방정식의 시스템을 구성하였다는 것에 주목하라. 이것은 물론 우리가 이미 해결 방법을 알고 있는 문제의 유형이다.

y와 z가 계산되면, 값을 식 (1)에 대입하여 x를 유추할 수 있다.

방정식 (4)에 2를 곱하고 방정식 (5)를 뺀 다음 마지막 방정식에서 y를 제거할 수 있다:

$$\begin{array}{r} 10y - 8z = -4 \\ \underline{10y - 4z = 8} \;- \\ -4z = -12 \end{array}$$

(6)

현재의 방정식을 함께 수집하여 다음을 제시한다.

$$\begin{aligned} x + 3y - z &= 4 \\ 5y - 4z &= -2 \\ -4z &= -12 \end{aligned}$$

(1)
(4)
(6)

마지막 방정식으로부터,

$$z = \frac{-12}{-4} = 3 \qquad \text{(양변을 } -4\text{로 나눈다)}$$

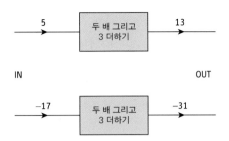

그림 1-13.

두 번째 표기법도 또한 유용하다. 규칙에 이름을 붙이기 위해 사용되는 레이블 f가 포함된다는 이점이 있다. 만약 경제 이론의 한 부분에 두 가지 이상의 기능이 있다면, 우리는 각각 다른 레이블을 사용하여 각각을 참조할 수 있다. 예를 들어 두 번째 함수는 다음과 같을 수 있다.

$$g(x) = -3x + 10$$

그리고 이름으로 그것을 참조함으로써 각각의 기능을 식별한다: 즉 f 또는 g 중 하나이다.
새로운 표기법은 또한 그림 1.13에서 전달된 정보가 쓰일 수 있게 한다.

$$f(5) = 13 \qquad \text{‘5의 } f \text{는 13과 같다’로 읽는다}$$

$$f(-17) = -31 \qquad \text{‘-17의 } f \text{는 31과 같다’로 읽는다}$$

대괄호 안의 숫자는 들어오는 값 x이며, 우변은 해당하는 나가는 값 y이다.

실전문제

1. 평가하라.

(a) $f(25)$ (b) $f(1)$ (c) $f(17)$

(d) $g(0)$ (e) $g(48)$ (f) $g(16)$

두 개의 함수에 대해

$$f(x) = -2x + 50$$
$$g(x) = -\frac{1}{2}x + 25$$

f와 g 사이에 어떤 연결이 있음을 알 수 있는가?

들어오는 변수와 나가는 변수를 각각 독립(independent) 변수와 종속(dependent) 변수라고 한다. y의 값은 함수에 입력되는 x의 실제 값에 분명하게 '의존'한다. 예를 들어, 미시 경제학에서 상품의 수요량 Q는 시장 가격 P에 의존한다. 우리는 이것을 다음과 같이 표현할 수 있다.

$$Q = f(P)$$

이러한 함수를 수요 함수(demand function)라고 한다. $f(P)$에 대한 특정 공식이 주어지면 그래프용지에 해당 수요 곡선의 그림을 만드는 것은 간단한 문제이다. 그러나 수학자와 경제학자가 어떻게 해야 하는지에 대해서는 의견 차이가 있다. 만약 당신의 수량 방법 강사가 수학자라면 수직축에 Q를, 수평축에 P를 그릴 수 있다. 반면에 경제학자들은 일반적으로 Q를 수평축으로 하여 다른 방향으로 투영한다. 그렇게 함으로써 우리는 Q가 P와 관련이 있고, 반대로 P는 Q와 관련이 있어야 하므로 다음 형식의 함수가 있음을 단지 주목하고 있다.

$$P = g(Q)$$

두 함수 f와 g는 역함수(inverse function)라고 한다: 즉, f는 g의 역수이고, 동등하게 g는 f의 역이다. 우리는 이 책에서 경제학자의 접근 방식을 채택한다. 다음 장에서 총수익, 평균 비용, 그리고 이익과 같은 다른 미시경제 함수를 조사할 것이다. Q(즉, 수평축의 Q)에 대해 이들 각각을 그리는 것이 일반적이므로 일관성 있고 여기에서 동일한 작업을 수행하는 것이 좋다.

$P = g(Q)$ 형태로 작성된 수요 함수는 P가 Q의 함수라는 것을 알려주지만 두 변수 사이의 정확한 관계에 대한 정보는 제공하지 않는다. 이것을 찾기 위해 우리는 경제 이론이나 실증적 증거에서 얻을 수 있는 함수의 형태를 알아야 한다. 잠시 동안 우리는 다음과 같이 함수가 선형이라는 가설을 세운다.

$$P = aQ + b$$

a와 b, 일부 적절한 상수(모수(parameters)라고 함)에 대해 물론 현실적으로 가격과 수량 간의 관계는 이보다 훨씬 더 복잡할 수 있다. 그러나 선형 함수의 사용은 수학을 쉽고 편리하게 수행할 수 있으며 분석 결과는 최소한 참에 대한 첫 번째 근삿값을 제공한다. 실제 세계의 주요 특징을 확인하고 적절한 단순화와 가정을 만드는 과정을 모형화(modelling)라고 한다.

모형들은 경제적 법칙을 기반으로 하며 실제 상황의 행위를 설명하고 예측하는 데 도움이 된다. 필연적으로 수학적 용이성과 모형의 정확성 간에는 충돌이 있다. 모형이 현실에 가까울수록 수학이 더 복잡해질 수 있다. 일반적인 선형 수요 함수의 그래프는 그림 1.14에 보여진다. 초등 이론은 수요가 일반적으로 좋은 가격의 상승으로 떨어지므로 선의 기울기가 음수라는 것을 보여준다. 수학적으로 P는 Q의 감소 함수(decreasing function)라고 한다.

우리가 쓴 부호들은

$a < 0$ ('a는 0보다 작다'로 읽는다)

또한 그래프로부터 절편 b가 양의 값을 갖는다는 것이 명백하다: 즉,

$b > 0$ ('b는 0보다 크다'로 읽는다)

사실, 수요 곡선이 $a = 0$일 때 이론적으로는 가능할 수 있다. 이것은 완전한 경쟁에 해당하며 우리는 4장의 이 특별한 경우로 돌아갈 것이다.

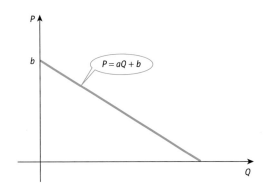

그림 1-14.

예제

수요 함수의 그래프를 그려라.

$$P = -2Q + 50$$

따라서 $Q = 9$일 때

(a) P의 값을 결정하라.

(b) $P = 10$일 때 Q

풀이

수요 함수에 대해

$$P = -2Q + 50$$

$a = -2$, $b = 50$이므로 선은 -2의 기울기와 50의 절편을 갖는다. 따라서 1 단위마다 선이 2 단위로 내려가기 때문에 $Q = 25$일 때 수평축과 교차해야 한다. (대안적으로 $P = 0$일 때 방정식은 해답 $Q = 25$인 $0 = -2Q + 50$을 만족하는 것을 주목하라.) 그래프는 그림 1.15에서 그려진 것이다.

(a) 어떤 수량 Q가 주어지면 그래프를 사용하여 해당 가격 P를 찾는 것은 간단하다. 선은 수요 곡선과 교차할 때까지 수직으로 위쪽으로 그려지고 P의 값은 수직축에서 읽힌다. 그림 1.15에서 $Q = 9$일 때 $P = 32$임을 알 수 있다. 이는 또한 $Q = 9$를 수요 함수로 직접 대체하여 얻을 수 있다.

$$P = -2(9) + 50 = 32$$

(b) 이 과정을 반대로 하는 것은 P의 주어진 값으로부터 Q를 계산할 수 있게 한다. 선은 수요 곡선과 교차할 때까지 수평적으로 그려지고 Q의 값은 수평축에서 읽힌다. 그림 1.15는 $P = 10$일 때 $Q = 20$임을 나타낸다. 다시 이는 계산에 의해 찾을 수 있다. 만약 $P = 10$이면 방정식은 다음과 같이 읽는다.

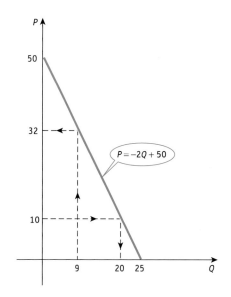

그림 1-15.

$$10 = -2Q + 50$$

$$-40 = -2Q \qquad \text{(양변으로부터 50을 차감한다)}$$

$$20 = Q \qquad \text{(양변을 } -2\text{로 나눈다)}$$

실전문제

2. 수요 함수의 그래프를 그려라.

$$P = -3Q + 75$$

또는 다른 방법으로, 다음의 값을 결정하라.

(a) $Q = 23$일 때 P

(b) $P = 18$일 때 Q

예제

한 도자기공이 도자기 그릇을 만들어 판매한다. 가격이 32달러인 경우 일주일에 9개만 판매되지만 가격이 10달러로 떨어지면 주간 판매는 20개로 증가한다.

수요는 선형 함수로 모형화될 수 있다고 가정한다.

(a) Q의 항으로 P에 대한 공식을 얻어라.

(b) Q에 대하여 P의 그래프를 그려라.

(c) 모형의 신뢰성에 대한 의견을 제시하라.

풀이

(a) 선형 수요 함수의 일반 공식은 $P = aQ + b$이고, 여기서 a는 선의 기울기이다. 모수 a 및 b의 값은 두 가지 다른 방법으로 계산할 수 있다.

방법 1 – 선 기울기를 계산한다

22달러로 가격이 하락한 결과 주간 그릇 판매가 11개로 상승했다는 것에 주목하라. 만약 관계가 선형이면 Q의 1 단위 증가는 P의 22/11 = 2 단위 감소에 해당하므로 그래프의 기울기는 −2이다. 방정식은 다음과 같이 주어져야 한다.

$$P = -2Q + b$$

b를 찾기 위해서는 $Q = 9$인 경우 $P = 32$이므로 $32 = -2 \times 9 + b = b = 50$이라는 사실을 사용할 수 있다.

수요 함수는 다음과 같다.

$$P = -2Q + 50$$

방법 2 − 연립 방정식

$Q = 9$일 때, $P = 32$ 따라서 $9a + b = 32$라는 것을 안다.

$Q = 20$일 때, $P = 10$ 따라서 $20a + b = 10$라는 것을 안다.

첫 번째 방정식에서 두 번째 방정식을 뺀 것은 $-11a = 22$이므로 $a = -2$가 된다. 이 값은 앞에서와 같이 $b = 50$이 되도록 방정식으로 대입할 수 있다.

(b) 절편이 50이고 기울기가 −2인 사실을 이용하여 그래프는 그림 1.16처럼 그릴 수 있다. 또는 (9, 32)와 (20, 10)을 통과한다는 사실을 사용하여 그릴 수 있다.

(c) 선형 관계의 가정은 범위의 중간에서 유효할 수 있지만, 범위의 끝에서는 사실일 가능성은 낮다. 도자기공이 무료로 그릇을 나누어줄 것이라면 수요가 25로 제한되지는 않을 것이다. 다른 한편으로 유사하게 가격이 50달러를 넘는 순간 아무도 그릇을 사지 않을 것이다. 실제로 그래프는 그림 1.16의 파선으로 표시된 것처럼 각 끝에서 곡선을 이루게 된다.

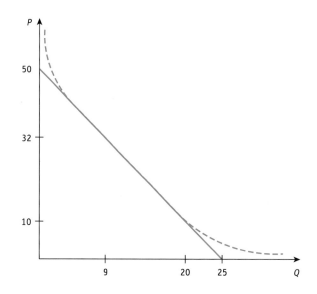

그림 1−16.

지금까지 주어진 소비자 수요 모형은 수량이 고려되는 재화의 가격 P에만 의존한다고 가정하기 때문에 상당히 비싸다. 실제로 Q는 다른 요인에도 영향을 받는다. 여기에는 소비자 소득 Y, 대체재 가격 P_S, 보완재 가격 P_C, 광고비 A 및 소비자 선호 T가 포함된다. 대체재(substitutable good)는 고려 중인 재화 대신에 소비될 수 있는 재화이다. 예를 들어, 운송 산업에서 버스와 택시는 분명히 도시 지역에서 서로 대체될 수 있다. 보완재(complementary good)는 다른 재화와 함께 사용되는 것이다. 예를 들어, 노트북과 프린터는 함께 사용된다. 수학적으로 Q는 P, Y, P_S, P_C, A 및 T의 함수라고 한다. 이것은 다음과 같이 쓴다.

$$Q = f(P, Y, P_S, P_C, A, T)$$

괄호 안의 변수는 쉼표로 구분된다. '블랙박스' 다이어그램의 측면에서 보면 그림 1.17과 같이 6개의 수신 회선과 1개의 송신 회선으로 표현된다. 앞의 논의에서 변수 Y, P_S, P_C, A와 T는 고정되어 있다고 암묵적으로 가정했다. 우리는 Q와 P 내생 변수(endogenous variable)를 가변적으로 허용하고 모형 내에서 결정하기 때문에 이러한 상황을 설명한다. 나머지 변수는 일정하고 모형 외부에서 결정되므로 외생 변수(exogenous variable)라고 한다.

그림 1-17.

지금 그림 1.18의 표준 수요 곡선을 EF선으로 되돌려보고자 한다. 이것은 Y, P_S, P_C, A 및 T가 모두 일정하다는 가정하에 구성된다. 가격이 P^*일 때 요구되는 수량은 Q_1이다. 이제 소득 Y가 증가한다고 가정해보자. 우리는 추가 소득이 가격 P^*에서 더 많은 상품을 구매하기 때문에 일반적으로 수요가 증가할 것으로 예상한다. 이 효과는 P^*에서 소비자가 더 많은 수의 상품을 감당할 수 있기 때문에 수요 곡선을 오른쪽으로 이동시키는 것이다. 그림 1.18에서 우리는 만약 수요 곡선이 다음과 같다는 것을 유추한다.

$$P = aQ + b$$

소득 증가는 절편 b의 증가를 야기한다.

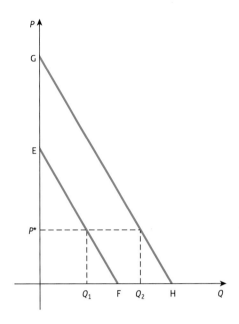

그림 1-18.

우리는 외생 변수 중 하나가 변화하면 전체 수요 곡선이 움직이는 반면, 내생 변수 중 하나가 변하면 단순히 고정 곡선을 따라 움직이는 것으로 결론지을 수 있다.

부수적으로, 일부 상품의 경우 소득 증가로 인해 실제로 수요 곡선이 왼쪽으로 이동하게 될 가능성이 있다. 1960년대와 1970년대에 대부분의 서구 경제는 수입이 증가한 결과 석탄의 국내 소비가 감소하였다. 이 경우, 자산의 증가는 더 많은 사람들이 대체 에너지를 사용하는 중앙난방 시스템을 설치할 수 있음을 의미했다. 이러한 상황에서 재화는 열등재(inferior good)라고 부른다. 반면에, 정상재(normal good)는 소득이 증가함에 따라 수요가 증가하는 재화이다. 자동차 및 전기 제품은 정상적인 제품의 명백한 예이다. 현재 지구 온난화에 대한 우려는 석탄에 대한 수요를 감소시키고 있다. 이 요소는 수학적으로 다루기는 어렵지만 선호를 정량화하고 수치적으로 T를 정의하는 것이 사실상 불가능하기 때문에 선호의 일부로 통합될 수 있다.

공급(supply) 함수는 생산자가 시장에 가져올 재화의 양(Q)과 재화의 가격(P) 사이의 관계이다. 전형적인 선형 공급 곡선이 그림 1.19에 나와 있다. 경제이론에 따르면 가격이 올라감에 따라 공급도 증가한다.

수학적으로 P는 Q의 증가 함수(Increasing function)라고 한다. 가격 인상은 기존 생산자가 생산량을 높이고 새로운 기업이 시장에 진입하도록 유도한다. 그림 1.19에 보여진 선은 기울기 $a > 0$이고 절편 $b > 0$을 가진 다음 식을 가진다.

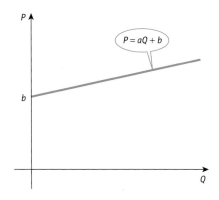

그림 1-19.

$$P = aQ + b$$

시장 가격이 b와 같을 때 공급은 0이다. 생산자가 어떤 선을 공급할 가치가 있다고 판단하는 것은 이 기준을 초과할 때 유일하다.

다시 이것은 현실 세계에서 일어나는 일을 단순화한 것이다. 공급 함수는 선형이 아니어야 하며, 공급된 수량 Q는 가격 이외의 것에 의해 영향을 받는다.

이러한 외생 변수들은 생산요소(즉, 토지, 자본, 노동 및 기업)의 가격, 대체 재화에서 얻을 수 있는 이익과 기술이 포함된다.

미시 경제학에서 우리는 공급과 수요의 상호 작용에 관심이 있다. 그림 1.20은 동일한 도표에서 그린 전형적인 공급 곡선과 수요 곡선을 보여준다. 특별한 점은 교차점이다. 이 점에서 공급된 양이 요구되는 양과 정확히 일치하기 때문에 시장은 균형(equilibrium)을 이룬다. 해당 가격 P_0과 수량 Q_0을 균형 가격과 수량이라고 한다.

실제로는 시장 가격이 가장 중요한 균형 가격에서 벗어나는 경우가 종종 있다. 시장 가격 P^*가 균형 가격 P_0을 초과한다고 가정하자.

그림 1.20에서 공급된 양 Q_S는 수요된 양 Q_D보다 커서 초과 공급이 있다. 가격을 떨어뜨리고 기업들이 생산을 줄이게 되는 팔리지 않은 재고가 있다. 그 효과는 '시장 세력'이 시장을 균형으로 뒤로 이동시키는 것이다. 마찬가지로 만약 시장 가격이 균형 가격 이하로 떨어지면 수요가 공급을 초과한다. 이 부족은 가격을 상승시키고 기업이 더 많은 재화를 생산하도록 장려하므로 시장은 균형으로 회복된다.

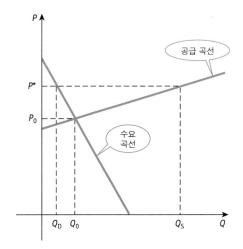

그림 1-20.

예제

상품의 수요 공급 함수는 다음과 같이 주어진다.

$$P = -2Q_D + 50$$
$$P = \tfrac{1}{2}Q_S + 25$$

여기서 P, Q_D 및 Q_S는 각각 가격, 수요량 및 공급량을 나타낸다.

(a) 균형 가격과 수량을 결정하라.

(b) 만약 정부가 각 재화에 5달러의 고정된 세금을 부과하기로 결정한다면 시장 균형에 미칠 영향을 결정하라.

풀이

(a) 그림 1.15에서 수요 곡선은 이미 그려졌다. 공급 함수의 경우

$$P = \tfrac{1}{2}Q_S + 25$$

우리는 $a = \tfrac{1}{2}$, $b = 25$이므로 선의 기울기는 $\tfrac{1}{2}$이고 절편은 25이다. 따라서 $(0, 25)$를 통과한다. 두 번째 요점은 $Q_S = 20$이라고 말하라. P의 해당 값은 다음과 같다.

$$P = \tfrac{1}{2}(20) + 25 = 35$$

그래서 그 선은 또한 $(20, 35)$을 지나간다. 점 $(0, 25)$과 $(20, 35)$는 이제 좌표를 나타내고 공급 곡선을 그릴 수 있다. 그림 1.21은 동일한 다이어그램에 그려진 수요 곡선과 공급 곡선을 보여준다. 교차점은 좌표 $(10, 30)$을 가지므로 균형량은 10이고 균형 가격은 30이다.

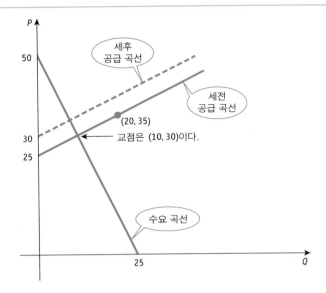

그림 1-21.

대수를 사용하여 이 값을 계산할 수 있다. 균형에서 $Q_D = Q_S$. 만약 이 공통 값이 Q로 표시되면, 수요 및 공급 방정식은 다음과 같이 된다.

$$P = -2Q + 50\text{과 } P = {}^1/_2Q + 25$$

이것은 두 개의 미지수 P와 Q에 대한 한 쌍의 연립 방정식을 나타낸다. 따라서 이전 절에서 설명한 제거법을 사용하여 해결할 수 있다.

그러나 다음과 같은 관계는 위의 방정식을 즉시 따르기 때문에 반드시 필요한 것은 아니다.

$$-2Q + 50 = {}^1/_2Q + 25$$

왜냐하면 양변이 P와 같기 때문이다. 이것은 Q를 계산하기 위해 재정렬할 수 있다:

$$-2{}^1/_2Q + 50 = 25 \quad \text{(양변을 } {}^1/_2Q\text{로 차감한다)}$$
$$-2{}^1/_2Q = -25 \quad \text{(양변을 50으로 차감한다)}$$
$$Q = 10 \quad \text{(양변을 } -2{}^1/_2\text{로 나눈다)}$$

마지막으로, 이 값을 원 방정식 중 하나에 대입하여 P를 구할 수 있다. 수요 방정식은 다음과 같다.

$$P = -2(10) + 50 = 30$$

확인 작업으로, 공급 방정식은 다음과 같다.

$$P = {}^1\!/_2(10) + 25 = 30 \checkmark$$

(b) 정부가 상품당 5달러의 고정된 세금을 부과하면, 각 상품의 판매로 회사가 실제로 받는 돈은 소비자가 지불하는 금액 P, 세금을 적게 받는 금액 5: 즉 $P - 5$이다. 수학적으로 이 문제는 새로운 공급 방정식을 얻기 위해 공급 방정식에서 P를 $P - 5$로 대체하면 해결할 수 있다.

$$P - 5 = {}^1\!/_2 Q_S + 25$$

이것은

$$P = {}^1\!/_2 Q_S + 30$$

이다. 나머지 계산은 이전과 같이 진행된다. 균형에서, $Q_D = Q_S$. 다시, 이 공통 값을 Q로 설정하면 다음과 같다.

$$P = -2Q + 50$$
$$P = {}^1\!/_2 Q + 30$$

그러므로

$$-2Q + 50 = {}^1\!/_2 Q + 30$$

이전의 $Q = 8$로 풀 수 있다. 위의 방정식 중 하나에 대입하면 $P = 34$가 된다(세부 정보를 확인하라).

그래픽으로, 세금의 도입은 공급 곡선을 5 단위씩 상향 조정한다.

분명히 수요 곡선은 변하지 않는다. 그림 1.21의 파선은 새로운 공급 곡선을 보여주며, 여기서 새로운 공급 곡선은 새로운 균형 수량이 8이고 균형 가격이 34이다.

정부 세금이 시장 균형 가격에 미치는 영향에 주목하라. 세금이 34달러로 상승했기 때문에 모든 세금이 소비자에게 전달되는 것은 아니다. 소비자는 상품당 4달러를 추가로 지불한다. 그러므로 1달러의 세금은 회사에서 지불해야 한다.

실전문제

3. 상품의 수요와 공급 함수는 다음과 같이 주어진다.

$$P = -4Q_D + 120$$

$$P = {}^1\!/_3 Q_S + 29$$

여기서 P, Q_D 및 Q_S는 각각 가격, 수요량 및 공급량을 나타낸다.

(a) 균형 가격과 수량을 계산하라.

(b) 상품마다 13달러의 고정 세금 부과 후 새로운 균형 가격과 수량을 계산하라. 세금을 누가 내야 하는가?

우리는 대체 가능하고 보완적인 상품을 고려하면서 보다 현실적인 수요와 공급 모형을 살펴보는 것으로 이 절을 결론지었다. 관련 시장에 두 가지 상품이 있다고 가정하자. 이 두 재화를 상품 1, 상품 2라고 부른다. 어느 재화에 대한 수요는 상품 1과 상품 2의 가격에 따라 달라진다. 만약 해당 수요 함수가 선형이면 다음과 같다.

$$Q_{D_1} = a_1 + b_1 P_1 + c_1 P_2$$

$$Q_{D_2} = a_2 + b_2 P_1 + c_2 P_2$$

여기서 P_i와 Q_{D_i}는 i번째 상품에 대한 가격과 수요를 나타내고, a_i, b_i, c_i는 모수이다. 첫 번째 방정식에 대해, 양 상품의 가격이 모두 0일 때 양의 수요가 있기 때문에 $b_1 > 0$이다. 또한, 그 가격이 올라감에 따라 상품의 수요가 떨어지기 때문에 $b_1 < 0$이다. c_1의 부호는 상품의 특성에 달려 있다. 만약 상품이 대체 가능하다면 상품 2의 가격이 상승하면 소비자가 상품 2에서 상품 1로 전환하여 Q_{D_1}이 증가하게 된다. 따라서 대체 가능 상품은 c_1의 양의 값으로 특징된다. 반면에 상품이 상호 보완적이라면 어느 한 상품의 가격 상승은 수요가 떨어지는 것을 볼 수 있으므로 c_1은 음이다. a_2, b_2, c_2의 부호에도 유사한 결과가 적용된다. 다음의 예에서는 두 가지 상품 시장 모형에서 균형 가격과 수량의 계산을 보여준다.

예제

상호 의존적인 두 상품에 대한 수요와 공급 함수는 다음과 같이 주어진다.

$$Q_{D_1} = 10 - 2P_1 + P_2$$
$$Q_{D_2} = 5 + 2P_1 - 2P_2$$
$$Q_{S_1} = -3 + 2P_1$$
$$Q_{S_2} = -2 + 3P_2$$

여기서 Q_{D_i}, Q_{S_i}와 P_i는 각각 수요량, 공급량, 상품 i의 가격을 나타낸다. 이 두 상품 모형에 대한 균형 가격과 수량을 결정하라.

풀이

균형에서, 우리는 공급된 양이 각 상품에 요구되는 양과 같음을 알기 때문에, 다음과 같다.

$$Q_{D_1} = Q_{S_1} \text{와} \quad Q_{D_2} = Q_{S_2}$$

이 각각의 공통 값을 Q_1과 Q_2로 쓴다. 상품 1에 대한 수요와 공급 방정식은 다음과 같게 된다.

$$Q_1 = 10 - 2P_1 + P_2$$
$$Q_1 = -3 + 2P_1$$

그러므로

$$10 - 2P_1 + P_2 = -3 + 2P_1$$

왜냐하면 양변이 Q_1과 같기 때문이다. 좌변에 있는 모든 미지수를 모으고 우변에 상수 항을 놓음으로써 이 방정식을 약간 정리하는 것이 이치에 맞는다:

$$10 - 4P_1 + P_2 = -3 \text{ (양변을 } 2P_1\text{로 차감한다)}$$
$$-4P_1 + P_2 = -13 \text{ (양변을 } 10\text{으로 차감한다)}$$

우리는 상품 2에 대해 비슷한 과정을 수행할 수 있다. 수요와 공급 방정식은 다음과 같게 된다.

$$Q_2 = 5 + 2P_1 - 2P_2$$
$$Q_2 = -2 + 3P_2$$

왜냐하면 균형 상태에서 $Q_{D_2} = Q_{S_2} = Q_2$이기 때문이다. 따라서

$$5 + 2P_1 - 2P_2 = -2 + 3P_2$$

$$5 + 2P_1 - 5P_2 = -2 \qquad \text{(양변을 } 3P_2\text{로 차감한다)}$$

$$2P_1 - 5P_2 = -7 \qquad \text{(양변을 5로 차감한다)}$$

따라서 우리는 균형 가격 P_1과 P_2가 연립 선형 방정식을 만족시키는 것을 보였다.

$$-4P_1 + P_2 = -13 \qquad\qquad\qquad\qquad\qquad (1)$$

$$2P_1 - 5P_2 = -7 \qquad\qquad\qquad\qquad\qquad (2)$$

이는 제거법에 의해 해결될 수 있다. 1.4절에 설명된 단계에 따라 우리는 다음과 같이 진행한다.

1단계

식 (2)를 두 배로 하고 식 (1)에 더하여

$$\begin{array}{r} -4P_1 + \quad P_2 = -13 \\ 4P_1 - 10P_2 = -14 \; + \\ \hline -9P_2 = -27 \end{array} \qquad (3)$$

2단계

방정식 (3)의 양변을 -9로 나누면 $P_2 = 3$이 된다.

3단계

만약 이것을 식 (1)에 대입하면

$$-4P_1 + 3 = -13$$

$$-4P_1 = -16 \qquad \text{(양변을 3으로 차감한다)}$$

$$P_1 = 4 \qquad \text{(양변을 } -4\text{로 나눈다)}$$

4단계

확인 작업으로, 등식 (2)는 다음식과 같다.

$$2(4) - 5(3) = -7 \; \checkmark$$

그러므로 $P_1 = 4$이고 $P_2 = 3$이다.

마지막으로, 균형량은 이 값을 원 공급 방정식에 대입함으로써 추론할 수 있다.

상품 1에 대해,

$$Q_1 = -3 + 2P_1 = -3 + 2(4) = 5$$

상품 2에 대해,

$$Q_2 = -2 + 3P_2 = -2 + 3(3) = 7$$

확인 작업으로, 수요 방정식은 또한 다음과 같다.

$$Q_1 = 10 - 2P_1 + P_2 = 10 - 2(4) + 3 = 5 ✓$$
$$Q_2 = 5 + 2P_1 - 2P_2 = 5 + 2(4) - 2(3) = 7 ✓$$

실전문제

4. 두 개의 상호 의존적인 상품에 대한 수요와 공급 함수는 다음과 같이 주어진다.

$$Q_{D_1} = 40 - 5P_1 - P_2$$
$$Q_{D_2} = 50 - 2P_1 - 4P_2$$
$$Q_{S_1} = -3 + 4P_1$$
$$Q_{S_2} = -7 + 3P_2$$

여기서 Q_{D_i}, Q_{S_i}와 P_i는 각각 수요량, 공급량과 상품 i의 가격을 나타낸다. 이 두 상품 모형에 대한 균형 가격과 수량을 결정하라. 이 상품들은 대체 가능하거나 보완적인가?

두 개의 상품 시장에 대해, 두 개의 연립 방정식을 풀어서 균형 가격과 수량을 구할 수 있다. 세 개의 연립 방정식의 시스템의 해를 요구하는 세 개의 상품 시장에 정확히 동일한 절차가 적용될 수 있다.

조언

세 개 상품 모형의 예제는 연습문제 1.5*의 문제 6에서 찾을 수 있다. 대체 방법 및 추가 예제는 7장에서 설명한다. 일반적으로 n개의 상품에 대해서는 n개의 미지수로 n개의 방정식을 풀 필요가 있으며, 1.4절에서 지적했듯이 n이 클 때마다 컴퓨터 패키지를 사용하는 것이 가장 좋다.

주요 용어

감소 함수(Decreasing function) x가 증가함에 따라 y가 감소하는 함수 $y = f(x)$.

공급 함수(Supply function) 가격을 포함하여 공급된 수량과 공급에 영향을 미치는 다양한 요소 간의 관계.

균형(시장)[Equilibrium (Market)] 이 상태는 공급량과 수요량이 같을 때 발생한다.

내생 변수(Endogenous variable) 모형 내에서 값이 결정되는 변수.

대체재(Substitutable good) 서로 대체할 수 있는 한 쌍의 상품. 그것 중 하나의 가격이 올라감에 따라 다른 하나에 대한 수요가 증가한다.

독립 변수(Independent variable) 종속 변수의 값을 결정하는 값을 갖는 변수; $y = f(x)$에서 독립 변수는 x이다.

모수(Parameter) $ax^2 + bx + c$의 상수 a, b 및 c와 같이 특정값에 영향을 미치지만 수학 표현식의 일반 형식에는 영향을 주지 않는 상수.

모형화(Modelling) 실용경제학의 일부 측면을 (단순화해) 나타내는 수학적 이론의 창조의 한 부분.

보완재(Complementary good) 함께 소비되는 재화의 쌍. 어느 쪽의 가격이 올라갈지라도 두 상품에 대한 수요는 둘 다 감소한다.

수요 함수(Demand function) 가격을 포함하여 수요량과 수요에 영향을 미치는 다양한 요인 간의 관계.

역함수(Inverse function) $y = f(x)$일 때 $x = f^{-1}(y)$가 되도록 주어진 함수 f의 효과를 뒤바꾸는 f^{-1}로 작성된 함수.

열등재(Inferior good) 소득이 증가함에 따라 수요가 감소하는 재화.

외생 변수(Exogenous variable) 모형 외부에서 값이 결정되는 변수.

정상재(Normal good) 소득이 증가함에 따라 수요가 증가하는 재화.

종속 변수(Dependent variable) 독립 변수에 의해 취해진 값에 의해 값이 결정되는 변수; $y = f(x)$에서 종속 변수는 y이다.

증가 함수(Increasing function) x가 클수록 y가 증가하는 함수 $y = f(x)$.

함수(Function) 수신 번호 x를 고유하게 정의된 발신 번호 y에 할당하는 규칙.

연습문제 1.5

1. 만약 $f(x) = 3x + 15$이고 $g(x) = {}^{1}/_{3}x - 5$인 경우, 평가하라.

    (a) $f(2)$ (b) $f(10)$ (c) $f(0)$

    (d) $g(21)$ (e) $g(45)$ (f) $g(15)$

    f와 g의 관계를 설명하는 단어는 무엇인가?

2. 공급 함수의 그래프를 그려라.

    $$P = {}^{1}/_{3}Q + 7$$

    따라서, 또는 다른 방법으로 값을 결정하라.

(a) $Q = 12$일 때 P (b) $P = 10$일 때 Q (c) $P = 4$일 때 Q

3. 재화의 수요 함수는 다음과 같다.

$$Q = 100 - P + 2y + \tfrac{1}{2}A$$

여기서 Q, P, Y 및 A는 각각 수요량, 가격, 소득 및 광고비를 나타낸다.

(a) $P = 10$, $Y = 40$, $A = 6$일 때 수요를 계산하라. 가격과 소득이 고정되어 있다고 가정하면, 수요를 179개로 늘리는 데 필요한 추가 광고비용을 계산하라.

(b) 이것은 열등재인가 정상재인가?

4. 특정 상품에 대한 수요 Q는 $Q = 30 - 3P + P_A$에 따라 자체 상품의 가격 P와 재화의 가격 P_A에 달려 있다.

(a) 만약 $P = 4$이고 $P_A = 5$이면 Q를 찾아라.

(b) 대안상품은 대체 가능하거나 보완적인가? 해답에 대한 이유를 설명하라.

(c) $Q = 23$이고 $P_A = 11$인 경우 P의 값을 결정하라.

5. 50달러의 상품가격에 대한 수요는 420 단위이고, 가격이 80달러일 때 수요는 240 단위이다. 수요 함수가 $Q = aP + b$의 형태를 취한다고 가정하면 a와 b의 값을 찾아라.

6. (a) 공급 함수에 대한 다음 표의 값을 복사하고 완성하라.

$$P = \tfrac{1}{2}Q + 20$$

Q	0		50
P		25	

따라서, 또는 0에서 50 사이의 Q와 P 값을 가진 축을 사용하여 이 함수의 정확한 그림을 그려라.

(b) 동일한 축에서 수요 함수의 그래프를 그려라.

$$P = 50 - Q$$

따라서 균형 수량과 가격을 발견할 수 있다.

(c) 고려 중인 상품은 정상재이다. 소득이 증가할 때 균형 수량과 가격에 대한 영향을 묘사하라.

7. 상품의 수요와 공급 함수는 다음과 같이 주어진다.

$$P = -3Q_D + 48$$
$$P = \tfrac{1}{2}Q_S + 23$$

정부가 각 상품에 4달러의 고정된 세금을 부과할 때 균형 수량을 발견하라.

8. 상호 의존적인 두 상품에 대한 수요와 공급 함수는 다음과 같이 주어진다.

$$Q_{D_1} = 100 - 2P_1 + P_2$$

$$Q_{D_2} = 5 + 2P_1 - 3P_2$$

$$Q_{S_1} = -10 + P_1$$

$$Q_{S_2} = -5 + 6P_2$$

여기서 Q_{D_i}, Q_{S_i} 및 P_i는 각각 수요량, 공급량, 상품 i의 가격을 나타낸다. 이 두 상품 모형에 대한 균형 가격과 수량을 결정하라.

9. 특정 재화의 수요 함수는 다음과 같이 주어진다.

$$Q = -20P + 0.04Y + 4T + 3P_r$$

여기서 Q와 P는 재화의 수량과 가격, Y는 소득, T는 선호, P_r은 관련된 재화의 가격이다.

(a) $P = 8$, $Y = 1000$, $T = 15$, $P_r = 30$일 때 Q를 계산하라.

(b) 관련 재화는 대체재인가 보완재인가? 당신의 해답에 대한 이유를 설명하라.

(c) $Q = 235$, $Y = 8000$, $T = 30$ 및 $P_r = 25$일 때 P의 값을 찾아라.

(d) 외생 변수는 이제 $Y = 2000$, $T = 10$ 및 $P_r = 5$로 고정된다. 수요 함수가 그려질 때 기울기와 수직 절편값을 기술하라.

   (i) 수평축은 P, 수직축은 Q이다.

   (ii) 수평축은 Q, 수직축은 P이다.

연습문제 1.5*

1. 수요 곡선의 증가로 인한 수요 곡선의 효과를 설명하라.

   (a) 대체재의 가격   (b) 보완재의 가격   (c) 광고비

2. 만약 선이 있다면 $P = -\frac{2}{3}Q + 6$은 수평축 위에 P로 그려지고, 수직축에서 Q의 기울기 m과 수직 절편 c를 찾아라.

3. 만약 상품의 수요 함수가 다음과 같다면

$$2P + 3Q_D = 60$$

여기서 P와 Q_D는 각각 수요 가격과 수량을 나타내며, 이 함수에서 경제적으로 의미가 있는 P의 가장 큰 값과 가장 작은 값을 찾아라.

4. 상품의 수요와 공급 함수는 다음과 같이 주어진다.

   $$P = -5Q_D + 80$$

   $$P = 2Q_S + 10$$

   여기서 P, Q_D 및 Q_S는 가격, 수요량 및 공급량을 각각 나타낸다.

   (1) 균형 가격과 수량을 구하라.

      (a) 그래픽으로

      (b) 대수적으로

   (2) 만약 정부가 세금으로 각 상품의 시장 가격의 15%를 공제한 경우, 새로운 균형 가격과 수량을 결정하라.

5. 상품의 수요와 공급 함수는 다음과 같이 주어진다.

   $$P = Q_S + 8$$

   $$P = -3Q_D + 80$$

   여기서 P, Q_S, Q_D는 각각 가격, 수량, 수요량을 나타낸다.

   (a) 정부가 각 재화에 36달러의 고정된 세금을 부과했을 때의 균형 가격과 수량을 구하라.

   (b) 정부 세수에 상응하는 가치를 발견하라.

6. 세 개의 상호 의존적인 상품에 대한 수요와 공급 함수는

   $$Q_{D_1} = 15 - P_1 + 2P_2 + P_3$$

   $$Q_{D_2} = 9 + P_1 - P_2 - P_3$$

   $$Q_{D_3} = 8 + 2P_1 - P_2 - 4P_3$$

   $$Q_{S_1} = -7 + P_1$$

   $$Q_{S_2} = -4 + 4P_2$$

   $$Q_{S_3} = -5 + 2P_3$$

   여기서 Q_{D_i}, Q_{S_i}와 P_i는 각각 수요된 양, 공급된 양, 상품 i의 가격을 나타낸다. 이 3개-상품 모형에 대한 균형 가격과 수량을 결정하라.

7. 상품의 수요와 공급 함수는 각각 다음과 같이 주어진다.

$$P = -3Q_D + 60$$

$$P = 2Q_S + 40$$

정부가 상품당 t달러의 세금을 부과하기로 결정하면, 균형량은 다음과 같이 주어진다.

$$Q = 4 - \tfrac{1}{5}t$$

균형 가격에 대한 유사한 표현을 적어라.

(a) 만약 균형량이 3이라고 알려진다면, 이때 t의 값을 구하라. 이 회사에서 지급한 세금은 얼마인가?

(b) 만약 세금을 부과하는 대신 정부가 상품당 5달러의 보조금을 제공한다면, 새로운 균형 가격과 수량을 찾아라.

8. 상품에 대한 선형 수급 함수는 다음과 같이 주어진다.

$$P = aQ + b \text{와 } P = cQ + d$$

(a) 모수 a, b, c 및 d의 각 값이 양수인지 음수인지를 명시하라.

(b) 균형 가격과 수량에 대해 가능한 한 단순화된 표현식을 찾아라.

SECTION 1.6
수식의 이항

목표

이 절을 공부한 후에는 다음을 할 수 있다:

- 수식을 조작할 수 있다.
- 수식을 나타내는 순서도를 그릴 수 있다.
- 수식을 바꾸려면 역순 차트를 사용할 수 있다.
- 여러 글자가 포함된 수식의 제목을 변경할 수 있다.

수학적 모형화는 경제변수 간의 관계를 나타내는 수식의 사용을 포함한다. 미시경제학에서 우리는 이미 얼마나 유용한 공급과 수요 공식이 존재하는지를 보았다. 이는 가격과 수량 간의 정확한 관계를 제공한다. 예를 들어, 가격 P와 수량 Q 사이의 연결은 다음과 같이 모형화할 수 있다.

$$P = -4Q + 100$$

Q의 임의의 값이 주어지면 단순히 기호 Q를 숫자로 대체함으로써 P의 해당 값을 추론하는 것이 쉽다. 예를 들어, $Q = 2$의 값은

$$P = -4 \times 2 + 100$$
$$= -8 + 100$$
$$= 92$$

이다. 반면, P가 주어진다면 Q를 추론하는 방정식을 푸는 것이 필요하다. 예를 들어, $P = 40$일 때 방정식은 다음과 같다.

$$-4Q + 100 = 40$$

이는 다음과 같이 풀 수 있다:

$$-4Q = -60 \quad \text{(양변을 100으로 차감한다)}$$
$$Q = 15 \quad \text{(양변을 } -4 \text{로 나눈다)}$$

이 접근법은 하나 또는 두 개의 P값만 주어질 때 합리적이다. 그러나 만약 우리가 많은 P값을 받았다면, Q를 찾기 위해 매번 방정식을 푸는 것은 분명히 지루하고 비효율적이다. 선호되는 접근법은 P에 대한 수식을 이항(transpose)하는 것이다. 다시 말해, 수식을 다시 정렬한다.

$P = Q$를 포함하는 표현식

으로

$Q = P$를 포함하는 표현식

이 방식으로 쓰면 수식은 P를 숫자로 대체하여 Q를 찾을 수 있게 해준다. 특정 수식의 경우

$$-4Q + 100 = P$$

이러한 단계는

$$-4Q = P - 100 \quad \text{(양변으로부터 100을 차감한다)}$$
$$Q = \frac{P-100}{-4} \quad \text{(양변을 } -4 \text{로 나눈다)}$$

이다.

다음을 주의하라.

$$\frac{P-100}{-4} = \frac{P}{-4} - \frac{100}{-4}$$
$$= -\tfrac{1}{4}P + 25$$

따라서 재정렬된 공식은 다음과 같이 단순화된다.

$$Q = -\tfrac{1}{4}P + 25$$

만약 $P = 40$일 때 Q를 찾고 싶다면, 우리는 즉시 다음을 얻는다.

$$Q = -\frac{1}{4} \times 40 + 25$$
$$= -10 + 25$$
$$= 15$$

대수학에 대해 알아야 할 중요한 점은 개별 단계는 방정식을 풀기 위해 이전에 사용한 것과 동일하다는 것이다.

$$-4Q + 100 = 40$$

다시 말해 작업들은 다시

'양쪽에서 100을 뺀다.'

뒤이어

'양변을 −4로 나눈다.'

실전문제

1. (a) 방정식을 풀어라.

   $$\frac{1}{2}Q + 13 = 17$$

   해답의 각 단계에서 수행한 작업을 명확하게 명시하라.

   (b) (a)와 동일한 작업을 수행하여 수식을 재정렬하라.

   $$\frac{1}{2}Q + 13 = P$$

   양 식에

   $$Q = P$$를 포함하는 식

   (c) (b)에서 유도된 공식에 $P = 17$을 대입하여 (a)에 대해 당신의 해답에 동의하는지 확인하라.

주어진 수식의 양변과 그들이 수행해야 할 순서에 대해 무엇을 할 것인지 결정하라. 둘째, 이 단계를 정확하게 수행해야 한다. 이들 중 첫 번째는 종종 더 어렵다. 그러나 도움을 줄 수 있는 논리적인 전략이 있다. 이를 설명하기 위해 Q를 주제로 삼는 작업을 고려해보라.

$$P = \frac{1}{3}Q + 5$$

즉, 이러한 형태로 수식을 다시 정렬하는 것이다.

$Q = P$를 포함하는 표현식

Q값으로 시작하고 계산기를 사용하여 다음 식으로부터 P를 계산한다고 상상해보자.

$$P = \frac{1}{3}Q + 5$$

아래 다이어그램은 두 가지 작업이 필요하며 수행해야 할 순서를 나타낸다. 이 다이어그램을 흐름도(flow chart)라고 한다.

P에서 Q로 뒤로 이동하려면 이 작업을 실행 취소해야 한다. 이제 '3으로 나누기'의 반대는 '3으로 곱하기'이고 '5를 더하기'의 반대는 '5를 빼기'이므로 수식을 이항하는 데 필요한 작업은 다음과 같다:

이 다이어그램을 역흐름도(reverse flow chart)라고 한다. 이 과정은 소포를 풀거나 (또는 양파 껍질 벗기기) 과정과 비슷하다. 우선 바깥쪽 레이어를 풀고 안쪽으로 작업하라. 만약 역흐름도에 지정된 순서대로 실제로 이 단계를 수행하면, 다음을 얻는다.

$$\frac{1}{3}Q + 5 = P$$
$$\frac{1}{3}Q \quad\quad = P - 5 \quad\quad \text{(양변을 5로 차감한다)}$$
$$Q \quad\quad = 3(P - 5) \quad \text{(양변에 3을 곱한다)}$$

재정렬된 수식은 대괄호를 곱하여 다음과 같이 단순화할 수 있다.

$$Q = 3P - 15$$

덧붙여, 원하는 경우 실제로 역흐름도 자체를 사용하여 대수를 수행할 수 있다. 당신은 역순 차트를 통해 문자 P를 전달하기만 하면 된다. 오른쪽에서 왼쪽으로 작업하면

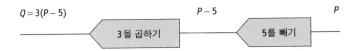

P를 '5를 빼기' 상자의 입력으로 사용하면 출력 $P - 5$가 나오고, 이 전체가 '3을 곱하기' 상자의 입력으로 사용되면 최종 결과는 답은 $3(P - 5)$이다. 따라서

$$Q = 3(P - 5)$$

예제

x를 주어로 만들어라.

(a) $y = \sqrt{\dfrac{x}{5}}$ (b) $y = \dfrac{4}{2x + 1}$

풀이

(a) x에서 y로 가기 위한 연산은 다음과 같다.

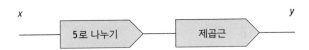

따라서 수식을 이항하는 데 필요한 단계는 다음과 같다.

대수적인 세부 사항은 다음과 같다:

$$\sqrt{\dfrac{x}{5}} = y \qquad \text{(양변을 제곱한다)}$$

$$\dfrac{x}{5} = y^2 \qquad \text{(양변을 5로 곱한다)}$$

$$x = 5y^2$$

따라서 이항된 수식은 다음과 같다.

$$x = 5y^2$$

대안으로 만약 원하는 경우, 문제를 풀기 위해 역흐름도를 직접 사용할 수 있다

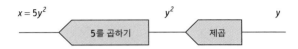

따라서

$$x = 5y^2$$

(b) 전진 흐름도는

따라서 역흐름도는

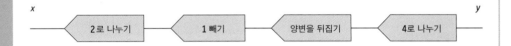

대수적인 세부 사항은 다음과 같다:

$$\frac{4}{2x+1} = y$$

$$\frac{1}{2x+1} = \frac{y}{4} \qquad \text{(양변을 4로 나눈다)}$$

$$2x+1 = \frac{4}{y} \qquad \text{(양변을 서로 뒤집는다)}$$

$$2x = \frac{4}{y} - 1 \qquad \text{(양변으로부터 1을 차감한다)}$$

$$= \frac{1}{2}\left(\frac{4}{y} - 1\right) \qquad \text{(양변을 2로 나눈다)}$$

괄호를 풀어 곱함으로써 단순화할 수 있다.

$$x = \frac{2}{y} - \frac{1}{2}$$

다시, 역흐름도를 풀기 위해 직접 사용할 수 있다.

$$x = \frac{1}{2}\left(\frac{4}{y} - 1\right) \quad \frac{4}{y} - 1 \quad \frac{4}{y} \quad \frac{y}{4} \quad y$$

| 2로 나누기 | 1 빼기 | 양변을 뒤집기 | 4로 나누기 |

실전문제

2. 흐름도를 사용하여 x를 다음 공식의 주어로 만들기 위해 흐름도를 사용하라:

(a) $y = 6x^2$

(b) $y = \dfrac{1}{7x - 1}$

다음은 두 개의 복잡한 이항의 예를 포함한다. 두 경우 모두 문자 x가 오른쪽에 두 번 이상 나타난다. 이 경우 흐름도를 기반으로 한 기술을 사용할 수 없다. 그러나 일부 단계가 즉시 명확하지 않을지라도 조작을 수행할 수 있다.

예제

x를 y로 표현하기 위해 다음 수식을 이항하라:

(a) $ax = bx + cy + d$

(b) $y = \dfrac{x + 1}{x - 2}$

풀이

(a) 식에서

$$ax = bx + cy + d$$

양변에 x와 관련된 항들이 있으며, 이를 다음과 같은 형태로 재배열하고자 하므로

$$x = y를 포함하는 표현식$$

만약 그것은 좌변에 xs를 모으는 것이 합리적이다. 이렇게 하기 위해서 우리는 양변에서 bx를 빼 다음을 얻는다.

$$ax - bx = cy + d$$

x는 좌변의 공통인자이므로, 분배 법칙은 x를 괄호 바깥으로 가져오기 위해 '역순으로' 적용될 수 있다: 즉,

$$(a - b)x = cy + d$$

마지막으로 양변을 $-b$로 나눠서 다음을 얻는다.

$$x = \frac{cy + d}{a - b}$$

이것은 원하는 형태이다.

(b) 다음과 같이 시작하는 식을 푸는 것은 어렵다.

$$y = \frac{x + 1}{x - 2}$$

왜냐하면 분자와 분모에 x가 있기 때문이다. 사실, 우리가 시작하는 것을 방해하고 있는 것은 정확히 표현이 분수라는 사실이다. 그러나 우리는 양변에 분모를 곱하여 분수를 간단히 제거할 수 있다.

$$(x - 2)y = x + 1$$

그리고 만약 우리가 괄호를 곱하면

$$xy - 2y = x + 1$$

이것을 다음의 형태로 재배열하려고 한다.

$$x = y와\ 관련된\ 표현$$

그래서 우리는 좌변에 xs를 모으고 다른 모든 것을 우변에 놓는다. 이렇게 하기 위해 처음에 양변에 $2y$를 더한다.

$$xy = x + 1 + 2y$$

그런 다음 x를 양변에서 뺀다.

$$xy - x = 1 + 2y$$

분배 법칙은 이제 x의 공통인자를 제거하기 위해 '역순으로' 적용될 수 있다: 즉,

$$(y - 1)x = 1 + 2y$$

마지막으로 $y - 1$로 나누면 다음과 같다.

$$x = \frac{1 + 2y}{y - 1}$$

> **조언**
>
> 이 예제는 지금까지 본 가장 어려운 대수 조작의 일부를 포함한다. 각 단계를 따를 수 있기를 바란다. 그러나 모든 것이 마치 우리가 '토끼를 모자에서 꺼냈다'는 것처럼 보일 수 있다. 만약 당신 스스로 남겨두면, 당신은 각 단계에서 무엇을 해야 할지를 결코 결정할 수 없을 것이라고 느낄지도 모른다. 불행하게도 항상 효과가 있는 방수 전략은 없다. 그러나 다음 다섯 가지 계획은 만약 당신이 고생할 경우 고려해볼 가치가 있다.
>
> 주어진 형식의 수식을
>
> > x와 관련된 y = 표현식으로 치환하기 위해
> >
> > y를 포함하는 표현식 x = 형태의 수식에 대입할 수 있다.
>
> 당신은 다음과 같이 진행한다:
>
> > **1단계**   분수를 제거한다.
> >
> > **2단계**   괄호를 곱한다.
> >
> > **3단계**   모든 x를 좌변에 모은다.
> >
> > **4단계** x의 인수를 꺼낸다.
> >
> > **5단계** x의 계수로 나눈다.
>
> 이 전략에 비추어 이전 예제를 되돌아보는 것이 도움이 될 수 있다. (b)에서는 5단계 각각을 쉽게 식별할 수 있다. (a)는 또한 세 번째 단계부터 시작하여 이 전략을 사용했다.

예제

x를 주어로 삼아라.

$$y = \sqrt{\frac{ax+b}{cx+d}}$$

풀이

이 수식의 우변에 제곱근 기호가 있다. 이것은 양쪽을 제곱하여 제거할 수 있다.

$$y^2 = \frac{ax+b}{cx+d}$$

이제 5단계 전략을 적용한다:

> 1단계 $(cx + d)y^2 = ax + b$
>
> 2단계 $cxy^2 + dy^2 = ax + b$
>
> 3단계 $cxy^2 - ax = b - dy^2$

4단계 $(cy^2 - a)x = b - dy^2$

5단계 $x = \dfrac{b - dy^2}{cy^2 - a}$

실전문제

3. x를 y로 표현하기 위한 다음 식을 치환하라:

(a) $x - ay = cx + y$

(b) $y = \dfrac{x-2}{x+4}$

주요 용어

수식의 이항(Transpose a formula)   다른 문자 중 하나를 주어로 만들기 위한 수식의 재배열.
역흐름도(Reverse flow chart)   역순으로 조작의 원래 순서의 반대를 나타내는 순서도.
흐름도(Flow chart)   작업 순서와 순서를 나타내는 지침 박스로 구성된 다이어그램.

연습문제 1.6

1. Q를 주어로 만들어라.

   $P = 2Q + 8$

   따라서 $P = 52$일 때 Q값을 구하라.

2. 다음 각 흐름도를 나타내는 수식을 적어라.

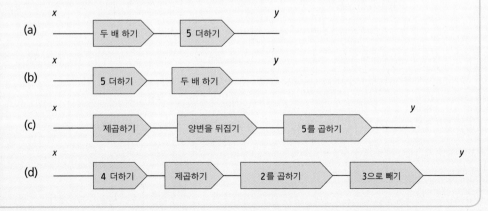

3. 다음 수식 각각에 대한 흐름도를 그려라:

   (a) $y = 5x + 3$ (b) $y = 5(x + 3)$ (c) $y = 6x - 9$

   (d) $y = 4x^2 - 6$ (e) $y = \dfrac{x}{2} + 7$ (f) $y = \dfrac{2}{x}$

   (g) $y = \dfrac{1}{x+3}$

4. 다음 수식에 대해 x를 각각의 주어로 만들어라:

   (a) $y = 9x - 6$ (b) $y = (x + 4)/3$ (c) $y = \dfrac{x}{2}$

   (d) $y = \dfrac{x}{5} + 8$ (e) $y = \dfrac{1}{x+2}$ (f) $y = \dfrac{4}{3x-7}$

5. 수식을 이항하라:

   (a) Q를 P로 표현하기 위해

   (b) Y를 I로 표현하기 위해

   (c) P를 Q로 표현하기 위해

6. x를 수식의 주어로 만들어라.

   $$y = \frac{3}{x} - 2$$

7. 사업에서 경제적 주문 수량은 $Q = \sqrt{\dfrac{2DR}{H}}$ 이다.

   (a) D를 이 수식의 주어로 만들어라.

   (b) H를 이 수식의 주어로 만들어라.

연습문제 1.6*

1. (1) 다음 수식의 각각에 대한 흐름도를 그려라.

   (a) $y = 9x + 1$ (b) $y = 3 - x$ (c) $y = 5x^2 - 8$

   (d) $y = (3x + 5)$ (e) $y = \dfrac{4}{x^2 + 8}$

   (2) 그러므로, 또는 다른 방법으로, 각각의 경우에 y로 x를 표현한다.

2. x를 다음 수식의 주어로 만들어라:

(a) $\dfrac{a}{x} + b = \dfrac{c}{x}$

(b) $a - x = \dfrac{b + x}{a}$

(c) $e + \sqrt{x + f} = g$

(d) $a\sqrt{\left(\dfrac{x - n}{m}\right)} = \dfrac{a^2}{b}$

(e) $\dfrac{\sqrt{x - m}}{n} = \dfrac{1}{m}$

(f) $\dfrac{\sqrt{x} + a}{\sqrt{x} - b} = \dfrac{b}{a}$

3. 수식을 이항하라.

$$V = \frac{5t + 1}{t - 1}$$

V로 t를 표현하기 위하여

따라서 $V = 5.6$인 경우 t값을 찾아라.

4. r을 수식의 주어로 만들어라.

$$S = P\left(1 + \frac{r}{100}\right)^n$$

5. 수식을 재정렬하라.

$$Y = \frac{-aT + b + I + G}{1 - a + at}$$

다음 문자 각각에 대해 주어로 만들어라:

(a) G

(b) T

(c) t

(d) a

SECTION 1.7
국가 소득 결정

목표

이 절을 공부한 후에는 다음을 할 수 있다:

- 선형 소비 함수를 식별하고 그릴 수 있다.
- 선형 저축 기능을 식별하고 그릴 수 있다.
- 간단한 거시 경제 모형을 세울 수 있다.
- 균형 국민 소득을 계산할 수 있다.
- IS 및 LM 일정을 분석할 수 있다.

거시 경제학은 국가 차원에서의 경제 이론 및 정책 분석과 관련이 있다. 이 절에서 우리는 국가 소득 결정으로 알려진 하나의 특정한 측면에 초점을 맞춘다. 우리는 균형 소득 수준을 계산할 수 있는 국가 경제의 간단한 모형을 설정하는 방법을 설명한다.

처음에 우리는 경제가 가계와 기업의 두 부문으로 나뉘어 있다고 가정한다. 기업은 토지, 자본, 노동 및 원자재와 같은 자원을 사용하여 재화와 서비스를 생산한다. 이러한 자원은 생산 요소(Factor of production)로 알려져 있으며 가계에 속하게 된다. 국민 소득 (National income)은 이들 요소에 대한 지불로 주어진 가구 소득에 대한 기업 소득의 흐름을 나타낸다.

가계는 두 가지 방법 중 하나로 이 돈을 쓸 수 있다. 소득은 기업이 생산하는 상품의 소비에 사용될 수 있거나 저축으로 투입될 수 있다. 따라서 소비 C와 저축 S는 소득의 함수 Y이다: 즉, 적절한 소비 함수 f와 저축 함수 g에 대해 다음과 같다.

$$C = f(Y)$$
$$S = g(Y)$$

또한 C와 S는 소득이 증가함에 따라 일반적으로 증가할 것으로 예상되므로 f와 g는 모두 증가하는 함수이다.

우리는 소비 함수(consumption function)를 분석함으로써 시작한다. 평소처럼 우리는

C와 Y 사이의 정확한 관계를 계량화해야 한다. 만약 이 관계가 선형이면, 일반적인 소비 함수의 그래프가 그림 1.22에 보여진다. 만약 다음의 관계가 성립한다면, 이 그래프에서 분명하다.

$$C = aY + b$$

이때 $a > 0$과 $b > 0$이다. 절편 b는 소득이 없을 때(즉, $Y = 0$일 때)의 소비 수준이며 자율적 소비(autonomous consumption)로 알려져 있다. 기울기 a는 Y의 1 단위 증가에 의해 초래된 C의 변화이며 한계소비성향(marginal propensity to consume)으로 알려져 있다. 이전에 언급했듯이, 소득은 소비와 저축으로 사용되어 다음으로 정의된다.

$$Y = C + S$$

소득에서 단지 1 단위 증가의 비율만 소비된다는 결과를 따른다; 나머지는 저축에 들어간다. 따라서 기울기 a는 일반적으로 1보다 작다: 즉, $a < 1$이다. 두 개의 서로 다른 부등식 $a > 0$과 $a < 1$을 하나의 부등식 $0 < a < 1$로 축소하는 것은 수학에서 일반적인 관행이다.

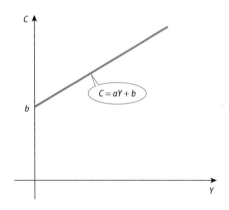

그림 1-22.

관계는

$$Y = C + S$$

주어진 어떠한 소비 함수로부터 정확한 저축 함수 형태를 결정할 수 있다.
구체적으로 말하면, 소비 함수는 다음과 같이 주어진다고 가정한다.

$$C = 0.6y + 10$$

이 그래프는 (0, 10)과 (40, 34)를 통과한다는 사실을 이용하여 그림 1.23에서 그려진다.
저축 함수를 찾기 위해 우리는 다음 관계식을 사용한다.

$Y = C + S$

가 주어졌을 때

$$S = Y - C \qquad \text{(양변으로부터 } C \text{를 차감한다)}$$
$$ = Y - (0.6Y + 10) \qquad \text{(} C \text{를 대입한다)}$$
$$ = Y - 0.6y - 10 \qquad \text{(괄호 곱셈을 한다)}$$
$$ = 0.4y - 10 \qquad \text{(항을 정리한다)}$$

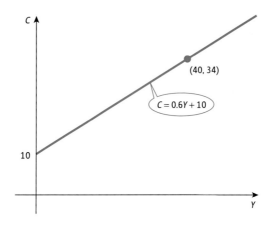

그림 1-23.

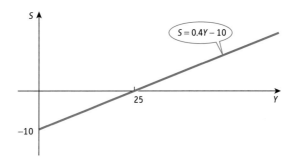

그림 1-24.

저축 함수 또한 선형이다. 이 그래프는 절편 −10과 기울기 0.4를 가지고 있다. 이는 그림
1.24에서 (0, −10)과 (25, 0)을 통과한다는 사실을 이용하여 그림 1.24에서 그려진다.

실전문제

1. 소비 함수에 해당하는 저축 함수를 결정한다.

$$C = 0.8y + 25$$

일반 소비 함수에 대해

$$C = aY + b$$

우리는 다음을 갖는다.

$$
\begin{aligned}
S &= Y - C \\
&= Y - (aY + b) \qquad (C를\ 대입한다) \\
&= Y - aY - b \qquad (괄호\ 곱셈을\ 한다) \\
&= (1 - a)Y - b \qquad (Y의\ 공통요소로\ 뽑아낸다)
\end{aligned}
$$

저축 함수의 기울기는 한계저축성향(marginal propensity to save)이라고 불리며 $1 - a$로 주어진다: 즉,

$$\text{MPS} = 1 - a = 1 - \text{MPC}$$

또한, $a < 1$이기 때문에 기울기 $1 - a$가 양의 값임을 알 수 있다. 그림 1.25는 이 저축 함수의 그래프를 보여준다. 지금까지 고려된 다른 경제 함수와 대조되는 흥미로운 특징 중 하나는 음의 값을 갖는 것이 허용된다는 것이다.

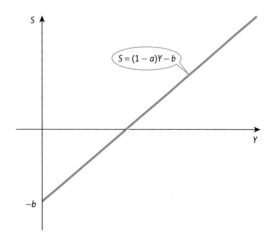

그림 1-25.

특히, 자율적 저축(autonomous savings)(즉, $Y = 0$인 경우 S의 값)은 $b > 0$이기 때문에 음수인 $-b$와 같다. 이는 소비가 소득을 초과할 때마다 가계는 저축을 인출하여 초과 지출을 재정적으로 충당하기 때문에 기대되는 것이다.

조언

결과, MPC + MPS = 1은 소비 함수가 심지어 비선형인 경우에도 항상 참이다. 이 일반화의 증거는 4.3.3절의 예제에 나와 있다.

국가 경제의 가장 단순한 모형이 그림 1.26에 나타나 있는데, 이는 소득과 지출의 순환 흐름을 보여준다. 이것은 정부의 활동이나 대외 무역을 고려하지 않았기 때문에 상당히 조잡하다. 이 다이어그램에서 투자(investment) I는 자본재에 대한 지출 형태로 순환 흐름에 주입된 것이다.

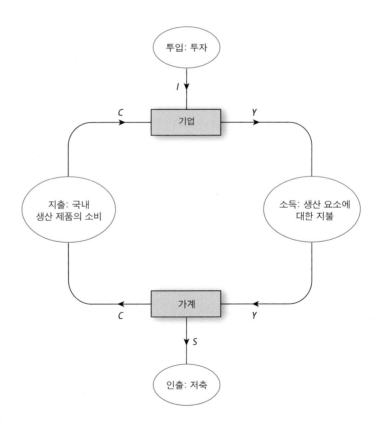

그림 1-26.

이 부분을 더 자세히 살펴보고 기호로 표시된 다이어그램 정보를 나타내보자. 첫 번째 '가계'라고 표시된 상자를 고려하자. 이 상자에 들어가는 돈의 흐름은 Y이고 떠나는 유출은 $C + S$이다. 그러므로 우리는 다음과 같은 친숙한 관계를 가지고 있다.

$$Y = C + S$$

'기업'이라고 표시된 상자의 경우, 입력되는 유량은 $C + I$이고 이를 벗어나는 유량은 Y이므로

$$Y = C + I$$

이다. 따라서, 기업이 경제에 투입할 계획의 투자 수준이 고정된 가치로 알려져 있다고 가정하자. 경제가 평형 상태에 있다면, 소득과 지출의 균형은

$$Y = C + I^*$$

이다. 가정으로부터 소비 함수는 다음과 같다.

$$C = aY + b$$

a와 b의 주어진 값에 대해 이 두 방정식은 두 개의 미지수 Y와 C에 대한 한 쌍의 연립 방정식을 나타낸다. 이러한 상황에서 C와 Y는 정확한 값이 모형 내에서 결정되기 때문에 내생 변수로 간주될 수 있다. 반면에 I^*는 모형 외부에서 고정되어 외생적이다.

예제

만약 다음과 같은 소비 함수가 있는 경우, 소득과 소비의 균형 수준을 구하라.

$$C = 0.6y + 10$$

그리고 계획된 투자는 $I = 12$이다.

풀이

우리는 다음을 알고 있다.

$$Y = C + I \qquad \text{(이론으로부터)}$$
$$C = 0.6y + 10 \qquad \text{(문제에서 주어진 바와 같이)}$$
$$I = 12 \qquad \text{(문제에서 주어진 바와 같이)}$$

I의 값을 첫 번째 방정식에 대입하면

$$Y = C + 12$$

C에 대한 식은 또한 다음과 같이 대입될 수 있다.

$$Y = 0.6y + 10 + 12$$
$$Y = 0.6y + 22$$
$$0.4y = 22 \qquad \text{(양변으로부터 } 0.6Y \text{를 차감한다)}$$
$$Y = 55 \qquad \text{(양변을 0.4로 나눈다)}$$

C의 해당 값은 이 소득 수준을 소비 함수에 넣음으로써 추론할 수 있다.

$$C = 0.6(55) + 10 = 43$$

균형 소득은 소득에 대한 지출을 도표로 표시하여 그래픽으로도 확인할 수 있다. 이 예에서 총 지출 $C + I$는 $0.6y + 22$로 주어진다.

이는 (0, 22)와 (80, 70)을 통과한다는 사실을 이용하여 그림 1.27에서 그려진다. 또한 그려진 것은 수평선과 45° 각도를 이루기 때문에 45° 선이다.

이 선은 (0, 0), (1, 1), ..., (50, 50) 등의 점을 통과한다. 다시 말해, 이 선의 어느 점에서든 지출과 소득은 균형을 이룬다. 따라서 이 선과 총 지출선 ($C + I$)의 교차점을 조사함으로써 균형 소득을 구할 수 있다. 그림 1.27에서 이것은 계산된 값과 일치하는 $Y = 55$일 때 발생한다.

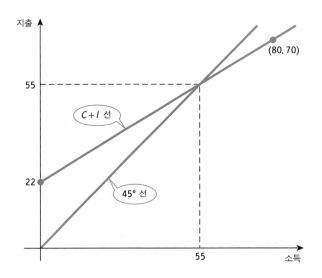

그림 1-27.

실전문제

2. 소비 함수가 균형상태일 때 소득의 균형 수준을 구하라.

$$C = 0.8y + 25$$

이고 계획된 투자는 $I = 17$이다. 만약 계획된 투자가 1 단위 증가할 경우 새로운 균형 소득을 계산하라.

모형을 좀 더 현실적으로 만들기 위해 정부 지출(government expenditure), G와 과세(Taxation) T를 모형에 포함시키자. 그림 1.26의 주입 상자는 이제 투자 외에도 정부 지출을 포함하므로

$$Y = C + I + G$$

이다. 계획된 정부 지출과 계획된 투자가 각각 고정된 값 G^*와 I^*로 자율적이라고 가정하고, 따라서 균형 상태에서

$$Y = C + I^* + G^*$$

이다. 그림 1.26의 인출 상자에는 현재 세금이 포함되어 있다. 이것은 가계가 소비재에 소비해야만 하는 소득이 더 이상 Y가 아니라 $Y - T$(소득이 적은 소득)인 것을 의미하며, 이를 가처분 소득(disposable income) Y_d라고 한다. 그러므로

$$C = aY_d + b$$

로

$$Y_d = Y - T$$

실제로, 세금은 자율적($T = T^*$ 일부 일시금 T^*)이거나 국가 소득의 비율 ($T = tY$ 일부 t) 또는 둘의 조합 ($T = tY + T^*$)일 것이다.

예제

다음과 같이 주어졌을 때

$$G = 20$$
$$I = 35$$
$$C = 0.9Y_d + 70$$
$$T = 0.2Y + 25$$

국민 소득의 균형 수준을 계산하라.

풀이

첫 번째 관점에서 이 문제는 특히 많은 변수가 있기 때문에 오히려 어렵게 보인다. 그러나 우리가 해야 하는 모든 것은 관련 방정식을 적어두고, Y가 남을 때까지 하나의 방정식을 다른 방정식으로 체계적으로 대체하는 것이다.

우리는 다음을 알고 있다.

$$Y = C + I + G \quad \text{(이론으로부터)} \tag{1}$$
$$G = 20 \quad \text{(문제에서 주어진)} \tag{2}$$
$$I = 35 \quad \text{(문제에서 주어진)} \tag{3}$$
$$C = 0.9Y_d + 70 \quad \text{(문제에서 주어진)} \tag{4}$$
$$T = 0.2Y + 25 \quad \text{(문제에서 주어진)} \tag{5}$$
$$Y_d = Y - T \quad \text{(이론으로부터)} \tag{6}$$

이것은 6개의 미지수에서 6개의 방정식의 시스템을 나타낸다. 분명한 것은 G와 I의 고정값을 방정식 (1)에 대입하면

$$Y = C + 35 + 20 = C + 55 \tag{7}$$

이것은 적어도 G와 I를 제거했기 때문에, 남아 있는 제거할 변수는 세 개뿐이다(C, Y_d와 T). 식 (5)를 식 (6)에 대입하여 T를 제거할 수 있다.

$$
\begin{aligned}
Y_d &= Y - (0.2Y + 25) \\
&= Y - 0.2Y - 25 \\
&= 0.8Y - 25 \tag{8}
\end{aligned}
$$

그리고 식 (8)을 (4)에 대입하여 Y_d를 제거하면

$$C = 0.9(0.8Y - 25) + 70$$
$$= 0.72Y - 22.5 + 70$$
$$= 0.72Y + 47.5 \tag{9}$$

식 (9)를 식 (7)에 대입하여 C를 제거하면

$$Y = C + 55$$
$$= 0.72Y + 47.5 + 55$$
$$= 0.72Y + 102.5$$

마지막으로, Y에 대해 풀이하면

$$0.28Y = 102.5 \quad \text{(양변을 } 0.72Y \text{로 차감한다)}$$
$$Y = 366 \quad \text{(양변을 } 0.28 \text{로 나눈다)}$$

실전문제

3. 다음과 같이 주어졌을 때

$$G = 40$$
$$I = 55$$
$$C = 0.8Y_d + 25$$
$$T = 0.1Y + 10$$

국민 소득의 균형 수준을 계산하라.

이 절을 결론짓기 위해 우리는 단순한 두 섹터 모형으로 되돌아간다:

$$Y = C + I$$
$$C = aY + b$$

이전에는 투자 I가 일정하게 유지되었다. 계획된 투자가 이자율 r에 달려 있다고 가정하는 것이 현실적이다. 금리가 올라감에 따라 투자가 감소하고 우리는 다음의 관계를 얻는다.

$$I = cr + d$$

여기서 $c < 0$와 $d > 0$이다. 불행히도, 이 모형은 4개의 미지수 Y, C, I와 r에서 3개의 방정식으로 구성되어 있으므로 국가 소득을 독자적으로 결정할 것으로 기대할 수는 없다. 우리가 할 수 있는 최선의 방법은 C와 I를 제거하고, Y와 r에 관한 방정식을 설정하는 것이다. 이것은 예제에 의해 가장 쉽게 이해할 수 있다.

다음을 가정하자.

$$C = 0.8Y + 100$$

$$I = -20r + 1000$$

우리는 다음을 만족할 때 상품 시장이 균형 상태임을 안다.

$$Y = C + I$$

이 식에 C와 I의 주어진 식을 대입하면

$$Y = (0.8Y + 100) + (-20r + 1000)$$
$$= 0.8Y - 20r + 1100$$

다음과 같이 재배열된다.

$$0.2Y + 20r = 1100$$

국민 총소득 Y와 이자율 r을 관련시키는 이 방정식을 IS 일정(IS schedule)이라고 한다.

우리는 Y와 r 값을 고정하기 전에 몇 가지 추가 정보가 필요하다. 이것은 화폐 시장의 균형을 조사함으로써 이루어질 수 있다. 화폐 시장은 화폐 공급 M_S가 화폐수요 M_D와 일치할 때 균형 상태라고 한다: 즉. 다음과 같을 때

$$M_S = M_D$$

화폐 공급(Money Supply)을 측정하는 방법은 다양하다. 간단히 말하자면 은행 예금에 보관된 돈과 함께 유통되는 지폐와 동전으로 구성되는 것으로 생각할 수 있다. M_S의 수준은 중앙은행에 의해 통제되고 자율적인 것으로 간주되므로 일부 고정값 M_S^*에 대해서

$$M_S = M_S^*$$

화폐에 대한 수요는 거래, 예비 조치, 그리고 추측이라는 세 가지 출처에서 비롯된다. 거래 수요(transactions demand)는 재화와 용역의 일일 교환에 사용되는 반면, 예비 수요(precautionary demand)는 예기치 않은 지출을 요구하는 비상사태에 자금을 공급하는 데

사용된다. 둘 다 국민 소득에 비례한다고 가정한다. 결과적으로, 우리는 이것을 함께 모아서 다음과 같이 쓴다.

$$L_1 = k_1 Y$$

여기서 L_1은 총거래-회수 수요를 나타내고 k_1은 양의 상수이다. 개인이나 기업이 국채와 같은 대체 자산에 투자하기로 결정한 경우, 투기 수요(speculative demand)는 예비 기금으로 사용된다. 3장에서 우리는 금리가 상승함에 따라 투기 수요가 감소함을 보였다. 우리는 다음과 같이 써서 모형화한다.

$$L_2 = k_2 r + k_3$$

여기서 L_2는 투기 수요를 나타내며, k_2는 음의 상수이고 k_3는 양의 상수이다. 총 수요 M_D는 거래-회수 수요와 투기 수요의 합이다: 즉,

$$M_D = L_1 + L_2$$
$$= k_1 Y + k_2 r + k_3$$

만약 화폐 시장이 균형에 있다면,

$$M_S = M_D$$

따라서,

$$M_S^* = k_1 Y + k_2 r + k_3$$

국민 총소득 Y와 이자율 r을 관련시키는 이 방정식을 LM 일정(LM schedule)이라고 한다. 우리가 상품 시장과 화폐 시장 모두에 균형이 있다고 가정하면 IS와 LM 일정은 두 개의 미지수 Y와 r에 두 개의 방정식을 제공한다. 이들은 제거 또는 그래픽 방법으로 쉽게 해결할 수 있다.

예제

상품 시장에 대한 다음 정보를 바탕으로 균형소득과 이자율을 결정하라:

$$C = 0.8Y + 100$$

$$I = -20r + 1000$$

그리고 화폐 시장은:

$$M_S = 2375$$

$$L_1 = 0.1Y$$

$$L_2 = -25r + 2000$$

화폐 공급의 감소는 Y와 r의 균형 수준에 영향을 줄 수 있다.

풀이

이러한 특정 소비와 투자함수에 대한 IS 일정은 이전 내용에서 이미 확인되었다. 상품 시장은 다음과 같을 때 균형이라는 것을 보여주었다.

$$0.2Y + 20r = 1100 \tag{1}$$

화폐 시장에 대해서 우리는 통화공급이

$$M_S = 2375$$

임을 알고 있다. 그리고 총 화폐수요(즉, 거래−예비적 수요 L_1과 투기 수요 L_2의 합)는

$$M_D = L_1 + L_2 = 0.1Y - 25r + 2000$$

이다. 화폐 시장은 다음과 같을 때 균형 상태에 있다.

$$M_S = M_D$$

따라서,

$$2375 = 0.1Y - 25r + 2000$$

그러므로, LM 일정은 다음과 같이 주어진다.

$$0.1Y - 25r = 375 \tag{2}$$

방정식 (1)과 (2)는 두 개의 미지수 Y와 r에 대한 두 방정식의 시스템을 구성한다. 1.4절에서 설명한 단계는 이 시스템을 해결하는 데 사용할 수 있다:

1단계

방정식 (2)를 두 배로 하고 방정식 (1)에서 차감하여 다음을 얻는다.

$$0.2Y + 20r = 1100$$
$$\underline{0.2Y - 50r = \ \ 750} -$$
$$70r = \ \ 350$$

(3)

2단계

방정식 (3)의 양변을 70으로 나누면

$$r = 5$$

3단계

방정식 (1)에 $r = 5$를 대입하면

$$0.2Y + 100 = 1100$$
$$0.2Y = 1000 \quad \text{(양변으로부터 100을 차감한다)}$$
$$Y = 5000 \quad \text{(양변을 0.2로 나눈다)}$$

4단계

확인 작업으로, 식 (2)는

$$0.1(5000) - 25(5) = 375 \ \checkmark$$

이다. 그러므로 Y와 r의 균형 수준은 각각 5000과 5이다.

통화 공급이 떨어질 때 Y와 r에 어떤 현상이 발생하는지 검토하기 위해 2300과 같이 M_S의 작은 값을 취하여 계산을 반복할 수 있다. 그러나 검토를 그래픽으로 수행하는 것이 더 유익하다. 그림 1.28은 가로축에 r, 세로축에 Y를 사용하여 동일한 다이어그램에 그려진 IS와 LM 곡선을 보여준다.

이 선들은 (5, 5000)에서 교차하여 계산에 의해 얻어진 이자율과 소득의 균형 수준을 확인한다. 통화 공급량의 어떠한 변화는 분명히 IS 곡선에 영향을 미치지 않을 것이다. 반면에 화폐 공급의 변화는 LM 곡선에 영향을 미친다. 이를 보려면 일반 LM 일정으로 되돌아가자.

$$k_1Y + k_2r + k_3 = M_S$$

그리고 r로 Y를 표현하기 위해 이항하자:

$$k_1Y = -k_2r - k_3 + M_S^* \quad \text{(양변으로부터 } k_2r + k_3 \text{을 차감한다)}$$

$$Y = \left(\frac{-k_2}{k_1}\right)r + \frac{-k_3 + M_S^*}{k_1} \quad \text{(양변을 } k_1 \text{로 나눈다)}$$

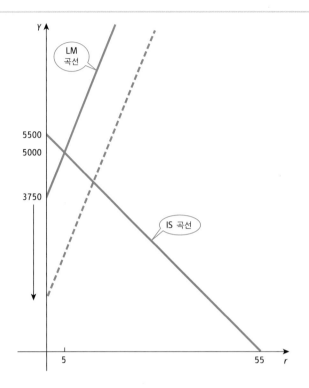

그림 1-28.

이 형태로 표현하면, LM 일정은 기울기 $-k_2/k_1$과 절편 $(-k_3 + M_S^*)/k_1$을 가지고 있음을 알 수 있다.

따라서 M_S^*의 감소는 절편을 감소시키지만(기울기는 감소시키지 않음) LM 곡선은 아래쪽으로 이동한다. 이것은 그림 1.28의 점선으로 표시된다. 교차점은 아래쪽과 오른쪽으로 모두 이동한다. 우리는 통화 공급이 떨어짐에 따라 금리가 상승하고 국민 소득이 감소한다는 것을 추론할 수 있다(상품과 통화 시장이 균형을 유지한다고 가정할 때).

조언

모형을 규정하기 위해 사용한 다양한 모수의 관점에서 평균 소득 수준에 대한 일반 공식을 산출하는 것이 가능하다. 당신이 예상할 수 있듯이, 대수학은 조금 더 어렵지만 이는 모수의 변화에 대한 더 일반적인 검토를 가능케 한다. 5.3절을 보라.

실전문제

4. 상품 시장에 관한 다음의 정보를 고려하여 균형소득 Y와 이자율 r을 결정하라.

$$C = 0.7Y + 85$$

$$I = -50r + 1200$$

그리고 화폐 시장은

$$M_S = 500$$

$$L_1 = 0.2Y$$

$$L_2 = -40r + 30$$

같은 다이어그램에서 IS 및 LM 곡선을 그려라. 자율적인 투자 가치의 증가는 Y와 r의 균형 가치에 어떤 영향을 미칠 것인가?

주요 용어

가처분 소득(Disposable income)   세금과 부가적 혜택의 공제 후 가계 소득.

과세(Taxation)   개인의 소득과 부를 기반으로 한 정부에 지불되는 돈(직접 과세)과 지출에 근거한 재화나 용역 제공자가 지불한 돈(간접세).

국민 소득(National income)   기업에서 가계로 가는 화폐의 흐름.

돈에 대한 예비 수요(Precautionary demand for money)   예기치 않은 미래 지출을 위해 개인이나 기업이 보유한 돈.

돈에 대한 투기 수요(Speculative demand for money)   정부 채권과 같은 대체 자산에 투자할 목적으로 기업이나 개인에 의해 저지된 돈.

생산 요소(Factor of production)   재화 및 용역의 생산에 투입되는 요소: 토지, 자본, 노동 및 원자재.

소비 함수(Consumption function)   국민 소득과 소비의 관계.

자율적 소비(Autonomous consumption)   소득이 없을 때의 소비 수준.

자율적 저축(Autonomous savings)   소득이 없을 때 저축에서 인출.

정부 지출(Government expenditure)   정부가 국방, 교육, 보건, 경찰 등에 소비된 총 화폐금액.

투자(Investment)   즉각적인 소비가 아닌 생산의 창출.

한계소비성향(Marginal propensity to consume)   소비에 대한 국민 소득의 상승분. 이는 소비 함수의 기울기이다.

한계저축성향(Marginal propensity to save)   저축에 들어가는 국민 소득의 상승분. 이는 저축 함수의 기울기이다.

화폐 공급(Money supply)   은행 예금에 보관된 돈과 함께 유통되는 지폐와 동전.

화폐의 거래 수요(Transactions demand for money)   재화와 용역의 일상 거래에 사용되는 돈.

IS 일정(IS schedule)   재화 시장에서의 균형의 가정에 기초한 국민 소득과 이자율의 관계식.

LM 일정(LM schedule)   화폐 시장의 균형에 대한 가정에 기초한 국민 소득과 이자율에 관한 방정식.

연습문제 1.7

1. 만약 소비 함수가 $C = 4200 + 0.75Y$로 주어진다면, 한계소비성향을 기술하고, 한계저축성향을 추론하라.

2. 만약 국민 소득 Y가 1000 단위라면 소비 C는 800 단위이다. 또한 소득이 100 증가할 때마다 소비는 70만큼 증가한다. 소비 함수가 선형이라고 가정하면:

    (a) 한계소비성향을 기술하고, 한계저축성향을 추론하라.

    (b) Y로 C에 대한 표현을 찾아라.

3. 만약 소비 함수가 다음과 같이 주어지면

    $$C = 0.7Y + 40$$

    다음 값을 서술하라.

    (a) 자율적 소비

    (b) 한계소비성향

    이 수식을 C로 Y를 표현하기 위해 치환하면 다음과 같을 때 Y의 값을 찾을 수 있다.

    $$C = 110$$

4. 소비 함수가 다음과 같이 주어진 경우, 저축 함수에 대한 식을 작성하라.

    (a) $C = 0.9Y + 72$

    (b) $C = 0.8Y + 100$

5. 정부 개입이 없는 폐쇄 경제에 대해 소비 함수는 다음과 같다.

    $$C = 0.6Y + 30$$

    그리고 계획된 투자는

    $$I = 100$$

    이다. 다음의 균형 수준을 계산하라.

    (a) 국민 소득

    (b) 소비

    (c) 저축

6. 소비 함수는 $C = aY + b$로 주어진다.

    $Y = 10$일 때 C의 값은 28이고, $Y = 30$일 때 C의 값은 44이다.

    $$S = 0.2Y - 20$$

    계획된 투자 $I = 13$일 때 균형 소득 수준을 결정하라.

7. 다음과 같이 주어지면

$$G = 50$$

$$I = 40$$

$$C = 0.75Y_d + 45$$

$$T = 0.2Y + 80$$

국민 소득의 균형 수준을 계산하라.

연습문제 1.7*

1. 소비 함수가 다음과 같이 주어져 있을 때, 가능한 한 단순화된 저축 함수식을 적어라.

    (a) $C = 0.7Y + 30$

    (b) $C = \dfrac{Y^2 + 500}{Y + 10}$

2. 만약

$$C = aY + b$$

$$Y = C + I$$

$$I = I^*$$

을 보여라.

$$Y = \frac{b + I^*}{1 - a}$$

그리고 a, b, I^*에 의해 C에 대한 유사한 표현식을 얻을 수 있다.

3. 다음 수식을 전환하라.

$$Y = \frac{b + I^*}{1 - a}$$

Y, b, I^*로 a를 표현하기 위해

4. 개방 경제는 다음과 같을 때 균형이다.

$$Y = C + I + G + X - M$$

여기서

Y = 국민 소득

C = 소비

I = 투자

G = 정부 지출

X = 수출

M = 수입

다음과 같이 주어진 소득의 균형 수준을 결정하라.

$C = 0.8Y + 80$

$I = 70$

$G = 130$

$X = 100$

$M = 0.2Y + 50$

5. 다음과 같이 주어진

소비,	$C = 0.8Y + 60$
투자,	$I = -30r + 740$
화폐 공급,	$M_S = 4000$
화폐에 대한 거래−예비적 수요,	$L_1 = 0.15Y$
화폐의 투기 수요,	$L_2 = -20r + 3825$

상품과 화폐 시장이 균형을 이루고 있다는 가정하에 국민 소득 Y와 이자율 r의 값을 결정하라.

6. 국민 소득 모형을 고려하라.

$$Y = C + I$$
$$C = aY_d + 50$$
$$I = 24$$
$$Y_d = Y - T$$
$$T = 20$$

국가 소득의 균형 수준은 다음과 같이 주어짐을 보여라.

$$Y = \frac{74 - 20a}{1 - a}$$

이 방정식을 Y로 표현하여 치환하라.

또는 다른 방법으로, $Y = 155$인 a의 값을 찾고 C의 값을 찾아라.

7. 국민 소득 모형을 고려하라.

$$Y = C + I^* + G^*$$
$$C = a(Y - T), \qquad 0 < a < 1$$
$$T = tY, \qquad\qquad 0 < t < 1$$

다음을 보여라.

$$Y = \frac{I^* + G^*}{1 + a(t - 1)}$$

따라서 다음에 대해 Y가 언제 일어났는지 기술하라.

(a) G^* 증가

(b) t 증가

수학 심화학습

이 교재에서 채택한 접근법은 매우 비공식적이다. 수학과 경제적 응용 모두를 가능한 한 접근 가능하게 만드는 데 주안점을 두었다. 다행히 이것은 이 주제를 이해하고 즐기는 데 도움이 될 것이다. 그러나 당신의 강사는 보다 공식적인 언어와 표기법을 사용하는 것을 좋아할 것이다.

이러한 이유로 각 장마다 보다 엄격한 수학적 언어와 아이디어에 대한 간략한 토론을 통해 결론을 맺고 미래에 취할 수 있는 고급 과정의 기본 틀을 제공한다. 1.2절에서는 선형 부등식의 해를 나타내기 위해 선의 수를 사용했다. 숫자선의 두 값 사이에 있는 모든 숫자의 집합을 구간(Interval)이라고 하며, 우리가 사용하는 표기법은 다음 표에 요약되어 있다:

구간	표기법
$a \leq x \leq b$	[a, b]
$a < x < b$	(a, b)
$a \leq x < b$	[a, b)
$a < x \leq b$	(a, b]

두 끝점을 모두 포함하는 첫 번째 구간을 폐구간(closed interval)이라고 하고, 두 번째 구간의 끝점을 제외하는 구간을 개구간(open interval)이라고 한다. 이 표기법을 사용하여 [2, 5]는 $2 \leq x \leq 5$의 약어로 쓰고, 3은 $3 < x \leq 9$의 약어로 (3, 9]라고 쓴다. 이 표기법을 사용하여 제한되지 않은 구간을 포함하는 것도 가능하다. 예를 들어, 번호 6의 우변에 있는 숫자(6 자체 포함)의 모든 숫자로 구성된 구간 $x \geq 6$은 [6, ∞]와 같이 쓸 수 있다. 기호 ∞ (무한대)는 숫자가 아니며 단지 상한 없이 영원히 계속된다는 것을 나타낸다. 이 표기법에서 우리는 수의 완전한 집합을 (−∞, ∞)로 쓸 수 있다.

수학에서는 수의 부호를 무시하고 의도적으로 그것을 양의 값으로 만드는 것이 편리할 때가 있다. 이것을 숫자 x의 절댓값(absolute value) 또는 계수(modulus)라고 하며, $|x|$로 쓴다. 이 표기법에서 우리는

$$|-5| = 5와 |4| = 4$$

를 갖는다.

만약 숫자가 음수이면 기호를 양수로 변경하고, 숫자가 이미 양수이면 부호가 변경되지 않으므로 다음과 같이 쓸 수 있다.

$$|x| = -x \text{ 만약 } x < 0 \text{이고 } |x| = x \text{ 만약 } x \geq 0$$

예제

간격 표기법을 사용하여 해답을 제공하는 다음 부등식을 풀어라.

(a) $|x| \leq 6$

(b) $|2x - 1| < 3$

풀이

(a) 숫자 x의 절댓값이 6보다 작거나 같으면 숫자 자체는 −6 이상 6 이하여야 하므로 부등식 $|x| \leq 6$은 구간 표기법으로 [−6, 6]으로 나타낼 수 있다.

(b) 숫자 $2x - 1$의 절댓값이 3보다 작으면 숫자 자체가 −3과 3 사이여야 하므로, 다음과 같이 풀 필요가 있다.

$$-3 < 2x - 1 < 3$$
$$-2 < 2x < 4 \text{ (양변에 1을 더한다)}$$
$$-1 < x < 2 \quad \text{(양변을 2로 나눈다)}$$

간격 표기법에서 이것은 (−1, 2)로 쓴다.

1.5절에서 함수의 핵심 개념을 소개했다. 함수 정의역(domain)은 모든 가능한 입력 집합으로 구성되며 해당 출력 집합은 함수 범위(range)라고 한다. 때로는 x의 특정값에 대한 함수를 평가할 수 없기 때문에 입력을 함수로 제한해야 한다. 예를 들어, 함수에 대해 $f(4)$를 평가하는 것은 불가능하다.

$$f(x) = \frac{1}{x - 4}$$

만약 이 함수에 $x = 4$를 대입하려고 하면, 의미 없는 '1/0'을 얻는다. 계산기에서 '영에 의한 나눗셈' 오류 메시지가 나타난다. 이 함수의 경우 정의역은 모든 숫자 $x \neq 4$로 구성된다. 음수의 제곱근을 찾기가 불가능하므로 x의 값이 3보다 작으면 $f(x) = \sqrt{x - 3}$을 계산할 수 없다. 이 함수의 경우 정의역은 $x \geq 3$인 모든 숫자로 구성되므로 간격 표기법에서 정의역은 [3, ∞]이다.

때로는 함수의 영역을 경제적으로 이해하도록 제한하기도 한다. 예를 들어, 그림 1.15에서 그린 $P = -2Q + 50$의 수요 함수에서 우리는 정의역을 [0, 25]로 선택할 것이다. 우리는 분명히 정의역으로부터 음의 양을 배제할 필요가 있고, 그래프는 Q가 25를 초과하면 P는 음의 값을 가지게 된다는 것을 보여준다. 순전히 수학적인 관점에서 함수에 숫자를 입력하는 데 아무런 문제가 없다.

그림 1.15에 그려진 선은 각 방향으로 영원히 계속된다. 그러나 함수는 경제적으로 의미가 있기 때문에 정의역을 [0, 25]로 제한하도록 선택할 것이다. 이를 수행하면 그림 1.15의 세로축은 해당 출력이 0과 50 사이의 가능한 모든 숫자로 구성된다는 것을 보여준다. 즉, 함수의 범위는 [0, 50]이다.

주어를 정확하고 모호하지 않게 만드는 수학 표기법이 있다. 또한 이것은 우리가 해야 할 글쓰기 양을 줄이기 위한 편리한 속기를 제공한다. 다음 표는 수학적 논증을 나타낼 때 자주 사용하는 기호로, 더 어려운 책이나 저널을 읽을 때 이러한 것들에 직면할 수 있다.

기호	의미
∴	따라서
∃	존재한다
∀	모두에 대해
⇒	의미한다
⇔	는 동등하다

이것은 기호가 수학적 문장을 함께 연결하는 간결한 방법을 제공한다. 수식을 풀 때 다음과 같이 쓸 수 있다:

$$2x - 8 = 10 \quad \Rightarrow \quad 2x = 18 \quad \Rightarrow \quad x = 9$$

이 기호를 사용하면 한 줄의 작업으로 일련의 수학적 단계를 수행할 수 있었다. 등가 기호 ⇔는 양방향으로 작용할 때마다 사용할 수 있다. 기술적으로 단계는 뒤집을 수 있기 때문에 위의 대수에서 ⇔를 대체할 수 있다.

그러나 수학의 이 부분은 좌변에서 우변으로 작업하여 방정식을 풀도록 명확하게 설계되었으므로 그렇게 하는 것이 의미가 없다. 그러나 모든 의미가 뒤집을 수 있는 것은 아니므로 이중 내포 부호를 사용할 때는 주의해야 한다. 예를 들어,

$$x = -5 \quad \Rightarrow \quad |x| = 5$$

은 참이지만, $x = 5$의 대안 선택이 있으므로 뒤집기가 반드시 사실일 필요는 없으므로 여기에서 ⇔를 사용하는 것은 정확하지 않다. 다른 한편, 다음에서 ⇔를 사용하는 것은 정확하며 두 개 이상의 숫자 중 하나라도 0일 때만 두 개의 숫자가 0으로 증가한다는 중요한 메시지를 전달한다.

$$xy = 0 \quad \Leftrightarrow \quad x = 0 \text{ 또는 } y = 0$$

주요 용어

개구간(Open interval) 두 개의 주어진 수를 제외한 모든 실수의 집합: $a < x < b$.

계수(Modulus) 숫자의 크기 또는 양의 값.

구간(Interval) 두 개의 주어진 숫자 사이(가능한 모든 것을 포함하는)의 모든 실수의 집합.

범위(Range) 함수의 출력 집합을 구성하는 숫자.

절댓값(Absolute value) 숫자의 크기 또는 양수 값.

정의역(Domain) 함수에 대한 입력값으로 사용되는 숫자.

폐구간(Closed interval) 두 개의 주어진 수 사이의 모든 실수의 집합: $a \leq x \leq b$.

CHAPTER 2

비선형 방정식

이 장의 주요 목표는 비선형 방정식에 대해 이해하는 것이다. 1장과 유사한 방식으로 설명을 진행한다. 이 장은 모두 4개의 절로 구성되어 있는데 제2.1절은 제2.2절 전에 읽어야 하며 제2.3절도 제2.4절 전에 읽어야 한다.

첫 번째 절에서는 가장 간단한 비선형 방정식인 2차 방정식에 대해 설명한다. 2차 방정식은 2개의 선형인 자의 곱으로 표현되는 인수분해나 근의 공식을 통해 쉽게 해를 구할 수 있다. 이 장에서는 2차 함수의 그래프를 어떻게 그리는지 설명하고 2차 방정식으로 주어진 수요·공급 함수에 대한 균형 가격과 수량을 그래프를 통해 어떻게 결정되는지 살펴본다.

제2.2절은 수입, 이윤 등 미시경제학에서 등장하는 추가적인 함수들을 소개한다. 주로 제2.1절에서 설명한 아이디어를 이용하여 2차식의 수입과 이윤 함수에 대한 그래프를 그리거나 그들의 최댓값을 찾는 데 적용해본다.

마지막으로, 지수법칙과 로그법칙을 학습하면서 제1장에서 설명한 대수학의 주제를 마무리한다. 기본적인 개념은 제2.3절에서 다룬다. 지수의 표기와 지수법칙은 매우 중요하고 앞으로의 각 장에서 자주 사용된다. 제2.4절은 두 가지 초월함수인 지수함수와 로그함수에 초점을 맞춘다. 만약 어렵거나 시간이 부족하고, 특히 다음 장의 금융 수학을 다루지 않는다면 당분간 이 장을 생략해도 좋다.

SECTION 2.1

2차 함수

> **목표**
>
> 이 절을 공부한 후에는 다음을 할 수 있다;
>
> - 공식을 이용하여 2차 방정식을 해결할 수 있다.
> - 인수분해를 통해 2차 방정식을 해결할 수 있다.
> - 함수 값들의 표를 이용하여 2차 함수를 그래프로 표현할 수 있다.
> - 절편을 찾아 2차 함수를 그래프로 표현할 수 있다.
> - 그래프를 이용하여 2차 부등식을 해결할 수 있다.
> - 기호도표를 이용하여 부등식을 해결할 수 있다.
> - 2차 함수로 주어진 수요 함수와 공급 함수에 대한 균형가격과 균형거래량을 찾아줄 수 있다.

제1장에서 선형 수학의 주제를 다루었다. 구체적으로 선형 함수를 어떻게 그래프로 표현하는지 선형 방정식(또는 선형 연립방정식)을 어떻게 해결하는지 살펴보았다. 그리고 경제학의 함수들이 모두 선형과 같이 단순한 형태가 아니라는 점도 지적하였다. 수요와 공급의 그래프가 직선이라고 가정한다면 수학적 분석을 쉽게 할 수 있겠지만 현실적인 부분에 대한 희생을 감수해야 한다. 수요와 공급 그래프는 곡선의 형태를 가질 수도 있고 이런 상황에서는 보다 복잡한 함수를 이용하여 표현하는 것이 필요하다. 가장 단순한 형태의 비선형 함수는 2차 방정식(quadratic function)으로 상수 a, b, c에 대하여 다음의 형태를 갖는다.

$$f(x) = ax^2 + bx + c$$

(사실 수요 함수가 선형이라고 하더라도 그로부터 결정되는 총수입 및 이윤과 같은 함수들은 2차식이 된다. 다음 장에서 이러한 함수들에 대해 다루겠다.) 잠시 동안 2차 함수에 중점을 두고 2차 함수 그래프를 어떻게 표현하는지, 그리고 2차 방정식을 어떻게 해결하는지 살펴보겠다.

다음의 기본 방정식을 생각하자.

$$x^2 - 9 = 0$$ x^2은 $x \times x$을 간단히 표현한 것이다

이 함수는 위의 2차 함수 $f(x)$에서 $a=1$, $b=0$, 그리고 $c=-9$인 경우이다. 이 방정식을 해결하기 위해 양변에 9를 더해주면 다음을 얻는다.

$$x^2 = 9$$

따라서 자기 자신을 거듭제곱하여 9가 되는 숫자를 찾으면 x가 된다. 이를 만족하는 숫자는

$3 \times 3 = 9$ 그리고 $(-3) \times (-3) = 9$이므로, 3과 -3 정확히 두 개가 존재한다.

이 두 개의 해를 9의 제곱근(square roots)이라고 한다. 기호 $\sqrt{}$ 는 양의 제곱근을 나타내며 따라서 해는 $\sqrt{9}$와 $-\sqrt{9}$가 된다. 두 개의 제곱근은 보통 $\pm\sqrt{9}$로 함께 표현한다. 방정식

$$x^2 - 9 = 0$$

은 9가 분명한 제곱근을 갖기 때문에 쉽게 해결된다. 일반적으로 제곱근을 얻기 위해 계산기를 활용할 필요가 있다. 예를 들면, 방정식

$$x^2 - 2 = 0$$

은 다음과 같이 표현되고

$$x^2 = 2$$

따라서 해는 $x = \pm\sqrt{2}$가 된다. 계산기로 2의 제곱근을 찾아주면 1.41421356(소수점 아래 여덟자리)이 되므로 위 방정식의 해는 1.41421356와 -1.41421356이 된다.

예제

다음 2차 방정식을 풀어라:

(a) $5x^2 - 80 = 0$　　　　(b) $x^2 + 64 = 0$　　　　(c) $(x+4)^2 = 81$

풀이

(a) $5x^2 - 80 = 0$

$$5x^2 = 80 \qquad \text{(80을 양변에 더한다)}$$
$$x^2 = 16 \qquad \text{(양변을 5로 나눠준다)}$$
$$x = \pm 4 \qquad \text{(양변의 제곱근을 취한다)}$$

(b) $x^2 + 64 = 0$

$\qquad x^2 = -64 \qquad$ (64를 양변에 빼준다)

이 방정식은 실수의 제곱근을 찾아줄 수 없기 때문에 해가 존재하지 않는다.

(c) $(x+4)^2 = 81$

$\qquad x + 4 = \pm 9 \qquad$ (양변에 제곱근을 취한다)

+와 − 부호를 각각 취하면 두 개의 해가 존재한다. + 부호를 택하면

$\qquad x + 4 = 9$이므로 $x = -9 - 4 = 5$가 된다.

− 부호를 택하면,

$\qquad x + 4 = -9$이므로 $x = -9 - 4 = -13$이 된다.

5와 −13 두 개의 해를 갖는다.

실전문제

1. 다음의 2차 방정식을 풀어라. (필요한 경우 소수점 아래 둘째자리까지 표현하라.)

(a) $x^2 - 100 = 0$ (b) $2x^2 - 8 = 0$ (c) $x^2 - 3 = 0$

(d) $x^2 - 5.72 = 0$ (e) $x^2 + 1 = 0$ (f) $3x^2 + 6.21 = 0$

(g) $x^2 = 0$

실전문제 1의 모든 방정식들은 다음과 같이 x 앞의 계수가 0인 특별한 형태를 갖는다.

$ax^2 + c = 0$

보다 일반적인 2차 방정식을 해결하기 위해서는 몇 줄의 계산으로 해를 찾아줄 수 있는 근의 공식을 이용한다. 2차 방정식

$ax^2 + bx + c = 0$

은 다음의 해를 갖는다.

$$x = \frac{-b \pm \sqrt{(b^2 - 4ac)}}{2a}$$

다음 예제는 이 공식을 어떻게 활용하는지 보여준다. 다음 예제에서는 2차 방정식은 2개 또는 1개의 해를 갖거나 해가 없을 수 있다는 사실을 보여준다.

예제

다음 2차 방정식을 풀어라.

(a) $2x^2 + 9x + 5 = 0$　　　　　　　(b) $x^2 - 4x + 4 = 0$

(c) $3x^2 - 5x + 6 = 0$

풀이

(a) 방정식

$$2x^2 + 9x + 5 = 0$$

은 2차 방정식에서 $a=2$, $b=9$, 그리고 $c=5$를 갖는다. 이 값들을 근의 공식

$$x = \frac{-b \pm \sqrt{(b^2 - 4ac)}}{2a}$$

에 대입하면 다음과 같다.

$$x = \frac{-9 \pm \sqrt{(9^2 - 4(2)(5))}}{2(2)}$$

$$= \frac{-9 \pm \sqrt{(81 - 40)}}{4}$$

$$= \frac{-9 \pm \sqrt{41}}{4}$$

+와 − 부호를 분리하여 다음 두 개의 해를 얻는다.

$$\frac{-9 + \sqrt{41}}{4} = -0.649 \quad \text{(소수점 아래 셋째자리)}$$

$$\frac{-9 - \sqrt{41}}{4} = -3.851 \quad \text{(소수점 아래 셋째자리)}$$

이 값들을 원래의 방정식에 대입하여 실제 해가 됨을 확인할 수 있다. 예를 들어 $x = -0.649$를 $2x^2 + 9x + 5$에 대입하면 다음과 같고

$$2(-0.649)^2 + 9(-0.649) + 5 = 0.001402$$

이 값은 원하던 대로 0에 가까운 값을 갖는다. $\sqrt{41}$의 소수점 아래 셋째자리까지의 값을 사용했기 때문에 정확하게 0의 값을 얻진 못하였다. 이와 같은 방법으로 $x = -3.851$ 역시 해가 됨을 확인할 수 있다.

(b) 방정식

$$x^2 - 4x + 4 = 0$$

은 2차 방정식에서 $a = 1$, $b = -4$ 그리고 $c = 4$를 갖는다. 이 값들을 근의 공식

$$x = \frac{-b \pm \sqrt{(b^2 - 4ac)}}{2a}$$

에 대입하면 다음과 같다.

$$x = \frac{-(-4) \pm \sqrt{((-4)^2 - 4(1)(4))}}{2(1)}$$
$$= \frac{4 \pm \sqrt{(16 - 16)}}{2}$$
$$= \frac{4 \pm \sqrt{0}}{2}$$
$$= \frac{4 \pm 0}{2}$$

여기에서는 $+$와 $-$의 부호에 상관없이 똑같은 해를 갖는다. 다시 말하면 이 방정식은 오직 하나의 해, $x = 2$를 갖는다. 이를 확인하기 위해 원래의 방정식의 $x = 2$를 대입하면 다음과 같다.

$$(2)^2 - 4(2) + 4 = 0$$

(c) 방정식

$$3x^2 - 5x + 6 = 0$$

은 $a = 3$, $b = -5$ 그리고 $c = 6$을 갖는다. 이 값들을 공식

$$x = \frac{-b \pm \sqrt{(b^2 - 4ac)}}{2a}$$

에 대입하면 다음과 같다.

$$x = \frac{-(-5) \pm \sqrt{((-5)^2 - 4(3)(6))}}{2(3)}$$

$$= \frac{5 \pm \sqrt{(25 - 72)}}{6}$$

$$= \frac{5 \pm \sqrt{(-47)}}{6}$$

제곱근 안의 숫자가 음수이며 실전문제 1번에서 보았듯이 음수의 제곱근을 구하는 것은 불가능하다. 따라서 2차 방정식

$$3x^2 - 5x + 6 = 0$$

은 해를 갖지 않는다.

위 예제는 2차 방정식을 해결할 때 발생할 수 있는 세 가지 경우를 보여준다. 정확한 해의 수는 제곱근 안의 숫자가 양수인지, 0인지 혹은 음수인지에 따라 결정된다. 우리는 $b^2 - 4ac$의 부호에 따라 일어날 수 있는 세 가지 경우를 판별할 수 있기 때문에 이를 판별식(discriminant)이라고 부른다.

- 만약 $b^2 - 4ac > 0$이면 다음 두 개의 해가 존재한다.

$$x = \frac{-b + \sqrt{(b^2 - 4ac)}}{2a} \quad \text{그리고} \quad x = \frac{-b - \sqrt{(b^2 - 4ac)}}{2a}$$

- 만약 $b^2 - 4ac = 0$이면 다음 하나의 해가 존재한다.

$$x = \frac{-b \pm \sqrt{0}}{2a} = \frac{-b}{2a}$$

- 만약 $b^2 - 4ac < 0$이면 $\sqrt{(b^2 - 4ac)}$ 가 존재하지 않기 때문에 해가 없다.

실전문제

2. 다음 2차 방정식을 풀어라.

(a) $2x^2 - 19x - 10 = 0$ (b) $4x^2 + 12x + 9 = 0$

(c) $x^2 + x + 1 = 0$ (d) $x^2 - 3x + 10 = 2x + 4$

다음은 경영학에서의 흥미로운 응용 예제이다.

예제

한 회사가 프린터 잉크 카트리지 한 팩을 24달러에 팔고 있다. 만약 고객이 100팩 이상을 주문하면 회사는 100개 초과 최대 300개의 팩에 대해 초과 수량당 단위 가격에 4센트씩 추가 할인을 해준다.

(a) 130개 팩을 구매하기 위해 얼마가 필요한가?

(b) 만약 구매비용이 총 5324달러가 들었다면 몇 개의 팩을 구매한 것인가?

풀이

(a) 처음 100개의 팩은 24달러에 구매하므로 이에 대한 총 비용은 $100 \times 24 = \$2400$이다. 나머지 30개 팩에 대해 각 $24 - 0.04 \times 30 = \$22.80$을 지불해야 하므로 나머지 30개에 대한 총 비용은 $30 \times 22.80 = \$684$이다. 따라서 전체 비용은 $\$3084$이다.

(b) 100개까지의 구매에 대한 비용은 $5324 - 2400 = \$2924$이다. x를 100개 초과하는 구매 수량이라고 한다면 이에 대한 단위 가격은 $24 - 0.04x$가 되고 총 비용은 $(24 - 0.04x)x = 24x - 0.04x^2$가 된다. 따라서

$24x - 0.04x^2 = 2924$이고 내림차순으로 정렬하면

$0.04x^2 - 24x + 2924 = 0$이 된다.

이 2차 방정식은 근의 공식을 이용하여 다음과 같이 해를 구할 수 있다.

$$x = \frac{-(-24) \pm \sqrt{(-24)^2 - 4(0.04)(2924)}}{2(0.04)} = \frac{24 \pm \sqrt{576 - 467.84}}{0.08}$$

$$= \frac{24 \pm \sqrt{108.16}}{0.08} = \frac{24 \pm 10.4}{0.08}$$

두 개의 해 $x = 170$과 $x = 430$이 존재한다. 하지만 최대 허용 구매 수량은 300이므로 $x = 170$이 해가 되고 따라서 총 $100 + 170 = 270$개 팩의 카트리지를 구매한 것이 된다.

2차 방정식을 풀기 위한 또 다른 익숙한 방법이 있다. 2차식을 1차식의 곱으로 표현하는 인수분해를 이용하는 것이다. 제1.1절에서 두 개의 인수 곱을 계산하는 법을 배웠다. 하나의 예를 들어보자.

$$(x+1)(x+2) = x^2 + 3x + 2$$

이 되고 따라서 방정식

$$x^2+3x+2=0$$

의 해는 방정식

$$(x+1)(x+2)=0$$

의 해와 같다.

두 수의 곱이 0이 되기 위해서는 적어도 하나의 수가 0이 되어야 한다.

만약 $ab=0$이면 $a=0$ 또는 $b=0$ (또는 $a=b=0$)이다.

이는

$$x+1=0$$

또는

$$x+2=0$$

을 의미한다. 따라서 방정식

$$x^2+3x+2=0$$

은 두 개의 해, $x=-1$ 그리고 $x=-2$를 갖는다.

이러한 접근법은 매우 단순한 경우를 제외하고는 2차식의 인수분해가 불가능한 경우 활용하기 어렵다. 따라서 근의 공식 사용을 더 선호하게 된다. 그러나 운 좋게 인수분해가 되거나 충분히 잘할 수 있는 능력이 된다면 이는 다른 대안이 될 수 있다.

선형 함수의 중요한 성질 중 하나는 그래프가 항상 직선이라는 점이다. 분명 절편이나 기울기는 함수마다 다르지만 모양은 항상 같다. 이러한 점은 2차 함수에서도 마찬가지이다. 익숙하지 않은 함수의 그래프를 그릴 때 함수 값들을 표로 만들고 이들 값들을 부드럽게 이어주는 것은 좋은 방법이다. 정확하게 몇 개의 점을 잡을지는 함수에 따라 다르겠지만 일반적으로 5개에서 10개 사이의 점을 이용하면 대개 보기 좋은 그래프를 얻을 수 있다.

단순 제곱함수

$$f(x)=x^2$$

의 함수 값들을 표로 나타내면 다음과 같다.

x	-3	-2	-1	0	1	2	3
$f(x)$	-9	-4	-1	0	1	4	9

첫 번째 행은 선택된 입력변수, x를 나타내고 두 번째 행은 각 입력변수에 대응되는 출력변수, y를 나타낸다. 그런 다음 각 점의 좌표 (x, y)를 찍고 부드럽게 이어주면 그림 2.1을 얻는다. 편의상 x축과 y축의 간격을 다르게 두었다.

수학자들은 이 곡선을 포물선(parabola)이라고 부르고 경제학자들은 U자 모양(U-shaped)이라고 부른다. 위 곡선은 y축을 대칭으로 좌우대칭이며 원점에서 최솟값을 갖는다. 만약 y축을 따라 거울이 있다면 왼쪽 부분은 오른쪽 부분의 이미지라고 볼 수 있다.

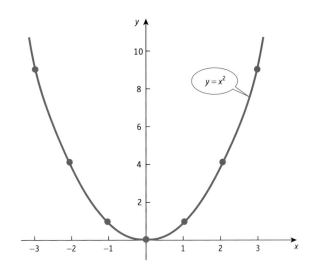

그림 2.1.

조언

다음 문제는 보다 일반적인 2차 방정식의 표와 그래프를 그리기 위한 문제이다. 근의 공식에 숫자를 대입할 때 계산 순서를 결정하기 위해 BIDMAS를 이용해야 한다는 점을 명심하라. 예를 들면 다음 실전문제 3번 (a)에서 $x=1$을 $4x^2-12x+5$에 대입해야 한다. 그러면 다음을 얻는다.

$4(-1)^2-12(-1)+5$

$=4+12+5$

$=21$

계산기 사용 시 음수의 제곱에서는 반드시 괄호를 사용해야 하는 점도 명심해야 한다. 다음의 순서로 입력해야 한다.

$4\ (\ (-)\ 1\ )\ x^2\ -\ 12\ \times\ (-)\ 1\ +\ 5\ =$

실전문제

3. 다음 함수 값들의 표를 완성하고 각 2차 함수의 그래프를 그려라.

(a) $f(x) = 4x^2 - 12x + 5$

x	-1	0	1	2	3	4
$f(x)$						

(b) $f(x) = -x^2 + 6x - 9$

x	0	1	2	3	4	5	6
$f(x)$							

(c) $f(x) = -2x^2 + 4x - 6$

x	-2	-1	0	1	2	3	4
$f(x)$							

　　실전문제 3의 결과로부터 2차식의 그래프는 언제나 포물선 형태가 됨을 알 수 있다. 또한 x^2의 계수가 양이면 그래프가 위로 굽어 있는 웃는 모양의 포물선이다(U 모양). 그림 2.2는 U자 모양의 그래프를 보여준다. 비슷한 방식으로 x^2의 계수가 음이면 그래프가 아래로 굽어 있는 슬픈 모양의 포물선이다(역U자 모양). 그림 2.3은 역U자 모양의 그래프를 보여준다.

　　함수 값들의 표로부터 그래프를 그리는 것은 상당히 지루한 작업이다. 특히 대략의 그림이 필요한 경우에는 더욱 그렇다. 실제 대개의 경우에는 곡선 위의 몇 개의 점만을 찾는 것이 더욱 편리한데, 각 축의 절편이 이에 해당한다. 이들은 그림 2.2와 2.3에서와 같이 다양한 위치의 포물선을 묶어둘 수 있게 해주기 때문이다. 곡선은 $x = 0$에서 y축을 지난다.

　　함수

$$f(x) = ax^2 + bx + c$$

에 $x = 0$을 대입하면

$$f(0) = a(0)^2 + b(0) + c = c$$

이 되고 따라서 상수항 c는 곡선이 y축과 만나는 점이 된다(이는 선형 함수에서도 성립한다). 마찬가지로 곡선은 $y = 0$에서 x축을 지난다. 이 값을 얻기 위해서는 $f(x) = 0$, 즉

$$ax^2 + bx + c = 0$$

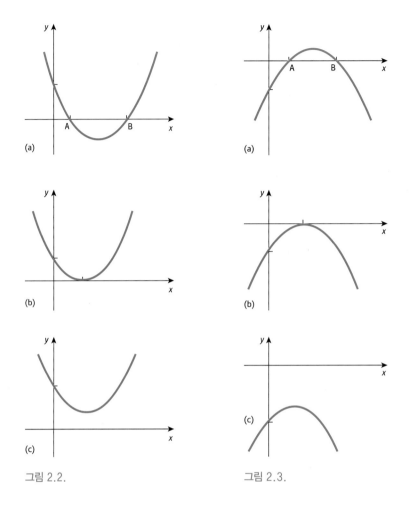

그림 2.2.   그림 2.3.

의 2차 방정식을 해결해야 한다. 근의 공식을 이용하여 해를 구할 수 있고 그 점들이 x축과 만나는 점들이 된다. 일반적으로 2차 방정식은 해를 2개나 1개 혹은 갖지 못할 수도 있는데 그림 2.2와 2.3의 (a), (b), 그리고 (c)는 각 경우에 해당하는 그래프를 보여주고 있다. (a)의 경우에는 곡선이 A에서 x축을 지나고 올라와 다시 B에서 x축을 지난다. 따라서 2개의 해가 존재한다. (b)의 경우에는 x축과 만나는 점에서 곡선이 다시 올라가므로 오직 1개의 해가 존재한다. 마지막으로 (c)의 경우에는 x축에 도달하기 전에 곡선이 다시 올라가므로 해가 존재하지 않는다.

2차 함수

$$f(x) = ax^2 + bx + c$$

의 그래프를 그리는 방법을 정리하면 다음과 같다.

1단계

기본 모양을 결정한다. 곡선은 $a>0$이면 U자 모양을 갖고 $a<0$이면 역U자 모양을 갖는다.

2단계

y절편을 결정한다. $x=0$을 함수에 대입하면 y축 절편, $y=c$을 얻는다.

3단계

x축 절편을 결정한다(만약 존재한다면 어떤 것도 상관없다). x축 절편은 2차 방정식

$$ax^2+bx+c=0$$

을 해결하여 얻을 수 있다.

다음 예제는 그래프를 그리는 이 3단계 전략에 관한 것이다.

예제

다음 2차 방정식의 그래프를 그려라.

$$f(x)=-x^2+8x-12$$

풀이

함수 $f(x)=-x^2+8x-12$에 대해 다음 순서를 따른다.

1단계

x^2 앞의 상수는 음수인 -1이다. 따라서 곡선은 '슬픈' 포물선인 역U자 모양을 갖는다.

2단계

상수항은 -12이고 따라서 곡선은 $y=-12$에서 y축과 만난다.

3단계

2차 방정식

$$-x^2+8x-12=0$$

의 해는 근의 공식으로부터

$$x = \frac{-8 \pm \sqrt{(8^2 - 4(-1)(-12))}}{2(-1)} = \frac{-8 \pm \sqrt{(64 - 48)}}{-2}$$

$$= \frac{-8 \pm \sqrt{16}}{-2} = \frac{-8 \pm 4}{-2}$$

이 된다. 따라서 곡선은 $x = \dfrac{-8+4}{-2} = 2$와 $x = \dfrac{-8-4}{-2} = 6$에서 x축과 만난다.

그림 2.4에서처럼 1~3단계에서 얻은 정보들로 충분히 그래프를 그릴 수 있다.

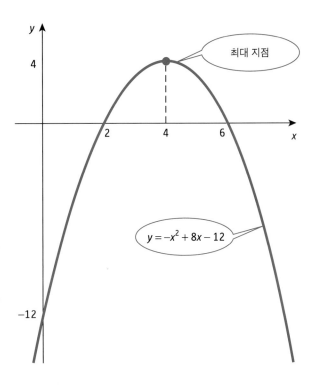

그림 2.4.

이 경우, 곡선의 최댓값을 갖는 전환점을 구할 수 있다. 대칭에 의해 이 점은 정확히 $x=2$와 $x=6$ 사이의 중간 값이 된다. 즉,

$$x = 1/2 * (2+6) = 4$$

이다. 이때의 y값은 다음과 같이 함수에 $x=4$를 대입하여 얻을 수 있다.

$$f(4) = -(4)^2 + 8(4) - 12 = 4$$

따라서 최댓값의 좌표는 $(4, 4)$가 된다.

실전문제

4. 3단계 전략을 이용하여 다음 2차 방정식의 그래프를 그려라.

    (a) $f(x) = 2x^2 - 11x - 6$ (b) $f(x) = x^2 - 6x + 9$

그래프를 그리는 작업을 통해 추가적으로 얻게 되는 이점은 별도의 노력 없이 2차 부등식을 해결할 수 있다는 점이다.

예제

다음 2차 부등식을 풀어라.

(a) $-x^2 + 8x - 12 > 0$ (b) $-x^2 + 8x - 12 \leq 0$

풀이

함수 $f(x) = -x^2 + 8x - 12$의 그래프는 이미 그림 2.4에서 그려보았다. 포물선은 x의 값이 2와 6 사이에서 x축 위에 있고 이들 값 밖에서는 x축 아래에 위치한다.

(a) 2차 함수는 그래프가 x축보다 위에 있을 때 양의 값을 갖는다. 따라서 부등식은 $2 < x < 6$의 해를 갖는다. 2차 함수의 값이 0보다 커야 하므로 2와 6은 해에서 제외되어야 한다.

(b) 그래프는 2 또는 그 왼편에서 x축 아래에 있고 6 또는 그 오른편에서도 x축 아래에 있다. 따라서 부등식의 해는 $x \leq 2$와 $x \geq 6$이다.

실전문제

5. 실전문제 4의 해를 이용하여 다음 부등식의 해를 구하라.

    (a) $2x^2 - 11x - 6 \leq 0$ (b) $x^2 - 6x + 9 > 0$

만약 2차식이 1차식의 곱으로 표현된다면 2차 부등식을 다른 방법으로 해결할 수 있다. 이 방법은 부호도표를 기초로 하며 그래프를 그릴 필요가 없다. 또한 다른 부등식을 해결할 수 있다는 추가적인 장점이 존재한다. 다음 예제에서 그 방법을 소개한다.

예제

부호도표를 이용하여 다음 부등식을 풀어라.

(a) $(x-2)(x+3) \geq 0$

(b) $\dfrac{x}{x+2} < 0$

풀이

(a) 인수 $x-2$는 $x=2$에서 0의 값을 갖는다. x가 2보다 작을 때 인수 $x-2$는 음의 값을 갖고(예를 들어 $x=1$일 때 인수 $x-2$는 $-1<0$을 갖는다) x가 2보다 클 때에는 인수는 양의 값이 된다(예를 들어 $x=4$일 때 인수는 $2>0$을 갖는다). 이 결과를 수직선 위에 표현하면 다음과 같다.

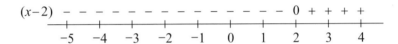

두 번째 인수 $x+3$은 $x=3$에서 0의 값을 갖고 -3의 왼편에서는 음의 값을, 오른쪽에서는 양의 값을 갖는다. 이것을 수직선 위에 표현하면 다음과 같다.

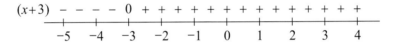

$(x-2)(x+3)$은 두 인수의 곱이다. 수직선 위의 -3 왼편에서는 두 인수 모두 음의 값을 갖는다. 따라서 그들의 곱은 양수이다. -3과 2 사이에서는 하나의 인수가 음의 값을, 다른 인수는 양의 값을 갖고 따라서 그들의 곱은 음수가 된다. 당연히 인수 하나가 0의 값을 갖는다면 그들의 곱은 자동적으로 0이 되고 두 번째 인수의 부호는 영향을 주지 않는다. 곱에 대한 부호도표는 다음과 같이 표현된다.

도표를 통해 부등식 $(x-2)(x+3) \geq 0$의 해가 $x \leq -3$, $x \geq 2$임을 바로 알 수 있다.

(b) 인수 $(x+2)$는 $x=-2$에서 0의 값을 갖고, $x=-2$의 왼편에서는 음의 값을 오른편에서는 양의 값을 갖는다. 인수 x는 당연히 $x=0$에서 0의 값을 갖고 $x=0$의 왼편에서는 음의 값을, 오른편에서는 양의 값을 갖는다. 각 인수 및 곱의 부호도표는 다음과 같다.

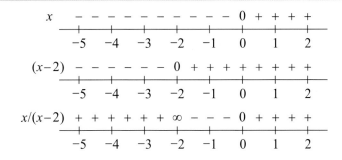

음의 값으로 나누는 것은 곱하는 것과 같은 부호를 갖는다. 다만 $x=-2$에서는 0으로 나눌 수 없기 때문에 다른 결과를 갖는데 이때의 값은 무한대(∞)로 표시한다. 도표를 통해 부등식 $\dfrac{x}{x+2}<0$의 해가 $-2<x<0$임을 알 수 있다.

실전문제

6. 부호도표를 이용하여 다음 부등식을 풀어라.

   (a) $(x-1)(x-4)\le 0$ (b) $\dfrac{x-1}{x+2}\ge 0$

미시경제학의 한 문제를 살펴보고 이 절을 마치고자 한다. 제1.5절에서 시장 균형의 개념을 소개하였고 공급과 수요 함수들은 항상 선형으로 주어졌다. 다음 예제는 이러한 가정들이 꼭 필요하지 않는다는 것과 2차의 공급 및 수요 함수들도 어렵지 않게 다룰 수 있다는 것을 보여주고 있다.

예제

공급 함수와 수요 함수가 다음과 같이 주어져 있다고 하자.

$$P=Q_S^2+14Q_S+22$$
$$P=-Q_D^2-10Q_D+150$$

균형 가격과 균형 거래량을 계산하라.

풀이

균형점에서 $Q_S = Q_D$를 만족한다. 따라서 균형 거래량을 Q라 한다면 공급 및 수요 함수는 다음과 같이 적을 수 있다.

$$P = Q^2 + 14Q + 22$$
$$P = -Q^2 - 10Q + 150$$

따라서 다음 식이 성립한다.

$$Q^2 + 14Q + 22 = -Q^2 - 10Q + 150$$

같은 항으로 정리하면 다음과 같은 Q에 대한 2차 방정식을 얻는다.

$$2Q^2 + 24Q - 128 = 0$$

2차 방정식을 해결하기 위한 근의 공식을 사용하기 전에 큰 수를 피하기 위해 양변을 2로 나누어준다. 그러면 다음의 2차 방정식이 되고

$$Q^2 + 12Q - 64 = 0$$

따라서 다음의 해를 갖는다.

$$Q = \frac{-12 \pm \sqrt{((12^2) - 4(1)(-64))}}{2(1)}$$
$$= \frac{-12 \pm \sqrt{(400)}}{2}$$
$$= \frac{-12 \pm 20}{2}$$

2차 방정식은 $Q = -16$과 $Q = 4$ 두 개의 해를 갖는다. 균형 거래량은 음의 값을 갖지 못하기 때문에 $Q = -16$은 해가 될 수 없다. 결과적으로 균형 거래량은 4가 된다. 균형 가격은 원래의 공급 함수 또는 수요 함수에 균형 거래량을 대입하여 얻을 수 있다. 공급 방정식으로부터 균형 가격은

$$P = 4^2 + 14(4) + 22 = 94$$

가 된다. 수요 방정식을 통해 확인해보면 균형 가격은

$$P = -(4)^2 - 10(4) + 150 = 94$$

로 같은 값을 갖는다.

실제 두 개의 해가 존재하지만 하나의 해가 경제적으로 성립하지 않는다는 사실이 언뜻 이해가 되지 않을 수도 있다. 그림 2.5에 수요 곡선과 공급 곡선이 그려져 있다. 실제 2개의 점이 만나고 수학적으로 해가 됨을 알 수 있다. 그러나 경제학에서 거래량과 가격은 모두 양의 값을 갖는다. 따라서 각 함수들은 1사분면에서만 정의가 된다. 1사분면에서는 교점이 $(4, 94)$에서 하나 존재한다.

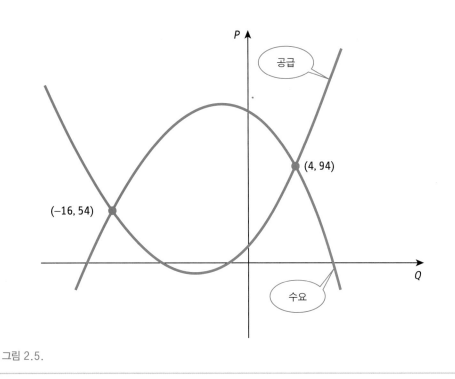

그림 2.5.

실전문제

7. 수요 함수와 공급 함수가 다음과 같이 주어져 있다.

$$P = 2Q_S^2 + 10Q_S + 10$$
$$P = -Q_D^2 - 5Q_D + 52$$

균형 가격과 균형 거래량을 계산하라.

주요 용어

제곱근(Square root)   거듭제곱하여 주어진 수와 같은 값을 갖는 수, $x=\pm\sqrt{c}$의 형태를 갖는 방정식 $x^2=c$의 해.

판별식(Discriminant) b^2-4ac, 2차 방정식 $ax^2+bx+c=0$의 해의 개수를 알고자 할 때 이용된다.

포물선(Parabola)   2차 함수의 그래프 모양.

2차 함수(Quadratic function) $f(x)=ax^2+bx+c$, $a\neq0$의 형태를 갖는 함수.

U자 모양 곡선(U-shaped curve)   경제학자들이 포물선과 같이 알파벳 U와 비슷한 형태의 곡선을 일컫는 말.

연습문제 2.1

1. 다음 2차 방정식을 풀어라.

   (a) $x^2=81$ (b) $x^2=36$

   (c) $2x^2=8$ (d) $(x-1)^2=9$

   (e) $(x+5)^2=16$

2. 다음 방정식의 해를 적어라.

   (a) $(x-1)(x+3)=0$ (b) $(2x-1)(x+10)=0$

   (c) $x(x+5)=0$ (d) $(3x+5)(4x-9)=0$

   (e) $(5-4x)(x-5)=0$

3. 근의 공식을 이용하여 다음 2차 방정식을 풀어라.(소수점 아래 둘째자리로 표현하라.)

   (a) $x^2-5x+2=0$ (b) $2x^2+5x+1=0$

   (c) $-3x^2+7x+2=0$ (d) $x^2-3x-1=0$

   (e) $2x^2+8x+8=0$ (f) $x^2-6x+10=0$

4. 다음 2차 방정식에 대하여 방정식 $f(x)=0$을 풀어라.

   (a) $f(x)=x^2-16$ (b) $f(x)=x(100-x)$

   (c) $f(x)=-x^2+22x-85$ (d) $f(x)=x^2-18x+81$

   (e) $f(x)=2x^2+4x+3$

5. 4번 문제에 주어진 2차 함수들의 그래프를 그려라.

6. 5번 문제의 결과를 이용하여 다음 부등식을 풀어라.

   (a) $x^2-16\geq0$ (b) $x(100-x)>0$

   (c) $-x^2+22x-85\geq0$ (d) $x^2-18x+81\leq0$

   (e) $2x^2+4x+3>0$

7. 멕시코의 커피 생산량 Q는 여름의 평균온도 $T(℃)$에 따라 결정된다. 최근 자료를 이용하여 다음의 통계모델을 얻었다.

$$Q = -0.046T^2 + 2.3T + 27.6$$

(a) 다음의 표를 완성하고 $23 \le T \le 30$의 범위에서 T에 따른 Q의 값을 그래프로 표현하라.

T	23	24	25	26	27	28	29	30
Q								

(b) 여름 평균기온이 지난 몇 십 년 동안 약 2.5℃였다고 한다. 그러나 어떤 기후 변화 모델은 앞으로 50년 동안 몇 도의 평균기온이 오를 것으로 예측하고 있다. 멕시코의 커피 재배자들에게 어떤 영향이 있을지 그래프를 이용하여 설명하라.

8. 부호도표를 이용하여 다음 부등식을 풀어라.

(a) $x(x-3) > 0$ 　　　　　　　(b) $(x-1)(x+1) \ge 0$

(c) $\dfrac{x+4}{x-2} < 0$

9. 공급 함수와 수요 함수가 다음과 같이 주어져 있다고 하자.

$$P = Q_S^2 + 2Q_S + 12$$
$$P = -Q_D^2 - 4Q_D + 68$$

균형 가격과 거래량을 구하라.

10. 공급 함수와 수요 함수가 다음과 같이 주어져 있다고 하자.

$$P = Q_S^2 + 2Q_S + 7$$
$$P = -Q_D + 25$$

균형 가격과 거래량을 구하라.

11. 옷 공급업자는 티셔츠를 판매자에게 각 7달러에 판매하였다. 만약 옷가게가 30장 이상의 티셔츠를 산다면 공급업자는 30장이 넘는 옷에 대해 최대 100장까지 한 장당 3센트씩 추가 할인된 가격으로 제공할 의향이 있다.

(a) 40장의 셔츠는 얼마인가?

(b) 만약 총 구매비용이 504.25달러라고 한다면 한 번에 몇 장의 티셔츠를 구매한 것인가?

연습문제 2.1*

1. 다음 2차 방정식을 풀어라.

   (a) $x^2 = 169$ (b) $(x-5)^2 = 64$

   (c) $(2x-7)^2 = 121$

2. 2차 방정식 $x^2 + 6dx - 7d^2 = 0$의 해를 구하라. (d로 표현하라.)

3. 다음 방정식의 해를 적어라.

   (a) $(x-3)(x+8) = 0$ (b) $(3x-2)(2x+9) = 0$

   (c) $x(4x-3) = 0$ (d) $(6x-1)^2 = 0$

   (e) $(x-2)(x+1)(4-x) = 0$

4. 다음 2차 방정식을 풀어라. 필요한 경우 소수점 아래 둘째자리로 표현하라.

   (a) $x^2 - 15x + 56 = 0$ (b) $2x^2 - 5x + 1 = 0$

   (c) $4x^2 - 36 = 0$ (d) $x^2 - 14x + 49 = 0$

   (e) $3x^2 + 4x + 7 = 0$ (f) $x^2 - 13x + 200 = 16x + 10$

5. 다음 부등식을 풀어라.

   (a) $x^2 \geq 61$ (b) $x^2 - 10x + 9 \leq 0$

   (c) $2x^2 + 15x + 7 < 0$ (d) $-3x^2 + 2x + 6 \geq 0$

   (e) $x^2 + 2x + 1 \leq 0$

6. 2차 방정식 $x^2 - 8x + c = 0$의 하나의 해가 $x = 2$라고 하자. 다른 하나의 해를 구하라.

7. 방정식 $x^2 - 10x + 2k = 8x - k$가 오직 하나의 해를 갖기 위한 k의 값을 구하라.

8. 부호도표를 이용하여 다음 부등식을 풀어라.

   (a) $(x+3)(x-4) \geq 0$ (b) $(2-x)(x+1) > 0$

   (c) $(x-1)(x-2)(x-3) \leq 0$ (d) $\dfrac{(x-2)}{(x-3)(x-5)} \geq 0$

9. 한 회사가 청소부들에게 매달 47,250달러를 월급으로 지급한다. 새로운 지급계약에서는 청소부들은 매달 375달러씩 더 받게 된다. 만약 새로운 지급 계약이 통과된다면 회사가 주어진 제약 범위에서 비용을 감당하기 위해서는 3명의 청소부를 줄여야 한다는 것을 알았다. 그렇다면 월급 인상 이전 청소부들의 월급은 얼마였겠는가?

10. 공급 곡선과 수요 곡선이 다음과 같이 주어져 있다고 하자.

$$P = Q_S^2 + 10Q_S + 30$$
$$P = -Q_D^2 - 8Q_D + 200$$

　　균형 가격과 거래량을 소수점 아래 둘째자리로 구하라.

11. 한 도공은 일주일에 다음의 관계가 있는 사발 B개와 접시 P개를 만들 수 있다고 한다.

$$2B^2 + 5B + 25P = 525$$

　　(a) 만약 사발을 5개 만든다면 접시를 일주일에 몇 개까지 만들 수 있는가?

　　(b) 일주일에 만들 수 있는 최대 사발의 수는 몇 개인가?

12. 현재 한 도시의 관광가이드는 종일 관광에 34달러의 요금을 받는다고 한다. 평균 관광객 수는 48명이다. 시장 조사에 의하면 1달러의 관광 요금이 인상되면 2명의 관광객이 사라질 것으로 예상된다.

　　(a) 만약 관광 요금이 x달러 인상된다면 각 관광에 대한 기대 수입이 다음과 같이 됨을 보여라.

$$-2x^2 - 20x + 1632$$

　　(b) 가이드는 적어도 1440달러의 기대 수입을 필요로 한다. 2차 방정식을 해결하여 가이드가 책정할 수 있는 가격 범위를 구하라.

　　(c) 기대 수입을 극대화하기 위해서는 얼마의 가격으로 책정하면 되는가?

13. 공급 함수와 수요 함수가 다음과 같이 주어져 있다고 하자.

$$Q_S = (P + 8)\sqrt{P + 20}$$
$$Q_D = \frac{460 - 12P - 3P^2}{\sqrt{P + 20}}$$

　　균형 가격과 거래량을 구하라.

SECTION 2.2

수입, 비용, 그리고 이윤

목표

이 절을 공부한 후에는 다음을 할 수 있다;

- 총수입, 총비용, 평균비용, 그리고 이윤 함수의 그래프를 그릴 수 있다.
- 총수입을 극대화하는 산출량을 찾을 수 있다.
- 이윤을 극대화하는 산출량을 찾을 수 있다.
- 손익분기점이 되는 산출량을 찾을 수 있다.

이번 절의 주요 목표는 경제학에서 다루는 이윤에 대해 학습하는 것이다. 합리적인 단순화 가정을 통해 이윤 함수를 2차식으로 표현할 수 있고 따라서 2.1절에서 학습한 방법들을 이윤 함수의 성질을 분석하는 데 활용할 수 있다. 기업의 손익분기점이나 이윤을 극대화하기 위한 산출량을 어떻게 찾는지 살펴볼 것이다. 이윤(profit) 함수는 그리스 문자 π로 표기하며 총수입 TR과 총비용 TC의 차이로 정의된다. 즉, 다음과 같다.

$$\pi = \text{TR} - \text{TC}$$

이윤에 대한 정의는 합리적인데 그 이유는 TR은 기업이 상품 판매를 통해 번 돈이고 TC는 그 상품을 생산하기 위해 지불한 금액이기 때문이다. 먼저 총수입과 총비용을 차례로 생각해보겠다.

가격 P에 상품량 Q를 판매한 총수입(total revenue)은 다음과 같다.

$$\text{TR} = PQ$$

예를 들어, 만약 한 상품의 가격이 70달러였고 회사는 300개의 상품을 판매했다고 하자. 그러면 수입은

$$\$70 \times 300 = \$21{,}000$$

이 된다. P를 Q로 표현한 수요 함수가 주어져 있을 때, TR을 오직 Q에 대한 함수로 표현하는 것은 간단한 일이다. 따라서 TR을 Q에 대하여 그릴 수 있다.

예제

수요 함수가 다음과 같이 주어져 있다고 하자.

$$P = 100 - 2Q$$

TR을 Q에 대한 함수로 표현하고 그래프를 그려라.

(a) Q가 어떤 값일 때 TR이 0이 되는가?

(b) TR의 최댓값은 얼마인가?

풀이

총수입은 다음과 같이 정의되어 있다.

$$TR = PQ$$

그리고 $P = 100 - 2Q$이기 때문에 TR은 다음과 같이 표현된다.

$$TR = (100 - 2Q)Q = 100Q - 2Q^2$$

이 함수는 2차식이므로 제2.1절에서 설명한 3단계 전략을 이용하여 그래프를 그릴 수 있다.

1단계

Q^2의 계수가 음수이므로 그래프는 U자 모양을 갖는다.

2단계

상수항이 0이므로 그래프는 TR축 원점을 지난다.

3단계

곡선이 수평축의 어느 점을 지나는지 찾기 위해 근의 공식을 사용한다. 그러나 인수분해를 통해

$$TR = (100 - 2Q)Q$$

이 되므로 TR=0의 해가 $100 - 2Q = 0$ 또는 $Q = 0$을 만족한다는 것을 바로 알 수 있다. 다시 말해, 2차 방정식은 두 개의 해 $Q = 0$과 $Q = 50$을 갖는다.

그림 2.6은 총수입 곡선을 나타낸 것이다.

(a) 그림 2.6으로부터 총수입은 $Q = 0$과 $Q = 50$에서 0의 값을 갖는다.

(b) 대칭에 의해 0과 50의 중간 값 $Q = 25$에서 포물선의 최댓값을 갖는다. 이때의 총수입은 다음과 같다.

$$TR = 100(25) - 2(25)^2 = 1250$$

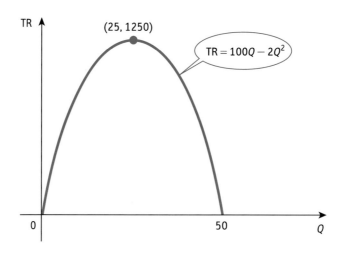

그림 2.6.

실전문제

1. 수요 함수가 다음과 같이 주어져 있다고 하자.

$$P = 1000 - Q$$

총수입 TR을 Q에 대한 함수로 표현하고 그래프를 그려라. 총수입이 최대가 되는 Q값은 무엇인가, 그리고 그때의 가격은 어떻게 되는가?

일반적으로 선형 수요방정식이 다음과 같이 주어져 있을 때

$$P = aQ + b\,(a < 0,\ b > 0)$$

총수입을 다음과 같이 구할 수 있다.

$$TR = PQ = (aQ + b)Q$$
$$= aQ^2 + bQ$$

이 함수는 Q에 대한 2차식이고 $a < 0$이기 때문에 TR 곡선은 역U자 모양을 갖는다. 게다

가 상수항이 0이므로 곡선은 항상 수직축의 원점을 지난다. 이러한 사실은 놀라운 점이 아니다. 실제로 상품이 하나도 팔리지 않는다면 수입은 0이 되어야 하기 때문이다.

지금부터는 산출량 Q의 생산 비용과 관련된 총비용(total costs) 함수, TC에 대해 살펴보도록 하겠다. 생산량이 증가하면 그에 따른 비용 또한 올라간다. 따라서 TC는 증가함수이다. 그러나 단기에서는 어떤 비용은 고정되어 있는데 이를 고정비용(fixed costs)이라고 한다. FC는 토지, 장비, 임대, 그리고 숙련 노동 등을 포함한다. 당연히 이러한 비용은 장기에서는 변하기 마련이다. 하지만 비용이 변하는 데 시간이 필요하고 단기에서는 고정된 것으로 생각할 수 있다. 한편, 가변비용(variable costs)은 산출량에 따라 변하는 비용으로 원자재, 구성품, 에너지, 그리고 비숙련 노동 등이 이에 해당한다. VC를 단위 산출량당 가변비용이라고 할 때 상품 Q개를 생산하는 데 필요한 총가변비용(total variable costs) TVC는 다음과 같이 얻을 수 있다.

$$TVC = (VC)Q$$

총비용은 고정비용과 가변비용의 합으로 다음과 같다.

$$TC = FC + (VC)Q$$

총비용은 중요한 함수이지만 개별 회사를 비교함에 있어 항상 필요한 정보를 전달하지는 않는다. 예를 들어, 자동차를 만드는 다국적 기업이 미국과 유럽에서 각각 하나씩 2개의 공장을 운영한다고 하자. 그리고 연간 총비용이 각각 200만 달러와 45만 달러라고 하자. 어느 공장이 더욱 효율적이라고 할 수 있는가? 불행히도 총생산량을 알지 못한다면 판단이 불가능하다. 결국 여기서 중요한 함수는 총비용 함수가 아닌 평균비용 함수가 된다. 만약 미국과 유럽 공장에서 각각 80,000대와 15,000대를 생산한다면 각 공장의 평균비용은

$$\frac{200,000,000}{80,000} = 2500$$

과

$$\frac{45,000,000}{15,000} = 3000$$

이 된다. 이를 바탕으로 미국 공장이 보다 효율적이라는 것을 알 수 있다. 실제로는 어느 나라의 생산 규모를 증가시키거나 감소시킬지 결정하기 전에 다른 요인들도 고려해야 할 것이다.

일반적으로 평균비용(average cost) 함수 AC는 총비용을 산출량으로 나눠줌으로써 얻을 수 있다.

$$AC = \frac{TC}{Q} = \frac{FC + (VC)Q}{Q}$$
$$= \frac{FC}{Q} + \frac{(VC)\cancel{Q}}{\cancel{Q}}$$
$$= \frac{FC}{Q} + VC$$

고정비용과 단위당 가변비용이 각각 FC=100, VC=4일 때 총비용과 평균비용 함수는

$$TC = 100 + 4Q$$

과

$$AC = \frac{TC}{Q} = \frac{1000 + 4Q}{Q}$$
$$= \frac{1000}{Q} + 4$$

이 된다.

총비용 함수의 그래프는 쉽게 그릴 수 있다. y절편이 1000이고 기울기 4를 갖는 직선이고 그림 2.7에 그려져 있다. 평균비용 함수는 우리가 다루지 않은 형태의 함수로 기본 모양에 대해 알지 못하고 있다. 이러한 경우 표를 이용하는 것이 유용하다. 몇 개의 점을 표에 적고 그래프 위에 그 점들을 찍고 부드럽게 이어준다. 다음과 같이 하나의 표를 생각하자.

Q	100	250	500	1000	2000
AC	14	8	6	5	4.5

이 값들은 쉽게 확인이 가능하다. 예를 들어 $Q=100$일 때 평균비용은

$$AC = \frac{1000}{100} + 4 = 10 + 4 = 14$$

가 된다.

그림 2.8은 위 표를 기초로 한 평균비용의 그래프를 나타낸다. 이 곡선은 직각쌍곡선(rectangular hyperbola)으로 알려져 있으며 경제학자들은 L자 모양(L-shaped)이라고도 한다.

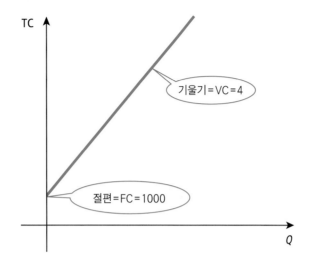

그림 2.7.

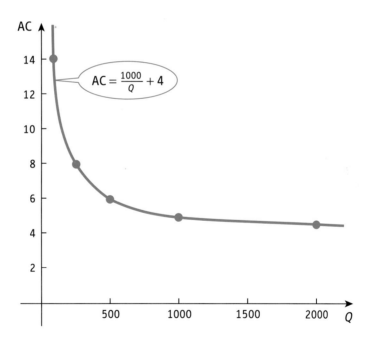

그림 2.8.

실전문제

2. 고정비용이 100, 가변비용이 단위당 2로 주어져 있을 때 TC와 AC를 Q에 대한 함수로 표현하고 그들의 그래프를 그려라.

일반적으로 가변비용 VC가 상수면 총비용 함수

$$TC = FC + (VC)Q$$

는 선형이다. 절편은 FC가 되고 기울기가 VC이다. 평균비용 함수

$$AC = \frac{FC}{Q} + VC$$

에 대해, 만약 Q가 작으면 FC/Q가 큰 값을 가지므로 그래프는 Q가 0에 가까이 갈수록 위로 급격하게 올라간다. Q가 증가할수록 FC/Q는 감소하고 결과적으로 큰 Q에 대해 0에 가까운 값을 갖는다. 따라서 AC 곡선은 Q가 증가하면 증가할수록 평평해지고 VC에 수렴하게 된다. 이러한 현상은 놀라운 일이 아닌데 그 이유는 고정비용이 더욱 많은 상품들에게 분산되기 때문이다. 따라서 큰 Q에 대해 고정비용이 AC에 미치는 영향은 미비해진다. 결국 AC 그래프는 그림 2.9에서처럼 L자 모양이 된다. 산출량이 증가할수록 평균비용이 감소하는 것은 큰 기업의 성장을 장려하는 규모의 경제(economies of scale)의 한 원인이 된다. 지금까지 VC는 상수로 가정했지만 실제로는 산출량 Q에 영향을 받기도 한다. 그렇게 되면 TC 그래프는 더 이상 선형이 아니고 AC 그래프는 L자 모양이 아닌 U자 모양이 된다. 이러한 예는 이 절의 연습문제 2.2의 5번에서 확인할 수 있다.

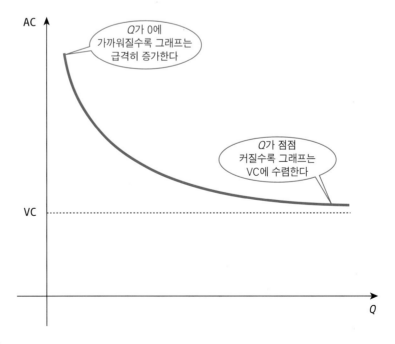

그림 2.9.

그림 2.10은 보편적인 TR과 TC를 같은 축 위에 동시에 보여주고 있다. 이 그림에서 수요 함수가 선형(총수입 함수는 2차식이 된다)이고 가변비용이 상수(총비용 함수는 선형이 된다)라는 가정을 하였다. 수평축은 생산량 Q를 나타낸다. 엄밀히 말하면 Q는 각 함수에서 다른 것을 의미한다. 수입 함수에 대해 Q는 실제 판매된 상품의 양을 의미하는 반면, 비용 함수에서는 생산된 양을 의미한다. 같은 평면 위에 두 함수를 동시에 그릴 때는 암묵적으로 두 Q의 값이 같다고 가정한다. 즉, 생산된 모든 상품이 판매된다고 간주한다.

두 개의 곡선은 정확히 산출량이 Q_A와 Q_B인 2개의 점 A와 B에서 만난다. 이 점들에서 비용과 수입은 같고 손익분기점이 된다. 만약 $Q<Q_A$ 또는 $Q>Q_B$라면 TC 곡선은 TR 곡선 위에 위치하고 따라서 비용이 수입을 넘겨 회사는 손실을 보게 된다. 만약 $Q_A<Q<Q_B$가 성립하면 수입은 비용을 상회하고 회사는 이윤을 남기게 된다. 이윤은 수입 곡선과 비용 곡선의 수직 차와 같고 최대 이윤은 둘의 차가 가장 클 때 발생한다. 최대 이윤을 계산하는 가장 쉬운 방법은 이윤을 다음과 같이 Q에 대한 함수로 직접 표현하는 것이다.

$$\pi = \mathrm{TR} - \mathrm{TC}$$

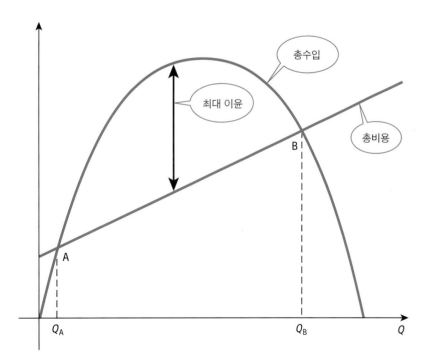

그림 2.10.

예제

고정비용이 4이고 단위당 가변비용이 1, 그리고 수요 함수가 다음과 같이 주어져 있다고 하자.

$$P = 10 - 2Q$$

π를 Q에 대한 함수로 표현하고 그래프를 그려라.

(a) 손익분기점이 되는 Q의 값은 얼마인가?

(b) 최대 이윤은 얼마인가?

풀이

총비용과 총수입을 먼저 구한다. 이 문제에서 FC=4 그리고 VC=1이다. 따라서

$$TC = FC + (VC)Q = 4 + Q \text{가 된다.}$$

수요 함수가 $P = 10 - 2Q$로 주어져 있으므로 총비용은

$$TR = PQ = (10 - 2Q)Q = 10Q - 2Q^2 \text{이 된다.}$$

따라서 이윤은

$$\begin{aligned}
\pi &= TR - TC \\
&= (10Q - 2Q^2) - (4 + Q) \\
&= 10Q - 2Q^2 - 4 - Q \\
&= -2Q^2 + 9Q - 4
\end{aligned}$$

이 된다. 이윤 함수의 그래프를 그리기 위해 제2.1절에의 3단계 전략을 이용하자.

1단계

Q^2의 계수는 음수이므로 그래프는 역U자 모양이다.

2단계

상수항은 -4이므로 그래프는 수직축 $\pi = -4$를 지난다.

3단계

그래프는 $\pi = 0$일 때 수평축을 지난다. 따라서 2차 방정식

$$-2Q^2 + 9Q - 4 = 0$$

을 풀기 위해 근의 공식을 이용하면

$$Q = \frac{-9 \pm \sqrt{81-32}}{2(-2)} = \frac{-9 \pm 7}{-4}$$

이 되고 해는 $Q=0.5$와 $Q=4$가 된다. 이윤 곡선은 그림 2.11에 그려져 있다.

(a) 그림 2.11로부터 $Q=0.5$ 그리고 $Q=4$일 때 이윤이 0이 됨을 확인할 수 있다.

(b) 대칭에 의해, 포물선은 0.5와 4의 중간에서 최댓값을 얻는다. 즉,

$$Q = 1/2(0.5+4) = 2.25$$

에서 최대 이윤은 다음과 같이 결정된다.

$$\pi = -2(2.25)^2 + 9(2.25) - 4 = 6.125$$

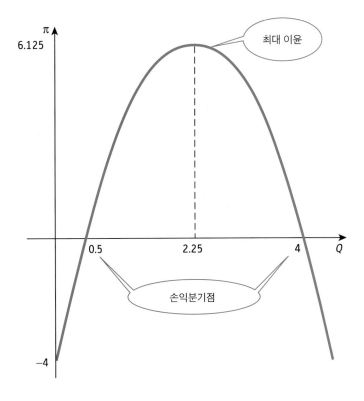

그림 2.11.

> **조언**
>
> π값을 구할 때 괄호를 사용하는 것이 중요하다. 공통적으로 학생들이 자주 하는 실수는 괄호를 사용하지 않고 다음과 같이 계산하는 것이다.
>
> $$\pi = TR - TC$$
> $$= 10Q - 2Q^2 - 4 + Q$$
> $$= -2Q^2 + 11Q - 4$$
>
> 위의 계산은 총비용을 빼준 것이 아니라 고정비용은 빼주고 가변비용은 더해준 것으로 틀린 것이다. 실제 많은 경제학 학생들이 이런 실수를 한다는 점은 놀라운 일이다.

실전문제

3. 고정비용이 25, 단위당 가변비용이 2, 그리고 수요 함수가 다음과 같이 주어져 있다고 하자.

$$P = 20 - Q$$

π를 Q에 대해 표현하고 그래프를 그려라.

(a) 이윤이 31이 되는 산출량을 구하라.

(b) 최대 이윤과 그때의 산출량을 구하라.

> **주요 용어**
>
> **가변비용(Variable costs)** 산출량에 따라 변하는 총비용.
>
> **고정비용(Fixed costs)** 산출량에 영향을 받지 않는 총비용.
>
> **이윤(Profit)** 총수입에서 총비용을 뺀 값: $\pi = TR - TC$.
>
> **직각쌍곡선(Rectangular hyperbola)** 수학자들이 함수 $f(x) = a + \dfrac{b}{x}$와 같이 수평축과 수직축에 수렴하는 그래프를 일컫는 말.
>
> **총비용(Total cost)** 총가변비용과 고정비용의 합: $TC = TVC + FC$.
>
> **총수입(Total revenue)** 기업의 총 상품 판매 금액: $TR = PQ$.
>
> **평균비용(Average costs)** 총비용을 산출량으로 나눈 값: $AC = TC/Q$.
>
> **L자 모양 곡선(L-shaped curve)** 경제학자들이 함수 $f(x) = a + \dfrac{b}{x}$와 같이 L과 비슷하게 생긴 그래프를 일컫는 말.

연습문제 2.2

1. (a) 수요 함수가 다음과 같이 주어져 있다고 하자.

    $$P = 80 - 3Q$$

    $Q = 10$일 때의 가격을 찾고 총수입을 계산하라.

   (b) 고정비용이 100, 단위당 가변비용이 5라고 하자. $Q = 10$일 때 총비용을 찾아라.

   (c) (a)와 (b)의 해답을 이용하여 그때의 이윤을 구하라.

2. 다음 주어진 수요 함수에 대해 TR을 Q에 대한 함수로 표현하고 Q에 대한 TR 그래프를 그려라.

   (a) $P = 4$　　　　　　　　　(b) $P = 7/Q$

   (c) $P = 10 - 4Q$

3. 다음 주어진 수입 함수에 대해 수요 함수를 찾아라.

   (a) $TR = 50Q - 4Q^2$　　　　(b) $TR = 10$

4. 고정비용이 500, 단위당 가변비용이 10일 때 TC와 AC를 Q에 대한 함수로 표현하고 그래프를 그려라.

5. 고정비용이 1, 단위당 가변비용이 $Q + 1$일 때 TC와 AC를 Q에 대한 함수로 표현하고 그래프를 그려라.

6. 100개 상품을 생산하는 데 총비용 TC는 600이고 150개를 생산하는 데 850이 된다. 총비용 함수가 선형일 때 TC를 생산량 Q에 대한 함수로 표현하라.

7. 공장에서 하루 500개를 생산하는 데 필요한 총비용은 40,000달러이다. 이 중 고정비용이 2000달러이다.

   (a) 단위당 가변비용을 구하라.

   (b) 하루에 600개를 생산하는 데 필요한 총비용을 구하라.

8. 택시회사는 택시 운임으로 고정비용 10달러와 마일당 3달러의 가변비용을 책정하였다.

   (a) 택시를 타고 4마일을 갔을 때 마일당 평균비용을 구하라.

   (b) 마일당 평균비용이 3.25달러보다 작기 위해서는 택시를 최소 몇 마일 타야 하는지 구하라.

9. 수요 함수가 $2Q + P = 25$, 평균함수가 $AC = \dfrac{32}{Q} + 5$로 주어져 있을 때 이윤 함수를 구하라. 그리고 다음에 해당하는 산출량 Q를 구하라.

   (a) 손익분기점

   (b) 432 손실이 나는 점

   (c) 최대 이윤이 되는 점

10. 같은 평면 위에 아래의 총수입 함수와 총비용 함수를 그려라.

   $$TR = -2Q^2 + 14Q$$
   $$TC = 2Q + 10$$

   (1) 그래프를 이용하여 다음에 해당하는 Q를 구하라.

      (a) 손익분기점

      (b) 최대 이윤이 되는 점

   (2) 식을 통해 (1)의 결과를 확인하라.

11. 회사의 수요 함수가 $P = 60 - Q$로 주어져 있다. 고정비용은 100, 상품당 가변비용은 $Q + 6$이다.

   (a) 총수입, TR을 Q에 대한 함수로 표현하고 그래프를 그려라. 그래프는 절편과 좌표를 명확하게 표시하라.

   (b) 총비용 TC를 Q에 대한 함수로 표현하고 평균비용 함수가

   $$AC = Q + 6 + \frac{100}{Q}$$이 됨을 보여라.

   다음 표를 완성하라.

Q	2	5	10	15	20
AC	58				

   AC에 대한 정확한 그래프를 그리고 평균비용을 최소화하는 Q를 구하라.

   (c) 이윤 함수가 다음과 같이 표현됨을 보여라.

   $$\pi = 2(2 - Q)(Q - 25)$$

   손익분기점이 되는 Q를 찾고 최대 이윤을 찾아라.

연습문제 2.2*

1. 고정비용 30, 단위당 가변비용 $Q+3$, 그리고 수요 함수가

    $$P+2Q=50$$

    로 주어져 있다고 하자. 이윤 함수가

    $$\pi=-3Q^2+47Q-30$$

    이 됨을 보여라. 손익분기점이 되는 Q를 찾고 최대 이윤을 찾아라.

2. 이윤 함수가 다음과 같이 주어져 있다.

    $$\pi=aQ^2+bQ+c$$

    만약 $Q=1, 2$, 그리고 3일 때 이윤이 각 $\pi=9, 34$, 그리고 19일 때 미지수 a, b, 그리고 c에 대한 연립방정식을 적고 이를 풀어라. 그리고 $Q=4$일 때의 이윤을 구하라.

3. 회사의 평균비용 함수가 다음과 같이 주어져 있다.

    $$AC=\frac{800}{Q}+2Q+18$$

    (a) $0 \le Q \le 30$의 범위에서 AC가 최소가 되는 Q를 구하라.

    (b) 고정비용은 어떻게 되는가?

4. 수요 함수가 $aP+bQ=c$, 고정비용은 d, 그리고 가변비용은 단위당 e라고 할 때 다음 경제 함수들을 Q에 표현하라.

    (a) 총수입   (b) 총비용   (c) 평균비용   (d) 이윤

5. Ennerdale 은행은 고객에게 모든 인출에 대한 수수료를 부과하는데 온라인 이체는 건당 0.5달러, 현금인출기는 건당 0.25달러를 부과한다. North Borsetshire 은행은 매년 15달러의 고정 수수료를 부과하고 매 현금 인출 시(온라인 또는 현금인출기) 0.3달러를 추가로 부과한다. 다른 계좌로부터의 현금인출은 없고 이자율은 무시해도 좋다고 가정하자.

    (a) 온라인 이체를 통한 현금인출 비중이 a이고 그해 총 인출 횟수를 N이라고 하자. 만약 두 계좌의 인출 수수료가 같다면, 다음이 성립함을 보여라.

    $$a=\frac{1}{5}+\frac{60}{N}$$

    이들의 관계를 그래프로 나타내어라.

    (b) 만약 새로운 고객이 연 인출의 60%를 현금인출기로부터 하는 고객이라면 어떠한 조언을 해줄 수 있겠는가?

SECTION 2.3
지수와 로그

목표

이 절을 공부한 후에는 다음을 할 수 있다:

- n이 양수, 음수, 그리고 정수나 분수일 때, b^n을 계산할 수 있다.
- 지수법칙을 이용해 식을 단순화할 수 있다.
- 생산함수의 규모수익(returns to scale)을 알 수 있다.
- 간단한 경우의 로그 값을 계산할 수 있다.
- 로그법칙을 이용하여 지수에 미지수가 있는 방정식을 해결할 수 있다.

조언

이 절은 중요한 아이디어를 포함하고 있으며 상당히 길다. 만약 지수법칙을 사용하는 데 익숙하고 이미 로그가 무엇인지 알고 있다면 쉽게 읽을 수 있다. 그러나 응용 부분이 이해가 안 되거나 모르는 내용이라면 이 주제들을 따로 학습해야 한다. 이를 위하여 이 절은 다음 4개 부분으로 나뉘어 있다.

- 지수의 표기
- 지수법칙
- 로그
- 요약

2.3.1 지수의 표기

b^2은 $b \times b$의 약자로 사용한다. 이 절에서는 b^n의 n을 임의의 양수, 음수, 정수 혹은 분수로 확장한다. 일반적으로 만약

$$M = b^n$$

이면 b^n을 b를 밑수로 하는 M의 지수 형태(exponential form)라고 한다. 숫자 n을 지수(index, power, or exponent)라고 부른다.

$$b^2 = b \times b$$

를 다른 양의 정수인 지수 n으로 확장하면 다음과 같다.

$$b^3 = b \times b \times b$$
$$b^4 = b \times b \times b \times b$$

일반적으로 다음과 같다.

$$b^n = b \times b \times b \times b \times \ldots \times b$$

n개의 b가 동시에 곱해진 값

음의 지수를 고려하기 위해 다음 2^n에 대한 표를 생각하자.

2^{-3}	2^{-2}	2^{-1}	2^0	2^1	2^2	2^3	2^4
?	?	?	?	2	4	8	16

왼쪽에서 오른쪽의 표를 채우기 위해서는 각 숫자에 2씩 곱해주면 된다. 마찬가지로 오른쪽에서 왼쪽을 채우기 위해서는 단순히 2로 나누면 된다. 이러한 사실은 $2^1 = 2$를 넘어서도 성립한다. 2를 나눠주면

$$2^0 = 2 \div 2 = 1$$

이 되고 다시 2로 나누면

$$2^{-1} = 1 \div 2 = 1/2$$

이 되고 이를 계속한다. 그러면 다음과 같이 표를 완성할 수 있다.

2^{-3}	2^{-2}	2^{-1}	2^0	2^1	2^2	2^3	2^4
$\frac{1}{8}$	$\frac{1}{4}$	$\frac{1}{2}$	1	2	4	8	16

참고로

$$2^{-1} = \frac{1}{2} = \frac{1}{2^1}$$
$$2^{-2} = \frac{1}{4} = \frac{1}{2^2}$$
$$2^{-3} = \frac{1}{8} = \frac{1}{2^3}$$

이 된다. 다시 말해, 음의 지수는 양의 지수 값에 역수를 취한 것과 같은 값을 갖는다. 위의 예로부터,

$$b^0 = 1$$

그리고 임의의 양의 정수 n에 대해 다음과 같이 정의한다.

$$b^{-n} = \frac{1}{b^n}$$

예제

다음을 계산하라.

(a) 3^2 (b) 4^3 (c) 7^0 (d) 5^1

(e) 5^{-1} (f) $(-2)^6$ (g) 3^{-4} (h) $(-2)^{-3}$

(i) $(1.723)^0$

풀이

다음의 정의를 이용하면,

$$b^n = b \times b \times b \times \ \ldots \ \times b$$

$$b^0 = 1$$

$$b^{-n} = \frac{1}{b^n}$$

다음의 값을 얻는다.

(a) $3^2 = 3 \times 3 = 9$

(b) $4^3 = 4 \times 4 \times 4 = 64$

(c) $7^0 = 1$

임의의 숫자의 0 제곱은 항상 1의 값을 갖는다.

(d) $5^1 = 5$

(e) $5^{-1} = \frac{1}{5^1} = \frac{1}{5}$

(f) $(-2)^6 = (-2) \times (-2) \times (-2) \times (-2) \times (-2) \times (-2) = 64$

음수를 짝수 번 곱했기 때문에 양의 값을 갖는다.

(g) $3^{-4} = \frac{1}{3^4} = \frac{1}{3 \times 3 \times 3 \times 3} = \frac{1}{81}$

(h) $(-2)^{-3} = \frac{1}{(-2)^3} = \frac{1}{(-2) \times (-2) \times (-2)} = -\frac{1}{8}$

음수를 홀수 번 곱했기 때문에 음의 값을 갖는다.

(i) $(1.723)^0 = 1$

실전문제

1. (1) 계산기를 사용하지 않고 다음을 계산하라.

(a) 10^2 (b) 10^1 (c) 10^0

(d) 10^{-1} (e) 10^{-2} (f) $(-1)^{100}$

(g) $(-1)^{99}$ (h) 7^{-3} (i) $(-9)^2$

(j) $(72\ 101)^1$ (k) $(2.718)^0$

(2) (1)의 결과를 계산기를 사용하여 확인하라.

분수 형태의 지수는 2단계를 거친다. 먼저 b^m에서 m이 1/2나 1/8과 같은 역수인 경우를 생각하고 이후 3/4이나 3/8과 같은 일반 분수 형태의 지수를 생각한다. n이 양의 정수일 때

$$b^{1/n} = b\text{의 } n\text{제곱근}$$

으로 정의한다. 즉, $b^{1/n}$을 n번 거듭제곱하면 b를 얻게 된다. 만약 $c = b^{1/n}$라고 한다면 $c^n = b$가 된다. 이로부터

$9^{1/2}$ = 9의 제곱근 = 3 $(3^2 = 9)$
$8^{1/3}$ = 8의 세제곱근 = 2 $(2^3 = 8)$
$625^{1/4}$ = 625의 네제곱근 = 5 $(5^4 = 625)$

물론, n제곱근이 존재하지 않을 수 있다. 예를 들어 $c^2 = -4$를 만족하는 c는 존재하지 않는다. 따라서 $(-4)^{1/2}$는 정의되지 않는다. 또한 n제곱근이 하나 이상의 값이 될 수도 있다. 예를 들어 $c^4 = 16$을 만족하는 c는 2와 -2 두 개가 존재한다. 이런 경우는 일반적으로 양의 값을 취한다. 즉, $16^{1/4} = 2$이다.

지금부터는 m이 정수 p와 q에 대하여 p/q의 일반적인 분수 형태를 갖는 지수 b^m에 대해 살펴보자. $16^{3/4}$을 어떻게 해석할 수 있을까? 앞의 정의에 따르면 분자 3은 16의 세제곱으로 그리고 분자는 네제곱근으로 생각할 수 있다. 사실, 이 두 가지 작업이 어느 순서로 수행되는지는 중요하지 않다. 만약 16의 세제곱을 먼저 하게 되면

$$16^3 = 16 \times 16 \times 16 = 4096$$

이 되고 여기에 네제곱근을 취하면

$$16^{3/4} = (4096)^{1/4} = 8 \quad (8^4 = 4096)$$

이 된다. 반면 네제곱근을 먼저 하면

$$16^{1/4} = 2 \quad (2^4 = 16)$$

이 되고 여기에 세제곱을 하면

$$16^{3/4} = 2^3 = 8$$

이 되어 앞의 방법과 같은 결과를 얻게 된다. 따라서

$$(16^3)^{1/4} = (16^{1/4})^3$$

이 성립한다. 이 결과는 임의의 밑수 b와 분수 p/q(q는 양수)에 대해 성립하고 다음과 같이 정의할 수 있다.

$$b^{p/q} = (b^p)^{1/q} = (b^{1/q})^p$$

$25^{-3/2}$를 계산하기 위해서는 -3제곱보다 제곱근을 먼저 생각하는 것이 보다 쉽다. 즉,

$$25^{-3/2} = (25^{1/2})^{-3} = 5^{-3} = \frac{1}{5^3} = \frac{1}{125}$$

가 된다. 이 지수는 사실 세 가지 다른 작업을 수행한 결과이다. 음수는 역수를 취한 것이고 분수 1/2는 제곱근, 그리고 3은 세제곱을 의미한다. 세 가지 다른 작업의 순서와 상관없이 같은 결과가 나오는지 확인해보길 바란다.

조언

어떠한 순서로 진행해도 상관없다면 대개 q제곱근을 먼저 고려하는 것이 큰 수의 제곱근 계산을 피할 수 있어 보다 쉽다.

실전문제

2. (1) 계산기를 사용하지 않고 다음을 계산하라.

    (a) $16^{1/2}$ (b) $27^{1/3}$ (c) $4^{5/2}$

    (d) $8^{-2/3}$ (e) $1^{-17/25}$

  (2) (1)의 결과를 계산기를 이용하여 확인하라.

2.3.2 지수법칙

지수 형태가 유용한 이유가 두 가지 있다. 먼저, 긴 숫자를 줄여 쓰기 편하다.

9^8

은

$9 \times 9 \times 9 \times 9 \times 9 \times 9 \times 9 \times 9$

혹은

$43,046,721$

보다 훨씬 표기하기 쉽다. 두 번째로는 네 가지 유용한 법칙들이 있다. 그 법칙들은 다음과 같다.

법칙 1 $b^m \times b^n = b^{m+n}$

법칙 2 $b^m \div b^n = b^{m-n}$

법칙 3 $(b^m)^n = b^{mn}$

법칙 4 $(ab)^n = a^n b^n$

수학적 증명은 이 책에서 관심사항이 아니지만 단순 예제들을 통해 확인해보는 것은 이 법칙들을 기억하는 데 도움을 줄 것이다. 차례로 각 법칙을 살펴보겠다.

법칙 1

2^2과 2^5을 곱하려고 한다. $2^2 = 2 \times 2$이고 $2^5 = 2 \times 2 \times 2 \times 2 \times 2$이다. 따라서

$2^2 \times 2^5 = (2 \times 2) \times (2 \times 2 \times 2 \times 2 \times 2)$가 된다.

총 2를 7번 곱해준 것이 되고 이는 2^7과 같다. 즉,

$2^2 \times 2^5 = 2^7 = 2^{2+5}$

이 된다. 이는 법칙 1을 확인한 것으로 밑수가 같은 2개의 수를 곱해줄 때는 지수를 더해주기만 하면 된다.

법칙 2

2^2을 2^5로 나누려고 한다. 이는

$$\frac{\cancel{2} \times \cancel{2}}{2 \times 2 \times 2 \times \cancel{2} \times \cancel{2}} = \frac{1}{2 \times 2 \times 2} = \frac{1}{2^3}$$

이 된다. 정의에 의해 역수는 음의 지수로 표현할 수 있고 위의 값은 2^{-3}이 된다. 즉,

$$2^2 \div 2^5 = 2^{-3} = 2^{2-5}$$

이 된다. 이는 법칙 2를 확인한 것으로 밑수가 같은 2개의 수를 나눠줄 때는 지수를 빼주기만 하면 된다.

법칙 3

10^2의 3제곱을 하려고 한다. 정의에 의해 임의의 b에 대해

$$b^3 = b \times b \times b$$

이므로 b를 10^2으로 대치하면

$$(10^2)^3 = 10^2 \times 10^2 \times 10^2 = (10 \times 10) \times (10 \times 10) \times (10 \times 10) = 10^6$$

이 되는데 6개의 10을 곱한 결과와 같다. 즉,

$$(10^2)^3 = 10^6 = 10^{2 \times 3}$$

이 된다. 이는 법칙 3을 확인한 것으로 제곱의 제곱을 취할 때는 지수끼리 곱해주기만 하면 된다.

법칙 4

2×3의 4제곱을 하려고 한다. 정의에 의해

$$b^4 = b \times b \times b \times b$$

이고 b를 2×3으로 대치하면

$$(2 \times 3)^4 = (2 \times 3) \times (2 \times 3) \times (2 \times 3) \times (2 \times 3)$$

이고 곱셈의 순서는 상관없기 때문에 다음과 같이 다시 쓸 수 있다.

$$(2 \times 2 \times 2 \times 2) \times (3 \times 3 \times 3 \times 3)$$

즉,

$$(2 \times 3)^4 = 2^4 \times 3^4$$

이다. 이는 법칙 4를 확인한 것으로 밑수가 같은 두 수의 곱의 제곱을 취할 때는 각 수의 제곱을 따로 해주고 이들을 곱해주면 된다.

이 법칙들을 사용할 때 조심해야 할 부분이 있다. 법칙 1과 2는 수들의 밑수가 모두 같아야 한다. 밑수가 다른 경우에는 성립하지 않는다. 예를 들어 법칙 1은

$$2^4 \times 3^5$$

에 대해 아무런 정보를 주지 않는다. 비슷하게 법칙 4에서는 a와 b가 같이 곱해져 있어야 한다. 가끔 경영학과 경제학 학생들이 법칙 4를 더하기에도 성립하는 것으로 생각하기도 한다. 즉,

$$(a+b)^n = a^n + b^n$$

이것은 틀린 것이다.

만약 이러한 관계가 사실이라면 기존의 많은 계산들을 다시 해야 할 것이지만 이것은 절대 성립하지 않는다! 이 부분을 확실히 하고 싶다면 다음 예제를 살펴보자.

$$(1+2)^3 = 3^3 = 27$$

이고 이는

$$1^3 + 2^3 = 1 + 8 = 9$$

과 같지 않다.

법칙 4의 다른 변형으로 다음이 성립한다.

$$\left(\frac{a}{b}\right)^n = \frac{a^n}{b^n} \ (b \neq 0)$$

나누기는 (빼기와 다르게) 일종의 곱하기로 표현할 수 있기 때문에 위의 관계식이 성립한다. 사실

$$\left(\frac{a}{b}\right)^n$$

은

$$\left(a \times \frac{1}{b}\right)^n$$

으로 생각할 수 있고 법칙 4를 적용하면 원하는 대로

$$a^n \left(\frac{1}{b}\right)^n = \frac{a^n}{b^n}$$

을 얻는다.

조언

시험에서 종종 법칙이 잘 생각이 안 나거나 새로운 법칙을 발견하는 경우가 있다. 어떠한 법칙이 성립하는
지 여부가 확실치 않을 때는 항상 앞의 $(a+b)^n$의 예제에서처럼 구체적인 수를 대입하여 확인할 수 있다.
당연히 하나의 수치 해가 성립한다고 그 법칙이 항상 성립하는 것은 아니다. 그러나 하나의 수치 해에 대
해 성립하지 않는다면 그 법칙은 쓰레기라고 봐도 무방하다.

다음 예제에서는 법칙 1~4를 이용하여 어떻게 식을 단순화하는지 살펴볼 것이다.

예제

다음을 단순화하라.

(a) $x^{1/4} \times x^{3/4}$

(b) $\dfrac{x^2 y^3}{x^4 y}$

(c) $(x^2 y^{-1/3})^3$

풀이

(a) $x^{1/4} \times x^{3/4}$는 밑수가 같은 두 개의 지수가 곱해져 있는 형태이다. 법칙 1에 의해 지수
를 더해주면

$$x^{1/4} \times x^{3/4} = x^{1/4+3/4} = x^1$$

이 된다.

(b) $\dfrac{x^2 y^3}{x^4 y}$은 서로 다른 밑수 x와 y에 대한 지수를 포함하고 있어 (a)보다 좀 더 복잡하
다. 법칙 2에 의해

$$\frac{x^2}{x^4}$$

은 지수를 빼줌으로써

$$x^2 \div x^4 = x^{2-4} = x^{-2}$$

로 단순화할 수 있다.

비슷한 방식으로

$$\frac{y^3}{y} = y^3 \div y^1 = y^{3-1} = y^2$$

이므로

$$\frac{x^2 y^3}{x^4 y} = x^{-2} y^2$$

이 된다. 이 형태는 x^{-2}와 y^2가 서로 다른 밑수를 갖고 있기 때문에 더 이상 단순화 할 수 없다. 그러나 원한다면 음의 지수는 역수를 의미하기 때문에

$$\frac{y^2}{x^2}$$

로 표현할 수 있다.

(c) $(x^2 y^{-1/3})^3$의 단순화를 위한 첫 번째 단계는 당연히 x^2을 a로 $y^{-1/3}$을 b로 간주하여 법칙 4를 적용하는 것이다. 그러면

$$(x^2 y^{-1/3})^3 = (x^2)^3 (y^{-1/3})^3$$

을 얻고 법칙 3에 의하여

$$(x^2)^3 = x^{2 \times 3} = x^6$$
$$(y^{-1/3})^3 = y^{(-1/3) \times 3} = y^{-1}$$

이므로

$$(x^2 y^{-1/3})^3 = x^6 y^{-1}$$

이 된다. (b)에서와 같이 음의 지수는 역수를 의미하기 때문에

$$\frac{x^6}{y}$$

로 표현할 수 있다.

실전문제

3. 다음을 단순화하라.

(a) $(x^{3/4})^8$ (b) $\dfrac{x^2}{x^{3/2}}$

(c) $(x^2 y^4)^3$ (d) $\sqrt{x}(x^{5/2} + y^3)$

[힌트: (d)에서 $\sqrt{x} = x^{1/2}$이며 이를 곱하여 괄호를 풀어라.]

이 책에서 지수법칙과 b^n의 정의를 이용하는 부분이 종종 있다. 지금부터는 이를 활용하는 하나의 예제에 대해 알아보겠다. 어떤 생산 과정의 산출량 Q는 생산요소(factors of production)로 알려진 다양한 투입에 의해 결정된다. 이들은 토지, 자본, 그리고 노동 등을 포함한다. 단순히 우리는 자본과 노동만을 고려하겠다. 자본(capital) K는 빌딩이나 장비, 그리고 공장기계 등 생산에 필요한 인간이 만든 모든 것들을 일컫는다. 노동(labour) L은 생산 과정에서 사람에게 돈을 지불하는 모든 작업을 말한다. Q는 K와 L의 함수

$$Q = f(K, L)$$

로 표현되고 이를 생산함수(production function)라고 한다. 구체적인 형태의 관계식이 정해지면 임의의 생산요소 조합에 대한 산출량을 계산해낼 수 있다. 예를 들어 만약 생산함수가

$$Q = 100 K^{1/3} L^{1/2}$$

로 주어져 있고 생산요소 $K = 27$ 그리고 $L = 100$일 때 산출량은

$$\begin{aligned} Q &= 100(27)^{1/3}(100)^{1/2} \\ &= 100(3)(10) \\ &= 3000 \end{aligned}$$

이 된다.

특별히 관심 있는 부분은 투입량이 어떤 식으로 조정되었을 때 산출량에는 어떤 영향을 미치는지에 대한 것이다. 만약 자본과 노동이 두 배가 된다면 생산량도 두 배가 될까? 두 배 이상 혹은 두 배보다 적을까? 구체적인 생산함수

$$Q = 100 K^{1/3} L^{1/2}$$

에 대하여 K와 L이 각각 $2K$, $2L$로 대치되면

$$Q = 100(2K)^{1/3}(2L)^{1/2}$$

이 된다. 법칙 4에 의해

$$(2K)^{1/3} = 2^{1/3}K^{1/3} \text{ 그리고 } (2L)^{1/2} = 2^{1/2}L^{1/2}$$

이므로

$$Q = 100(2^{1/3}K^{1/3})(2^{1/2}L^{1/2})$$
$$= (2^{1/3}2^{1/2})(100K^{1/3}L^{1/2})$$

이 성립한다. 두 번째 항 $100K^{1/3}L^{1/2}$은 원래의 Q와 같고 따라서 산출량은

$$2^{1/3}2^{1/2}$$

만큼 곱해진 값이 된다.

법칙 1을 이용하면 지수를 더해 다음과 같이 단순화할 수 있다.

$$2^{1/3}2^{1/2} = 2^{5/6}$$

게다가 5/6은 1보다 작기 때문에 곱해주는 값은 2보다 작은 값이다. 사실, 계산기를 이용하면 $2^{5/6} = 1.78$ (소수점 아래 둘째자리)

임을 알 수 있다. 따라서 산출량은 2배보다 작은 수준으로 증가한다.

이러한 내용은 투입요소의 조정 값 2와는 무관하다. 일반적인 조정 값 λ(λ는 그리스 문자로 'lambda'로 읽는다)에 대해 위의 과정을 똑같이 생각해보자. K와 L을 λk와 λL로 각각 대치하면

$$Q = 100K^{1/3}L^{1/2}$$

은 다음과 같이 다시 쓸 수 있다.

$$Q = 100(\lambda K)^{1/3}(\lambda L)^{1/2}$$
$$= 100\lambda^{1/3}K^{1/3}\lambda^{1/2}L^{1/2} \qquad \text{(법칙 4)}$$
$$= (\lambda^{1/3}\lambda^{1/2})(100K^{1/3}L^{1/2})$$
$$= \lambda^{5/6}(100K^{1/3}L^{1/2}) \qquad \text{(법칙 1)}$$

산출량은 $\lambda^{5/6}$만큼 곱해지고 이는 5/6가 1보다 작기 때문에 λ보다 작은 값이다. 우리는 이러한 생산함수를 규모수익 체감이라고 말한다.

일반적으로 함수

$$Q = f(K, L)$$

가 임의의 n에 대하여 $f(\lambda K, \lambda L) = \lambda^n f(K, L)$이 성립하면 동차(homogeneous)라고 한다. 두 변수 K와 L를 모두 λ배를 할 때 λ를 공통인수 λ^n으로 묶을 수 있다. 이때 지수 n을 동차의 차수(degree of homogeneity)라고 부른다. 앞의 예에서

$$f(\lambda K, \lambda L) = \lambda^{5/6} f(K, L)$$

을 만족하였다. 따라서 이는 5/6차 동차가 된다. 일반적으로 n차 동차는 다음을 만족한다.

- $n < 1$, 함수는 규모수익 체감(decreasing returns to scale)이라 부른다.
- $n = 1$, 함수는 규모수익 불변(constant returns to scale)이라 부른다.
- $n > 1$, 함수는 규모수익 체증(increasing returns to scale)이라 부른다.

예제

다음 생산함수가 동차함수임을 보이고 동차의 차수를 구하라.

$$Q = 2K^{1/2} L^{3/2}$$

이 함수는 규모수익 체감, 규모수익 불변, 또는 규모수익 체증을 보이는가?

풀이

주어진 생산함수

$$f(K, L) = 2K^{1/2} L^{3/2}$$

에 K와 L을 λK와 λL로 대치하면

$$f(\lambda K, \lambda L) = 2(\lambda K)^{1/2} (\lambda L)^{3/2}$$

이 된다. 법칙 4를 이용하여 λ를 묶어내면

$$2\lambda^{1/2} K^{1/2} \lambda^{3/2} L^{3/2}$$

이 되고 법칙 1에 의하여

$$\lambda^2 (2K^{1/2} L^{3/2})$$을 얻는다.

$\lambda^{1/2} \lambda^{3/2} = \lambda^{1/2 + 3/2}$
$= \lambda^2$

따라서

$$f(\lambda K, \lambda L) = \lambda^2 f(K, L)$$

이 성립하고 이는 2차 동차함수이다. 그리고 2>1이므로 규모수익 체증임을 알 수 있다.

실전문제

4. 다음 생산함수가 동차임을 보이고 규모수익에 대해 밝혀라.

   (a) $Q = 7KL^2$ (b) $Q = 50K^{1/4}L^{3/4}$

지금까지 다룬 생산함수는 임의의 양수 A, α 그리고 β(그리스 문자 α와 β는 각각 'alpha'와 'beta'로 읽는다)에 대하여 모두

$$Q = AK^{\alpha}L^{\beta}$$

의 형태였다. 이러한 함수를 콥–더글러스 생산함수(Cobb-Douglas production function)라고 부른다. 이 함수는 $\alpha + \beta$차 동차함수가 되는데 그 이유는 다음과 같다.

생산함수가 $f(K, L) = AK^{\alpha}L^{\beta}$로 주어져 있을 때

$$\begin{aligned}
f(\lambda K, \lambda L) &= A(\lambda K)^{\alpha}(\lambda L)^{\beta} \\
&= A\lambda^{\alpha}K^{\alpha}\lambda^{\beta}L^{\beta} \qquad \text{(법칙 4)} \\
&= \lambda^{\alpha+\beta}(AK^{\alpha}L^{\beta}) \qquad \text{(법칙 1)} \\
&= \lambda^{\alpha+\beta}f(K, L)
\end{aligned}$$

따라서, 콥–더글러스 생산함수는 다음을 만족한다.

- $\alpha + \beta < 1$이면 규모수익 체감이다.
- $\alpha + \beta = 1$이면 규모수익 불변이다.
- $\alpha + \beta > 1$이면 규모수익 체증이다.

하지만 모든 생산함수가 이러한 형태를 갖는 것은 아니다. 사실 생산함수가 동차일 필요도 없다. 이에 대한 예제는 이 절의 뒷부분에 있는 연습문제 2.3의 5번에 제시되어 있다. 제5장에서 다시 생산함수에 대해 다루도록 하겠다.

2.3.3 로그

만약 숫자 M이

$M = b^n$

으로 표현된다면 b^n은 b를 밑수로 하는 M의 지수 형태라고 한다. 지금까지는 임의의 주어진 b와 n에 대하여 단순히 M을 계산하는 것이었다. 그러나 실제 거꾸로 M과 b를 알고 있을 때 n을 찾아줘야 하는 경우가 있다. 다음 방정식

$32 = 2^n$

을 풀기 위해서는 32를 2의 지수로 표현해야 한다. 이 경우는 몇 개의 숫자를 대입해보는 시행착오를 통해 쉽게 찾아줄 수 있다. $2^5 = 32$이므로 $n = 5$가 된다.

이러한 표현에 대해 밑수를 2로 하는 32의 로그 값은 5라고 말한다. 기호를 이용하면

$\log_2 32 = 5$로 표현한다.

일반적으로

만약 $M = b^n$이면 $\log_b M = n$이다.

으로 표현하고 여기서 n을 밑수를 b로 하는 M의 로그라고 부른다.

> **조언**
>
> 학생들은 로그를 추상적이고 어렵다고 생각한다. 그러나 로그는 b^n과 같은 수를 생각하는 다른 방식을 제공하기 때문에 어렵다고 생각할 필요가 없다. 다음 예제를 읽고 5번 문제를 스스로 풀어보기 바란다. 생각보다 쉽다는 것을 깨달을 것이다.

예제

다음을 계산하라.

(a) $\log_3 9$ (b) $\log_4 2$

(c) $\log_7 1/7$

풀이

(a) $\log_3 9$의 값을 찾기 위해 지수를 포함한 형태로 변형을 하겠다. 밑수를 3으로 하는 지수 정의에 의해

$$\log_3 9 = n$$

은

$$9 = 3^n$$

과 같다. 3을 밑수로 하는 9의 로그 값을 찾는 것은 9를 3의 지수 형태로 표현할 때의 지수를 찾는 것과 같은 문제이다. 이 방정식의 해는

$$9 = 3^3$$

이므로 정확히 $n=2$이다. 따라서 $\log_3 9 = 2$이다.

(b) $\log_4 2$를 계산하기 위해서는 단지

$$\log_4 2 = n$$

을

$$2 = 4^n$$

의 지수 형태로 표현하면 된다.

4를 밑수로 하는 2의 로그 값을 찾는 것은 2를 4의 지수 형태로 표현할 때의 지수를 찾는 것과 같다. 2는 4의 제곱근을 통해 얻을 수 있고 이는 4의 1/2제곱을 뜻한다. 따라서

$$2 = 4^{1/4}$$

이고 $\log_4 2 = 1/2$이다.

(c) 만약

$$\log_7 1/7 = n$$

이라면 $1/7 = 7^n$

이다. 1/7은 7의 역수이고 7에 -1제곱을 한 것이다. 즉,

$$1/7 = 7^{-1}$$

이고 따라서 $\log_7 1/7 = -1$이다.

실전문제

5. (1) 다음을 만족하는 n을 찾아라.

    (a) $1000 = 10^n$ (b) $100 = 10^n$ (c) $10 = 10^n$

    (d) $1 = 10^n$ (e) $\dfrac{1}{10} = 10^n$ (f) $\dfrac{1}{100} = 10^n$

(2) (1)의 결과를 이용하여 다음 로그 값을 구하라.

    (a) $\log_{10} 1000$ (b) $\log_{10} 100$ (c) $\log_{10} 10$

    (d) $\log_{10} 1$ (e) $\log_{10} 1/10$ (f) $\log_{10} 1/100$

(3) (2)의 결과를 계산기를 이용하여 확인하라.

지수와 로그의 관계에 의해 로그가 지수법칙에 대응되는 다음 세 가지 법칙을 만족한다는 것은 그리 놀라운 사실이 아니다. 로그법칙은 다음과 같다.

법칙 1 $\log_b(x \times y) = \log_b x + \log_b y$

법칙 2 $\log_b(x \div y) = \log_b x + \log_b y$

법칙 3 $\log_b x^m = m \log_b x$

다음 예제는 이 법칙을 이용하여 어떻게 식을 단순화하고 지수에 미지수가 있는 방정식을 해결하는지 보여준다.

예제

로그법칙을 이용하여 다음을 하나의 로그로 표현하라.

(a) $\log_b x + \log_b y - \log_b z$ (b) $2 \log_b x - 3 \log_b y$

풀이

(a) 첫 번째 로그법칙은 두 개 로그의 합은 곱에 대한 로그로 표현된다는 것을 보여준다.

    따라서 $\log_b x + \log_b y - \log_b z = \log_b(xy) - \log_b z$ 가 성립한다.

    또한 법칙 2에 의해 두 로그의 차는 나눗셈에 대한 로그로 표현되므로

$$\log_b \left(\frac{xy}{z} \right)$$

와 같이 단순화할 수 있다.

(b) $2\log_b x - 3\log_b y$와 같은 계산의 한 방법은 세 번째 법칙을 이용하여 계수를 제거하는 것이다.

$$2\log_b x = \log_b x^2 \text{ 그리고 } 3\log_b y = \log_b y^3$$

이기 때문에

$$2\log_b x - 3\log_b y = \log_b x^2 - \log_b y^3 \text{이 된다.}$$

두 번째 법칙을 이용하면 하나의 로그인

$$\log_b\left(\frac{x^2}{y^3}\right)$$

으로 표현할 수 있다.

실전문제

6. 로그법칙을 이용하여 다음을 하나의 로그로 표현하라.

   (a) $\log_b x - \log_b y + \log_b z$ (b) $4\log_b x + 2\log_b y$

계속 진행하기 전에 몇 가지 주의사항이 있다. 로그법칙을 정확하게 학습하도록 주의해야 한다. 자주 하는 실수는 다음과 같이 법칙 1을 잘못 읽는 경우이다.

$$\log_b(x+y) = \log_b x + \log_b y \quad \text{이것은 틀린 것이다.}$$

로그는 지수에 대한 값이라는 점을 명심해라. 수를 함께 곱할 때 지수는 결국 더해주게 된다. 따라서

$$\log_b(xy) = \log_b x + \log_b y$$

가 맞는 형태이다.

예제

다음을 만족하는 x를 찾아라.

(a) $200(1.1)^x = 20{,}000$ (b) $5^x = 2(3)^x$

풀이

(a) $200(1.1)^x = 20,000$의 해를 찾기 위한 첫 번째 단계는 양변을 200으로 나눠주는 것이다. 그러면

$$(1.1)^x = 100$$

이 되는데 제1장에서 양변에 똑같은 변화를 주는 한, 방정식의 해는 변하지 않는다는 사실을 알았다. 양변을 동시에 로그를 취해주면

$$\log(1.1)^x = \log(100)$$이 된다.

법칙 3에 의해 $\log(1.1)^x = x\log(1.1)$이므로 방정식은

$$x\log(1.1) = \log(100)$$이 된다.

법칙 3에 의해 지수에 있던 미지수가 다른 숫자와 같은 수준으로 이동한다. 그렇게 되면 지수에 미지수가 포함된 방정식이 단순한 방정식으로 변하게 되는데 이 부분이 로그를 취해주는 주된 이유이다. 양변을 $\log(1.1)$로 나눠주면

$$x = \frac{\log(100)}{\log(1.1)}$$

을 얻는다.

지금까지는 로그의 밑수에 대해 이야기하지 않았다. 위 x에 대한 방정식에서는 어떠한 밑수를 고려해도 상관없다. 모든 공학계산기는 밑수를 10으로 하는 로그 값을 계산해주는 버튼을 갖고 있기 때문에 밑수를 10으로 잡는 것이 좋다. 10을 밑수로 한 값을 계산기로 소수점 둘째자리까지 구해보면

$$x = \frac{\log(100)}{\log(1.1)} = \frac{2}{0.041\,395\,685} = 48.32$$

계산기로 확인하라

이 된다.

만약 위의 값을 원래의 방정식에 대입하면

$$(200)(1.1)^x = 200(1.1)^{48.32} = 20,004 \checkmark$$

을 얻는다. x를 소수점 둘째자리까지만 구했기 때문에 정확한 값이 나오진 않는다.

(b) $5^x = 2(3)^x$을 풀기 위해 양변에 로그를 취하면

$$\log(5^x) = \log(2 \times 3^x)$$이 된다.

오른쪽은 곱셈에 로그를 취해준 것으로 법칙 1에 의해 로그의 합으로 생각할 수 있다. 따라서 방정식은

$$\log(5^x)=\log(2)+\log(3^x)$$가 된다.

(a)에서의 주요 단계는 법칙 3을 이용하여 지수를 아래로 내리는 것이다. $\log(5^x)$과 $\log(3^x)$에 법칙 3을 적용하면 방정식은

$$x\log(5)=\log(2)+x\log(3)$$이 된다.

이것은 우리가 풀 수 있는 형태로 x를 포함한 항을 왼편으로 넘기면

$$x\log(5)-x\log(3)=\log(2)$$가 되고

x로 묶어주면

$$x[\log(5)-\log(3)]=\log(2)$$이 된다.

법칙 2에 의해 두 로그의 차는 나눗셈의 로그로 표현되므로

$$\log(5)-\log(3)=\log(5\div3)$$

이 되고 따라서 방정식은

$$x\log\left(\frac{5}{3}\right)=\log(2)$$이 되어

$$x=\frac{\log(2)}{\log(5/3)}$$이 된다.

마지막으로 계산기를 통해 밑수가 10인 로그를 소수점 아래 둘째자리까지 계산하면

$$x=\frac{0.301\,029\,996}{0.221\,848\,750}=1.36$$

을 얻는다.

원래의 방정식에 위의 값을 대입하면

$$5^x=2(3)^x$$

의 방정식은 $5^{1.36}=2(3)^{1.36}$이 된다. 즉,

$8.92=8.91$이 되고 역시 x의 근삿값을 구했기 때문에 약간의 오차가 존재한다.

실전문제

7. 다음 x에 대한 방정식을 풀어라.

(a) $3^x=7$ (b) $5(2)^x=10^x$

> **조언**
>
> 이 절에서 지수와 로그로 정의된 큰 수와 법칙들에 대해 살펴보았다. 편의를 위해 요약에서 이 둘을 같이 정리하였다. 지수와 연결되는 부분은 특히 중요하기 때문에 이 책의 나머지 진도를 나가기 전에 반드시 기억할 수 있도록 해야 한다.

2.3.4 요약

지수

n이 양의 정수일 때,

$$b^n = b \times b \times \ldots \times b$$
$$b^0 = 1$$
$$b^{-n} = 1/b^n$$
$$b^{1/n} = b \text{의 } n \text{제곱근}$$

또한, p와 q가 $q > 0$인 정수이면

$$b^{p/q} = (b^p)^{1/q} = (b^{1/q})^p$$

이 성립한다.

4개의 지수법칙:

법칙 1 $b^m \times b^n = b^{m+n}$

법칙 2 $b^m \div b^n = b^{m-n}$

법칙 3 $(b^m)^n = b^{mn}$

법칙 4 $(ab)^n = a^n b^n$

로그

$M = b^n$이면 $n = \log_b M$을 만족한다.

3개의 지수법칙:

법칙 1 $\log_b(x \times y) = \log_b x + \log_b y$

법칙 2 $\log_b(x \div y) = \log_b x - \log_b y$

법칙 3 $\log_b x^m = m \log_b x$

주요 용어

규모수익 체감(Decreasing returns to scale)　생산요소의 증가비율에 비해 산출량의 증가비율이 작은 생산함수를 갖는 경우: $f(\lambda K, \lambda L) = \lambda^n f(K, L)$, $0 < n < 1$.

규모수익 불변(Constant returns to scale)　생산요소의 증가비율과 산출량의 증가비율이 같은 생산함수를 갖는 경우: $f(\lambda K, \lambda L) = \lambda f(K, L)$.

규모수익 체증(Increasing returns to scale)　생산요소의 증가비율에 비해 산출량의 증가비율이 높은 생산함수를 갖는 경우: $f(\lambda K, \lambda L) = \lambda^n f(K, L)$, $n > 1$.

노동(Labour)　생산 과정에서 사람이 투입되는 모든 형태.

동차의 차수(Degree of homogeneity)　$f(\lambda K, \lambda L) = \lambda^n f(K, L)$에서의 숫자 n.

동차함수(Homogeneous function)　모든 투입량이 상수 λ배만큼 될 때 산출량이 λ^n배로 변하는 함수. n은 동차의 차수를 의미.

로그(Logarithm)　주어진 밑수가 특정 숫자와 같은 값을 갖기 위해 거듭제곱해야 하는 지수.

생산요소(Factors of production)　재화와 서비스를 생산하기 위한 투입물: 노동, 토지, 자본, 원자재 등.

생산함수(Production function)　상품의 산출량과 상품을 생산하기 위한 투입 간의 관계.

자본(Capital)　재화와 서비스를 생산하는 데 사용되는 사람이 만든 모든 자산.

지수(Exponent)　변수의 위첨자: $2x^5$에서의 지수는 5이다.

지수 형태(Exponential form)　지수를 이용하여 표현한 수. 예를 들어 2^5는 32의 지수 형태이다.

콥-더글러스 생산함수(Cobb-Douglas production function)　$Q = AK^\alpha L^\beta$의 형태를 갖는 생산함수.

연습문제 2.3

1. **(1)** 계산기를 사용하지 않고 다음을 계산하라.

   (a) 8^2　　　　　　(b) 2^1　　　　　　(c) 3^{-1}

   (d) 17^0　　　　　(e) $1^{1/5}$　　　　(f) $36^{1/2}$

   (g) $8^{2/3}$　　　　(h) $49^{-3/2}$

   (2) (1)의 결과를 계산기를 이용하여 확인하라.

2. 지수법칙을 이용하여 단순화하라.

   (a) $a^3 \times a^8$　　　　　(b) $\dfrac{b^7}{b^2}$　　　　　(c) $(c^2)^3$

   (d) $\dfrac{x^4 y^5}{x^2 y^3}$　　　　　(e) $(xy^2)^3$　　　　(f) $y^3 \div y^7$

   (g) $(x^{1/2})^8$　　　　(h) $f^2 \times f^4 \times f$　　(i) $\sqrt{(y^6)}$

   (j) $\dfrac{x^3}{x^{-2}}$

3. 다음 표현을 지수로 나타내어라.

(a) $\sqrt{x}$ (b) $\dfrac{1}{x^2}$ (c) $\sqrt[3]{x}$

(d) $\dfrac{1}{x}$ (e) $\dfrac{1}{\sqrt{x}}$ (f) $x\sqrt{x}$

4. 생산함수 $Q=200K^{1/4}L^{2/3}$에 대해 산출량을 구하라.

(a) $K=16$, $L=27$

(b) $K=10000$, $L=1000$

5. 다음 중 어떤 함수가 동차함수인가? 동차함수에 대해 동차의 차수를 구하고 규모 수익에 대해 논하라.

(a) $Q=500K^{1/3}L^{1/4}$

(b) $Q=3LK+L^2$

(c) $Q=L+5L^2K^3$

6. 다음 방정식을 만족하는 x를 적어라.

(a) $5^x=25$ (b) $3^x=\dfrac{1}{3}$ (c) $2^x=\dfrac{1}{8}$

(d) $2^x=64$ (e) $100^x=10$ (f) $8^x=1$

7. 다음 값을 적어라.

(a) $\log_b b^2$ (b) $\log_b b$ (c) $\log_b 1$

(d) $\log_b \sqrt{b}$ (e) $\log_b(1/b)$

8. 로그법칙을 이용하여 다음을 하나의 로그로 표현하라.

(a) $\log_b x+\log_b z$

(b) $3\log_b x-2\log_b y$

(c) $\log_b y-3\log_b z$

9. 주어진 식을 $\log_b x$와 $\log_b y$로 표현하라.

(a) $\log_b x^2 y$ (b) $\log_b\left(\dfrac{x}{y^2}\right)$ (c) $\log_b x^2 y^7$

10. 다음 방정식을 x에 대해 풀어라. 소수점 아래 둘째자리로 표현하라.

(a) $5^x=8$ (b) $10^x=50$ (c) $1.2^x=3$

(d) $1000\times 1.05^x=1500$

11. (1) 다음의 값을 구하라.

    (a) $\log_2 32$

    (b) $\log_9 \left(\dfrac{1}{3} \right)$

  (2) 로그법칙을 이용하여

    $2\log_b x - 4\log_b y$

    를 하나의 로그로 나타내어라.

  (3) 로그를 사용하여 다음 방정식을 풀어라.

    $10(1.05)^x = 300$

    소수점 아래 첫째자리로 표현하라.

12. (1) 다음 방정식을 만족하는 x를 찾아라.

    (a) $81 = 3^x$

    (b) $\dfrac{1}{25} = 5^x$

    (c) $16^{1/2} = 2^x$

  (2) 지수법칙을 이용하여 단순화하라:

    (a) $\dfrac{x^6 y^9}{x^3 y^8}$

    (b) $(x^3 y)^5$

    (c) $\sqrt{\dfrac{x^9 y^4}{x^5}}$

13. 한 작은 회사로부터 매달 받는 불만 횟수 N은 다음과 같이 결정할 수 있다고 하자.

    $N = 80\log_{10}(7 + 10t)$

여기서 t는 회사가 시작된 이후의 지난 개월 수를 의미한다.

(a) 처음 6개월 동안 매달 회사로부터 받은 불만 횟수를 찾아라.

(b) t에 따른 N의 그래프를 그리고 N이 t에 따라 어떻게 변하는지 논하라.

14. 만약 회사 A와 B가 같은 노동 L을 투입한다면 그들의 단기 산출량은 각각 $Q_A = 108\sqrt{L}$ 그리고 $Q_B = 4L^2$이 된다고 한다. 이 두 회사의 산출량이 같아지는 0이 아닌 L을 찾아라.

연습문제 2.3*

1. (1) 계산기 없이 다음을 계산하라.

    (a) $32^{3/5}$ (b) $64^{-5/6}$ (c) $\left(\dfrac{1}{125}\right)^{-4/3}$

    (d) $\left(3\dfrac{3}{8}\right)^{2/3}$ (e) $\left(2\dfrac{1}{4}\right)^{-1/2}$

    (2) (1)의 결과를 계산기를 이용하여 확인하라.

2. 지수법칙을 이용하여 다음을 단순화하라.

    (a) $y^{3/2} \times y^{1/2}$ (b) $\dfrac{x^2 y}{xy^{-1}}$ (c) $(xy^{1/2})^4$

    (d) $(p^2)^{1/3} \div (p^{1/3})^2$ (e) $(24q)^{1/3} \div (3q)^{1/3}$ (f) $(25p^2q^4)^{1/2}$

3. 다음 표현을 지수로 나타내어라.

    (a) $\dfrac{1}{x^7}$ (b) $\sqrt[4]{x}$ (c) $\dfrac{1}{x\sqrt{x}}$

    (d) $2x^5\sqrt{x}$ (e) $\dfrac{8}{x(\sqrt[3]{x})}$

4. $a = \dfrac{2\sqrt{x}}{y^3}$ 그리고 $b = 3x^4 y$일 때, $\dfrac{4b}{a^2}$을 단순화하라.

5. 생산함수 $Q = A[bK^\alpha + (1-b)L^\alpha]^{1/\alpha}$이 동차함수임을 증명하고 규모수익 불변임을 보여라.

6. 다음 방정식을 풀어라.

    (a) $2^{3x} = 4$ (b) $4 \times 2x = 32$ (c) $8^x = 2 \times \left(\dfrac{1}{2}\right)^x$

7. 로그법칙을 이용하여 다음을 하나의 로그로 표현하라.

    (a) $\log_b(xy) - \log_b x - \log_b y$ (b) $3\log_b x - 2\log_b y$

    (c) $\log_b y + 5\log_b y - 2\log_b z$ (d) $2 + 3\log_b x$

8. 다음을 $\log_b x$, $\log_b y$, 그리고 $\log_b z$로 표현하라.

    (a) $\log_b(x^2 y^3 z^4)$ (b) $\log_b\left(\dfrac{x^4}{y^2 z^5}\right)$ (c) $\log_b\left(\dfrac{x}{\sqrt{yz}}\right)$

9. $\log_b 2 = p$, $\log_b 3 = q$, 그리고 $\log_b 10 = r$일 때 다음 식을 p, q, 그리고 r로 표현하라.

    (a) $\log_b\left(\dfrac{1}{3}\right)$ (b) $\log_b 12$

    (c) $\log_b 0.0003$ (d) $\log_b 600$

10. 다음 방정식을 풀어라. 소수점 아래 둘째자리로 나타내어라.

　(a) $10(1.07)^x = 2000$　　　　(b) $10^{x-1} = 3$

　(c) $5^{x-2} = 5$　　　　　　　(d) $2(7)^{-x} = 3^x$

11. 소수점 아래 셋째자리까지의 값을 이용하여 부등식을 풀어라.

　(a) $3^{2x+1} \leq 7$

　(b) $0.8^x < 0.04$

12. 다음 방정식을 풀어라.

$$\log_{10}(x+2) + \log_{10}x - 1 = \log_{10}\left(\frac{3}{2}\right)$$

13. (1) 생산함수 $f(K, L)$를 설명하는 데 있어 동차를 정의하라.

　(2) 생산함수

$$f(K, L) = 4k^m L^{1/3} + 3K$$

　　가 동차함수일 때 m을 찾아라. 이 생산함수는 규모수익 체감, 불변 또는 체증인가?

14. (1) 다음을 만족하는 x를 말하라.

　　(a) $4 = 8x$　　　　　　　　(b) $5 = \left(\frac{1}{25}\right)^x$

　(2) y를 x로 나타내어라.

$$2\log_a x = \log_a 7 + \log_a y$$

15. $2\log_{10}x - \frac{1}{2}\log_{10}y - \frac{1}{3}\log_{10}1000$이 $\log_{10}\left(\sqrt{\frac{x^4}{y}}\right) - 1$로 단순화될 수 있는지 보여라.

16. 다음 각 생산함수를 L에 대해 정리하라.

　(a) $Q = AK^\alpha L^\beta$

　(b) $Q = A[bK^\alpha + (1-b)L^\alpha]^{1/\alpha}$

17. 다음 각 함수들이 동차함수임을 보이고 동차의 차수를 말하라.

　(a) $f(K, L) = \dfrac{K^2 + L^2}{K + L}$

　(b) $f(K, L) = KL\ln\left(\dfrac{K^2 + L^2}{KL}\right)$

　(c) $f(K, L) = A[aK^m + bL^m]^{n/m}$

　(d) $f(K, L) = KL^2 g(L/K)$, g는 일반함수

SECTION 2.4

지수 및 자연로그함수

> **목표**
>
> 이 절을 공부한 후에는 다음을 할 수 있다;
>
> - 일반적인 지수함수를 그릴 수 있다.
> - 숫자 e의 정의를 이해할 수 있다.
> - 지수함수를 이용하여 성장과 붕괴를 모델링할 수 있다.
> - 간단한 모델에서 로그 그래프를 이용하여 미지수를 찾을 수 있다.
> - 자연로그함수를 이용하여 방정식을 해결할 수 있다.

앞 절에서는 b^x를 어떻게 정의하는지 설명하고 로그 $\log_b x$에 대해 살펴보았다. 수학에서 중요하게 다뤄지는 밑수(숫자 $e=2.718281...$)가 하나 있다. 이 절의 목표는 이 수에 대해 소개하고 몇 개의 간단한 응용을 생각하는 데 있다.

먼저 다음 그래프를 살펴보자.

$f(x)=2^x$ 그리고 $g(x)=2^{-x}$

제2.3절에서 지적했듯이 2^x와 같은 수를 지수 형태라고 한다. 숫자 2는 밑수라고 하고 x를 지수라고 부른다. 이 함수의 값은 계산기의 지수버튼 x^y를 누르거나 제2.3절에서 정의한 b^n의 정의를 이용하여 쉽게 얻을 수 있다. 다음 표에 몇 개의 결과가 주어져 있다.

x	-3	-2	-1	0	1	2	3	4	5
2^x	0.125	0.25	0.5	1	2	4	8	16	32

이 표를 바탕으로 한 $f(x)$의 그래프가 그림 2.12에 그려져 있다. 그래프를 보면 x가 큰 음수일 때 x축에 근접하고 x가 증가할수록 빠르게 증가한다.

다음 표를 기초로 한 음의 지수함수 $g(x)=2^{-x}$의 그래프가 그림 2.13에 있다.

x	-5	-4	-3	-2	-1	0	1	2	3
2^x	32	16	8	4	2	1	0.5	0.25	0.125

함수 2^{-x}의 표에 있는 값들이 2^x의 표에 있는 값들과 순서만 다르고 같다는 것을 알 수 있다. 따라서 2^{-x}의 그래프는 2^x의 그래프를 y축 대칭하여 얻을 수 있다.

그림 2.12는 지수함수 2^x을 그린 것이다. 일반적으로 지수함수 $f(x) = b^x$의 그래프는 $b > 1$ 조건에서 기본적으로 같은 모양을 갖는다. b가 큰 값일수록 더욱 가파른 곡선을 갖는다는 점만 다를 뿐이다. 음의 지수함수 b^{-x}에 대해서도 비슷한 이야기가 적용 가능하다.

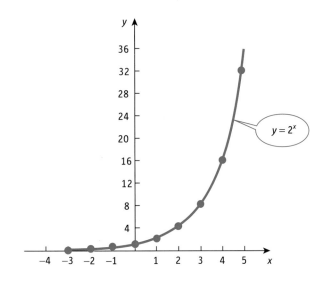

그림 2.12.

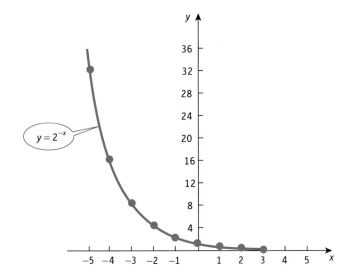

그림 2.13.

실전문제

1. 함수 3^x와 함수 3^{-x}에 대한 다음 표를 완성하고 이들의 그래프를 그려라.

x	-3	-2	-1	0	1	2	3
3^x							
3^{-x}							

당연히 서로 다른 밑수 b에 대하여 지수함수들이 존재하는데, 특별히 우리가 관심을 갖는 경우는 b가

2.718 281 828 459…

의 값을 갖는 경우이다. 이 수를 e로 적고 함수

$$f(x) = e^x$$

를 지수함수(exponential function)라고 부른다. 사실, 이 숫자가 어디로부터 왔는지는 중요하지 않다. 모든 공학용 계산기에는 e^x 버튼이 있고 우리는 단순히 그것을 이용한 결과를 받아들이기만 하면 된다. 그러나 어떻게 정의되는지 확인한다면 그 결과에 대해 확신을 갖는 데 도움이 될 것이다. 다음 예제와 이어지는 문제를 생각해보자.

예제

$m = 1$, 10, 100, 그리고 1000일 때, 다음을 계산하라.

$$\left(1 + \frac{1}{m}\right)^m$$

그리고 이 값들이 어떻게 변하는지 논하라.

풀이

$m = 1$, 10, 100, 그리고 1000을

$$\left(1 + \frac{1}{m}\right)^m$$

에 대입하면 다음과 같다.

$$\left(1+\frac{1}{1}\right)^1 = 2^1 = 2$$

$$\left(1+\frac{1}{10}\right)^{10} = (1.1)^{10} = 2.593\ 742\ 460$$

$$\left(1+\frac{1}{100}\right)^{100} = (1.01)^{100} = 2.704\ 813\ 829$$

$$\left(1+\frac{1}{1000}\right)^{1000} = (1.001)^{1000} = 2.716\ 923\ 932$$

m이 증가할수록 값이 증가한다. 그러나 증가하는 비율은 점점 작아지고, 이러한 사실은 고정된 값으로 수렴할 것으로 예상할 수 있다.

다음 문제에서 앞의 예제에서 계속되는 값을 찾아보고 수렴하는 값을 찾아보자.

실전문제

2. (a) 계산기의 x^y 버튼을 이용하여 $m=10,000$, $100,000$ 그리고 $1,000,000$일 때의 다음을 계산하라.

$$\left(1+\frac{1}{m}\right)^m$$

(b) 계산기를 이용하여 e^1를 계산하고 (a)의 결과와 비교하라.

실전문제 2의 결과는 m이 커질수록 커지고

$$\left(1+\frac{1}{m}\right)^m$$

는 문자 e로 정의된 2.718 281 828...로 수렴한다. 수학적 기호를 이용하여

$$e = \lim_{m\to\infty}\left(1+\frac{1}{m}\right)^m$$

로 쓰인다. 이 수의 중요성은 제4장의 미적분학에서 충분히 이해할 수 있다. 그러나 현재 단계에서는 미리 간단한 예제들을 생각해보도록 하겠다. 이는 계산기의 e^x 버튼을 사용해보

는 경험과 함께 이 함수를 모델링에 어떻게 이용하는지에 대한 아이디어를 얻게 될 것이다.

조언

숫자 e는 수학에서 숫자 π와 비슷한 상태로 유용한 수이다. 이에 대해서는 다음 장의 금융수학에서 자세히 살펴볼 것이다. e의 유용성을 확인하고 싶으면 제3.2절을 보라.

예제

냉장고를 보유한 가계의 백분율 y, 그리고 그것들이 선진국에 도입된 이후 지난 시간 t년은 다음 관계식을 만족한다.

$$y = 100 - 95e^{-0.15t}$$

(1) 다음 경우에 따른 냉장고를 보유한 가계의 백분율 y를 구하라.

    (a) 도입된 해   (b) 1년이 지난 후

    (c) 10년이 지난 후   (d) 20년이 지난 후

(2) 시장 포화 수준은 어떻게 되는가?

(3) t에 대한 y의 그래프를 그리고 시간에 따른 냉장고 보급률 증가에 대한 정성적 설명을 하라.

풀이

(1) 도입된 해, 1, 10, 그리고 20년 후의 냉장고를 보유한 가계의 백분율을 계산하기 위해

$$y = 100 - 95e^{-0.15t}$$

식에 $t = 0$, 1, 10, 그리고 20을 대입하면 다음을 얻는다.

    (a) $y(0) = 100 - 95e^0 = 5\%$

    (b) $y(1) = 100 - 95e^{-0.15} = 18\%$

    (c) $y(10) = 100 - 95e^{-1.5} = 79\%$

    (d) $y(20) = 100 - 95e^{-3.0} = 95\%$

> 이 값들을 계산기로 확인해보라

(2) 포화 수준을 구하기 위해 t가 상당히 클 때의 y값을 조사하면 된다. 음의 지수함수에 대한 기본 그래프는 그림 2.13의 모양을 갖는다. 따라서 $e^{-0.15t}$ 값은 t가 증가하면서 결국 0으로 다가가게 된다. 따라서 시장 포화 수준은

$$y = 100 - 95(0) = 100\%$$

가 된다.

(3) (1)과 (2)에서 얻은 정보를 바탕으로 y를 t에 대해 그린 그래프가 그림 2.14에 있다. y는 처음에는 빨리 증가하다가 시장이 포화 수준에 다가갈수록 천천히 증가하게 된다. 이렇게 움직이는 경제 변수에 대해 제한된 성장(limited growth)을 보인다고 말한다. 포화 수준이 100%라는 것은 결국 모든 가계가 냉장고를 보유할 것이라는 것을 의미하는데 이는 그리 놀랄 만한 일은 아니다.

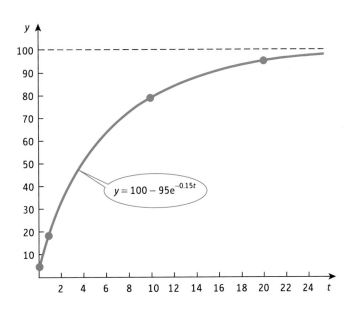

그림 2.14.

실전문제

3. 도입된 지 t년이 지난 가계의 전자오븐 보유 비율 y는 다음과 같이 모델링된다.

$$y = \frac{55}{1 + 800e^{-0.3t}}$$

(1) 주어진 시간에 대한 가계의 전자오븐 보유 비율을 찾아라.

   (a) 도입된 해   (b) 10년 후

   (c) 20년 후   (d) 30년 후

(2) 시장 포화 수준은 무엇인가?

(3) t에 대한 y의 그래프를 그리고 시간에 따른 냉장고 보급률 증가에 대한 정성적 설명을 하라.

제2.3절에서 M이 b^n으로 표현될 때 n을 b를 밑수로 하는 M의 로그라고 불렀다. 밑수가 e인 경우에 대해서는

만약 $M = e^n$이면 $n = \log_e M$이다.

밑수가 e인 로그를 자연로그(natural logarithms)라고 한다. 상당히 자주 등장하고 $\log_e M$으로 표현하기보다 간단히 $\ln M$으로 표기한다. 세 가지 로그법칙을 다시 쓰면

법칙 1 $\ln(x \times y) = \ln x + \ln y$
법칙 2 $\ln(x \div y) = \ln x - \ln y$
법칙 3 $\ln x^m = m \ln x$

이 된다.

예제

로그법칙을 이용하여 다음을 표현하라.

(a) $\ln\left(\dfrac{x}{\sqrt{y}}\right)$을 $\ln x$와 $\ln y$으로 표현하라.

(b) $3 \ln p + \ln q - 2 \ln r$을 하나의 로그로 표현하라.

풀이

(a) 로그를 전개하면 된다. 따라서 로그법칙을 왼편에서 오른편으로 읽어준다.

$$\ln\left(\frac{x}{\sqrt{y}}\right) = \ln x - \ln \sqrt{y} \quad \text{(법칙 2)}$$

$$= \ln x - \ln y^{1/2} \quad \text{(분수인 지수는 제곱근을 의미)}$$

$$= \ln x - \frac{1}{2} \ln y \quad \text{(법칙 3)}$$

(b) (a)의 과정을 역으로 한다. 따라서 로그법칙을 오른쪽에서 왼쪽으로 읽어준다.

$$3 \ln p + \ln q - 2 \ln r = \ln p^3 + \ln q - \ln r^2 \quad \text{(법칙 3)}$$

$$= \ln(p^3 q) - \ln r^2 \quad \text{(법칙 1)}$$

$$= \ln\left(\frac{p^3 q}{r^2}\right) \quad \text{(법칙 2)}$$

실전문제

4. 로그법칙을 이용하여 표현하라.

(a) $\ln(a^2 b^3)$을 $\ln a$와 $\ln b$로 표현하라.

(b) $1/2 \ln x - 3 \ln y$를 하나의 로그로 표현하라.

제2.3절에서 지적하였듯이 로그는 미지수가 지수에 있는 방정식을 해결하는 데 유용하다. 만약 밑수가 e라면 방정식은 자연로그를 이용하여 해결할 수 있다.

예제

경제가 계속해서 성장할 것으로 예상한다. 따라서 t년 후의 십억 달러($ billion) 단위로 측정된 국민총생산(GNP)은 다음과 같이 주어진다.

$$GNP = 80e^{0.02t}$$

몇 년 후에 880억 달러($ 88 billion)가 될 것인가? 장기적으로는 GNP가 어떤 값이 될 것인가?

풀이

방정식 $88 = 80e^{0.02t}$를 t에 대해 풀어준다. 80을 양변으로 나누어주면

$$1.1 = e^{0.02t}$$

이 된다. 자연로그 정의에 의해 $M = e^n$이면 $n = \ln M$이 성립한다.

이를 방정식

$$1.1 = e^{0.02t}$$

에 적용하면

$$0.02t = \ln 1.1 = 0.09531 \dots (계산기로 확인해보라.)$$

이고 따라서

$$t = \frac{0.095\,31}{0.02} = 4.77 \text{이다.}$$

결과적으로 4.77년 후에 880억 달러에 도달할 수 있다.

시간에 따른 GNP 그래프는 그림 2.14와 유사한 모양을 갖는다. GNP는 시간에 따라 꾸준히 증가한다. 이러한 모형을 무제한 성장(unlimited growth)을 보인다고 말한다.

실전문제

5. 경기침체 동안 기업의 수입이 연속적으로 줄어들었다. 따라서 t년 후의 수입, TR(백만 달러 단위)을 모델링하면 다음과 같다.

$$TR = 5e^{-0.15t}$$

(a) 현재와 2년 후의 수입을 계산하라.

(b) 몇 년 후에 수입이 2.7백만 달러까지 감소하겠는가?

모델링을 하는 데 있어서 한 가지 중요한(하지만 오히려 어려운) 점은 표의 숫자들을 보고 수학 공식을 유추해내는 것이다. 만약 지수 형태의 관계라면 변수 값을 추정하는 것이 가능하다.

조언

다음 예제는 자료를 통해 어떻게 수학공식을 유추하는지 보여준다. 이것은 중요한 기술이나 이어지는 책의 내용을 이해하는 데 꼭 필요한 것은 아니다. 이 책을 처음 본다면, 이 부분을 생략하고 바로 이 절의 마지막 부분에 있는 연습문제로 넘어가도 좋다.

예제

십억 달러 단위로 측정된 GNP의 값 g를 t년 동안 관찰한 표가 다음과 같이 주어져 있다.

t(년)	2	5	10	20
g(십억 달러)	12	16	27	74

적당한 A와 B에 대하여 $g = Be^{At}$의 형태를 이용하여 GNP의 성장모형을 모델링하라. 그리고 15년 후의 GNP 값을 추정하라.

풀이

그림 2.15는 g를 수직축, t를 수평축으로 하는 평면에서 4개의 점을 보여주고 있다. 이 점들을 포함한 곡선의 기본 모양을 보면 지수함수가 합리적으로 보이지만 변수 A와 B에 대한 정보가 없다. 하지만 관계식

$$g = Be^{At}$$

에서 지수에 미지수가 존재하므로 양변에 자연로그를 취하면

$$\ln g = \ln(Be^{At})$$

을 얻는다. 로그법칙에 의해 오른편을 전개하면

$$\ln(Be^{At}) = \ln B + \ln(e^{At}) \quad \text{(법칙 1)}$$
$$= \ln B + At \quad \text{(밑수를 e로 하는 로그의 정의)}$$

이므로

$$\ln g = At + \ln B \text{가 된다.}$$

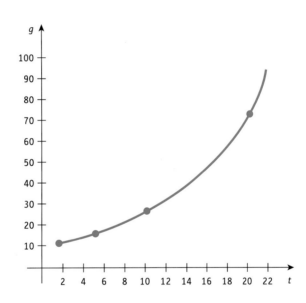

그림 2.15.

직선으로 보이진 않지만 이 관계는 분명 직선이다. 이를 보이기 위해 선형 관계식 $y = ax + b$를 생각해보자. 로그방정식은 $y = \ln g$ 그리고 $x = t$라고 했을 때 실제로 선형 방정식이 된다. 방정식은

$$y = Ax + \ln B$$

가 되고 따라서 $\ln g$를 수직축에, t를 수평축에 놓은 평면 위에서 기울기가 A이고 y절편이 $\ln B$인 직선이 된다.

그림 2.16은 이 그래프가 다음 표를 기초로 그린 것이라는 것을 보여준다.

$x = t$	2	5	10	20
$y = \ln g$	2.48	2.77	3.30	4.30

공식은 단지 모델이기 때문에 표의 점들이 정확하게 직선 위에 있지 않을 수 있다. 그러나 그림 2.16의 그림을 보면 상당히 직선에 가깝다는 것을 알 수 있다. 기울기는

$$A = \frac{4-3}{18.6-7.6} = 0.09$$

로 계산되고 y절편은 2.25라는 것을 알 수 있는데 이것은 $\ln B$이다. 따라서

$$B = e^{2.25} = 9.49$$

가 된다. g와 t의 근사 방정식에 대한 공식은

$$g = 9.49 e^{0.09t}$$

이다. 15년 후의 GNP 추정 값은 $t = 15$를 앞의 식에 대입하면

$$g = 36.6 (십억 달러)을 얻을 수 있다.$$

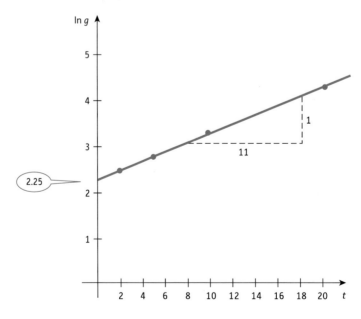

그림 2.16.

실전문제

6. 새로운 상품이 출시된 즉시, 그리고 이후의 판매량(천 단위)이 다음과 같다.

t(months)	1	3	6	12
s(sales)	1.8	2.7	5.0	16.5

(1) 다음 표의 $\ln s$ 값을 완성하라.

t	1	3	6	12
$\ln s$	0.59		1.61	

(2) 이 점들을 $\ln s$를 수직축, t를 수평축으로 하는 평면 위에 찍고 이 점들과 가까운 직선을 그려라. y절편을 찾고 기울기를 계산하라.

(3) (2)의 결과를 이용하여 $s = Be^{At}$ 관계식에서 A와 B의 값을 추정하라.

(4) (3)에서 얻은 지수함수의 모델을 이용하여 다음 주어진 시간에서의 판매량을 추정하라.

   (a) $t = 9$ (b) $t = 60$

   어떤 추정 값이 더욱 믿을 만한가? 그 이유는 무엇인가?

주요 용어

무제한 성장(Unlimited growth)   경계 없이 꾸준히 증가하는 경제 변수를 설명할 때 사용하는 용어.
자연로그(Natural logarithm)   밑수를 e로 하는 로그; 만약 $M = e^n$이면 n은 M의 자연로그이다. $n = \ln M$으로 표현한다.
제한된 성장(Limited growth)   시간에 따라 증가하지만 장기적으로 어느 고정된 값으로 수렴하는 경제 변수를 설명할 때 사용하는 용어.
지수함수(Exponential function)   함수 $f(x) = e^x$; 밑수를 e=2.718281...로 갖는 지수 함수.

연습문제 2.4

1. 교육을 받고 t일이 지난 조립 라인 노동자에 의해 하루 동안 생산되는 상품 수 N은 다음과 같이 모델링된다고 한다.

$$N = 100 - 100e^{-0.4t}$$

(1) 다음의 경우에 해당하는 하루 생산량을 계산하라.

(a) 교육받은 후 1일

(b) 교육받은 후 2일

(c) 교육받은 후 10일

(2) 장기적으로 노동자의 하루 생산량은 얼마가 되겠는가?

(3) t에 따를 N의 그래프를 그리고 일반적인 모양을 예상하는 이유에 대해 설명하라.

2. 로그법칙을 이용하여 다음을 전개하라.

(a) $\ln xy$ (b) $\ln xy^4$ (c) $\ln(xy)^2$

(d) $\ln \dfrac{x^5}{y^7}$ (e) $\ln \sqrt{\dfrac{x}{y}}$ (f) $\ln \sqrt{\dfrac{xy^3}{z}}$

3. 로그법칙을 이용하여 다음을 하나의 로그로 표현하라.

(a) $\ln x + 2\ln x$

(b) $4\ln x - 3\ln y + 5\ln z$

4. 다음 방정식을 풀어라. (소수점 아래 둘째짜리까지 표현하라.)

(a) $e^x = 5.9$ (b) $e^x = 0.45$ (c) $e^x = -2$

(d) $e^{3x} = 13.68$ (e) $e^{-5x} = 0.34$ (f) $4e^{2x} = 7.98$

5. 중고차의 가치는 나이에 따라 기하급수적으로 감소한다. t년 후의 가치를 y달러라고 하면 다음과 같이 모델링된다.

$$y = Ae^{-ax}$$

만약 새 차의 가치가 50,000달러이고 2년 후에 3800달러일 때 A와 a를 소수점 아래 셋째자리까지 찾아라.

이 모형을 이용하여 다음 자동차의 가치를 구하라.

(a) 5년 된 차

(b) 장기적인 가치

6. 다음 방정식을 풀어라.

(a) $\ln x = 5$

(b) $\ln x = 0$

7. 두 상품 A와 B의 미래 판매량은 $S_A = 5e^{0.01t}$와 $S_B = 2e^{0.02t}$로 모델링된다. 두 상품의 판매량이 같아지는 시기는 언제인가?

8. 다음 생산함수가 동차함수임을 보이고 규모수익 체감, 체증, 또는 불변인지를 밝혀라.

$$f(K, L) = (K^2 + L^2)e^{K/L}$$

연습문제 2.4*

1. 주식시장에 상장된 후 t년이 지난 주식의 가치(센트)는 다음과 같이 모델링된다.

$$V=6e^{0.8t}$$

이 주식 가치가 4년 2개월 후에 얼마나 증가하는지 찾아라. 가장 가까운 센트의 단위로 답하라.

2. 다음 방정식을 풀고 소수점 아래 둘째자리까지 나타내어라.

   (a) $6e^{-2x}=0.62$ (b) $5\ln(4x)=9.84$

   (c) $3\ln(5x)-2\ln(x)=7$

3. 전국지 개설을 돕고 있는 한 금융 고문단이 미래의 발행 부수를 다음과 같이 모델링하였다.

$$N=c(1-e^{-kt})$$

여기에서 N은 개설 t일 후의 발행 부수, c와 k는 양의 상수이다. 이 공식이 다음 식으로 전환됨을 보여라.

$$t=\frac{1}{k}\ln\left(\frac{c}{c-N}\right)$$

신문 발행이 시작되었을 때, 회계 감사가 $c=700{,}000$ 그리고 $k=\ln 2$라는 것을 밝혔다.

   (a) 발행 30일 후의 일 발행 부수를 계산하라.

   (b) 며칠 후에 발행 부수가 525,000이 되겠는가?

   (c) 신문의 손익분기점이 일 발행 부수 750,000이라면 당신은 신문사에게 무슨 조언을 해 주겠는가?

4. 콥−더글러스 생산함수가 다음과 같이 주어져 있다.

$$Q=3L^{1/2}K^{1/3}$$

$\ln Q$를 $\ln L$과 $\ln K$로 표현하라.

만약 $\ln K$에 따른 $\ln Q$를 그래프를 그렸다면, 그래프가 왜 직선인지 설명하고 기울기와 y절편을 찾아라.

5. 다음은 기업의 산출량 Q 그리고 그때의 투입된 노동 L에 대한 표를 정리한 것이다.

L	1	2	3	4	5
Q	0.50	0.63	0.72	0.80	0.85

기업의 단기 생산함수는 다음의 형태를 갖는다.

$$Q = AL^n$$

(a) 다음을 보여라.

$$\ln Q = n \ln L + \ln A$$

(b) 위의 표를 이용하여 다음 표를 완성하라.

$\ln L$		0.69	1.39
$\ln Q$	-0.69	-0.33	-0.16

이 점들을 $\ln L$을 수평축에 $\ln Q$를 수직축으로 하는 평면 위에 그려라. 그리고 이 점들을 가장 가깝게 지나는 직선을 그려라.

(c) (b)에서 그린 직선의 y절편과 기울기를 찾아 변수 n과 A의 값을 추정하라.

6. (a) 다음을 전개하라.

$$(3y-1)(y+5)$$

(b) 다음 방정식을 풀어라.

$$3e^{2x} + 13e^x = 10$$

소수점 아래 셋째자리까지 표현하라.

7. (a) 다음 방정식을 y에 대해 정리하라.

$$x = ae^{by}$$

(b) 다음 방정식을 x에 대해 정리하라.

$$y = \ln(3 + e^{2x})$$

8. 다음 x에 대한 방정식을 풀어라.

(a) $\ln(x-5) = 0$ (b) $\ln(x^2 - x - 1) = 0$

(c) $x \ln(\sqrt{x} - 4) = 0$ (d) $e^{5x+1} = 10$ (e) $e^{-x2/2} = 0.25$

9. 어느 상품의 수요 함수와 공급 함수가 다음과 같이 주어져 있다.

$$Q_D = Ae^{-k1P} \text{ 그리고 } Q_S = Be^{k2P}$$

여기서 A, B, k_1 그리고 k_2는 양의 상수들이다.

균형 가격을 찾고 균형 거래량이 다음과 같음을 보여라.

$$(A^{k_2} B^{k_1})^{\frac{1}{k_2 + k_1}}$$

수학 심화학습

이 장에서 살펴본 2차 함수들은 분명 다음 3차 함수 형태로 확장할 수 있다:

$$f(x) = ax^3 + bx^2 + cx + d$$

선형, 2차, 그리고 3차 함수들은 다음과 같이 정의된 일반적인 다항식의 예로 볼 수 있다.

$$f(x) = a_n x^n + a_{n-1} x^{n-1} + \ldots + a_0$$

계수 a_i는 상수이며 가장 큰 차수를 다항식의 차수라고 한다. 2차식은 2차 다항식이고 3차식은 3차 다항식이다. 그러나 함수 $f(x) = \dfrac{1}{x} + 4$ 나 $f(x) = \dfrac{1}{x^2 - 2x + 1}$ 은 다항식이 아니다.

　함수들의 중요한 성질 중 하나가 연속에 관한 것이다. 연속을 쉽게 이해하는 방법은 함수의 그래프를 그리는 것을 상상하는 것이다. 만약 펜을 떼지 않고 그래프를 그릴 수 있다면 모든 구간에서 연속(continuous)이 된다. 그림 2.17(a)에 이러한 함수의 예를 표현하고 있다. 다항식은 정의역 안에 있는 모든 값에 대해 연속이다. 반면 그래프에 점프나 끊김이 있다면 함수는 그 점에서 불연속(discontinuous)이다. 그림 2.17(b)에서 $x=2$에서 정의되지 않고 그 점의 양쪽에서 그래프가 나눠진 함수의 그래프를 표현하고 있다. 역수를 포함하고 있는 함수가 대표적으로 이런 형태를 갖는 함수이다. 실제 그림 2.17(b)는 구체적인 함수 $f(x) = \dfrac{1}{x-2}$ 의 그래프를 표현하고 있다. 그림 2.17(c)의 그래프도 $x=2$에서 점프가 존재하기 때문에 불연속인 함수를 표현하고 있다. $x<2$에 대해 함수는 3을 갖고 $x \geq 2$에서는 상수 5를 갖는다. 다시 말해

$$f(x) = \begin{cases} 3, & x < 2 \\ 5, & x \geq 2 \end{cases}$$

이렇게 정의된 함수를 구간별로(piecewise) 정의되었다고 말한다.

　경제학에서 사용하는 주요 함수는 경제 변수들이 갑작스러운 변화 없이 점진적으로 변하는 것을 반영한 연속 함수이다. 그러나 큰 재해 발생은 갑작스러운 등락을 발생시키기도 한다. 예를 들어 전쟁이 발생하면 (혹은 소문이 나면) 석유나 금과 같은 상품 가격에 큰 변화가 생긴다.

　앞의 연속에 대한 설명은 쉽게 보일 수 있으나 정확한 것은 아니다. 연속함수를 엄밀히 정의하기 위해서는 극한의 개념이 필요하다. x가 a로 최대한 가까이 갈 때의 함수 값을

다음과 같이 표현한다.

$$\lim_{x \to a} f(x) \quad \text{('}x\text{가 } a\text{로 가까이 갈 때의 } x\text{에 대한 } f\text{의 극한'이라고 읽는다)}$$

극한은 대부분 예제를 통해 쉽게 이해될 수 있다.

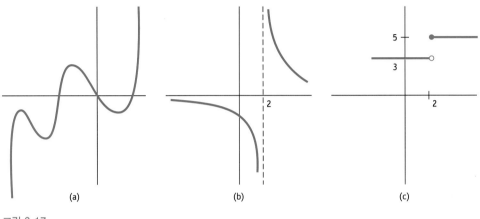

그림 2.17.

예제

다음 극한을 찾아라.

$$\lim_{x \to 0} \frac{e^x - 1}{x}$$

풀이

$x=0$에서의 함수 $f(x) = \dfrac{e^x - 1}{x}$의 값을 구하려 하면 $f(0) = \dfrac{0}{0}$로 정의되지 않는 형태를 얻는다. 그러나 만약 $x=\pm 1$에서 시작하여 각 점에서 0으로 점점 다가가는 값을 보면 정확히 1이 된다는 것을 알 수 있다. 아래 표는 x가 점점 0에 다가갈 때(양방향에서 모두) 함수가 1에 근접한다는 것을 보여준다. 기호로는 다음과 같이 표현한다.

$$\lim_{x \to 0} \frac{e^x - 1}{x} = 1$$

x	1	0.1	0.01	0.001
$f(x)$	1.71828	1.05171	1.00501	1.00050
x	-1	-0.1	-0.01	-0.001
$f(x)$	0.63212	0.95163	0.99502	0.99950

$f(x)$의 그래프는 그림 2.18에 그려져 있다. $x=0$에서 함수가 정의되어 있지 않지만 $f(0)=1$로 정의하여 빈 점을 채워줄 수 있다.

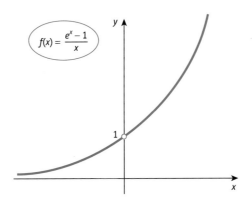

$$f(x) = \frac{e^x - 1}{x}$$

그림 2.18.

정의　만약 $\lim_{x \to a} f(x) = f(a)$이면 함수 f는 $x=a$에서 연속이다.

다시 말해, 함수가 $x=a$에서 함수 값을 갖고 ($f(a)$가 존재하고) $f(a)$와 같은 값을 갖는 극한이 존재하면 연속이다.

- 그림 2.17(b)의 함수 f는 $x=2$에서 정의되지 않기 때문에 불연속이다.
- 그림 2.17(c)의 함수 f는 극한 $\lim_{x \to 2} f(x)$이 존재하지 않기 때문에 (x가 2의 오른쪽에서 가까워지면 5를 갖고 왼쪽에서 가까워지면 3이 되어 극한이 존재하지 않는다) 불연속이다.
- 그림 2.18의 함수 f는 $x=0$에서 정의되지 않기 때문에 불연속이다.

함수 $f(x) = \dfrac{e^x - 1}{x}$의 불연속을 제거하는 것이 가능하다.

앞의 예제에서 보았듯이 $\lim_{x \to 0} \dfrac{e^x - 1}{x} = 1$이다. 만약 함수를 구간에 따라 다음과 같이 정의하면

$$f(x) = \begin{cases} \dfrac{e^x - 1}{x} & \text{if } x \neq 0 \\ 1 & \text{if } x = 0 \end{cases}$$

함수는 $x = 0$에서 정의되고 극한 값과 함수 값 모두 1이 된다.

연속 함수는 많은 중요한 성질들을 갖고 있다. 예를 들어 제4장에서 다룰 미분 가능성에 대해 고려할 때에도 함수는 연속이어야 한다.

주요 용어

다항식(Polynomial) $a_x x^n + a^{n-1} x^{n-1} + \ldots + a_0$의 형태를 갖는 함수.

불연속(Discontinuous)   모든 구간에서 연속이 아닌 함수. 그래프는 점프나 간격이 존재한다.

연속(Continuous)   펜을 떼지 않고 그릴 수 있는 함수. 형식적으로 정의역에서 $\lim\limits_{x \to a} f(x) = f(a)$를 만족할 때.

차수(Degree)   다항식에서 가장 큰 지수.

CHAPTER 3
금융수학

이 장은 재무 계산 방법들을 이해한다. 이 장은 네 개의 절로 구성되어 있으며 순서대로 읽어야 한다.

제3.1절은 백분율에 대해 다시 살펴본다. 구체적으로, 백분율의 증가 및 감소에 대한 계산을 빠르게 할 수 있는 방법에 대해 다룬다. 이 방법은 개별 백분율 변화로부터 전체 백분율이 어떻게 변하는지 알 수 있게 해준다. 백분율은 지수(index numbers)를 계산하거나 해석하는 데 사용되며, 인플레이션 조정된 자료 값을 구하는 데에 사용된다.

제3.2절은 이자를 얻기 위해 투자한 일시금의 미래가치를 계산하는 방법에 대해 살펴본다. 이자는 투자한 금액에 매년마다, 반년마다, 분기마다, 또는 더 자주 더해진다. 연속 복리의 문제에 대해서는 지수함수를 사용하여 해결한다.

제3.3절과 제3.4절은 다양한 응용에 대해 다룬다. 제3.3절에서는 등비수열에 대해 소개한다. 등비수열은 적금의 미래가치와 대출의 월 상환금액 등을 계산하는 데 사용된다. 제3.4절에서는 미래가치가 주어진 상황에서 현재가치를 역으로 구하는 문제에 대해 설명한다. 역으로 계산하는 것을 할인(discounting)이라고 한다. 할인을 이용하면 몇 년 후 특정 목표 금액에 도달하기 위해 오늘 얼마를 투자해야 하는지 결정할 수 있고 다른 투자 계획들을 평가할 수도 있다. 거시경제학의 응용에서는 이자율과 화폐 투기 수요의 관계에 대해 살펴본다.

이 장은 비즈니스 연구 및 경영 교과목을 수강하는 학생들에게 상당한 도움이 될 것이다. 그러나 이 장을 생략해도 이 책의 나머지 부분을 이해하는 데에는 전혀 문제가 없다.

SECTION 3.1

백분율

> **목표**
>
> 이 절을 공부한 후에는 다음을 할 수 있다:
>
> - 백분율이 무엇인지 이해할 수 있다.
> - 백분율의 증가와 감소가 포함된 문제를 해결할 수 있다.
> - 백분율 변화와 관련된 비례인자를 찾아줄 수 있다.
> - 전체 백분율 변화를 계산할 수 있다.
> - 지수를 계산하고 해석할 수 있다.
> - 인플레이션 조정된 자료 값을 계산할 수 있다.

> **조언**
>
> 이 절의 첫 번째 부분에서는 백분율 변화에 따라 비례인자(scale factor)를 어떻게 사용하는지 상기시키고 백분율에 대한 아이디어를 재정립하겠다. 이러한 것들은 금융수학을 이해하는 데 매우 중요하다. 그러나 이미 백분율을 사용하는 데 자신이 있다면 이 절을 생략하고 응용 부분인 제3.1.1절과 제3.1.2절을 보아도 좋다.

금융수학을 다루기 위해서는 백분율을 능률적으로 다룰 필요가 있다. 백분율(percent)이라는 단어는 글자 그대로 센트당(per cent), 즉 백분위당(per hundredth)을 의미한다. 따라서 어떤 것의 $r\%$라는 것은 언제나 $r/100$번째를 의미한다. 예를 들면,

$$25\%\text{는 } \frac{25}{100} = \frac{1}{4}\text{과 같다.}$$

$$30\%\text{는 } \frac{30}{100} = \frac{3}{10}\text{과 같다.}$$

$$50\%\text{는 } \frac{50}{100} = \frac{1}{2}\text{과 같다.}$$

예제

다음을 계산하라.

(a) 12의 15%

(b) 290의 150%

풀이

(a) 12의 15%는

$$\frac{15}{100} \times 12 = 0.15 \times 12 = 1.8$$

과 같다.

(b) 290의 150%는

$$\frac{150}{100} \times 290 = 1.5 \times 290 = 435$$

와 같다.

실전문제

1. 다음을 계산하라.

    (a) $2.90의 10%   (b) $1250의 75%   (c) $580의 24%

어떤 수치 값이 증가 또는 감소할 때는 백분율 변화를 이야기하는 것이 보통이다. 다음 예제는 백분율 변화를 포함한 계산을 어떻게 하는지 상기시키기 위한 예제이다.

예제

(a) 투자가치가 $2500에서 $3375로 증가하였다. 가치 증가를 백분율로 표현하라.

(b) 연초에 작은 마을의 인구가 8400명이었다. 연 인구 증가율이 12%일 때 그해 말 마을의 인구를 구하라.

(c) 모든 상품이 20% 감소한 가격으로 판매되고 있다. 원래의 가격이 $580인 상품의 판매 가격을 찾아라.

풀이

(a) 투자 가치 증가는

$$3375 - 2500 = 875$$

이다. 이를 분수로 표현하면

$$\frac{875}{2500} = 0.35$$

가 되고 이것은 35/100와 같다. 따라서 증가율은 35%가 된다.

(b) 분수로

12%는 $\frac{12}{100} = 0.12$와 같기 때문에 증가된 인구는

$$0.12 \times 8400 = 1008$$이 된다.

따라서 최종 인구는

$$8400 + 1008 = 9408$$이다.

(c) 분수로

20%는 $\frac{20}{100} = 0.2$와 같기 때문에 감소된 가격은

$0.2 \times 580 = 116$이다. 따라서 최종 판매 가격은

$$580 - 116 = \$464$$가 된다.

실전문제

2. (a) 한 기업의 연 매출이 한 해 50,000에서 다음 해 55,000으로 증가하였다. 매출 증가를 백분율로 표현하라.

   (b) 정부가 15%의 세금을 부과한 한 상품이 있다. 기업이 그 상품 가격을 $1360로 책정하였다면 그 상품 구매를 위해 소비자는 얼마를 지불해야 하는가?

   (c) 투자금액이 1년 동안 7% 하락하였다. 연초의 투자가치가 $9500일 때 연말의 투자가치를 구하라.

앞의 예제와 실전문제 2번에서의 계산은 두 단계를 거치게 된다. 먼저 증가 또는 감소하는 양을 구하고 원래의 값으로 나누어 최종 결과를 얻는다. 같은 결과를 한 번의 계산을 통해 얻을 수 있는데 지금부터는 어떻게 할 수 있는지 설명하도록 하겠다. 새로운 방

법은 보다 빠르게 계산할 수 있을 뿐만 아니라, 보다 어려운 문제도 해결할 수 있게 해준다. 구체적으로 보기 위해 현재 가격이 $78인 상품의 가격이 9% 증가하였다고 가정하자. 새 가격은 원래의 가격($78의 100%로 생각)에 증가량($78의 9%로 생각)이 더해진 것으로 볼 수 있다. 따라서 최종 가격은

100% + 9% = 109% ($78의)

가 되고 이것은

$\frac{109}{100} = 1.09$와 같은 값이다.

다시 말해, 최종 가격을 구하기 위해서는 비례인자(scale factor), 1.09를 곱해주기만 하면 된다. 따라서 새로운 가격은

$1.09 \times 78 = \$85.02$가 된다.

이 방법의 한 가지 장점은 역계산이 쉽고 원래의 가격에서 새로운 가격이 한 번에 계산된다는 점이다. 거꾸로 돌아가기 위해서는 단지 비례인자로 나눠주기만 하면 된다. 예를 들어, 만약 상품의 최종 가격이 $1068.20이면 9% 인상 전의 가격은

$1068.20 \div 1.09 = \$980$가 된다.

일반적으로, 백분율 $r\%$ 증가하였다면 원래의 값(100%)과 증가비율($r\%$)을 더한 최종 가격비율은

$$\frac{100}{100} + \frac{r}{100} = 1 + \frac{r}{100}$$

이 된다. 앞으로 가기 위해서는 비례인자를 곱해주고 반면에 역으로 돌아가기 위해서는 비례인자를 나눠주면 된다.

예제

(a) 연 인플레이션이 4%일 때, 연초의 가격이 $25인 상품의 연말 가격을 찾아라.

(b) 상품의 가격이 세금 20%를 포함하여 $750라고 한다. 세금을 뺀 상품의 가격은 얼마인가?

(c) 950에서 1007로의 증가를 백분율로 표현하라.

풀이

(a) 비례인자는

$$1+\frac{4}{100}=1.04 \text{ 이다.}$$

증가 이후의 가격을 찾기 위해 비례인자를 곱해주면

$$25\times1.04=\$26\text{가 된다.}$$

(b) 비례인자는

$$1+\frac{20}{100}=1.2\text{이다.}$$

증가 이전의 가격을 찾기 위해 비례인자를 나눠주면

$$750\div1.2=\$625\text{가 된다.}$$

(c) 비례인자는

$$\frac{\text{new value}}{\text{old value}}=\frac{1007}{950}=1.06 \quad \text{이고 이것은}$$

$$1+\frac{6}{100}\text{으로 생각할 수 있다.}$$

따라서 6% 증가하였다.

실전문제

3. (a) 1년 안에 상품 가치가 13% 증가하였다. 연초에 6천 5백만 달러의 가치였다면 연말의 최종 가치는 얼마겠는가?

   (b) 한 나라의 GNP가 지난 5년 동안 63% 증가하였고 현재는 12.4조 달러라고 한다. 5년 전의 GNP는 얼마겠는가?

   (c) 1년 안에 판매량이 115,000에서 123,050으로 증가하였다. 연 증가율을 구하라.

백분율 감소를 포함한 문제에 대해서도 비례인자 적용이 가능하다. 구체적으로 살펴보기 위해 $75의 투자가치가 20% 감소하였다고 가정하자. 새로운 가치는 처음 가치(100%)에서 감소한 만큼(20%) 줄어들게 된다. 따라서 비례인자는 0.8이 되고 새로운 가치는

$$0.8\times76=\$60.80\text{가 된다.}$$

일반적으로, $r\%$ 감소에 대한 비례인자는

$$\frac{100}{100} - \frac{r}{100} = 1 - \frac{r}{100}$$ 이 된다.

다시 한번, 바로 계산할 때는 이 비례인자를 곱하면 되고 거꾸로 돌아가기 위해서는 이 비례인자를 나눠주면 된다.

예제

(a) 자동차는 1년에 25%의 감가상각이 이루어진다고 한다. 현재가치가 $43,000인 자동차의 1년 후 가치는 얼마인가?

(b) 15% 할인 후 상품 가격은 $39.95였다. 할인 전 가격은 얼마인가?

(c) 철도 이용 승객 수가 190,205에서 174,989로 감소하였다. 감소비율을 구하라.

풀이

(a) 비례인자는

$$1 - \frac{25}{100} = 0.75$$ 이므로 새로운 가격은

$$43\ 000 \times 0.75 = \$32\ 250$$ 이다.

> 시간이 앞으로 나아가므로 곱해준다

(b) 비례인자는

$$1 - \frac{15}{100} = 0.85$$ 이므로 원래의 가격은

$$39.95 \div 0.85 = \$47$$ 가 된다.

> 시간이 역으로 거슬러가므로 나눠준다

(c) 비례인자는

$$\frac{\text{new value}}{\text{old value}} = \frac{174\ 989}{190\ 205} = 0.92$$ 이고 이것은

$$1 - \frac{8}{100}$$ 으로 볼 수 있다.

따라서 8% 감소하였다.

> 92%가 아니다!

실전문제

4. (a) 현재 공장의 월 생산량은 25,000이다. 경기하강 시, 생산량이 65% 감소할 것으로 예상된다. 경기하강 시의 산출량 수준을 추정하라.

 (b) 현대화 프로그램의 결과, 한 회사의 인력을 24% 감소하는 것이 가능하다고 한다. 현재 570명의 근로자가 고용되었다면 구조조정 이전 근로자는 몇 명이었겠는가?

 (c) 원래 가치가 $10.50이었던 주식이 주식시장 폭락 때 $2.10까지 하락하였다. 하락률을 계산하라.

비례인자의 마지막 응용은 전체 백분율 변화의 계산에 있다. 상품 가격은 종종 여러 기간에 걸쳐 개별 백분율 변화에 영향을 받는다. 이러한 변화를 전 기간에 걸친 하나의 백분율 변화로 대체하는 것은 유용한데 이는 연속되는 비례인자를 곱해서 구할 수 있다.

예제

(a) 주식 가격이 첫 반년 동안 32% 증가하였고 나머지 반년 동안 10% 더 증가하였다. 전체 백분율 변화는 얼마인가?

(b) 상품 가격이 1년 동안 5% 증가하였지만 30% 할인하여 판매하였다. 전체 백분율 변화를 구하라.

풀이

(a) 처음 6개월 이후의 주식가치를 얻기 위해 비례인자

$$1+\frac{32}{100}=1.32$$ 를 곱해주고

연말의 주식가치를 얻기 위해서 다시 비례인자

$$1+\frac{10}{100}=1.1$$ 을 곱해준다.

최종효과는 두 비례인자의 곱으로

$$1.32\times1.1=1.452$$ 가 되고 이것은

$$1+\frac{45.2}{100}$$ 으로 볼 수 있다.

따라서 전체 백분율 변화는 45.2%이다.

참고로 이 값은

$$32\% + 10\% = 42\%$$

와 다른 값을 갖는다. 그 이유는 나머지 6개월 동안 처음 가치의 10%가 증가할 뿐만 아니라 처음 6개월 동안 증가된 가치도 추가적으로 10% 증가하기 때문이다.

(b) 개별 비례인자는 1.05와 0.7이고 전체 비례인자는

$$1.05 \times 0.7 = 0.735 \text{이다.}$$

1보다 작기 때문에 전체 변화는 감소한다. 다시 쓰면

$$0.735 = 1 - 0.265 = 1 - \frac{26.5}{100}$$

이고 26.5% 감소를 나타낸다.

실전문제

5. 다음과 같은 값을 갖는 하나의 증가 또는 감소 비율을 찾아라.

   (a) 30% 증가한 후 40% 증가

   (b) 30% 감소한 후 40% 감소

   (c) 10% 증가한 후 50% 감소

다음 거시경제학의 두 가지 응용 예제를 설명하면서 이 절을 마치도록 하겠다.

- 지수
- 인플레이션

각각에 대해 차례대로 살펴보겠다.

3.1.1 지수

경제자료는 시계열(time series) 형태를 갖는 경우가 종종 있다: 경제지표들은 연례, 분기별, 또는 월 단위로 주어지며, 시간 경과에 따라 이들 수치의 상승 및 하락을 분석하는 데 관심이 있다. 지수(index numbers)는 자료의 경향 및 자료들 간의 관계를 알 수 있게 해준다. 다음 예제는 지수를 어떻게 계산하는지 그리고 어떻게 해석하는지 보여준다.

예제

표 3.1은 5년 동안의 가계지출(십억 달러)을 정리한 표다. 2011년을 기준 연도로 하여 다른 연도의 지수를 계산하고 간단히 해석하라.

표 3.1

	연도				
	2010	2011	2012	2013	2014
가계지출	686.9	697.2	723.7	716.6	734.5

풀이

지수를 구할 때, 기준 연도를 정하고 그때의 값을 100으로 한다. 이 예제에서는 2011년을 기준 연도로 정하라고 했기 때문에 2011의 지수를 100으로 놓는다. 2012년의 지수를 찾기 위해 2011년에서 2012년 사이의 가계지출의 변화에 해당하는 비례인자를 계산하고 100을 곱해준다.

지수＝기준 연도로부터의 비례인자×100

이 경우,

$$\frac{723.7}{697.2} \times 100 = 103.8$$

이 된다. 이것은 2012년의 가계소비는 2011년 가계지출의 103.8%에 해당한다는 것으로 2012년 동안 가계지출이 3.8% 증가했음을 의미한다.

2013년에는 가계지출이 716.6이었고 지수는

$$\frac{716.6}{697.2} \times 100 = 102.8$$

이 된다. 이것은 2013년의 가계지출은 2011년 가계소비의 102.8%에 해당한다는 것으로 2011년에 비해 2.8% 증가했다는 것을 의미한다. 이 수치는 2012년에 증가한 폭보다 작은 값을 갖는데 이는 2013년에는 지출이 감소했음을 의미한다. 나머지 두 개 연도의 지수도 비슷한 방법으로 구할 수 있고 그 결과는 표 3.2에 정리하였다.

표 3.2

	연도				
	2010	2011	2012	2013	2014
가계지출	686.9	697.2	723.7	716.6	734.5
지수	98.5	100	103.8	102.8	105.3

실전문제

6. 표 3.1에 주어진 자료에서, 2010년을 기준 연도로 한 지수를 구하라.

지수 자체는 단위가 없고 기준 값의 백분율로 표현한 것에 불과하다. 그러나 지수는 양의 값이나 크기의 변화가 서로 어떻게 관련되어 있는지를 비교할 수 있기 때문에 유용하게 사용된다. 표 3.3은 8개월 동안 두 주식의 증가와 감소를 정리한 것이다. 각 주식의 가격(달러)은 매월 마지막 날의 값을 나타낸다. 주식 A는 상당히 싼데 투자자들은 투기적 이익을 기대할 수 있기 때문에 대개 이러한 주식을 포트폴리오에 포함시킨다. 1990년대 말의 많은 닷컴(dot.com) 주식들을 대표적인 예로 볼 수 있다. 두 번째 주식은 더욱 비싼데 보다 크고 견고한 기업이라고 볼 수 있다.

표 3.3

월	1월	2월	3월	4월	5월	6월	7월	8월
주식 A	0.31	0.28	0.31	0.34	0.40	0.39	0.45	0.52
주식 B	6.34	6.40	6.45	6.52	6.57	6.43	6.65	7.00

표 3.4는 4월 주식 가격을 기준으로 잡은 지수를 나타낸 것이다. 4월의 주식 가격이 모두 100임을 알 수 있다. 두 주식의 가격이 상당히 다름에도 불구하고 기준 달의 값은 같다는 것을 알 수 있는데 이것은 두 주식의 상대적 성과를 관찰할 수 있는 공평한 경쟁의 장(a level playing-field)을 만들어준다. 지수로 보았을 때, 주어진 기간 동안 주식 A가 주식 B에 비하여 월등히 좋은 성과를 보여주고 있다는 것을 확인할 수 있다. 실제로, 주식 A에 1월 $1000를 투자하면 3225주를 살 수 있고, 이것은 8월에 총 $1677의 가치가 된다. 즉, $677의 이익이 생긴다. 반면 주식 B에 투자한 경우, 발생하는 이익은 $103에 불과하다.

표 3.4

월	1월	2월	3월	4월	5월	6월	7월	8월
주식 A의 가격지수(4월 = 100)	91.2	82.3	91.2	100	117.6	114.7	132.4	152.9
주식 B의 가격지수(4월 = 100)	97.2	98.2	98.9	100	100.8	98.6	102.0	107.4

마찬가지로, 지수에 대한 시계열만을 알고 있을 때에도 두 값 사이의 백분율 변화를 알 수 있다. 표 3.5는 한 기업의 2013년과 2014년 사이의 산출량에 대한 지수를 정리한 것이다.

표 3.5

	산출량							
	13Q1	13Q2	13Q3	13Q4	14Q1	14Q2	14Q3	14Q4
Index	89.3	98.1	105.0	99.3	100	106.3	110.2	105.7

이 표에서 14Q1의 값이 100이기 때문에 2014년 1분기를 기준으로 잡았다는 것을 알 수 있다. 따라서 이 시기의 값과 그 이후 분기까지의 백분율 변화를 쉽게 구할 수 있다. 예를 들어 2014년 3분기의 지수는 110.2이고, 따라서 14Q1에서 14Q3까지의 백분율 변화는 10.2%가 된다. 그러나 13Q2에서 14Q2까지의 백분율 변화와 같이 시작이 다른 경우의 백분율 변화는 바로 알 수 없다. 이는 두 기간 동안의 변화에 대한 비례인자를 통해 알 수 있는데

$$\frac{106.3}{98.1} = 1.084$$

가 되어 8.4% 증가했음을 알 수 있다.

비슷한 방법으로 13Q3에서 14Q1까지의 비례인자는

$$\frac{100}{105} = 0.952$$

이다. 이 값은 1보다 작은 값으로 산출량이 감소했음을 의미한다. 백분율 변화는 비례인자가

$$1 - 0.048$$

이 되므로 4.8% 감소했음을 알 수 있다.

실전문제

7. 표 3.5의 지수를 이용하여 다음 기간 동안의 백분율 변화를 구하라.

   (a) 14Q1에서 14Q4

   (b) 13Q1에서 14Q4

   (c) 13Q1에서 14Q1

시간에 따른 상품 묶음의 변동을 측정할 수 있는 합리적인 지수를 만드는 것도 가능하다. 한 기업이 세 개의 상품을 산다고 가정하자. 표 3.6은 2014년에 각 상품을 구매한 수와 각 상품의 2014년과 2015년의 단위 가격을 정리한 것이다.

표 3.6

상품	2014년 구매량	2014년 단위 가격	2015년 단위 가격
A	20	8	10
B	35	18	23
C	10	6	5

2014년의 총 구매비용은 각 상품의 수와 가격을 곱하여 다음과 같이 얻을 수 있다.

$$20 \times 8 + 35 \times 18 + 10 \times 6 = 850$$

만약 이 기업이 2015년에도 같은 양의 상품을 구매한다면 총 구매비용은

$$20 \times 10 + 35 \times 23 + 10 \times 5 = 1055$$

가 될 것이다. 2014년을 기준으로 생각한다면 2014년의 지수 값은 100이 되고 2015년의 값은

$$\frac{1055}{850} \times 100 = 124.1$$

이 됨을 알 수 있다.

이 계산을 통하여 2015년의 구매 수량이 기본 연도와 같은 경우의 가중치 지수를 얻었다. 이를 라스파이레스 지수(Laspeyres Index)라고 부른다. 기업이 시간에 따라 구매 수량을 바꾼다면 실제와는 차이가 있겠지만 이 값은 기업의 비용 변화에 대한 괜찮은 정보를 제공해준다. 만약 매년 상품 구매량을 알고 있다면 현재 가격을 기준으로 지수를 생각할 수 있다. 예를 들어 2015년이 구매량이 표 3.7과 같다면 2015년의 현재 가중치 지수는

$$\frac{17 \times 10 + 38 \times 23 + 12 \times 5}{850} \times 100 = \frac{1104}{850} \times 100 = 129.9$$

이다.

표 3.7

상품	2014년 구매량
A	17
B	38
C	12

이 지수를 파세 지수(Paasche Index)라고 한다. 이 지수는 기업의 실제 구매량 변화를 파악하는 데 용이하다. 단점이라면 매년 매번 구입하는 품목의 정확한 양을 알아야 한다는 점이다. 엄밀히 말하면, 매년 계산 결과가 바뀌기 때문에 양과 같은 비교를 한다고 볼 수 없다.

3.1.2 인플레이션

일정 기간에 걸쳐 많은 재화나 서비스의 가격은 대개 증가한다. 연간 인플레이션(inflation) 율은 일정 재화와 서비스의 지난해 동안의 평균 백분율 변화율을 말한다. 계절적 변화를 포함하고 있으며 가계의 지출 형태 변화를 반영하기 위해 정기적으로 재화와 서비스를 조정하기도 한다. 그리고 인플레이션은 화폐가치를 포함하는 시계열에 대한 해석을 어렵게 만든다. 어느 해에서든지 인플레이션으로 인한 영향은 불가피한 일이며, 따라서 관심의 대상은 인플레이션을 초과하는 시계열 변동이라고 볼 수 있다. 이에 대해 경제학자들은 명목 자료와 실제 자료로 구분하여 다루고 있다. 명목 자료(nominal data)는 앞 절에서 여러 표에 나타난 본래의 원자료(raw data)를 말하는 것으로 각 시점의 가격을 기초로 한다. 실질 자료(real data)는 인플레이션 조정을 한 자료이다. 인플레이션 조정을 하는 방법은 하나의 기준 연도를 정하고 다른 모든 연도의 값을 기준 연도의 값으로 전환하는 것이다. 복잡해 보일지 모르지만 다음 예제에서와 같이 실제로는 상당히 간단한 계산을 통해 얻을 수 있다.

예제

표 3.8은 한 마을의 지난 5년 동안의 평균 주택 가격(천 달러)을 보여주고 있다. 각 연도의 가격은 연말의 평균 주택 가격을 나타낸다. 표 3.9의 연간 인플레이션율을 이용하여 1991년 가격을 기준으로 한 인플레이션 조정된 가격을 구하고 그 기간 동안 명목 가격과 실질 가격의 증가를 비교하라.

표 3.8

	연도				
	1990	1991	1992	1993	1994
평균 주택 가격	72	89	93	100	106

표 3.9

	연도			
	1991	1992	1993	1994
연간 인플레이션율	10.7%	7.1%	3.5%	2.3%

풀이

표 3.8의 원자료는 주어진 기간 동안 주택 가격이 꾸준히 증가한 것으로 보인다. 특히 첫해는 증가폭이 상당히 커 보인다. 그러나 인플레이션 역시 매우 높았기 때문에 인플레이션 조정된 실질 값의 증가폭은 상당히 작게 나타난다. 실질 인플레이션율이 명목상 자료의 증가율을 초과하면 주택 가격은 실제로 하락하게 된다. 이를 분석하기 위해 이 기간 동안 인플레이션율을 보여주고 있는 표 3.9를 이용하자. 표 3.8은 연말의 주택 가격을 나타내고 있기 때문에 1990년도의 인플레이션율은 관심의 대상이 아니다.

1991년을 기준 연도로 하는 가격을 계산하도록 하겠다. 1991년 말의 주택 가격은 인플레이션 조정이 필요 없기 때문에 정확히 $89,000이다. 1992년 말에는 주택의 명목 가치는 $93,000이다. 하지만 그해의 인플레이션이 7.1%이므로 1991년 가격으로 맞추기 위해 비례인자 1.071을 나눠준다.

$$\frac{93,000}{1.071} = 86,835$$

이 되므로 실질 가격으로는 $2,000 이상 주택 가격이 하락하였다.

1993년의 주택 가격을 조정하기 위해서는 먼저 1992년 주택 가격으로의 전환을 위한 비례인자 1.035로 나눠준다. 그리고 1991년 가격 기준으로 전환하기 위해 1.071을 다시 나눠준다. 따라서

$$\frac{100,000}{1.035 \times 1.071} = 90,213$$

이 되고 실질 가격으로 보면 1993년에는 적어도 어느 정도의 이익이 있었다는 것을 알 수 있다. 하지만 순전히 금융투자 관점에서 보았을 때는 인상적인 투자 성과라고 볼 수 없고 보다 유리한 방법이 있을 것으로 보인다.

1994년 가격에 대해 조정된 가격은

$$\frac{106,000}{1.023 \times 1.035 \times 1.071} = 93,476$$

이 되고 1990년 가격에 대해서는

$$72,000 \times 1.107 = 79,704$$

시간이 앞으로 나아가므로
곱해준다

가 된다.

표 3.10은 비교를 위해 명목 가격과 1991년 가격으로 조정된 가격(백 달러에서 반올림한)을 정리한 것이다. 1991년을 제외하고는 주택의 가치 상승은 사실 아주 적었다는 것을 알 수 있다.

표 3.10

	연도				
	1990	1991	1992	1993	1994
명목 주택 가격	72	89	94	100	106
1991년 기준 주택 가격	80	89	87	90	93

실전문제

8. 표 3.11은 한 작은 회사의 평균 연봉(천 달러)과 각 연도의 인플레이션을 정리한 것이다. 2001년을 기준 연도로 하는 2001년 가격 기준의 가격을 구하고 각 기간 동안의 임금 증가에 대해 논하라.

표 3.11

	연도				
	2000	2001	2002	2003	2004
연봉	17.3	18.1	19.8	23.5	26.0
인플레이션		4.9	4.3	4.0	3.5

주요 용어

라스파이레스 지수(Laspeyres index)   기준 연도의 값으로 가중평균한 지수.

명목 자료(Nominal data)   측정 당시의 화폐 가치.

비례인자(Scale factor)   백분율 변화를 구할 때 최종 가격을 얻기 위해 곱해야 하는 수.

시계열 (Time series)   시간 경과에 따른 데이터 변동을 나타내는 일련의 숫자.

실질 자료(Real data)   인플레이션 조정된 화폐 가치.

인플레이션(Inflation)   12개월 동안의 가격 증가율.

지수(Index number)   기준 연도로부터의 비례인자에 100을 곱한 값.

파셰 지수(Passche index)   현재 연도의 값으로 가중평균한 지수.

연습문제 3.1

1. 다음 백분율을 가장 간단한 형태의 분수로 표현하라.

    (a) 35%   (b) 88%   (c) 250%   (d) $17\frac{1}{2}\%$ (e) 0.2%

2. 다음을 계산하라.

    (a) 24의 5%   (b) 88의 8%   (c) 4563의 48%   (d) 56의 112%

3. 한 회사가 132명의 여성과 88명의 남성을 고용하고 있다.

    (a) 여성 고용자의 백분율은?

    (b) 이후 8년 동안 여성 근로자들이 추가적으로 고용되었다고 한다. 현재 여성의 비율이 56%라면, 몇 명의 여성이 추가적으로 채용되었겠는가?

4. 다음에 대응되는 비례인자를 적어라.

    (a) 19% 증가

    (b) 250% 증가

    (c) 2% 감소

    (d) 43% 감소

5. 다음 비례인자에 대응되는 백분율 변화를 적어라.

    (a) 1.04   (b) 1.42   (c) 0.86

    (d) 3.45   (e) 1.0025   (f) 0.04

6. 변화된 값을 찾아라.

    (a) $16.25가 12% 인상되었다.

    (b) 현재 113,566인 마을 인구가 5% 증가하였다.

    (c) $87.90인 기업의 상품에 15%의 판매세가 적용된다.

(d) $2300인 상품이 30% 할인되었다.

(e) $23,000인 자동차의 가치가 감가상각으로 인해 32% 감소하였다.

7. 학생 할인카드는 식당에서 $124를 $80.60로 할인해준다. 할인율은 얼마인가?

8. 한 서점에서 도서를 권장소비자 가격(recommended retail price)에 20% 할인된 가격으로 판매하고 있다. 만약 한 도서의 판매가가 $12.40일 때, 다음을 구하라.

(a) 권장소비자 가격(r.r.p)

(b) 추가 15% 할인한 도서 가격

(c) 권장소비자 가격 대비 추가 할인된 도서의 전체 할인율

9. TV가 20% 판매세를 포함한 가격인 $900에 판매되고 있다. 판매세가 15%로 감소한다면 TV의 가격은 어떻게 되겠는가?

10. 골동품 판매상이 본인이 경매로 꽃병을 구매하였다. 구입한 가격인 $18,000보다 45% 인상한 가격으로 꽃병을 판매하려고 한다.

(a) 판매 가격은?

(b) 판매상의 손실이 없도록 하는 최대 할인율은?

11. 다음의 전체 증가율 또는 감소율을 찾아라.

(a) 10% 증가 이후 25% 증가

(b) 34% 감소 이후 65% 증가

(c) 25% 증가 이후 24% 감소

12. 표 3.12는 5년 동안의 인플레이션율을 정리한 것이다.

표 3.12

	2000	2001	2002	2003	2004
연간 인플레이션율	1.8%	2.1%	2.9%	2.4%	2.7%

만약 2000년 연말에 주택 가격의 명목금액이 $10.8(백만 달러)라면, 2003년 주택 가격을 기준으로 조정된 주택 가격의 실질금액을 찾아라. 소수점 아래 셋째자리로 표현하라.

13. 지난 5년 동안의 상품 가격은 다음과 같았다.

$25 $30 $36 $46 $50

지난해를 기준 연도로 하는 지수를 계산하고 가격 인상에 대해 논하라.

14. 표 3.13은 어느 해 첫 4개월 동안의 월 판매지수를 보여주고 있다.

표 3.13

월	1월	2월	3월	4월
지수	100	120	145	150

(a) 어느 달을 기준 달로 한 것인가?

(b) 2월 판매량이 3840이라면 4월의 판매량은 얼마인가?

(c) 5월 판매량이 4256이라면 5월의 판매지수는 어떻게 되는가?

15. 표 3.14는 20년 동안의 교통비에 대한 지수를 정리한 것이다. 대중교통비는 버스와 기차 요금을 반영한 것이고 민간교통비는 자동차 구매, 서비스, 세금, 주유, 그리고 보험의 모든 비용을 포함한 것이다.

표 3.14

	연도				
	1985	1990	1995	2000	2005
대중교통	100	130	198	224	245
민간교통	100	125	180	199	221

(1) 어느 해를 기준 연도로 하였는가?

(2) 다음 기간 사이의 대중교통비 증가율을 구하라.

   (a) 1985에서 1990   (b) 1990에서 1995   (c) 1995에서 2000   (d) 2000에서 2005

(3) 민간교통비에 대하여 (2)번을 반복하라.

(4) 지난 20년 동안 대중교통비와 민간교통비의 상대적 변화에 대해 간략하게 설명하라.

16. 표 3.15는 어느 해의 분기별 공장에서 생산하는 상품 개수(천 개)를 정리한 표다. 2분기를 기준 분기로 하여 지수를 구하라. 산출량이 분기별로 변동하는 이유에 대해 설명하라.

표 3.15

	분기			
	Q1	Q2	Q3	Q4
산출량	13.5	1.4	2.5	10.5

17. 표 3.16은 2009년과 2014년 사이의 상품 가격을 보여주고 있다.

표 3.16

연도	2009	2010	2011	2012	2013	2014
가격($)	40	48	44	56	60	71

(a) 2010년을 기준 연도로 하여 소수점 아래 첫째자리까지 지수를 구하라.

(b) 2015년의 지수가 135일 때 그에 대응하는 가격을 계산하라. 기준 연도는 여전히 2010년으로 가정하여도 된다.

(c) 2011년의 지수가 약 73이라면, 어느 해를 기준 연도로 한 것인지 찾아라.

연습문제 3.1*

1. 테마공원의 일일 표 판매의 총 수입이 $1,352,400이다. 총 12,000장의 표가 팔렸고 이 중 65%가 어린이 표로 30% 할인된 금액으로 판매되었다. 어른 한 명의 표는 얼마인가?

2. 컴퓨터 1대 가격은 세금 20%를 포함하여 $6000이다. 정부가 세금을 17.5%로 할인해주었다. 세금이 변한 이후의 컴퓨터 1대 가격을 찾아라.

3. 원래 가격이 $150인 코트가 25% 할인하고 있다. 판매가 되지 않자, 추가로 20% 할인하였다.

   (a) 추가 할인이 적용된 코트의 가격을 찾아라.

   (b) 전체 할인율을 찾고 이 값이 45%와 다른 이유에 대해 설명하라.

4. 가구점에서 몇 개의 상품에 대해 40% 할인을 하고 있다. 가구 판매원 Carol이 원래 가격 $1200 하는 소파를 할인해서 판매하고 있다.

   (a) 소파의 새로운 판매 가격은?

      가게 점장은 소파의 가격 할인을 원치 않아, 다음 날 다른 판매원 Michael에게 원래의 가격으로 돌려놓게 했다. 하지만 Michael은 원래 가격을 알지 못했고 본인의 수학지식을 이용하여 (a) 가격에 1.4를 곱하여 원래의 가격을 구하였다.

   (b) Michael의 계산이 원래의 가격 $1200와 다른 값을 갖는 이유에 대해 설명하라.

   (c) 정확한 답을 얻기 위한 바람직한 계산 방법을 제안하라.

5. 2014년 동안 상품 가격이 8% 증가하였다. 2015년 1월 1일에 모든 상품에 대하여 25% 할인하였다.

   (a) 할인 가격인 $688.50일 때, 2014년 초 원래의 상품 가격을 찾아라.

   (b) 상품의 전체 백분율 변화는?

   (c) 2014년 1월 1일의 가격과 동일해지기 위해서는 얼마의 가격 증가율이 필요한가? 소수점 아래 첫째자리까지 구하라.

6. 표 3.17은 4년 동안의 교육 부문의 정부 지출(십억 달러)과 인플레이션율을 같이 정리한 것이다.

   (a) 2004년을 기준 연도로 하여 이후 연도 명목 데이터의 지수를 구하라.

   (b) 2004년 지출액으로 다른 해의 지출액을 표현하고 실제 정부 지출에 대한 지수를 다시 계산하라.

   (c) (b)에서 계산한 지수에 대해 해석하라.

표 3.17

	연도			
	2004	2005	2006	2007
정부 지출	236	240	267	276
인플레이션		4.7	4.2	3.4

7. 지난 8년 동안 실업 증가와 관련된 지수가 표 3.18에 나타나 있다.

   (a) 두 지수의 기준 연도는 각각 언제인가?

   (b) 만약 정부가 두 번째 지수로 바꾸지 않았다면 첫 번째 지수의 7, 8년의 값은 어떻게 되겠는가?

   (c) 두 번째 지수의 1, 2, 3, 4, 그리고 5년의 값을 구하라.

   (d) 만약 4년에 실업자 수가 120만 명이었다면, 1년과 8년의 실업자 수는?

표 3.18

	연도							
	1	2	3	4	5	6	7	8
지수 1	100	95	105	110	119	127		
지수 2						100	112	118

8. 2003년과 2008년 사이의 연말의 상품 가격이 표 3.19에 인플레이션율과 같이 정리되어 있다.

표 3.19

연도	2003	2004	2005	2006	2007	2008
가격	230	242	251	257	270	28.4
인플레이션		4%	3%	2.5%	2%	2%

(a) 2004년을 기준으로 하여 상품 가치를 소수점 아래 둘째자리까지 구하라. 그리고 2004년을 기준 연도로 하는 인플레이션 조정된 실질 가격에 대한 지수를 소수점 아래 첫째자리까지 구하라.

(b) 2009년의 실질 가격에 대한 지수가 109이고 인플레이션율은 2.5%라면, 2009년의 명목 금액은 어떻게 되겠는가? 가장 가까운 정수로 표현하라.

(c) 2002년의 실질 가격에 대한 지수가 95.6이고 명목 금액은 $215일 때, 2002년의 인플레이션율은 어떻게 되겠는가? 소수점 아래 첫째자리로 표현하라.

9. 한 기업이 세 가지 상품을 구매하였다. 2013년도의 각 상품의 구매량과 단위 가격 그리고 2015년까지의 단위 가격이 표 3.20에 나타나 있다.

표 3.20

상품	2013년 구매량	2013년 단위 가격	2014년 단위 가격	2015년 단위 가격
A	56	34	36	42
B	40	24	24	23
C	122	13	11	14

(a) 2013년을 기준 연도로 하는 라스파이레스 지수를 계산하라.

(b) (a)의 결과에 대해 설명하라.

10. 문제 9번 기업의 상품 구매량은 시간 경과에 따라 변한다. 2014년과 2015년의 상품 구매량이 표 3.21에 주어져 있다.

표 3.21

상품	2014년 구매량	2015년 구매량
A	62	96
B	44	46
C	134	102

(a) 2013년을 기준 연도로 하는 파셰 지수를 계산하라.

(b) 문제 9에서 구한 지수와 비교하라.

SECTION 3.2

복리

> **목표**
>
> 이 절을 공부한 후에는 다음을 할 수 있다;
>
> ▪ 단리와 복리의 차이를 이해할 수 있다.
> ▪ 연간 복리에 따른 원금의 미래가치를 계산할 수 있다.
> ▪ 연속 복리에 따른 원금의 미래가치를 계산할 수 있다.
> ▪ 주어진 명목 이율에 대해 연이율을 계산할 수 있다.

오늘날, 기업과 개인은 다양한 대출 및 투자 기회에 직면해 있다. 이 절에서는 다양한 가능성 사이에 정보에 입각한 선택을 위하여 이러한 금융 계산들을 어떻게 하는지 설명한다. 먼저 일정 금액을 일시에 투자한 경우 시간 경과에 따라 누적 금액이 어떻게 되는지 살펴보도록 하겠다.

누군가가 당신에게 $500를 지금 혹은 3년 후에 주는 옵션을 주었다고 하자. 대부분 사람들은 당장 돈이 필요하거나 3년 후 $500의 가치가 현재 $500의 가치보다 작다는 것을 알기 때문에 당장 돈을 받을 것이다. 인플레이션의 영향을 무시한다고 해도 당장 투자하거나 3년 동안 누적 수입이 발생할 수 있기 때문에 여전히 당장 받는 것이 유리하다. 3년간의 수입을 계산하기 위해서는 이자율과 이자율이 산출되는 기초를 알아야 한다. $500를 3년간 연 10%의 복리에 투자하였다고 하자. 연 10% 복리가 의미하는 것이 정확히 무엇인가? 매년 말에 이자율이 계산되어 현재의 투자금액에 더해진다. 만약 원래 금액이 $500라면 1년 후 $500의 이자 10%인

$$\frac{10}{100} \times \$500 = \frac{1}{10} \times \$500 = \$50$$

를 받고 투자금액은 $50 오른 $550가 된다.

두 번째 해에는 투자 금액이 어떻게 변하겠는가? 이자는 첫해와 마찬가지로 $50이겠는가? 이렇게 매년 같은 이자를 받는 경우를 단리(simple interest)라고 한다. 그러나 복리(compound interest)에서는 이자의 이자를 받게 된다. 거의 대부분의 금융투자에서는 투자

자들이 매년 이자를 지급받기 않기 때문에 단리보다 복리를 사용한다. 복리계산에서 두 번째 연도의 이자는 첫해 투자한 금액의 10% 이자가 더해진다. 여기에는 원금 $500와 첫해의 이자 $50를 포함한다. 따라서

$$\frac{1}{10} \times \$550 = \$55$$

의 이자가 더해져 $605가 된다. 마지막 세 번째 연도 말에는

$$\frac{1}{10} \times \$605 = \$60.50$$

의 이자를 받게 되어 총 금액은 $665.50가 된다. 따라서 현재 $500를 받는 것이 3년 후에 받는 것보다 $165.50만큼 더 이익이다. 표 3.22에 지금까지의 계산을 정리하였다.

표 3.22

연도 말	이자($)	투자금액($)
1	50	550
2	55	605
3	60.50	665.50

　　표 3.22의 계산은 각 해의 이자를 구하여 연초의 투자금액에 더해준 것이다. 이러한 방법은 장기 투자의 경우 매년 이자와 투자금액을 계산해야 하기 때문에 번거로운 점이 있다. 결국 필요한 것은 10년 후의 투자금액을 중간 9년의 투자금액 계산 없이 계산할 수 있는 방법인데 이것은 앞 절에서 논의했던 비례인자를 이용하여 계산할 수 있다. 이를 설명하기 위해 연 10%의 복리를 받는 $500 투자 문제를 다시 생각해보자. 초기 돈의 합을 원금(principal)이라고 하고 P로 표기하겠다. 그리고 최종 합을 미래가치(future value)라고 하고 S로 표기한다. 10% 증가에 대응되는 비례인자는

$$1 + \frac{10}{100} = 1.1$$

이다. 따라서 1년 말의 총 투자 금액은 $P(1.1)$이 된다.

　　2년 후에는

$$P(1.1) \times (1.1) = P(1.1)^2$$

이 되고 3년 후의 미래가치는

$$S = P(1.1)^2 \times (1.1) = P(1.1)^3$$

이 된다. $P = 500$으로 놓으면,

$$S = 500(1.1)^3 = \$665.50$$

이 되고 이는 앞서 계산한 것과 같은 결과이다.

일반적으로 만약 이자율이 연간 $r\%$ 복리로 주어지면 비례인자는

$$1 + \frac{r}{100}$$

이 되어 n년 후에는

$$S = P\left(1 + \frac{r}{100}\right)^n$$

이 된다.

r, P 그리고 n이 주어지면 S는 계산기의 x^y 버튼을 이용하여 구할 수 있다.

예제

\$10,000를 5%의 연복리로 계산할 때, 4년 후의 가치를 찾아라.

풀이

$P = 10,000$, $r = 5$, 그리고 $n = 4$이므로, 공식 $S = P\left(1 + \frac{r}{100}\right)^n$에 의하여

$$S = 10,000\left(1 + \frac{5}{100}\right)^4 = 10,000(1.05)^4 = \$12,155.06$$이 된다.

실전문제

1. 공식

$$S = P\left(1 + \frac{r}{100}\right)^n$$

을 이용하여 \$1000를 연 8% 복리로 계산한 10년 후의 가치를 찾아라.

복리 공식은 4개의 변수, r, n, P, 그리고 S를 포함하고 있다. 이 중 세 개를 알고 있다면 나머지 하나의 값은 위의 공식을 통해 구할 수 있다. 다음 예제를 보라.

예제

원금 $250,000가 연 12% 복리에 투자되어 있다. 몇 년 후에 투자금액이 $250,000를 초과하겠는가?

풀이

초기 투자 $25,000로 시작하여 총 $250,000를 만들고자 한다. 연 12%가 고정된 상황에서 목표 금액까지 몇 년의 시간이 필요한지 묻는 문제이다. 복리 공식은

$$S = P\left(1 + \frac{r}{100}\right)^n$$

이고 $P=25,000$, $S=250,000$, $r=12$이다. 따라서 다음 n에 대한 방정식

$$250,000 = 25,000\left(1 + \frac{12}{100}\right)^n$$

을 풀면 된다.

이를 풀기 위한 첫 번째 방법은 식이 만족하는 n을 찾을 때까지 직접 대입해보는 것이다. 그러나 지수에 미지수가 있는 형태이기 때문에, 보다 수학적인 접근 방법으로 로그를 사용할 수 있다. 제2.3절에 설명한 방법에 의해 먼저 양변을 25,000으로 나눠주면

$$10 = (1.12)^n$$

이 된다. 양변에 로그를 취해주면

$$\log(10) = \log(1.12)^n \qquad \boxed{\log_b X^m = m\log_b X}$$

이 되므로

$$n = \frac{\log(10)}{\log(1.12)}$$
$$= \frac{1}{0.49,218,023} \quad \text{(10을 밑수로 하는 로그를 취해준다.)}$$
$$= 20.3 \quad \text{(소수점 아래 첫째자리까지 표현한다.)}$$

이자는 매년 연말에 더해지기 때문에 n은 정수여야 한다. 첫 이자는 초기 투자 시점부터 정확히 12개월 후에 발생하고 이후 매 12개월 후에 발생한다. 따라서 앞에서 구한

20.3은 20년 후 투자금액은 $250,000보다 작다는 것을 의미하고 따라서 21년까지 기다려야 한다는 것을 알 수 있다. 실제로 20년 후 투자금액은

$$S = \$25,000(1.12)^{20} = \$241,157.33$$

이고 21년 후에는

$$S = \$25,000(1.12)^{21} = \$270,096.21$$

이 된다.

이 예제에서 $25,000에 대한 비례인자가 10이 되기 위해 필요한 시간을 계산하였다. 이 시간은 이자율뿐만 아니라 원금에 영향을 받는다. 실제 원금 P가 10배 증가하였다면 미래가치는 $10P$가 되고 이자율이 12%면 n은 방정식

$$10P = P\left(1 + \frac{12}{100}\right)^n$$

을 만족한다. 원금 P는 상쇄되어(n은 원금 P와 무관하다) n은 방정식

$10 = (1.12)^n$을 만족하게 된다.

이 방정식은 전 예제에서 얻은 방정식으로 해 $n = 20.3$을 갖는다.

실전문제

2. 한 기업이 매년 3%의 매출 성장을 예상하고 있고 이익을 내기 위해서는 매년 적어도 10,000개의 상품을 판매해야 한다고 하자. 현재 연 판매량은 9000에 불과하다면 손익분기까지 몇 년의 시간이 필요하겠는가?

지금까지의 모든 문제에서는 이자율을 연 단위로 계산하였다. 이자 지급이 더 자주 있는 경우에 대해서도 계산 가능하다. 예를 들면, 원금 $500를 3년간 연 10% 이자가 분기별로 지급되는 상품에 투자했다고 하자. 분기별 지급되는 10% 이자가 의미하는 것은 무엇인가? 이것은 3개월마다 10%의 이자를 받는다는 것은 아니다. 대신 10%의 이자를 분기별, 4번의 동등한 이율로 나눠 받는 것을 의미한다. 따라서 3개월마다 지급받는 이율은

$$\frac{10\%}{4} = 2.5\%$$

가 되어 1분기 이후의 투자가치는 1.025를 곱하여

$$500(1.025)$$

을 얻게 된다. 그리고 2분기 이후의 투자가치는 다시 1.025를 곱하여

$$500(1.025)^2$$

이 되고 이를 계속한다. 결국 3년 동안 12번의 3개월이 있기 때문에 미래가치는

$$500(1.025)^{12} = \$672.44가 된다.$$

이 값은 이 절의 처음 연이율로부터 구한 값보다 크다. (이유는?)

이 예제는 연이율에 대해 얻어진 복리공식

$$S = P\left(1 + \frac{r}{100}\right)^n$$

이 다른 형태의 복리계산에도 응용된다는 것을 보여준다. r과 n을 다시 표현해주면 되는데 r은 주어진 기간 동안의 이자율을 의미하고 n은 나눠진 기간의 총 횟수에 해당한다.

예제

원금 \$10가 연이율 12% 상품에 1년 동안 투자되었다. 이자가 다음 기간 간격으로 지급될 때 미래가치를 구하라.

(a) 연마다 지급   (b) 반년마다 지급   (c) 분기마다 지급

(d) 월마다 지급   (e) 주마다 지급

풀이

복리 공식

$$S = P\left(1 + \frac{r}{100}\right)^n$$

을 이용한다.

(a) 연마다 지급인 경우, $r = 12$, $n = 1$이므로

$$S = \$10(1.12)^1 = \$11.20이다.$$

(b) 반년마다 지급인 경우 한 번 지급될 때의 이자율은 12/2＝6%이고 1년에 2번 지급되므로

$$S = \$10(1.06)^2 = \$11.24가 \ 된다.$$

(c) 분기마다 지급인 경우, 한 번 지급될 때의 이자율은 12/4＝3%이고 1년에 4회에 걸쳐 지급되므로

$$S = \$10(1.03)^4 = \$11.26가 \ 된다.$$

(d) 월마다 지급인 경우, 한 번 지급될 때의 이자율은 12/12＝1%이고 1년에 12회에 걸쳐 지급되므로

$$S = \$10(1.01)^{12} = \$11.27가 \ 된다.$$

(e) 주마다 지급인 경우, 한 번 지급될 때의 이자율은 12/52＝0.23%이고 1년에 총 52회에 걸쳐 지급되므로

$$S = \$10(1.0023)^{52} = \$11.27가 \ 된다.$$

위 예제에서 미래가치는 이자 지급 횟수가 증가할수록 증가함을 확인할 수 있다. 이는 복리의 기본 성질이 이자의 이자를 더하기 때문에 예측할 수 있는 부분이다. 그러나 한 가지 중요한 점은 미래가치가 증가할지라도 고정된 값에 수렴한다는 것이다. 실제로 항상 수렴한다는 것을 알 수 있다. 지급 횟수가 증가되는 형태의 복리를 연속복리 (continuous compounding)라고 부른다. 앞의 예제의 접근법을 이용하여 연속복리에서의 미래가치를 구할 수 있는데 고정된 값으로 수렴할 때까지 지급 간격을 점점 좁혀가면 된다. 하지만 직접 계산할 수 있는 공식이 존재한다. 미래가치 S, 원금 P, t년 동안의 연속복리를 r%라고 한다면

$$S = Pe^{rt/100}$$

을 만족하고 이때 e는

2.718 281 828 459 045 235 36 (소수점 아래 20번째 자리까지)

이다. 만약 $r=12$, $t=1$, 그리고 $P=10$이라면 공식에 의해

$$S = \$10e^{12 \times 1/100} = \$10e^{0.12} = \$11.27$$

계산기로 확인해보아라

이 되고 이는 앞 예제에서의 수렴 값과 같음을 알 수 있다.

조언

숫자 e와 관련된 자연로그함수는 제2.4절에 처음 소개했다. 만약 그 절을 놓쳤다면 앞으로 진행하지 말고 돌아가 제2.4절을 읽어야 한다. 숫자 e와 위의 연속복리의 공식의 관계에 대해서는 이 절의 마지막 부분의 연습문제 3.2* 7번 문제에 주어져 있다. 그러나 증명 없이 받아들이고 응용에 집중해도 좋다.

예제

원금 $2000를 10%의 연속복리에 투자했다. 며칠이 지나야 처음으로 $2100를 넘기겠는 가?

풀이

초기투자 $2000로 총 $2100가 되길 원한다. 10% 연속복리에 대해 며칠이 필요한지 묻는 문제이다. 연속복리 공식은

$$S=Pe^{rt/100}$$이다.

예제에서 $S=2100$, $P=2000$, $r=10$이므로 t에 대한 방정식

$$2100=2000e^{10t/100}$$

을 해결하면 된다. 2000으로 양변을 나누면

$$1.05=e^{0.1t}$$

이 되고 제2.4절에서 설명했듯이 자연로그를 통해 t를 구할 수 있다.

$$M=e^n$$이면 $n=\ln M$이므로

방정식 $1.05=e^{0.1t}$에 적용하면 $M=1.05$ 그리고 $n=0.1t$가 되어

$$0.1t=\ln(1.05)=0.048\ 790\ 2$$가 된다.

따라서 $t=0.488$(소수점 아래 셋째자리)이다.

변수 t는 연 단위로 측정되는 값이기 때문에 이를 일 단위로 전환해주기 위해 365를 곱해준다(1년 365일 가정). 따라서

$$t=365\times0.488=178.1(일)$$

이 되고 이는 처음 $2100를 넘는 날은 179일째 되는 날이다.

실전문제

3. (1) 원금 $30를 2년 동안 6% 이자율에 투자하였다. 이자가 다음 기간마다 지급될 때 미래가치를 결정하라.

   (a) 연마다 지급   (b) 반년마다 지급   (c) 분기마다 지급

   (d) 월마다 지급   (e) 주마다 지급   (f) 일마다 지급

   (2) 공식

   $$S = Pe^{rt/100}$$

   을 이용하여 $30의 6% 연속복리로 2년간 투자했을 때의 미래가치를 찾아라. (1) 의 결과와 같은지 확인하라.

4. 원금 $1000가 10년 후에 미래가치 $4000가 되기 위한 연속복리 이자율을 찾아라.

복리를 계산하는 다양한 방법이 있지만, 사람들은 종종 다른 투자 기회들을 평가하는 데 어려움을 겪는다. 투자에 대한 비교를 위해서는 기준(benchmark)이 필요하다. 주로 사용하는 것이 연간 복리이자이다. 투자나 대출을 제공하는 모든 기업은 효과적인 연간 이자율을 제시해야 하는데 이를 연이율(annual percentage rate)이라고 하고 줄여서 APR이라고 한다. APR은 연간 복리 이자율을 말하고 명목 이자율과 같은 수입을 준다. 연간 등가율 (AER, annual equivalent rate)이라는 말은 저축에 적용할 때 자주 사용하는 연이율이다.

예제

월마다 이자를 지급하는 복리의 명목이자율이 6.6%인 예금계좌의 연간 등가율을 결정하라.

풀이

연간 등가율은 비례인자를 통해 계산할 수 있는 전체 이자율을 말한다. 6.6% 복리이자가 매월 지급된다면 매월 지급 이율은

$$\frac{6.6}{12} = 0.55\%$$

이다. 월별 비례인자는

$$1 + \frac{0.55}{100} = 1.0055$$

이 되고 전체 기간 동안에는 원금에

$$(1.0055)^{12} = 1.068$$을 곱해주면 된다.

이는

$$1 + \frac{6.8}{100}$$

로 쓸 수 있기 때문에 연간 등가율은 6.8%이다.

실전문제

5. 만약 명목 이자율이 12%이고 분기마다 이자를 지급할 때 연간 이자율을 구하라.

이 장의 목적이 금융수학을 살펴보는 것이긴 하지만 수학적 기술들 자체는 더욱 넓은 범위에 활용된다. 이를 보여주기 위해 다음 두 개의 예제를 살펴보고 이 절을 마무리한다.

예제

현재 $25,000(백만)인 한 나라의 국민총생산(GNP)이 매년 3.5%씩 증가할 것으로 예상된다. 인구는 현재 4천만이고 매년 2%씩 증가할 것으로 예상된다. 몇 년 후에 1인당 국민총생산(GNP를 인구수로 나눈 값)이 $700가 되겠는가?

풀이

1인당 GNP는 GNP를 전체 인구수로 나눈 값이다. 초기 1인당 GNP는

$$\frac{25,000,000,000}{40,000,000} = \$625$$

이다. 다음 몇 년 동안, GNP가 인구 증가율보다 빠르게 증가하였기 때문에 1인당 GNP는 증가할 것이다.

3.5% 증가에 대한 비례인자는 1.035이므로 n년 후의 GNP(백만 달러)는

$$\text{GNP} = 25,000 \times (1.035)^n$$

가 될 것이다. 비슷한 방법으로 인구수(백만)는

$$\text{인구수} = 40 \times (1.02)^n$$

이 될 것이다.

따라서 1인당 GNP는

$$\frac{25{,}000 \times (1.035)^n}{40 \times (1.02)^n} = \frac{25{,}000}{40} \times \frac{(1.035)^n}{(1.02)^n} = 625 \times \left(\frac{1.035}{1.02}\right)^n$$

이 된다. 이 값이 700이 되기 위한 n을 찾아주면 된다. 따라서

$$625 \times \left(\frac{1.035}{1.02}\right)^n = 700$$

을 만족하는 n을 찾기 위해 양변을 625로 나누면

$$\left(\frac{1.035}{1.02}\right)^n = 1.12$$

이 되고 양변에 로그를 취하면

$$\log\left(\frac{1.035}{1.02}\right)^n = \log(1.12)$$

$$n\log\left(\frac{1.035}{1.02}\right)^n = \log(1.12) \quad \text{(로그 법칙 3)}$$

이 된다. 따라서

$$n = \frac{\log(1.12)}{\log(1.035/1.02)} = 7.76$$

이 되고 1인당 GNP가 $700가 되기 위해서는 8년이 필요하다는 것을 알 수 있다.

예제

한 기업이 생산량을 앞으로 5년 동안 일정 비율로 증가시켜 현재 50,000의 수준을 60,000으로 늘리려고 한다. 목표를 달성하기 위해 필요한 연간 증가율은?

풀이

증가율을 $r\%$라고 한다면, 비례인자는 $1 + \dfrac{r}{100}$이 된다. 따라서 5년 후 생산량은

$$50{,}000\left(1 + \frac{r}{100}\right)^5$$

가 된다.

생산량이 60,000이 되기 위해서는 증가율 r은 다음 식을 만족해야 하고,

$$50{,}000\left(1 + \frac{r}{100}\right)^5 = 60{,}000$$

양변을 50,000으로 나누면

$$\left(1+\frac{r}{100}\right)^5 = 1.2$$

를 만족한다. 이 방정식은 미지수 r이 5제곱의 괄호 안에 있어

$$x^5 = 5.23$$

와 유사한 형태로 볼 수 있다. 이러한 방정식은 5제곱을 통해 해를 구할 수 있기 때문에 원래 문제

$$\left(1+\frac{r}{100}\right)^5 = 1.2$$

에 5제곱근을 취하면

$$1+\frac{r}{100} = (1.2)^{1/5} = 1.037$$

을 얻는다. 따라서 $r = 3.7\%$이다.

실전문제

6. 업계 선두인 슈퍼마켓 A의 거래량은 현재 $560(백만)이고 매년 1.5% 증가하고 있다. 경쟁업체인 슈퍼마켓 B는 현재 $480(백만)의 거래량을 보이고 있으며 매년 3.4% 증가하고 있다. 몇 년 후에 슈퍼마켓 B가 슈퍼마켓 A를 따라잡겠는가?

주요 용어

단리(Simple interest)   원래의 금액에 더해지지 않고 투자자에게 직접 지급되는 이자.
미래가치(future value)   투자의 한 기간 또는 여러 기간 이후의 최종 가치.
복리(Compound interest)   초기 투자에 더해지는 이자로, 이후 기간에 이자의 이자가 더해진다.
연속복리(Continuous compounding)   이자 지급 횟수가 증가할 때 수렴하는 복리 이자.
연이율(Annual percentage rate)   여러 기간의 복리계산을 포함한 연간 이자.
원금(Principal)   초기 투자 금액의 총합.

연습문제 3.2

1. 은행이 7%의 연복리의 수입을 제공한다. 원금 $4500의 6년 후 미래가치를 찾아라. 그 기간 동안의 총 증가율은 어떻게 되는가?

2. 분기마다 지급하는 8% 복리 이율이 주어져 있을 때, 2년 후 $20,000의 미래가치를 찾아라.

3. 현재 $100,000 하는 자산에 대해 매년 20% 증가를 예상하고 있다.

   (a) 10년 후의 가치를 찾아라.

   (b) 몇 년 후에 자산 가치가 백만 달러를 넘어설 것인가?

4. 매년 5% 복리 수입을 얻는 투자를 하였다면, 투자 금액이 두 배가 되기 위해서는 얼마의 기간이 걸리겠는가?

5. 한 공장 기계가 매년 5%의 감가상각이 이루어진다. 현재가치가 $50,000라면 3년 후의 가치는 어떻게 되겠는가?

6. 원금 $7000가 8년 동안 연 9% 복리이자에 투자되었다. 이자 지급 기간이 다음과 같을 때 8년 후의 미래가치를 구하라.

   (a) 연마다 지급   (b) 반년마다 지급

   (c) 월마다 지급   (d) 연속으로 지급

7. 다음 중 더 많은 수입을 주는 저축 계좌는?

   계좌 A: 연간 이율 8.05%로 반면마다 지급

   계좌 B: 연간 이율 7.95%로 월마다 지급

8. 연간 이율 6%로 연속으로 12년 동안 지급하는 경우 $100의 미래가치를 구하라.

9. 연간 이율 3%로 연속으로 지급될 때, 원래 금액의 세 배가 되기 위해서는 얼마의 기간이 필요한가?

10. 공장의 기계가 연간 이율 4%로 연속적으로 감가상각될 때, 처음 가치의 절반이 되기까지 몇 년이 걸리겠는가?

11. 한 백화점이 매월 2% 대출이자를 부과하는 신용카드 회사를 가지고 있다. 대출 이율이 연간 이율 24%와 다른 이유를 간단히 설명하라. 연이율은 얼마인가?

12. 명목 이자율이 7%인 연속 복리의 APR을 구하라.

13. 현재 연 에너지 소비가 78(십억) 단위이고 매년 고정비율 5.8%씩 증가할 것으로 예상된다. 에너지 공급을 위한 산업의 생산능력이 현재 104(십억) 단위이다.

    (a) 공급이 변하지 않을 때, 몇 년 후에 수요가 공급을 초과하겠는가?

    (b) 향후 50년 동안 수요를 맞추기 위한 에너지 생산 증가율은?

14. $4000를 5% 연복리로 투자했을 때 2년 후의 가치를 찾아라. 4년 후의 가치를 찾고 전체 증가율을 찾아라. 소수점 아래 둘째자리까지 표현하라.

15. 매월 이자가 1.65%인 대출의 APR을 구하라. 소수점 아래 둘째자리까지 표현하라.

16. 원금 P의 이자 연간 복리 이자 r%로 n년간 투자한 미래가치 S는 다음 공식

$$S = P\left(1 + \frac{r}{100}\right)^n$$ 로 계산된다.

P를 S, r, 그리고 n으로 표현하라.

17. 2004년 영국과 스코틀랜드 간의 여행을 위한 열차 승객은 5.015(백만)이었다. 2011년에는 7.419(백만)이었다. 이 기간 동안의 연간 증가율을 구하라.

18. 표 3.23은 두 자동차 모델의 감가상각을 보여주고 있다.

표 3.23

연도	2011	2012
자동차 A	36,000	32,000
자동차 B	32,000	28,800

(a) 자동차 A의 감가상각이 선형일 때 2013년의 가치를 추정하라.

(b) 자동차 B의 감가상각이 지수(exponential) 형태일 때 2013년의 가치를 추정하라.

(c) 자동차 A의 가치가 자동차 B의 가치보다 낮아지는 시기를 예측하라.

연습문제 3.2*

1. 원금 $7650를 연복리 3.7%에 투자하고 있다. 몇 년 후에 투자금액이 $12,250를 초과하겠는가?

2. 원금 $70,000가 4년 동안 6% 이자에 투자되었다. 분기마다 지급되는 복리와 연속 복리의 미래가치 차이를 구하라. 소수점 아래 둘째자리까지 표현하라.

3. Midwest 은행은 매년 5%의 연간 복리를 제공한다. 경쟁사인 BFB는 첫해는 3% 이율을 주고 두 번째와 그 이후에는 7% 연복리를 제공한다. 투자 기간이 다음과 같이 주어져 있을 때 어느 은행에 투자하는 것이 유리한가?

   (a) 2년

   (b) 3년

4. 자동차가 첫해는 40% 감가상각이 이루어지고 두 번째 해에는 30%, 세 번째 해부터는 20%의 감가상각이 이루어진다. 2년 된 자동차를 $14,700에 구입하였다.

   (a) 새 차였을 때의 판매 금액은?

   (b) 몇 년 후에 구입한 금액의 25%의 가치보다 낮아지게 되겠는가?

5. 한 나라의 인구는 현재 5600만이고 매년 3.7% 증가할 것으로 예상하고 있다. 매년 25억 단위의 음식을 생산할 수 있고 인구 한 명당 매년 최소 65 단위의 음식이 필요하다고 한다. 현재는 모자란 양의 음식은 수입을 통해 조달하고 있지만 앞으로 10년 후에는 나라 자체적으로 음식을 조달할 수 있도록 매년 일정 비율로 음식 생산량을 증가하고자 한다. 이러한 목표를 달성하기 위해 필요한 음식 생산량 증가율은?

6. Simon은 세 개의 가구점에서 같은 가격으로 판매되는 소파 중 하나의 소파를 사기로 결심하였다. 가구점의 신용 대출을 이용하여 가구를 구입하려고 한다.

   가구점 A는 연간 이자율 12.6%를 제공한다.

   가구점 B는 연속복리 10.5%를 부과한다.

   가구점 C는 분기마다 지급하는 분기복리 11.5%를 부과한다.

7. 원금 P가 연간 복리 $r\%$에 투자되어 있다면 n년 후 미래가치 S는

$$S = P\left(1 + \frac{r}{100}\right)^n$$

이다.

   (a) 이 공식을 이용하여 이율 $r\%$가 k번 나눠 지급된 t년 후의 미래가치가

   $S = P\left(1 + \dfrac{r}{100k}\right)^{tk}$가 됨을 보여라.

   (b) 만약 $m = 100k/r$이라면 (a) 식은 $S = P\left(\left(1 + \dfrac{1}{m}\right)^m\right)^{rt/100}$ 이 됨을 보여라.

   (c) 정의 $e = \lim\limits_{m \to \infty}\left(1 + \dfrac{1}{m}\right)^m$을 이용하여 연속적으로 지급되는 복리의 미래가치는

   $S = Pe^{rt/100}$가 됨을 보여라.

8. 월드 오일은 현재 600(십억) 단위를 보유한 것으로 추정된다. 만약 보유량이 매년 8% 감소한다면 몇 년 후에 보유량이 100(십억) 단위 밑으로 떨어지겠는가?

9. 카드 대출의 명목 이자율은 월마다 이자를 지급하는 월복리 18%이다.

(a) 월간 이자율을 적어라.

(b) 연속복리에 대한 연간 등가율을 찾아라. 소수점 아래 둘째자리까지 표현하라.

10. GDP가 n년 동안 g의 비율로 증가한 나라의 연 성장률을 적어라.

11. (a) 원금 P가 연 n번 이자 지급하는 복리 r%의 명목이자율에 투자되어 있다. AER이 공식

$$AER = 100\left(1 + \frac{r}{100n}\right)^{n} - 100$$

을 만족함을 보여라.

(b) 이자율이 연속복리일 때 AER 공식을 찾아라.

SECTION 3.3

등비급수

> **목표**
>
> 이 절을 공부한 후에는 다음을 할 수 있다:
>
> - 등비수열을 판별할 수 있다.
> - 등비급수를 계산할 수 있다.
> - 정기적금의 총액을 계산할 수 있다.
> - 대출 상환을 위해 필요한 할부금을 계산할 수 있다.

다음 수열을 생각해보자.

  2, 6, 18, 54, ...

하나의 당연한 질문은 다음에 나올 숫자는 무엇인가? 이다. 반복되는 규칙을 찾고 그 규칙을 이용하여 다음 숫자를 찾아준다. 위 경우는 연속되는 숫자들을 3을 곱하여 얻을 수 있다. 따라서

  54×3=162가 5번째 숫자가 되고 여섯 번째 숫자는

  162×3=486

이고 계속 이어진다. 전 숫자에 고정된 숫자를 계속해서 곱해 얻어지는 수열을 등비수열(geometric progression)이라고 하고 곱해지는 수를 등비(geometric ratio)라고 한다. 위의 수열은 등비 3인 등비수열이다. 등비수열은 복리 문제를 계산하는 데 도움을 준다. 앞 절에서 다룬 많은 문제에 대해 등비수열이 등장하였다. 예를 들어 원금 $500를 10%의 연복리에 투자하였다고 한다면 미래가치들은

  $500(1.1), \ 500(1.1)^2, \ 500(1.1)^3, \ ...$

이 되고 이는 등비가 1.1인 등비수열임을 알 수 있다.

예제

다음 수열 중 등비수열인 것은? 등비수열에 대해서는 등비를 적어라.

(a) 1000, −100, 10, −1, …

(b) 2, 4, 6, 8, …

(c) a, ar, ar^2, ar^3, …

풀이

(a) 1000, −100, 10, −1, …은 등비가 $-\dfrac{1}{10}$인 등비수열이다.

(b) 2, 4, 6, 8, …은 등비수열이 아니다. 그 이유는 앞의 수에 2를 더해 얻어진 수열이기 때문이다. 이러한 수열을 등차수열(arithmetic progression)이라고 하는데, 경영·경제 분야에서는 잘 등장하지 않는다.

(c) a, ar, ar^2, ar^3는 등비가 r인 등비수열이다.

실전문제

1. 다음 수열 중 등비수열인 것은? 등비수열에 대해서는 등비를 적어라.

    (a) 3, 6, 12, 24, …

    (b) 5, 10, 15, 20, …

    (c) 1, −3, 9, −27, …

    (d) 8, 4, 2, 1, 1/2, …

    (e) 500, 500(1.07), 500(1.07)^2, …

제3.2절에서 다룬 모든 문제에서는 일괄 투자를 생각하였다. 그렇게 함으로써 특정 복리로 이를 지급받은 이후의 미래가치 결정을 단순화시켰다. 이 절에서는 이를 확장하여 분할 지불을 고려하겠다. 개인이 정기적으로 저축하거나 기업이 대출금을 고정된 달 또는 매년 분할 상환하는 경우가 모두 이 경우에 해당한다. 분할 지불에 대한 문제를 해결하기 위해서는 연속되는 등비수열의 합을 계산할 수 있어야 한다. 등비수열의 합을 등비급수(geometric series)라고 한다. 다음 등비수열의 처음 6개 항의 합을 구한다고 생각하자.

$$2,\ 6,\ 18,\ 52,\ \ldots \tag{1}$$

가장 쉬운 방법은 6개의 수를 모두 적고 모두 더하는 것이다. 그렇게 하면

$$2 + 6 + 18 + 54 + 162 + 486 = 728$$

이 된다. 그러나 복잡한 등비 또는 많은 항을 더해야 할 때, 유용하게 활용되는 공식이 있다. 처음 n개의 등비수열 합은 초항이 a이고 등비가 r일 때

$$a\left(\frac{r^n-1}{r-1}\right) \quad (r \neq 1)$$

이 된다. r은 불행하게도 이자율과 등비 모두 표기하는 기호이지만 상당히 일반적인 것이다. 실제로는 r이 사용되는 경우, 문맥상 r의 의미가 명백하기 때문에 혼란을 가져오진 않는다. 위 공식의 증명은 이 절의 연습문제 3.3* 7번에 주어져 있다. 공식을 확인하기 위해 수열 (1)의 처음 6개 항의 합을 구해보자. 초항이 $a=2$이고 등비가 $r=3$, 그리고 항의 개수는 $n=6$이다. 따라서 등비급수는

$$2\left(\frac{3^6-1}{3-1}\right) = 3^6-1 = 728$$

이 되고 이는 먼저 모든 수를 구하여 더한 값과 같다. 이러한 경우는 이 공식을 사용하는 이점은 없다고 볼 수 있다. 하지만 다음 등비급수의 경우에는 손으로 계산하기 까다롭다.

$$500(1.1) + 500(1.1)^2 + 500(1.1)^3 + \ldots + 500(1.1)^{25}$$

반면에 $a=500(1.1)$, $r=1.1$, 그리고 $n=25$를 위 공식에 대입하면

$$500(1.1)\left(\frac{(1.1)^{25}-1}{1.1-1}\right) = 54{,}090.88$$

로 등비급수를 바로 구할 수 있다.

실전문제

2. **(a)** 주어진 수열의 다음 항을 적어라.

   1, 2, 4, 8, …

   그리고 처음 5개 항의 합을 구하라. 구한 값을 공식

   $$a\left(\frac{r^n-1}{r-1}\right)$$

   을 이용하여 구한 값과 같은지 확인하라.

   (b) 다음 등비급수를 구하라.

   $$100(1.07) + 100(1.07)^2 + \ldots + 100(1.07)^{20}$$

등비급수의 대표적인 응용으로 저축과 대출, 두 가지가 있다. 먼저 저축에 대해 살펴보겠다. 가장 간단한 경우로 정기적금을 들 수 있다. 이를 때로는 감채기금(sinking fund)이라고도 부르는데 미래 채무이행을 위해 사용되는 기금을 말한다. 매년 또는 매월 같은 금액의 돈을 계좌에 입금한다고 가정한다. 그리고 이자율은 변하지 않는다고 가정한다. 이자율에 대한 가정은 현실적인 가정이라고 볼 수 없는데 시장 상황에 따라 이자율은 큰 폭으로 변할 수 있기 때문이다. 실제로, 은행은 계좌 상황에 따라 다양한 이자를 제공한다. 연습문제 3.3* 5번에서 저축금액이 특정 수준 이상이 되면 이자율이 증가하는 경우에 대한 문제를 다룬다.

예제

매월 초에 $100씩 은행에 저축을 한다. 은행은 12%의 이자를 월마다 지급하는 월복리를 제공한다.

(a) 12개월 후의 총 저축금액을 구하라.

(b) 몇 개월 후에 저축금액이 $2000를 넘어서겠는가?

풀이

(a) 1년 동안 $100를 12번 저축하게 된다. 각 $100는 매월 12% 월복리의 이자, 또는 1% 월이율을 받게 된다. 그러나 각 저축마다 이자 지급 기간이 다르다. 예를 들어 첫 저축금액에 대해서는 12개월 모든 기간에 대한 이자를 받는 반면, 마지막 저축은 오직 1개월의 이자만을 받게 된다. 따라서 각 저축을 구분해서 미래가치를 계산하고 모두를 더해줘야 한다.

첫 저축금액은 12개월 동안 매월 1%의 이자를 받는다. 따라서 미래가치는

$$100(1.01)^{12}$$

이 된다. 두 번째 저축은 11개월 동안 1%의 이자를 받으므로 미래가치는

$$100(1.01)^{11}$$

이 된다. 비슷한 방법으로 세 번째 저축의 미래가치는

$$100(1.01)^{10}$$

이 되고 이를 계속 반복한다. 마지막 저축에 대해서는 1개월에 대한 이자만 받기 때문에

$100(1.01)^1$이 미래가치가 된다.

이들의 총합

$$100(1.01)^{12}+100(1.01)^{11}+\ldots+100(1.01)^1$$

이 12개월 후의 총 저축금액이 된다.

만약 위 식을 올림차수로 다시 쓰면

$$100(1.01)^1+100(1.01)^2+\ldots+100(1.01)^{12}$$

좀 더 친숙한 형태가 된다. 이것은 등비가 1.01이고 초항이 $100(1.01)^1$, 그리고 항의 개수가 12인 등비수열의 합과 같다. 따라서 등비급수의 공식

$$a\left(\frac{r^n-1}{r-1}\right)$$

를 사용하기 위해 $a=100(1.01)$, $r=1.01$ 그리고 $n=12$를 대입하면 12개월 후의 저축 금액은

$$\$100(1.01)\left(\frac{(1.01)^{12}-1}{1.01-1}\right)=\$1280.93$$이 된다.

(b) (a)에서 12개월 후의 총 금액은

$$100(1.01)^1+100(1.01)^2+\ldots+100(1.01)^{12}$$

가 됨을 보였다. 같은 방식으로 n개월 후의 저축금액은

$$100(1.01)^1+100(1.01)^2+\ldots+100(1.01)^n$$

이 되고 등비수열 합의 공식에 대입하면

$$100(1.01)\left(\frac{1.01^n-1}{1.01-1}\right)=10,100(1.01^n-1)$$

와 같다. 이 값이 \$2000가 되는 n을 찾는 문제가 된다. 수학적으로 방정식

$$100(1.01^n-1)=2000$$

을 만족하는 n을 찾아주면 된다. 제2.3절에서 설명한 방법을 따르면

$$1.01^n - 1 = 0.198 \quad \text{(양변을 10,100으로 나눈다)}$$
$$1.01^n = 1.198 \quad \text{(양변에 1을 더한다)}$$
$$\log(1.01)^n = \log(1.198) \quad \text{(양변에 로그를 취한다)}$$
$$n \log(1.01) = \log(1.198) \quad \text{(로그법칙 3)}$$
$$n = \frac{\log(1.198)}{\log(1.01)} \quad \text{(양변을 log(1.01)로 나눈다)}$$
$$= 18.2$$

18개월 후에는 저축금액이 $2000보다 적고, 19개월 후에는 이 금액을 넘어가게 된다. 따라서 $2000의 저축금액이 되기 위해서는 19개월이 필요하다.

실전문제

3. $1000를 매년 초에 은행 계좌에 저축한다. 은행은 8%의 연복리를 제공한다.

   (a) 10년 후의 저축금액을 구하라.

   (b) 몇 년 후에 저축금액이 $20,000를 넘어서겠는가?

이제부터는 대출에 대해 생각해보자. 많은 기업들은 사업 확장을 위해 은행이나 다른 금융기관을 통해 대출을 받는다. 은행은 대출의 대가로 이자를 받고 기업들은 매월 또는 매년 이자를 지불해야 한다. 이자 지급을 계산하는 방법은 다음과 같다. 먼저 이자가 월 단위로 계산되고 기업도 매월 말에 고정된 금액을 상환한다고 가정하자. 은행은 초기 대출금으로부터 첫 달의 이자를 계산한다. 월말에는 이 이자를 원래의 대출금에 더하고 동시에 기업의 대출금 상환으로 대출금액이 차감된다. 남은 대출금을 기초로 은행은 두 번째 달의 이자를 계산하고 위의 과정을 반복한다. 매월 상환하는 금액이 매월 부과되는 이자보다 크다면 대출금액은 감소하고 결국은 사라지게 된다. 실제로는 대출을 상환하는 기간이 고정되어 있으며 매월 상환금액도 이에 맞추어 설정되어 있다.

예제

8%의 연복리로 지급하는 $100,000의 대출금을 25년 동안 모두 갚기 위해 매월 얼마를 상환해야 하는가?

풀이

이 예제에서 부채 상환은 월 단위로 이루어지는 반면 대출에 대한 이자 지급은 연 단위로 이루어진다. 이러한 계약은 특정 주택 융자를 해결하는 전형적인 형태이다. 이자는 8%의 연간 복리이므로 첫해 부과되는 대출이자는 초기 대출금의 8%인

$$\frac{8}{100} \times 100{,}000 = 8000$$

이다. 이 값은 첫해 말에 대출금액에 더해진다. 같은 12개월 동안 매월 상환이 이루어지는데 그 금액을 x라고 하면 대출금액은 $12x$만큼 감소해야 한다. 따라서 첫해 연말의 대출은

$$100{,}000 + 8{,}000 - 12x = 108{,}000 - 12x$$

로 조정된다. 연 이율로 다시 표현하면

$100{,}000(1.08) - 12x$가 되는데 첫 번째 부분은 원래의 부채 $100,000에 연 8%의 이자가 더해진 것을 반영하고 있다. 비슷한 계산을 통해 두 번째 해의 대출금액을 계산할 수 있다. 8%의 대출이자가 더해지면

$$[100{,}000(1.08) - 12x](1.08) = 100{,}000(1.08)^2 - 12x(1.08)$$

이 되고 여기서 다시 $12x$를 빼주면

$$100{,}000(1.08)^2 - 12x(1.08) - 12x$$

이 된다. 이 값은 2년 후 남은 대출금액이다. 매년 1.08을 곱해주고 $12x$를 빼주게 된다. 따라서 세 번째 연말의 대출금액은

$$[100{,}000(1.08)^2 - 12x(1.08) - 12x](1.08) - 12x$$
$$= 100{,}000(1.08)^3 - 12x(1.08)^2 - 12x(1.08) - 12x$$

이 된다. 이 결과는 표 3.24에 정리되어 있다. 이러한 계산을 반복하면 25년 이후의 대출금액은

$$100{,}000(1.08)^{25} - 12x(1.08)^{24} - 12x(1.08)^{23} - \dots - 12x$$
$$= 100{,}000(1.08)^{25} - 12x[1 + 1.08 + (1.08)^2 + \dots + (1.08)^{24}]$$

이 된다($12x$로 묶어주고 (1.08)의 올림차순으로 다시 정리하였다).

표 3.24

연도 말	잔여 부채 총액
1	$100\,000(1.08)^1 - 12x$
2	$100\,000(1.08)^2 - 12x(1.08)^1 - 12x$
3	$100\,000(1.08)^3 - 12x(1.08)^2 - 12x(1.08)^1 - 12x$

첫 항은 계산기를 통해 쉽게 계산할 수 있다.

$$100{,}000(1.08)^{25} = 684{,}847.520$$

괄호 안의 무한급수는 공식

$$a\left(\frac{r^n - 1}{r - 1} \right)$$

에 $a=1$, $r=1.08$, 그리고 $n=25$를 대입하면 얻을 수 있다(24개가 아닌 25개 항이 있음을 확인하라).

$$[1 + 1.08 + (1.08)^2 + \cdots + (1.08)^{24}] = \frac{1.08^{25} - 1}{1.08 - 1} = 73.106$$

이므로 25년 후의 대출금액은

$$684{,}847.520 - 12x(73.106) = 684{,}847.520 - 877.272x$$

이 된다. 여기서 x는 25년 후에 대출금이 완전히 사라지는 매월 지급하는 분할 대출금액이다. 따라서 $684{,}847.520 - 877.272x = 0$

을 만족해야 하고

$$x = \frac{684{,}847.520}{877.272} = \$780.66$$

이 된다. 즉, 대출 \$100,000를 25년간 갚기 위한 매월 상환금은 \$780.66이다. 여기서 이자율은 8%로 변함없다고 가정하였다.

이 값을 표 3.24의 x에 대입한 결과를 표 3.25에 정리하였다. 이 표를 보면 매년 지불하는 상환금액은 $9000 이상임에도 불구하고 처음 몇 년 동안 대출금액은 약 $1500만 감소한다.

표 3.25

연도 말	잔여 부채 총액
1	$98 632.08
2	$97 154.73
3	$95 559.18

실전문제

4. 은행에 $2000의 당좌대월을 요청하였다. 은행은 이에 동의하였지만 12개월 동안 매월 상환금을 지불하도록 하였다. 그리고 대출금액에 매월 1%의 이자를 부과하기로 하였다. 매월 상환금액을 구하라.

저축과 대출의 문제를 다루고 있는 이 절에서 사용되는 수학적 방법은 다른 시계열에서도 사용 가능하다. 재생 불가능한 미네랄, 오일, 가스 등의 보유량은 계속해서 감소한다. 등비급수는 이러한 자원들이 언제 고갈되는지 계산하는 데 사용할 수 있다.

예제

재생 불가능한 자원의 총 매장량은 250(백만) 톤이다. 현재 매년 20(백만) 톤을 소비하고 있으며 앞으로 연 2%씩 소비량이 증가할 것으로 예상된다. 몇 년 후에 이 자원이 고갈되겠는가?

풀이

첫해의 소비는 20(백만) 톤이다. 두 번째 해에는 소비가 2% 상승하여 20(1.02)(백만) 톤이 될 것이고 세 번째 해는 다시 2% 상승하여 $20(1.02)^2$(백만) 톤이 될 것이다. n년 동안의 총 소비(백만 톤)는

$$20 + 20(1.02) + 20(1.02)^2 + \ldots + 20(1.02)^{n-1}$$

이 된다. 이것은 초항이 20, 등비가 1.02 그리고 항의 개수가 n인 등비수열의 합으로

$$20\left(\frac{1.02^n - 1}{1.02 - 1}\right) = 1000(1.02^n - 1)$$

가 된다. 매장량은 이 값이 250이 넘어가면 고갈될 것이고 n에 대하여 $1000(1.02^n - 1) = 250$을 만족한다.

이것은 로그를 이용해 쉽게 해결할 수 있다.

$$1.02^n - 1 = 0.25 \qquad \text{(양변을 1000으로 나눈다)}$$
$$1.02^n = 1.25 \qquad \text{(양변에 1을 더한다)}$$
$$\log(1.02)^n = \log(1.25) \qquad \text{(양변에 로그를 취해준다)}$$
$$n\log(1.02) = \log(1.25) \qquad \text{(로그법칙 3)}$$
$$n = \frac{\log(1.25)}{\log(1.02)} \qquad \text{(양변을 log(1.02)로 나눈다)}$$
$$= 11.27$$

따라서 12년이 자나면 자원이 완전히 고갈될 것이다.

실전문제

5. 현재 전 세계 오일 매장량은 2625(십억) 단위로 추정된다. 오일은 현재 연간 45.5(십억) 단위 추출되고 있고 앞으로 매년 2.6%씩 증가하는 것으로 되어 있다. 몇 년 후에 오일이 고갈되겠는가?

예제

재생이 불가능한 자원이 현재 연간 40(십억) 단위 추출되고 있고 앞으로 매년 5%씩 감소할 것으로 예상된다. 이 자원이 영구적으로 지속될 수 있는 최저 매장량을 추정하라.

풀이

첫해에 40(십억) 단위가 추출되고 두 번째 해에 5% 감소한 40(0.95)(십억) 단위가 추출된다. 세 번째 해의 추출량은 $40(0.95)^2$가 되어 n년 후의 총 추출량은

$$40 + 40(0.95) + 40(0.95)^2 + \ldots + 40(0.95)^{n-1}$$

이 된다. 등비급수의 공식을 이용하면

$$40\left(\frac{0.95^n - 1}{0.95 - 1}\right) = 40\left(\frac{0.95^n - 1}{-0.05}\right) = 800(1 - 0.95^n)$$

이 된다. 영구적으로 어떻게 되는지 살펴보기 위해 n을 무한대로 늘리면 0.95가 1보다 작기 때문에 0.95^n은 0으로 수렴하게 된다. 따라서 영구적인 전체 추출량은 800(십억) 단위가 될 것이다.

주요 용어

감채기금(Sinking fund)   미래의 채무이행을 위해 일정 간격마다 저축하는 금액의 합.
등비(Geometric ratio)   등비수열에서 곱해지는 수.
등비급수(Geometric series)   연속되는 등비수열의 합.
등비수열(Geometric progression)   연속되는 수의 비가 일정한 수열, n번째 수열은 ar^{n-1}의 형태를 갖는다.
등차수열(Arithmetic progression)   연속되는 수의 차이가 상수인 수열, n번째 수열은 $a+bn$의 형태를 갖는다.

연습문제 3.3

1. 등비급수를 구하라.

$$1000 + 1000(1.03) + 1000(1.03)^2 + \ldots + 100(1.03)^9$$

2. 한 개인이 매년 초에 \$5000씩 10년 동안 저축한다고 한다. 추가적인 저축이나 중단은 없다고 할 때 연간 이자율 8% 복리의 이자 지급 시기가 다음과 같을 때 총 저축 금액을 구하라.
   (a) 연마다 지급
   (b) 반년마다 지급

3. 연복리 7%의 대출 \$125,000를 20년 동안 갚기 위하여 매월 지불해야 하는 상환액을 구하라. 소수점 아래 둘째자리까지 표현하라.

4. 매년 \$500의 상금을 위해 \$5000의 상금펀드를 조성하였다. 상금펀드는 연복리 7%의 이자를 받는다. 처음 1년 후부터 상을 수여한다고 할 때 펀드가 \$500 밑으로 남을 때까지 몇 년 동안 상을 수여할 수 있겠는가?

5. 미네랄의 현재 연간 추출량은 12(백만) 톤이고 매년 6%씩 추출량이 감소할 것으로 예상된다. 영구적으로 미네랄 추출이 지속된다고 한다면 전 세계 현재 최소 얼마의 매장량이 있어야 하겠는가?

6. 연초에 연복리 4.5%의 저축계좌에 $5000를 투자하였다. 다음 연도부터는 연초에 추가적으로 $1000를 투자하였다. 10년 후 저축계좌에는 얼마가 있겠는가?

7. 연초에 $100,000를 대출받고 10년간 연말마다 같은 금액을 상환하여 모두 갚으려고 한다. 이자는 연복리 6%라고 한다.

   (a) 연 상환액을 구하라.

   (b) 상환해야 하는 이자의 총액을 구하고 10년이 아닌 5년 안에 매년 같은 금액을 상환하는 경우와 비교하라.

8. 18개월 안에 자동차를 구입하기 위해 매월 초에 정기적으로 저축하려고 한다. 저축계좌는 월복리 4.8%를 제공해준다. 18개월 후에 총 $18,000의 금액을 만들기 위해 매월 저축해야 하는 금액은 얼마인가?

연습문제 3.3*

1. 등비수열의 합을 구하라.

$$5-20+80-320+...-20,971,520$$

2. 감채기금에 10년간 정기적으로 매년 초 $500를 저축한다고 한다. 이자율이 다음과 같을 때 10년 후 말의 펀드 평가금액은 얼마가 되겠는가?

   (a) 11% 연복리

   (b) 10% 연속 복리

3. 1월의 월 판매량은 5600이었다. 판매량은 이후 9개월간 2%씩 감소할 것으로 예상된다. 그 이후에는 매월 4%씩 증가할 것으로 기대된다. 처음 1월부터 2년 동안 총 판매량을 추정하라.

4. 9% 연복리의 $50,000 대출을 25년간 매월 일정 금액을 상환하여 모두 갚으려 한다. 다음 조건으로 바뀌는 경우 매월 상환금액이 얼마나 증가하는지 계산하라.

   (a) 이자율이 10%로 상승

   (b) 상환 기간이 20년으로 감소

5. 은행은 계좌의 금액에 따라 세 가지 다른 형태의 이자를 제공한다. 보통(ordinary)의 계좌는 6%의 수입률을 제공하고 모든 고객이 가입할 수 있다. 특별한(extra) 계좌는 7%의 이자를 $5000나 그 이상의 금액을 계좌에 보유한 고객들에게 제공한다. 아주 특별한(superextra) 계좌는 8%의 이자를 $20,000 또는 그 이상을 계좌에 보유한 고객들에게만 제공한다. 각 경우 모두 이자는 연복리로 연말에 지급된다.

   한 고객이 정기적으로 연초에 $4000를 25년간 저축한다고 한다. 계좌의 보유 금액 증가로 계좌 등급이 상승하게 되면 높은 이자 지급을 바로 적용한다고 할 때 25년 후 총 저축금액은 얼마가 되겠는가?

6. 한 기업이 $500,000를 은행으로부터 대출받아 매년 말마다 고정금액 $60,000를 상환하기로 하였다. 빚이 $60,000 밑으로 떨어지면 기업은 남은 금액을 최종 상환하여 빚을 모두 청산하기로 하였다. 이자율이 7.5% 연복리일 때 마지막 상환금액을 구하라.

7. $S_n = a + ar + ar^2 + \ldots + ar^{n-1}$일 때 rS_n을 적고 $rS_n - S_n = ar^n - a$이 됨을 보여라. 따라서 초항이 a이고 등비가 r인 등비수열의 n항까지의 합이

$$a\left(\frac{r^n - 1}{r - 1}\right), \ (r \neq 1)$$

   이 됨을 증명하라.

8. 월초에 한 고객이 신용카드 회사로부터 $8480를 대출받았다. 그달 중순에 고객은 $8480보다 적은 A를 상환하고, 월말에 남은 빚의 6% 이자를 더한다. 고객은 매월 A를 상환하고 카드 회사는 같은 방식으로 이자를 남은 빚에 추가한다.

   (a) 매월 카드 대출금이 $8480가 되는 A의 값을 구하라.

   (b) $A = 1000$일 때, 8개월 후에 남은 카드 대출금은?

   (c) n번의 상환 이후에 카드 대출금을 모두 갚기 위해 지불해야 하는 A가 다음과 같이 주어짐을 보여라.

$$A = \frac{8480 R^{n-1}(R - 1)}{R^n - 1}, \ \text{여기서} \ R = 1.06 \text{이다.}$$

   (d) 정확히 2년 후에 카드빚을 모두 갚기 위한 상환액 A를 구하라.

SECTION 3.4

투자 평가

목표

이 절을 공부한 후에는 다음을 할 수 있다;

- 이산복리와 연속복리하에서의 현재가치를 계산할 수 있다.
- 순 투자가치(net present value)를 이용하여 투자 프로젝트들을 평가할 수 있다.
- 내부수익률을 계산할 수 있다.
- 연금의 현재가치를 계산할 수 있다.
- 할인(discounting)을 이용하여 투자 사업들을 비교할 수 있다.
- 국채(government securities)의 현재가치를 계산할 수 있다.

제3.2절에서 복리 이자 문제를 위해 다음 공식을 활용하였다.

$$S = P\left(1 + \frac{r}{100}\right)^t \tag{1}$$

$$S = Pe^{rt/100} \tag{2}$$

첫 번째 공식은 이자가 이산시간 구간 말에 지급되는 경우에 적용된다. 두 번째 공식은 이자가 연속적으로 지급되는 경우 활용된다. 각 변수가 의미하는 것은 다음과 같다.

P = 원금
S = 미래가치
r = 이자율
t = 시간

이산시간 복리의 경우, 문자 t는 이자 지급 횟수를 나타낸다. (제3.2절에서는 n으로 표기하였다.) 연속시간 복리에서 t는 연 단위로 측정된다. 3개의 변수 값을 알면 나머지 하나의 값을 구할 수 있다. 제3.2절에서 다양한 예제를 살펴보았다. 특히 S, r 그리고 t를 알고 있을 때, P를 구하는 예제를 주로 살펴보았다. 미래가치를 알고 있는 경우 원래의 원금을 역으로 계산하는 것이다. 이러한 과정을 할인(discounting)이라고 하고 원금 P를 현재가치

(present value)라고 한다. 이자율은 할인율(discount rate)이라고도 불린다. 방정식 (1)과 (2)는 이산복리와 연속복리하에서 현재가치를 구하는 공식으로 다시 정리할 수 있다:

$$P = \frac{S}{(1 + r/100)^t} = S\left(1 + \frac{r}{100}\right)^{-t}$$

$$P = \frac{S}{e^{rt/100}} = Se^{-rt/100}$$

> 역수는 음의 지수로 표현된다.

예제

할인율 10%의 복리의 이자 지급 기간이 다음과 같을 때 4년 후 $1000의 현재가치를 찾아라.

(a) 반년마다 지급   **(b)** 연속으로 지급

풀이

(a) 이산복리에 대한 할인 공식은

$$P = S\left(1 + \frac{r}{100}\right)^{-t}$$

이다. 만약 이자 지급이 반년마다 이루어지면 6개월 동안의 이자는 $10/2 = 5$이므로 $r = 5$이고 4년 동안 6개월 단위는 총 8번 있으므로 $t = 8$이다. 미래가치 $1000를 위의 공식에 대입하면 현재가치는

$$P = \$1000(1.05)^{-8} = \$676.84$$

이 된다.

(b) 연속복리의 할인 공식은

$$P = Se^{-rt/100}$$이다.

이 공식에서 r은 연간 할인율 10을 의미하고 t는 연 단위로 측정된 값으로 $t = 4$이다. 따라서 현재가치는

$$P = \$1000e^{-0.4} = \$670.32$$

가 된다. **(b)**에서의 현재가치가 **(a)**에서의 현재가치보다 작다. 이것은 연속복리가 항상 더 높은 수입을 주기 때문에 충분히 예상할 수 있는 결과이다. 결과적으로 4년 후 $1000의 미래가치를 만들기 위해서는 연속복리에서의 투자금이 더 적게 필요하다.

실전문제

1. 할인율 6% 복리의 이자 지급 기간이 다음과 같을 때 10년 후 $100,000의 현재가치를 구하라.

   (a) 연마다 지급   (b) 연속으로 지급

현재가치는 투자 프로젝트를 평가하기에 유용한 방법이다. 오늘 $600를 투자하여 5년 후 $1000의 수입을 주는 벤처에 투자 제안을 받았다고 가정하자. 할인율이 반년 복리 10%라고 할 때 앞의 예제 (a)에서 그 프로젝트의 현재가치는 $676.84이다. 이 값은 초기 투자 $600를 넘기 때문에 수입 사업으로 볼 수 있다. 이러한 이익을 순 현재가치(NPV, net present value)로 알려진 수입의 현재가치와 비용의 현재가치의 차이로 계산할 수 있다. 이 예에서의 순 현재가치는

$$\$676.84 - \$600 = \$76.84$$

이다. 일반적으로 NPV가 양의 값을 갖는 경우 프로젝트는 진행할 가치가 있다고 본다. 그리고 만약 두 개의 다른 프로젝트 중 하나를 선택하는 경우에는 NPV가 높은 프로젝트가 우선 선택된다.

개별 프로젝트를 다루는 다른 방법으로는 내부수익률(IRR, internal rate of return)이 있다. 이는 초기 지출에 적용되는 연간 이율이며, 동일한 연수 후에 프로젝트와 동일한 수입을 산출하는 이율이다. IRR이 시장 이율을 넘어서면 투자 가치가 있는 것으로 본다. 물론 현실에서는 위험 등과 같은 다른 요인을 사업 선택에 앞서 고려해야 한다.

다음 예제는 NPV와 IRR 방법을 설명하고 있으며 IRR 가치를 어떻게 계산하는지 보여준다.

예제

한 프로젝트의 초기 지출이 $15,000가 필요하고 3년 후에 $2000의 수입이 보장되어 있다.

(a) 순 현재가치(NPV)

(b) 내부수익률(IRR)

의 방법들을 이용하여 시장 이율 연복리 5%일 때 이 투자가 가치 있는 투자인지 판별하라. 만약 이자율이 12%라면 판별 결과에 영향을 미치는가?

풀이

(a) 할인율 5%를 기초로 3년 후 $20,000의 현재가치를 구하기 위해 앞의 공식

$$P = S\left(1 + \frac{r}{100}\right)^{-t}$$ 에 $S = 20,000$, $t = 3$ 그리고 $r = 5$를 대입하면

$$P = \$20,000(1.05) - 3 = \$17,276.75$$

이 된다. 따라서 NPV는

$$\$17,276.75 - \$15,000 = \$2276.75$$

이 되고 NPV가 양수이므로 이 프로젝트는 진행할 만한 가치가 있다.

(b) IRR을 계산하기 위해 공식

$$S = P\left(1 + \frac{r}{100}\right)^{t}$$

을 이용한다.

$S = 20,000$, $P = 15,000$, 그리고 $t = 3$이므로

$$20,000 = 15,000\left(1 + \frac{r}{100}\right)^{3}$$

을 r에 대해 풀어주면 된다. 먼저 양변을 15,000으로 나눠주면

$$\frac{4}{3} = \left(1 + \frac{r}{100}\right)^{3}$$

이 되고 양변에 세제곱을 취해주면

$$1 + \frac{r}{100} = \left(\frac{4}{3}\right)^{1/3} = 1.1$$

이 된다. 따라서

$$\frac{r}{100} = 1.1 - 1 = 0.1$$

이 되고 IRR은 10%가 된다. 이 값은 시장 이율 5%를 넘어서기 때문에 이 프로젝트는 진행할 가치가 있다.

만약 시장 이율이 12%이었다면 NPV 방법을 사용할 때 5 대신 12를 대입한다. 그러면 NPV는

$$\$20,000(1.12)^{-3} - \$15,000 = -\$764.40$$

이 되어 프로젝트는 진행하지 않는 것이 좋은 선택이 된다. IRR 방법을 이용했을 때는 보다 쉽게 같은 결론에 도달한다. 내부수익률은 10%이므로 이는 초기 투자 금액 $15,000를 12% 시장 이율에 투자하는 것이 더 높은 수입을 달성한다는 것을 바로 알 수 있다.

실전문제

2. 초기 투자 $8000가 필요하고 5년 후 $17,000의 수입을 얻는 투자 계획이 있다.

   (a) 순 현재가치(NPV)

   (b) 내부수익률(IRR)

   을 이용하여 연간 복리 15% 수입을 주는 투자에 비해 투자 가치가 있는지 판별하라.

조언

이 문제는 투자 평가를 위한 두 가지 다른 방법을 설명하고 있다. 처음에는 IRR이 더 좋은 방법처럼 보인다. 특히 한 개 이상의 이자율을 다룰 때는 더욱 그렇다. 하지만 보통의 경우에는 그렇지 않다. IRR 방법은 두 개 또는 그 이상의 프로젝트들을 비교할 때 잘못된 정보를 제공하는데 이 방법의 결과를 해석할 때 조심해야 한다. 다음 예제는 이러한 어려움을 잘 나타내고 있다.

예제

서로 다른 두 개의 프로젝트 중 오직 하나에만 투자할 수 있다고 한다. 프로젝트 A는 초기 지출 $1000가 필요하고 4년 후 $1200의 수입이 발생한다고 한다. 프로젝트 B는 초기 지출 $30,000와 4년 후 $35,000의 수입을 얻는다고 한다. 시장 이율이 연복리 3%일 때 어느 프로젝트의 투자를 선택하겠는가?

풀이

먼저 순 현재가치 방법을 이용하여 풀어보자.

프로젝트 A에 대하여

$$NPV = \$1200(1.03)^{-4} - \$1000 = \$66.18$$

프로젝트 B에 대하여

$$\text{NPV} = \$35{,}000(1.03)^{-4} - \$30{,}000 = \$1097.05$$

이 된다. 두 프로젝트 모두 NPV가 양의 값을 갖기 때문에 진행할 만한 가치가 있다. 그리고 두 번째 프로젝트가 더 많은 수입을 달성하기 때문에 선호된다. $30,000를 어떻게 투자할 것인지 생각해보면 이 선택이 바람직하다는 것을 알 수 있다. 만약 프로젝트 A를 선택하면 최선의 방법은 $1000를 프로젝트 A에 투자하여 4년 후에 $1200의 수입을 받고 나머지 $2900는 시장 이율 3%에 투자하여

$$\$29{,}000(1.03)^4 = \$32{,}639.76$$

의 수입을 얻는 것이다. 그러면 총 수입은

$$\$1200 + \$32{,}639.76 = \$33{,}839.76$$

이 된다. 한편, 프로젝트 B를 선택한다면 $3000를 모두 투자하여 4년 후에 $35,000의 수입을 얻게 된다. 다시 말해 4년 후에

$$\$35{,}000 - \$33{,}839.76 = \$1160.24$$

이 되어 순 현재가치 방법에 의하면 프로젝트 B를 선택하는 것이 더 높은 수입을 달성하게 해준다.

그러나 IRR 방법을 사용하면 반대의 결과가 나온다. 프로젝트 A에 대하여 내부수익률 r_A는

$$1200 = 1000\left(1 + \frac{r_A}{100}\right)^4$$

을 만족한다. 양변을 1000으로 나누면

$$\left(1 + \frac{r_A}{100}\right)^4 = 1.2$$

이 되고 양변에 네제곱근을 취해주면

$$1 + \frac{r_A}{100} = (1.2)^{1/4} = 1.047$$

이 된다. 따라서 $r_A = 4.7\%$이다.

프로젝트 B에 대해서는 내부수익률 r_B는

$$35{,}000 = 30{,}000\left(1 + \frac{r_B}{100}\right)^4$$

을 만족한다. 앞에서와 마찬가지로 풀어주면 $r_B = 3.9\%$가 된다.

프로젝트 B가 선호된다고 하더라도 프로젝트 A가 더 높은 내부수익률을 얻을 수 있다.

이 예제의 결과로부터 투자 금액이 상당히 차이가 나는 투자 기회를 비교할 때는 IRR 방법이 적합하지 않다는 것을 알 수 있다. 그 이유는 IRR 방법은 백분율을 비교하는 것으로 적은 금액의 높은 비율 값이 큰 금액의 낮은 비율 값보다 작은 이윤을 주기 않기 때문이다.

실전문제

3. 기업이 프로젝트 A와 B 중 하나를 선택해야 한다. 프로젝트 A는 초기 지출 $13,500가 필요하고 2년 후에 $1800의 수입을 달성한다. 프로젝트 B는 지출 $9000가 필요하고 2년 후에 $13000의 수입을 달성한다. 시장 연이율이 7%일 때 어느 프로젝트를 선택하는 것이 좋겠는가?

이 절의 지금까지는 하나의 미래 가격에 대한 현재가치를 계산하였다. 지금부터는 시간 경과에 따라 일정한 지출이 있는 경우에 대해 생각해보겠다. 가장 간단한 예로 정기적으로 같은 금액이 지불되는 연금(annuity)을 들 수 있다. 이는 감채기금의 반대로 생각할 수 있다. 이번에는 일정 금액이 투자되어 있고 지속적으로 같은 금액이 일정 기간마다 빠져나간다. 일정 기간 지출 금액이 이자 지급 금액을 초과한다며 기금은 감소하고 결국엔 0이 될 것이다. 이 경우 지출은 중단된다. 실무적으로는 미래의 일정 기간 동안 정기적인 소득을 보장하기 위해서는 처음 얼마의 금액이 필요한지에 대해 관심이 있다. 이는 각 지출의 현재가치를 모두 더해줌으로써 구할 수 있다.

구체적으로 살펴보기 위해 한 은퇴를 원하는 투자자가 은퇴 이후 10년 동안 매년 말에 $10,000의 정기 소득을 받길 원한다고 가정하자. 이자율이 연복리 7%일 때 각 지출의 현재가치는 공식

$$P = S\left(1 + \frac{r}{100}\right)^{-t}$$

을 이용하면 된다. 첫 번째 지출은 첫 번째 연도 말에 이루어지므로 현재가치는

$$P = \$10{,}000(1.07)^{-1} = \$9345.79$$

이다. 이것은 1년 후에 $10,000를 받기 위해서는 오늘 $9348.79를 투자해야 한다는 것을 의미한다. 두 번째 지출 $10,000는 두 번째 연도 말에 지급되며 현재가치는

$$\$10{,}000(1.07)^{-2} = \$8734.39$$

이 된다. 이것은 두 번째 지급을 위해 지금 투자해야 하는 금액을 의미한다. 일반적으로 t년 후 \$10,000의 현재가치는

$$10,000(1.07)^{-t}$$

이 되고 총 현재가치는

$10,000(1.07)^{-1} + 10,000(1.07)^{-2} + ... + 10,000(1.07)^{-10}$이 된다. 이는 등비급수로 공식

$$a\left(\frac{r^n - 1}{r - 1}\right)$$

을 이용하면 된다. 이 경우, $a = 10,000(1.07)^{-1}$, $r = 1.07^{-1}$, 그리고 $n = 10$이므로 연금의 현재가치는

$$\$10,000(1.07)^{-1}\left(\frac{1.07^{-10} - 1}{1.07^{-1} - 1}\right) = \$70,235.82$$

가 된다. 이것은 향후 10년간 매년 \$10,000를 받기 위해 오늘 투자해야 하는 금액이다.

많은 사람들은 은퇴 이후에 그들의 연금이 적당한 소득을 보장하지 못할 것을 걱정한다. 만약 소득을 영구적으로 받기 위해서는 다음 공식

$$a\left(\frac{r^n - 1}{r - 1}\right)$$

에서 n이 커질수록 어떤 값을 갖는지 살펴볼 필요가 있다. 이 경우 $r = 1.07^{-1}$이므로 n이 증가할수록 r^n은 감소하고 점점 0에 가까워진다. 다음 표를 통해 이를 확실히 알 수 있다:

n	1	10	100
1.07^{-n}	0.9346	0.5083	0.0012

등비급수의 공식에서 $r^n = 0$로 잡으면 결국 영원히 지속되는 등비수열의 합은

$$\frac{a}{1 - r}$$

에 점점 다가간다. 따라서 연금의 현재가치는

$$\frac{10,000(1.07)^{-1}}{1 - 1.07^{-1}} = \$142,857.14$$

이 된다. 이 값을 10년 동안의 소득을 보장하기 위해 앞에서 계산하였던 \$70,235.82와 비교해보라.

실전문제

4. 10년 동안 매월 $2000의 소득을 보장하는 연금의 현재가치를 구하라. 이자율은 월마다 이자를 지급하는 월복리 6%라고 한다.

앞의 예에서 보았던 방법은 순 현재가치 계산에도 적용될 수 있다. 예를 들어 한 기업이 향후 10년간 매년 $10,000의 수입을 보장하기 위해 초기 투자 $60,000가 필요하다고 가정하자. 만약 할인율이 연복리 7%라면 앞의 예에서 현재가치는 $70,235.82이다. 따라서 순 현재가치는

$70,235.82 - $60,000 = $10,235.82

가 된다.

불규칙적인 미래 소득에 대해서는 비록 등비수열 합의 공식을 활용할 순 없지만 비슷한 과정을 통해 현재가치를 구할 수 있다. 개별 지급에 대한 현재가치를 구하고 그들을 직접 더해주면 된다.

예제

한 작은 기업이 둘 중 하나의 프로젝트에 $20,000를 투자하려고 한다. 두 프로젝트의 4년간 수입 흐름이 표 3.26에 정리되어 있다. 이자율이 연복리 11%일 때, 둘 중 어느 프로젝트에 투자하는 것이 바람직하겠는가?

표 3.26

연도 말	수입($)	
	프로젝트 A	프로젝트 B
1	6,000	10,000
2	3,000	6,000
3	10,000	9,000
4	8,000	1,000
합계	27,000	26,000

풀이

단순히 개별 수입을 모두 더한다면 프로젝트 A가 프로젝트 B에 비해 총 수입이 $1000 더 높기 때문에 프로젝트 A가 더 선호될 것이다. 그러나 이는 시간의 가치를 고려하지

않은 것이다.

표 3.26으로부터 각 프로젝트는 모두 $1000의 수입을 달성하는 해가 존재하는데 프로젝트 A의 경우 3년 후에, 반면 프로젝트 B의 경우 1년 후가 된다. 이 때 프로젝트 B의 $1000가 더욱 가치 있는데 그 이유는 수입이 먼저 발생하고 수입을 바로 투자하면 더 오랜 기간 투자할 수 있기 때문이다. 이 프로젝트를 비교하기 위해서는 수입 흐름을 현재가치로 할인해줘야 한다. 현재가치는 할인율에 의해 결정된다. 표 3.27은 연복리 11%를 기초로 한 현재가치를 보여준다. 이 값들은 공식

$P=S(1.11)^{-t}$를 이용한 것이다.

예를 들어, 프로젝트 A의 수입 $10,000의 현재가치는

$$\$10,000(1.11)^{-3}=\$7,311.91$$이다.

프로젝트 A와 프로젝트 B의 순 현재가치는 각각

$$\$20,422.04-\$20,000=\$422.04$$

그리고

$$\$21,109.19-\$20,000=\$1,109.17$$이다.

따라서 둘 중 하나의 프로젝트에만 투자 가능하다면 프로젝트 B가 선호된다.

표 3.27

연도 말	할인된 수입($)	
	프로젝트 A	프로젝트 B
1	5405.41	9000.01
2	2434.87	4869.73
3	7311.91	6580.72
4	5269.85	658.73
합계	20,422.04	21,109.19

실전문제

5. 한 기업이 오늘 둘 중 하나의 프로젝트에 $10,000를 투자하려고 한다. 수입 흐름은 표 3.28에 정리되어 있다. 할인율은 연복리 15%일 때, 둘 중 어느 프로젝트에 투자하는 것이 바람직하겠는가?

표 3.28

연도 말	수입($)	
	프로젝트 A	프로젝트 B
1	2000	1000
2	2000	1000
3	3000	2000
4	3000	6000
5	3000	4000

때로는 시간에 따라 수입이 발생하는 프로젝트의 내부수익률을 찾는 것이 유용하기도 하다. 그러나 다음 예제에서 설명하듯이, 계산이 어려울 수 있는데 특히 2회 이상의 수입이 발생하는 경우는 더욱 어려워진다.

예제

(a) 초기 지출이 $20,000이고 1년 후에 $8000의 수입을, 2년 후에 $15,000의 수입이 발생하는 프로젝트의 IRR을 계산하라.

(b) 초기 지출이 $5000이고 1, 2, 3년 후에 각각 $1000, $2000, 그리고 $3000의 수입이 발생하는 프로젝트의 IRR을 계산하라.

풀이

(a) 한 번의 지급만 존재하는 프로젝트의 경우, IRR은 초기 지출 P가 미래가치 S가 되도록 하는 연이율이다. t년 후에 지급이 이루어진다면

$$S = P\left(1 + \frac{r}{100}\right)^t$$

또는,

$$P = S\left(1 + \frac{r}{100}\right)^{-t}$$

을 만족한다. 마지막 방정식의 우변은 S의 현재가치를 의미한다. 따라서 IRR은 S의

현재가치가 초기 지출 P가 되도록 하는 이자율로 생각할 수 있다.

1년 후 \$8000의 현재가치는 r이 연이율일 때

$$8000\left(1+\frac{r}{100}\right)^{-1}$$

이 된다. 비슷한 방법으로 2년 후 \$15,000의 현재가치는

$$15,000\left(1+\frac{r}{100}\right)^{-2}$$

이 된다. 만약 r이 IRR이면 현재가치들의 합은 초기 투자 \$20,000와 같아야 한다. 다시 말해, IRR은 다음 방정식

$$20,000 = 8000\left(1+\frac{r}{100}\right)^{-1} + 15,000\left(1+\frac{r}{100}\right)^{-2}$$

을 만족하는 r이 된다.

이 방정식을 풀어주는 가장 간단한 방법은 양변에 $(1+r/100)^2$을 곱하여 음의 지수를 없애주는 것이다. 그러면

$$20,000\left(1+\frac{r}{100}\right)^{2} = 8000\left(1+\frac{r}{100}\right) + 15,000$$

이 된다. 그리고

$$\left(1+\frac{r}{100}\right)^{2} = \left(1+\frac{r}{100}\right)\left(1+\frac{r}{100}\right) = 1 + \frac{r}{50} + \frac{r^2}{10,000}$$

이므로

$$20,000 + 400r + 2r^2 = 8000 + 80r + 15,000$$

을 얻는다. 이를 간단히 정리하면 r에 대한 2차 방정식

$$2r^2 + 320r - 3000 = 0$$

을 얻는다. 따라서 제2.1절에서 설명한 근의 공식을 이용하면

$$r = \frac{-320 \pm \sqrt{((320)^2 - 4(2)(-3000))}}{2(2)}$$
$$= \frac{-320 \pm 355.5}{4}$$
$$= 8.9\% \text{ or } -168.9\%$$

이 된다. 음의 해를 무시하면 IRR은 8.9%가 됨을 알 수 있다.

(b) 초기 지출 \$5000가 1, 2, 그리고 3년 후에 각각 \$1000, \$2000, 그리고 \$3000의 수입을 낸다면 내부수익률 r은 다음 방정식

$$5000 = 1000\left(1+\frac{r}{100}\right)^{-1} + 2000\left(1+\frac{r}{100}\right)^{-2} + 3000\left(1+\frac{r}{100}\right)^{-3}$$

을 만족한다.

다음 할 일은 양변에 $(1+(r/100))^3$을 곱하는 것이다. 하지만 이는 r^3을 포함하는 방정식이 나오는데 이는 원래 방정식보다 더 풀기 어려운 형태이다. 일반적으로 n년 동안 수입을 지급한다면 IRR은 r^n을 포함하는 방정식을 만족할 것이다. 이러한 경우 구체적인 해를 구하는 것이 불가능하고 최선의 방법은 컴퓨터에서 비선형 방정식 해결을 위한 수학 소프트웨어를 통해 해결하는 것이다. 특히 정확한 r의 값을 구해야 하는 경우에는 더욱 그렇다. 하지만 근삿값만 구해도 된다면 체계적인 시행착오를 통해 해결할 수 있는데 해가 될 만한 값을 우변에 대입하여 직접 계산하면 된다. 이 예제의 경우, $r=5$를 대입하면

$$\frac{1000}{1.05} + \frac{200}{(1.05)^2} + \frac{3000}{(1.05)^3} = 5358$$

이 된다.

$$1000\left(1+\frac{r}{100}\right)^{-1} + 2000\left(1+\frac{r}{100}\right)^{-2} + 3000\left(1+\frac{r}{100}\right)^{-3}$$

의 다른 $r=6, 7, \ldots, 10$에 대응되는 값을 정리하면 다음 표와 같다:

r	6	7	8	9	10
value	5242	5130	5022	4917	4816

이 값이 5000이 되는 r을 찾고 있기 때문에 r은 8%(5000보다 큰 값을 갖는다)와 9%(5000보다 작은 값을 갖는다) 사이의 값을 갖는다는 것을 알 수 있다.

보다 정확한 IRR 값이 필요하다면 단순히 8%와 9% 사이 값을 직접 넣어 계산해볼 수 있다. 예를 들어 $r=8.5$를 대입하면 4969의 값이 되고 따라서 r은 8%와 8.5% 사이의 값을 갖는다. 따라서 IRR은 가장 가까운 백분율로 8%가 된다.

실전문제

6. 초기 투자 $12,000가 필요한 프로젝트가 있다. 1년 후에 $8000의 수입과 2, 3, 4년 후에는 매년 $2000의 수입이 보장되었다고 한다. IRR을 가장 가까운 백분율로 추정하라. 시장 이율이 연복리 8%라면 이 프로젝트에 투자하는 것이 바람직한가?

실전문제 6은 2회 이상의 수입이 지급되는 경우 내부수익률을 손으로 계산하는 것이 얼마나 지루한 작업인지 확인시켜준다. 컴퓨터 스프레드시트는 이를 다루기 위한 이상적인 도구를 제공해준다. 엑셀의 Chart Wizard는 IRR의 근삿값을 찾는 데 도움이 되는 그래프를 그리는 데 활용된다. 보다 정확한 값은 추정치 근처에서 더욱 정밀한 표를 만들어 찾을 수 있다.

할인 이론을 이용하여 이자율과 화폐의 투기 수요의 관계를 설명하면서 이 절을 마치도록 하겠다. 이 내용은 제1.7절의 LM 일정 분석에서 처음 소개되었다. 투기 수요는 국채와 같은 대체 금융자산의 가치 변화에 대응하기 위한 보유자금으로 볼 수 있다. 이름에서 알 수 있듯이 국채는 정부로부터 특정 가격으로 구입할 수 있고 그 대가로 미리 정해진 기간 동안 매년 일정 이자를 지급받는다. 이 기간이 끝나면 채권은 회수되고 채권자는 원금을 상환받는다. 채권은 만기 상환 이전에는 언제든지 사고 팔 수 있는데 이 기간 동안 채권을 구매한 사람은 최종 상환금액과 함께 미래의 이자 지급을 모두 받을 권리가 있다. 기존 증권의 가치는 만기까지 남은 기간과 현재 이자율에 따라 달라진다.

예제

연이율 9%의 원금 $5000인 10년 만기 국채가 있다. 채권 만기까지 4년이 남았다면 현재 이자율이 다음과 같을 때 현재가치를 계산하라.

(a) 5%   (b) 7%   (c) 9%   (d) 11%   (e) 13%

풀이

정부는 매년 $5000의 9%를 이자로 지급하므로 10년 동안 채권자에게 $450를 이자로 지급한다. 10년이 지나면 채권은 $5000의 원금과 함께 구매자에게 상환된다. 상환까지 4년이 남았을 때 채권의 미래 현금흐름을 표 3.29에 정리하였다. 이것은 마지막 해에 정부가 구매자에게 돌려주는 초기 투자 금액인 $5000를 제외하고는 연금 지급과 유사하다. 표 3.29에는 할인율이 연간 복리 5%, 7%, 9%, 11%, 그리고 13%일 때의 이러한 미래 소득흐름에 대한 현재가치가 계산되어 있다. 표의 마지막 줄에는 각 경우에 대한 총 현재가치가 있는데 이율이 5%일 때 $5710에서 13%일 때 $4405까지 값이 변한다. 이자율이 증가할수록 채권의 가치는 감소한다. 이는 개별 현금흐름의 현재가치가 공식

$$P = \frac{S}{(1 + r/100)^t}$$

로 계산되는데 r이 클수록 P가 작아지기 때문에 쉽게 예상할 수 있다.

표 3.29

연도 말	현재가치					
	현금흐름	5%	7%	9%	11%	13%
1	450	429	421	413	405	398
2	450	408	393	379	365	352
3	450	389	367	347	329	312
4	5450	4484	4158	3861	3590	3343
총 현재가치		5710	5339	5000	4689	4405

이제부터는 이러한 관계가 금융시장에 미치는 영향을 분석하겠다. 이자율이 13%로 높게 형성되어 있다고 가정하자. 표 3.29에서 볼 수 있듯이 채권의 가격은 상대적으로 낮다. 게다가 미래에는 이자율이 하락할 것으로 예상할 것이고 따라서 채권의 현재가치가 증가할 것이다. 이러한 상황에서 채권 투자자는 채권 보유를 통한 이자뿐만 아니라 현재가치 변화에 따른 자본 소득을 기대할 수 있다. 따라서 높은 이자율일수록 현금이 증권으로 전환되기 때문에 투기 수요가 감소한다. 이자율이 낮은 경우에는 정확히 반대의 상황이 된다. 현재가치가 상대적으로 높고 이자율이 올라갈 것으로 예상되어 자본 손실 가능성이 존재하게 된다. 채권 투자자들이 투자를 회피하게 되어 투기 수요는 높아진다.

실전문제

7. 연이율 7%에 원금이 $1000인 10년 만기 국채가 있다. 채권의 만기가 3년 남았고 현재 이자율은 연복리 8%로 형성되어 있다. 현재가치를 계산하라.

연습문제 3.4

1. 할인율 8% 복리의 이자 지급 기간이 다음과 같을 때 2년 후 $7000의 현재가치를 구하라.

   (a) 분기마다 지급　　　　　(b) 연속으로 지급

2. 한 작은 기업이 초기 투자 $20,000에 대해 5년 후 $8000 수입을 약속하였다.

   (a) 내부수익률을 계산하라.

   (b) 시장 이자율이 연복리 6%일 때 이 기업에 투자하라고 조언하겠는가?

3. 투자회사가 두 개의 벤처회사 중 하나의 회사에 투자를 고려하고 있다. 프로젝트 1은 4년 후 $250,000의 수입을 주고 반면 프로젝트 2는 8년 후 $350,000의 수입을 준다고 한다. 이자율이 연복리 7%일 때 회사는 어디에 투자하겠는가?

4. 한 기업의 5년 동안의 수입(십만 달러)이 표 3.30에 나타나 있다. 연 할인율이 8%일 때 수입 흐름의 현재가치를 계산하라.

표 3.30

연도	1	2	3	4	5
수입	-20	-14	5	39	64

5. 한 공사업체가 다음 두 가지 지급 방법을 제안하였다.

   옵션 1: $73,000를 현재 일괄 지급

   옵션 2: 분기마다 $15,000씩 5회 지급하고 첫 번째 지급은 현재 지급

   이자율이 분기마다 이자를 지급하는 6% 분기복리일 때 공사업체는 어느 방법을 선택하는 것이 유리한가?

6. 금융회사가 £250,000를 지금 투자하고 3년 안에 £300,000를 받는다고 한다. 내부 수익률을 계산하라.

7. 한 회사가 한 프로젝트에 투자할 옵션이 있고 4개의 서로 다른 할인율에서의 순 현재가치가 표 3.31에 계산되어 있다.

표 3.31

할인율	순 현재가치
3	$5510
4	$630
5	-$3980
6	-$8330

   (a) 이 프로젝트의 내부수익률을 추정하라.

   (b) 외부에 5.5%의 수익을 주는 투자 기회가 있다면 이 프로젝트 투자를 권유할 것 인지 설명하라.

8. 세 개 중 하나의 프로젝트에 투자할 기회가 있다. 프로젝트 A, B, 그리고 C는 초기 지출이 각각 $20,000, $30,000, 그리고 $100,000가 필요하고 3년 안에 각 $25,000, $37,000, 그리고 $117,000의 수입을 보장한다고 한다. 시장 이자율이 연복리 5%일 때 어떤 프로젝트를 선택하겠는가?

9. 이자율이 연복리 10%일 때, 다음 기간 동안 매년 $100를 지급하는 연금의 현재가치를 구하라.
   (a) 5년 동안 지급   (b) 영구적으로 지급

10. 한 투자자가 다음 두 가지 프로젝트 중 하나에 투자할 기회가 주어져 있다고 한다.

   프로젝트 A는 현재 $10,000의 비용이 들고 4년 후에 $15,000를 돌려받는다.
   프로젝트 B는 현재 $15,000의 비용이 들고 5년 후에 $25,000를 돌려받는다.
   현재 이자율은 9%이다.

   순 현재가치를 계산하여 어떤 프로젝트를 선택할지 결정하라.

11. 오늘 약속한 투자비용이 $130,000이다. 1년 후의 예상 수입은 $40,000이고 2년 후에는 $140,000이다. 내부수익률을 소수점 아래 첫째자리까지 찾아라.

연습문제 3.4*

1. 할인율이 반면마다 이자를 지급하는 9.5%의 반년복리일 때 6년 후 $450의 현재가 치를 소수점 아래 둘째자리까지 찾아라.

2. 초기 투자 $7000가 필요한 한 프로젝트가 1년 후 $1500, 2년 후 $2500, 그리고 3년 후 $x의 수입을 보장한다고 한다. 이자율이 연복리 6%이고 순 현재가치가 $838.18 일 때 x의 값을 가장 가까운 달러로 표현하라.

3. 이자율이 8%의 연복리일 때, 영구히 매년 $2500를 지급하는 연금의 현재가치를 구하라.

4. 한 기업이 10년 동안 매년 $8000의 추가 수입을 예상하는 기계에 투자하기로 결정하였다. 이 기간이 지난 후에 그 기계를 $5000에 팔려고 한다. 이 투자에 손해를 보지 않기 위해 기계에 지불할 수 있는 최대 금액은 얼마인가? 할인율은 연복리 6%라고 가정한다.

5. 앞으로 3년 동안 한 기업이 매년 초에 $10,000를 투자하기로 결정하였다. 각 투자에 따라 그해 말에 예상되는 수입은 표 3.32에 주어져 있다. 할인율이 연복리 4%일 때 순 현재가치를 구하라.

표 3.32

연도 말	수입($)
1	5,000
2	20,000
3	50,000

6. 한 프로젝트의 초기 투자가 $50,000가 필요하다. 이 투자는 1년 후에 $40,000, 2년 후에 $30,000의 수입을 준다. 내부수익률의 정확한 값을 찾아라.

7. 6%의 수입률을 주는 초기 비용 $5000인 국채의 만기가 5년 남았다. 일반 이자율이 15%일 때 현재가치를 구하라.

8. 영구히 매년 $20,000를 지급하는 연금이 있다. 이자율이 연복리 5%일 때 다음을 찾아라.

   (a) 전체 연금의 현재가치

   (b) 30년 말부터 받는 연금의 현재가치

   (c) 처음 30년 동안 연금의 현재가치

9. 엔지니어링 회사가 새로운 공장을 건설할지 결정해야 한다. 공장을 짓는 초기 비용이 \$150(백만)이고 2년 후에 추가적으로 \$100(백만)가 더 필요하다. 연간 운영비용은 3차 연도 말부터 \$5(백만)이고 연 수입은 3차 연도 말부터 \$50(백만)이다. 이자율이 연복리 6%일 때, 다음을 찾아라.

   (a) 건설비용의 현재가치

   (b) n차 연도($n > 2$) 말의 운영비용의 현재가치

   (c) n차 연도($n > 2$) 이후 수입의 현재가치

   (d) 순 현재가치가 양이 되는 최소 기간 n

10. 초기 지출 \$80,000가 필요한 한 프로젝트가 1년 후 \$20,000, 2년 후 \$30,000, 그리고 3년 후 \$R의 수입을 낸다. 내부수익률이 10%일 때 R의 값을 결정하라.

11. n년 동안 매년 말에 \$R를 지급하는 연금이 있다. 이자율이 연복리 r%일 때, 현재가치가 다음과 같이 됨을 보여라.

   $$\frac{100R[1 + r/100]^{-n}}{r}$$

   (a) 이자율이 6.5%, 현재가치가 \$14,000, 그리고 연금이 15년 동안 지급된다고 할 때 매년 지급되는 금액을 구하라. 소수점 아래 둘째자리까지 구하라.

   (b) 연금이 영구히 지급된다고 할 때, r과 R을 사용하여 현재가치를 일반적으로 표현하라.

12. 초기지출 \$A가 필요한 프로젝트가 n년 동안 매년 말에 \$a의 수입을 낸다.

   (a) 내부수익률 r이 다음 식을 만족함을 보여라.

   $$A = \frac{100a}{r}\left[1 - \left(1 + \frac{r}{100}\right)^{-n}\right]$$

   (b) 초기 지출이 \$1,000,000이고 영구히 \$10,000의 수입을 주는 프로젝트의 내부수익률을 찾아라.

수학 심화학습

그리스 문자 Σ(sigma)는 문자 S(합에 대한)와 같고 합을 간단한 형태로 표현해준다. 수열 $x_1, x_2, x_3, \ldots, x_n$이 주어져 있을 때 다음과 같이 정의한다.

$$\sum_{i=1}^{n} x_i = x_1 + x_2 + x_3 + \cdots + x_n$$

이 경우 $i=1$로 시작하여 첨자 i를 하나씩 올라가면서 x_i를 모두 더한다. Σ의 아래와 위에 있는 $i=1$과 n을 각각 아래끝(Lower limit)과 위끝(Upper limit)이라고 한다. 이 기호를 사용하면

$$\sum_{i=1}^{5} i^2 = 1^2 + 2^2 + 3^2 + 4^2 + 5^2$$

이 된다. 일반항은 i^2이고 $i=1$에서 시작하여 $i=5$가 되기까지 모든 정수에 대해 더해준다.
마찬가지로

$$\sum_{i=3}^{7} 2^i = 2^3 + 2^4 + 2^5 + 2^6 + 2^7$$

이 된다. 여기서 아래끝 3은 $i=3$을 2^i에 대입한 2^3부터 시작하라는 것을 의미한다. 계속되는 항은 연속되는 정수인 $i=4, 5, \ldots$를 일반항에 대입하여 얻게 된다. 위끝 7은 2^7를 포함하는 값까지 앞의 값을 모두 더해주라는 것을 의미한다.

이 표기법은 긴 표현을 간략하게 해주는 데 편리하고 다른 장점들도 있다. 다음 성질들은 합의 계산을 용이하게 해준다.

성질 1

$$\sum_{i=1}^{n} (x_i + y_i) = \sum_{i=1}^{n} x_i + \sum_{i=1}^{n} y_i$$

성질 2

$$\sum_{i=1}^{n} a x_i = a \sum_{i=1}^{n} x_i \quad (a\text{는 상수})$$

이 성질들은 합을 길게 늘여 써서 쉽게 확인할 수 있다. 성질 2는 다음과 같이 보여줄 수 있다.

$$\sum_{i=1}^{n} ax_i = ax_1 + ax_2 + \cdots + ax_n = a(x_1 + x_2 + \cdots + x_n) = a\sum_{i=1}^{n} x_i$$

이 장에서 보여줬듯이 금융수학은 종종 수열의 합의 계산을 포함하기도 한다. 다음 예제는 등비급수의 합을 시그마 기호를 사용하여 어떻게 표현하는지 보여준다.

예제

(a) n년 동안 은행 계좌에 연초마다 $2000를 저축한다. 은행이 4%의 연 수입률을 제공한다면 총 저축액을 Σ 기호를 사용하여 표현하라.

(b) Σ 기호를 사용하여 초항이 a이고 등비가 r인 등비수열의 처음 n번 항까지의 합을 표현하라.

풀이

(a) n년 동안 총 저축액은

$$2000(1.04) + 2000(1.04)^2 + 2000(1.04)^3 + \ldots + 2000(1.04)^n$$

이고 Σ 기호를 사용하면

$$\sum_{i=1}^{n} 2000(1.04)^i = 2000\sum_{i=1}^{n} 1.04^i \,(\text{두 번째 성질을 이용하여 2000을 앞으로 빼준다})$$

(b) Σ 기호를 이용하여 등비수열의 합

$$a + ar + ar^2 + \ldots + ar^{n-1}$$

을 표현하면

$$\sum_{i=1}^{n} ar^{i-1} = a\sum_{i=1}^{n} r^{i-1} \,(\text{다시 두 번째 성질을 이용하여 } a\text{를 앞으로 빼준다})$$

주요 용어

아래끝(Lower limit)   시그마 기호의 아래 있는 숫자로 합의 첫 번째 항을 가리킨다.
위끝(Upper limit)   시그마 기호의 위에 있는 숫자로 합의 마지막 항을 가리킨다.

CHAPTER 4

미분

이 장에서는 미분학의 일반적인 주제에 대해 간단히 소개한다. 여덟 개의 절로 구성되어 있는데 순서대로 읽을 것을 권한다. 처음 읽을 때는 4.4절과 4.7절은 생략해도 무방하고, 4.6절은 4.3절 이후에 읽는 것이 좋겠다.

4.1절은 가볍게 읽을 수 있도록 미분의 기본 아이디어를 제공한다. 그림을 이용해 내용을 설명하는데, 이렇게 하면 그 이면에 자리한 수학과 이후 절들에서 언급할 실제 경제문제와의 연관성을 이해하는 데 도움이 될 것이다.

미분의 여섯 가지 규칙을 4.2절과 4.4절에 걸쳐 설명한다. 4.2절은 모든 학생이 알아야 하는 쉬운 규칙들을 다룬다. 만약 경영학을 전공하고 있다면 4.4절의 고난위도 규칙들은 필요 없을 수도 있다. 절과 장의 후반부에 있는 예제들은 가능하면 쉬운 규칙들을 응용해 풀 수 있게 하여 그러한 학생들에게 불이익이 없도록 했다. 그러나 수리경제학을 제대로 공부하기 위해서는 고난위도의 규칙들을 꼭 알아야 하며, 일반적인 결과를 유도하기 위해서는 그러한 규칙들을 사용해야 한다.

4.3절과 4.5절에서 표준적인 경제학 실전문제를 다룬다. 수익, 비용, 생산, 소비, 그리고 저축함수에서 도출되는 한계함수를 4.3절에서 논의한다. 탄력성과 관련된 중요 주제는 4.5절에서 설명된다. 호(arc) 상에서의 가격 탄력성과 한 점에서의 가격 탄력성의 차이를 설명한다. 선형수요 함수에서 도출되는 익숙한 결과들과 수요의 가격 탄력성(Price elasticity of demand)과 수익과의 관계가 도출된다.

4.6절과 4.7절은 최적화 문제를 집중적으로 논의하는데, 경제적 함수들의 최댓값 또는 최솟값을 구하는 데 이용된다. 4.6절의 전반부는 수학적 기교에 집중하고, 후반부에서는 경제학과 경영학에 나오는 네 가지 유형의 문제를 공부한다. 4.7절에서는 수학을 사용하여 이윤함수와 생산함수의 최적화 문제와 연관된 일반적 결과들을 도출한다. 경영에서의 간단한 재고관리 문제를 설명하고 경제적 주문량에 관한 일반식이 도출된다.

마지막 절에서는 수학적으로 중요한 지수함수와 자연로그함수에 대해 한 번 더 짚어본다. 이들 함수를 어떻게 미분하고 경제학과 경영학에서 어떻게 사용되는지 자세히 설명한다.

미분이 아마 이 책 전체에서 가장 중요한 주제이고, 수리경제학의 많은 부분에 필요한 기초를 제공하기 때문에 제5장과 6장에서도 계속 다룰 것이다. 따라서 최선을 다해 각 절에 주어진 문제들을 풀어보기를 권한다. 이를 위해서는 함수의 개념에 대한 이해와 대수적 표현을 조작할 수 있는 능력이 있어야 하는데 이는 제1장과 2장에서 다루었다. 이 내용들을 잘 소화했으면 미적분을 이해하기에 충분하다.

SECTION 4.1

함수의 도함수

목표

이 절을 공부한 후에는 다음을 할 수 있다:

- 선 위에 임의의 두 점이 주어졌을 때 직선의 기울기를 찾을 수 있다.
- 기울기 부호를 이용하여 한 선이 증가하는지 감소하는지 또는 수평인지 판정할 수 있다.
- 함수의 도함수(derivative)로 $f'(x)$와 dy/dx 기호를 인식할 수 있다.
- 접선의 기울기를 계산하여 함수의 도함수를 추정할 수 있다.
- 거듭제곱함수(power function)를 미분할 수 있다.

이 절에서는 미분을 편안하게 고통 없이 시작할 수 있도록 기본 개념을 아주 쉽게 소개한다. 우리가 하려는 것은 단지 세 가지뿐이다. 도함수라 불리는 것의 기초적인 아이디어에 대해 논의하고, 이것을 표시하는 두 가지 방법 또는 기호를 설명하고, 마지막으로 단순한 문제의 경우 도함수를 구하는 공식을 어떻게 적는지 보여줄 것이다.

1장에서 직선의 기울기가 x 1 단위 증가에 수반된 y값의 변화로 정의되었다. 사실, x의 변화를 1 단위의 증가로 한정할 필요는 없다. 일반적으로, 기울기(slope 또는 gradient)는 동일 선 상에 있는 임의의 두 점 사이를 움직일 때 y값의 변화를 해당 x값의 변화로 나눈 것이다. 관습적으로 y의 변화를 그리스 문자 'Δ(델타)'를 써서 Δy로, x의 변화를 Δx로 나타낸다. 이 기호들을 이용하면

$$\text{기울기} = \frac{\Delta y}{\Delta x}$$

가 된다.

예제

다음의 점을 통과하는 직선의 기울기를 구하라.

(a) A (1, 2)와 B (3, 4)

(b) A (1, 2)와 C (4, 1)

(c) A (1, 2)와 D (5, 2)

풀이

(a) 점 A, B가 그림 4.1에 표시되어 있다. A에서 B로 움직일 때, y 좌표가 2에서 4로 2 단위 증가 그리고 x 좌표도 1에서 3으로 2 단위 증가했다. 따라서

$$기울기 = \frac{\Delta y}{\Delta x} = \frac{4-2}{3-1} = \frac{2}{2} = 1$$

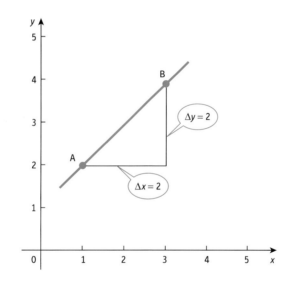

그림 4.1.

(b) 점 A, C가 그림 4.2에 표시되어 있다. A에서 C로 움직일 때, y 좌표가 2에서 1로 1 단위 감소, 그리고 x 좌표는 1에서 4로 3 단위 증가했다. 따라서

$$기울기 = \frac{\Delta y}{\Delta x} = \frac{1-2}{4-1} = \frac{-1}{3}$$

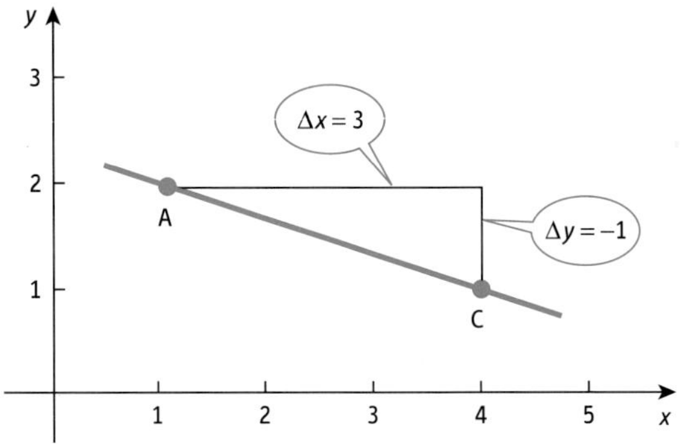

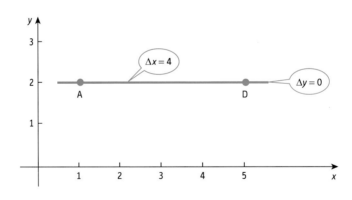

그림 4.2.

(c) 점 A, D가 그림 4.3에 표시되어 있다. A에서 D로 움직일 때, y 좌표가 2로 고정, 그리고 x 좌표는 1에서 5로 4 단위 증가했다. 따라서

$$기울기 = \frac{\Delta y}{\Delta x} = \frac{2-2}{5-1} = \frac{0}{4} = 0$$

그림 4.3.

실전문제

1. 다음의 점들을 지나는 직선의 기울기를 구하라.

   (a) E(-1, 3)와 F(3, 11)

   (b) E(-1, 3)와 G(4, -2)

   (c) E(-1, 3)와 H(49, 3)

이러한 예제들로부터 선이 오르막이면 기울기가 양(+), 선이 내리막이면 음(−) 그리고 선이 수평이면 기울기가 영(0)임을 알 수 있다.

불행하게도 경제학의 모든 함수들이 선형인 것은 아니라서 좀 더 일반적인 곡선을 포함하도록 기울기의 정의를 확대할 필요가 있다. 이를 위해서는 그림 4.4에 그려진 접선의 개념이 필요하다.

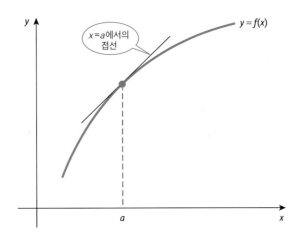

그림 4.4.

곡선 위의 한 점을 지나고 그리고 오직 이 점에서만 그 곡선에 닿아 있는 직선을 접선(tangent)이라고 부른다. 그러면 $x=a$에서의 곡선의 기울기 또는 경사는 $x=a$에서의 접선의 기울기로 정의된다. 우리는 이미 직선의 기울기를 구하는 방법을 보았기 때문에 곡선의 기울기도 정확하게 측정할 수 있게 된다. 단순한 형태의 곡선과 곡선 위 여러 점에서의 접선 선택이 그림 4.5에 나타나 있다. 곡선에서 각각의 접선이 정확하게 한 점을 지나면서 비스듬히 스치고 있음을 확인할 수 있다. 이 그림의 경우 곡선을 따라 왼쪽에서 오른쪽으로 이동하면서 접선의 기울기가 증가하고 있다. 이는 $x=a$에서는 곡선이 평평하지만 멀어지면서 점점 더 가파르게 됨을 보여준다.

여기에 직선의 기울기와 곡선의 기울기 사이에 중요한 차이가 있다. 직선의 경우, 그 길이를 통틀어 기울기가 고정되고 그리고 기울기를 구하기 위해 직선 위에 어떤 두 점을 잡든지 상관없다. 예를 들어, 그림 4.6에서 모든 $\Delta y/\Delta x$ 비율은 1/2의 값을 갖는다. 그러나 방금 보았듯이, 곡선의 기울기는 그것을 따라 움직이며 변한다. 수학에서는 $x=a$에서 함수 f의 기울기를 나타내기 위해 다음의 기호를 사용한다.

$$f'(a)$$

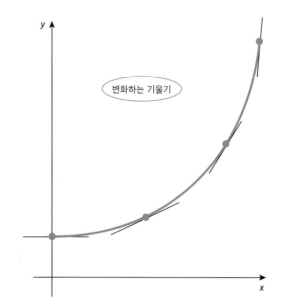

변화하는 기울기

그림 4.5.

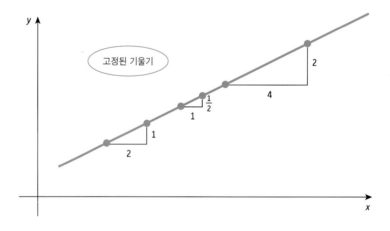

고정된 기울기

그림 4.6.

이 기호는 최소한의 불편함으로 최대한의 정보를 전달한다. 항상 그렇듯이 우리가 어떤 함수를 고려하고 있는지를 나타내기 위해 라벨 f가 필요하다. 곡선의 어느 점에서의 기울기를 구하는지를 알기 위해 당연히 a도 필요하다. 마지막으로, 기울기와 함숫값을 구분하기 위해 '프라임' 기호 $'$가 사용된다. 기호 $f(a)$는 x축 위 $x=a$에서의 곡선의 높이를 알려주는 반면, $f'(a)$는 이 점에서 곡선의 기울기를 알려준다.

함수 그래프에서 기울기를 함수의 도함수(derivative)라고 부른다. x의 각 값에 대응하는 유일하게 정의된 도함수 $f'(x)$가 있다는 사실이 흥미롭다. 다른 식으로 말하면, 'x에서

f의 그래프의 기울기를 발견하는' 규칙이 하나의 함수를 정의한다. 이러한 기울기 함수를 또한 도함수(derived function, 일부에서는 유도함수라고도 부르나 도함수로 통일해 불러도 무방함) 라고 부른다. 도함수를 나타내는 다른 기호가

$$\frac{\mathrm{d}y}{\mathrm{d}x}$$

이다. 역사적으로, 이 기호는 직선의 기울기를 나타내는 기호인 $\Delta y / \Delta x$에 대응해 생겨났다; 그리스 문자 Δ에 해당하는 영어 글자가 d이다. 그러나

$$\frac{\mathrm{d}y}{\mathrm{d}x}$$

가 'dy 나누기 dx'가 아님을 인식하는 것이 중요하다. y의 x에 관한 도함수를 나타내는 하나의 기호로 인식해야 한다. 문맥상 어떤 기호가 더 적당한지 알게 되겠지만, 어느 것을 사용하는가는 중요하지 않다. 예를 들어, 만약 2차 함수를

$$y = x^2$$

로 나타내었다면, 도함수를

$$\frac{\mathrm{d}y}{\mathrm{d}x}$$

로 표시하는 것이 자연스럽다. 반면, 만약

$$f(x) = x^2$$

을 사용한다면, $f'(x)$가 좀 더 적절해 보인다.

표의 값들에 기초해 2차 함수의 그래프가 그림 4.7에 나타나 있다. 이 그래프로부터

x	−2.0	−1.5	−1.0	−0.5	0.0	0.5	1.0	1.5	2.0
$f(x)$	4	2.25	1	0.25	0	0.25	1	2.25	4

접선의 기울기가 아래와 같음을 알 수 있다.

$$f'(-1.5) = \frac{-15}{0.5} = -3$$

$$f'(-0.5) = \frac{-0.5}{0.5} = -1$$

$$f'(0.5) = \frac{0.5}{0.5} = 1$$

$$f'(1.5) = \frac{1.5}{0.5} = 3$$

$x=0$에서 접선이 수평선이기 때문에 $f'(0)$의 값이 영이다.

$f'(-1.5) = -f'(1.5)$이고 $f'(-0.5) = -f'(0.5)$임을 주목하라.

이것은 그래프가 y축에 대해 대칭이기 때문에 그렇다. y축 왼쪽의 접선의 기울기는 오른쪽의 대응된 접선의 기울기와 크기가 같다. 그러나 한쪽에서는 내리막의 기울기이고 다른 쪽에서는 오르막의 기울기이기 때문에 부호는 서로 반대이다.

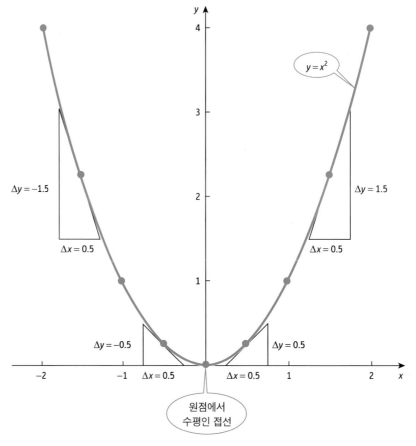

그림 4.7.

실전문제

2. 다음의 함숫값 표를 완성하고 $f(x)=x^3$의 정확한 그래프를 그려라.

x	−1.50	−1.25	−1.00	−0.75	−0.50	−0.25	0.00
$f(x)$		−1.95			−0.13		

x	0.25	0.50	0.75	1.00	1.25	1.50
$f(x)$		0.13			1.95	

그래프에 $x=-1$, 0, 1에서의 접선을 그려라. 그리고 $f'(-1)$, $f'(0)$, $f'(1)$의 값을 추정하라.

실전문제 2를 풀어 보면 그래프를 이용해 정확하게 $f'(a)$를 계산하는 것이 상당히 어렵다는 것을 알 수 있을 것이다. 종이와 연필을 이용해 부드러운 곡선을 완벽하게 그리는 것이 불가능하고, 또한 접선이 어디에 위치하는지 눈으로 판단하기도 똑같이 어렵다. 그리고 접선의 기울기를 구하기 위해 수평과 수직 거리를 측정하는 데도 문제가 있다. 이러한 요인들이 복합적으로 부정확한 $f'(a)$를 줄 수도 있다. 그러나 다행히도 f가 거듭제곱 함수(power function)일 때, 정말 간단히 $f'(a)$를 찾는 방법이 있다.

　만약 $f(x)=x^n$이면 $f'(x)=nx^{n-1}$,

또는

　만약 $y=x^n$이면

임을 증명할 수 있다. (그래프를 이용하기보다) 기호를 이용해 도함수를 찾는 과정을 미분(differentiation)이라 한다. x^n을 미분하는 것은 거듭제곱의 수를 앞으로 내리고 거듭제곱에서 1을 빼는 것이다:

　x^n을 미분하면 nx^{n-1}이 된다

2차 함수를 미분하기 위해 이 공식에 $n=2$로 놓으면

　$f(x)=x^2$을 미분하면 $f'(x)=2x^{2-1}$이 된다.

즉,

　$f'(x)=2x^1=2x$

이 결과를 이용하면 그림 4.7의 그래프에서 얻은 결과와 일치하게 다음을 얻는다.

$$f'(-1.5) = 2 \times (-1.5) = -3$$
$$f'(-0.5) = 2 \times (-0.5) = -1$$
$$f'(0) = 2 \times (0) = 0$$
$$f'(0.5) = 2 \times (0.5) = 1$$
$$f'(1.5) = 2 \times (1.5) = 3$$

실전문제

3. $f(x) = x^3$일 때, $f'(x)$의 식을 써라. $f'(-1)$, $f'(0)$, $f'(1)$을 계산하라. 이 결과들이 실전 문제 2의 추정치와 일치함을 확인하라.

예제

다음을 미분하라.

(a) $y = x^4$ (b) $y = x^{10}$ (c) $y = x$

(d) $y = 1$ (e) $y = 1/x^4$ (f) $y = \sqrt{x}$

풀이

(a) $y = x^4$를 미분하기 위해 거듭제곱(여기서는 4)을 앞으로 내리고 거듭제곱에서 1을 빼면 (즉, $4 - 1 = 3$)

$$\frac{dy}{dx} = 4x^3$$

(b) 마찬가지로,

만약 $y = x^{10}$이면 $\dfrac{dy}{dx} = 10x^9$

(c) 공식을 쓰기 위해서 먼저 $y = x$를 어떤 수 n에 대한 $y = x^n$의 형식으로 표현해야 한다. 이 경우 $x^1 = x$이므로 $n = 1$이고, $x^0 = 1$이므로

$$\frac{dy}{dx} = 1x^0 = 1$$

이 결과는 그림 4.8에 그려진 $y = x$의 그래프로부터 명확히 알 수 있다.

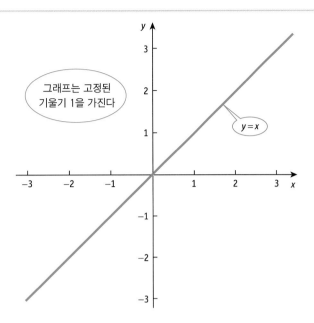

그림 4.8.

(d) 1을 미분하기 위해 $y=1$을 $y=x^n$의 형식으로 표현해야 한다. 이 경우 $x^0=1$이므로 $n=0$, 따라서

$$\frac{dy}{dx} = 0x^{-1} = 0$$

이 결과 또한 그림 4.9에 그려진 $y=1$ 그래프로부터 명확히 알 수 있다.

(e) $1/x^4 = x^{-4}$임을 이용하면,

$$y = \frac{1}{x^4} \text{ 일 때, } \frac{dy}{dx} = -4x^{-5} = -\frac{4}{x^5}$$

$-4-1=-5$이므로 거듭제곱이 -5로 감소했다.

(f) $\sqrt{x} = x^{1/2}$ 임을 이용하면,

$$y = \sqrt{x} \text{ 일 때, } \frac{dy}{dx} = \frac{1}{2}x^{-1/2}$$
$$= \frac{1}{2x^{1/2}}$$
$$= \frac{1}{2\sqrt{x}}$$

$\frac{1}{2}-1=-\frac{1}{2}$이므로 거듭제곱이 $-\frac{1}{2}$로 감소했다.

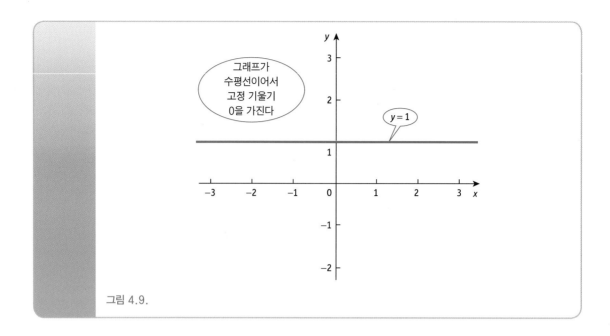

그림 4.9.

실전문제

4. 다음을 미분하라.

(a) $y = x^5$ (b) $y = x^6$ (c) $y = x^{100}$

(d) $y = 1/x$ (e) $y = 1/x^2$

[힌트: (d)와 (e)에서 $1/x = x^{-1}$, $1/x^2 = x^{-2}$임을 이용하라.]

주요 용어

경사(Slope) 기울기의 다른 표현.

기울기(Gradient) 선의 기울기는 가파름의 정도를 측정하는 것으로, 임의의 두 점 사이에서 수직의 변화를 수평의 변화로 나눈 것이다. 곡선 위 한 점에서의 기울기는 그 점에서의 접선의 기울기이다.

도함수(Derivative) 곡선 위 한 점에서의 접선의 기울기. $x = a$에서의 도함수는 $f'(a)$.

미분(Differentiation) 함수의 1계 도함수를 결정하는 과정.

(유)도함수(Derived function) 함수 f 위 임의의 한 점에서의 기울기를 주는 규칙 f'.

접선(Tangent) 곡선을 딱 한 점에서만 스치는 직선.

연습문제 4.1

1. 다음 점들을 통과하는 직선의 기울기를 찾아라.

   (a) (2, 5)와 (4, 9)   (b) (3, −1)과 (7, −5)   (c) (7, 19)와 (4, 19)

2. 점 (0, 2)와 (3, 0)이 다음 직선 위에 있음을 증명하라.

   $$2x + 3y = 6$$

   그리고 이 직선의 기울기를 구하라. 직선이 증가하는지 감소하는지 또는 수평인지 알아보라.

3. 다음 함수의 그래프를 그려라.

   $$f(x) = 5$$

   왜 $f'(x) = 0$인지 설명하라.

4. 다음 함수를 미분하라.

   $$f(x) = x^7$$

   그리고 $x = 2$에서 $y = x^7$ 그래프의 기울기를 계산하라.

5. 다음을 미분하라.

   (a) $y = x^8$ (b) $y = x^{50}$

   (c) $y = x^{19}$ (d) $y = x^{999}$

6. 다음을 미분하되 정답을 주어진 문제와 비슷한 형태로 표시하라.

   (a) $f(x) = \dfrac{1}{x^3}$ (b) $f(x) = \sqrt{x}$

   (c) $f(x) = \dfrac{1}{\sqrt{x}}$ (d) $y = x\sqrt{x}$

7. 함수 $f(x) = x^2 - 2x$의 함숫값 테이블을 완성하라.

x	-1	-0.5	0	0.5	1	1.5	2	2.5
$x^2 - 2x$								

   이 함수의 그래프를 그리고, 접선의 기울기를 측정하여 다음을 추정하라.

   (a) $f'(-0.5)$

   (b) $f'(1)$

   (c) $f'(1.5)$

연습문제 4.1*

1. 점 $(0, b)$와 $(1, a+b)$가 직선 $y=ax+b$ 위에 있음을 증명하라. 그리고 이 직선의 기울기가 a임을 보여라.

2. 다음의 함수들을 미분하여 동일한 형태로 나타내라.

   (a) x^{15}　　　　　　　　(b) $x^4\sqrt{x}$　　　　　　　　(c) $\sqrt[3]{x}$

   (d) $\dfrac{1}{\sqrt[4]{x}}$　　　　　　　　(e) $\dfrac{\sqrt{x}}{x^7}$

3. 다음의 그래프에서 A는 $x=4$에서의 점, B는 $x=4.1$에서의 점이다.

   (a) $y=\sqrt{x}$

   (b) $y=x\sqrt{x}$

   (c) $y=\dfrac{1}{\sqrt{x}}$

   각각의 경우에 대하여 다음을 찾아라.

   (i) A와 B의 y 좌표

   (ii) 선분 AB의 기울기

   (iii) A에서 $\dfrac{dy}{dx}$ 값

   그리고 (ii)와 (iii)의 답을 비교하라.

4. 다음과 같은 특정한 기울기를 가지는 좌표를 찾아라.

   (a) $y=x^{2/3}$, 기울기$=\dfrac{1}{3}$　　　　　(b) $y=x^5$, 기울기$=405$

   (c) $y=\dfrac{1}{x^2}$, 기울기$=16$　　　　　(d) $y=\dfrac{1}{x\sqrt{x}}$, 기울기$=-\dfrac{3}{64}$

SECTION 4.2

미분 규칙

목표

이 절을 공부한 후에는 다음을 할 수 있다:

- 상수 규칙을 이용하여 $cf(x)$ 형식의 함수를 미분할 수 있다.
- 합의 규칙을 이용하여 $f(x)+g(x)$ 형식의 함수를 미분할 수 있다.
- 차의 규칙을 이용하여 $f(x)-g(x)$ 형식의 함수를 미분할 수 있다.
- 2계 도함수를 평가하고 해석할 수 있다.

조언

이 절에서 세 가지 기본적인 미분 규칙을 배운 후 다음 절에서부터 다양한 경제적 응용을 배우게 된다. 실전문제들을 잘 분석하기 위해서는 기본적인 수학적 기교에 대한 철저한 이해가 선행되어야 한다. 이 절의 문제들은 다소 의도적이기도 하지만 특성상 계속 반복된다. 비록 여러 규칙들 자체가 명확하지만 이것들을 사용하는 데 능숙해질 때까지 반복적으로 연습해야 한다. 사실, 이 절의 규칙들을 숙달하지 않고는 이 책의 나머지 부분을 더 공부하기 어려움을 명심해야 한다.

규칙 1   상수 규칙

임의의 상수 c에 대하여,

만약 $h(x)=cf(x)$이면 $h'(x)=cf'(x)$.

이 규칙은 함수의 상수 곱의 도함수를 어떻게 구하는지 알려준다:

함수를 미분하고 상수를 곱하라.

예제

다음을 미분하라.

(a) $y = 2x^4$ (b) $y = 10x$

풀이

(a) $2x^4$를 미분하기 위해 먼저 x^4를 미분하여 $4x^3$을 얻고 여기에 2를 곱한다. 따라서

만약 $y = 2x^4$이면 $\dfrac{dy}{dx} = 2(4x^3) = 8x^3$이다.

(b) $10x$를 미분하기 위해 먼저 x를 미분하여 1을 얻고 여기에 10을 곱한다. 따라서

만약 $y = 10x$이면 $\dfrac{dy}{dx} = 10(1) = 10$이다.

실전문제

1. 다음을 미분하라.

(a) $y = 4x^3$ (b) $y = 2/x$

상수 규칙을 이용하여 상수를 미분하면 영(0)이 됨을 보일 수 있다.

이를 확인하기 위해, $x^0 = 1$이므로 식 $y = c$가 $y = cx^0$와 같음에 주목하라. 상수 규칙에 의해 먼저 x^0를 미분하여 $0x^{-1}$을 얻고 c를 곱하라. 그러면 다음과 같은 결과를 얻는다.

만약 $y = c$이면 $\dfrac{dy}{dx} = c(0x^{-1}) = 0$

이는 그림 4.10에서 x축과 c만큼 떨어진 수평선인 $y = c$ 그래프에서도 분명히 알 수 있다. 이 결과는 중요한데, 왜 미분하면 수식에 있던 상수가 사라지는지를 설명해준다.

규칙 2   합의 규칙

만약 $h(x) = f(x) + g(x)$이면 $h'(x) = f'(x) + g'(x)$이다.

이 규칙은 어떻게 두 함수의 합의 도함수를 구하는지 말해준다:

각각의 함수를 따로 미분한 다음 더하라.

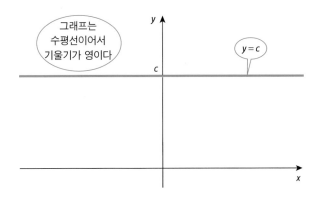

그림 4.10.

예제

다음을 미분하라.

(a) $y = x^2 + x^{50}$ (b) $y = x^3 + 3$

풀이

(a) $x^2 + x^{50}$를 미분하기 위해 x^2과 x^{50}을 따로 미분한 다음 더한다.

x^2을 미분하면 $2x$ 그리고 x^{50}을 미분하면 $50x^{49}$.

따라서

만약 $y = x^2 + x^{50}$이면 $\dfrac{dy}{dx} = 2x + 50x^{49}$이다.

(b) $x^3 + 3$을 미분하기 위해 x^3과 3을 따로 미분한 다음 더한다.

x^3을 미분하면 $3x^2$ 그리고 3을 미분하면 0.

따라서

만약 $y = x^3 + 3$이면 $\dfrac{dy}{dx} = 3x^2 + 0 = 3x^2$이다.

실전문제

2. 다음을 미분하라.

    (a) $y = x^5 + x$ (b) $y = x^2 + 5$

규칙 3   차의 규칙

만약 $h(x) = f(x) - g(x)$이면 $h'(x) = f'(x) - g'(x)$이다.

이 규칙은 어떻게 두 함수의 차의 도함수를 구하는지 말해준다:

각각의 함수를 따로 미분한 다음 빼라.

예제

다음을 미분하라.

(a) $y = x^5 - x^2$　　　　　　　　　(b) $y = x - \dfrac{1}{x^2}$

풀이

(a) $x^5 - x^2$을 미분하기 위해 x^5과 x^2을 따로 미분한 다음 뺀다.

　　x^5을 미분하면 $5x^4$, x^2을 미분하면 $2x$.

따라서

　　만약 $y = x^5 - x^2$이면 $\dfrac{dy}{dx} = 5x^4 - 2x$이다.

(b) $x - \dfrac{1}{x^2}$을 미분하기 위해 x와 $\dfrac{1}{x^2}$를 따로 미분한 다음 뺀다.

　　x를 미분하면 1, $\dfrac{1}{x^2}$을 미분하면 $-\dfrac{2}{x^3}$.

$\left(x^{-2} \text{ 을 미분하면 } -2x^{-3} \right)$

따라서

　　만약 $y = x - \dfrac{1}{x^2}$이면 $\dfrac{dy}{dx} = 1 - \left(-\dfrac{2}{x^3} \right) = 1 + \dfrac{2}{x^3}$이다.

실전문제

3. 다음을 미분하라.

　　(a) $y = x^2 - x^3$　　　　　　　　(b) $y = 50 - \dfrac{1}{x^3}$

이상의 세 규칙을 결합하는 것이 가능하고, 그래서 다음의 예제에서 알 수 있듯이 더 복잡한 형태의 함수의 도함수를 구할 수 있다.

예제

다음을 미분하라.

(a) $y = 3x^5 + 2x^3$

(b) $y = x^3 + 7x^2 - 2x + 10$

(c) $y = 2\sqrt{x} + \dfrac{3}{x}$

풀이

(a) 합의 규칙이 보여주는 것은 $3x^5 + 2x^3$를 미분하기 위해 $3x^5$과 $2x^3$을 미분한 다음 더하라는 것이다. 상수 규칙에 의해

  $3x^5$을 미분하면 $3(5x^4) = 15x^4$

그리고

  $2x^3$을 미분하면 $2(3x^2) = 6x^2$.

따라서

  만약 $y = 3x^5 + 2x^3$이면 $\dfrac{\mathrm{d}y}{\mathrm{d}x} = 15x^4 + 6x^2$이다.

연습을 하다 보면 조만간 항들을 순서대로 미분하여 한 줄로 도함수를 적을 수 있을 것이다. 함수 $y = 3x^5 + 2x^3$에 대해

  $\dfrac{\mathrm{d}y}{\mathrm{d}x} = 3(5x^4) + 2(3x^2) = 15x^4 + 6x^2$

로 적을 수 있다.

(b) 여태까지 우리는 최대 두 개의 항으로 구성된 표현을 다루었다. 그러나 합과 차의 규칙은 더 긴 식에도 그대로 적용할 수 있어, 항들을 앞에서처럼 순서대로 미분할 수 있다. 함수 $y = x^3 + 7x^2 - 2x + 10$에 대해

  $\dfrac{\mathrm{d}y}{\mathrm{d}x} = 3x^2 + 7(2x) - 2(1) + 0 = 3x^2 + 14x - 2$이다.

(c) $y = 2\sqrt{x} + \dfrac{3}{x}$을 미분하기 위해 먼저 지수기호를 이용하여

  $y = 2x^{1/2} + 3x^{-1}$로 고쳐 쓴다.

항들을 순서대로 미분하면

$$\frac{dy}{dx} = 2\left(\frac{1}{2}\right)x^{-1/2} + 3(-1)x^{-2} = x^{-1/2} - 3x^{-2}$$이고,

이를 익숙한 형태로 고쳐 적으면

$$\frac{1}{\sqrt{x}} - \frac{3}{x^2}$$

실전문제

4. 다음을 미분하라.

(a) $y = 9x^5 + 2x^2$　　　　　　(b) $y = 5x^8 - \dfrac{3}{x}$

(c) $y = x^2 + 6x + 3$　　　　　　(d) $y = 2x^4 + 12x^3 - 4x^2 + 7x - 400$

함수를 미분하면 그 결과 또한 하나의 함수이다. 이는 함수를 두 번 미분하여 '함수의 기울기의 기울기'도 구할 수 있음을 의미한다. 수식으로는

$$f''(x)$$

또는

$$\frac{d^2 y}{dx^2}$$

으로 표기한다. 예를 들어, 만약 어떤 함수가

$$f(x) = 5x^2 - 7x + 12$$

일 때, 한 번 미분하면

$$f'(x) = 10x - 7$$

이고 $f'(x)$를 다시 미분하면

$$f''(x) = 10$$

이 된다. 함수 $f'(x)$를 1계 도함수(first-order derivative) 그리고 $f''(x)$를 2계 도함수(second-order derivative)라고 부른다.

예제

주어진 함수에서 $f''(1)$의 값을 구하라.

$$f(x) = x^7 + \frac{1}{x}$$

풀이

$f''(1)$이 값을 구하기 위해서는 $f(x) = x^7 + x^{-1}$을 두 번 미분한 다음 그 결과에 $x=1$을 대입해야 한다. 한 번 미분하면

$$f'(x) = 7x^6 + (-1)x^{-2} = 7x^6 - x^{-2}$$

이를 한 번 더 미분하면 다음을 얻는다.

$$f''(x) = 7(6x^5) - (-2)x^{-3} = 42x^5 + 2x^{-3}$$

여기에 $x=1$을 대입하면

$$f''(1) = 42 + 2 = 44$$

이다.

실전문제

5. 함수가 다음과 같이 주어질 때 $f''(6)$의 값을 구하라.

$$f(x) = 4x^3 - 5x^2$$

2계 도함수의 부호를 그래프를 이용해서 해석할 수 있다. 먼저, 1계 도함수 $f'(x)$가 곡선의 기울기를 나타냄을 상기하자. 만약 $f'(x)$의 도함수가 양이면 (즉, $f''(x) > 0$이면) $f'(x)$가 증가하고 왼쪽에서 오른쪽으로 움직일수록 그래프가 점점 더 가팔라진다. 곡선이 위쪽으로 휘어지고, 이를 우리는 볼록(convex)하다, 라고 한다. 반면, 만약 $f''(x) < 0$이면 기울기 $f'(x)$가 감소해야 하고 곡선이 아래쪽으로 휘어지고 된다. 이러한 함수를 오목(concave)하다, 라고 한다. 어떤 함수가 특정한 구간 x에서는 볼록하고 다른 구간에서는 오목할 수도 있다. 그림 4.11을 통해 이를 확인할 수 있다. $x=a$ 왼쪽 구간에서는 $f''(x) < 0$이고, 그 오른쪽 구간에서는 $f''(x) > 0$이다. $x=a$에서 곡선은 아래도 휘어진 상태에서 위로 휘어진 상태로 변하게 되고, 이 점에서 $f''(a) = 0$이다.

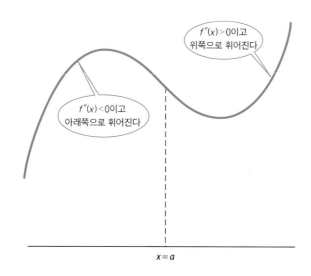

그림 4.11.

2계 도함수는 일반적인 이차함수

$$f(x) = ax^2 + bx + c$$

의 볼록성을 확인하는 데 이용될 수 있다. 1계, 2계 도함수는 $f'(x) = 2ax + b$, $f''(x) = 2a$이다.

- 만약 $a > 0$이면 $f''(x) > 0$이어서 포물선이 볼록하다.
- 만약 $a < 0$이면 $f''(x) < 0$이어서 포물선이 오목하다.

물론, 만약 $a = 0$이면 $f(x) = bx + c$이고 직선을 나타내는 함수이어서 그래프는 위로도 아래로도 휘지 않는다.

이 절을 통해서 함수는 x, y 두 변수를 이용한 $y = f(x)$의 형식을 띠었다. 경제적 함수들을 이야기함에 있어서는 다른 기호들을 사용하게 된다. 그렇다 하더라도 이 절의 규칙들을 적용하여 그러한 함수들을 미분할 수 있음은 두말할 필요가 없다. 예를 들어, 만약 공급 함수가

$$Q = P^2 + 3P + 1$$

로 주어지면, 합과 차의 규칙을 이용하여 Q의 P에 대한 미분

$$\frac{dQ}{dP} = 2P + 3$$

을 얻을 수 있다.

주요 용어

볼록(Convex) $f''(x) > 0$일 때, 그래프는 위쪽으로 휜다.

오목(Concave) $f''(x) < 0$일 때, 그래프는 아래쪽으로 휜다.

1계 도함수(First-order derivative)   독립변수의 변화에 따른 어떤 함수의 변화율. 함수 $y = f(x)$의 도함수와 같고 $f'(x)$ 또는 dy/dx로 나타낸다.

2계 도함수(Second-order derivative)   1계 도함수의 도함수. 원래의 함수 $y = f(x)$를 두 번 연속으로 미분하여 얻어지며 $f''(x)$ 또는 d^2y/dx^2으로 나타낸다.

연습문제 4.2

1. 다음을 미분하라.

(a) $y = 5x^2$ (b) $y = \dfrac{3}{x}$ (c) $y = 2x + 3$

(d) $y = x^2 + x + 1$ (e) $y = x^2 - 3x + 2$ (f) $y = 3x - \dfrac{7}{x}$

(g) $y = 2x^3 - 6x^2 + 49x - 54$ (h) $y = ax + b$ (i) $y = ax^2 + bx + c$

(j) $y = 4x - \dfrac{3}{x} + \dfrac{7}{x^2}$

2. 주어진 점에서의 $f'(x)$ 값을 구하라.

(a) $f(x) = 3x^9$, $x = 1$ (b) $f(x) = x^2 - 2x$, $x = 3$

(c) $f(x) = x^3 - 4x^2 + 2x - 8$, $x = 0$ (d) $f(x) = 5x^4 - \dfrac{4}{x^4}$, $x = -1$

(e) $f(x) = \sqrt{x} - \dfrac{2}{x}$, $x = 4$

3. $x^2\left(x^2 + 2x - \dfrac{5}{x^2}\right) = x^4 + 2x^3 - 5$임을 이용하여 $x^2\left(x^2 + 2x - \dfrac{5}{x^2}\right)$을 미분하라.

유사한 방법으로 다음을 미분하라.

(a) $x^2(3x - 4)$ (b) $x(3x^3 - 2x^2 + 6x - 7)$ (c) $(x + 1)(x - 6)$

(d) $\dfrac{x^2 - 3}{x}$ (e) $\dfrac{x - 4x^2}{x^3}$ (f) $\dfrac{x^2 - 3x + 5}{x^2}$

4. 다음에서 d^2y/dx^2을 구하라.

(a) $y = 7x^2 - x$ (b) $y = \dfrac{1}{x^2}$ (c) $y = ax + b$

5. 다음 함수의 $f''(2)$를 구하라.

$$f(x) = x^3 - 4x^2 + 10x - 7$$

6. $f(x)=x^2-6x+8$에서 $f'(3)$을 계산하라. 이것은 $x=3$에서의 그래프 $y=f(x)$에 관해 어떠한 정보를 제공하는가?

7. $\sqrt{4x}=\sqrt{4}\times\sqrt{x}=2\sqrt{x}$ 임을 이용하여 $\sqrt{4x}$를 미분하라.
   동일한 방법으로 다음을 미분하라.

   (a) $\sqrt{25x}$ (b) $\sqrt[3]{27x}$

   (c) $\sqrt[4]{16x^3}$ (d) $\sqrt{\dfrac{25}{x}}$

8. 다음을 구하라.

   (a) 공급 함수 $Q=P^2+P+1$의 $\dfrac{dQ}{dP}$

   (b) 총수입 함수 $\text{TR}=50Q-3Q^2$의 $\dfrac{d(\text{TR})}{dQ}$

   (c) 평균비용함수 $\text{AC}=\dfrac{30}{Q}+10$의 $\dfrac{d(\text{AC})}{dQ}$

   (d) 소비함수 $C=3Y+7$의 $\dfrac{dC}{dY}$

   (e) 생산함수 $Q=10\sqrt{L}$의 $\dfrac{dQ}{dL}$

   (f) 이윤함수 $\pi=-2Q^3+15Q^2-24Q-3$의 $\dfrac{d\pi}{dQ}$

연습문제 4.2*

1. 다음 x값에서 함수의 1계 도함수 값을 구하라.

$$y=3\sqrt{x}-\frac{81}{x}+13,\ x=9$$

2. 다음을 구하라.

   (a) 공급 함수 $Q=2P^2+P+1$의 $\dfrac{dQ}{dP}$

   (b) 총수입 함수 $\text{TR}=40Q-3Q\sqrt{Q}$의 $\dfrac{d(\text{TR})}{dQ}$

   (c) 평균비용함수 $\text{AC}=\dfrac{20}{Q}+7Q+25$의 $\dfrac{d(\text{AC})}{dQ}$

   (d) 소비함수 $C=Y(2Y+3)+10$의 $\dfrac{dC}{dY}$

(e) 생산함수 $Q = 200L - 4\sqrt[4]{L}$의 $\dfrac{dC}{dL}$

(f) 이윤함수 $\pi = -Q^3 + 20Q^2 - 7Q - 1$의 $\dfrac{d\pi}{dQ}$

3. 다음 함수의 $x=4$에서의 2계 도함수 값을 계산하라:

$$f(x) = -2x^3 + 4x^2 + x - 3$$

이 값은 이 점에서 함수 $f(x)$ 그래프의 모양에 대해 어떤 정보를 제공하는가?

4. 다음과 같은 함수의 그래프를 생각해보자:

$$x = -1에서 함수 \ f(x) = 2x^5 - 3x^4 + 2x^2 - 17x + 31$$

논리적 근거에 의거하여 다음을 답하라.

(a) 접선의 경사가 오르막인지, 내리막인지 아니면 수평인지 설명하라.

(b) 위의 점에서 그래프가 볼록한지 오목한지 설명하라.

5. 2계 도함수를 이용하여 다음 세제곱 함수가 $x > -b/3a$ 영역에서 볼록하고 $x < -b/3a$ 영역에서 오목함을 보여라.

$$f(x) = ax^3 + bx^2 + cx + d \,(a > 0)$$

6. 다음의 곡선이 y축과 만나는 점에서의 접선의 식을 구하라.

$$y = 4x^3 - 5x^2 + x - 3$$

7. 파레토 소득분포함수가 다음과 같이 주어진다.

$$f(x) = \frac{A}{x^a}, \ x \ge 1$$

여기서 A와 a는 양수인 상수이고 x는 10만 달러 단위로 측정된다.

(a) $f'(x)$를 찾고 이 함수의 기울기에 대해 짧게 논하라.

(b) $f''(x)$를 찾고 이 함수의 볼록성에 대해 짧게 논하라.

(c) $f(x)$의 그래프를 스케치하라.

(d) $x=b$와 $x=c$ 구간 사이의 그래프 아래 면적이 소득이 $b \le x \le c$ 범위에 드는 사람들의 비율이다. 이 그래프가 임계점 10만 달러 이상의 소득분포에 대해 알려주는 것은 무엇인가?

8. 효용함수 $U(x)$는 x 단위의 상품 또는 서비스를 소비했을 때 얻게 되는 만족의 크기를 나타낸다. 애로우−프랫의 상대위험회피계수는 다음과 같이 정의된다:

$$r = -\frac{xU''(x)}{U'(x)}$$

다음과 같은 효용함수에서 상대위험회피계수가 상수임을 보여라:

$$U(x) = \frac{x^{1-\gamma}}{1-\gamma}$$

SECTION 4.3

한계함수

> **목표**
>
> 이 절을 공부한 후에는 다음을 할 수 있다:
> - 한계수익과 한계비용을 계산할 수 있다.
> - 독점과 완전경쟁에서 한계수익과 평균수익의 관계를 도출할 수 있다.
> - 노동의 한계생산을 계산할 수 있다.
> - 한계소비성향과 한계저축성향을 계산할 수 있다.

이쯤에서 도대체 미분이 경제학 공부와 무슨 연관이 있을까 하고 의문이 드는 사람이 있을 수 있다. 사실, 미적분의 도움 없이 우리는 경제이론을 거의 이해할 수 없다. 이 절에서는 미분의 응용을 잘 설명할 수 있는 세 주제에 집중한다:

- 수익과 비용
- 생산
- 소비와 저축

이들 주제를 순서대로 다뤄보자.

4.3.1 수익과 비용

2장에서 수익함수 TR의 기본적 특성에 대해 알아봤다. PQ로 정의되는데, 여기서 P는 상품의 가격이고 Q는 수요량이다. 실제로 우리는 수요 함수를 통해서 P와 Q의 관계를 알 수 있다. 이로부터 TR을 오직 Q만으로 이루어진 공식으로 적을 수 있다. 예를 들어, 만약

$$P = 100 - 2Q$$

이면

$$\text{TR} = PQ = (100 - 2Q)Q = 100Q - 2Q^2$$

이 식을 이용해 임의의 Q에 대응하는 TR값을 계산할 수 있다. 우리는 여기에 만족하지 않고, 기존의 어떤 값으로부터 Q값의 변화에 따른 TR에의 영향에도 관심이 있다. 이를 위해 한계수익(marginal revenue)의 개념을 도입한다. 어떤 상품의 한계수익 MR은

$$\text{MR} = \frac{d(\text{TR})}{dQ}$$

로 정의된다.

> 한계수익은 총수익을 수요량에 대해 미분한 도함수이다.

예를 들어,

$$\text{TR} = 100Q - 2Q^2$$

에 대응하는 한계수익함수는

$$\frac{d(\text{TR})}{dQ} = 100 - 4Q$$

이다. 만약 현재 수요가 15라면,

$$\text{MR} = 100 - 4(15) = 40$$

이다. 여러분들은 아마 원론적인 경제학 교재들에서 종종 인용하는 다른 정의에 익숙할 수도 있다. 한계수익은 종종 Q 1 단위 증가에 의해 초래된 TR의 변화로 이해된다. 이것이 미분에 의해 얻어진 값과 정확히 일치하지는 않지만 그런대로 MR을 잘 근사함을 쉽게 확인할 수 있다. 예를 들어, 위의 총수익함수에 $Q = 15$를 대입하면

$$\text{TR} = 100(15) - 2(15)^2 = 1050$$

이고, Q값을 1 단위 증가시키면 총수익은

$$\text{TR} = 100(16) - 2(16)^2 = 1088$$

이다. 이 38만큼의 증가가, 미분의 정의를 따르지 않고 얻은, Q가 15일 때의 MR이다. 이 값은 미분에 의해 얻은 40이라는 정확한 값과 비교된다.

이 두 접근법을 그래프를 이용해 설명해보자. 그림 4.12에서 점 A는 TR 곡선 위에 있는 점으로 거래량 Q_0에 해당한다. 이 점에서의 정확한 MR값은 도함수

$$\frac{d(TR)}{dQ}$$

이고, 따라서 A에서의 접선의 기울기로 주어진다. 점 B 또한 곡선 위에 있고 Q의 1 단위 증가에 해당한다. 따라서 A에서 B까지 수직거리는 Q가 1 단위 증가할 때 TR의 변화와 같다. A에서 B를 연결하는 직선(또는 현)의 기울기는

$$\frac{\Delta(TR)}{\Delta Q} = \frac{\Delta(TR)}{1} = \Delta(TR)$$

이다. 달리 표현하면, 현의 기울기가 미분의 정의에 따르지 않고 얻은 MR의 값과 같다. 그래프를 살펴보면 접선의 기울기와 A, B를 연결하는 현의 그것이 상당히 비슷함을 알 수 있다. 위의 경우 접선의 기울기가 둘 중 약간 더 크지만 큰 차이는 없다. 따라서 1 단위 증가 접근법이

$$\frac{d(TR)}{dQ}$$

에 의한 정확한 MR값에 대한 합리적인 근사가 됨을 알 수 있다.

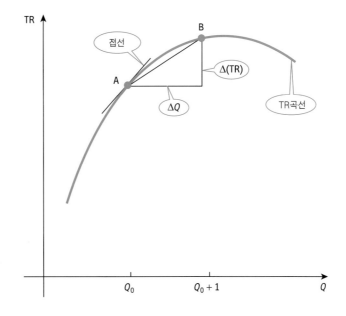

그림 4.12.

실전문제

1. 수요 함수가

   $$P = 60 - Q$$

   로 주어질 때 TR을 Q의 함수로 나타내라.

   (1) TR을 Q로 미분하여 MR을 Q에 관한 식으로 나타내라. $Q = 50$일 때 MR의 정확한 값을 적어라.

   (2) 다음 값에서 TR의 값을 계산하라.

       (a) $Q = 50$ (b) $Q = 51$

       그리고 1 단위 증가 접근법이 주는 근삿값이 (1)에서 얻은 MR의 정확한 값과 상당히 유사함을 확인하라.

그림 4.12가 보여준 근사는 어떤 값의 ΔQ에 대해서도 성립한다. A에서의 접선의 기울기는 한계수익 MR이다. A, B를 잇는 현의 기울기는 $\Delta(\text{TR})/\Delta Q$이다. 따라서

$$\text{MR} \cong \frac{\Delta(\text{TR})}{\Delta Q}$$

이다. 이 식을 이항하면

$$\Delta(\text{TR}) \cong \text{MR} \times \Delta Q$$

이 되고, 즉

    총수익의 변화 $\cong$ 한계수익 $\times$ 수요 변화

가 된다. 또한 그림 4.12는 ΔQ값이 작을수록 더 좋은 근사치가 됨을 보여준다.

예제

어떤 상품의 총수익함수가

$$100Q - Q^2$$

일 때 한계수익함수를 적어라. 만약 현재 수요가 60일 때, Q의 2 단위 변화로 인한 TR 값의 변화는 얼마인가?

풀이

만약

$$TR = 100Q - Q^2$$

이면

$$MR = \frac{d(TR)}{dQ}$$
$$= 100 - 2Q$$

$Q = 60$일 때

$$MR = 100 - 2(60) = -20$$

만약 Q가 2 단위 증가하면 $\Delta Q = 2$이고, 공식

$$\Delta(TR) \cong MR \times \Delta Q$$

에 의해 총수익의 변화는 약

$$(-20) \times 2 = -40$$

따라서 Q가 2 단위 변하면 TR은 약 40 감소한다.

실전문제

2. 어떤 상품의 총수익함수가

$$1000Q - 4Q^2$$

일 때 한계수익함수를 적어라. 만약 현재 수요가 30일 때, 다음의 변화에 따른 TR 값 변화의 근사치를 찾아라.

(a) Q 3 단위 증가

(b) Q 2 단위 감소

1.5절에 소개되었던 단순 수요모형은 가격 P와 거래량 Q가 방정식

$$P = aQ + b$$

와 같이 선형으로 연관되어 있다고 가정했는데, 여기서 기울기 a는 음수이고 절편 b는

양수이다. 이처럼 우하향하는 수요 곡선은 독점의 경우에 해당한다. 하나의 기업 또는 하나의 카르텔을 형성한 기업들의 집단은 특정 상품의 유일한 공급자로 시장 가격에 대한 통제권을 가진다고 가정된다. 기업이 가격을 올리면, 수요는 떨어진다. 따라서 총수익함수는 다음과 같이 된다.

$$\text{TR} = PQ = (aQ + b)Q = aQ^2 + bQ$$

한계수익은 TR을 Q에 대해 미분함으로써 얻어지는데

$$\text{MR} = 2aQ + b$$

이다. 선형수요 함수를 가정하면 한계수익 역시 절편 b는 똑같지만 기울기가 $2a$인 선형임이 재미있다. 이 관계가 그림 4.13(a)에 나타나 있다.

평균수익 AR은

$$\text{AR} = \frac{\text{TR}}{Q}$$

로 정의되고, TR = PQ이므로

$$\text{AR} = \frac{PQ}{Q} = P$$

이다. 따라서 그림 4.13(a)에서 수요 곡선에 평균수익이라는 라벨이 붙어 있다. AR = P라는 결과 도출은 수요 함수의 형태와 무관하다. 결과적으로 두 용어 '평균수익곡선'과 '수요 곡선'은 동의어이다.

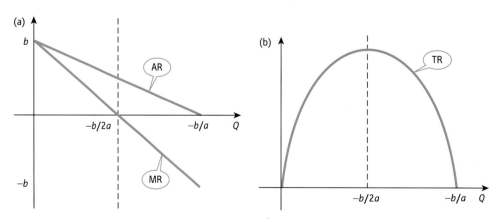

그림 4.13.

그림 4.13(a)은 한계수익이 양일 수도 있고 음일 수도 있음을 보여준다. 총수익함수는 이차함수이고 그 그래프는 그림 4.13(b)처럼 익숙한 포물선 형태이다. $-b/2a$ 왼편에서는 그래프가 증가하고 이는 양의 한계수익에 해당하고, 반면 이 점의 오른편에서 그래프는 감소하고 한계수익이 음의 값이 된다. 더 중요한 것은, TR 곡선의 최고점에서 접선은 기울기가 영인 수평선이고 따라서 MR이 0이라는 사실이다.

독점과 다른 또 하나의 극단적인 형태는 완전경쟁이다. 완전경쟁의 경우 동질적인 상품을 파는 무수히 많은 기업들이 존재하고 이 산업으로의 진입장벽이 존재하지 않음을 가정한다.

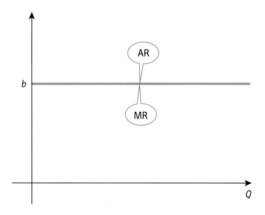

그림 4.14.

개별 기업은 총생산에서 아주 미미한 부분을 담당하기 때문에 가격에 대한 통제력이 없다. 기업은 시장에서 형성된 가격에 팔 수밖에 없고, 또한 기업이 상대적으로 작기 때문에, 이 가격에 팔고 싶은 만큼 얼마라도 팔 수 있다. 만약 기업이 직면한 고정된 가격이 b라면 수요 함수는

$P=b$

이고, 여기서 나오는 총수익함수는

$TR = PQ = bQ$

이다. TR을 Q에 대해 미분함으로써 얻어지는 한계수익은, b가 상수이기 때문에,

$MR = b$

이다. 완전경쟁의 경우, 평균수익곡선과 한계수익곡선이 같다. 그림 4.14처럼 Q축보다 b만큼 위에 있는 수평선이다.

지금까지 우리는 총수익함수에 대해 집중적으로 공부했다. 정확하게 똑같은 원리가 다른 경제적 함수들에도 적용될 수 있다. 예를 들어, 한계비용 MC를

$$MC = \frac{d(TC)}{dQ}$$

로 정의할 수 있다.

> 한계비용은 총비용을 산출에 대해 미분한 도함수이다.

다시, 간단한 기하학적 추론을 이용하여, Q가 만약 작은 양 ΔQ만큼 변한다면 이에서 비롯된 총비용의 변화는

$$\Delta(TC) \cong MC \times \Delta Q$$

총비용의 변화 $\cong$ 한계비용 $\times$ 산출의 변화

특히, $\Delta Q = 1$로 놓으면

$$\Delta(TC) \cong MC$$

이 되고, MC가 Q가 1 단위 변할 때 TC의 변화에 대한 근사치가 된다.

예제

어떤 상품의 평균비용함수가

$$AC = 2Q + 6 + \frac{13}{Q}$$

일 때 MC를 나타내라. 현재 산출이 15일 때, Q 2 단위 감소가 TC에 미치는 영향을 추정하라.

풀이

우선 주어진 AC의 공식을 이용해 TC를 구한다. 평균비용이 단지 총비용을 Q로 나눈 것이므로, 즉

$$AC = \frac{TC}{Q}$$

이므로

$$TC = (AC)Q$$
$$= \left(2Q + 6 + \frac{13}{Q}\right)Q$$

이므로,

$$TC = 2Q^2 + 6Q + 13$$

이 된다. 마지막 항 13이 Q에 독립이므로 고정비용임에 틀림없다. 나머지 부분 $2Q^2 + 6Q$은 Q에 의존하므로 총가변비용을 나타낸다. 미분하면

$$MC = \frac{d(TC)}{dQ}$$
$$= 4Q + 6$$

고정비용은 상수이기 때문에 미분하면 영이 되고 따라서 한계비용에 미치는 영향이 없다. $Q = 15$일 때,

$$MC = 4(15) + 6 = 66$$

또, Q가 2 단위 감소하면 $\Delta Q = -2$. 그래서 TC의 변화는

$$\Delta(TC) \cong MC \times \Delta Q = 66 \times (-2) = -132,$$

따라서 TC는 근사적으로 132 단위 감소한다.

실전문제

3. 평균비용함수가

$$AC = \frac{100}{Q} + 2$$

일 때 한계비용을 구하라. 현재 산출 수준에 관계없이 Q 1 단위 증가가 항상 TC 2 단위 증가로 이어짐을 보여라.

4.3.2 생산

생산함수는 2.3절에서 소개되었다. 단순한 경우, 산출 Q는 노동 L과 자본 K의 함수로 가정된다. 더구나 단기에 투입요소 K가 고정된 것으로 가정되어 Q는 단순히 투입요소 L만의 함수가 된다. (이것은 장기의 경우 더 이상 유효한 가정이 아니며, 따라서 Q는 일반적으로 두 변수 이상의 함수로 취급되어야 한다. 이러한 상황에 대한 대처법은 다음 장에서 배운다.) 변수 L은 일반적으로 노동자의 수로 측정되며 노동시간으로 표기되기도 한다. 이전까지의 작업을 고려하여 노동의 한계생산(marginal product of labour) MP_L을

$$MP_L = \frac{dQ}{dL}$$

로 정의한다.

> 노동의 한계생산은 산출을 노동에 대해 미분한 도함수이다.

이전처럼, 이 값은 L 1 단위 더 이용하는 데서 오는 Q의 근사적 변화를 나타낸다.

특정한 생산함수를 가지고 MP_L의 값을 구해보는 것이 도움이 된다.

$$Q = 300L^{1/2} - 4L$$

여기서 L은 노동력의 실제 크기.

Q를 L에 대해 미분하면

$$\begin{aligned}
MP_L &= \frac{dQ}{dL} \\
&= 300(\tfrac{1}{2} L^{-1/2}) - 4 \\
&= 150L^{-1/2} - 4 \\
&= \frac{150}{\sqrt{L}} - 4
\end{aligned}$$

이다. L에 1, 9, 100 그리고 2500을 차례로 대입하여 MP_L을 구해보면

(a) $L = 1$이면 $MP_L = \dfrac{150}{\sqrt{9}} - 4 = 146$

(b) $L = 9$이면 $MP_L = \dfrac{150}{\sqrt{1}} - 4 = 46$

(c) $L=100$이면 $MP_L = \dfrac{150}{\sqrt{100}} - 4 = 11$

(d) $L=2500$이면 $MP_L = \dfrac{150}{\sqrt{2500}} - 4 = -1$

L이 증가함에 따라 MP_L이 감소함을 주목하라. (a)는 노동력이 단지 한 명이라면 두 명으로 늘리는 것이 산출을 약 146 단위 증가시킴을 보여준다. (b)는 노동자의 수를 9에서 10으로 늘리면 46 단위의 추가적인 산출로 이어진다고 한다. (c)는 100에서 1 단위의 노동력 증가가 산출을 겨우 11 단위 증가시킴을 보여준다. (d)의 상황은 더 나쁜데, 노동력을 증가시키면 오히려 산출이 감소한다. 마지막은 다소 놀라운 결과이지만 실제 생산 과정을 보면 이를 지지할 수 있다. 이는 아마 작업현장의 혼잡 또는 대규모 노동력을 조직하기 위한 정교한 행정의 필요 등에 기인할 수 있다.

이러한 생산함수는 한계생산체감의 법칙(law of diminishing marginal productivity)을 잘 보여준다. 이 법칙은 노동력 1 단위 증가로 인한 산출의 증가 수준이 결국은 감소함을 말한다. 달리 표현하면, 노동력의 크기가 어떤 임계점에 도달하면, 노동의 한계생산이 점점 감소할 것이라는 것이다. 위에 언급된 생산함수

$Q = 300L^{1/2} - 4L$

의 경우, L이 증가함에 따라 MP_L의 값이 계속 하락한다. 항상 그런 것은 아니다. 노동의 한계생산이 고정으로 머물거나 또는 작은 값의 L에 대해서는 올라가기도 한다. 그러나 만약 한계생산체감의 법칙이 성립한다면 특정 값 위에서는 MP_L이 감소하는 L 값이 존재해야만 한다.

전형적인 생산곡선이 그림 4.15에 그려져 있는데, 그 기울기는 다음과 같다.

$$\frac{dQ}{dL} = MP_L$$

0과 L_0 구간에서 곡선은 위쪽으로 휘어져 있고 점점 더 가팔라지므로, 기울기 함수 MP_L이 증가한다. 수학적으로 MP_L의 기울기가 양임을 의미한다: 즉,

$$\frac{d(MP_L)}{dQ} > 0$$

MP_L 자체가 Q의 L에 대한 도함수이기 때문에, 2계 도함수 개념을 이용하여 다음과 같이 쓸 수 있다.

$$\frac{\mathrm{d}^2Q}{\mathrm{d}L^2} > 0$$

비슷하게, L이 임계점 L_0를 넘어서면, 그림 4.15에서 알 수 있듯이, 생산곡선이 아래쪽으로 휘어지고 기울기가 감소한다. 이 구간에서 기울기함수의 기울기는 음수, 따라서

$$\frac{\mathrm{d}^2Q}{\mathrm{d}L^2} < 0$$

이다. 한계생산체감의 법칙은 이러한 일이 궁극적으로 발생한다고 말한다: 즉, 충분히 큰 L에 대해서

$$\frac{\mathrm{d}^2Q}{\mathrm{d}L^2} < 0$$

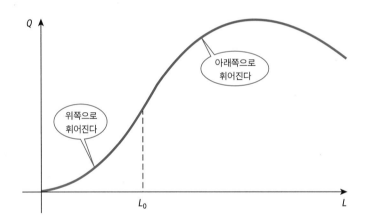

그림 4.15.

실전문제

4. 다음과 같은 콥–더글러스 생산함수가 주어졌다.

$$Q = 5L^{1/2}L^{1/2}$$

자본 K가 100에서 고정일 때, Q를 L만의 식으로 나타내라. 그리고 다음 값에서 노동의 한계생산을 계산하라.

(a) $L = 1$ (b) $L = 9$ (c) $L = 10000$

이 경우에도 한계생산체감의 법칙이 성립함을 보여라.

4.3.3 소비와 저축

제1장에서 소비 C, 저축 S, 그리고 국민소득 Y의 관계를 살펴보았다. 만약 국민소득이 소비와 저축에만 사용된다고 가정하면

$$Y = C + S$$

이다. 여기에서 특별히 관심을 가지는 것은 Y의 변화에 기인한 C와 S에의 영향이다. 단순히 표현하면, 국민소득이 일정량만큼 오를 경우 사람들이 외출하여 이 추가적인 소득을 소비할 것인가 아니면 그것을 저축할 것인가? 이러한 행태를 분석하기 위하여 우리는 한계소비성향(marginal propensity to consume, MPC)과 한계저축성향(marginal propensity to save, MPS)이라는 개념을 사용하며, 다음과 같이 정의한다.

$$\text{MPC} = \frac{dC}{dY} \text{ 그리고 } \text{MPS} = \frac{dS}{dY}$$

> 한계소비성향은 소비를 소득에 대해 미분한 도함수이다.

> 한계저축성향은 저축을 소득에 대해 미분한 도함수이다.

이러한 정의는 선형 소비곡선과 선형 저축곡선의 기울기로 설명했던 1.7절의 그것과도 일치한다. 얼핏 보기에는 MPC와 MPS를 평가하기 위해 두 개의 도함수를 따로 살펴봐야 할 것 같다. 그러나 꼭 그럴 필요는 없다. 방정식의 양변을 똑같이 취급하기만 한다면 우리가 하고 싶은 어떤 것도 이 방정식에 할 수 있음을 상기하자. 결과적으로 방정식

$$Y = C + S$$

의 양변을 Y에 대해 미분하면

$$\frac{dY}{dY} = \frac{dC}{dY} + \frac{dS}{dY} = \text{MPC} + \text{MPS}$$

이 된다. x를 x에 대해 미분하면 1이 된다는 것을 이미 알고 있기 때문에, 이 경우

$$\frac{dY}{dY} = 1$$

따라서

$$1 = \text{MPC} + \text{MPS}$$

이 공식은 단순 선형 함수를 이용했던 1.7절의 결과와 동일하다. 실제 우리는 도함수 중 하나만 구하면 되는 것이다. 다른 도함수는 이 관계에서 바로 구해진다.

예제

소비함수가

$$C = 0.01Y^2 + 0.2Y + 50$$

일 때, $Y = 30$에서의 MPC와 MPS를 계산하라.

풀이

이 예제에서는 소비함수가 주어졌으므로 우선 MPC를 먼저 찾는다. 이를 위해 C를 Y에 대해 미분한다. $C = 0.01Y^2 + 0.2Y + 50$이므로

$$\frac{\mathrm{d}C}{\mathrm{d}Y} = 0.02Y + 0.2$$

이고, $Y = 30$일 때,

$$\text{MPC} = 0.02(30) + 0.2 = 0.8$$

이다. 대응하는 MPS 값을 구하기 위해 공식

$$\text{MPC} + \text{MPS} = 1$$

을 이용하면

$$\text{MPS} = 1 - \text{MPC} = 1 - 0.8 = 0.2$$

이다. 이 의미는 국민소득이 (현재 수준 30에서) 1 단위 증가할 때 소비는 약 0.8 단위, 반면 저축은 겨우 약 0.2 단위 증가한다는 뜻이다. 이 수준의 소득에서 국가는 소비성향이 저축성향보다 높다.

실전문제

5. 저축함수가 다음과 같이 주어진다.

$$S = 0.02Y^2 - Y + 100$$

$Y=40$에서의 MPS와 MPC 값을 계산하라. 이 결과를 간단히 해석하라.

주요 용어

노동의 한계생산(Marginal product of labour) 노동을 1 단위 더 투입함으로써 얻어지는 추가적인 산출: $MP_L = dQ/dL$.

독점자(Monopolist) 산업의 유일한 기업.

완전경쟁(Perfect competition) 동질적인 상품을 시장 가격에 판매하는 무수히 많은 기업들이 존재하는 산업에 진입장벽이 없는 상황.

평균수익(Average revenue) 산출 단위당 총수익: $AR = TR/Q = P$.

한계비용(Margin cost) 1 단위 추가적인 산출에 드는 비용: $MC = d(TC)/dQ$.

한계생산체감의 법칙(Law of diminishing marginal productivity) 노동력의 크기가 일정 규모 이상 넘어가면, 노동 1 단위 증가로 인한 산출의 증가가 감소한다: 충분히 큰 L에 대해 $d^2Q/dL^2 < 0$.

한계소비성향(Marginal propensity to consume) 국민소득의 증가 중 소비로 가는 부분: $MPC = dC/dY$.

한계수익(Marginal revenue) 상품을 1 단위 더 판매함으로써 얻는 추가적인 수익: $MR = d(TR)/dQ$.

한계저축성향(Marginal propensity to save) 국민소득의 증가 중 저축으로 가는 부분: $MPS = dS/dY$.

현(Chord) 곡선 위의 두 점을 연결하는 직선.

연습문제 4.3

1. 수요 함수가

$$P = 100 - 4Q$$

일 때, TR과 MR을 Q의 식으로 나타내라. 그리고 현재 수준 12 단위에서 0.3 단위 산출이 증가할 경우 TR의 변화를 추정하라.

2. 수요 함수가

$$P = 80 - 3Q$$

일 때,

$$MR = 2P - 80$$

임을 보여라.

3. 독점자의 수요 함수가 다음과 같이 주어졌다.

$$P+Q=100$$

TR과 MR을 Q의 식으로 나타내고 그래프를 그려라. 한계수익이 0인 산출량 수준 Q를 찾고 이 값의 중요성에 대해 평가하라.

4. 어떤 상품의 평균비용곡선이

$$AC = \frac{15}{Q} + 2Q + 9$$

일 때 TC를 구하라. 이 경우 고정비용은 무엇인가? 그리고 한계비용함수가 어떻게 표현되는지 적어라.

5. 어떤 기업의 생산함수가 다음과 같다.

$$Q = 50L - 0.01L^2$$

여기서 L은 노동력의 크기다. 다음의 경우에 MP_L 값을 구하라.

(a) $L=1$ (b) $L=10$

(c) $L=100$ (d) $L=1000$

한계생산체감의 법칙이 이러한 생산함수에도 적용되는가?

6. 소비함수가

$$C = 50 + 2\sqrt{Y}$$

일 때, $Y=36$에서의 MPC와 MPS를 계산하고 그 결과를 해석하라.

7. 소비함수가

$$C = 0.02Y^2 + 0.1Y + 25$$

일 때, MPS=0.38인 경우의 Y값을 찾아라.

8. 어떤 회사의 주가 P는 정오에 달러 단위로 기록되는데 시간 t의 함수이다. 여기서 t는 한 해의 시작부터 센 날이다. 다음을 해석하라:

$$t=6\text{에서 } \frac{dP}{dt} = 0.25\text{이다.}$$

9. 수요 함수가

$$P = 3000 - 2\sqrt{Q}$$

일 때 TR과 MR을 구하라. $Q=9$일 때 한계수익을 계산하고 결과를 해석하라.

연습문제 4.3*

1. 기업의 수요 함수가 다음과 같다.

$$P = 100 - 4\sqrt{Q} - 3Q$$

   (a) 총수익 TR을 Q의 식으로 나타내라.

   (b) 한계수익 MR을 구하고, $Q=9$일 때의 MR값을 계산하라.

   (c) (b)를 이용하여 Q가 현재 수준 9에서 0.25 단위만큼 증가할 때 TR의 변화를 추정하라.

2. 소비함수가 다음과 같다.

$$C = 0.01Y^2 + 0.8Y + 100$$

   (a) $Y=8$일 때 MPC와 MPS를 계산하라.

   (b) $C+S=Y$의 관계식을 이용하여 S를 Y의 식으로 나타내라. 그리고 이를 미분하여 $Y=8$에서의 MPS값을 계산하고, 이 값이 (a)에서 얻은 값과 동일함을 보여라.

3. 한 상품을 생산하는 데 드는 고정비용이 100이고 가변비용이 단위당 $2+Q/10$이다.

   (a) TC와 MC를 구하라.

   (b) $Q=30$에서의 MC를 계산하고, 현재 수준 30에서 산출이 2 단위 증가함에 따른 TC의 변화를 추정하라.

   (c) 어느 수준의 산출에서 MC$=22$인가?

4. 다음의 생산함수에서 한계생산체감의 법칙이 성립함을 보여라.

$$Q = 6L^2 - 0.2L^3$$

5. 기업의 생산함수가 다음과 같다.

$$Q = 5\sqrt{L} - 0.1L$$

   (a) 노동의 한계생산 MP$_L$을 구하라.

   (b) 방정식 MP$_L=0$을 풀고 L값의 중요성에 대해 간단히 설명하라.

   (c) 이 생산함수에 대해 한계생산체감의 법칙이 성립함을 보여라.

6. 평균비용함수가

$$AC = 4Q + a + \frac{6}{Q}$$

   형태이고 $Q=3$에서 MC$=35$으로 알려져 있다. $Q=6$일 때 AC값을 계산하라.

7. 어떤 상품의 총비용함수가 다음과 같다:

$$TC = 250 + 20Q$$

$Q = 219$에서의 한계수익이 18이다. 만약 생산이 현재 수준 219에서 증가할 경우, 이윤이 증가하겠는가, 감소하겠는가 아니면 동일 수준으로 유지되겠는가? 답의 근거를 제시하라.

8. 수요 함수와 총비용곡선이

$$P = 150 - 2Q, \ TC = 40 + 0.5Q^2$$

일 때, $Q = 25$에서의 한계이윤을 계산하고 이 결과를 해석하라.

9. 총비용곡선이 $TC = aQ^2 + bQ + c$일 때,

$$\frac{d(AC)}{dQ} = \frac{MC - AC}{Q}$$

임을 보여라.

SECTION 4.4

미분 규칙: 심화

> **목표**
>
> 이 절을 공부한 후에는 다음을 할 수 있다:
> - 연쇄규칙을 사용하여 함수의 함수를 미분할 수 있다.
> - 곱의 규칙을 사용하여 두 함수의 곱을 미분할 수 있다.
> - 몫의 규칙을 사용하여 두 함수의 몫을 미분할 수 있다.
> - 여러 규칙들을 종합적으로 사용하여 복잡한 형태의 함수를 미분할 수 있다.

4.2절에서 기초적인 미분 규칙들을 소개했다. 안타깝게도 이러한 규칙들을 이용해 모든 함수를 미분할 수는 없다. 예를 들어, 상수 규칙, 합의 규칙, 차의 규칙만을 이용해서는

$$x\sqrt{(2x-3)} \text{ 과 } \frac{x}{x^2+1}$$

같은 함수들을 미분할 수 없다. 이 절의 목표는 세 가지 규칙을 더 설명하여 보다 복잡하게 표현된 함수들의 도함수를 구할 수 있게 하는 것이다. 여섯 규칙들을 모두 익힌다면 여러분은 어떤 수학적 함수들로 미분할 수 있게 될 것이다. 비록 이 절에서 설명할 규칙들이 전보다 어려울 수 있으나, 경제이론의 충분한 이해를 위해서 필수불가결한 과정이다.

첫 번째로 공부할 규칙은 연쇄규칙(chain rule)으로 불리며 다음과 같은 함수들을 미분할 수 있게 해준다.

$$y = (2x+3)^{10} \text{ 그리고 } y = \sqrt{(1+x^2)}$$

이러한 함수들의 특이한 점은 이것들이 '함수의 함수'를 나타낸다는 것이다. 이 말이 무슨 말인지 이해하기 위해, 여러분이 계산기를 이용할 때

$$y = (2x+3)^{10}$$

를 어떻게 계산하는지 생각해보자. 여러분은 먼저 중간 단계의 수 u를 이용하여

$$u = 2x+3$$

으로 상정하고, 여기에 지수 10을 붙여

$$y = u^{10}$$

을 얻을 것이다. 이 과정이 그림 4.16의 순서도에 나타나 있다. 투입되는 x라는 수가 '두 배 하고 3을 더하라'는 내부함수에 의해 어떻게 처리되는지 주목하라. 이 과정의 결과물 u가 다시 '10제곱하라'는 외부함수로 들어가고 최종 산출인 y를 낸다.

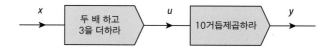

그림 4.16.

함수

$$y = \sqrt{(1 + x^2)}$$

도 동일한 방식으로 볼 수 있다. y를 계산하기 위해 먼저 '제곱하고 1을 더하라'는 내부함수를 먼저 수행하고 '제곱근을 취하라'는 외부함수를 실행한다.

이제 함수의 함수를 미분하는 연쇄규칙을 설명해보자.

규칙 4   연쇄 규칙

y가 u의 함수인데 u 그 자체가 x의 함수인 경우,

$$\frac{dy}{dx} = \frac{dy}{du} \times \frac{du}{dx}$$

이다.

> 외부함수를 미분하고 내부함수의 도함수를 곱하라.

이 규칙을 자세히 설명하기 위해, 함수

$$y = (2x + 3)^{10}$$

으로 돌아가자. 여기서

$y=u^{10}$ 그리고 $u=2x+3$

이다.

$$\frac{dy}{du} = 10u^9 = 10(2x+3)^9$$

$$\frac{du}{dx} = 2$$

이므로, 연쇄규칙에 의해

$$\frac{dy}{dx} = \frac{dy}{du} \times \frac{du}{dx} = 10(2x+3)^9(2) = 20(2x+3)^9$$

가 된다. 숙달되면 명시적으로 변수 u를 도입할 필요 없이 바로 미분할 수 있다.

$$y = (2x+3)^{10}$$

를 미분하기 위해, 먼저 외부 지수함수를 미분하여

$$10(2x+3)^9$$

를 얻고 내부함수 $2x+3$의 도함수 2를 곱하면,

$$\frac{dy}{dx} = 20(2x+3)^9$$

이 된다.

예제

다음을 미분하라.

(a) $y = (3x^2 - 5x + 2)^4$　　(b) $y = \dfrac{1}{3x+7}$　　(c) $y = \sqrt{(1+x^2)}$

풀이

(a) 연쇄규칙에 따라 $(3x^2 - 5x + 2)^4$을 미분하기 위해 먼저 외부 지수함수를 미분하여

$$4(3x^2 - 5x + 2)^3$$

을 얻고, 내부함수 $(3x^2 - 5x + 2)$의 도함수인 $6x - 5$를 여기에 곱하면

$$\frac{dy}{dx} = 4(3x^2 - 5x + 2)^3(6x - 5)$$

이 된다.

(b) 미분하기 전에 먼저

$$y = \frac{1}{3x+7}$$

이

$$y = (3x+7)^{-1}$$

의 형태로 표현됨을 상기하자. 외부 지수함수를 미분하여

$$-(3x+7)^{-2}$$

를 얻고, 내부함수 $3x+7$의 도함수 3을 곱하면

$$\frac{dy}{dx} = -(3x+7)^{-2}(3) = \frac{-3}{(3x+7)^2}$$

를 얻는다.

(c) $y = \sqrt{(1+x^2)}$

를 미분하기 위해 우선 제곱근 형태를

$$y = (1+x^2)^{1/2}$$

로 바꾼다. 외부 지수함수를 미분하여

$$\frac{1}{2}(1+x^2)^{-1/2}$$

을 얻고, 내부함수 $(1+x^2)$을 미분하여 $2x$를 얻는다. 연쇄규칙에 의해, 이들을 서로 곱하면

$$\frac{dy}{dx} = \frac{1}{2}(1+x^2)^{-1/2}(2x) = \frac{x}{\sqrt{(1+x^2)}}$$

이 된다.

실전문제

1. 다음을 미분하라.

(a) $y = (3x-4)^5$ (b) $y = (x^2+3x+5)^3$

(c) $y = \frac{1}{2x-3}$ (d) $y = \sqrt{(4x-3)}$

그다음의 규칙은 두 함수의 곱 f(x)g(x)를 미분하는 데 이용된다. 이 규칙을 명확하게 설명하기 위해, 다음과 같이 써보자.

$u=f(x)$ 그리고 $v=g(x)$

규칙 5   곱의 규칙

만약 $y=uv$면 $\dfrac{\mathrm{d}y}{\mathrm{d}x}=u\dfrac{\mathrm{d}v}{\mathrm{d}x}+v\dfrac{\mathrm{d}u}{\mathrm{d}x}$이다.

이 규칙은 두 함수의 곱을 어떻게 미분하는지 알려준다:

각 함수에 다른 함수의 도함수를 곱하고 더한다.

예제

다음을 미분하라.

(a) $y=x^2(2x+1)^3$ (b) $x\sqrt{(6x+1)}$ (c) $y=\dfrac{x}{1+x}$

풀이

(a) 함수 $x^2(2x+1)^3$는 두 함수 x^2와 $(2x+1)^3$의 곱으로 이루어져 있는데, 우리는 이를 각각 u와 v로 나타낸다. (어느 함수가 u이고 어느 함수가 v이냐는 중요하지 않다.) 만약

$u=x^2$ 그리고 $v=(2x+1)^3$

이면

$\dfrac{\mathrm{d}u}{\mathrm{d}x}=2x$ 그리고 $\dfrac{\mathrm{d}v}{\mathrm{d}x}=6(2x+1)^2$

이고, 여기서 $\mathrm{d}v/\mathrm{d}x$를 구하기 위해 연쇄규칙을 사용했다. 곱의 규칙에 의해,

$$\begin{aligned}\dfrac{\mathrm{d}y}{\mathrm{d}x}&=u\dfrac{\mathrm{d}v}{\mathrm{d}x}+v\dfrac{\mathrm{d}u}{\mathrm{d}x}\\&=x^2[6(2x+1)^2]+(2x+1)^3(2x)\end{aligned}$$

첫 번째 항은 u는 그대로 두고 거기에 v의 도함수를 곱한 것이다. 마찬가지로, 두 번째 항도 v는 그대로 두고 여기에 u의 도함수를 곱한 것이다.

필요하다면 여기에서 공통인자 $2x(2x+1)^2$을 묶어내어 더 간단히 표현할 수 있다. 따라서

$$\frac{dy}{dx} = 2x(2x+1)^2[3x+(2x+1)] = 2x(2x+1)^2(5x+1)$$

(b) 함수 $x\sqrt{(6x+1)}$는

$$u=x \text{와} \quad v = \sqrt{6x+1} = (6x+1)^{1/2}$$

의 곱으로 이루어져 있는데, 여기서

$$\frac{du}{dx} = 1 \text{ 그리고 } \frac{dv}{dx} = \frac{1}{2}(6x+1)^{-1/2} \times 6 = 3(6x+1)^{-1/2}$$

이고, 여기서 dv/dx를 구하기 위해 연쇄규칙을 사용했다. 곱의 규칙에 의해,

$$\frac{dy}{dx} = u\frac{dv}{dx} + v\frac{du}{dx}$$
$$= x[3(6x+1)^{-1/2}] + (6x+1)^{1/2}(1)$$
$$= \frac{3x}{\sqrt{(6x+1)}} + \sqrt{(6x+1)}$$

필요하다면, 둘째 항을 공통분모 $\sqrt{(6x+1)}$ 위에 둠으로써 단순화할 수 있다. 이를 위해 둘째 항의 분자, 분모에 $\sqrt{6x+1}$를 곱하여

$$\frac{(6x+1)}{\sqrt{(6x+1)}}$$

$$\sqrt{(6x+1)} \times \sqrt{(6x+1)} = 6x+1$$

을 얻으면,

$$\frac{dy}{dx} = \frac{3x+(6x+1)}{\sqrt{(6x+1)}} = \frac{9x+1}{\sqrt{(6x+1)}}$$

(c) 이 함수는 두 함수의 곱이 아니라 비율로 주어져 있기 때문에, 어떻게 곱의 규칙을 사용하여

$$y = \frac{x}{1+x}$$

를 미분할 것인가 알아내기 힘들어 보인다. 그러나 역수로 된 것은 동일하게 음의 거듭제곱으로 나타낼 수 있기 때문에 이를

$$x(1+x)^{-1}$$

로 고쳐 쓸 수 있다.

$$u = x \text{ 그리고 } v = (1+x)^{-1}$$

로 두면

$$\frac{\mathrm{d}u}{\mathrm{d}x} = 1 \text{ 그리고 } \frac{\mathrm{d}v}{\mathrm{d}x} = -(1+x)^{-2}$$

이고, 여기서 dv/dx를 구하기 위해 연쇄규칙을 사용했다. 곱의 규칙에 의해,

$$\frac{\mathrm{d}y}{\mathrm{d}x} = u\frac{\mathrm{d}v}{\mathrm{d}x} + v\frac{\mathrm{d}u}{\mathrm{d}x}$$

$$\frac{\mathrm{d}y}{\mathrm{d}x} = x[-(1+x)^{-2}] + (1+x)^{-1}(1)$$

$$= \frac{-x}{(1+x)^2} + \frac{1}{1+x}$$

필요하다면, 둘째 항을 공통분모 $(1+x)^2$ 위에 둠으로써 단순화할 수 있다.
이를 위해 둘째 항의 분자, 분모에 $(1+x)$를 곱하여

$$\frac{1+x}{(1+x)^2}$$

을 얻으면,

$$\frac{\mathrm{d}y}{\mathrm{d}x} = \frac{-x}{(1+x)^2} + \frac{1+x}{(1+x)^2} = \frac{-x+(1+x)}{(1+x)^2} = \frac{1}{(1+x)^2}$$

실전문제

2. 다음을 미분하라.

(a) $y = x(3x-1)^6$ (b) $y = x^3\sqrt{(2x+3)}$ (c) $y = \dfrac{x}{x-2}$

조언

곱의 규칙이 지금까지 배운 규칙 중 가장 어렵게 느껴질 수 있다. 이는 최종적인 표현을 단순하게 하기 위한 대수적 조작 때문에 그럴 것이다. 만약 이 때문이라면 현 단계에서 크게 염려할 필요가 없다. 최종적 표현을 깔끔하게 정리 못하더라도, 중요한 것은 곱의 규칙을 이용하여 주어진 문제의 답을 찾는 것이다. 만약 미분의 결과가 이론의 다음 단계에서 이용되어야 한다면, 최대한 단순화하는 것이 결국 시간을 절약하는 길이다.

실전문제 2에서 가장 어려운 부분 중 하나가 분수로 표시된 (c)이다. 분수로 표현된 함수를 다룰 때는 음의 지수를 계산하고 공통분모를 이용해 두 부분을 한데 모을 필요가 있다. 학생들이 이러한 계산에 확신을 못 가지는 경향이 있다. 그래서 우리는 이 절의 마지막 순서로 이러한 종류의 함수를 미분하는 규칙을 공부하도록 하겠다. 규칙 자체가 좀 복잡하다. 그러나 곧 알겠지만, 분수로 표현된 함수를 미분할 때, 대수적 계산을 대신 해주기 때문에 이 규칙을 사용하는 것이 곱의 규칙을 사용하는 것보다 더 편안하게 느껴질 것이다.

규칙 6 몫의 규칙

만약 $y = \dfrac{u}{v}$ 라면 $\dfrac{dy}{dx} = \dfrac{v\,du/dx - u\,dv/dx}{v^2}$ 이다.

이 규칙은 두 함수의 몫을 어떻게 미분하는지 알려준다:

> 분모 곱하기 분자의 도함수에서 분자 곱하기 분모의 도함수를 뺀 후 분모의 제곱으로 나눈다.

예제

다음을 미분하라.

(a) $y = \dfrac{x}{1+x}$

(b) $y = \dfrac{1+x^2}{2-x^3}$

풀이

(a) 몫의 규칙에서 u는 분자 v는 분모를 나타낸다. 따라서

$$\frac{x}{1+x}$$

에서

$$u = x \text{와} \ v = 1 + x$$

이므로

$$\frac{du}{dx} = 1 \ \text{그리고} \ \frac{dv}{dx} = 1$$

이다. 몫의 규칙에 따라,

$$\frac{dy}{dx} = \frac{v\,du/dx - u\,du/dx}{v^2}$$

$$= \frac{(1+x)(1) - x(1)}{(1+x^2)}$$

$$= \frac{1+x-x}{(1+x^2)}$$

$$= \frac{1}{(1+x^2)}$$

몫의 규칙이 저절로 공통분모 위에 최종적 형태를 갖게 해줌을 알 수 있다. 이것과 위의 예제 (c)에서 똑같은 답을 찾기 위해 곱의 규칙을 이용하던 것을 비교해보라.

(b) $\dfrac{1+x^2}{2-x^3}$에서 분자는 $1+x^2$, 분모는 $2-x^3$이므로

$$u = 1+x^2 \text{ 그리고 } v = 2-x^3$$

로 두면

$$\frac{du}{dx} = 2x \text{ 그리고 } \frac{dv}{dx} = -3x^2$$

이다. 몫의 규칙에 따라,

$$\frac{dy}{dx} = \frac{v\,du/dx - u\,dv/dx}{v^2}$$

$$= \frac{(2-x^3)(2x) - (1+x^2)(-3x^2)}{(2-x^3)^3}$$

$$= \frac{4x - 2x^4 + 3x^2 + 3x^4}{(2-x^3)^3}$$

$$= \frac{x^4 + 3x^2 + 4x}{(2-x^3)^3}$$

실전문제

3. 다음을 미분하라.

(a) $y = \dfrac{x}{x-2}$
(b) $y = \dfrac{x-1}{x+1}$

[(a)의 답이 실전문제 2(c)에서 얻은 것과 동일함을 확인할 수 있다.]

> **조언**
>
> 분수로 표현된 함수의 미분은 곱의 규칙이나 몫의 규칙 중 하나를 선택하여 사용할 수 있다. 어느 규칙을 사용하느냐가 중요한 것이 아니므로 여러분이 편하게 느끼는 규칙을 사용하면 된다.

연습문제 4.4

1. 연쇄규칙을 이용해 다음을 미분하라.

   (a) $y = (5x+1)^3$ (b) $y = (2x-7)^8$ (c) $y = (x+9)^5$

   (d) $y = (4x^2-7)^3$ (e) $y = (x^2+4x-3)^4$ (f) $y = \sqrt{(2x+1)}$

   (g) $y = \dfrac{1}{3x+1}$ (h) $y = \dfrac{1}{(4x-3)^2}$ (i) $y = \dfrac{1}{\sqrt{(2x+5)}}$

2. 곱의 규칙을 이용해 다음을 미분하라.

   (a) $y = x(3x+4)^2$ (b) $y = x^2(x-2)^3$ (c) $y = x\sqrt{(x+2)}$

   (d) $y = (x-1)(x+6)^3$ (e) $y = (2x+1)(x+5)^3$ (f) $y = x^3(2x-5)^4$

3. 몫의 규칙을 이용해 다음을 미분하라.

   (a) $y = \dfrac{x}{x-5}$ (b) $y = \dfrac{x}{(x+7)}$ (c) $y = \dfrac{x+3}{x-2}$

   (d) $y = \dfrac{2x+9}{3x+1}$ (e) $y = \dfrac{x}{(5x+6)}$ (f) $y = \dfrac{x+4}{3x-7}$

4. 다음을 미분함에 있어

   $$y = (5x+7)^2$$

   (a) 연쇄규칙을 이용하라.

   (b) 괄호를 푼 다음 각 항을 미분하라.

5. 다음을 미분함에 있어

   $$y = x^5(x+2)^2$$

   (a) 곱의 규칙을 이용하라.

   (b) 괄호를 푼 다음 각 항을 미분하라.

6. 수요 함수가 다음과 같이 주어질 때 한계수익을 구하라.

   (a) $P = (100-Q)^3$

   (b) $P = \dfrac{1000}{Q+4}$

7. 소비함수가

$$C = \frac{300 + 2Y^2}{1 + Y}$$

일 때, $Y = 36$에서의 MPC와 MPS를 계산하고 이 결과를 해석하라.

연습문제 4.4*

1. 연쇄규칙을 이용해 다음을 미분하라.

(a) $y = (2x+1)^{10}$　　(b) $y = (x^2 + 3x - 5)^3$　　(c) $y = \dfrac{1}{7x - 3}$

(d) $y = \dfrac{1}{x^2 + 1}$　　(e) $y = \sqrt{(8x - 1)}$　　(f) $y = \dfrac{1}{\sqrt[3]{(6x - 5)}}$

2. 곱의 규칙을 이용해 다음을 미분하라.

(a) $y = x^2(x+5)^3$　　(b) $y = x^5(4x+5)^2$　　(c) $y = x\sqrt[4]{(x+1)}$

3. 몫의 규칙을 이용해 다음을 미분하라.

(a) $yy = \dfrac{x^2}{x+4}$　　(b) $y = \dfrac{2x-1}{x+1}$　　(c) $y = \dfrac{x^3}{\sqrt{(x-1)}}$

4. 다음을 미분하라.

(a) $y = x(x-3)^4$　　(b) $y = x\sqrt{(2x-3)}$　　(c) $y = \dfrac{x^3}{(3x+5)^2}$

(d) $y = \dfrac{x}{x^2 + 1}$　　(e) $y = \dfrac{ax+b}{cx+d}$　　(f) $y = (ax+b)^m(cx+d)^m$

(g) $y = x(x+2)^2(x+3)^3$

5. 함수

$$y = \frac{x}{2x + 1}$$

의 2계 도함수를 구하여 최대한 단순화하라.

6. 수요 함수가 다음과 같을 때 한계수익을 구하라.

(a) $P = \sqrt{(100 - 2Q)}$　　(b) $P = \dfrac{100}{\sqrt{2 + Q}}$

7. 소비함수가

$$C = \frac{650 + 2Y^2}{9 + Y}$$

일 때, $Y=3$에서의 한계소비성향을 계산하라. 이에 대응하는 한계저축성향을 구하고 이 결과들에 대해 평가하라.

8. 총비용함수가

$$TC = \frac{2Q^2 + 10Q}{Q+3}$$

일 때, 한계비용함수가

$$MC = 2 + \frac{12}{(Q+3)^2}$$

임을 보여라. Q의 증가에 따른 MC의 변화에 대해 평가하라.

9. 어떤 상품의 수요 함수가 $P = a - \sqrt{bQ + c}$ 일 때 한계수익함수가

$$MR = a - \frac{3bQ + 2c}{2\sqrt{bQ + c}}$$

임을 보여라.

SECTION 4.5

탄력성

> **목표**
>
> 이 절을 공부한 후에는 다음을 할 수 있다:
> - 호를 따라 평균화된 가격 탄력성을 계산할 수 있다.
> - 한 점에서 평가된 가격 탄력성을 계산할 수 있다.
> - 수요와 공급이 비탄력적인지, 단위 탄력적인지 또는 탄력적인지 판단할 수 있다.
> - 수요의 가격 탄력성과 수익과의 관계를 이해할 수 있다.
> - 일반적인 선형 수요 함수의 가격 탄력성을 계산할 수 있다.

경영에 있어 중요한 문제 중 하나가 상품의 가격변화가 수익에 미치는 영향을 파악하는 것이다. 어떤 기업의 수요 곡선이 우하향이라고 가정하자. 만약 기업이 가격을 내리면 각 상품에 대해서는 덜 받지만, 판매된 상품의 수는 증가한다. 총수익 TR의 공식은

$$\text{TR} = PQ$$

이므로, P가 감소하고 Q가 증가함에 따라 TR에 미치는 순영향이 무엇인지 바로 알 수 없다. 여기서 중요한 인자는 P와 Q의 절대적 변화가 아니라 비례적 또는 퍼센트 변화이다. 직관적으로, Q의 퍼센트 증가가 P의 퍼센트 하락보다 크다면 기업의 수익이 증가할 것이라고 예상된다. 이러한 환경하에서는 수요가 가격변화에 상대적으로 더 민감하기 때문에 수요가 탄력적(elastic)이라고 부른다. 마찬가지로, 수요가 가격변화에 상대적으로 둔감할 경우 수요가 비탄력적(inelastic)이라고 부른다. 이 경우에는 수요량의 퍼센트 변화가 가격의 퍼센트 변화보다 작게 된다. 그러면 기업은 상품의 가격을 올림으로써 수익을 증가시킬 수 있다. 결과적으로 수요는 감소하지만, 가격의 증가가 판매량의 감소를 보상하여 수익이 증가한다. 물론, 가격의 퍼센트 변화와 수요량의 퍼센트 변화가 같을 수도 있으며, 이 경우 수익은 불변이다. 이러한 경우를 단위 탄력적(unit elastic)이라고 부른다.

가격 변화에 따른 수요의 민감성을 수량화하기 위하여 수요의 가격 탄력성(price elasticity of demand)을 다음과 같이 정의한다.

$$E = \frac{\text{수요의 퍼센트 변화}}{\text{가격의 퍼센트 변화}}$$

수요 곡선이 우하향하기 때문에 가격의 증가는 수요량의 감소, 가격의 감소는 수요량의 증가로 이어짐에 유의하자. 결과적으로 E값은 항상 음(−)이다. 보통 경제학자들은 음수 부호는 무시하고 탄력성의 크기만 고려하곤 한다. 이 양의 값을 $|E|$로 나타내면 위에 언급된 수요 함수의 분류를 다음과 같이 간단하게 나타낼 수 있다:

수요 함수는
- 만약 $|E| < 1$이면 비탄력적
- 만약 $|E| = 1$이면 단위 탄력적
- 만약 $|E| > 1$이면 탄력적

이다.

평상시처럼, P와 Q의 변화를 각각 ΔP, ΔQ로 나타내어, 이들 기호의 식으로 E를 표현해보자. 사례를 만들기 위해, 어떤 상품의 가격이 \$12이고 이것이 \$18로 오른다고 가정하자. 언뜻 보기에도 가격의 퍼센트 변화가 50%라는 것을 알 수 있다. 오래 생각하지 않아도 머릿속으로 바로 계산할 수 있지만, 일정한 수학적 과정을 밝힐 필요가 있다. 먼저 이 숫자를 얻기 위해

가격의 변화

$$18 - 12 = 6$$

을 원래 가격에 대한 부분으로 표시해

$$\frac{6}{12} = 0.5$$

를 얻고 여기에 100을 곱하여 퍼센트로 나타낸다. 이 단순한 예제가 E의 공식을 어떻게 구할 것인가에 대한 단서를 제공한다. 일반적으로, 가격의 퍼센트 변화는

$$\frac{\Delta P}{P} \times 100$$

이고, 마찬가지로 수요량의 퍼센트 변화는

$$\frac{\Delta Q}{Q} \times 100$$

이다. 따라서

$$E = \left(\frac{\Delta Q}{Q} \times 100 \right) \div \left(\frac{\Delta P}{P} \times 100 \right)$$

이다. 두 개의 분수를 서로 나눌 때, 분모에 있는 것을 위아래를 바꾸어 곱한다. 그러면

$$E = \left(\frac{\Delta Q}{Q} \times \cancel{100} \right) \times \left(\frac{P}{\cancel{100} \times \Delta P} \right)$$
$$= \frac{P}{Q} \times \frac{\Delta Q}{\Delta P}$$

이다. 전형적인 수요 곡선이 그림 4.17에 그려져 있고, 가격이 P_1에서 P_2로 떨어져 수요가 Q_1에서 Q_2로 증가한다.

자세히 설명하면, 수요 곡선이 다음과 같이 주어진다고 가정하자.

$$P = 200 - Q^2$$

이고 $P_1 = 136$, $P_2 = 119$이다.

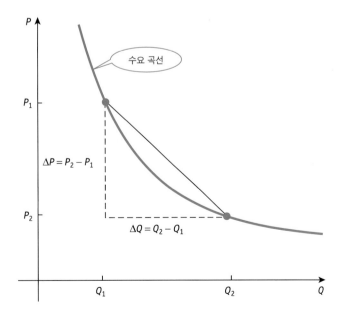

그림 4.17.

이에 대응하는 Q_1과 Q_2 값은 수요 함수

$$P = 200 - Q^2$$

에 $P_1 = 136$, $P_2 = 119$을 각각 대입하여 얻을 수 있다. 예를 들어, $P_1 = 136$이면

$$136 = 200 - Q_2$$

이고, 이는 다시

$$Q^2 = 200 - 136 = 64$$

이다. 이것의 해는 $Q = \pm 8$이지만 음의 수량은 무시하여 $Q_1 = 8$을 얻는다. 비슷한 방법으로 $P_2 = 119$를 대입하여 $Q_2 = 9$를 얻는다. 탄력성 공식이

$$E = \frac{P}{Q} \times \frac{\Delta Q}{\Delta P}$$

이고 ΔP와 ΔQ의 값이

$$\Delta P = 119 - 136 = -17$$
$$\Delta Q = 9 - 8 = 1$$

이다. 그러나 여전히 P와 Q가 명확하지 않다. P가 136인가 119인가? 우리의 선택에 따라 다른 두 개의 값을 갖게 될 것이다. 현명한 타협은 이 둘의 평균을 이용하는 것이다. 그래서

$$P = 1/2(136 + 119) = 127.5$$

또한, Q 값도 평균하여

$$Q = 1/2(8 + 9) = 8.5$$

그러면

$$E = \frac{127.5}{8.5} \times \left(\frac{1}{-17} \right) = -0.88$$

이 값이 수요 곡선 위 (Q_1, P_1)과 (Q_2, P_2) 사이 부분의 평균 탄력성 추정치이다. 그래서 이를 호 탄력성(arc elasticity)이라 부르고, 일반 탄력성 공식에 P 대신 $1/2(P_1 + P_2)$를 그리고 Q 대신 $1/2(Q_1 + Q_2)$를 대체하여 얻어진다.

실전문제

1. 수요 함수가

$$P = 1000 - 2Q$$

로 주어졌다. 가격 P가 210에서 200으로 떨어질 때 호 탄력성을 계산하라.

이러한 접근법에서 실망스러운 것은 한 점에서의 정확한 탄력성 값을 계산하는 것이 아니라 호를 따라 평균화된 탄력성을 계산해야 한다는 점이다. 한 점에서의 탄력성 공식은

$$E = \frac{P}{Q} \times \frac{\Delta Q}{\Delta P}$$

에서 그림 4.17의 ΔQ와 ΔP가 영(0)에 무한히 가까워질 때의 극한값을 구함으로써 쉽게 유추할 수 있다. 그러면 호가 한 점으로 줄어들게 되고 비율 $\Delta Q/\Delta P$가 dQ/dP로 된다. 따라서 한 점에서의 가격 탄력성(점 탄력성)은 다음에서 구할 수 있다.

$$E = \frac{P}{Q} \times \frac{dQ}{dP}$$

예제

수요 함수가

$$P = 50 - 2Q$$

으로 주어질 때, 가격 30에서의 탄력성을 구하라. 수요가 이 점에서 비탄력적인가, 단위 탄력적인가 아니면 탄력적인가?

풀이

dP/dQ를 구하기 위해 먼저 Q를 P에 대해 미분해야 한다. 그런데 수요 함수가 P의 Q에 대한 식으로 나타나 있으므로, 먼저

$$P = 50 - 2Q$$

를 Q의 식으로 바꾸어야 한다.

$$Q = 25 - 1/2P$$

이므로

$$\frac{dQ}{dP} = -1/2$$

이다. $P=30$으로 주어져 있으므로, 이 가격에서의 수요는

$$Q = 25 - 1/2(30) = 10$$

이 값들을

$$E = \frac{P}{Q} \times \frac{dQ}{dP}$$

에 대입하면

$$E = \frac{30}{10} \times \left(-\frac{1}{2}\right) = -1.5$$

가 된다. 또한 $|-1.5| > 1$이므로, 수요는 이 가격에서 탄력적이다.

실전문제

2. 수요 함수가

$$P = 100 - Q$$

로 주어질 때, 다음의 가격에서 수요의 가격 탄력성을 계산하라.

(a) 10   (b) 50   (c) 90

이들 가격에서 수요는 비탄력적인가, 단위 탄력적인가 아니면 탄력적인가?

경제학에서 수요 함수가

$$P = f(Q)$$

형태, 즉 P가 Q의 함수인 것으로 주어지는 것은 아주 일반적이다. 탄력성을 구하기 위해서는

$$\frac{dQ}{dP}$$

을 구할 필요가 있는데, 이는 실제로 Q가 P의 함수임을 가정한 것이다. 결과적으로 우리는 미분하기 전에 먼저 수요 함수를 전치시켜 Q를 P의 함수의 형태로 바꾸어야 한다. 이것이 위의 예에서 취한 접근법이다. 만약 불행하게도 $f(Q)$가 아주 복잡한 형태로 주어지

면, Q를 뽑아내기 위한 이러한 방법이 불가능하거나 아주 어려울 수 있다. 또 다른 접근법은

$$\frac{dQ}{dP} = \frac{1}{dP/dQ}$$

와 같은 사실에 근거를 둔다. 세세한 설명은 생략하지만, 연쇄규칙에 의해 증명된다. 이 결과는 원래 형태의 수요 함수를 미분하여 dP/dQ를 구하고 이의 역수를 취하여 dQ/dP를 찾을 수 있음을 알려준다.

예제

수요 함수가

$$P = -Q^2 - 4Q + 96$$

으로 주어질 때, 가격 $P=51$에서 수요의 가격 탄력성을 계산하라. 만약 가격이 2% 오르면, 이에 대응하여 수요는 몇 % 변하는지 계산하라.

풀이

$P=51$이므로 이 가격에 대응하는 수요를 구하기 위해 2차 방정식

$$-Q^2 - 4Q + 96 = 51$$

즉,

$$-Q^2 - 4Q + 45 = 0$$

을 푼다. 2.1절에서 논의한 표준적인 근의 공식

$$\frac{-b \pm \sqrt{b^2 - 4ac}}{2a}$$

을 사용하면

$$Q = \frac{-(-4) \pm \sqrt{((-4)^2 - 4(-1)(45))}}{2(-1)}$$

$$= \frac{4 \pm \sqrt{196}}{-2}$$

$$= \frac{4 \pm 14}{-2}$$

두 개의 해는 -9와 5이다. 음의 수요량을 갖는 것은 의미가 없으므로 음수값을 갖는 해를 무시하면 $Q=5$이다.

E값을 구하기 위해, 수요 함수 $P=-Q^2-4Q+96$에서

$$\frac{dQ}{dP}$$

또한 계산해야 한다. 수요 함수를 Q의 함수로 전치시키기가 쉽지 않다. 위에서처럼 숫자 51 대신 문자 P로 대체하여 2차 방정식을 풀어야 한다. 제곱근도 나오고 연이은 미분이 아주 복잡하게 된다. (한번 시도해보라!) 그러나 주어진 형태의 수요 함수를 Q에 대해 미분하여

$$\frac{dP}{dQ}=-2Q-4$$

를 얻고, 다시

$$\frac{dQ}{dP}=\frac{1}{dP/dQ}=\frac{1}{-2Q-4}$$

을 쉽게 구할 수 있다.

마지막으로, $Q=5$를 대입하면

$$\frac{dQ}{dP}=-\frac{1}{14}$$

이다. 수요의 가격 탄력성이

$$E=\frac{P}{Q}\times\frac{dQ}{dP}$$

으로 주어지므로, $P=51$, $Q=5$ 그리고 $dQ/dp=-1/14$을 대입하여

$$E=\frac{51}{5}\times\left(-\frac{1}{14}\right)=-0.73$$

을 구할 수 있다.

P의 2% 상승으로 인한 Q의 영향을 계산하기 위해 원래의 정의

$$E=\frac{\text{수요의 퍼센트 변화}}{\text{가격의 퍼센트 변화}}$$

로 돌아가자. $E=-0.73$, 가격의 퍼센트 변화 2%를 알고 있으므로

$$-0.73=\frac{\text{수요의 퍼센트 변화}}{2\%}$$

에서 수요 변화는

$$-0.73 \times 2\% = -1.46\%$$

임을 알 수 있다.

따라서 가격의 2% 상승은 수요의 1.46% 하락으로 이어진다.

실전문제

3. 수요 함수가

$$P = -Q^2 - 10Q + 150$$

으로 주어질 때, $Q=4$에서 수요의 가격 탄력성을 계산하라. 수요를 10% 올리기 위해 몇 %의 가격 변화가 필요한지 추정하라.

공급의 가격 탄력성(price elasticity of supply)은 수요의 그것과 비슷한 방식으로 정의된다. 즉,

$$E = \frac{\text{공급의 퍼센트 변화}}{\text{가격의 퍼센트 변화}}$$

가격의 증가는 수요의 증가를 가져오므로 E는 양이다.

예제

공급 함수가

$$P = 10 + \sqrt{Q}$$

으로 주어질 때, 다음 공급의 가격 탄력성을 구하라.

(a) $Q=100$과 $Q=105$ 사이의 호를 따라 평균화된 탄력성

(b) 점 $Q=100$에서의 탄력성

풀이

(a) Q1=100, Q2=105이므로

$$P_1 = 10 + \sqrt{100} = 20 \text{ 그리고 } P_2 = 10 + \sqrt{105} = 20.247.$$

따라서,

$$\Delta P = 20.247 - 20 = 0.247, \ \Delta Q = 105 - 100 = 5$$

$$P = \frac{1}{2}(20 + 20.247) = 20.123, \ Q = \frac{1}{2}(100 + 105) = 102.5$$

호 탄력성의 공식을 이용하면

$$E = \frac{P}{Q} \times \frac{\Delta Q}{\Delta P} = \frac{20.123}{102.5} \times \frac{5}{0.247} = 3.97$$

(b) 점 $Q_1 = 100$에서의 탄력성을 계산하기 위해 도함수 $\dfrac{dQ}{dP}$를 찾아야 한다. 공급 함수

$$P = 10 + \sqrt{Q}$$

을 미분하면

$$\frac{dP}{dQ} = \frac{1}{2}Q^{-1/2} = \frac{1}{2\sqrt{Q}}$$

이므로, 이를 역수 취하면

$$\frac{dQ}{dP} = 2\sqrt{Q}$$

이다. 점 $Q = 100$에서

$$\frac{dQ}{dP} = 2\sqrt{100} = 20$$

점 탄력성 공식을 이용하면

$$E = \frac{P}{Q} \times \frac{dQ}{dP} = \frac{20}{100} \times 20 = 4$$

예상할 수 있듯이 (a)와 (b)의 답이 거의 같음을 알 수 있다.

실전문제

4. 공급 함수가

$$Q = 150 + 5P + 0.1P^2$$

으로 주어질 때, 다음 공급의 가격 탄력성을 구하라.

(a) $P = 9$과 $P = 11$ 사이의 호를 따라 평균화된 탄력성

(b) 점 $P = 10$에서의 탄력성

조언

탄력성 개념은 좀 더 일반적인 함수에도 적용될 수 있고 이들 중 일부를 다음 장에서 공부한다. 당분간은 수요 탄력성의 이론적 특성에 대해 조사해본다. 다음에 나오는 것들은 이전 것보다 어려우므로 결론 부분에 집중하거나 유도 과정은 생략해도 무방하다.

탄력성과 한계수익의 관계에 대한 분석으로 시작한다. 한계수익 MR은

$$MR = \frac{d(TR)}{dQ}$$

이다. 여기서 TR은 곱 PQ와 같고, 미분하기 위해 곱의 규칙을 사용한다. 만약

$$u = P \text{ 그리고 } v = Q$$

이면

$$\frac{du}{dQ} = \frac{dP}{dQ} \text{ 그리고 } \frac{dv}{dQ} = \frac{dQ}{dQ} = 1$$

곱의 규칙에 의해

$$MR = u\frac{dv}{dQ} + v\frac{du}{dQ}$$
$$= P + Q \times \frac{dP}{dQ}$$
$$= P\left(1 + \frac{Q}{P} \times \frac{dP}{dQ}\right)$$

여기서

$$\frac{P}{Q} \times \frac{dQ}{dP} = E$$

이므로

$$\frac{Q}{P} \times \frac{dP}{dQ} = \frac{1}{E}$$

이것을 MR 식에 대입하면

$$MR = P\left(1 + \frac{1}{E}\right)$$

이 된다. 이제 한계수익과 수요 탄력성의 관련성이 분명해졌고, 이 공식을 이용하여 이 절의 시작 부분에서 언급한 수익과 탄력성의 관계에 대해 직관적인 설명을 할 수 있다. $-1 < E < 0$이면 $1/E < -1$이고, 그래서 MR은 어떤 P값에서든지 음수가 된다. 그러면, MR이 수익곡선의 기울기를 결정하므로 수요가 비탄력적인 구간에서 수익함수는 감소한다는 결론에 이르게 된다. 또한 만약 $E < -1$이면 $1/E > -1$이므로 MR이 어떤 P값에서든지 양수가 되고 수익곡선이 증가한다. 달리 표현하면, 수요가 탄력적인 구간에서 수익함수가 증가한다는 것이다. 마지막으로, $E = -1$이면 MR $= 0$이고, 그래서 수요가 단위 탄력적인 점에서 수익곡선의 기울기가 수평이 된다.

이 절을 통하여 우리는 특정 함수들을 취하여 특별한 점에서의 탄력성을 계산했지만, 일반적인 함수를 가지고 탄력성에 대한 일반적 표현을 유도해내는 것이 더 교육적이다. 표준적인 선형의 우하향하는 수요 함수를 고려해보자.

$$P = aQ + b$$

여기서 $a < 0$이고 $b > 0$이다. 4.3절에서 언급했듯이, 이런 함수는 독점이 직면한 수요 함수를 나타낸다. Q의 식으로 나타내기 위해

$$Q = \frac{1}{a}(P - b)$$

를 얻는다.

$$\frac{dQ}{dP} = \frac{1}{a}$$

이므로 수요의 탄력성 공식

$$E = \frac{P}{Q} \times \frac{dQ}{dP}$$

에 Q 대신 $(1/a)(P-b)$, dQ/dP 대신 $1/a$를 대입하면

$$E = \frac{P}{(1/a)(P-b)} \times \frac{1}{a}$$
$$= \frac{P}{P-b}$$

을 얻는다. 이 공식이 P와 b만으로 구성되어 있지 a는 없음에 유의하라. 따라서 탄력성은 선형수요 함수의 기울기와 아무 상관이 없다. 특히, 이는 그림 4.18에 그려진 두 수요

함수의 탄력성이 임의의 가격 P에 대해 동일함을 보여준다. 다소 놀라운 결과임에 틀림 없다. 점 A가 더 가파른 곡선 위에 있기 때문에 점 A에서 점 B보다 더 탄력적이라고 예상할 수도 있겠다. 그러나 위의 수학적 공식은 그렇지 않음을 보이고 있다.

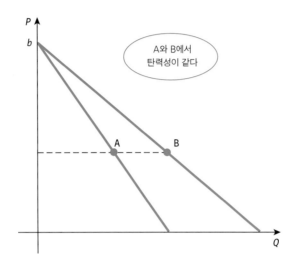

그림 4.18.

위의 결과

$$E = \frac{P}{P-b}$$

에서 다른 재미있는 특성은 b가 분모에만 있다는 사실이다. 따라서 임의의 가격 P에 대하여, 절편 b의 값이 클수록 탄력성의 정도는 작아진다. 그림 4.19에서 C에서의 탄력성의 정도가 D에서보다 더 작다. 왜냐하면 C가 더 큰 절편을 가진 곡선 위에 있기 때문이다.

E가 P에 의존한다는 사실도 주의할 필요가 있다. 이는 선형수요 곡선을 따라 탄력성이 변화함을 보여준다. 그림 4.20에 설명되어 있다. 왼쪽 끝, $P=b$에서

$$E = \frac{b}{b-b} = \frac{b}{0} = \infty$$

이다. 오른쪽 끝, $P=0$에서는

$$E = \frac{0}{0-b} = \frac{0}{-b} = 0$$

가 된다.

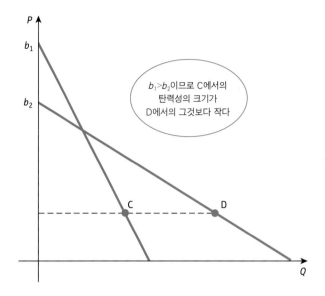

그림 4.19.

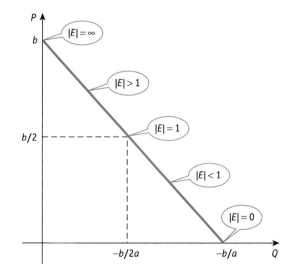

그림 4.20.

　　수요 곡선의 아래로 움직일수록, 모든 가능한 값을 가지면서 탄력성이 무한대에서 0으로 감소한다. 수요는 $E=-1$에서 단위 탄력적이고, 이때의 가격은

$$\frac{P}{P-b}=-1$$

을 풀어 구할 수 있다.

$$P = \frac{b}{2}$$

에 대응하는 수요량은 수요 함수에 $P=b/2$를 대입함으로써 구할 수 있다. 즉,

$$Q = \frac{1}{a}\left(\frac{b}{2} - b\right) = -\frac{b}{2a}$$

수요는 수요 곡선의 정확하게 한가운데서 단위 탄력적이다. 이 점의 왼쪽이 $|E| > 1$이어서 수요가 탄력적이고, 오른쪽이 $|E| < 1$이어서 수요가 비탄력적이다.

　일반적인 수요 함수에 관한 논의에서 우리는 직선으로 나타나는 것들에 초점을 맞추었다. 왜냐하면 이들이 단순한 경제 모형에서 통상 사용되기 때문이다. 다른 가능성도 있는데, 연습문제 4.5*는 고정 탄력성을 가지는 함수군에 대해 알아본다.

주요 용어

공급의 가격 탄력성(Price elasticity of demand)　가격의 변화로 인한 공급 변화의 민감도를 측정하는 수단: (공급의 퍼센트 변화)÷(가격의 퍼센트 변화).

비탄력적 수요(Inelastic demand)　수요의 퍼센트 변화가 대응하는 가격의 퍼센트 변화보다 작은 경우: $|E| < 1$.

수요의 가격 탄력성(Price elasticity of demand)　가격의 변화로 인한 수요 변화의 민감도를 측정하는 수단: (수요의 퍼센트 변화)÷(가격의 퍼센트 변화).

수요의 단위 탄력성(Unit elasticity of demand)　수요의 퍼센트 변화가 가격의 퍼센트 변화와 같은 경우: $|E| = 1$.

점 탄력성(Point elasticity)　곡선 위 특정한 점에서 측정된 탄력성, $E = \dfrac{P}{Q} \times \dfrac{dQ}{dP}$.

탄력적 수요(Elastic demand)　수요의 퍼센트 변화가 대응하는 가격의 퍼센트 변화보다 큰 경우: $|E| > 1$.

호 탄력성(Arc elasticity)　곡선 위 두 점 사이에서 측정된 탄력성.

연습문제 4.5

1. 수요 함수가

    $$P = 500 - 4Q^2$$

    로 주어질 때, $Q=8$과 $Q=10$을 잇는 호를 따라 평균화된 수요의 가격 탄력성을 계산하라.

2. 수요 함수가

$$P = 500 - 4Q^2$$

일 때, 점 $Q=9$에서의 수요의 가격 탄력성을 구하고 1번 문제의 답과 비교하라.

3. 다음의 수요 함수에서 $P=6$에서의 수요의 가격 탄력성을 구하라.

   (a) $P = 30 - 2Q$ (b) $P = 30 - 12Q$ (c) $P = \sqrt{(100 - 2Q)}$

4. (a) 어느 항공사가 비즈니스석 가격을 8% 올렸더니 수요가 2.5% 줄어들었다. 수요의 탄력성을 추정하라. 수요가 탄력적인가, 비탄력적인가 아니면 단위 탄력적인가?

   (b) 이코노미석에서도 유사한 결과를 도출할 수 있을지 설명하라.

5. 어떤 상품의 수요 함수가 다음과 같다.

$$Q = \frac{1000}{P^2}$$

   (a) $P=5$에서 수요의 가격 탄력성을 계산하고, P가 2% 오를 때 수요의 퍼센트 변화를 추정하라.

   (b) P가 5에서 5.1로 증가할 때 수요의 퍼센트 변화를 계산하여 (a)에서 구한 추정치의 정확도에 대해 논평하라.

6. (a) 수요 함수 $P = 20 - 0.05Q$의 수요의 가격 탄력성을 Q에 관한 식으로 나타내라.

   (b) 어떤 값의 Q에서 수요가 단위 탄력적인가?

   (c) MR을 찾고 수요가 단위 탄력적일 때 MR=0임을 보여라.

7. 다음의 공급 함수를 고려하자.

$$Q = 4 + 0.1P^2$$

   (a) dQ/dP를 구하여 적어라.

   (b) 위의 공급 함수를

$$P = \sqrt{(10Q - 40)}$$

   으로 재정리할 수 있다. 이를 미분하여 dP/dQ를 찾아라.

   (c) (a), (b)의 답을 이용하여

$$\frac{dQ}{dP} = \frac{1}{dP/dQ}$$

   임을 증명하라.

(d) 점 $Q=14$에서 공급의 탄력성을 계산하라.

8. 공급 곡선이

$$Q=7+0.1P+0.004P^2$$

일 때, 현재 가격 80에서 공급의 가격 탄력성을 구하라.

(a) 공급이 이 가격에서 탄력적인가, 비탄력적인가 아니면 단위 탄력적인가?

(b) 가격이 5% 오를 때 공급의 퍼센트 변화를 추정하라.

연습문제 4.5*

1. 수요 함수가

$$Q=80-2P-0.5P^2$$

로 주어질 때, $Q=32$과 $Q=50$을 잇는 호를 따라 평균화된 수요의 가격 탄력성을 소수점 아래 둘째자리까지 구하라.

2. 다음과 같은 공급 함수를 고려하자.

$$P=7+2Q^2$$

점 $P=105$에서 공급의 가격 탄력성을 계산하여, 가격이 7% 오를 때 공급의 퍼센트 변화를 추정하라.

3. 수요 함수가

$$Q+4P=60$$

일 때, 수요의 가격 탄력성을 P에 관한 일반식으로 나타내라. 어떤 값의 P에서 수요가 단위 탄력적인가?

4. 수요 함수의 수요의 가격 탄력성이 상수임을 보여라.

$$P=\frac{A}{Q^n}$$

여기서 A와 n은 양수

5. 공급 함수

$$Q=aP+b\,(a>0)$$

에서 공급의 점 탄력성을 구하라.

그리고 공급 함수가 다음과 같음을 추론하라.

(a) $b=0$에서 단위 탄력적

(b) $b>0$에서 비탄력적

이 결과들을 간단한 그림을 통해 설명하라.

6. 공급 함수가 다음과 같다.

$$Q=40+0.1P^2$$

(1) $P=11$과 $P=13$ 사이의 호를 따라 평균화된 공급의 가격 탄력성을 구하라. 정확하게 소수점 아래 셋째자리까지 구하라.

(2) 임의의 점 P에서 공급의 가격 탄력성을 구하라. 그러고 나서

   (a) 가격이 현재 수준 17에서 5% 상승할 때 공급의 퍼센트 변화를 추정하라. 소수점 아래 첫째자리까지 계산하라.

   (b) 공급이 단위 탄력적인 가격 수준을 찾아라.

7. (a) 공급 함수

   $$P=aQ+b$$

   의 탄력성이

   $$E=\frac{P}{P-b}$$

   임을 보여라.

   (b) 다음 두 공급 함수를 생각해보자.

   $$P=2Q+5$$와 $P=aQ+b$

   $P=10$일 때 두 함수의 공급량은 같고, 이 점에서 측정된 두 번째 함수의 공급의 가격 탄력성이 첫 번째 함수의 그것보다 다섯 배 높다. a와 b의 값을 구하라.

8. (a) E가 일반적인 공급 함수 $Q=f(P)$의 탄력성을 나타낼 때, 다음 함수들의 탄력성을 구하라.

   (i) $Q=[f(P)]^n$ is nE (ii) $Q=\lambda f(P)$ is E

   (iii) $Q=\lambda+f(P)$ is $\dfrac{f(P)E}{\lambda+f(P)}$

   여기서 n과 λ는 양수이다.

   (b) 공급 함수 $Q=P$의 탄력성이 1임을 보이고 (a)의 결과들을 이용하여 다음의 탄력성을 구하라.

   (i) $Q=P^3$ (ii) $Q=10P\sqrt{P}$

   (iii) $Q=5\sqrt{P}-2$

SECTION 4.6

경제함수의 최적화

목표

이 절을 공부한 후에는 다음을 할 수 있다:

- 1계 도함수를 이용하여 함수의 정지점(stationary points)을 찾을 수 있다.
- 2계 도함수를 이용하여 함수의 정지점을 분류할 수 있다.
- 경제 함수의 극대점과 극소점을 찾을 수 있다.
- 정지점을 이용해 경제 함수의 그래프를 그릴 수 있다.

2.1절에서

$$f(x) = ax^2 + bx + c$$

형식을 가진 이차함수의 그래프를 그릴 수 있는 간단한 3단계 전략을 설명했다. 기본 아이디어는 함수에 대응하는 방정식

$$ax^2 + bx + c = 0$$

을 풀어 함수의 그래프가 어디에서 x축을 지나는지 알아보는 것이다. 2차 방정식이 적어도 하나의 해가 존재한다면, 포물선의 극댓값 또는 극솟값의 좌표를 유추할 수 있다. 예를 들어, 만약 두 개의 해가 존재한다면, 그래프는 대칭성에 의해 두 해의 정중앙에 있는 점에서 방향을 바꾼다. 불행히도 만약 2차 방정식의 해가 없다면 이 접근법으로는 제한된 스케치만 가능할 뿐이다.

이 절에서는 미분의 기교를 사용하여 어떻게 포물선의 전환점 좌표를 찾는가를 살펴본다. 이 접근법의 묘미는 이 접근법을 통해 이차함수 형태뿐만 아니라 어떤 종류의 경제 함수에 대해서도 극대점과 극소점의 위치를 찾을 수 있다는 점이다. 그림 4.21의 그래프를 보자. B, C, D, E, F 그리고 G 같은 점들을 함수의 정지점(stationary points, 종종 전환점, 극점으로도 불림)이라 부른다. 정지점에서 함수의 접선은 수평이고 따라서 기울기가 영이다.

결론적으로, 함수 $f(x)$의 정지점에서는

$$f'(x)=0$$

이 성립한다. 정지점이라는 용어가 사용된 배경에는 역사적 맥락이 있다. 미분학은 원래 천문학자에 의해 행성의 움직임을 예측하는 데 이용되었다. 어떤 물체의 여행 거리를 시간에 대한 그래프로 그린다면, 그 기울기로 물체의 속도를 알 수 있다. 왜냐하면, 이 그래프의 기울기가 시간에 대한 거리의 변화율을 나타내기 때문이다. 따라서 어떤 점에서 그래프가 수평이면 그 속도는 영이고 그 물체는 순간적으로 쉬고 있는 것이다: 즉, 정지점이다.

정지점은 세 가지 타입 중 하나로 분류된다: 국지적 극대, 국지적 극소, 그리고 변곡점인 정지점.

국지적 극대(local maximum)(종종 상대적 극대)에서 그래프는 양쪽으로 떨어진다. 그림 4.21에서 점 B와 E가 함수의 국지적 극대이다.

'국지적(local)'이라는 말은 글로벌 또는 전체에서 극대가 아니라 그 지역 또는 근방에서 극대점이라는 사실을 강조하기 위해 사용된 것이다. 그림 4.21에서 그래프의 최고점은 오른쪽 끝 H에 나타난다. H에서 기울기는 영이 아니므로 정지점이 아니다.

국지적 극소(local minimum)(또는 상대적 극소)에서 그래프는 양쪽으로 올라간다. 그림 4.21에서 점 C와 G가 함수의 국지적 극소이다. 다시, 글로벌 극소가 국지적 극소 중 하나일 필요는 없다. 그림 4.21에서 가장 낮은 점은 정지점이 아닌, 왼쪽 끝 A에서 나타난다.

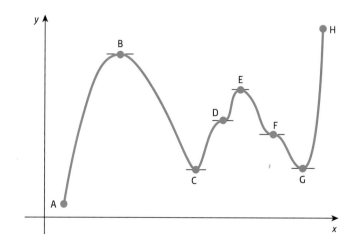

그림 4.21.

　변곡점인 정지점(stationary point of inflection)에서 그래프는 한쪽에서는 오르고 다른 쪽에서는 떨어진다. 그림 4.21에서 점 D, F가 변곡점인 정지점이다. 이 점들은 경제 함수들의 그래프를 그리는 데 도움을 주지만, 경제학에서는 큰 의미가 없다. 그 대신, 극대와 극소가 중요하다. 수익 또는 이윤함수의 극댓값들을 계산하는 것이 중요하고, 또 평균비용함수의 극솟값을 찾는 것이 중요하다.

　대부분의 경제학 예제에서는 국지적 극대 또는 극소가 글로벌 극대 또는 극소와 일치한다. 이런 이유로 가끔 정지점을 말할 때 '국지적'이라는 말을 빼고 쓰기도 한다. 그러나 글로벌 극대 또는 극소가 끝 점에서 얻어질 수도 있음을 명심해야 하고, 이러한 가능성을 체크할 필요가 있다. 이는 끝 점에서의 함숫값과 정지점에서의 함숫값을 비교하여 가장 큰 값이 무엇이고 가장 작은 값이 무엇인지를 결정함으로써 알 수 있다.

　이제 두 가지의 명백한 질문을 던져야 한다. 어떤 함수가 주어졌을 때 어떻게 정지점을 찾고 그것을 분류하느냐 하는 것이다. 첫 번째 질문은 쉽게 답할 수 있다. 앞서 언급한 대로, 정지점은 방정식

$$f'(x) = 0$$

을 만족시키므로, 우리가 해야 할 것은 함수를 미분하여 영으로 두고 방정식을 푸는 일이다. 분류 역시 명확하다. 어떤 함수가 $x = a$에서 정지점을 갖는다고 하자. 그러면

- 만약 $f''(a) > 0$이면 $f(x)$는 $x = a$에서 극솟값을 갖는다.
- 만약 $f''(a) < 0$이면 $f(x)$는 $x = a$에서 극댓값을 갖는다.

그러므로, 우리가 해야 하는 것은 함수를 두 번 미분하여 각 점에서의 2계 도함수를 평가하는 것이다. 이 값이 양이면 그 점은 극소점이고 음이면 극대점이다. 이는 4.2절의 2계 도함수 해석과 일맥상통한다. 만약 $f''(a) > 0$이면 그래프는 $x = a$에서 위쪽으로 휜다(그림 4.21의 C와 G). 만약 $f''(a) < 0$이면 그래프는 $x = a$에서 아래쪽으로 휜다(그림 4.21의 B와 E). 물론 제3의 가능성, $f''(a) = 0$도 있다. 안타깝게도 이런 일이 일어나면 그것은 정지점에 관한 아무런 정보도 제공하지 못한다. 점 $x = a$에서 극대가 될 수도, 극소가 될 수도, 변곡점이 될 수도 있다. 이러한 상황이 이 절의 끝 연습문제 4.6*의 2번 질문에 나온다.

> 조언
>
> 여러분이 이러한 경우를 만나게 되면, 그 점 근방의 함숫값을 표로 만들어 그래프를 스케치한 후 분류하면 된다.

요약하면, 함수 $f(x)$의 정지점을 찾고 분류하는 방법은 다음과 같다:

1단계

방정식 $f'(x)=0$을 풀어 정지점 $x=a$를 찾는다.

2단계

만약

- 만약 $f''(a)>0$이면 그 함수는 $x=a$에서 극솟값을 갖는다.
- 만약 $f''(a)<0$이면 그 함수는 $x=a$에서 극댓값을 갖는다.
- 만약 $f''(a)=0$이면 주어진 정보를 이용해 그 함수를 분류할 수 없다.

예제

다음 함수의 정지점을 찾고 이를 분류하라. 그리고 그래프를 스케치하라.

(a) $f(x)=x^2-4x+5$ (b) $f(x)=2x^3+3x^2-12x+4$

풀이

(a) 1단계, 2단계를 따르기 위해 함수

$$f(x)=x^2-4x+5$$

의 1계, 2계 도함수를 구한다.

한 번 미분하여

$$f'(x)=2x-4$$

를 얻고 두 번 미분하여

$$f''(x)=2$$

를 얻는다.

1단계

정지점은 방정식

$$f'(x)=0$$

의 해이므로

$$2x-4=0$$

를 푼다.

$x=2$에서 정지점이 발생함을 보인다.

2단계

이 점을 분류하기 위해

$$f''(2)$$

를 평가해야 한다. 이 경우 모든 x값에 대하여

$$f''(x) = 2$$

이므로

$$f''(2) = 2$$

이다. 이 값이 양이므로, 함수는 $x=2$에서 극솟값을 가진다.

우리는 $x=2$에서 극솟값을 가짐을 보였다. 그때 대응하는 y값은 이 값을 대입함으로써 쉽게 얻어지는데,

$$y = (2)^2 - 4(2) + 5 = 1$$

이므로 극소점의 좌표는 $(2, 1)$이다. $f(x)$의 그래프는 그림 4.22에 있다.

(b) 1단계, 2단계를 따르기 위해 함수

$$f(x) = 2x^3 + 3x^2 - 12x + 4$$

의 1계, 2계 도함수를 구한다.

한 번 미분하여

$$f'(x) = 6x^2 + 6x - 12$$

를 얻고 두 번 미분하여

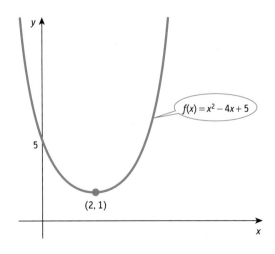

그림 4.22.

$$f''(x) = 12x + 6$$

를 얻는다.

1단계

정지점은 방정식

$$f'(x) = 0$$

의 해이므로

$$6x^2 + 6x - 12 = 0$$

를 푼다. 2차 방정식이므로 공식을 이용하여 푼다. 방정식의 해는

$$x = \frac{-1 \pm \sqrt{(1^2 - 4(1)(-2))}}{2(1)} = \frac{-1 \pm \sqrt{9}}{2} = \frac{-1 \pm 3}{2} = -2, 1$$

이다. 일반적으로, 3차 함수의 정지점은 2차 방정식 $f'(x) = 0$의 해이다. 또한 2.1절에서 알 수 있듯이 이러한 방정식은 해가 두 개이거나 하나거나 없다. 따라서 3차 방정식은 두 개, 한 개 또는 영 개의 정지점을 가질 수 있다. 이 예제에서는 두 개의 정지점 $x = -2$와 $x = 1$이 있다.

2단계

이 점들을 분류하기 위해 $f''(-2)$와 $f''(1)$을 평가해야 한다.

$$f''(-2) = 12(-2) + 6 = -18$$

로 음이어서 $x = -2$에서 극댓값을 가진다. $x = -2$일 때

$$y = 2(-2)^3 + 3(-2)^2 - 12(-2) + 4 = 24$$

이므로, 극대점의 좌표는 $(-2, 24)$이다. 이제

$$f''(1) = 12(1) + 6 = 18$$

로 양이므로 $x = 1$에서 극솟값을 가진다. $x = 1$일 때

$$y = 2(1)^3 + 3(1)^2 - 12(1) + 4 = -3$$

이므로, 극소점의 좌표는 $(1, -3)$이다.

이 정보를 이용해 그림 4.23에 그려진 것처럼 부분적인 스케치를 할 수 있다. 완전한 그림을 그리기 전에 다음 몇 개 점의 좌표를 찍는 것이 유용하다:

x	-10	0	10
y	-1816	4	2184

이 표를 통해 x가 양일 때와 음일 때의 대강의 값을 알 수 있다. 곡선은 이미 구해놓은 두 개의 정지점을 제외하고서는 비틀리거나 방향을 바꿀 수 없다(그렇지 않다면 더 많은 정지점을 가져야 한다). 이 부분적인 조각 정보들을 모아 그림 4.24에 있는 것처럼 완전한 그림을 완성할 수 있다.

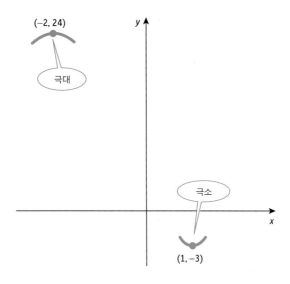

그림 4.23.

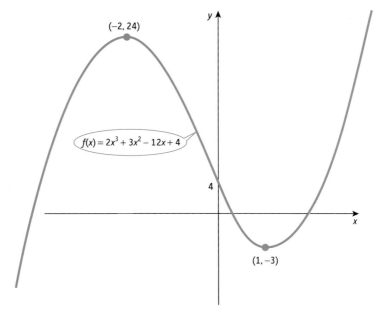

그림 4.24.

더 잘 그리려면 그래프가 x축을 통과하는 세 점을 계산하는 것이 좋다. 이 점들은

$$2x^3 + 3x^2 - 12x + 4 = 0$$

의 해이다. 2차 방정식처럼 3차 방정식의 해를 구하는 공식이 있으나 너무 복잡하고 이 책의 범위를 넘어선다.

실전문제

1. 다음 함수의 정지점을 찾고 이를 분류하라. 그리고 그래프를 스케치하라.

   (a) $y = 3x^2 + 12x - 35$ (b) $y = -2x^3 + 15x^2 - 36x + 27$

함수의 극댓값과 극솟값을 찾는 과정을 최적화(optimization)라 한다. 이는 수리경제학에서 아주 중요한 주제이다. 많은 시험 문제들이 나오기도 하므로 이 절의 나머지와 다음 절에서는 그 응용에 대해 공부하기로 한다. 이 절에서는 네 가지 '시험 유형'의 문제를 통해 정지점의 유용성을 자세하게 설명하기로 한다. 문제들은 특정한 수익함수, 비용함수, 이윤함수 그리고 생산함수의 최적화에 관한 것이다. 모든 유형을 설명할 수는 없으므로 전형적인 문제들을 다룬다. 다음 절에서는 최적화의 수학을 이용해 어떻게 일반적인 이론적 결과들을 도출하는지 살펴본다.

예제

어떤 기업의 단기 생산함수가 다음과 같이 주어진다:

$$Q = 6L^2 - 0.2L^3$$

여기서 L은 노동자의 수이다.

(a) 산출을 극대화하는 노동력의 크기를 찾고, 이 생산함수의 그래프를 그려라.

(b) 노동의 평균생산을 극대화하는 노동력의 크기를 구하라. 이 L값에서 MP_L과 AP_L을 계산하라. 무엇을 관찰할 수 있는가?

풀이

(a) 우선, 생산함수

$$Q = 6L^2 - 0.2L^3$$

을 극대화하는 L을 찾고 싶다.

1단계

정지점에서 다음이 만족된다:

$$\frac{\mathrm{d}Q}{\mathrm{d}L} = 12L - 0.6L^2 = 0$$

2차 방정식이고 공통인자 L이 있으므로

$$L(12 - 0.6L) = 0$$

따라서

방정식의 해는 $L = 0$ 또는 $L = 12/0.6 = 20$이다.

2단계

경제학적 근거에 기초하면 $L = 0$에서 극소가 되고 아마 $L = 20$에서 극대가 될 것이다. 물론, 우리는 함수를 두 번 미분하여 이를 확인할 수 있다.

$$\frac{\mathrm{d}^2Q}{\mathrm{d}L^2} = 12 - 1.2L$$

이므로 $L = 0$일 때

$$\frac{\mathrm{d}^2Q}{\mathrm{d}L^2} = 12 > 0$$

이고, 이는 $L = 0$이 극소임을 확인시켜준다. 대응하는 산출량은 예상대로

$$Q = 6(0)^2 - 0.2(0)^3 = 0$$

이다. $L = 20$일 때

$$\frac{\mathrm{d}^2Q}{\mathrm{d}L^2} = -12 < 0$$

이므로 $L = 20$이 극대임을 확인시켜 준다.

따라서 기업은 20명의 노동자를 고용하여 극대 산출량

$$Q = 6(20)^2 - 0.2(20)^3 = 800$$

을 달성할 수 있다. 이를 통해 우리는 그래프의 극소점의 좌표가 $(0, 0)$ 그리고 극대점의 좌표가 $(20, 800)$임을 보였다. 더 이상의 전환점이 없고, 생산함수의 그래프는 그림 4.25에 나타나 있다.

그래프가 수평축을 지나는 정확한 L의 값을 구할 수 있다. 생산함수가

$$Q = 6L^2 - 0.2L^3$$

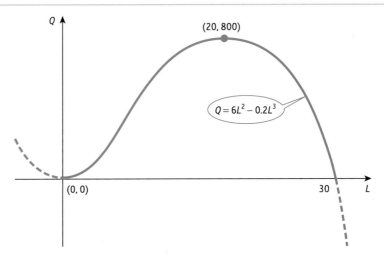

그림 4.25.

이므로

$$6L^2 - 0.2L^3 = 0$$

을 풀면

$$L^2(6 - 0.2L) = 0$$

이므로

$$L^2 = 0 \text{ 또는 } 6 - 0.2L = 0$$

이다. 앞의 것은 단순히 곡선이 원점을 지난다는 것을 알려주고, 반면 뒤에 것은 곡선이 $L = 6/0.2 = 30$에서 L축과 교차한다는 것을 보여준다.

(b) 두 번째는 노동의 평균생산을 극대화하는 L의 크기를 구하는 것이다. 이 개념을 앞서 소개하지는 않았지만, 어떻게 정의될지 추측하기 어렵지 않다.

노동의 평균생산(average product of labour) AP_L은 총생산을 노동으로 나눈 것으로, 기호로는

$$AP_L = \frac{Q}{L}$$

이다. 가끔 노동생산성(labour productivity)으로 불리기도 하는데, 이는 노동자 개인당 평균생산을 측정하기 때문이다.

이 예제에서

$$\mathrm{AP}_L = \frac{6L^2 - 0.2L^3}{L} = 6L - 0.2L^2$$

이다.

1단계

정지점에서

$$\frac{d(\mathrm{AP}_L)}{dL} = 0$$

이므로

$$6 - 0.4L = 0$$

이고 해는 $L = 6/0.4 = 15$이다.

2단계

이 정지점을 분류하기 위해 한 번 더 미분하여

$$\frac{d(\mathrm{AP}_L)}{dL} = -0.4 < 0$$

을 얻고 극대임을 확인한다.

따라서 기업이 15명의 노동자를 고용할 때 노동생산성이 최대가 된다. 사실 해당 노동생산성 AP_L은

$$\mathrm{AP}_L = 6L - 0.2L^2 = 6(15) - 0.2(15)^2 = 45$$

이다. 즉 노동자당 최대 45 단위가 생산된다는 것이다.

마지막으로, 이 점에서의 MP_L을 계산해야 한다. MP_L을 계산하기 위해서는 Q를 L에 대해 미분해야 한다. 그러면

$$\mathrm{MP}_L = 12L - 0.6L^2$$

이 된다. $L = 15$일 때

$$\mathrm{MP}_L = 12(15) - 0.6(15)^2 = 45$$

이다. $L = 15$에서 MP_L과 AP_L이 일치한다.

이 특정한 예에서 우리는 노동의 평균생산이 극대화되는 점에서

노동의 한계생산 = 노동의 평균생산

임을 발견하였다. 이 결과는 위 예제에서만 성립하는 특별한 것이 아니다. 다음 절에서 이 결과가 어떤 생산함수에 대해서도 성립함을 보여줄 것이다.

실전문제

2. 어떤 기업의 단기 생산함수가 다음과 같이 주어진다:

$$Q = 300L^2 - L^4$$

여기서 L은 노동자의 수이다.

노동의 평균생산을 극대화하는 노동력의 크기를 구하고, 이 L값에서

$$\text{MP}_L = \text{AP}_L$$

임을 증명하라.

예제

어떤 상품의 수요 함수가

$$P + Q = 30$$

이고 총비용함수가

$$\text{TC} = 1/2 Q^2 + 6Q + 7$$

이다.

(a) 총수익을 극대화하는 생산수준을 찾아라.

(b) 이윤을 극대화하는 생산수준을 찾아라. 이 Q값에서 MR과 MC를 계산하라. 무엇을 관찰할 수 있는가?

풀이

(a) 먼저 총수익을 극대화하는 Q값을 찾고자 한다. 이를 위해 수요 함수를 이용해 TR을 찾고 여느 때처럼 정지점의 이론을 응용한다.

총수익은

$$\text{TR} = PQ$$

로 정의된다.

TR을 극대화하는 Q를 찾고 싶으므로, TR을 Q만의 함수로 나타내어야 한다. 수요함수

$$P + Q = 30$$

를

$$P = 30 - Q$$

로 고쳐 쓰면

$$TR = (30 - Q)Q = 30Q - Q^2$$

이 된다.

1단계

정지점에서

$$\frac{d(TR)}{dQ} = 0$$

이므로

$$30 - 2Q = 0$$

따라서 해는 $Q = 30/2 = 15$이다.

2단계

이 점을 분류하기 위해 한 번 더 미분하면

$$\frac{d^2(TR)}{dQ^2} = -2$$

으로 음이다. 따라서 TR은 $Q = 15$에서 극댓값을 가진다.

(b) 두 번째로 이윤을 극대화하는 Q값을 찾고자 한다. 이를 먼저 이윤을 Q의 함수로 나타내어야 한다. 그다음 1계, 2계 도함수를 이용하여 이윤함수의 정지점을 찾고 분류하면 된다.

이윤함수는

$$\pi = TR - TC$$

로 정의된다. (a)에서

$$TR = 30Q - Q^2$$

를 얻었고, 총비용함수가

$$TC = 1/2Q^2 + 6Q + 7$$

로 주어졌다. 따라서

$$\begin{aligned}
\pi &= (30Q - Q^2) - (1/2Q^2 + 6Q + 7) \\
&= 30Q - Q^2 - 1/2Q^2 - 6Q - 7 \\
&= -3/2Q^2 + 24Q - 7
\end{aligned}$$

1단계

정지점에서

$$\frac{\mathrm{d}\pi}{\mathrm{d}Q} = 0$$

이므로

$$-3Q + 24 = 0$$

이고, 해는 $Q = 24/3 = 8$이다.

2단계

이 점을 분류하기 위해 한 번 더 미분하여

$$\frac{\mathrm{d}^2\pi}{\mathrm{d}Q^2} = -3$$

을 얻는다. 음수이므로, π는 $Q = 8$에서 극댓값을 갖는다. 이때 극대 이윤은

$$\pi = -3/2(8)^2 + 24(8) - 7 = 89$$

이다. 마지막으로 이 Q값에서 한계수익과 한계비용을 계산해야 한다. MR과 MC를 구하기 위해 TR과 TC를 각각 미분한다.

$$TR = 30Q - Q^2$$

이므로

$$\begin{aligned}
MR &= \frac{d(TR)}{\mathrm{d}Q} \\
&= 30 - 2Q
\end{aligned}$$

이고, $Q = 8$에서

$$MR = 30 - 2(8) = 14$$

이다.

$$TC = 1/2Q^2 + 6Q + 7$$

이므로

$$MC = \frac{d(TC)}{dQ}$$
$$= Q + 6$$

이고, $Q = 8$에서

$$MC = 8 + 6 = 14$$

이다. $Q = 8$에서 MR과 MC 값이 일치함을 발견할 수 있다.

이 특정한 예에서 우리는 이윤이 극대화되는 점에서

한계수익 = 한계비용

임을 발견하였다. 이 결과는 위 예제에서만 성립하는 특별한 것이 아니다. 다음 절에서 이 결과가 어떤 이윤함수에 대해서도 성립함을 보여줄 것이다.

실전문제

3. 어떤 상품의 수요 함수가

$$P + 2Q = 30$$

이고 총비용함수가

$$TC = Q^3 - 8Q^2 + 20Q + 2$$

이다.

(a) 총수익을 극대화하는 생산수준을 찾아라.

(b) 이윤의 극댓값과 이를 달성하는 Q값을 찾아라. 이 Q값에서 MR = MC임을 증명하라.

예제

x층 높이의 사무실 공간 건설비용은 세 가지 부문으로 구성되어 있다:

(1) 토지 비용 $1000만

(2) 각 층당 비용 $25만

(3) 각 층당 특수비용 $10,000x$

평균비용이 극소화되기 위해서 건물은 몇 층으로 되어야 하는가?

풀이

토지 비용 $1000만은 층수와 독립이므로 고정비용이다. 층당 비용이 $25만이므로, 건물이 x층이면 합하여 비용이 $250,000x$이다.

또한 층당 $10,000의 특수비용이 있고, 층이므로

$$(10,000x)x = 10,000x^2$$

의 특수비용이 발생한다. 여기 이차항에 주목해야 하는데, x의 증가에 따라 특수비용이 급격히 오름을 의미하기 때문이다. 높은 건물일수록 보다 복잡한 디자인이 필요하고, 또한 더 비싼 재료를 이용할 필요가 있으므로 수긍할 수 있겠다.

총비용 TC는 이 세 가지 요소의 합이다: 즉,

$$TC = 10,000,000 + 250,000x + 10,000x^2$$

평균비용 AC는 총비용을 층수로 나눔으로써 얻어진다: 즉,

$$\begin{aligned} AC = \frac{TC}{x} &= \frac{10,000,000 + 250,000x + 10,000x^2}{x} \\ &= \frac{10,000,000}{x} + 250,000 + 10,000x \\ &= 10,000,000x^{-1} + 250,000 + 10,000x \end{aligned}$$

1단계

정지점에서

$$\frac{d(AC)}{dx} = 0$$

이다. 위에서는

$$\frac{d(AC)}{dx} = -10,000,000x^{-2} + 10,000 = \frac{-10,000,000}{x^2} + 10,000$$

이므로

$$10,000 = \frac{10,000,000}{x^2} \text{ 또는 } 10,000x^2 = 10,000,00$$

을 풀어야 한다.

그러면

$$x^2 = \frac{10,000,000}{10,000} = 1000$$

이다. 방정식의 해는

$$x = \pm\sqrt{1000} = \pm 31.6$$

이다. 사무공간을 음수 층으로 지을 수는 없으므로 음수해는 무시하고 $x = 31.6$으로 결정한다.

2단계

이것이 극소임을 확인하기 위해 두 번째로 미분한다.

$$\frac{\mathrm{d(AC)}}{\mathrm{d}x} = -10,000,000x^{-2} + 10,000$$

이므로

$$\frac{\mathrm{d}^2\mathrm{(AC)}}{\mathrm{d}x^2} = -2(-10,000,000)x^{-3} = \frac{20,000,000}{x^3}$$

이다. $x = 31.6$일 때

$$\frac{\mathrm{d}^2\mathrm{(AC)}}{\mathrm{d}x} = \frac{20,000,000}{(31.6)^3} = 633.8$$

2계 도함수 값이 양수이므로 $x = 31.6$이 극소이다.

정답이 31.6이라고 말하고 싶으나, 수학적으로는 정확하나 x가 정수여야 하므로 물리적으로 불가능하다. x를 31로 할 것인가 32로 할 것인가 결정하기 위해 이들 x값들에 대해 AC를 구하고 작은 값을 주는 x를 선택한다.

$x = 31$일 때,

$$AC = \frac{10,000,000}{31} + 250,000 + 10,000(31) = \$882,581$$

이고, $x = 32$일 때,

$$AC = \frac{10,000,000}{32} + 250,000 + 10,000(32) = \$882,500$$

이므로 32층의 사무실 건물을 짓는 것이 평균비용이 가장 낮다.

실전문제

4. 어떤 상품의 총비용함수가 다음과 같다:

$$TC = Q^2 + 3Q + 36$$

평균비용이 최소가 되는 산출 수준을 계산하라. 이 Q값에서 AC와 MC를 구하라. 무엇을 관찰할 수 있는가?

예제

어떤 상품의 공급 함수와 수요 함수가 각각

$$P = Q_S + 8$$

과

$$P = -3Q_D + 80$$

으로 주어진다.

정부가 단위당 t의 세금을 결정한다. 시장에서의 균형하에서 정부의 총조세수입을 극대화하는 t값을 구하라.

풀이

조세 관련 내용은 제1장에서 처음 소개되었다. 1.5절에서, 주어진 t값하에서 균형 가격과 균형 거래량이 계산되었다. 이 예제에서 t값은 알려지지 않으나 분석은 정확하게 동일하다. 계산 과정에서 문자 t를 그대로 사용하다가 마지막에 총조세수입을 극대화하는 t를 결정하면 된다.

세금을 고려하여 공급 함수에서 P 대신 $P-t$로 바꾼다. 공급자가 실제 받는 가격은 소비자가 지불하는 가격 P에서 정부에 의해 공제되는 세금 t를 차감한 값이기 때문이다. 그러면 새로운 공급 함수는

$$P - t = Q_S + 8$$

이므로

$$P = Q_S + 8 + t$$

이다. 균형에서

$$Q_S = Q_D$$

이므로, 수요와 공급을 나타내는 공통변수 Q를 사용하면 공급 함수와 수요 함수는 다음과 같다:

$$P = Q + 8 + t$$
$$P = -3Q + 80$$

두 식이 모두 P와 같으므로

$$Q + 8 + t = -3Q + 80$$

이고, 이를 재정리하면

$$Q = 18 - 1/4t$$

가 된다. 만약 판매량이 Q이고 정부가 상품당 t의 세금을 부가하면, 총조세수입 T는

$$T = tQ = t(18 - 1/4t) = 18t - 1/4t^2$$

가 된다. 이것이 우리가 극대화해야 할 대상이다.

1단계

정지점에서

$$\frac{\mathrm{d}T}{\mathrm{d}t} = 0$$

이므로

$$18 - \frac{1}{2}t = 0$$

이고, 해는

$$t = 36$$

이다.

2단계

이 점을 분류하기 위해 두 번째 미분하여

$$\frac{\mathrm{d}^2T}{\mathrm{d}t^2} = -\frac{1}{2} < 0$$

을 얻고, 이를 통해 극대임을 확인한다.

따라서 정부는 상품당 $36의 세금을 부가해야 한다.

5. 어떤 상품의 공급 함수와 수요 함수가 각각

$$P = 1/2Q_S + 25$$

과

$$P = -2Q_D + 50$$

으로 주어진다.

정부가 단위당 t의 세금을 결정한다. 시장에서의 균형하에서 정부의 총조세수입을 극대화하는 t값을 구하라.

이론상 엑셀과 같은 프로그램이 관련된 수학을 모두 다룰 수는 없지만 최적화 문제를 풀 수 있다. 이보다는 함수의 그래프를 그릴 수 있고 미분하여 방정식을 풀 수도 있는 Maple, Matlab, Mathcard 또는 Derive 같은 계산 프로그램을 사용하는 것이 더 좋겠다. 결론적으로 말하면 이상 패키지 중 하나를 사용하여 정확한 해를 구할 수 있다.

주요 용어

(국지적) 극대점[Maximum (local) point] 곡선 위에서 근방의 다른 값과 비교해 가장 높은 함수 값을 주는 점; 그러한 점에서는 1계 도함수 값이 영이고 2계 도함수 값이 영 또는 음이다.

(국지적) 극소점[Minimum (local) point] 곡선 위에서 근방의 다른 값과 비교해 가장 낮은 함수 값을 주는 점; 그러한 점에서는 1계 도함수 값이 영이고 2계 도함수 값이 영 또는 양이다.

노동의 평균생산(Average product of labour) [노동생산성(Labour productivity)] 노동자당 생산: $AP_L = Q/L$.

변곡점인 정지점(Stationary point of inflection) 극대도 극소도 아닌 정지점; 이러한 점에서 1계 도함수와 2계 도함수가 영이다.

정지점(Stationary point) 그래프 상에서 접선이 수평선인 점들; 정지점에서 1계 도함수가 영이다. 전환점, 극점이라고도 한다.

최적화(Optimization) 함수의 최적점(보통 정지점)을 결정하는 것.

연습문제 4.6

1. 다음 함수들의 정지점을 찾고 분류하라. 그리고 대략의 그래프를 그려라.

   (a) $y = -x^2 + x + 1$

   (b) $y = x^2 - 4x + 4$

   (c) $y = x^2 - 20x + 105$

   (d) $y = -x^3 + 3x$

2. 어떤 상품의 수요 함수가

   $$P = 40 - 2Q$$

   일 때, 총수익을 극대화하는 생산수준을 구하라.

3. 기업의 단기 생산함수가

   $$Q = 30L^2 - 0.5L^3$$

   이다. APL을 극대화하는 L값을 구하고, 이 점에서 $MP_L = AP_L$임을 증명하라.

4. 고정비용이 13이고 가변비용이 단위당 $Q + 2$일 때, 평균비용함수가

   $$AC = \frac{13}{Q} + Q + 2$$

   임을 보여라.

   (a) $Q = 1$, 2, 3, ..., 6일 때 AC값을 계산하라. 종이에 이 점들을 찍고 정확한 AC의 그래프를 그려 보여라.

   (b) 그래프를 이용하여 극소 평균비용을 추정하라.

   (c) 미분을 통하여 (b)에서의 추정치를 확인하라.

5. 어떤 상품의 수요 함수와 총비용함수가 각각

   $$4P + Q - 16 = 0$$

   와

   $$TC = 4 + 2Q - \frac{3Q^2}{10} + \frac{Q^3}{20}$$

   으로 주어졌다.

   (a) TR, π, MR과 MC를 Q의 식으로 나타내라.

   (b) 방정식

   $$\frac{d\pi}{dQ} = 0$$

   을 풀고, 이윤을 극대화하는 Q값을 결정하라.

(c) 극대점에서 MR=MC임을 증명하라.

6. 어떤 상품의 공급 함수와 수요 함수가 각각

$$3P - Q_S = 3$$

과

$$2P + Q_D = 14$$

으로 주어진다.

정부가 단위당 t의 세금을 결정한다. 시장에서 균형이 이루어질 때 정부의 총조세수입을 극대화하는 t값을 구하라.

7. 한 제조업체가 있다. 고정비용이 주당 \$200이고 단위당 가변비용이 VC=2Q−36이다.

(a) 총비용함수를 구하고, 평균비용함수가

$$AC = \frac{200}{Q} + 2Q - 36$$

임을 유도하라.

(b) 이 함수의 정지점을 찾고 이 점이 극소임을 보여라.

(c) 이 정지점에서 평균비용이 한계비용과 같음을 증명하라.

8. 어떤 기업의 단기 생산함수가 다음과 같이 주어진다:

$$Q = 3\sqrt{L}$$

여기서 L은 노동자의 수.

단위당 판매가가 \$50이고 노동 1 단위당 가격이 \$10일 때, 이윤을 극대화하기 위해 필요한 L의 값을 구하라. 기업은 생산량 전량을 판매할 수 있고 다른 비용은 무시할 수 있다고 가정하자.

9. 최대 30명 규모의 일행을 대상으로 하는 일주일간 크루즈 여행의 가이드 한 명을 고용하는 평균비용이

$$AC = 3Q^2 - 192Q + 3500 \quad (0 < Q \le 30)$$

이다. 이 여행의 극소 평균비용을 구하라.

10. 전자제품을 생산하는 기업이 1월 1일 신상품을 출시한다. 그 한 해 동안, 출시 후 t일 받은 대략적인 주문량 S는

$$S = t^2 - 0.002t^3$$

이다. 그해 어느 날 받은 최대 주문량은 얼마인가?

연습문제 4.6*

1. 어느 기업의 수요 함수가

$$P = 60 - 0.5Q$$

이다. 고정비용이 10이고 가변비용이 단위당 $Q+3$일 때, 최대 이윤을 구하라.

2. 다음 함수 모두 $x=0$에서 정지점을 가짐을 보여라. 각각의 경우 $f''(0)=0$임을 증명하라. 각 함수의 대략적인 그래프를 그리고 이 점들을 분류하라.

   (a) $f(x) = x^3$

   (b) $f(x) = x^4$

   (c) $f(x) = -x^6$

3. 고정비용이 15이고 단위당 가변비용이 $2Q$일 때, TC, AC 그리고 MC을 적어라. AC를 극소화하는 Q값을 구하고, 이 점에서 AC=MC임을 증명하라.

4. 출시 후 첫 2주 동안 신상품의 일 판매량 S가 다음과 같이 모형화된다:

$$S = t^3 - 24t^2 + 180t + 60 \quad (0 \le t \le 13)$$

   여기서 t는 일 수이다.

   (a) 이 함수의 정지점을 찾고 분류하라.

   (b) 구간 $0 \le t \le 13$에서 S의 그래프를 t에 대해 그려라.

   (c) $t=5$와 $t=9$ 사이 기간 동안 일 판매량의 극대와 극소를 구하라.

5. 어떤 상품의 수요 함수가

$$P = \sqrt{(1000 - 4Q)}$$

   일 때, 총수익을 극대화하는 Q값을 구하라.

6. 어느 기업의 총비용함수와 수요 함수가 각각

$$\text{TC} = Q^2 + 50Q + 10 \text{과} \quad P = 200 - 4Q$$

   로 주어진다.

   (a) 기업의 이윤을 극대화하기 위해 필요한 생산수준을 구하라.

   (b) 정부가 상품당 t의 세금을 부가한다. 기업이 이 세금을 비용에 더한 다음 이윤을 극대화한다면, 상품의 가격이 t값에 관계없이 세금의 2/5만큼 오름을 보여라.

7. 3차 함수 $f(x) = x^3 + ax^2 + bx + c$가 $(2, 5)$에서 정지점을 가지고 $(1, 3)$을 지날 때, a, b, c의 값을 구하라.

8. 어떤 상품의 총수익함수가 다음과 같다:

$$TR = 0.2Q^3 \qquad\qquad (0 \le Q \le 5)$$
$$TR = -4Q^2 + 55Q - 150 \qquad (5 \le Q \le 10)$$

(a) 구간 $0 \le Q \le 10$에서 TR의 Q에 대한 그래프를 그려라.

(b) 극대 수익과 그때의 Q값을 구하라.

(c) Q가 얼마일 때, 한계수익이 극대가 되는가?

SECTION 4.7

경제함수의 최적화: 심화

목표

이 절을 공부한 후에는 다음을 할 수 있다:

- 이윤이 극대화되는 점에서 한계수익과 한계비용이 일치함을 보일 수 있다.
- 이윤이 극대화되는 점에서 한계수익곡선의 기울기가 한계비용곡선의 그것보다 작음을 보일 수 있다.
- 가격차별이 있는 경우와 없는 경우에 있어서 기업의 이윤을 극대화할 수 있다.
- 노동의 평균생산이 극대화되는 점에서 노동의 평균생산과 한계생산이 일치함을 보일 수 있다.
- 재고관리에서 경제적 주문량 공식을 유도할 수 있다.

앞 절에서 특정한 경제적 함수를 최적화하는 데 수학이 어떻게 사용되는지를 살펴보았다. 그러한 예제들을 통해 다음 두 가지 중요한 결과를 도출했다:

1. 만약 기업이 이윤을 극대화한다면 $MR = MC$
2. 만약 기업이 노동의 평균생산을 극대화한다면 $AP_L = MP_L$

이 결과가 4.6절에서 다뤘던 모든 예제들에서 성립했다고 해서 이 결과가 항상 참이라고 할 수는 없다. 이 절의 목표는 이 결과들이 특정 함수 형태에 의존하지 않음을 증명하는 것, 즉 결과의 일반성을 보이는 것이다.

조언

처음 읽을 때는 증명 부분을 건너뛰고 가격차별에 관한 예제(와 실전문제 2와 연습문제 4.7*의 3번 문제)에 집중해도 무방하다.

첫 번째 결과를 확인하는 것은 아주 쉽다. 이윤 π는 총수익 TR에서 총비용 TC를 뺀 것으로 정의된다. 즉,

$$\pi = TR - TC$$

π의 정지점을 찾기 위해 이를 Q에 대해 미분하여 영으로 둔다. 즉,

$$\frac{d\pi}{dQ} = \frac{d(TR)}{dQ} - \frac{(TC)}{dQ} = 0$$

여기서 우변을 미분하기 위해 차의 규칙을 이용했다. 4.3절에서

$$MR = \frac{d(TR)}{dQ} \text{와} \quad MC = \frac{d(TR)}{dQ}$$

으로 정의했으므로, 앞의 식은

$$MR - MC = 0$$

과 같고 $MR = MC$가 성립한다.

그러므로 이윤함수의 정지점들은 MR 곡선과 MC 곡선을 동일한 평면에 그린 후 교차점을 찾음으로써 찾을 수 있다. 그림 4.26이 전형적인 한계수익과 한계비용곡선을 보여준다.

$$MR = MC$$

라는 결과는 어느 정지점에서든 성립하므로, 만약 이 방정식이 하나 이상의 해를 가지면 이윤 극대화 산출 수준을 결정하기 전에 좀 더 정보를 모을 필요가 있다. 그림 4.26을 보면 두 점 Q_1, Q_2의 교차점이 있고 (앞 절 실전문제 3과 연습문제 4.6의 5번 문제에서 살펴보았듯이) 이 중 하나는 극대이고 다른 하나는 극소이다. 당연하지만, 실제 예제에서 2계도함수 값을 보고 정지점들을 분류할 수 있다. 그러나 한계수익과 한계비용의 그래프만 보고도 이 결정을 할 수 있으면 좋을 듯하다. 어떻게 하는지 보기 위해 방정식

$$\frac{d\pi}{dQ} = MR - MC$$

로 돌아가 Q에 대해 한 번 더 미분하여

$$\frac{d^2\pi}{dQ^2} = \frac{d(MR)}{dQ} - \frac{d(MC)}{dQ}$$

을 얻는다. 여기서 만약 $d^2\pi/dQ^2 < 0$이면 이윤이 극대이다. 이 경우

$$\frac{d(MR)}{dQ} < \frac{d(MC)}{dQ}$$

가 되는데, 한계수익곡선의 기울기가 한계비용곡선의 기울기보다 작을 때라는 것이다.

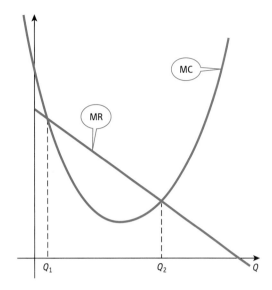

그림 4.26.

이 기준을 가지고 그림 4.26을 보면 Q_2에서 그러하므로, 이 점이 이윤을 극대화하는 산출 수준임에 틀림없다. 그림 4.26에서 '한계수익곡선의 기울기가 한계비용곡선의 기울기보다 작다'라는 말은 '한계비용곡선이 한계수익곡선을 아래에서 위로 자른다'라는 말과 동일함에 주목하라. 이 두 번째 진술이 경제학 교과서에 종종 인용된다. 말을 살짝 바꾸면, 극소에서는 한계비용곡선이 한계수익곡선을 위에서 아래로 자르므로 그림 4.26의 Q_1에서 이윤이 극소임을 추론할 수 있다. 실제 MR과 MC가 아주 복잡한 함수일 경우 이들의 그래프를 그리고 교점의 좌표를 찾아내는 일이 힘들고 따분할 수 있다. 그러나 MR과 MC가 모두 선형일 경우 그래프를 통한 접근은 유효할 수 있다.

실전문제

1. 어떤 독점자의 수요 함수가

    $$P = 25 - 0.5Q$$

    이다. 생산의 고정비용은 7이고 가변비용은 단위당 $Q+1$이다.

    (a) $\text{TR} = 25Q - 0.5Q^2$과 $\text{TC} = Q^2 + Q + 7$

    임을 보이고 MR과 MC를 유도하라.

    (b) 동일한 평면에 MR과 MC의 그래프를 그리고 이윤을 극대화하는 Q값을 구하라.

종종 기업들은 여러 개의 시장에 상품을 팔기도 한다. 예를 들어, 여러 나라에 상품을 수출할 수도 있고, 그 경우 각각의 수요 조건들이 다를 수 있다. 기업들은 이를 이용하여 각 나라마다 다른 가격을 부과함으로써 전체 이윤을 증가시킬 수 있다. 최적의 가격정책을 찾기 위해 '한계수익과 한계비용이 일치한다'는 이론적 결과를 각 시장에 분리하여 적용할 수 있다.

예제

기업이 일반 소비자와 산업 소비자들에게 다른 가격을 부과할 수 있다고 하자. P_1과 Q_1은 일반 소비자 시장의 가격과 수요를 나타내고, 수요 곡선이

$$P_1 + Q_1 = 500$$

으로 주어진다. P_2과 Q_2은 산업 소비자 시장의 가격과 수요를 나타내고, 수요 곡선이

$$2P_2 + 3Q_2 = 720$$

으로 주어진다. 총비용함수는

$$TC = 50,000 + 20Q$$

여기서 $Q = Q_1 + Q_2$이다. 기업의 이윤을 극대화하기 위한 가격을 결정하라:

(a) 가격 차별이 있는 경우

(b) 가격 차별이 없는 경우

(a)와 (b)에서 얻은 이윤을 비교하라.

풀이

(a) 문제에서 눈여겨봐야 할 것은 총비용함수가 시장과 무관하다는 것이다. 따라서 한계비용이 각 시장에서 동일하다. 즉,

$$TC = 50,000 + 20Q$$

이므로 MC=20이다. 이제 이윤 극대화를 위해 해야 할 것은 각 시장에서의 한계수익을 구하고 이를 한계비용과 같게 하는 것이다.

일반 소비자 시장

수요 함수를 재배열하면

$$P_1 = 500 - Q_1$$

이므로, 이 시장의 총수익함수는

$$\mathrm{TR}_1 = (500 - Q_1)Q_1 = 500Q_1 - Q_1^2$$

이다. 따라서

$$\mathrm{MR}_1 = \frac{\mathrm{d(TR_1)}}{\mathrm{d}Q_1} = 500 - 2Q_1$$

이다. 극대 이윤을 위해서는

$$\mathrm{MR}_1 = \mathrm{MC}$$

이므로

$$500 - 2Q_1 = 20$$

이 성립해야 하고, 해는 $Q_1 = 240$이다. 대응하는 가격은 이 값을 수요 함수에 대입함으로써 얻어지는데

$$P_1 = 500 - 240 = \$260$$

이다. 즉, 이윤을 극대화하기 위해 기업은 일반 소비자에게 상품당 $260의 가격을 매긴다.

산업 소비자 시장

수요 함수를 재배열하면

$$P_2 = 360 - {}^{3}/_2 Q_2$$

이므로, 이 시장의 총수익함수는

$$\mathrm{TR}_2 = (360 - {}^{3}/_2 Q_2)Q_2 = 360Q_2 - {}^{3}/_2 Q_2^2$$

이다. 따라서

$$\mathrm{MR}_2 = \frac{\mathrm{d(TR_2)}}{\mathrm{d}Q_2} = 360 - 3Q_2$$

이다. 극대 이윤을 위해서는

$$\mathrm{MR}_2 = \mathrm{MC}$$

이므로

$$360 - 3Q_2 = 20$$

이 성립해야 하고, 해는 $Q_2 = 340/3$이다. 대응 가격은 이 값을 수요 함수에 대입함으로써 얻어지는데

$$P_2 = 360 - \frac{3}{2}\left(\frac{340}{3}\right) = \$190$$

이다. 즉, 이윤을 극대화하기 위해 기업은 산업 소비자에게 상품당 $\$190$의 가격을 매기는데 이는 일반 소비자에게 부과된 가격보다 낮다.

(b) 만약 가격차별이 없으면 $P_1 = P_2 = P$이므로, 일반 소비자 시장과 산업 소비자 시장의 수요 함수는 각각

$$P + Q_1 = 500$$

과

$$2P + 3Q_2 = 720$$

이 된다. 이를 이용해 결합시장의 단일 수요 곡선을 도출할 수 있다. 가격 P와 총수요 $Q = Q_1 + Q_2$를 연계시키면 된다.

위의 수요 함수를 Q_1과 Q_2에 대해 정리하고 더한다. 일반시장의 경우

$$Q_1 = 500 - P$$

이고 산업시장의 경우

$$Q_2 = 240 - {}^2\!/_3 P$$

이므로

$$Q = Q_1 + Q_2 = 740 - {}^5\!/_3 P$$

가 된다. 따라서 결합시장의 수요 함수는

$$Q + {}^5\!/_3 P = 740$$

이 된다. 통상적인 이윤 극대화 절차가 적용되는데, 수요 함수를

$$P = 444 - {}^3\!/_5 Q$$

로 바꾸고 총수익함수

$$\text{TR} = \left(444 - \frac{3}{5}Q\right)Q = 444Q - \frac{3Q^2}{5}$$

를 구한다. 그러면

$$\text{MR} = \frac{d(\text{TR})}{dQ} = 444 - \frac{6}{5}Q$$

이다. 이윤 극대화를 위해

$$\text{MR} = \text{MC}$$

로 두면

$$444 - \frac{6}{5}Q = 20$$

에서 해는 $Q = 1060/3$이 된다. 이에 대응하는 가격은 수요 곡선에 대입함으로써 얻는데

$$P = 444 - \frac{3}{5}\left(\frac{1060}{3}\right) = \$232$$

이다. 가격차별 없이 이윤을 극대화하기 위해 기업은 상품당 \$232의 가격을 부과한다. 이 가격은 가격차별하에서 일반 소비자에 부과한 가격과 산업 소비자에 부과한 가격 사이에 있음을 주목하자.

각 정책하의 이윤을 평가하기 위해 총수익에서 총비용을 차감해야 한다. (a)에서 기업은 일반시장에서 \$260의 가격에 240 단위를 팔고 산업시장에서 \$190의 가격에 340/3 단위를 판다. 그러므로 총수익은

$$240 \times 260 + \frac{340}{3} \times 190 = \$83,933.33$$

이다. 생산된 상품의 총량이

$$240 + \frac{340}{3} = \frac{1060}{3}$$

이므로 총비용은

$$50,000 + 20 \times \frac{1060}{3} = \$57,066.67$$

이다. 따라서 가격차별 하에서의 이윤은

$$83,933.33 - 57,066.67 = \$26,866.67$$

이다. (b)에서 기업은 1060/3 단위의 상품을 \$232에 판매하므로 총수익은

$$\frac{1060}{3} \times 232 = \$81,973.33$$

이다. 두 가격 정책하에서 총생산량이 1060/3으로 동일하다. 따라서 총비용도 동일해야 한다. 즉,

$$TC = \$57,066.67$$

가격차별이 없는 경우 이윤은

$$81,973.33 - 57,066.67 = \$24,906.66$$

이다. 이윤은 가격차별이 있는 경우가 없는 경우보다 더 높다.

실전문제

2. 한 기업이 국내시장과 해외시장에서 다른 가격을 부과할 수 있는 가능성이 있다. 각각의 수요 함수는

$$Q_1 = 300 - P_1$$
$$Q_2 = 400 - 2P_2$$

이다. 총비용함수는

$$TC = 5000 + 100Q$$

인데, $Q = Q_1 + Q_2$이다.

이윤 극대화를 위해 기업이 부과해야 하는 (달러) 가격을 결정하라.

(a) 가격차별이 있는 경우

(b) 가격차별이 없는 경우

(a)와 (b)에서 얻은 이윤을 비교하라.

위의 예제와 실전문제 2에서 우리는 각 시장에서의 한계비용이 동일하다고 가정했다. 가격차별이 있는 경우 이윤 극대화 산출량은 한계수익과 이 공통의 한계비용을 같게 놓고 풀어서 구했다. 그러면 각 시장에서의 한계수익이 동일하게 된다. 기호로 나타내면

$$MR_1 = MC와 \; MR_2 = MC$$

이므로

$$MR_1 = MR_2$$

이 사실은 경제학적 관점에서 명확하다. 만약 이것이 사실이 아니라면 기업은 한계수익이 더 높은 시장에서의 판매를 늘리고 그 양만큼 한계수익이 낮은 시장에서의 판매를 줄일 것이다. 비용은 고정으로 유지되는 가운데 수익을 증가시키게 되므로 이윤이 증가한다. 이런 특성이 가격 P와 탄력성 E를 연결시키는 재미있는 결론에 이르게 한다. 4.5절에서 우리는 공식

$$\text{MR} = P\left(1 + \frac{1}{E}\right)$$

을 도출했다. 만약 두 시장에서의 수요의 가격 탄력성을 E_1, E_2이라 하고 이에 대응하는 가격을 P_1, P_2이라고 하면, 방정식

$$\text{MR}_1 = \text{MR}_2$$

은

$$P_1\left(1 + \frac{1}{E_1}\right) = P_2\left(1 + \frac{1}{E_2}\right)$$

가 된다. 이 방정식은 기업이 각 시장에서 이윤을 극대화하는 P_1, P_2를 선택하는 한 성립한다. 만약 $|E_1| < |E_2|$이면, 이 방정식은 $P_1 > P_2$인 경우에만 성립한다. 다른 말로 표현하면, 기업은 수요의 가격 탄력성이 낮은 시장에 더 높은 가격을 부과한다.

실전문제

3. 실전문제 2의 가격차별이 있는 경우, 각 수요 함수의 이윤 극대화점에서 수요의 가격 탄력성을 계산하라. 낮은 $|E|$를 가진 시장에서 더 높은 가격을 설정함을 증명하라.

이전의 논의는 이윤에 초점을 맞추었다. 이제 우리는 노동의 평균생산에 주목하여 이 절의 시작 부문에 언급한 결과 (2)를 증명하고자 한다. 노동의 평균생산이라는 개념은

$$\text{AP}_L = \frac{Q}{L}$$

여기서 Q는 생산량, L은 노동이다. AP_L의 극대화는 함수의 미분을 위해 몫의 규칙을 사용해야 하기 때문에 이전보다 약간 더 복잡하다. 4.4절의 기호로

$$u=Q \text{와 } v=L$$

이므로

$$\frac{du}{dL} = \frac{dQ}{dL} = MP_L \text{ 과 } \frac{dv}{dL} = \frac{dL}{dL} = 1$$

인데, 생산의 노동에 대한 도함수는 노동의 한계생산이라는 점을 이용했다.

몫의 규칙에 의하면

$$\frac{d(AP_L)}{dL} = \frac{vdu/dL - udv/dL}{v^2}$$

$$= \frac{L(MP_L) - Q(1)}{L^2}$$

$$= \frac{MP_L - Q/L}{L}$$

$$= \frac{MP_L - AP_L}{L}$$

정의상
$AP_L = \frac{Q}{L}$

이 된다. 정지점에서

$$\frac{d(AP_L)}{dL} = 0$$

이므로

$$\frac{MP_L = AP_L}{L} = 0$$

이 된다.

이 분석이 보여주는 바는, 노동의 평균생산함수의 정지점에서 노동의 한계생산과 노동의 평균생산이 일치한다는 것이다. 위의 분석이 사실 이 결과가 모든 노동의 평균생산함수에 대해 성립함을 보이는 공식적 증명이다. 그림 4.27이 전형적인 평균 및 한계생산함수를 보여준다. 두 함수가 AP_L의 정점에서 서로 교차함을 주목하라. 이 점의 왼쪽에서 AP_L이 증가하고, 그 결과

$$\frac{d(AP_L)}{dL} > 0$$

이 된다.

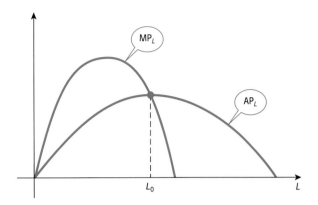

그림 4.27.

$$\frac{\mathrm{d}(\mathrm{AP}_L)}{\mathrm{d}L} = \frac{\mathrm{MP}_L - \mathrm{AP}_L}{L}$$

이므로, 극대점의 왼쪽에서 $\mathrm{MP}_L > \mathrm{AP}_L$이 성립한다. 말로 풀어 설명하자면, 이 구역에서 노동의 한계생산의 그래프가 노동의 평균생산 그래프보다 위에 놓이게 된다. 비슷하게, 정점의 오른쪽에서 AP_L이 감소하고, 그 결과

$$\frac{\mathrm{d}(\mathrm{AP}_L)}{\mathrm{d}L} < 0$$

이 된다. 따라서 $\mathrm{MP}_L < \mathrm{AP}_L$이 된다. 그러면 이 구역에서 노동의 한계생산의 그래프가 노동의 평균생산 그래프 아래에 놓이게 된다.

이로부터 만약 정지점이 극대이면 MP_L 곡선이 AP_L 곡선을 위에서부터 자르게 된다는 결론에 도달하게 된다. 어떤 평균함수에 대해서도 이와 유사한 논리가 적용될 수 있다. 특별히 평균비용함수의 경우를 연습문제 4.7*의 8번 문제에서 다룬다.

경영에서의 단순 재고관리모형을 살펴보고 이 절을 마무리하고자 한다. 대부분 기업들은 일 년 내내 상품을 사서 재고로 보관할 필요가 있다. 가구 제조업체는 상품을 만들기 위해 목재와 다른 원자재들을 구입해야 하고, 식료품점은 일정 공급량의 냉동음식을 냉동고에 보관하고 있어야 한다. 경영진은 언제 자재들을 주문할지와 재고의 크기에 대해 의사결정을 내려야 한다. 연간 수요가 D 단위이고 연중 일정 간격으로 Q 단위를 주문한다고 가정하자. 예를 들어 연간 수요가 12,000 단위인데 기업이 매달 1,000 단위 주문할 수도 있다. 또는 주문의 크기를 3000으로 올리고 주문의 횟수를 12,000/3000=4번으로 줄일 수도 있다. 일반적으로 일 년에 D/Q 번 주문이 이루어진다.

재고관리에는 (기회비용을 포함해) 많은 비용이 발생하지만 여기서는 두 가지만 고려

한다: 주문비용과 보관비용. 이것들에 대해 차례대로 알아본다.

주문에는 비용이 발생하는데 고정적인 사무비용, 배달 수수료 그리고 조업시간 설정 비용 등이 포함된다. 주문당 비용이 R이면 총비용은 R에다 주문횟수 D/Q를 곱하여 구할 수 있으므로

$$\text{연간 총주문비용} = \frac{DR}{Q}$$

이 된다. 다른 주요 비용은 재고유지비용이다. 이것은 보관, 보험 그리고 상품을 사기 위해 이용된 자본에 대한 판매까지의 이자손실을 포함한다. 가장 단순한 모형에서는 연중 재고수준이 고정비율로 떨어지고 기업은 재고 수준이 영일 때 다시 주문한다고 가정한다. 재고가 즉각적으로 보충된다고 가정하면 연간 재고 수준의 변화는 그림 4.28의 패턴을 보일 것이다. 실제로는 그렇지 않을 것이다. 수요의 계절 변동이 있어 그래프의 구간별 기울기가 사이클마다 다를 수 있고 수요가 선형이 아닐 수도 있다. 또한 상품들이 즉각 도착하기는 어려우므로, 새로운 주문을 내기 위해 재고가 바닥날 때까지 기다리는 것도 좋은 사례가 아닐 것이다. 그럼에도 불구하고, 실제 상황에 대한 초기 모형으로서 우리는 재고 수준이 그림 4.28의 패턴을 따른다고 가정한다.

매기 평균재고량이 $Q/2$이고 이 패턴이 계속 반복되므로 매년 평균재고량도 역시 $Q/2$이다. 1 단위를 일 년 동안 보관하는 데 H가 든다면 연간 총보관비용은

$$H \times \frac{Q}{2} = \frac{HQ}{2}$$

이 된다. 연간 총비용을 C라 하면 주문비용과 보관비용을 합하여

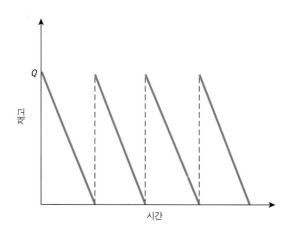

그림 4.28.

$$C = \frac{DR}{Q} + \frac{HQ}{2}$$

이 된다.

그림 4.29가 주문비용, 보관비용 그리고 총비용을 Q에 대해 그림 그래프로 보여준다. 예상한 대로 주문비용을 줄이기 위해서는 Q를 최대한 크게 하여 주문에서 발생하는 제반 비용이 생기지 않도록 해야 한다. 반면, 보관비용을 최소화하기 위해서는 Q를 가능한 한 작게 해야 한다. 이러한 이해의 충돌이 그림 4.29의 그래프에서 보여주는 바와 같이 유일한 극소점에 이르게 한다.

정지점에서 $\frac{dC}{dQ} = 0$이므로,

$$C = (DR)Q^{-1} + \frac{HQ}{2}$$

를 Q에 대해 미분해야 한다. Q를 제외한 문자 D, R과 H는 상수 취급하므로

$$\frac{dC}{dQ} = -(DR)Q^{-2} + \frac{H}{2} = \frac{-DR}{Q^2} + \frac{H}{2}$$

이다. 정지점은

$$\frac{H}{2} = \frac{DR}{Q^2}$$

을 Q에 대해 풀면 된다:

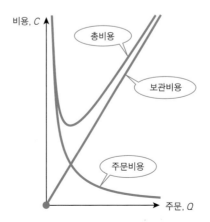

그림 4.29.

$$Q^2 = \frac{2DR}{H}$$

이므로

$$Q = \sqrt{\frac{2DR}{H}}$$

이다. 이 Q값을 경제적 주문량(Economic Order Quantity, EOQ)이라 부른다. 이는 최적 주문량을 연간 수요 D, 주문당 비용 R 그리고 1 단위의 연간 보관비용 H에 관한 공식으로 보여준다. 만약 주문이 EOQ를 초과한다면, 이는 낮은 빈도로 주문하는 것이고 따라서 주문비용은 감소하지만 보관비용이 이보다 증가하게 된다. 반면, 만약 주문이 EOQ보다 작다면, 이는 높은 빈도로 주문하는 것이고 따라서 보관비용은 감소하지만 이는 더 높은 주문비용에 상쇄된다. 그림 4.29의 그래프가 정지점에서 극소가 됨을 명확하게 보여준다. 또한 우리는 2계 도함수 d^2C/dQ^2의 부호를 살펴봄으로써 이를 확인할 수도 있다(연습문제 4.7*의 5번 문제 참조).

주요 용어

경제적 주문량(Economic order quantity) 주문비용과 보관비용을 포함한 총비용을 최소화하는 상품의 주문량.

연습문제 4.7*

1. 어떤 기업의 수요 함수가

    $$P = aQ + b \quad (a<0,\ b>0)$$

   이다. 고정비용은 c이고 단위당 가변비용은 d이다.

   (a) TR과 TC에 관한 일반식을 적어라.

   (b) (a)를 미분하여 MR과 MC를 유도하라.

   (c) (b)의 답을 이용하여 이윤 π가

    $$Q = \frac{d-b}{2a}$$

   일 때 극대화됨을 보여라.

2. (a) 4.5절에서 한계수익 MR과 수요의 가격 탄력성 E 사이에 다음과 같은 관계가 도출되었다:

$$MR = P\left(1 + \frac{1}{E}\right)$$

이 결과를 이용하여 총수익이 극대화되는 점에서 $E = -1$임을 보여라.

(b) 수요 함수

$$2P + 3Q = 60$$

을 이용하여 (a)의 결과를 증명하라.

3. 어떤 기업의 국내시장과 해외시장의 수요 함수가

$$P_1 = 50 - 5Q_1$$
$$P_2 = 30 - 4Q_2$$

이고 총비용함수가

$$TC = 10 + 10Q$$

이다. 여기서 $Q = Q_1 + Q_2$이다. 이윤을 극대화하기 위한 가격을 결정하라.

(a) 가격차별이 있는 경우

(b) 가격차별이 없는 경우

(a)와 (b)에서 얻은 이윤을 비교해보라.

4. 만약 한계비용곡선이 한계수익곡선을 위에서 자르게 되면 이윤이 극소임을 보여라.

5. (a) 비용함수

$$C = \frac{DR}{Q} + \frac{HQ}{2}$$

의 2계 도함수 d^2C/dQ^2를 구하고, 경제적 주문량 $Q = \sqrt{\dfrac{2DR}{H}}$이 극소점임을 보여라.

(b) 극소비용을 단순한 형태로 나타내보라.

6. (a) 한 상품의 연간 수요는 2000 단위, 주문당 고정비용은 \$40 그리고 1 단위를 저장하는 연간비용은 \$100이다. 일 년을 통틀어 일정한 간격으로 동일한 주문이 내려지고 재고가 0이 되어서야 새로운 상품을 주문한다는 가정 아래 총비용을 극소화하기 위해 매번 얼마나 많은 상품을 주문해야 하는지 계산하라. 극소 총비용은 얼마인가?

(b) 연간 저장비용이 \$64로 떨어질 때 **(a)**를 다시 계산하라.

(c) 주문당 고정비용이 \$160로 오를 때 **(a)**를 다시 계산하라.

(d) 주문비용과 보관비용이 극소 총비용에 어떤 영향을 미치는가?

7. 총비용함수가 $TC = aQ^2 + bQ + c$일 때, 평균비용함수 AC를 구하라. $Q = \sqrt{\dfrac{c}{a}}$일 때 AC가 극소임을 보이고 이때 AC의 값을 구하라.

8. **(a)** 평균비용함수의 정지점에서 평균비용과 한계비용이 일치함을 보여라.

   (b) 한계비용곡선이 평균비용곡선을 아래로부터 자르게 되면 평균비용이 극소임을 보여라.

9. 완전경쟁시장에서 균형가격 P와 거래량 Q는 $Q_S = Q_D = Q$로 둠으로써 구할 수 있다. 공급과 수요 함수는 다음과 같이 주어진다:

   $$P = aQ_S + b \qquad (a > 0,\ b > 0)$$
   $$P = -cQ_D + d \quad (c > 0,\ d > 0)$$

   만약 정부가 단위당 물품세 t를 부과할 경우

   $$Q = \frac{d - b - t}{a + c}$$

   임을 보여라. 정부의 조세수입 $T = tQ$는

   $$t = \frac{d - b}{2}$$

   일 때 극대화됨을 유도하라.

SECTION 4.8

지수함수와 자연로그함수의 도함수

목표

이 절을 공부한 후에는 다음을 할 수 있다:

- 지수함수를 미분할 수 있다.
- 자연로그함수를 미분할 수 있다.
- 연쇄규칙, 곱의 규칙, 몫의 규칙을 이용하여 이들 함수의 조합을 미분할 수 있다.
- 경제 모형에서 지수함수의 유용성을 인식할 수 있다.

이 절에서 우리는 지수함수 e^x와 자연로그함수 $\ln x$에서 유도된 도함수에 대해 알아본다. 우리가 택한 접근법은 4.1절에서와 비슷하다. 함수의 도함수는 함수의 그래프의 기울기를 결정한다. 따라서 익숙하지 않은 함수를 미분하는 방법을 알아보기 위해 먼저 정확하게 스케치하고 선택된 점들에서의 접선의 기울기를 측정한다.

조언

e^x와 $\ln x$ 함수는 2.4절에서 처음 소개하였다. 이 절의 나머지를 공부하기 전에 이러한 함수들이 어떻게 정의되었던가 되새겨보는 것이 도움이 될 것이다.

그림 4.30은 다음의 표에 기반해 지수함수 e^x의 스케치를 보여준다:

x	−2.0	−1.5	−1.0	−0.5	0.0	0.5	1.0	1.5
$f(x)$	0.14	0.22	0.37	0.61	1.00	1.65	2.72	4.48

그래프를 통해 $x=-1$, $x=0$, $x=1$에서의 접선의 기울기가

$$f'(-1) = \frac{0.20}{0.50} = 0.4$$

$$f'(0) = \frac{0.50}{0.50} = 1.0$$

$$f'(1) = \frac{1.35}{0.50} = 2.7$$

임을 알 수 있다.

이 값들은 측정한 결과이며 그래서 소수점 아래 첫째자리까지만 표현했다. 이런 방법으로 더 정확하게 측정하길 바랄 수는 없다.

x, $f(x)$, $f'(x)$의 값들이 다음 표에 요약되어 있다. $f(x)$의 값들도 $f'(x)$ 그래프 상 추정치와 비교하기 위해 소수점 아래 첫째자리로 반올림한다.

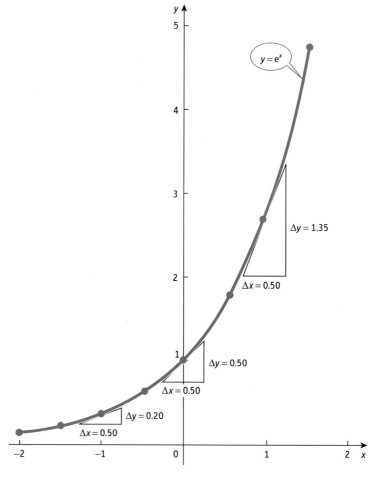

그림 4.30.

x	-1	0	1
$f(x)$	0.4	1.0	2.7
$f'(x)$	0.4	1.0	2.7

$f(x)$와 $f'(x)$의 값들이 위에 언급한 정확도 내에서 서도 동일하다.

이 결과는 각 점에서의 그래프의 기울기가 그 점에서의 함수 값과 같음을 보여준다: 즉 e^x는 미분하여 그 자신이 된다. 기호로 나타내면,

만약 $f(x) = e^x$이면 $f'(x) = e^x$

또는, 동등하게,

만약 $y = e^x$이면 $\dfrac{dy}{dx} = e^x$

이다.

실전문제

1. 계산기를 이용하여 다음 함수 값 도표를 완성하고 $f(x) = \ln x$의 정확한 그래프를 그려라:

x	0.50	1.00	1.50	2.00	2.50	3.00	3.50	4.00
$f(x)$			0.41				1.25	

   $x = 1, 2, 3$에서 그래프의 접선을 그려라. 그 다음 $f'(1)$, $f'(2)$, $f'(3)$의 값을 추정하라. 유도함수 $f'(x)$의 일반적인 공식을 제안해보라.

   [힌트: 마지막 부분을 위해 $f'(x)$의 추정치를 단순한 분수 형태로 나타내보는 것이 좋다.]

사실, 어떤 값의 상수 m에 대해

만약 $y = e^{mx}$이면 $\dfrac{dy}{dx} = me^{mx}$

이고

만약 $y = \ln mx$이면 $\dfrac{dy}{dx} = \dfrac{1}{x}$

임을 증명할 수 있다.

특히, $m = 1$로 두면

e^x를 미분하면 e^x

이 되고

$\ln x$를 미분하면 $\dfrac{1}{x}$

이 됨을 알 수 있다.

예제

다음을 미분하라.

(a) $y = e^{2x}$ (b) $y = e^{-7x}$

(c) $y = \ln 5x \ \ (x > 0)$ (d) $y = \ln 559x \ \ (x > 0)$

풀이

(a) 일반식에서 $m = 2$로 두면

$$y = e^{2x} \text{이면 } \frac{dy}{dx} = 2e^{2x}$$

이다. 지수함수를 미분하면 지수 그 자체는 변하지 않음에 유의하자. 다만 x의 계수가 앞으로 내려온다는 것을 알 수 있다.

(b) 일반식에서 $m = -7$로 두면

$$y = e^{-7x} \text{이면 } \frac{dy}{dx} = -7e^{-7x}$$

이다.

(c) 일반식에서 $m = 5$로 두면

$$y = \ln 5x \text{이면 } \frac{dy}{dx} = \frac{1}{x}$$

이다. 문제에서 $x > 0$의 제한이 있음에 유의하자. 이는 음수의 로그 값을 피하기 위해 필요한 것이다.

(d) 일반식에서 $m = 559$로 두면

$$y = \ln 559x \text{이면 } \frac{dy}{dx} = \frac{1}{x}$$

이다. (c)와 똑같은 값임에 주목하라. 자연로그함수의 도함수는 x의 계수에 의존하지 않는다. 이 결과가 이상해 보일 수도 있으나 쉽게 이해할 수 있다. 로그의 첫 번

째 규칙은 $\ln 559x$가

$\ln 559 + \ln x$

와 같음을 보여준다. 첫 번째 항은 단순히 상수이므로 미분하여 영이 되고 두 번째 항을 미분하여 $\dfrac{1}{x}$가 된다.

실전문제

2. 다음을 미분하라.

(a) $y = e^{3x}$

(b) $y = e^{-x}$

(c) $y = \ln 3x \;\; (x > 0)$

(d) $y = \ln 51234x \;\; (x > 0)$

연쇄규칙을 통해 e^{mx}를 미분할 때 m에 무슨 일이 일어나는가를 설명할 수 있다. 외부함수는 지수함수여서 미분하여 자기 자신이 되고, 내부함수 mx는 미분하여 m이 된다. 따라서 연쇄규칙에 의해

만약 $y = e^{mx}$이면 $\dfrac{dy}{dx} = e^{mx} \times m = me^{mx}$이다.

마찬가지로, 자연로그함수는 미분하여 분수함수가 되는데,

만약 $y = \ln mx$이면 $\dfrac{dy}{dx} = \dfrac{1}{mx} \times m = \dfrac{1}{x}$이다.

e^x, $\ln x$가 들어간 보다 복잡한 함수도 연쇄규칙, 곱의 규칙 그리고 몫의 규칙을 이용해 미분할 수 있다.

예제

다음을 미분하라.

(a) $y = x^3 e^{2x}$

(b) $y = \ln(x^2 + 2x + 1)$

(c) $y = \dfrac{e^{3x}}{x^2 + 2}$

풀이

(a) 함수 $x^3 e^{2x}$가 두 함수 x^3과 e^{2x}의 곱이므로 곱의 규칙을 이용해 미분한다.

$$u = x^3 \text{와 } v = e^{2x}$$

로 두면

$$\frac{du}{dx} = 3x^2 \text{이고 } \frac{dv}{dx} = 2e^{2x} \text{이다.}$$

곱의 규칙에 의해

$$\frac{dy}{dx} = u \frac{dv}{dx} + v \frac{du}{dx} = x^3 \left[2e^{2x} \right] + e^{2x} \left[3x^2 \right] = 2x^3 e^{2x} + 3x^2 e^{2x}$$

가 된다. 공통인자 $x^2 e^{2x}$를 묶어내면

$$\frac{dy}{dx} = x^2 e^{2x}(2x+3)$$

이 된다.

(b) $\ln(x^2 + 2x + 1)$도 함수의 함수이므로 연쇄규칙을 이용해 미분한다. 먼저 외부함수를 미분하여

$$\frac{1}{x^2 + 2x + 1}$$

을 얻고, 내부함수 $x^2 + 2x + 1$의 도함수 $2x + 2$를 곱한다. 그러면

$$\frac{dy}{dx} = \frac{2x+2}{x^2 + 2x + 1}$$

(c) 함수

$$\frac{e^{3x}}{x^2 + 2}$$

는

$$u = e^{3x} \text{와 } v = x^2 + 2$$

의 몫이고,

$$\frac{du}{dx} = 3e^{3x}, \frac{dv}{dx} = 2x$$

이다. 몫의 규칙에 의해

$$\frac{dy}{dx} = \frac{v\dfrac{du}{dx} - u\dfrac{dv}{dx}}{v^2} = \frac{(x^2+2)(3e^{3x}) - e^{3x}(2x)}{(x^2+2)^2} = \frac{e^{3x}[3(x^2+2)-2x]}{(x^2+2)^2} = \frac{e^{3x}(3x^2-2x+6)}{(x^2+2)^2}$$

이 된다.

실전문제

3. 다음을 미분하라.

(a) $y = x^4 \ln x$ (b) $y = e^{x^2}$ (c) $y = \dfrac{\ln x}{x+2}$

조언

만약

$$\ln(x의\ 곱,\ 몫\ 또는\ 거듭제곱을\ 가진\ 내부함수)$$

의 형태를 가진 함수를 미분해야 한다면, 시작하기 전에 먼저 로그규칙을 이용하여 전개하는 편이 유리하다. 세 가지 규칙은 다음과 같다.

규칙 1 $\ln(x \times y) = \ln x + \ln y$

규칙 2 $\ln(x \div y) = \ln x - \ln y$

규칙 3 $\ln x^m = m \ln x$

아래 예제는 실제에서 이 규칙들을 어떻게 사용하는지 보여준다.

예제

다음을 미분하라.

(a) $y = \ln(x(x+1)^4)$ (b) $y = \ln\left(\dfrac{x}{\sqrt{(x+5)}}\right)$

풀이

(a) 규칙 1을 통해

$$\ln(x(x+1)^4) = \ln x + \ln(x+1)^4$$

이 되고, 규칙 3을 한 번 더 적용해

$$y = \ln x + 4\ln(x+1)$$

을 얻는다. 이것을 미분하기는 쉽다.

$$\frac{dy}{dx} = \frac{1}{x} + \frac{4}{x+1}$$

인데, 공통분모를 이용해 묶으면

$$\frac{1}{x} + \frac{4}{x+1} = \frac{(x+1)+4x}{x(x+1)} = \frac{5x+1}{x(x+1)}$$

이 된다.

(b) $y = \ln\left(\dfrac{x}{\sqrt{(x+5)}}\right)$을 미분하는 가장 빠른 방법은 먼저 전개하여

$$y = \ln x - \ln(x+5)^{1/2} \quad \text{(규칙 2)}$$
$$= \ln x - \frac{1}{2}\ln(x+5) \quad \text{(규칙 3)}$$

을 얻는다. 이를 미분하면

$$\frac{dy}{dx} = \frac{1}{x} - \frac{1}{2(x+5)}$$

가 되고, 공통분모를 이용해 묶으면

$$\frac{1}{x} - \frac{1}{2(x+5)} = \frac{2(x+5)-x}{2x(x+5)} = \frac{x+10}{2x(x+5)}$$

이 된다.

실전문제

4. 다음 함수를 먼저 로그규칙을 이용해 전개한 후 미분하라.

(a) $y = \ln(x^3(x+2)^4)$

(b) $y = \ln\left(\dfrac{x^2}{2x+3}\right)$

지수함수와 자연로그함수는 경제학의 많은 영역에서 훌륭한 수학적 모형을 제공한다. 우리는 약간의 예제를 통해 이에 대해 알아보고 이 장을 마무리한다.

예제

기업의 단기생산함수가

$$Q = L^2 e^{-0.01L}$$

로 주어진다. 노동의 평균생산을 극대화하는 L의 값을 구하라.

풀이

노동의 평균생산은

$$AP_L = \frac{Q}{L} = \frac{L^2 e^{-0.01L}}{L} = L e^{-0.01L}$$

이다. 이를 극대화하기 위해 4.6절에서 설명한 전략을 구사한다.

1단계

정지점에서

$$\frac{d(AP_L)}{dL} = 0$$

이다. $L e^{-0.01L}$을 미분하기 위해 곱의 규칙을 이용한다.

만약 $u = L$이고 $v = e^{-0.01L}$이면

$$\frac{du}{dL} = 1, \quad \frac{dv}{dL} = -0.01 e^{-0.01L}$$

e^{mx}을 미분하면
$m e^{mx}$

이다. 곱의 규칙에 의해

$$\frac{d(AP_L)}{dL} = u\frac{dv}{dL} + v\frac{du}{dL} = L(-0.01 e^{-0.01L}) + e^{-0.01L} = (1 - 0.01L)e^{-0.01L}$$

음의 지수는 절대로 0이 될 수 없음을 알고 있다. L이 증가함에 따라 $e^{-0.01L}$이 0에 아주 가까이 가지만 유한한 L의 값에서는 0이 될 수 없다. 그래서

$$(1 - 0.01L)e^{-0.01L}$$

은

$$1 - 0.01L = 0$$

일 경우에만 0이 되고, 해가 $L = 100$이 된다.

2단계

이것이 극대임을 보이기 위해 두 번째 미분한다. $(1 - 0.01L)e^{-0.01L}$을 미분하기 위해 곱의 규칙을 이용하는데

$$u = 1 - 0.01L, \; v = e^{-0.01L}$$

로 두면

$$\frac{du}{dL} = -0.01, \; \frac{dv}{dL} = -0.01e^{-0.01L}$$

이 된다. 그러면

$$\frac{d^2(AP_L)}{dL^2} = u\frac{dv}{dL} + v\frac{du}{dL}$$

$$= (1 - 0.01L)(-0.01e^{-0.01L}) + e^{-0.01L}(-0.01) = (-0.02 + 0.0001L)e^{-0.01L}$$

마지막으로, $L = 100$으로 두면

$$\frac{d^2(AP_L)}{dL^2} = -0.0037$$

로 음수이다. 이는 정지점 $L = 100$이 극대임을 보여준다.

실전문제

5. 어떤 상품의 수요 함수가

   $$Q = 1000e^{-0.2P}$$

   이다. 고정비용이 100이고 단위당 가변비용이 2일 때 이윤함수가

   $$\pi = 1000Pe^{-0.2P} - 2000e^{-0.2P} - 100$$

   임을 보여라. 그리고 이윤을 극대화하는 가격을 구하라.

예제

기업의 추정에 의하면 자사의 상품을 Q 단위 팔아서 나온 총수익이

$$\text{TR} = \ln(1 + 1000Q^2)$$

이다. $Q=10$일 때 한계수익을 계산하라.

풀이

한계수익은 총수익을 미분하여 얻는다. $\ln(1 + 1000Q^2)$을 미분하기 위해서는 연쇄규칙을 사용해야 한다. 먼저 외부 로그함수를 미분하여

$$\frac{1}{1 + 1000Q^2}$$

> 자연로그를 미분하면 역수 형태가 된다

을 얻고, 여기에 내부함수 $1 + 1000Q^2$의 도함수 $2000Q$를 곱한다. 그러면

$$\text{MR} = \frac{d(\text{TR})}{dQ} = \frac{2000Q}{1 + 1000Q^2}$$

이고, $Q=10$일 때의 한계수익은

$$\text{MR} = \frac{2000(10)}{1 + 1000(10)^2} = 0.2$$

가 된다.

실전문제

6. 수요 함수가

$$P = 200 - 40\ln(Q+1)$$

이라면, $Q=20$일 때 수요의 가격 탄력성을 계산하라.

연습문제 4.8

1. 다음의 도함수를 적어라.

    (a) $y = e^{6x}$ (b) $y = e^{-342x}$

    (c) $y = 2e^{-x} + 4e^{x}$ (d) $y = 10e^{4x} - 2x^2 + 7$

2. 4%의 복리를 연속적으로 주는 계좌에 \$4000를 저축한다면, t년 후의 미래가치 S는

    $$S = 4000e^{0.04t}$$

    로 주어진다.

    (1) (a) $t = 5$, (b) $t = 5.01$에서 S값을 계산하라. 그리고 $t = 5$에서 성장률을 추정하라. 소수점 아래 둘째자리까지 반올림하라.

    (2) $\dfrac{dS}{dt}$를 나타내고 5년 후의 정확한 성장률을 구하라.

3. 도함수를 구하라.

    (a) $y = \ln(3x) \ (x > 0)$ (b) $y = \ln(-13x) \ (x < 0)$

4. 연쇄규칙을 이용해 다음을 미분하라.

    (a) $y = e^{x^3}$ (b) $y = \ln(x^4 + 3x^2)$

5. 곱의 규칙을 이용해 다음을 미분하라.

    (a) $y = x^4 e^{2x}$ (b) $y = x \ln x$

6. 몫의 규칙을 이용해 다음을 미분하라.

    (a) $y = \dfrac{e^{4x}}{x^2 + 2}$ (b) $y = \dfrac{e^x}{\ln x}$

7. 다음의 정지점을 찾고 분류하라.

    (a) $y = xe^{-x}$ (b) $y = \ln x^{-x}$

8. 연초부터 어떤 사치재의 주간 판매량이 지수적으로 감소한다고 알려져 있다. t주 후의 판매량이 $3000e^{-0.02t}$으로 모형화될 수 있다.

    (a) $t = 12$, $t = 13$일 때 주간 판매량을 구하고 이 기간 동안의 판매량 감소를 계산하라.

    (b) 미분을 이용하여 12주 후 판매의 감소 속도를 계산하고 이를 (a)의 결과와 비교하라.

9. 총비용함수와 총수익함수가 각각

    $$TC = 2Q$$
    $$TR = 100 \ln(Q + 1)$$

    로 주어질 때 이윤극대화를 위한 산출량을 구하라.

10. 어떤 기업의 생산함수가

$$Q=700Le^{-0.02L}$$

일 때, 생산을 극대화하는 L값을 구하라.

11. 어떤 상품의 수요 함수가

$$P=100e^{-0.1Q}$$

로 주어진다. $Q=10$일 때 수요가 단위 탄력적임을 보여라.

연습문제 4.8*

1. 다음을 미분하라.

(a) $y=e^{2x}-3e^{-4x}$ 　　(b) xe^{4x} 　　(c) $\dfrac{e^{-x}}{x^2}$

(d) $x^m \ln x$ 　　(e) $x(\ln x-1)$ 　　(f) $\dfrac{x^n}{\ln x}$

(g) $\dfrac{e^{mx}}{(ax+b)^n}$ 　　(h) $\dfrac{e^{ax}}{(\ln bx)^n}$ 　　(i) $\dfrac{e^x-1}{e^x+1}$

2. 로그규칙을 이용해 다음 함수들은 전개하라. 그리고 그 도함수들을 구하라.

(a) $y=\ln\left(\dfrac{x}{x+1}\right)$ 　　(b) $y=\ln(x\sqrt{(3x-1)})$ 　　(c) $y=\ln\sqrt{\dfrac{x+1}{x-1}}$

3. 경제 변수 y의 성장률이 $\dfrac{dy}{dt}\div y$로 정의된다.

(a) 이 정의를 이용해 변수 $y=Ae^{kt}$의 성장률을 구하라.

(b) 한 나라의 국내총생산 GDP와 인구의 크기 N이 지수적으로 성장하여 t년 후에 GDP$=Ae^{at}$, $N=Be^{bt}$가 된다.

(i) GDP와 N의 성장률을 말하라.

(ii) 일인당 GDP 또한 지수적으로 성장함을 보이고 그 성장률을 적어라.

4. 다음 함수를 x에 대해 미분하고 결과를 최대한 간단히 하라.

(a) $y=x^4e^{-2x^2}$ 　　(b) $y=\ln\left(\dfrac{3}{(x+1)^2}\right)$

5. 다음의 정지점을 구하고 분류하라.

(a) $y=xe^{ax}$ 　　(b) $y=\ln(ax^2+bx)$

여기서 $a<0$이다.

6. (a) 몫의 규칙을 이용하여

$$y = \frac{2x+1}{\sqrt{4x+3}}$$

의 도함수가

$$\frac{4(x+1)}{(4x+3)\sqrt{4x+3}}$$

임을 보여라.

(b) 연쇄규칙을 이용하여

$$y = \ln\left(\frac{2x+1}{\sqrt{4x+3}}\right)$$

을 미분하라.

(c) 로그규칙을 이용하여 먼저

$$\ln\left(\frac{2x+1}{\sqrt{4x+3}}\right)$$

를 전개한 후 미분한 결과를 통해 (b)의 답을 검증하라.

7. 기업의 단기생산함수가

$$Q = L^3 e^{-0.02L}$$

로 주어진다. 노동의 평균생산을 극대화하는 L값을 구하라.

8. 다음 수요 함수

$$P = 500 - 75 \ln(2Q+1)$$

의 수요의 가격 탄력성을 구하라.

9. 다음 수요 곡선의 한계수익을 구하라:

(a) $P = \dfrac{e^{Q^2}}{Q^2}$ (b) $P = \ln\left(\dfrac{2Q}{3Q+1}\right)$

10. 한 상품의 수요 함수가 $Q = 4000 e^{-0.01P}$로 주어진다.

(a) 수요의 탄력성을 P의 함수로 나타내고, 수요가 비탄력적일 때 P값의 구간을 결정하라.

(b) 총수익을 극대화하는 가격을 구하라.

11. 총비용함수가 $TC = 20\sqrt{Q}e^{Q/4}$로 주어질 때 평균비용을 극소화하는 Q값을 구하라.

12. 로지스틱 성장모형은 일반적으로 다음의 형태를 지닌다:

$$y = \frac{k}{1 + be^{-at}}$$

여기서 k, a, b는 양수이다.

(a) dy/dt의 표현을 구하고 경사가 양임을 보여라.

(b) d^2y/dt^2의 표현을 구하고, 그래프가 $t < (\ln b)/a$일 때 볼록하고 $t > (\ln b)/a$일 때 오목함을 도출하라.

(c) 그래프가 y축과 만나는 점의 좌표를 말하고 $t \to \infty$일 때 그래프의 행태를 묘사하라.

(d) 이 로지스틱 함수의 그래프를 스케치하라.

13. 한 예술품 수집가가 보유 중인 그림의 가치가 현재 \$2백만이라 한다. t년 후에 이 그림은 \$$V$백만의 가치가 있으리라 예상되는데, $V = 2e^{\sqrt{t}}$이다.

(a) 이자율이 10% 연속 복리라면 t년 후 그 그림의 현재가치는 $PV = 2e^{\sqrt{t}-0.1t}$임을 보여라.

(b) 수집가는 PV가 극대화되는 T년 후에 그림을 팔기로 결정했다. T의 값을 계산하라.

수학 심화학습

고급 수학책에서 도함수는 극한의 개념을 통해 정의되고 기호로 보통

$$\frac{dy}{dx} = \lim_{\Delta \to \infty} \frac{\Delta y}{\Delta x}$$

으로 표시한다. 그림 4.31을 보자. 점 A, B가 모두 곡선 $y=f(x)$ 위에 있고 x축과 y축이 각각 Δx, Δy만큼 다르다. 곡선 위의 두 점을 잇는 선분 AB를 현(chord)이라 부르고 기울기 $\Delta y / \Delta x$를 가진다.

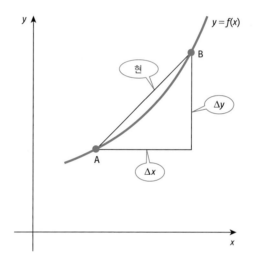

그림 4.31.

이제 그림 4.32를 보자. 폭 Δx가 점점 좁아지면서 다양한 현들을 보여주고 있다. 오른쪽 끝 점 B_1, B_2, B_3,....가 점점 A에 가까워지면서 폭 Δx가 0으로 가고 있다. 더군다나 현의 기울기가 점 A에서의 기울기에 가까워지고 있다. 우리는 이런 상황을 극한에서 Δx가 0에 가까워질 때 현의 기울기 $\Delta y / \Delta x$가 접선과 일치하게 된다고 이야기한다. 이러한 극한은 다음과 같이 표현된다:

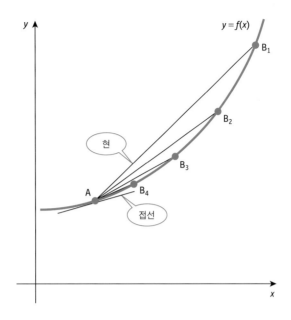

그림 4.32.

$$\lim_{\Delta x \to 0} \frac{\Delta y}{\Delta x}$$

그리고 공식적 정의

$$\frac{\mathrm{d}y}{\mathrm{d}x} = \lim_{\Delta \to \infty} \frac{\Delta y}{\Delta x}$$

는 이 책이 채택한 접근법과 같이 $\mathrm{d}y/\mathrm{d}x$가 접선의 기울기를 나타냄을 보여준다.

이 장을 통틀어 우리는 모든 함수가 미분될 수 있다고 가정했다. 어떤 점에서 접선을 그리기 위해서는 적어도 그 점에서 함수가 연속이어야 한다. 그림 4.33의 함수의 경우 그래프가 불연속인 $x=2$를 제외한 모든 점에서 접선을 그릴 수 있다. 우리는 이러한 경우에 함수가 $x=2$에서 미분불가능이라고 한다.

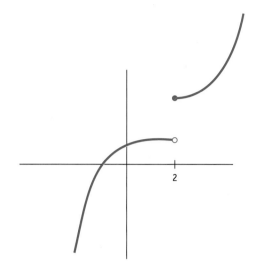

그림 4.33.

함수가 모든 곳에서 연속이라 하더라도 곡선이 부드럽게 연결되지 않으면 접선을 그리지 못할 수 있다. 이러한 함수의 고전적인 예제가 절댓값 함수 $f(x)=|x|$인데

$$|x| = \begin{cases} -x, & \text{if} \quad x < 0 \\ x, & \text{if} \quad x \geq 0 \end{cases}$$

으로 정의된다. 절댓값 함수의 그래프가 그림 4.34에 그려져 있다. $x=0$에서 뾰족한 모서리를 가지는데 이것이 여기에 접선을 그리는 것을 불가능하게 만든다.

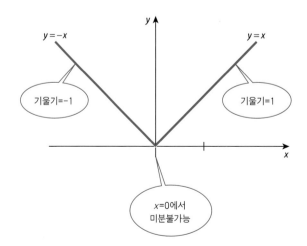

그림 4.34.

원점의 왼쪽에서 그래프는 고정된 기울기 −1을, 오른쪽에서 고정된 기울기 1을 가진다. 그러나 $x=0$에서 우리는 접선을 그릴 수 없다. 그래서 이 절댓값 함수는 $x=0$을 제외한 모든 값의 x에서 미분 가능하다. 이는 $f'(x)$의 다음과 같은 정의에서도 알 수 있다:

$$f'(x) = \lim_{\Delta x \to 0} \frac{\Delta y}{\Delta x}$$

양의 영역에서 Δx가 0에 접근할 때 (즉, 오른쪽에서부터) 극한값은 +1인 반면, 음의 영역에서 Δx가 0에 접근할 때는 (즉, 왼쪽에서부터) 극한값이 −1이다. 양쪽에서 극한값을 구할 수 있으나 서로 다른 값을 가진다. 이러한 이유로 우리는 $x=0$에서의 도함수 값을 구할 수 없다.

CHAPTER 5
편미분

이 장에서는 일변수 이상의 다변수 함수를 미분하는 수리적 방법을 다루면서 미적분학을 이어간다. 이 장은 이 책 전반의 클라이맥스라 할 수 있다. 우리가 현재 오르는 수학 산의 최고봉이다. 편미분은 관련된 수학적 개념과 기법도 매우 정교하지만, 응용할 수 있는 영역이 매우 풍부하다. 사실상 이 장에서 완전히 새롭게 제시되는 것은 없다. 일변수 함수를 잘 미분할 수 있다면, 다변수 함수를 편미분하는 것도 쉽게 할 수 있다. 결국은 그 기본 개념은 동일하기 때문이다. 마찬가지로, 일변수 함수를 최적화할 수 있다면 다변수 함수를 제약이 없는 상황 또는 제약이 있는 상황에서 최적화하는 문제도 두려워할 필요가 없다. 물론, 여전히 미분법의 기본 원리나 규칙을 모르고 있고 제4장에서 다룬 함수의 최대, 최소 문제를 풀 수 없다면, 이 장을 완전히 건너뛰기를 권장한다. 이 장이 이후에 다루는 주제들을 이해하는 데 필수가 아니기에 그렇게 해도 무방하다. 하지만, 그렇게 할 경우 수학의 매우 우아하고 유용한 분야를 놓칠 수 있다.

이 장은 6개 절로 구성된다. 먼저 제5.1절 및 제5.2절을 차례로 읽어야 한다. 다만, 이후 절은 어떠한 순서로 보아도 무방하다. 제5.1절 및 제5.2절에서 수리적 계산 방법을 소개하면서 시작하고, 이를 한계치나 탄력성을 계산하는 데 이용한다. 제5.3절은 승수 개념을 다루면서 제1장에서 다룬 국민소득 결정의 문제를 완결토록 한다.

다음의 3개 절은 최적화에 관한 것이다. 다변수 함수에 있어 최적화 문제는 제약이 있는 문제와 제약이 없는 문제로 대별된다. 제5.4절에서는 제약이 없는 문제를 다룬다. 이 문제에서는 최적화 대상 함수의 독립변수들이 모두 어느 값이라도 자유롭게 취할 수 있다. 제약이 있는 문제에서는 변수들이 어떤 특정 조합만 가능하다. 예를 들어, 총생산량이 특정 수량으로 고정된 상태에서 총생산비용을 최소화하는 기업이 처하는 문제, 또는 지출을 위한 예산이 제한되어 있는 상태에서 효용을 극대화하고자 하는 소비자가 처하는 문제 등이다. 제약이 있는 문제를 푸는 방식은 두 가지이다. 제5.5절에서 소개하는 대입법과 제5.6절에서 소개하는 라그랑지 승수법이다.

SECTION 5.1

다변수 함수

> **목표**
>
> 이 절을 공부한 후에는 다음을 할 수 있다:
> - 함수 기호 $z = f(x, y)$를 사용한다.
> - 1계 편도함수 f_x 및 f_y를 계산한다.
> - 2계 편도함수 f_{xx}, f_{xy}, f_{yx}, f_{yy}를 계산한다.
> - 대부분의 함수에 대해서 $f_{xy} = f_{yx}$임을 이해한다.
> - 미세한 증가에 관한 공식을 이용한다.
> - 음적 미분법을 이해하고 활용한다.

경제학에서 대부분의 관계에서는 2개 이상의 변수가 등장한다. 상품에 대한 수요는 그 가격에만 의존하는 것이 아니라 대체재나 보완재의 가격, 소비자의 소득, 광고비용 등에 따라서도 달라진다. 마찬가지로, 생산 부문의 생산량도 각종 생산요소, 즉 토지, 자본, 노동 등에 의해서 달라진다. 일반적인 경제적 행위를 분석하기 위해서는 우리는 함수의 개념은 물론 여러 변수 즉 다변수 함수의 미분까지도 알아야 한다.

이변수 함수 f(function f, of two variables)는 투입되는 두 개 변수 (x, y)가 들어오면 유일한 하나의 값으로 산출되는 변수 z가 나오도록 하는 하나의 정해진 규칙이다. 이는 그림 5.1에 잘 나타나 있다. f라는 블랙박스가 있고, 여기에 x와 y가 들어가면 어떤 연산을 통해 z가 튀어나오게 된다. 예를 들어, 그러한 규칙은 '두 개 숫자를 곱한 후 여기에 두 번째 숫자에 2를 곱하여 더한다'가 될 수 있다. 이를 수학적 기호를 이용하여 다음과 같이 표현 가능하다:

$$z = xy + 2y \text{ 또는 } f(x, y) = xy + 2y$$

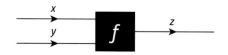

그림 5.1.

상기 함수 f를 x와 y에 실제로 두 개의 특정 수치를 넣어서 평가해볼 수 있다. 예를 들어, $x=3$ 및 $y=4$를 대입하면, 그 함숫값은 $f(3, 4)=3 \cdot 4+2 \cdot 4=20$이 된다. $x=4$ 및 $y=3$을 대입하면 그 함숫값은 $f(4, 3)=4 \cdot 3+2 \cdot 3=18$이 된다.

보다시피, $f(3, 4)$와 $f(4, 3)$이 같지 않다는 것을 주목하자. 그래서, 일반적으로 변수의 순서에 신경을 써야 한다.

앞서 우리는 투입되는 변수(독립변수)를 x 및 y로 표시하고, 산출되는 변수(종속변수)를 z로 표시하였으나, 우리는 f라는 함수가 갖는 기능 또는 규칙이 무엇인가에 주목해야 하며 들고 나는 변수의 표시는 무엇을 사용해도 무방하다.[1] 아래 식은 앞서 언급한 함수 f를 동일하게 표시하는 것이다.

$$y = x_1 x_2 + 2x_2$$

여기서는 x_1과 x_2가 (순서를 고려한) 독립변수로 표시한 것이고, y가 종속변수 역할을 하는 것이다. 이러한 독립변수와 종속변수의 역할은 어떠한 문자라도 가능하다. 2개 숫자가 들어가서 1개 숫자가 나오는 f라는 규칙에 집중해야 한다. 아래첨자를 사용하는 것이 좀 이상해 보일 수 있다. 하지만, 2개 이상의 변수가 독립변수인 다변수 함수로 확장하기 위해서는 그러한 기호가 더욱 분명하다. 일반적으로 n개 독립변수의 함수 f는 다음과 같이 표시 가능하다:

$$y = f(x_1, x_2, ..., x_n)$$

여기서도 독립변수의 순서는 중요하다. 예를 들어, $y=f(x_1, x_2)$라는 함수에 대해서 $x_1=a$, $x_2=b$인 경우 $f(a, b)$의 값과 $x_1=b$, $x_2=a$인 경우 $f(b, a)$의 값이 일반적으로 같지 않다. 물론, 함수 $z=g(x, y)=xy$처럼 $g(a, b)=g(b, a)$인 함수도 존재한다.

실전문제

1. 함수 $f(x, y)=5x+xy^2-10$과 $g(x_1, x_2, x_3)=x_1+x_2+x_3$를 고려하자. 다음을 계산하라.

(a) $f(0, 0)$ (b) $f(1, 2)$ (c) $f(2, 1)$

(d) $g(5, 6, 10)$ (e) $g(0, 0, 0)$ (f) $g(10, 5, 6)$

---

1 [옮긴이주] 수학에서 이러한 변수를 더미변수(dummy variable)라고 한다. 고등학교 때 함수라고 하면 $y=f(x)$로만 표시를 해왔으나, 여기서 중요한 것은 f이다. 따라서, $b=f(a)$라고 표시해도 무방하다.

1개 독립변수의 함수, 즉 일변수 함수는 그래프를 이용하여 시각적 묘사가 가능하다. 이는 해당 함수의 특성과 행태에 대해서 직관적으로 이해하는 데 크게 도움이 된다. 그림 5.2는 전형적인 함수 $y=f(x)$의 그래프 사례를 나타낸다. 그림에서 수평축은 들어가는 변수, 즉 독립변수 x를 나타내고, 수직축은 함수 f에 의해 산출되는 변수, 즉 종속변수 y를 나타낸다. 특정 x값으로부터 그래프까지의 높이는 그 x값이 함수 f로 들어갔을 때 나오는 변수 y의 값을 나타낸다.[2]

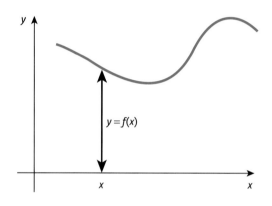

그림 5.2.

다변수 함수의 그래프를 그릴 수 있을까? 2개 변수의 이변수 함수이면 가능하다. 물론, 그것이 항상 쉽지는 않다. 함수 $z=f(x, y)$의 그래프는 그림 5.3과 같이 3차원 공간에 산의 표면 같이 생긴 어떤 곡면(surface)이 된다.[3] 바닥 평면에서 x와 y가 특정 값을 갖는 좌표 (x, y)를 찍어보자. 거기서 곡면까지의 높이가 그 좌표 (x, y)를 대입하여 함수 f를 평가한 값(함숫값 $f(x, y)$), 즉 x와 y가 함수 f로 들어가서 산출된 값 z이다. 우리가 상상은 쉽게 가능하지만, $f(x, y)=xy^3+4x$과 같은 함수의 그래프를 손으로 쉽게 그릴 수 있는 것은 아니다.[4] 물론, PC에서 사용 가능한 많은 과학계산 패키지는 그러한 곡면을 그려준다.

---

2 [옮긴이주] 정의역 D에서 정의되는 함수 $y=f(x)(x\in D)$에 대해서 그래프(graph)란 $\{(x, y)|y=f(x), x\in D\}$로 정의된다. 때로는 실수 t가 들어가면 $x(t)$와 $y(t)$에 의한 순서쌍 $(x(t), y(t))$가 나오는 함수도 있다. (예를 들어, $t\to f(\cos t, \sin t)$) 이때, t에 따라 $(x(t), y(t))$의 궤적이 (x, y)-평면에 그려질 수 있다. 이는 그래프가 아니다. 실수 t를 함께 표시하여 그리지 않았기 때문이다. 이는 "상 또는 치역(image)"이라고 부른다. 따라서, 수학에서 그래프란 그림으로 그려지는 모든 것을 대략 그렇게 부르기 위한 용어가 아니다. 그래프의 중요하고도 고유한 의미가 있는 것이다.

3 [옮긴이주] 이 경우 그래프는 $\{(x, y, z)|z=f(x, y)\}$로 정의된다.

4 [옮긴이주] $y=f(x)$ 형태의 함수라면 (x, y)-평면에 그 그래프를 손으로 그릴 수 있는 것이 대부분이다. 또한, 중고등학교 수학에서 그런 그래프를 그리는 것은 매우 중요한 작업이었다.

　　독립변수의 수가 2개를 초과하면 이제는 그 함수의 그래프를 시각적으로 표현할 길이 없다. 그 경우 우리는 머릿속으로 상상해야 한다. 예를 들어, 4개 변수가 독립변수인 함수는 5차원 공간을 필요로 한다. 들어가는 변수 4개의 축, 나오는 변수 1개의 축이 있어야 한다. 이러한 문제에도 불구하고, 우리는 다변수 함수를 항상 미분할 수 있어야 한다. 이후에 보게 되지만, 그러한 미분 계산 또는 도함수 도출은 경제학적 분석을 위해 매우 중요하다.

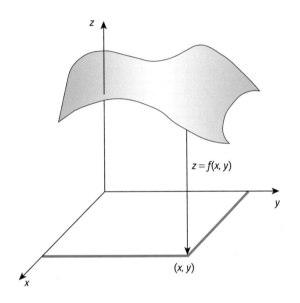

그림 5.3.

　　다음과 같은 2개 변수의 함수를 고려하자.

$$z = f(x, y)$$

우리는 두 가지 종류의 1계 도함수를 계산할 수 있다. 하나는 f의 x에 의한 편도함수(partial derivative of f with respect to x)이고 다음과 같이 표시한다:

$$\frac{\partial z}{\partial x}, \ \frac{\partial f}{\partial x}, \ f_x \text{ [5]}$$

이는 y를 상수처럼 취급하면서 x로 미분하여 얻을 수 있다. 다른 하나는 f의 y에 의한 편도

5　[옮긴이주] $\frac{\partial}{\partial x} z$, $\frac{\partial}{\partial x} f$, $\frac{\partial}{\partial x} f(x, y)$ 등의 기호를 사용하기도 한다.

함수(partial derivative of f with respect to y)이고 다음과 같이 표시한다:[6]

$$\frac{\partial z}{\partial y}, \frac{\partial f}{\partial y}, f_y$$

이 역시 x를 상수로 취급하면서 y로 미분하여 얻을 수 있다. 우리는 1개 변수의 함수에서 일반적인 미분과 구분하거나, 다변수 함수에 대한 편미분임을 의미하기 위해, 미분 기호로 d가 아닌 ∂(partial로 읽음)을 사용하며, $\frac{\partial f}{\partial x}$는 'partial dee f by dee x'로 읽는다. 한편, 실수 R에서 실수 R로 가는 함수 $y=f(x)$에서 f_x는 통상적인 $f' = \frac{df}{dx}$와 같다.

예제

다음 함수에서 1계 편도함수를 계산하라.

(a) $f(x, y)=x^3+y^3$

(b) $f(x, y)=x^2 y$

풀이

(a) 편미분에서는 편미분하는 변수를 제외한 나머지 변수는 모두 상수 취급하면 된다. 함수 $f(x, y)=x^2+y^3$를 x로 편미분할 때 y는 상수로 간주하면서 x로 미분한다. $\frac{\partial f}{\partial x} = 2x + 0 = 2x$를 구할 수 있다. $\frac{\partial f}{\partial x} = 2x + 0 = 2x$는 사실 아주 정확한 기호는 아니다. $\frac{\partial f(x, y)}{\partial x} = \frac{\partial f}{\partial x}(x, y) = f_x(x, y) = f_1(x, y) = 2x$의 기호가 정확하다. 유사한 방식으로 f를 y로 편미분하여 $\frac{\partial f}{\partial x} = 0 + 3y^2 = 3y^2$를 얻을 수 있다.

(b) 함수 $f(x, y)=x^2 y$에서는 독립변수 x와 y가 서로 곱으로 붙어 있어 상기 (a)보다는 다소 어려울 수 있다. 결국 마찬가지다. x로 편미분할 때 y는 상수로 간주하라. 즉, $f_x=2xy$이다. 마찬가지로, $f_y=x^2$을 얻을 수 있다.

---

6 [옮긴이주] f_x의 경우 $f(x, y)$에서 첫 번째 변수로 편미분한 것이다. 두 번째 변수가 아닌 첫 번째 변수로 편미분했다는 것이 중요하다. 그래서 종종 f_x라는 기호 대신 f_1이라는 기호를 사용하기도 한다. 아울러, f_y 대신 f_2라는 기호를 사용한다. 다변수 함수의 미적분에서 기호 사용에 대해서는 좀 유연할 필요가 있다. 무엇을 의미하는지만 분명하면 된다.

실전문제

2. 다음의 함수에 대해서 1계 편도함수를 구하라.

(a) $f(x, y) = 5x^4 - y^2$　　　　　　　　(b) $f(x, y) = x^2y^3 - 10x$

일반적으로 우리가 이변수 함수를 편미분하여 얻는 것은 1계 편도함수인데 이 역시 이변수 함수가 된다.[7] 따라서, 이들을 또 미분할 수 있다. 물론 편미분이다. 우리는 아래의 네 가지 종류의 2계 편도함수(second-order partial derivative)를 계산할 수 있어야 한다:

• 함수 f를 변수 x로 두 번 편미분: $\dfrac{\partial^2 z}{\partial x^2} = \dfrac{\partial^2 f}{\partial x^2} = f_{xx}$[8]

• 함수 f를 변수 y로 두 번 편미분: $\dfrac{\partial^2 z}{\partial y^2} = \dfrac{\partial^2 f}{\partial y^2} = f_{yy}$

• 함수 f를 변수 x로 먼저 편미분한 후 변수 y로 편미분: $\dfrac{\partial^2 z}{\partial x \partial y} = \dfrac{\partial^2 f}{\partial x \partial y} = f_{xy}$[9, 10]

• 함수 f를 변수 y로 먼저 편미분한 후 변수 x로 편미분: $\dfrac{\partial^2 z}{\partial y \partial x} = \dfrac{\partial^2 f}{\partial y \partial x} = f_{yx}$

---

7 [옮긴이주] 예를 들어, $f(x, y) = x^2 + xy + y^3$를 고려하라. $f_x = 2x + y$이며, $f_y = 3y^2 + x$이다. f_x도 두 변수 x와 y의 함수이고, f_y도 두 변수 x와 y의 함수이다. 이에 앞서 $f_x(x, y)$, $f_y(x, y)$와 같은 표현이 좋다고 한 것이다.

8 [옮긴이주] $\dfrac{\partial f_x}{\partial x}$, $\dfrac{\partial}{\partial x} f_x$, $\dfrac{\partial}{\partial x}\left(\dfrac{\partial f}{\partial x}\right)$, $\dfrac{\partial z_x}{\partial x}$, $\dfrac{\partial}{\partial x} z_x$, z_{xx} 등의 기호를 사용하기도 한다.

9 [옮긴이주] $\dfrac{\partial f_x}{\partial y}$, $\dfrac{\partial}{\partial y} f_x$, $\dfrac{\partial}{\partial y}\left(\dfrac{\partial f}{\partial x}\right)$, $\dfrac{\partial z_x}{\partial y}$, $\dfrac{\partial}{\partial y} z_x$, z_{xy} 등의 기호를 사용하기도 한다.

10 [옮긴이주] $\dfrac{\partial^2 z}{\partial y \partial x} = \dfrac{\partial^2 f}{\partial y \partial x}$의 기호 또는 $\dfrac{\partial}{\partial y}\left(\dfrac{\partial f}{\partial x}\right)$의 기호는 먼저 x로 편미분한 1계 도함수를 다시 y로 편미분한다는 의미가 분명하다. 무엇으로 먼저 편미분하는지는 때에 따라 중요할 수 있어서 원칙적으로 구분해야 한다. 하지만, $\dfrac{\partial^2 z}{\partial y \partial x} = \dfrac{\partial^2 f}{\partial y \partial x}$를 f_{xy}로 표시할지 f_{yx}로 표시할지는 책마다 다르다. 이 책의 원저에서는 f_{yx}를 사용하였다. 아래 첨자 yx를 역의 방향으로 보아야 한다. 즉, x로 편미분한 후 y로 편미분한 것이다. 좀 불편하다. 그래서, 본 번역서에서는 f_{xy}를 사용한다. 다른 미적분학 교과서에서도 대체적으로 이 기호를 많이 사용하고 있고 직관적으로도 f_x를 y로 다시 편미분하므로 $(f_x)_y = f_{xy}$로 표시하는 것이 좋다는 판단이다.

예제

다음의 이변수 함수에 대해서 각 2계 편도함수 f_{xx}, f_{yy}, f_{yx}, f_{xy}를 구하라.

(a) $f(x, y) = x^2 + y^3$ (b) $f(x, y) = x^2 y$

풀이

(a) 함수 $f(x, y) = x^2 + y^3$에 대한 1계 편도함수는 각각 $f_x = 2x$, $f_y = 3y^2$이다. f_{xx}를 구하기 위해서는 f_x를 x로 한 번 더 편미분한다. $f_{xx} = 2$이다. 다음으로 f_{yy}를 구하기 위해서는 f_y를 y로 한 번 더 편미분한다. $f_{yy} = 6y$이다. f_{xy}를 구하기 위해서는 f_x를 y로 한 번 더 편미분한다. $f_{xy} = 0$이다. f_{yx}를 구하기 위해서는 f_y를 x로 한 번 더 편미분한다. $f_{yx} = 0$이다.

(b) 함수 $f(x, y) = x^2 y$로부터 다음의 각 1계 편도함수를 도출할 수 있다:

$$f_x = 2xy, \quad f_y = x^2$$

따라서, 각 2계 편도함수는 $f_{xx} = 2y$, $f_{yy} = 0$, $f_{xy} = 2x$, $f_{yx} = 2x$

실전문제

3. 다음 함수의 모든 2계 편도함수를 구하라.

    (a) $f(x, y) = 5x^4 - y^2$ (b) $f(x, y) = x^2 y^3 - 10x$

    [힌트: 실전문제 2가 도움이 될 것이다.]

앞서 예제와 실전문제 3으로부터 모든 경우에 대해서 아래가 성립함을 주목하라.

$$\frac{\partial^2 f}{\partial y \partial x} = \frac{\partial^2 f}{\partial x \partial y} \quad \text{또는} \quad f_{xy} = f_{yx}$$

이 등식은 이른바 "영의 정리(Young's theorem)"로 불리기도 하는데, 특정 조건을 만족하는 함수 f에 대해서는 이 등식이 항상 성립한다. 하지만, 매우 특이한 함수에서는 $f_{xy} = f_{yx}$가 아닐 수도 있다. 경제학에서 등장하는 거의 대부분의 함수는 영의 정리가 성립하므로 크게 걱정할 필요는 없다. 그러나, 원칙적으로는 어떤 순서로 편미분하는가는 중요하다.

지금까지 주로 이변수 함수를 갖고 편미분을 다루었지만, 2개 이상의 독립변수를 갖는 다변수 함수의 편미분도 마찬가지다. n-변수 함수를 $y = f(x_1, x_2, \cdots, x_n)$으로 표현할 수 있을 것이다. 이로부터 다음과 같은 n개의 1계 편도함수를 얻을 수 있다.

$$\frac{\partial f}{\partial x_i}, \, f_{x_i}, \, \text{또는 } f_i \, (i=1,\cdots, n)$$

이는 나머지 $(n-1)$개 변수는 모두 상수로 취급하면서 x_i로 미분하여 얻을 수 있다. 2계 도함수도 유사한 방식으로 구해진다.

함수 $f(x_1, x_2, x_3) = x_1^3 + x_1 x_3^2 + 5x_2^4$를 고려하자. 이로부터 x_1로 편미분하여 다음을 얻을 수 있다.

$$f_1 = \frac{\partial f}{\partial x_1} = 3x_1^2 + x_3^2$$

이를 다시, x_3으로 편미분하여 다음을 얻을 수 있다.

$$f_{31} = \frac{\partial^2 f}{\partial x_3 \partial x_1} = 2x_3$$

앞서 이변수 함수에서도 주지했듯이, 역순으로 편미분해도 같은 결과를 얻는다. 스스로 계산해보라.

실전문제

4. 다음의 3변수 함수로부터 편도함수 f_1, f_{11}, f_{21}을 구하라.

$$f(x_1, x_2, x_3) = x_1 x_2 + x_1^5 - x_2^2 x_3$$

지금까지 다변수 함수의 편도함수가 무엇이고 어떻게 계산하는지를 다루었지만, 아직 그 의미는 잘 모르고 있다. 편도함수에 대한 해석을 위해, 잠시 일변수 함수 $y = f(x)$로 돌아가 보자. 도함수 dy/dx는 x에 대한 y의 변화율이다.[11] 다시 말해서, 독립변수 x가 아주 약간 Δx만큼 변화할 때, 이에 따른 y의 변화 Δy는 $\Delta y \cong \dfrac{dy}{dx} \times \Delta x$가 된다. 이 근사는 Δx가 점점 작아질수록 정확해진다.[12]

---

11 [옮긴이주] 정확히는 그 변화율은 $\Delta y / \Delta x$인데, Δx를 0으로 보낼 때 그 극한이 dy/dx이다. 그래서 dy/dx는 함수 $y = f(x)$에서 할선의 기울기가 아니라 정확히 접선의 기울기이다.

12 [옮긴이주] $\Delta y \approx \dfrac{dy}{dx} \times \Delta x$ 대신 $dy = \dfrac{dy}{dx} \times dx$로 기술하기도 한다.

조언

우리는 이러한 근사가 성립하는 배경을 염두에 둘 필요가 있다. 이는 제4.3절의 4.3.1에 나와 있다.

우리는 상기 근사를 이변수 함수 $z=f(x, y)$에 대해서도 적용해볼 수 있다. 즉, y가 고정된 상태에서 x가 아주 약간 Δx만큼 변화하면 이에 상응하는 z의 변화 Δz는 $\Delta z \cong \frac{\partial z}{\partial x} \times \Delta x$의 근사식을 만족한다. 마찬가지로, x가 고정된 상태에서 y가 아주 약간 Δy만큼 변화하면 이에 상응하는 z의 변화 Δz는 $\Delta z \cong \frac{\partial z}{\partial y} \times \Delta y$의 근사식을 만족한다.

물론, x와 y가 동시에 변화할 수도 있다. 이 경우 이들 변화에 상응하는 z의 변화 Δz는 다음의 근사식을 만족한다:

$$\Delta z \cong \frac{\partial z}{\partial x} \Delta x + \frac{\partial z}{\partial y} \Delta y$$

이는 x와 y 각각에 기인한 개별적 z 변화의 합이다. 이 식을 미량증감공식(small increments formula)이라고 한다. 이는 단지 근사이지만, 거의 대부분의 함수에서는 Δx 및 Δy가 0으로 갈 때 그 오차 역시 0으로 수렴한다. 이러한 연유로 이 공식은 때로는 다음과 같은 기호를 사용하여 정확한 등식으로 표현된다.

$$dz = \frac{\partial z}{\partial x} dx + \frac{\partial z}{\partial y} dy$$

여기서, 기호 dx, dy 및 dz를 미분(differentials)이라고 부르며, 이는 각각 Δx, Δy 및 Δz의 극한 개념을 묘사한다.

예제

함수 $z=x^3 y-y^3 x$를 고려하자. 점 $(1,3)$에서 $\frac{\partial z}{\partial x}$ 및 $\frac{\partial z}{\partial y}$를 구하라. 나아가, x가 1에서 1.1로 y가 3에서 2.8로 동시에 변할 때, z의 변화에 대한 근사치를 계산하라.

풀이

$z=x^3 y-y^3 x$로부터 $\partial z/\partial x=3x^2 y-y^3$, $\partial z/\partial y=x^3-3y^2 x$

따라서, 이들을 각각 $(1, 3)$에서 평가하면(즉, 함숫값을 계산하면) 다음과 같다:

$$\frac{\partial z}{\partial x} = 3(1)^2(3) - 3^3 = -18^{13}$$

$$\frac{\partial z}{\partial y} = 1^3 - 3(3)^2(1) = -26$$

변수 x가 1에서 1.1로 변하므로 그 변화는 $+0.1$이다. 즉, $\Delta x = 0.1$. y는 3에서 2.8로 변하므로 $\Delta y = -0.2$이다.

미량증감공식 $\Delta z \cong \dfrac{\partial z}{\partial x}\Delta x + \dfrac{\partial z}{\partial y}\Delta y$으로부터, $\Delta z \cong (-18)(0.1) + (-26)(-0.2) = 3.4$이다.

실전문제

5. 함수 $z = xy - 5x + 2y$를 고려하자. 점 $(2, 6)$에서 $\dfrac{\partial z}{\partial x}$ 및 $\dfrac{\partial z}{\partial y}$를 평가하라.

   (a) 미량증감공식을 이용하여, x가 2에서 1.9로, y가 6에서 6.1로 동시에 변할 때, z의 변화를 근사적으로 계산하라.

   (b) 점 $(2, 6)$ 및 점 $(1.9, 6.1)$에서 z를 구한 후, 앞의 (a)의 답을 확인하라.

　　미량증감공식의 중요한 응용 중 하나가 음적 미분법(implicit differentiation)이다. 우리는 $y = x^3 + 2x^2 + 5$와 같은 함수에 대해서 함수 y를 변수 x로 쉽게 미분할 수 있다. 즉, $dy/dx = 3x^2 + 4x$. 그런데 때로는 x의 함수 y가 $y = f(x)$ 형태가 아닌 $f(x, y) = 0$인 형태로 보다 복잡한 형태로 묘사되기도 한다. 이러한 경우에도 종종 dy/dx를 계산해야 한다. 예를 들어, $y^3 + 2xy^2 - x = 5$로 묘사되는 방정식에서 dy/dx를 도출해야 하는 것이다. 이는 다소 어렵다. 기본적으로 x의 함수 y가 양적으로(explicitly) 표현된 게 아니고 음적으로 (implicitly) 표현되어 있기 때문이다. 이 방정식에는 y가 아닌 y^2이나 y^3도 있어서, 이를 다시 이리저리 풀어서 $y = \cdots$ 형태로 정리하는 것도 불가하다.

　　방정식 $y^3 + 2xy^2 - x = 5$에서 좌변을 이변량 함수로 보자. 즉, $z = f(x, y) = y^3 + 2xy^2 - x$. 양변을 미분하자. 그러면, $dz = 0$이 된다. 앞서 $dz = \dfrac{\partial z}{\partial x}dx + \dfrac{\partial z}{\partial y}dy$를 고려하라.

$$dz = \frac{\partial z}{\partial x}dx + \frac{\partial z}{\partial y}dy = 0 \text{으로부터 } \frac{dy}{dx} = \frac{-\partial z/\partial x}{\partial z/\partial y}\text{를 얻을 수 있다.}$$

---

13 [옮긴이주] $\dfrac{\partial z}{\partial x}\Big|_{(1,3)}$, $\dfrac{\partial z}{\partial x}(1, 3)$ 및 $\dfrac{\partial f}{\partial x}(1, 3)$으로 표시하기도 한다.

이를 임의의 $f(x,\,y)=\text{constant}$와 같이 음적으로 표현된 함수에 대해서 dy/dx를 찾는 데 이용할 수 있다.

$$f(x,\,y)=\text{constant} \quad \Rightarrow \quad \frac{dy}{dx}=-\frac{f_x}{f_y}$$

이러한 방식으로 dy/dx를 얻는 방법을 음적 미분법(implicit differentiation)이라고 한다.

다시 $y^3+2xy^2-x=5$로 돌아가서 dy/dx를 계산해보자. 좌변을 $f(x,\,y)$라고 하면,

$f_x=2y^2-1$, $f_y=3y^2+4xy$이므로, $\dfrac{dy}{dx}=-\dfrac{f_x}{f_y}=-\left(\dfrac{2y^2-1}{3y^2+4xy}\right)=\dfrac{-2y^2+1}{3y^2+4xy}$이다.

실전문제

6. 음적 미분법을 이용하여 아래 방정식에서 dy/dx를 구하라.

   (a) $xy-y^3+y=0$ (b) $y^5-xy^2=10$

주요 용어

독립변수(Independent variable)   종속변수 값을 결정하는 변수로 함수 $z=f(x,\,y)$에서 변수 x와 y.

미량증감공식(Small increments formula)   함수 $z=f(x,\,y)$에 대해서 근사식 $\Delta z \cong \dfrac{\partial z}{\partial x}\Delta x + \dfrac{\partial z}{\partial y}\Delta y$.

미분(Differentials)   증감분의 극한치로 극한 개념하에 근사식 $\Delta z \cong \dfrac{\partial z}{\partial x} \times \Delta x$ 또는 $dz=\dfrac{\partial z}{\partial x} \times dx$로 쓸 수 있다. 여기서 dz, dx는 미분이다.

음적 미분법(Implicit differentiation)   변수 y가 x에 관한 어떤 식으로 표현되는 양적 방식이 아닌 음적 방식으로 표현된 경우, dy/dx를 계산하는 방식.

이변수 함수(Function of two variables)   순서가 중요한 순서쌍으로서 x와 y가 들어오면 유일하게 결정되는 z를 산출하는 규칙.

종속변수(Dependent variable)   독립변수가 지니는 값에 따라 결정되는 변수로 함수 $z=f(x,\,y)$에서 z.

편도함수(Partial derivative)   2개 또는 그 이상 개수의 변수가 독립변수인 다변수 함수에 대한 특정 변수 외 다른 변수는 모두 상수로 간주한 후, 그 특정 변수로 미분하여 얻어지는 도함수.

2계 편도함수(Second-order partial derivative)   1계 편도함수의 편도함수, 예를 들어, 함수 f에 대해서 y로 편미분한 후 x로 편미분하여 2계 편도함수 f_{yx}를 얻음.

연습문제 5.1

1. 함수 $f(x, y)=3x^2y^3$에 대해서 $f(2, 3)$, $f(5, 1)$, $f(0, 7)$를 계산하라.

2. 함수 $f(x, y)=2x^2+xy$에 대해서 아래를 구하라.

   (a) $f(a, a)$ (b) $f(b, -b)$

3. 함수 $f(x, y)=xy^2+4x^3$에 대해서 $f(2x, 2y)=8f(x, y)$임을 보이라.

4. 다음의 함수에 대해서 1계 편도함수 $\dfrac{\partial z}{\partial y}$ 및 $\dfrac{\partial z}{\partial x}$를 계산하라.

   (a) $z=x^2+4y^5$ (b) $z=3x^3-2e^y$

   (c) $z=xy+6y$ (d) $z=x^6y^2+5y^3$

5. 함수 $f(x, y)=x^4y^5-x^2+y^2$에 대해서, 1계 편도함수 f_x 및 f_y를 계산하고, $f_x(1, 0)$ 및 $f_y(1, 1)$를 구하라.

6. 미량증감공식을 이용하여 다음의 상황에서 함수 $z=x^2y^4-x^6+4y$의 변화를 근사적으로 계산하라.

   (a) x가 1에서 1.1로 변화할 때 y가 0으로 고정

   (b) x가 1로 고정되어 있고, y가 0에서 -0.5로 변화

   (c) x가 1에서 1.1로 y가 0에서 -0.5로 변화

7. (a) 함수 $f(x, y)=y-x^3+2x$로부터 f_x와 f_y를 계산하고, 음적 미분법을 이용하여 $y-x^3+2x=1$에서 dy/dx를 구하라.

   (b) 방정식 $y-x^3+2x=1$를 변수 y가 x의 식으로 묘사되는 양적 표현으로 바꾸어서 상기 (a)의 답변을 확인하라.

8. 다음의 함수로부터 1계 편도함수 $\dfrac{\partial z}{\partial u}$, $\dfrac{\partial z}{\partial v}$, $\dfrac{\partial z}{\partial w}$를 도출하라.

   (a) $z=u+v^2-5w^3+2uv$ (b) $z=6u^{1/2}v^{1/3}w^{1/6}$

9. (a) 미량증감공식을 이용하여 x가 5에서 5.5로 y가 8에서 8.8로 변할 때 함수 $z=x^3-2xy$의 변화를 근사적으로 계산하라.

   (b) 함수 z를 점 $(5, 8)$ 및 $(5.5, 8.8)$에서 평가하여 z의 정확한 변화를 구하라. 그런 후, 미량증감공식에 따른 백분율 오차(퍼센티지 오차)를 계산하라.[14]

---

14 [옮긴이주] 백분율 오차(퍼센티지 오차) = $100 \times$ 오차/참값 (%).

연습문제 5.1*

1. 함수 $f(x, y) = 2xy + 3x$에 대해서 $f(5, 7) \neq f(7, 5)$임을 보여라. 나아가, $f(x, y) = f(y, x)$가 만족되는 모든 순서쌍 (x, y)를 구하라.

2. 함수 $f(w, x, y) = 5w^{0.34} x^{0.25} y^{0.41}$에 대해서, $f(kw, kx, ky) = kf(w, x, y)$를 보여라.

3. 다음의 함수에 대해서 1계 및 2계 편도함수를 도출하라. 각 경우에 대해서 $\dfrac{\partial^2 z}{\partial y \partial x} = \dfrac{\partial^2 z}{\partial x \partial y}$임을 보여라.

   (a) $z = xy$ (b) $z = e^x y$ (c) $z = x^2 + 2x + y$

   (d) $z = 16x^{1/4} y^{3/4}$ (e) $z = \dfrac{y}{x^2} + \dfrac{x}{y}$

4. 함수 $z = x^2 y^3 - 10xy + y^2$에 대해서 점 $(2, 3)$에서 $\partial z / \partial x$ 및 $\partial z / \partial y$를 구하라. x가 0.2만큼 증가하고 y가 0.1만큼 감소하였을 때, z의 변화분(증감분)을 근사적으로 계산하라.

5. 다음의 함수에 대해서 1계 도함수 $\dfrac{\partial z}{\partial u}, \dfrac{\partial z}{\partial v}, \dfrac{\partial z}{\partial w}$를 계산하라.

   (a) $z = (6u + vw^3)^4$ (b) $z = u\sqrt{w} e^{-vw}$

6. 함수 $f(x, y) = x^3 e - 2y$에 대해서 1계 및 2계 편도함수를 점 $(e, 1)$에서 평가하라.

7. $x = 1$, $y = -1$이 방정식 $x^2 - 2y^3 = 3$을 만족함을 보이고, 음적 미분법을 이용하여 이 점에서 dy/dx를 계산하라.

8. 3변수 함수 $f(x_1, x_2, x_3) = \dfrac{x_1 x_3^3}{x_2} + \ln(x_2 x_3)$로부터 1계 및 2계 편도함수를 도출하고, 다음을 보여라: $f_{12} = f_{21}, f_{13} = f_{31}, f_{23} = f_{32}$

9. 다음을 2개의 1계 편도함수로 갖는 이변수 함수 $f(x, y)$를 찾아라:

   $$\frac{\partial f}{\partial x} = 3xy(xy + 2) \quad \frac{\partial f}{\partial y} = x^2(2xy + 3)$$

10. 함수 $f(x_1, x_2 x_3) = \dfrac{x_3 x_2^3}{x_1} + x_2 e^{x_3}$로부터 도출되는 2계 편도함수 f_{32}를 점 $(3, 2, 0)$에서 평가하라.

11. 방정식 을 만족하는 점 $(-2, 1)$에서 dy/dx를 구하라.

12. 다음의 각 방정식으로부터 dy/dx를 구하라.

    (a) $x^3 y + 4xy^2 = 6$ (b) $12x^{1/3} y^{1/4} + x = 8$

    (c) $ye^{xy} = 10$ (d) $\dfrac{x^2 + y^2}{x + y} = 5$

SECTION 5.2

탄력성과 한계함수

> **목표**
>
> 이 절을 공부한 후에는 다음을 할 수 있다:
> - (편)탄력성을 계산한다.
> - 한계효용을 이해하고 구한다.
> - 무차별곡선을 따라 한계상품대체율을 도출한다.
> - 한계생산성을 계산한다.
> - 등량곡선을 따라 한계기술대체율을 계산한다.
> - 동차생산함수에 대한 오일러 정리를 이해하고 응용한다.

앞 절에서 다변수 함수(여러 독립변수 및 1개의 종속변수)에 대한 편미분 기법을 다루었다. 통상적인 일변수 함수에 대한 미분법에 비해 크게 어렵지 않다는 것을 알게 되었다. 다변수 함수의 미분에 있어 단지 유의할 점은 주어진 함수에서 한 독립변수가 변하고 다른 독립변수는 변하지 않는 것으로 간주하는 것이다. 이것만 명심하면, 실제 편미분은 통상적인 미분에 관련된 성질이 그대로 유지된다. 제5.3절과 제5.4절에서는 여러 가지 미시경제학적 응용을 다룬다. 일반적인 미분과 편미분 간 관련성을 감안하면서, 그러한 응용을 다변수 함수로 확장하는 것에 너무 놀라지 말라. 우리는 다음의 세 가지 주제에 집중한다.

- 수요의 탄력성 (elasticity of demand)
- 효용 (utility)
- 생산 (production)

5.2.1 수요의 탄력성

어떤 상품에 대한 수요 Q는 그 상품의 가격 P, 다른 상품 P_A 및 소비자의 소득 Y에 의존한다. 따라서, 어떤 수요 함수 f에 대해서, $Q = f(P, P_A, Y)$이다.

주요 관심사는 이들 세 가지 변수의 변화에 대한 수요의 반응이다. 이를 양적으로 측정한 척도가 '탄력성(elasticity)'이다. 수요의 (자기) 가격 탄력성((own) price elasticity of demand)은 다음과 같이 정의된다:

$$E_P = \frac{\text{percentage change in } Q}{\text{percentage change in } P}, \text{ 이때 } P_A\text{와 } Y\text{는 상수로 고정}$$

이 정의는 제4.5절에서 나온 것과 동일하며 거기서 나온 수식은 아래와 같이 기술될 수 있다.

$$E_P = \frac{P}{Q} \times \frac{\partial Q}{\partial P}$$

편도함수 기호가 사용되는 것은 Q가 여러 변수의 함수이면서, P_A와 Y는 상수로 고정되기 때문이다.

유사한 방식으로 우리는 수요의 대체재 가격의 변화에 대한 반응을 측정할 수 있으며, 수요의 교차 가격 탄력성(cross-price elasticity of demand)은 다음과 같이 정의된다:

$$E_{P_A} = \frac{\text{percentage change in } Q}{\text{percentage change in } P_A}, \text{ 이때 } P\text{와 } Y\text{는 상수로 고정}$$

이는 다시 수리적으로 아래와 같이 표현된다:

$$E_{P_A} = \frac{P_A}{Q} \times \frac{\partial Q}{\partial P_A}$$

E_{P_A}의 부호는 다른 상품의 특성에 따라서 (+) 또는 (−)이 될 수 있다. 다른 상품이 대체재(substitutable goods)라면 소비자가 다른 대체재 상품보다 상대적으로 가격이 저렴해지는 이 상품을 더 사려고 할 것이므로 P_A가 오를 때 Q가 증가한다. 결과적으로 $\frac{\partial Q}{\partial P_A} > 0$이며 이로부터 $E_{P_A} > 0$이 된다. 만일, 다른 상품이 보완재(complementary goods)라면 P_A가 오를 때 Q는 감소한다. 함께 사용해야 하는 상품 묶음이 전체적으로 비싸지기 때문이다. 결과적으로 $\frac{\partial Q}{\partial P_A} < 0$이고 $E_{P_A} < 0$이다.

마지막으로, 수요의 소득 탄력성(income elasticity of demand)은 다음과 같다:

$$E_Y = \frac{\text{percentage change in } Q}{\text{percentage change in } Y}$$

이로부터 $E_Y = \frac{Y}{Q} \times \frac{\partial Q}{\partial Y}$이다.

E_Y도 (+)이 될 수도 (−)이 될 수도 있다. 해당 상품이 열등재(inferior goods)이면 소득 증가에 따라 수요가 감소하며 E_Y가 (−)이 된다. 통조림 야채, 슈퍼마켓 자체 생산 흰 빵, 버스 교통 등이 열등재의 사례이다.[15] 해당 상품이 정상재(normal goods)라면 소득 증가에 따라 수요가 증가하고 E_Y가 (+)이 된다. 때로는 정상재에 있어 수요의 소득 탄력성 E_Y가 1보다 클 수 있다. 이런 상품을 우등재(superior goods)라고 부른다. 우등재의 경우, 소득의 1% 증가에 대해서 그 우등재에 대한 소비가 1% 이상으로 늘어난다. 만일, 수요의 소득 탄력성이 1.25인 경우, 소득의 40% 증가는 소비의 50% 증가를 유발한다. 우등재의 사례는 스포츠카, 캐비어, 고급 와인 등이다.

예제

수요 함수가 $Q = 100 - 2P + P_A + 0.1Y$로 주어졌다. 이때 $P = 10$, $P_A = 12$, $Y = 1000$이다. 다음에 답하라.

(a) 수요의 (자체) 가격 탄력성

(b) 수요의 교차 가격 탄력성

(c) 수요의 소득 탄력성

다른 상품 A는 대체재인가, 보완재인가?

풀이

$P = 10$, $P_A = 12$, $Y = 1000$에서 다음과 같이 수요 Q를 구해보자:

$$Q = 100 - 2(10) + 12 + 0.1(1000) = 192$$

(a) 수요의 가격 탄력성 도출을 위해 편미분을 이용한다. 수요 함수 $Q = 100 - 2P + P_A + 0.1Y$로부터 $\dfrac{\partial Q}{\partial P} = -2$를 얻을 수 있다.

따라서, $E_P = \dfrac{P}{Q} \times \dfrac{\partial Q}{\partial P} = \dfrac{10}{192} \times (-2) = -0.10$이 된다.

(b) 우리는 수요의 교차 탄력성 도출을 위해 역시 편미분을 이용한다. 수요 함수 $Q = 100 - 2P + P_A + 0.1Y$로부터 $\dfrac{\partial Q}{\partial P_A} = 1$이며, $E_{P_A} = \dfrac{P_A}{Q} \times \dfrac{\partial Q}{\partial P_A} = \dfrac{12}{192} \times 1 = 0.06$이다.

---

15 [옮긴이주] 경제권에 따라서 또는 상황에 따라서 이들을 열등재로 보기 어려울 수 있다. 열등재 여부도 사람마다 다를 수 있다.

(c) 우리는 수요의 소득 탄력성 도출을 위해 역시 편미분을 이용한다. 수요 함수 $Q = 100 - 2P + P_A + 0.1Y$로부터 $\frac{\partial Q}{\partial Y} = 0.1$ 및 $E_Y = \frac{Y}{Q} \times \frac{\partial Q}{\partial Y} = \frac{1000}{192} \times 0.1 = 0.52$ 이다.

실전문제

수요 함수 $Q = 500 - 3P + 2P_A + 0.01Y$를 고려하자. 이때 $P = 20$, $P_A = 30$, $Y = 5000$이다. 다음에 답하라.

(a) 수요의 (자체) 가격 탄력성

(b) 수요의 교차 가격 탄력성

(c) 수요의 소득 탄력성

만일, 소득이 5% 증가하면, 이에 따른 수요의 백분율 증가(% change)는? 이 상품은 열등재, 정상재, 우등재 중 무엇인가?

5.2.2 효용

앞서 우리는 거의 생산자의 행동에 집중하였다. 이 경우 수익이나 이윤 극대화와 같은 주요 목적함수를 설정하기 쉬운 편이다. 이제 우리는 소비자에 집중해보자. 불행히도, 소비자 행위의 동기를 정확히 식별하는 것은 쉽지 않다. 한 가지 가설은 소비자가 소득 극대화를 한다는 것이다. 하지만, 그게 맞다면 소비자는 일주일 내내 하루 24시간 내내 일할 것이다. 이는 맞지 않다. 실제로 사람들은 휴식 시간과 활동을 합리적으로 배분한다.

결국 소비자는 매주마다 일과 휴식에 대해서 수많은 시간을 어떻게 배정할 것인가의 선택의 문제에 직면한다. 마찬가지로, 소비자는 다양한 상품에 대해서 얼마나 많이 구매하여 소비할 것인지 결정해야 하고, 가능한 한도 내에서 최대한 많은 소비를 하는 것을 선호한다. 소비자 행위를 정량적으로 분석하기 위해, 우리는 각 선택에 대해서 그 선택이 소비자에게 주는 만족과 기쁨인 효용(utility) U를 도입하고 이를 수치로 측정함을 전제한다. 만일, 2개 상품 G1과 G2가 있고, 소비자는 G1에 대해서는 x_1, G2에 대해서는 x_2를 구매하여 소비한다고 하자. 그러면 효용을 나타내는 변수 U는 x_1과 x_2의 이변수 함수이다. 즉,

$U = U(x_1, x_2)$

예를 들어, $U(3,\ 7)=20$, $U(4,\ 5)=25$라고 하자. 이는 소비자가 G1을 3 단위 G2를 7 단위 구매하여 소비하는 것보다 G1을 4 단위 G2를 5 단위 구매하여 소비하는 경우의 만족감이 더욱 크다는 것을 나타낸다.

효용은 2개 변수의 함수이므로, 우리는 다음의 두 가지 1계 편도함수를 도출할 수 있다:

$$\frac{\partial U}{\partial x_1} \text{과} \frac{\partial U}{\partial x_2}$$

편도함수 $\frac{\partial U}{\partial x_i}$는 x_i에 대한 U의 변화율을 나타내며 이를 x_i의 한계효용(marginal utility of x_i)이라고 한다. 다른 변수가 고정된 상태에서 x_i가 아주 약간 Δx_i만큼 변화하면 효용 U의 변화는 다음과 같다:

$$\Delta U \cong \frac{\partial U}{\partial x_i} \Delta x_i$$

물론 x_1과 x_2가 동시에 변하면, 효용 U의 순변화는 앞서 미량증감공식을 이용하여 다음과 같이 기술할 수 있다:

$$\Delta U \cong \frac{\partial U}{\partial x_1} \Delta x_1 + \frac{\partial U}{\partial x_2} \Delta x_2$$

예제

효용함수 를 고려하여 $x_1=100$ 및 $x_2=200$에서 $\frac{\partial U}{\partial x_1}$와 $\frac{\partial U}{\partial x_2}$의 값을 계산하라. x_1이 100에서 99로 x_2가 200에서 201로 변화할 때, 효용 U의 변화분을 근사적으로 계산하라.

풀이

$U = x_1^{1/4} x_2^{3/4}$로부터, $\frac{\partial U}{\partial x_1} = \frac{1}{4} x_1^{-3/4} x_2^{3/4}$ 및 $\frac{\partial U}{\partial x_2} = \frac{3}{4} x_1^{1/4} x_2^{-1/4}$이다.

따라서, $x_1=100$ 및 $x_2=200$에서 다음과 같이 평가할 수 있다.

$$\frac{\partial U}{\partial x_1} = \frac{1}{4}(100)^{-3/4}(200)^{3/4} = 0.42$$

$$\frac{\partial U}{\partial x_2} = \frac{3}{4}(100)^{1/4}(200)^{-1/4} = 0.63$$

다음으로 $\Delta x_1 = -1$이고 $\Delta x_2 = 1$이므로 $\Delta U \cong \frac{\partial U}{\partial x_1} \Delta x_1 + \frac{\partial U}{\partial x_2} \Delta x_2$를 고려하여,

$\Delta U \cong (0.42)(-1) + (0.63)(1) = 0.21$이다.

하나의 특수한 효용함수 $U = x_1^{1/4}x_2^{3/4}$를 고려하자. 앞서 예제에서 1계 편도함수를 도출하였다. 이로부터 다시 2계 편도함수를 다음과 같이 구할 수 있다:

$$\frac{\partial^2 U}{\partial x_1^2} = \frac{-3}{16}x_1^{-7/4}x_2^{3/4}, \quad \frac{\partial^2 U}{\partial x_2^2} = \frac{-3}{16}x_1^{1/4}x_2^{-5/4}$$

한편 이들은 모두 음(−)의 값을 갖는다. $\frac{\partial^2 U}{\partial x_1^2}$는 x_1의 한계효용인 $\frac{\partial^2 U}{\partial x_2^2}$의 편도함수임을 상기하라. 이것이 음수라는 것은 x_1의 한계효용은 x_1이 증가하면서 감소한다는 것을 의미한다. 즉, G1에 대한 소비자 늘어날 때 추가적인 G1 구입·소비에 따른 효용이 그 이전 추가적 구입·소비에 따른 효용보다 작다는 것이다. 유사한 성질이 G2에 대해서도 성립한다. 이를 한계효용체감의 법칙(law of diminishing marginal utility)이라고 한다.

> **조언**
> 한계효용체감의 법칙을 제4.3절의 4.3.2에서 논의한 한계생산체감의 법칙과 비교해보길 권한다.

실전문제

2. 어떤 개인의 효용함수가 $U = 1000x_1 + 450x_2 + 5x_1x_2 - 2x_1^2 - x_2^2$인데, 여기서 x_1은 주당 시간 단위로 측정되는 레저(leisure)의 양이고, x_2는 주당 달러 단위로 측정되는 소득이다. $x_1 = 138$, $x_2 = 500$에서 $\frac{\partial U}{\partial x_1}$ 및 $\frac{\partial U}{\partial x_2}$를 평가하라. 이 사람이 일을 1시간 더 하여 주당 소득을 15달러 늘릴 때 효용 U의 변화분을 근사적으로 계산하라. 이 효용함수에 대해서 한계효용체감의 법칙이 성립하는가?

앞서 제5.1절에서 이변수 함수는 3차원에서 곡면으로 그래프가 그려지는 것을 알 수 있었다. 이는 이론적으로 항상 그려지는 것이지만, 현실에서는 그런 곡면을 실제 손으로 직접 그리는 것이 어렵거나 불가능하기도 하다. 이러한 문제점을 이미 지리학자들은 수년간 겪어왔다. 이들은 이 문제를 극복하기 위해 2차원 등고선 지도(contour map)를 이용해왔다. 등고선은 지도(당연히 2차원)에서 해발 동일 높이의 점들을 연결한 곡선이다. 완전히 동일한 기법이 효용함수에도 적용될 수 있다. 곡면을 그리려 하지 말고, 이른바 무차별 지도(indifference map)를 그려라. 이는 동일한 효용 값을 갖는 점 (x_1, x_2)들을 결합하여 얻어지는 많은 무차별 곡선(indifference curves)으로 구성된다. 수리적으로, 무차별 곡선

은 아래 방정식을 만족하는 순서쌍 (x_1, x_2)의 궤적으로 정의된다:

$$U(x_1, x_2) = U_0$$

여기서 U_0는 주어진 어떤 상수이다. 전형적인 무차별 곡선은 그림 5.4에 제시하였다.

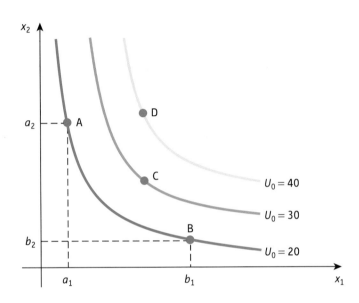

그림 5.4.

상기 그림에 나타낸 무차별곡선 중 가장 낮은 효용 $U_0=20$을 나타내는 무차별 곡선 상에 점 A와 B가 모두 위치하고 있다. 점 A는 소비자가 G1을 a_1 단위 구매하여 소비하고 G2를 a_2 단위 구매하여 소비하는 것을 나타내는 것이다. 마찬가지로, 점 B는 소비자가 G1을 b_1 단위 구매하여 소비하고 G2를 b_2 단위 구매하여 소비하는 것에 해당한다. 이들 두 소비 조합은 해당 소비자에게 동일한 만족감과 기쁨을 준다. 소비자는 어느 조합의 소비를 하든 무차별한 것이다. 기호로는 $U(a_1, a_2)=U(b_1, b_2)=20$과 같이 표현할 수 있다. 점 C와 점 D는 원점보다 더 먼 무차별 곡선 상에 놓여 있다. 이들 점이 나타내는 소비 조합은 더 높은 수준의 효용을 유발한다. 그래서, 점 A나 B가 나타내는 소비 조합에 비해 상위 소비 조합이다.

무차별 곡선은 통상적으로 우하향하는 기울기를 갖는다. G1을 덜 소비하면 G2를 더 소비하여야 동일한 만족감을 얻을 수 있기 때문이다. 그림 5.4에서 무차별 곡선의 기울기가 달라지는 것을 알 수 있다. 세로축에 가까워지면서 음수로서 커지고, 가로축에 가까워지면서 0으로 수렴한다. 이는 한계효용체감의 법칙을 만족하는 어떠한 함수 꼴이라도 기대되는 성질이다. 현재 G2를 많이 갖고 있지만 G1을 비교적 적게 갖고 있는 소비자는 G1을 더욱 높게 평가하는 것이다. 그 결과, 그는 G1을 1–2 단위 더 얻기 위해 G2를 상당히 많이 포기·희생해야 한다. 이러한 영역에서는 x_1의 한계 효용이 x_2의 한계 효용에 비해 훨씬 크다. 그리고, 세로축에 가까운 무차별 곡선의 기울기는 매우 가파르다. 유사하게, 무차별 곡선이 가로축에 가까울수록 그 반대 현상이 나타나고 곡선은 평평해진다. 우리는 이러한 상품 간 교환 관계를 한계상품대체율(marginal rate of commodity substitution)이라고 하고 MRCS로 표시한다. 이는 x_1이 1 단위 감소할 때 동일한 효용값을 유지하기 위해 필요한 x_2의 증감으로 정의된다. 이는 아래 그림 5.5에 나타나 있다.

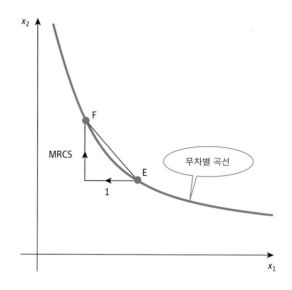

그림 5.5.

점 E에서 출발하여 왼쪽으로 1 단위 가보자. 이때 MRCS는 우리가 점 E를 관통하는 무차별 곡선으로 표시되는 효용을 유지하기 위해 수직으로 얼마나 올라가야 하는가를 나타낸다. 이런 방식의 1 단위 변화에 근거한 정의는 제4.3절에서 한계함수를 논의하면서 취했던 방식과 같다. 제4장에서 우리는 한계함수를 도함수로 정의했고 1 단위 변화 정의가 그것에 대한 좋은 근사가 된다는 것을 보인 바 있다. 여기서도 동일하게 우리는 다음과 같이 정의할 수 있다.

$$\text{MRCS} = -\frac{dx_2}{dx_1}$$

도함수 dx_2/dx_1은 가로축으로 x_1, 세로축으로 x_2가 만나는 지점 (x_1, x_2)를 지나는 무차별곡선의 기울기를 나타낸다. 그런데 이는 음(−)이므로 MRCS가 양(+)이 되도록 그 앞에 마이너스(−) 기호를 붙인 것이다. dx_2/dx_1는 x_2가 x_1의 함수로서 양적으로 표현된 경우에 쉽게 구해진다. 하지만, 우리가 지금 다루는 효용함수는 $U = U(x_1, x_2)$이다. 따라서, 특정 무차별 곡선(즉, 하나의 동일한 효용 수준이 유지되는 (x_1, x_2)의 궤적)은 다음의 방정식으로 음적으로 표현된다.

$$U(x_1, x_2) = U_0$$

이제 우리가 제5.1절에서 논의했던 것을 기억할 필요가 있다. 음적 미분법을 이용하여 다음을 도출할 수 있다.

$$\frac{dx_2}{dx_1} = -\frac{\partial U/\partial x_1}{\partial U/\partial x_2}$$

따라서,

$$\text{MRCS} = -\frac{dx_2}{dx_1} = \frac{\partial U/\partial x_1}{\partial U/\partial x_2}$$

한계상품대체율은 x_1의 한계효용 MU_1을 x_2의 한계효용 MU_2로 나눈 것이다.

예제

효용함수 $U = x_1^{1/2} x_2^{1/2}$를 고려하자. x_1과 x_2에 대한 MRCS를 구하라. $(300, 500)$을 지나는 무차별 곡선에 대해서 그 점에서의 MRCS를 구하라. x_1이 3 단위 감소할 때, 동일한 효용수준 유지를 위해 필요한 x_2의 변화를 근사적으로 계산하라.

풀이

$U = x_1^{1/2} x_2^{1/2}$ 로부터 $\dfrac{\partial U}{\partial x_1} = \dfrac{1}{2} x_1^{-1/2} x_2^{1/2}$, $\dfrac{\partial U}{\partial x_2} = \dfrac{1}{2} x_1^{1/2} x_2^{-1/2}$

따라서,

$\text{MRCS} = \dfrac{\partial U/\partial x_1}{\partial U/\partial x_2}$ 로부터

$\text{MRCS} = \dfrac{\frac{1}{2}x_1^{-1/2}x_2^{1/2}}{\frac{1}{2}x_1^{1/2}x_2^{-1/2}}$ 를 도출할 수 있다.

$$= x_1^{-1}x_2^1$$

$$= \frac{x_2}{x_1}$$

점 (300, 500)에서는

$$\text{MRCS} = \frac{500}{300} = \frac{5}{3}$$

한편, MRCS가 x_1이 1 단위 감소할 때, 동일한 효용 유지에 필요한 x_2의 증가분이므로, x_2의 근사적 증가는 다음과 같다:

$$\frac{5}{3} \times 3 = 5$$

우리는 이러한 근사의 정확성을 (300, 500) 및 (297, 505)에서 효용함수를 평가하여 확인할 수 있다.

$$U(300, 500) = (300)^{1/2}(500)^{1/2} = 387.30$$
$$U(297, 505) = (297)^{1/2}(505)^{1/2} = 387.28$$

사실상, 이들 2개 점은 동일한 무차별 곡선 위에 놓여 있다.

실전문제

3. 앞서 실전문제 2에서 주어진 효용함수를 고려하여, 점 (138, 500)에서 MRCS의 값을 구하라. 그리고 레저가 주당 2시간 감소할 때 동일한 효용수준 유지를 위해 필요한 소득의 증가를 근사적으로 계산하라.

5.2.3 생산

생산함수는 앞서 제2.3절에서 소개한 바 있다. 우리는 생산량(output) Q가 자본(capital) K 및 노동(labour) L에 의존하여 결정되는 것으로 전제하여 다음과 같이 기술한다:[16]

---

16 [옮긴이주] 생산량을 산출량이라고도 한다.

$$Q = f(K, L)$$

이러한 함수는 앞서 보인 효용함수의 분석 방식과 유사한 방식으로 분석될 수 있다. 편미분 $\dfrac{\partial Q}{\partial K}$는 자본에 대한 생산량의 변화율을 나타내며 자본의 한계생산성(marginal product of capital)이라고 부르며, MP_K로 표시한다. 노동 L은 동일하게 유지된 채로 자본이 아주 약간 ΔK만큼 증가하면 이에 상응하는 Q의 증가는 다음과 같다:

$$\Delta Q \cong \frac{\partial Q}{\partial K}\Delta K$$

유사하게, $\dfrac{\partial Q}{\partial L}$은 노동에 대한 생산량의 변화율을 나타내고, 노동의 한계생산성(marginal product of labour)이라고 부르고 MP_L로 표시한다. 자본 K는 동일한 수준으로 유지된 채 노동이 아주 약간 ΔL만큼 변화하면, 이에 상응하는 Q의 변화는 다음과 같다:

$$\Delta Q \cong \frac{\partial Q}{\partial L}\Delta L$$

자본 K와 노동 L이 동시에 변화하면, 이에 상응하는 Q의 순변화는 앞서 보인 미량증감 공식에 따라 다음과 같이 구해진다:

$$\Delta Q \cong \frac{\partial Q}{\partial K}\Delta K + \frac{\partial Q}{\partial L}\Delta L$$

생산함수의 등고선(contour)를 등량곡선(isoquants)이라고 한다. 그리스어로 iso는 equal을 의미하며, isoquant라는 용어는 말 그대로 동일한 양 즉 동일한 생산량(equal quantity)이라는 의미를 갖는다. 등량곡선 상의 점들은 특정 생산량 수준 Q_0를 생산하는 모든 (K, L)의 요소(input) 조합을 나타낸다.[17] 전형적인 등량곡선의 지도를 그림 5.6에 제시하였다. 여기서 경제학의 표준적인 관행에 따라 가로축을 노동의 양 축, 세로축을 자본의 양 축으로 취했음을 주지하라.

그림에서 원점 쪽으로 가장 안쪽의 등량곡선은 생산물 100 단위를 산출하는 모든 자본과 노동의 조합이다. 원점에서 멀어지는 등량곡선이 더 많은 생산량을 나타낸다. 이들 각 곡선의 모양은 충분히 예상 가능하다. 예를 들어, 자본이 감소하면서도 동일한 생산량이

---

17 [옮긴이주] 수학에서 함수 $y=f(x)$에서 x를 input, y를 output이라고 한다. 경제학의 생산함수 $Q=f(K, L)$에서도 마찬가지로 K와 L이 input, Q가 output인데, 경제학적 의미를 담아 input을 요소(또는 생산요소, 투입요소), output을 생산량 또는 산출량이라고 부른다.

산출되려면 노동이 추가적으로 증가해야 할 것이다. 나아가, 자본이 계속 감소하면 그 자본감소에 대한 노동의 대체율이 증가한다. 우리는 이러한 생산요소 K와 L 간 교환관계를 다음과 같은 한계기술대체율(marginal rate of technical substitution), MRTS로 정의한다:

$$-\frac{\mathrm{d}K}{\mathrm{d}L}$$

따라서, MRTS는 등량곡선 기울기인데 이는 음(−)의 값이므로 여기에 (−) 부호를 취한 양(+)의 값이다. 효용함수의 경우와 마찬가지로, 음적 미분법을 이용하면 다음과 같다:

$$\text{MRTS} = \frac{\partial Q/\partial L}{\partial Q/\partial K} = \frac{\text{MP}_L}{\text{MP}_K}$$

한계기술대체율은 노동의 한계생산성을 자본의 한계생산성으로 나눈 것이다.

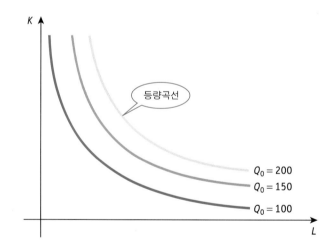

그림 5.6.

예를 들어, 다음과 같은 콥−더글러스 생산함수(Cobb−Douglas production function)를 고려하자:

$Q = AK^{\alpha}L^{\beta}$, 여기서 A, α, β는 모두 양수

상기 생산함수를 K와 L로 각각 편미분하여 각 한계생산성을 구하면,

$\text{MP}_K = \alpha AK^{\alpha-1}L^{\beta}$, $\text{MP}_L = \beta AK^{\alpha}L^{\beta-1}$

따라서,

$$\text{MRTS} = \frac{\text{MP}_L}{\text{MP}_K} = \frac{\beta AK^{\alpha}L^{\beta-1}}{\alpha AK^{\alpha-1}L^{\beta}} = \frac{\beta K}{\alpha L}$$

실전문제

4. 생산함수 $Q = K^2 + 2L^2$을 고려하여, 각 한계생산성 $\dfrac{\partial Q}{\partial K}$ 및 $\dfrac{\partial Q}{\partial L}$를 구하라. 그리고 다음을 보여라.

   (a) $\text{MRTS} = \dfrac{2L}{K}$ (b) $K\dfrac{\partial Q}{\partial K} + L\dfrac{\partial Q}{\partial L} = 2Q$

조언

생산함수와 동차성(homogeneity)의 개념에 대해서는 제2.3절에서 다룬 바 있다. 다음을 공부하기 전에 이를 복습하는 것이 좋을 수 있다.

생산함수 $Q = f(K, L)$이 다음의 조건을 만족하면, n차 동차적(homogeneous of degree n)이라고 한다:

$$K\frac{\partial f}{\partial K} + L\frac{\partial f}{\partial L} = nf(K, L)$$

이때, 생산함수 f에 대해서 $n < 1$, $n = 1$, $n > 1$의 각 여부에 따라 규모수익 체감, 규모수익 불변, 규모수익 체증한다고 한다. 동차함수에 대한 유용한 사항은 오일러 정리(Euler's theorem)로 알려져 있는 다음 식이다:

$$f(\lambda K, \lambda L) = \lambda^n f(K, L)$$

이는 사실 앞서 실전문제 4(b)에서 다룬 생산함수 $Q = K^2 + 2L^2$에 대해서 증명한 바 있다. 이는 2차 동차함수이다. 이 책에서 군이 오일러 정리를 증명할 생각은 없다. 그러나, 이 장의 마지막에 있는 연습문제 5.2*에 있는 문제 4에서 일반적 콥-더글러스 생산함수에 대해서 이 정리가 매우 유용함을 확인할 수 있을 것이다.

$n = 1$인 특별한 경우에는 오일러 정리의 우변이 $f(K, L)$ 즉 Q가 된다. 따라서, 1차 동차함수에 대한 오일러 정리는 다음을 시사한다:

$$\boxed{\text{자본×자본의 한계생산성} \quad + \quad \text{노동×노동의 한계생산성} \quad = \quad \text{총생산량}}$$

각 투입요소가 각 한계생산성에 상응하는 대가를 지불받는다면 좌변의 각 항은 각 요소가 청구하는 사용료 계산서이다. 예를 들어, 노동의 각 단위가 동일하게 MP_L만큼 지급받는다면, 기업 측에서는 노동 L에 대한 사용 비용이 $L \cdot MP_L$이다. 생산함수가 규모수익 불변의 특성(즉, 1차 동차)을 지닌다면, 오일러 정리는 각 생산요소에 대한 사용료 지급액의 합이 총생산량과 같다는 것을 나타낸다.

주요 용어

노동의 한계생산성(Marginal product of labour) 노동의 1 단위 증가에 따른 추가적 생산량: $MP_L = \partial Q / \partial L$.

등량곡선(Isoquant) 동일한 생산량을 창출하는 모든 요소 조합 궤적이 그리는 곡선.

무차별 곡선(Indifference curve) 동일한 효용을 주는 모든 상품 조합 궤적이 그리는 곡선.

무차별 곡선 지도(Indifference map) 여러 무차별 곡선들을 나타낸 그림으로 원점에서 멀어질수록 효용이 큰 것.

수요의 가격 탄력성(Price elasticity of demand) 한 재화에 있어 그 자신 가격 변화에 따른 수요의 반응: (수요의 % 변화)÷(가격의 % 변화).

수요의 교차 가격 탄력성(Cross-price elasticity of demand) 특정 재화에 있어 다른 재화 가격의 변화에 따른 수요의 반응: (수요의 % 증가) ÷ (다른 대안적 재화 가격의 % 증가).

수요의 소득 탄력성(Income elasticity of demand) 소득 변화에 대한 수요의 반응: (수요의 % 증가) ÷ (소득의 % 증가).

우등재(Superior good) 정상재로서 소득이 1% 증가할 때 그 소비가 1% 초과하여 증가하는 재화.

오일러 정리(Euler's theorem) 생산함수가 규모수익 불변인 경우, 각 생산요소가 각 한계생산성만큼의 가치를 지니어 그만큼 사용료가 지불된다면, 이들 모든 사용 비용의 합은 전체 생산량과 같다.

자본의 한계생산성(Marginal product of capital) 자본의 1 단위 증가에 따른 추가적 생산량: $MP_K = \partial Q / \partial K$.

한계기술대체율(Marginal rate of technical substitution: MRTS) 생산 요소인 노동이 1 단위 감소할 때 변화 전과 동일한 생산량을 유지하기 위해 필요한 다른 생산 요소의 추가적 투입량: $MRTS = MP_L \div MP_K$.

한계상품대체율(Marginal rate of commodity substitution: MRCS) 한 상품에 대한 소비가 1 단위 감소할 때 변화 전과 동일한 효용을 유지하기 위해 필요한 다른 상품에 대한 추가적 소비량: $MRCS = \partial U / \partial x_1 \div \partial U / \partial x_2$.

한계효용(Marginal utility) 하나의 상품을 1 단위 더 소비할 때 증가하는 만족감: $\partial U / \partial x_i$.

한계효용체감의 법칙(Law of diminishing marginal utility) 추가적 상품 소비에 따른 효용의 증가가 결국은 감소한다는 법칙: 즉, 충분히 큰 x_i에 대해서 $\partial^2 U / \partial x_i^2 < 0$.

효용(Utility) 재화(상품과 서비스) 소비에 따른 만족감, 기쁨.

연습문제 5.2

1. 수요 함수 $Q = 1000 - 5P - P_A^2 + 0.005Y^3$를 고려하자. 여기서 $P = 15$, $P_A = 20$, $Y = 100$이다. 수요의 소득 탄력성을 계산하고(소수점 아래 둘째자리까지), 이 재화가 우등재인지 설명하라.

2. 수요 함수 $Q = 200 - 2P - P_A + 0.1Y^2$를 고려하자. 여기서 $P = 10$, $P_A = 15$, $Y = 100$이다. 다음을 계산하라.

   (a) 수요의 가격 탄력성   (b) 수요의 교차 가격 탄력성

   (c) 수요의 소득 탄력성

3. 효용함수 $U = 2x^2 + y^2$를 고려하여 다음에 답하라.

   (a) 점 $(4, 2)$를 지나는 무차별 곡선을 나타내는 방정식을 기술하라.

   (b) 점 $(4, 2)$에서 한계효용을 평가하라. 그리고 이 점에서 무차별 곡선의 기울기를 계산하라.

4. 상품 1을 x 단위, 상품 2를 y 단위 소비하는 데 따른 효용이 $U = 2x^2 + 5y^3$로 표현된다고 하자. 상품 1을 20 단위, 상품 2를 8 단위 소비하는 개인을 고려하여 다음에 답하라.

   (a) 상품 1에 대한 한계효용을 구하고, 상품 1을 추가로 1 단위 더 소비하는 데 따른 효용의 증가를 근사적으로 계산하라.

   (b) 상품 2에 대한 한계효용을 구하고, 상품 2를 추가로 1 단위 더 소비하는 데 따른 효용의 증가를 근사적으로 계산하라.

5. 수요 함수 $Q = \dfrac{P_A Y}{P^2}$에 대해서 수요의 소득 탄력성을 구하라.

6. 효용함수 $U = x_1^{1/2} x_2^{1/3}$를 고려하여, 점 $(25, 8)$에서 한계효용 $\dfrac{\partial U}{\partial x_1}$ 및 $\dfrac{\partial U}{\partial x_2}$를 구하고, 다음에 답하라.

   (a) x_1과 x_2가 동시에 각각 1 단위 증가할 때, 효용의 변화를 근사적으로 계산하라.

   (b) 점 $(25, 8)$에서 한계상품대체율을 구하라.

7. 생산함수 $Q = 2LK + \sqrt{L}$로부터 MP_K 및 MP_L을 구하라. K와 L의 값이 각각 7과 4일 때 아래 물음에 답하라.

   (a) MRTS를 계산하라.

   (b) 노동 1 단위 감소 시 동일한 생산량 유지를 위해 필요한 자본의 증가분을 근사적으로 계산하라.

8. $Q = 2K^3 + 3L^2 K$이면 $K(\mathrm{MP}_K) + L(\mathrm{MP}_L) = 3Q$임을 증명하라.

9. 다음의 상품 A와 B의 각 수요 함수를 고려하자.

$$Q_A = AP^{-0.5} Y^{0.5}, \ Q_B = BP^{-1.5} Y^{1.5}$$

(a) 각 상품에 대해서 수요의 가격 탄력성을 계산하고, 가격의 동일한 % 변화에 대한 두 상품 간 상대적인 민감도를 논하라.

(b) 각 상품에 대해서 수요의 소득 탄력성을 계산하라. 어떤 상품이 정상재이고, 어떤 상품이 우등재인가? 답하고 이유를 설명하라.

10. 한 기업의 생산함수 $Q = 18K^{1/6} L^{5/6}$라고 하자.

(a) 이 생산함수는 규모수익 불변임을 보여라.

(b) 자본과 노동에 대한 각 한계생산성을 구하라.

(c) 다음의 상황에서 노동의 한계생산성에 어떤 변화가 생기는가?

(i) 자본은 동일한데, 노동이 증가

(ii) 노동은 동일한데, 자본이 증가

연습문제 5.2*

1. 어떤 상품에 대한 수요 함수가 $Q = 500 - 4P + 0.02Y$라고 하자. 가격과 소득은 각각 $P = 200$, $Y = 14{,}000$이다.

(a) 수요의 소득 탄력성을 구하라.

(b) 소득이 8% 증가할 때 수요의 % 변화를 근사적으로 구하고, 이러한 상품이 거시 경제활동을 확대시키는 잠재성에 대해서 논하라.

2. 다음의 생산함수에 대해서 $K = 40$, $L = 60$에서 MRTS를 구하라.

$$Q = 300K^{2/3} L^{1/2}$$

3. 효용함수 $U = x_1^{2/3} x_2^{1/2}$하에서 $(64, 256)$ 및 $(512, x)$는 동일한 무차별곡선을 지난다. x를 구하라.

4. 콥–더글러스 생산함수 $Q = AK^\alpha L^\beta$는 $(\alpha + \beta)$–차 동차임을 보이고, 다음을 보여라.

(a) $K \dfrac{\partial Q}{\partial K} + L \dfrac{\partial Q}{\partial L} = (\alpha + \beta)Q$

(b) $K^2 \dfrac{\partial^2 Q}{\partial K^2} + 2KL \dfrac{\partial^2 Q}{\partial K \partial L} + L^2 \dfrac{\partial^2 Q}{\partial L^2} = (\alpha + \beta)(\alpha + \beta - 1)Q$

5. 어떤 개별 경제 주체의 효용함수가 $U = A x_1^{0.7} x_2^{0.5}$ 라고 하자. 여기서 x_1과 x_2는 각각 상품 1과 2의 소비량(또는 구매량)을 나타낸다.

   (a) x_1에 관한 한계효용은 양수임을 보이고 그 의미를 해석하라.

   (b) 2계 도함수 $\dfrac{\partial^2 U}{\partial x_1 \partial x_2}$가 양수임을 보이고 그 의미를 해석하라.

   (c) 2계 도함수 $\dfrac{\partial^2 U}{\partial x_1^2}$가 음수임을 보이고 그 의미를 해석하라.

6. 한 기업의 생산함수가 $Q = 5L + 7K$와 같다고 하자. 생산량 $Q = 700$인 등량곡선을 그려라. 이 그림을 이용하여 MRTS를 도출하고, 편미분을 이용하여 MRTS를 구하여 비교하라.

7. 한 기업의 생산함수가 $Q = 10\sqrt{K \cdot L} + 3L$라고 하자. $K = 90$, $L = 40$이 투입되어 생산 중이다.

   (a) 한계생산성 MP_K 및 MP_L을 구하라.

   (b) 상기 (a)의 결과를 이용하여, K가 3 단위 증가하고, L이 2 단위 감소할 때, Q에 미치는 영향을 근사적으로 계산하라.

   (c) MRTS를 계산하고 그 의미를 해석하라.

8. 한 기업의 생산함수가 다음과 같다:

$$Q = A\left[bK^{\alpha} + (1 - b)L^{\alpha} \right]^{\frac{1}{\alpha}}$$

   (a) 다음을 보여라: $\text{MRTS} = \dfrac{1 - b}{b}\left(\dfrac{K}{L}\right)^{1 - \alpha}$

   (b) 각 한계생산성은 다음 식을 만족함을 보여라: $K\dfrac{\partial Q}{\partial K} + L\dfrac{\partial Q}{\partial L} = Q$

9. 한 상품의 수요 함수가 $Q = a - bP - cP_A + dY$라고 하자. 여기서 P는 이 상품의 가격, P_A는 대안적 상품의 가격, Y는 소득이다. 아울러 각 계수 a, b, c, d 모두 양수이다. $P = 50$, $P_A = 30$, $Y = 1000$, $Q = 5000$임을 알고 있다고 하자.

   (a) 대안적 상품은 대체재인가, 보완재인가? 답하고 이유를 설명하라.

   (b) b, c, d의 식으로 다음을 기술하라.

      (i) 수요의 가격 탄력성

      (ii) 수요의 교차 가격 탄력성

      (iii) 수요의 소득 탄력성

(c) 교차 가격 탄력성은 −0.012, 수요의 소득 탄력성은 (자신) 가격 탄력성의 4배이다. 소득이 10% 상승하면, 수요가 2% 떨어진다. 이때 a, b, c, d의 값을 구하라.

10. 어떤 상품에 대한 수요 함수가 $Q = kP^{-a}P_A^{b}Y^{c}$라고 하자. P는 그 상품 가격, P_A는 대안적 상품의 가격, Y는 소득이다. k, a, b, c 모두 양수이다. 다음에 답하라.

(a) 대안적 상품이 대체재인지 설명하라.

(b) 가격 탄력성, 교차 가격 탄력성, 소득 탄력성이 각각 $-a$, b, c임을 보여라.

(c) 이 상품에 대한 소비가 소득에서 차지하는 비중이 PQ/Y임을 설명하고, 이 비중에 대한 수요 함수는 $kP^{1-a}P_A^{b}Y^{c-1}$임을 도출하라. 아울러, $c > 1$이면 이 상품에 대한 소비 비중이 소득에 따라 증가함을 보여라.

11. 아래 각 효용함수에 대해서 한계상품대체율을 구하고, 각 효용함수로부터 나오는 무차별 곡선이 볼록형(convex) 곡선인지, 오목형(concave) 곡선인지, 직선인지 기술하라.

(a) $U = (2x_1 + 3x_2)^3$ (b) $U = 5x_1^3 x_2$

(c) $U = 2\sqrt{x_1} + 6\sqrt{x_2}$

SECTION 5.3
비교 정태분석

앞서 제1.7절에서 다룬 간단한 거시경제 모형은 경제주체로 가계와 기업의 2개 부문이 있음을 전제한다. 가계 소비 C는 다음의 선형모형으로 모형화할 수 있다.

$$C = aY + b \tag{1}$$

상기 식에서 Y는 국민소득을 나타내고, a와 b는 모수(parameter)라고 불리는 계수이다. 계수 a는 한계소비성향(marginal propensity of consumption)을 나타내며 0보다 크고 1보다 작은 범위에 있다. 계수 b는 최소자율소비(autonomous consumption)를 나타내고 0보다 크다. 균형에서는 다음이 성립한다:

$$Y = C + I \tag{2}$$

여기서 I는 투자이며 아래와 같이 특정 수준의 값 I^*을 외생적으로 갖는 것으로 전제한다.

$$I = I^* \tag{3}$$

식 (1), (2), (3)은 각 부문의 구조를 묘사하기에 구조형 방정식(structural equations)이라고 부른다. 식 (1)과 (3)을 식 (2)에 대입하여 다음을 얻을 수 있다:

$$Y = \frac{b + I^*}{1 - a}$$

이는 주어진 모형을 내생변수 Y가 외생변수 I^* 및 계수 a, b로 표현되는 하나의 방정식으로 묘사하고 있어서, 이를 축약형(reduced form)이라고 부른다. 이런 방식으로 균형 수준을 도출하는 과정을 정태학 또는 정태분석(statics)이라고 한다. 정태학에서는 도출된 균형 상태가 순간적으로 달성됨을 전제한다. 반면, 균형의 시간 의존성을 연구하는 수리 경제학 분야를 동태학 또는 동학분석(dynamics)이라고 하고, 제9장에서 다룰 것이다.

이제 단지 균형값을 도출하는 것 이상의 무언가를 하고자 한다. 특히, 우리는 주어진 모형에서 외생변수와 모수의 변화가 유발하는 내생변수에 미치는 효과에 관심을 두게 된다. 이를 비교정태학 또는 비교정태분석(comparative statics)이라고 한다. 비교정태분석에서는 각 변수나 모수가 변화할 때 발생하는 효과를 비교하게 된다. 변화가 발생하고 파급되는 실제적 메커니즘은 무시되고, 모형에 근거한 시스템이 순간적으로 균형에 이른다고 전제한다. 다시 다음의 방정식을 고려하자:

$$Y = \frac{b + I^*}{1 - a}$$

이는 Y가 a, b, I^*의 함수임을 나타내고 있다. 그리하여, 다음의 세 가지 편도함수를 도출할 수 있다:

$$\frac{\partial Y}{\partial a}, \frac{\partial Y}{\partial b}, \frac{\partial Y}{\partial I^*}$$

위 세 가지 중 첫 번째 편도함수가 다소 어려울 수 있지만, 이른바 체인 룰(chain rule)을 이용하여 다음을 얻을 수 있다.

$$\frac{\partial Y}{\partial a} = (b + I^*)(-1)(1 - a)^{-2}(-1) = \frac{b + I^*}{(1 - a)^2}$$

상기 편도함수를 해석해보자. b와 I^*가 동일하게 유지될 때 한계소비성향 a가 약간 정도로 Δa만큼 변화한다고 하자. 그러면, 이에 상응하는 Y의 변화는 다음과 같다:

$$\Delta Y = \frac{\partial Y}{\partial a} \Delta a$$

엄밀히는 기호 '='는 근사 표시인 '≈'가 되어야 할 것이다. 하지만, 우리가 앞서 두 개 절에서 보았듯이, Δa가 작으면 그러한 근사는 적당히 정확하다. 모형이란 것은 실제 경제에서 발생하는 현상에 대한 1차 근사일 뿐이다. 약간의 부정확성이 있더라도 그것이 모형을 통한 분석의 결과에 중대한 영향을 미치지 못한다는 점을 주지하자. 상기 식은 한계소비성향의 변화에 대해서 그 변화의 편도함수 $\partial Y/\partial a$ 배 되어 국민소득 변화가 발생한다는 것을 의미한다. 이런 연유로 $\partial Y/\partial a$를 국민소득 Y에 대한 한계소비성향 승수(marginal propensity to consume multiplier)라고 한다. 동일한 방식으로, $\partial Y/\partial b$와 $\partial Y/\partial I^*$는 각각 최소자율소비 승수(marginal autonomous consumption multiplier) 및 투자승수(investment multiplier)이다.

승수는 모형의 특성을 질적, 양적으로 설명해준다. 질적 특성은 모형의 변수나 계수에 어떤 수치 값을 대입하기에 앞서 승수를 분석하여 알 수 있다. 통상 승수가 양(+) 또는 음(−)인지 여부 그래서 외생변수나 계수의 증가가 관심을 갖는 주요 내생변수에 어떤 영향을 미치는지 여부를 알아낼 수 있다. 지금 다루는 모형에서는 소득 Y에 대한 한계소비성향 승수는 양(+)이다. b와 I^*가 양수이고 분모인 $(1-a)^2$이 양수이기 때문이다. 따라서, 국민소득 Y는 a가 상승할 때 증가한다.

외생변수나 계수에 특정 수치 값이 부여되면(대입되면), 그 모형의 행태를 양적으로 분석할 수 있다. 예를 들어, $b=10$, $I^*=30$, $a=0.5$라면 한계소비성향 승수는 다음과 같다:

$$\frac{b+I^*}{(1-a)^2} = \frac{10+30}{(1-0.5)^2} = 160$$

이는 한계소비성향이 0.02 상승하면 국민소득 증대는 $160 \times 0.02 = 3.2$임을 의미한다. 물론, a, b, I^*가 Δa, Δb, ΔI^*만큼 동시에 변화하면, 앞서 본 미량증감공식에 따라 Y의 변화는 다음과 같다:

$$\Delta Y = \frac{\partial Y}{\partial a} \Delta a + \frac{\partial Y}{\partial b} \Delta b + \frac{\partial Y}{\partial I^*} \Delta I^*$$

이 모형에서 투자승수는 $Y = \frac{b}{1-a} + \frac{I^*}{1-a}$로부터 $\frac{\partial Y}{\partial I^*} = \frac{1}{1-a}$임을 알 수 있다. 이는 $a<1$이므로 양수이다. 이 승수를 양적으로 분석해보자. 한계소비성향 a가 0.6이라고 하자. 그렇다면, 투자가 4 단위 증가할 때 어떤 일이 발생하는지 살펴보자. 투자승수는 $1/(1-a)=2.5$이므로, 투자가 4 단위 증가하면 국민소득은 $2.5 \times 4 = 10$(단위)만큼 증가함을 알 수 있다.

실전문제

1. $Y = \dfrac{b+I^*}{1-a}$ 를 $C=aY+b$ 에 대입하여 C를 a, b, I^*에 관한 식으로 나타내라. 그런 후, 소비 C에 대한 투자승수는 $\dfrac{a}{1-a}$ 임을 보여라. 이로부터 투자의 증가는 항상 소비의 증가를 유발함을 설명하라. 한계소비성향이 1/2일 때 투자가 2 단위 증가하면 소비가 얼마만큼 변화하는지 계산하라.

다음의 예시는 3개 부문 즉 가계, 기업 및 정부를 포함하므로 다소 어렵다. 하지만, 이러한 모형을 분석하는 기본적 방법과 원리는 동일하다. 우선 축약형 모형을 도출하고, 편미분을 통해 원하는 승수를 얻을 수 있다. 이러한 승수는 국민소득의 특성을 양적, 질적으로 논의하는 데 사용된다.

예제

다음의 3부문 거시경제 모형을 고려하자.

$$Y = C + I + G \tag{1}$$

$$C = aY_d + b \quad (0 < a < 1,\ b > 0) \tag{2}$$

$$Y_d = Y - T \tag{3}$$

$$T = tY + T^* \quad (0 < t < 1,\ T^* > 0) \tag{4}$$

$$I = I^* \quad (I^* > 0) \tag{5}$$

$$G = G^* \quad (G^* > 0) \tag{6}$$

G는 정부 지출, T는 조세수입을 나타낸다.[18]

(a) $Y = \dfrac{-aT^* + b + I^* + G^*}{1 - a + at}$ 임을 보여라.

(b) 소득 Y에 대한 정부 지출 승수와 최소자율조세수입 승수를 구하라. G^*와 T^* 각각의 변화에 대한 소득 Y의 변화 방향을 기술하라.

---

18 [옮긴이주] * 표시 변수는 외생변수이며, T^*는 최소자율조세수입(autonomous taxation)을 나타내며, $I=I^*$는 투자가 I^*로 $G=G^*$는 정부 지출이 G^*로 외생적으로 주어져 있음을 나타낸다.

(c) 정부는 정부 지출 변화의 재원을 최소자율조세수입의 변화로 충당하는 정책을 취한다고 하자. 이는 $\Delta G^* = \Delta T^*$로 기술할 수 있다. 이때 소득의 증가가 정부 지출의 증가에 미치지 못함을 보여라.

(d) $a = 0.7$, $b = 50$, $T^* = 200$, $t = 0.2$, $I^* = 100$, $G^* = 300$이라고 하자. 국민소득의 균형 수준을 구하라. 정부 지출의 10 단위 증가에 따른 국민소득의 변화를 계산하라.

풀이

(a) 식 (1)–(6)의 식을 모두 결합하여, Y를 다른 외생변수나 계수에 관한 식으로 풀어내면 된다. 식 (2), (5), (6)을 식 (1)에 대입하여 다음을 얻는다.

$$Y = aY_d + b + I^* + G^* \tag{7}$$

식 (3)과 (4)로부터,

$$Y_d = Y - T = Y - (tY + T^*) = Y - tY - T^*$$

이를 다시 식 (7)에 대입하여 다음을 얻는다:

$$Y = a(Y - tY - T^*) + b + I^* + G^*$$
$$= aY - atY - aT^* + b + I^* + G^*$$

이로부터

$$(1 - a + at)Y = -aT^* + b + I^* + G^*$$

결과적으로,

$$Y = \frac{-aT^* + b + I^* + G^*}{1 - a + at}$$

(b) 정부 지출 승수는 다음과 같다:

$$\frac{\partial Y}{\partial G^*} = \frac{1}{1 - a + at}$$

최소자율조세수입 승수는 다음과 같다:

$$\frac{\partial Y}{\partial T^*} = \frac{-a}{1 - a + at}$$

$a < 1$, $a > 0$, $t > 0$임을 감안하면, 정부 지출 승수는 양수이며 이는 정부 지출 G^*가 증가할 때 소득 Y도 증가함을 의미한다. 최소자율조세수입 승수는 음수이며, 이는 T^*의 증가가 Y의 감소를 유발함을 의미한다.

(c) $\Delta G^* = \Delta T^*$로부터, 미량증감공식을 이용하면, $\Delta Y = \dfrac{\partial Y}{\partial G^*}\Delta G^* + \dfrac{\partial Y}{\partial T^*}\Delta T^*$이며 이로부터 다음을 도출할 수 있다.

$$\Delta Y = \left(\frac{\partial Y}{\partial G^*} + \frac{\partial Y}{\partial T^*}\right)\Delta G^* = \left(\frac{1}{1-a+at} + \frac{a}{1-a+at}\right)\Delta G^* = \left(\frac{1-a}{1-a+at}\right)\Delta G^*$$

이때 승수 $\dfrac{1-a}{1-a+at}$를 균형예산승수(balanced budget multiplier, 균형재정승수)라고 한다. 이는 아래와 같이 0보다 크고 1보다 작다. 따라서, $\Delta Y < \Delta G^*$이며 균형예산하에서 정부 지출 증가에 따라 소득이 증가하지만 소득 증가분이 정부 지출 증가분에 미치지 못한다.

$$\frac{1-a}{1-a+at} < 1$$

(d) 단순히 $a=0.7$, $b=50$, $T^*=200$, $t=0.2$, $I^*=100$, $G^*=300$을 상기 (a) 및 (b)에 대입하라. 그러면 (a)로부터 다음을 얻는다:

$$Y = \frac{-aT^* + b + I^* + G^*}{1-a+at} = \frac{-0.7(200) + 50 + 100 + 300}{1 - 0.7 + 0.7(0.2)} = 704.5$$

또한 (b)로부터 다음의 정부 지출 승수를 얻는다:

$$\frac{1}{1-a+at} = \frac{1}{0.44} = 2.27$$

$\Delta G^* = 10$이므로, 소득 증가분은 $2.27 \times 10 = 22.7$이다.

실전문제

2. 다음의 4부문 거시경제 모형을 고려하자.

$$Y = C + I + G + X - M$$
$$C = aY + b \qquad\qquad (0 < a < 1, \ b > 0)$$
$$I = I^* \qquad\qquad (I^* > 0)$$
$$G = G^* \qquad\qquad (G^* > 0)$$
$$X = X^* \qquad\qquad (X^* > 0)$$
$$M = mY + M^* \qquad\qquad (0 < m < 1, \ M^* > 0)$$

여기서 X와 M은 각각 수출과 수입을 나타내며, m은 한계수입성향이다.

(a) 다음을 보여라.

$$Y = \frac{b + I^* + G^* + X^* - M^*}{1 - a + m}$$

(b) 최소자율수출 승수(autonomous export multiplier) $\dfrac{\partial Y}{\partial X^*}$와 한계수입성향 승수(Marginal propensity to consume multiplier) $\dfrac{\partial Y}{\partial m}$를 구하고, X^*와 m의 각 변화에 따른 소득 Y의 변화의 방향을 설명하라.

(c) $a = 0.8$, $b = 120$, $I^* = 100$, $G^* = 300$, $X^* = 150$, $m = 0.1$, $M^* = 40$일 때, 국민소득 Y의 균형 수준을 도출하라. 최소자율수출이 10 단위 증가할 때 소득 Y의 변화를 기술하라.

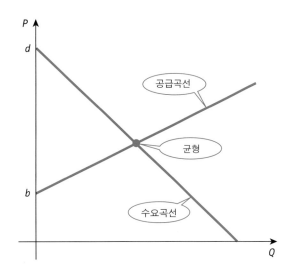

그림 5.7.

지금까지 우리는 거시경제학에서 등장하는 비교정태분석의 사례를 다루었다. 동일한 방식을 미시경제학에도 적용할 수 있다. 예를 들어, 수요와 공급 이론을 바탕으로 균형 가격과 균형 물량을 분석해보자.

그림 5.7은 앞서 제1.5절에서 논의했던 간단한 선형 단일 상품 시장 모형을 나타내고 있다. 가격과 물량의 균형은 수요와 공급이 만나는 점에서 형성된다. 공급 곡선은 절편과

기울기가 양수인 직선으로 다음과 같이 기술할 수 있다.

$$P = aQ_S + b \ (a > 0, \ b > 0)$$

수요 곡선 역시 선형이다. 그러나, 음(−)의 기울기와 양의 절편을 지닌다. 다음과 같이 표현 가능하다:

$$P = -cQ_D + d \ (c > 0, \ d > 0)$$

그림 5.7에서 이들 둘은 양의 물량에서 서로 만나기 위해서는 수요 곡선 절편이 공급 곡선 절편보다 커야 함을 알 수 있다. 따라서,

$$d > b$$

균형에서 공급량 Q_S와 수요량 Q_D는 같아야 한다. 그 공통된 값을 Q라고 하면, 수요 및 공급 곡선은 다음과 같다:

$$P = aQ + b$$
$$P = -cQ + d$$

따라서,

$$aQ + b = -cQ + d$$

이로부터,

$$Q = \frac{d - b}{a + c}$$

(이 식에서도 $d - b > 0$이어야 함을 알 수 있다. Q는 경제적 의미를 부여할 수 없는 0 또는 음이 될 수 없다.)

균형 물량은 계수 a, b, c, d의 함수이며, 이로부터 아래 네 가지 승수가 나온다.

$$\frac{\partial Q}{\partial a} = -\frac{d - b}{(a + c)^2}$$

$$\frac{\partial Q}{\partial b} = -\frac{1}{a + c}$$

$$\frac{\partial Q}{\partial c} = -\frac{d - b}{(a + c)^2}$$

$$\frac{\partial Q}{\partial d} = \frac{1}{a + c}$$

여기서, $\partial Q/\partial a$ 및 $\partial Q/\partial c$를 구하는 데 있어 체인 룰(chain rule)이 사용되었다.

우리는 앞서 모든 계수가 양수이며 $d-b>0$이므로 아래가 성립함에 주목한다.

$$\frac{\partial Q}{\partial a}<0, \ \frac{\partial Q}{\partial b}<0, \ \frac{\partial Q}{\partial c}<0 \ \text{및} \ \frac{\partial Q}{\partial d}>0$$

이로부터 a, b, c 각각의 상승은 Q의 감소를 유발하고, d의 상승은 Q의 증가를 유발하는 것을 알 수 있다.

이들 승수의 부호를 시각적으로 확인해보자. 공급 곡선 $P=aQ_S+b$에 등장하는 a를 약간 증가시켜보자. 그러면, 이 공급 곡선의 기울기가 약간 더 가파르게 된다. a가 증가된 상황에서 공급 곡선은 그림 5.8에서 우상향하는 점선으로 표현할 수 있다. 그 결과, 두 곡선이 만나는 점이 왼쪽으로 이동하게 되어, 균형물량이 Q_1에서 Q_2로 감소하다. 이러한 결과는 $\partial Q/\partial a$가 음인 것과 일관되는 것이다.

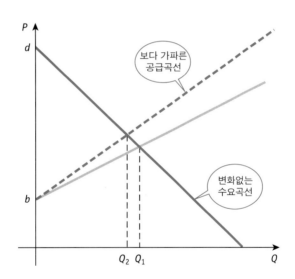

그림 5.8.

어떠한 형태의 공급 곡선과 수요 곡선이 주어져도 우리는 균형 물량에 미치는 효과를 쉽게 계산할 수 있다. 예를 들어, 다음의 수요 및 공급방정식을 고려하자.

$$P = Q_S + 1$$
$$P = -2Q_D + 5$$

이 식에서 Q_S의 계수가 1인데 그것이 1.1로 변화할 때 균형 물량의 변화를 계산해보도록 하자. ΔQ를 구하기 위해 우선 승수를 계산한다. 해당 승수는 다음과 같다:

$$\frac{\partial Q}{\partial a} = -\frac{d-b}{(a+c)^2} = -\frac{5-1}{(1+2)^2} = -0.44$$

이로부터 균형 물량의 변화는 다음과 같이 도출된다.

$$\Delta Q = (-0.44) \times 0.1 = 0.044$$

결국, 공급 곡선의 기울기의 0.1만큼의 증가는 균형 물량에서 0.044만큼의 감소를 유발한다.

실전문제

3. 다음과 같이 수요와 공급의 구조를 나타내는 선형 단일 상품 시장 모형을 고려하라.

$$P = aQ_s + b \quad (a>0,\ b>0)$$
$$P = -cQ_d + d \ (c>0,\ d>0)$$

이로부터 얻어지는 다음 승수의 부호를 그림을 이용하여 확인하라.

$$\frac{\partial Q}{\partial d}$$

이 절에서는 다루었던 모든 모형은 선형임을 전제하였다. 하지만, 비선형 모형이더라도 유사한 방식으로 분석 가능하며 크게 어렵지 않다. 그럼에도 비선형 모형은 이 책의 범위를 다소 넘기에 다루지는 않는다.

조언

우리는 선형 구조 모형의 해를 구하기 위해 제7장의 크래머 규칙(Cramer's rule)을 이용할 수 있다.

주요 용어

구조 방정식(Structural equations)   거시 경제 모형에서 성립해야 할 균형 조건들을 묘사하는 각 방정식의 집합.

균형예산승수(Balanced budget multiplier)   정부 지출의 증가가 전액 조세를 통해 조달된다는 전제하에, 정부 지출로 인한 소득 증가를 계산하는 데 있어 정부 지출 증가분에 곱해지는 항으로 $\partial Y/\partial G^*$.

동태분석(Dynamics)   균형의 시간에 따른 변화의 분석.

비교정태분석(Comparative statics)   경제모형에서 계수 변화가 유발하는 균형 수치 변화에 대한 분석.

정태 분석(Statics)   시간과 무관하게 경제 모형에서 내생변수의 균형을 찾는 것.

최소자율소비 승수(Autonomous consumption multiplier)   최소자율소비 증가로 인해 유발되는 소득 증가를 계산하는 데 있어, 최소자율소비 증가분에 곱해지는 항으로 $\partial Y/\partial b$.

축약형(Reduced form)   거시경제 모형으로 구조 방정식을 풀어서 내생변수를 여러 외생변수 및 계수의 식으로 나타낸 방정식.

투자승수(Investment multiplier)   외생적 투자 증가로 인해 발생하는 소득 증가를 도출하는 데 있어 투자 증가분에 곱해지는 항으로 $\partial Y/\partial I^*$.

한계소비성향 승수(Marginal propensity to consume multiplier)   MPC의 변화로 유발되는 소득 변화를 도출하는 데 있어 MPC 증가분에 곱해지는 항으로 $\partial Y/\partial a$.

연습문제 5.3*

1. 다음의 3부문 거시경제 모형을 고려하자:

$$Y = C + I + G \tag{1}$$

$$C = aY_d + b \qquad (0 < a < 1,\ b > 0) \tag{2}$$

$$Y_d = Y - T \tag{3}$$

$$T = T^* \qquad (T^* > 0) \tag{4}$$

$$I = I^* \qquad (I^* > 0) \tag{5}$$

$$G = G^* \qquad (G^* > 0) \tag{6}$$

(a) 다음을 보여라.

$$C = \frac{aI^* + aG^* - aT^* + b}{1 - a}$$

(b) 소비 C에 대한 투자승수를 구하고, I^*의 증가가 유발하는 C의 변화에 대해서 방향성을 논하라.

(c) $a = 0.9$, $b = 80$, $I^* = 60$, $G^* = 40$, $T^* = 20$일 때, 소비 C의 균형 수준을 구하고, 투자가 2 단위 증가할 때 C의 변화를 구하라.

2. 다음과 같은 거시경제 모형의 축약형 모형을 고려하자:

$$Y = \frac{b + I^* + G^* - aT^*}{1 - a - at}, \quad \text{여기서 } t \text{는 한계세율}$$

한계세율 승수를 구하라.

3. 다음의 4부문 거시경제 모형을 고려하자:

$$Y = C + I + G + X - M$$

$$C = aY_d + b \qquad\qquad (0 < a < 1,\ b > 0)$$

$$Y_d = Y - T$$

$$T = tY + T^* \qquad\qquad (0 < t < 1,\ T^* > 0)$$

$$I = I^* \qquad\qquad (I^* > 0)$$

$$G = G^* \qquad\qquad (G^* > 0)$$

$$X = X^* \qquad\qquad (X^* > 0)$$

$$M = mY_d + M^* \qquad\qquad (0 < m < 1,\ M^* > 0)$$

(1) 다음을 도출하라.

$$Y = \frac{b + (m-a)T^* + I^* + G^* + X^* - M^*}{1 - a + at + m - mt}$$

(2) (a) 한계수입성향 m은 한계소비성향 a보다 작다는 전제하에 최소자율조세수입
승수를 구하고, T^*의 증가가 유발하는 Y의 감소를 구하라.

(b) 정부 지출 승수를 구하고, G^*의 증가가 유발하는 Y의 증가를 도출하라.

(3) $a = 0.7$, $b = 150$, $t = 0.25$, $m = 0.1$, $T^* = 100$, $I^* = 100$, $G^* = 500$, $M^* = 300$, $X^* = 160$
일 때, 다음을 구하라.

(a) 균형 국민소득

(b) G^*의 11 단위 증가에 따른 Y의 변화

(c) 국민소득을 다시 (a)에서 계산된 균형 수준으로 회복시키기 위해 필요한 최
소자율조세수입의 증가

4. 다음의 선형 단일 상품 시장 모형을 고려하라:

$$P = aQ_S + b \qquad\qquad (a > 0,\ b > 0)$$

$$P = -cQ_D + d \qquad\qquad (c > 0,\ d > 0)$$

여기서 $d > b$이다.

상기 모형에서 균형 가격 P는 다음과 같음을 보여라.

$$P = \frac{ad + bc}{a + c}$$

이로부터, 다음의 네 가지 승수를 도출하고, a, b, c, d의 각 계수 증가가 유발하는 균형 가격 P의 변화 방향을 논하라.

$$\frac{\partial P}{\partial a}, \frac{\partial P}{\partial b}, \frac{\partial P}{\partial c}, \frac{\partial P}{\partial d}$$

5. 다음의 3부문 거시경제 모형을 고려하자:

$$Y = C + I + G$$

$$C = aY_\text{d} + b \qquad\qquad (0 < a < 1,\ b > 0)$$

$$Y_\text{d} = Y - T$$

$$T = T^* \qquad\qquad (T^* > 0)$$

$$I = I^* \qquad\qquad (I^* > 0)$$

$$G = G^* \qquad\qquad (G^* > 0)$$

(a) 다음을 보여라:

$$Y = \frac{1}{1-a}(b - aT^* + I^* + G^*)$$

(b) 정부 지출 승수 $\dfrac{\partial Y}{\partial G^*}$와 조세 승수 $\dfrac{\partial Y}{\partial T^*}$를 구하고, 정부 지출과 조세가 동시에 1 단위 증가하면 균형 소득은 a와 무관하게 1 단위 증가함을 보여라.

(c) 균형예산승수의 값을 구하라.

6. (1) 다음의 구조모형으로 묘사되는 상품 시장을 고려하자:

$$Y = C + I$$

$$C = aY + b \qquad\qquad (0 < a < 1,\ b > 0)$$

$$I = cr + d \qquad\qquad (c < 0,\ d > 0)$$

여기서 r은 이자율이다.

(2) 다음의 구조모형으로 묘사되는 화폐시장을 고려하자:

(화폐공급)　　　$M_S = M_\text{S}^* \qquad\qquad (M_\text{S}^* > 0)$

(총화폐수요)　$M_\text{D} = k_1 Y + k_2 r + k_3 \qquad (k_1 > 0, k_2 < 0, k_3 > 0)$

(균형)　　　　$M_\text{D} = M_S$

화폐시장의 균형에서 다음이 성립함을 보여라.

$$k_1 Y + k_2 r = M_\text{S}^* - k_3$$

(3) (a) 상기 (1)과 (2)의 연립방정식을 풀고, (1)의 상품시장과 (2)의 화폐시장이 모두 균형일 때 균형 소득은 다음과 같음을 도출하라:

$$Y = \frac{k_2(b+d) + c(M_S^* - k_3)}{(1-a)k_2 + ck_1}$$

(b) 화폐공급 승수 $\partial Y/\partial M_S^*$ 를 구하고, M_S^* 의 증가가 Y의 증가를 유발한다는 것을 보여라.

7. 다음의 3부문 거시경제 모형을 고려하자:

$$Y = C + I$$
$$C = aY_d + b \qquad\qquad (0 < a < 1,\ b > 0)$$
$$Y_d = Y - T$$
$$T = tY + T^* \qquad\qquad (0 < t < 1, T^* > 0)$$
$$I = cr + d \qquad\qquad (c < 0,\ d > 0)$$

(a) 다음을 보여라.

$$Y = \frac{b + d - aT^* + cr}{1 - a(1-t)}$$

(b) 승수 $\dfrac{\partial Y}{\partial c}$ 및 $\dfrac{\partial Y}{\partial a}$ 를 구하라.

(c) c의 증가에 따라 Y가 증가하는지 감소하는지 답하라.

(d) $a=0.8$, $b=100$, $t=0.25$, $T^*=250$, $c=-60$, $d=1700$, $r=8$일 때, 소득 Y의 균형 수준을 구하라. 상기 (b)에서 얻어진 승수를 이용하여 한계소비성향이 0.01만큼 증가할 때 Y의 변화를 근사적으로 구하라.

8. 한 상품에 대한 수요 함수와 총비용 함수가 각각 $P=a-bQ$ 및 $TC=f+vQ$와 같다. 여기서 a, b, f, v는 모두 양수이다.

(a) 최대이윤은 $\pi = \dfrac{(a-v)^2}{4b} - f$임을 보여라.

(b) 각 승수 $\dfrac{\partial \pi}{\partial a}$, $\dfrac{\partial \pi}{\partial b}$, $\dfrac{\partial \pi}{\partial f}$ 및 $\dfrac{\partial \pi}{\partial v}$를 구하라.

(c) 상기 (b)로부터 a, b, f, v의 증가에 따른 최대 이윤의 변화 방향에 대해서 논하라.

SECTION 5.4
제약 없는 최적화

이변수 함수의 최대·최소를 구하는 문제는 일변수 함수의 경우와 크게 다르지 않다는 것을 예상할 수 있을 것이다. 하지만, 여러 변수를 포함하는 경제학에 등장하는 함수의 성격상 최적화 문제를 제약이 없는 문제와 제약이 있는 문제로 분류할 필요가 있다. 그 차이를 이해하기 위해, 아래 효용함수를 고려하자.

$$U(x_1,\ x_2)=x_1^{1/4}x_2^{3/4}$$

U의 값은 상품 G1에 대한 x_1 단위의 소비, 상품 G2에 대한 x_2 단위의 구매와 소비로부터 얻는 만족감을 수치로 측정한 것이다. 소비자는 어떤 x_1과 x_2를 선택해야 효용 U가 최대화될 것인지 고민하게 된다. 그런데, 효용함수의 한 요소인 $x_1^{1/4}$는 x_1의 증가함수이므로 x_1을 늘리면 늘릴수록 효용 U는 커지게 된다. x_2도 마찬가지다. 이런 상황이라면 효용 U에 대한 최대화 해는 얻을 수 없다. 각 G1과 G2 모두에 대해서 최대한 많이 구매·소비할수록 효용은 증가하는 것이다. 물론, 현실적으로 이런 상황이 발생하지는 않는다. 개별 소비자가 이들 상품에 지출할 수 있는 재원(돈)은 한정되어 있기 때문이다. 예를 들어, G1과 G2의 가격이 각각 2달러 및 3달러라고 하자. 또한, 이들 상품을 구입할 수 있는 예산이 100달러라고 하자. 그러면, 예산으로 인한 제약은 다음과 같다:

$$2x_1 + 3x_2 = 100$$

이제 문제는 효용 $U=x_1^{1/4}x_2^{3/4}$를 예산 제약 $2x_1+3x_2=100$을 만족하면서 최대화하는 것이다. 이 제약으로 인해 x_1과 x_2를 무한히 늘릴 수 없고, 이 문제의 해를 얻을 수 있게 된다.

우리는 이후 2개 절에서 제약이 있는(제약하의) 최적화 문제를 푸는 방법을 다룰 것이다. 이 절에서는 잠시 제약이 없는 채로 다음의 단순한 함수를 최적화하는 문제를 생각해 보자:

$$z = f(x, y)$$

기업의 이윤극대화(profit maximisation) 문제가 이러한 문제의 주요한 사례이다. 이윤극대화 문제는 어떠한 제약도 없이 최대화 문제의 해를 찾는 것이다. 사실은 다음과 같은 이윤함수에 제약이 흡수되어 있다:

$$\pi = TR - TC$$

총비용 TC를 최대한 줄이는 것과 총수입 TR을 최대한 늘리는 것은 서로 상충된다.

이제 다음과 같은 일변수 함수의 안정점(stationary point)을 찾는 방법과 그 특성을 파악하는 방법을 알아보자:

$$y = f(x)$$

제4.6절에서 다음의 단계를 거쳤던 것을 기억하라.

1단계
방정식 $f'(x)=0$을 풀어서 안정점 $x=a$를 찾는다.

2단계
- $f''(a)>0$이면 이 함수는 $x=a$에서 최소화된다.[19]
- $f''(a)<0$이면 이 함수는 $x=a$에서 최대화된다.
- $f''(a)=0$이면 점 $x=a$에서 극대인지 극소인지 판단할 수 없다.

---

19 [옮긴이주] $f'(x)=0$을 만족하는 a가 유일하면 이 말이 정확하지만, 여러 개이면 최소화되는 게 아니라 극소화된다고 해야 맞는다. 물론, 최소화되는 점은 이들 극소화되는 여러 점들 중 하나이다. 아울러, 함수 f가 모든 점에서 미분 가능하고 연속적인 부드러운 함수여야 이러한 성질이 성립한다. 예를 들어, $f(x)=|x|$는 $x=0$에서 최솟값을 갖지만 $x=0$에서 미분 불가능이다. 이 경우 x가 0보다 작을 때는 $f'(x)=-1$인데 $x>0$에서는 $f'(x)=1$이 되어 $x=0$을 중심으로 f'이 부호가 바뀌는 것을 중요하게 보아야 한다. 그래서, 그 점에서 최소화가 되는 것이다. 따라서, $f'(a)=0$을 만족하는 점 $x=a$에서도 f'의 부호가 바뀌는 지 점검하는 것이 중요하다. 그것이 바로 f''의 부호를 보는 것이다. $f'(a)=0$이면서 $f''(a)>0$이면 $x=a$에서 f'의 부호가 음(-)에서 양(+)으로 바뀐다. 그래서, 그 점에서 극소화되며 이러한 a가 유일하면 그 점에서 최소화된다.

다음의 이변수 함수를 고려하자:

$$z = f(x, y)$$

안정점은 다음의 연립방정식을 만족해야 한다.

$$\begin{cases} \dfrac{\partial z}{\partial x} = 0 \Leftrightarrow f_x(x, y) = 0 \\[2mm] \dfrac{\partial z}{\partial y} = 0 \Leftrightarrow f_y(x, y) = 0 \end{cases}$$

이는 일변수 함수의 문제로부터 자연스러운 확장일 뿐이다. 즉, 1계 편도함수들이 모두 0인 2개 방정식 시스템에서 x와 y를 구해야 한다. 이렇게 얻어진 안정점 (x, y)는 최소점(minimum), 최대점(maximum), 안장점(saddle point)으로 분류할 수 있다.[20]

그림 5.9(a)는 최소점의 근방(neighborhood)에서의 곡면의 양상을 나타낸다. 우묵한 그릇의 바닥을 생각하면 된다. 이러한 최소점에 위치해 있다면 어느 방향으로 걸어가도 높은 곳으로 올라가게 된다. 수학적으로, 안정점 (a, b)가 다음의 조건들을 만족하면 최소점이 된다:

$x=a$ 및 $y=b$, 즉 점 (a, b)에서

$$\frac{\partial^2 z}{\partial x^2} > 0,\ \frac{\partial^2 z}{\partial y^2} > 0,\ \left(\frac{\partial^2 z}{\partial x^2}\right)\left(\frac{\partial^2 z}{\partial y^2}\right) - \left(\frac{\partial^2 z}{\partial x \partial y}\right)^2 > 0$$

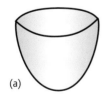  

(a)　　　　　　　　(b)　　　　　　　　(c)

그림 5.9.

이는 다시 다음과 같이 기술할 수 있다:

$$f_{xx}(a, b) > 0,\ f_{yy}(a, b) > 0,\ f_{xx}(a, b)f_{yy}(a, b) - [f_{xy}(a, b)]^2 > 0$$

---

20 [옮긴이주] 국문 번역 용어인 안정점과 안장점이 유사한데 혼동하지 말라.

상기 세 가지 요건 만족 여부까지 따져야 하는 것은 일변수 함수의 경우 1개 방정식만 필요했던 것에 비해 복잡하다. 하지만, 안정점에서 2계 도함수가 평가만 되면 세 가지 조건의 성립 여부는 쉽게 파악 가능하다.

그림 5.9(b)는 최대점 근방에서 곡면의 양상을 보여준다. 산꼭대기를 연상하면 된다. 이 지점에 있다면 어느 방향으로 걸어가나 낮은 위치로 가게 된다. 수학적으로는, 안정점 (a, b)가 최대점이 되기 위해서는 역시 아래 세 가지 조건을 만족해야 한다:

$x=a$ 및 $y=b$, 즉 (a, b)에서

$$\frac{\partial^2 z}{\partial x^2} < 0, \; \frac{\partial^2 z}{\partial y^2} < 0, \; \left(\frac{\partial^2 z}{\partial x^2}\right)\left(\frac{\partial^2 z}{\partial y^2}\right) - \left(\frac{\partial^2 z}{\partial x \partial y}\right)^2 > 0$$

이는 다시 동일하게 다음과 같은 방식으로도 기술할 수 있다:

$$f_{xx}(a, b) < 0, \; f_{yy}(a, b) < 0, \; f_{xx}(a, b)f_{yy}(a, b) - [f_{xy}(a, b)]^2 > 0$$

물론, 어떤 산은 봉우리와 계곡이 여러 개일 수도 있다. 마찬가지로, 이변수 함수 역시 1개 이상의 최소점이나 최대점을 가질 수도 있다.[21]

그림 5.9(c)는 안장점 근방의 곡면 양상을 보여주고 있다. 그 이름으로부터 말의 안장을 연상하면 된다. 이 지점에서 말의 머리나 꼬리 쪽으로 움직이면 올라가게 되고, 옆 방향으로 움직이면 떨어지게 된다. 수학적으로, 안정점 (a, b)가 안장점이 되기 위해서는 다음의 한 가지 조건을 만족해야 한다.

$x=a$ 및 $y=b$, 즉 (a, b)에서

$$\left(\frac{\partial^2 z}{\partial x^2}\right)\left(\frac{\partial^2 z}{\partial y^2}\right) - \left(\frac{\partial^2 z}{\partial x \partial y}\right)^2 < 0$$

이는 다시 다음과 같이 기술할 수 있다:

$$f_{xx}(a, b)f_{yy}(a, b) - [f_{xy}(a, b)]^2 < 0$$

정리하면, 함수 $f(x, y)$의 안정점을 찾고 그 점의 특성을 파악하는 방법은 다음과 같다.

---

21 [옮긴이주] 각주 19 참조.

1단계

다음의 연립방정식의 해 (a, b)를 구한다.

$$f_x(x, y) = 0$$
$$f_y(x, y) = 0$$

2단계

* 점 (a, b)에서 $f_{xx} > 0$, $f_{yy} > 0$ 및 $f_{xx}f_{yy} - f_{xy}^2 > 0$이면, (a, b)는 함수 f의 최소점이다.
* 점 (a, b)에서 $f_{xx} < 0$, $f_{yy} < 0$ 및 $f_{xx}f_{yy} - f_{xy}^2 > 0$이면, (a, b)는 함수 f의 최대점이다.
* 점 (a, b)에서 $f_{xx}f_{yy} - f_{xy}^2 < 0$이면, 점 (a, b)는 함수 f의 안장점이다.

경제학 문제를 다루기 이전에 다음의 이변수 함수의 안정점을 찾고 그 특성을 파악해 보자:

$$f(x, y) = x^3 - 3x + xy^2$$

이로부터 다음을 도출할 수 있다.

$$f_x = 3x^2 - 3 + y^2$$
$$f_y = 2xy$$
$$f_{xx} = 6x$$
$$f_{xy} = 2y$$
$$f_{yy} = 2x$$

1단계

연립방정식

$$f_x(x, y) = 0$$
$$f_y(x, y) = 0$$

를 풀어야 한다. 즉, 아래 연립방정식을 푼다:

$$3x^2 - 3 + y^2 = 0$$
$$2xy = 0$$

이는 선형 연립방정식이 아니고, 비선형 연립방정식이다. 불행히도, 이러한 연립방정식 체계를 푸는 어떤 원칙이나 표준적인 방식은 없다. 어떤 경우에는 우리가 최대한 수리적

재치를 발휘해야 한다. 두 번째 식으로부터 $x=0$ 또는 $y=0$을 얻을 수 있다. 이 두 가지 가능성을 모두 살펴봐야 한다.

- $x=0$: 이를 첫 번째 식에 대입하면 $y^2=3$이 된다. 이로부터 $y=\pm\sqrt{3}$이다. 따라서 $(0, \sqrt{3})$ 및 $(0, -\sqrt{3})$은 안정점이 된다.
- $y=0$: 이를 첫 번째 식에 대입하면 $x^2=1$이 된다. 따라서, $(1, 0)$ 및 $(-1, 0)$이 안정점이 된다.

결국, 네 가지 안정점 $(0, \sqrt{3})$, $(0, -\sqrt{3})$, $(1, 0)$, $(-1, 0)$을 도출할 수 있다.

2단계

상기 4개 각 점에서 f_{xx}, f_{yy} 및 $f_{xx}f_{yy}-f_{xy}^2$의 부호를 판단해보자.

- 안정점 $(0, \sqrt{3})$:

  $f_{xx}=6\cdot0=0$, $f_{yy}=2\cdot0=0$, $f_{xy}=-2\sqrt{3}$이므로,

  $f_{xx}f_{yy}-f_{xy}^2=0\cdot0-(-2\sqrt{3})^2=-12<0$. 따라서 점 $(0, -\sqrt{3})$은 안장점이다.

- 안정점 $(0, \sqrt{3})$:

  $f_{xx}=0$, $f_{yy}=0$, $f_{xy}=2\sqrt{3}$이므로,

  $f_{xx}f_{yy}-f_{xy}^2=-12<0$. 따라서 점 $(0, \sqrt{3})$은 안장점이다.

- 안정점 $(-1, 0)$:

  $f_{xx}=6(-1)=-6$, $f_{yy}=2(-1)=-2$, $f_{xy}=2\cdot0=0$

  $f_{xx}f_{yy}-f_{xy}^2=(-6)(-2)-0^2=12>0$. 따라서, 점 $(-1, 0)$는 안장점이 아니다.

  나아가, $f_{xx}<0$, $f_{yy}<0$이므로 점 $(-1, 0)$는 최대점이다.

- 안정점 $(1, 0)$:

  $f_{xx}=6$, $f_{yy}=2$, $f_{xy}=0$

  $f_{xx}f_{yy}-f_{xy}^2=12>0$. 따라서, 점 $(1, 0)$은 안장점이 아니다.

  나아가, $f_{xx}>0$, $f_{yy}>0$이므로 점 $(1, 0)$는 최소점이다.

실전문제

1. 다음 이변수 함수의 안정점을 찾고 그 특성을 파악하라.

   $$f(x, y)=x^2+6y-3y^2+10$$

이후 우리는 경제학에 나오는 두 가지 예제를 다룰 것이다. 이들 모두 기업 입장의 이윤 극대화 문제를 포함한다. 첫 번째 예제는 2개의 서로 다른 상품을 생산하는 기업에 관한 것이고, 두 번째는 서로 다른 2개 시장에서 팔리는 동일한 상품을 생산하는 기업에 관한 것이다.

예제

한 기업이 완전경쟁시장의 생산자이고 상품 G1과 G2를 각각 1000달러 및 800달러에 판매한다고 하자. 이들 상품을 생산하는 총비용은 다음과 같다고 하자:

$$TC = 2Q_1^2 + 2Q_1Q_2 + Q_2^2$$

여기서 Q_1과 Q_2는 각각 G1과 G2에 대한 생산량을 나타낸다. 최대이윤을 구하고, 그러한 최대이윤을 달성하는 Q_1과 Q_2를 구하라.

풀이

완전경쟁시장 생산자이므로 각 상품에 대한 가격은 시장에서 결정되며, Q_1과 Q_2에 따라 각 가격이 변하지 않는다는 점을 주지하자. 두 상품에 대한 각 가격은 1000달러 및 800달러이다. 이에 이 기업의 상품 G1 판매에 따른 총수입과 G2 판매에 따른 총수입은 다음과 같다:

$$TR_1 = 1000Q_1$$
$$TR_2 = 800Q_2$$

따라서, 두 개 상품 판매에 따른 총수입은 다음과 같다:

$$TR = TR_1 + TR_2 = 1000Q_1 + 800Q_2$$

문제에 총비용 함수가 $TC = 2Q_1^2 + 2Q_1Q_2 + Q_2^2$로 주어져 있다.

따라서, 동 기업의 이윤함수는 다음과 같다:

$$\pi = TR - TC$$
$$= (1000Q_1 + 800Q_2) - (2Q_1^2 + 2Q_1Q_2 + Q_2^2)$$
$$= 1000Q_1 + 800Q_2 - 2Q_1^2 - 2Q_1Q_2 - Q_2^2$$

이는 Q_1과 Q_2의 함수이며 최대화 문제의 목표함수가 된다. 1계 및 2계 도함수는 다음과 같이 도출된다:

$$\frac{\partial \pi}{\partial Q_1} = 1000 - 4Q_1 - 2Q_2$$

$$\frac{\partial \pi}{\partial Q_2} = 800 - 2Q_1 - 2Q_2$$

$$\frac{\partial^2 \pi}{\partial Q_1^2} = -4$$

$$\frac{\partial^2 \pi}{\partial Q_1 \partial Q_2} = -2$$

$$\frac{\partial^2 \pi}{\partial Q_2^2} = -2$$

이제 이로부터 다음의 2단계를 따라 계산해보자.

1단계

안정점에서 다음을 만족해야 한다:

$$\frac{\partial \pi}{\partial Q_1} = 0$$

$$\frac{\partial \pi}{\partial Q_2} = 0$$

즉, 다음의 연립방정식을 풀어야 한다.

$$1000 - 4Q_1 - 2Q_2 = 0$$
$$800 - 2Q_1 - 2Q_2 = 0$$

이를 다시 정리하면,

$$4Q_1 + 2Q_2 = 1000$$
$$2Q_1 + 2Q_2 = 800$$

해는 $Q_1 = 100$, $Q_2 = 300$이므로, 상기 이윤함수는 (100, 300)에서 안정점이 된다.

2단계

이 점에서 과연 다음이 성립하는지 살펴보자:

$$\frac{\partial^2 \pi}{\partial Q_1^2} < 0, \ \frac{\partial^2 \pi}{\partial Q_2^2} < 0, \ \left(\frac{\partial^2 \pi}{\partial Q_1^2}\right)\left(\frac{\partial^2 \pi}{\partial Q_2^2}\right) - \left(\frac{\partial^2 \pi}{\partial Q_1 \partial Q_2}\right) > 0$$

이 예시에서 모든 2계 도함수는 상수로 나온다. 아래 부호가 맞는 것으로 확인된 2계 도함수 옆으로 ✓ 표시를 하였다.

$$\frac{\partial^2 \pi}{\partial Q_1^2} = -4 < 0 \qquad ✓$$

$$\frac{\partial^2 \pi}{\partial Q_2^2} = -2 < 0 \qquad ✓$$

$$\left(\frac{\partial^2 \pi}{\partial Q_1^2}\right)\left(\frac{\partial^2 \pi}{\partial Q_2^2}\right) - \left(\frac{\partial^2 \pi}{\partial Q_1 \partial Q_2}\right) = (-4)(-2) - (-2)^2 = 4 > 0 \qquad ✓$$

결국, 이 기업은 G1을 100 단위, G2를 300 단위 생산할 때 이윤이 최대화된다. 이를 이윤함수 π에 대입하면,

$$\pi = 1000(100) + 800(300) - 2(100)^2 - 2(100)(300) - (300)^2 = 170,000$$

따라서, 동 기업의 최대이윤은 170,000달러이다.

실전문제

2. 한 기업이 상품 G1 및 G2에 대한 독점적 생산자라고 하자. 이 경우 각각의 가격은 다음의 수요 함수에 따라서 각각 Q_1 및 Q_2에 의존하여 결정된다.

$$P_1 = 50 - Q_1$$
$$P_2 = 95 - 3Q_2$$

이 기업의 총비용 함수가 $TC = Q_1^2 + 3Q_1 Q_2 + Q_2^2$라고 하자.
그러면, 이 기업의 이윤함수는 다음과 같다:

$$\pi = 50Q_1 - 2Q_1^2 - 95Q_2 - 4Q_2^2 - 3Q_1 Q_2$$

이로부터 이윤 π를 최대화하는 Q_1과 Q_2를 찾고 이를 달성하는 각 가격을 도출하라.

예제

한 기업이 하나의 상품을 생산하는 데 소비자 고객 시장과 기업 고객 시장 각각에 대해서 서로 다른 가격을 책정할 수 있다고 하자. 소비자 고객 시장에서의 가격과 수요량을 P_1 및 Q_1이라고 할 때 소비자 시장 수요 함수는 다음과 같다고 하자:

$$P_1 + Q_1 = 500$$

마찬가지로 기업 고객 시장의 가격과 물량을 각각 P_2 및 Q_2라고 할 때, 기업 고객 시장에서 수요 함수는 다음과 같다고 하자:

$$2P^2 + 3Q^2 = 720$$

총생산물 Q에 대한 총비용 함수는 다음과 같다고 하자:

$$TC = 50,000 + 20Q, \text{ 여기서 } Q = Q_1 + Q_2$$

이 기업의 이윤을 최대화하기 위한 가격차별을 전제로 한 가격 결정 정책을 설명하고, 최대이윤을 구하라.

풀이

가격차별 이슈는 앞서 제4.7절에서 다룬 바 있다. 이 문제는 그 절에서 다루었던 가격차별 문제와 다르지 않다. 우리는 제4.7절의 방식과 지금 설명하는 방식 두 가지를 비교해볼 수도 있다.

지금 우선 필요한 사항은 이윤을 Q_1 및 Q_2의 함수로 나타낸 후 편미분을 이용하여 최대점을 찾는 것이다.

소비자 고객 시장의 수요 함수는 $P_1 + Q_1 = 500$이므로 이로부터 $P_1 = 500 - Q_1$를 얻을 수 있고, 다음과 같은 이 시장에 대한 총수입 함수를 얻는다:

$$TR_1 = P_1 Q_1 = (500 - Q_1)Q_1 = 500Q_1 - Q_1^2$$

기업 고객 시장에 대해서는 $2P_2 + 3Q_2 = 720$로부터 $P_2 = 360 - 3/2Q_2$를 얻어 다음과 같은 이 시장에 대한 총수입 함수를 도출한다:

$$TR_2 = P_2 Q_2 = (360 - 3/2Q_2)Q_2 = 360Q_2 - 3/2Q_2^2$$

따라서, 양 시장으로부터 얻는 총수입 함수는 다음과 같다:

$$TR = TR_1 + TR_2 = 500Q_1 - Q_1^2 + 360Q_2 - 3/2Q_2^2$$

이 기업의 총비용 함수는 다음과 같이 주어져 있다:

$$TC = 50,000 + 20Q, \ Q = Q_1 + Q_2$$

이는 다시 다음과 같이 기술할 수 있다:

$$TC = 50,000 + 20(Q_1 + Q_2) = 50,000 + 20Q_1 + 20Q_2$$

이상으로부터, 이 기업의 이윤함수는 다음과 같다:

$$\pi = TR - TC$$
$$= (500Q_1 - Q_1^2 + 360Q_2 - 3/2Q_2^2) - (50,000 + 20Q_1 + 20Q_2)$$
$$480Q_1 - Q_1^2 + 340Q_2 - 3/2Q_2^2 - 50,000$$

이는 최대화 대상이 되는 함수이며 Q_1과 Q_2의 함수이다.

1계 및 2계 도함수들은 다음과 같다:

$$\frac{\partial \pi}{\partial Q_1} = 480 - 2Q_1$$

$$\frac{\partial \pi}{\partial Q_2} = 340 - 3Q_2$$

$$\frac{\partial^2 \pi}{\partial Q_1^2} = -2$$

$$\frac{\partial^2 \pi}{\partial Q_1 \partial Q_2} = 0$$

$$\frac{\partial^2 \pi}{\partial Q_2^2} = -3$$

이제 다음의 두 단계를 따르자.

1단계

$$\frac{\partial \pi}{\partial Q_1} = 0$$

$$\frac{\partial \pi}{\partial Q_2} = 0$$

로부터

$$480 - 2Q_1 = 0$$
$$340 - 3Q_2 = 0$$

를 얻을 수 있다. 이 연립방정식은 변수가 분리되면서 매우 쉽게 풀린다.

즉, $Q_1 = \dfrac{480}{2} = 240$ 및 $Q_2 = \dfrac{340}{3}$이다.

2단계

최소점 조건은 다음과 같이 파악된다:

$$\frac{\partial^2 \pi}{\partial Q_1^2} = -2 < 0$$

$$\frac{\partial^2 \pi}{\partial Q_2^2} = -3 < 0$$

$$\left(\frac{\partial^2 \pi}{\partial Q_1^2}\right)\left(\frac{\partial^2 \pi}{\partial Q_2^2}\right) - \left(\frac{\partial^2 \pi}{\partial Q_1 \partial Q_2}\right)^2 = (-2)(-3) - 0^2 = 6 > 0$$

이 문제에서는 이 독점 기업의 생산량이 아니라, 각 상품에 대한 이윤 최대화를 위한 최적 가격을 구해야 한다. 이는 $Q_1 = 240$ 및 $Q_2 = \frac{340}{3}$를 각 수요 함수에 대입하여 구할 수 있다.

즉, 소비자 고객 시장에서는 $P_1 = 500 - Q_1 = 500 - 240 = 260$(달러), 기업 고객 시장에서는

$P_2 = 360 - \frac{3}{2}Q_1 = 360 - \frac{3}{2}\left(\frac{340}{3}\right) = \$190$(달러)의 각 최적 가격을 구할 수 있다. 마지막으로 상기 Q_1과 Q_2를 이윤함수 π에 대입한다.

따라서, 최대 이윤은 26,866.67달러이다.

실전문제

3. 한 기업이 국내 및 해외 시장에 대해서 서로 다른 가격 책정이 가능한 가격차별이 가능하다고 하자. 각 시장에 대한 수요 함수는 다음과 같다고 하자:

$$Q_1 = 300 - P_1$$
$$Q_2 = 400 - 2P_2$$

한편, 총비용 함수는 다음과 같다:

$$TC = 5000 + 100Q, \text{ 여기서 } Q = Q_1 + Q_2$$

이 기업의 가격차별 정책하에서 이윤을 최대화하는 각 시장에서의 최적 가격을 구하고, 이때 달성되는 최대이윤을 구하라.

[이 문제는 사실 앞서 제4.7절의 실전문제 2(a)에서 다룬 적이 있다.]

> **주요 용어**
>
> **안장점(Saddle point)**　말안장의 중심과 같이 최소점도 아니고 최대점도 아닌 안정점.
>
> **최대점(Maximum point)**　함수에서 가장 높은 함숫값을 갖는 독립변수 값으로 그 근방에서 산꼭대기 같은 모양.
>
> **최소점(Minimum point)**　함수에서 가장 낮은 함숫값을 갖는 독립변수 값으로 그 근방에서 움푹 파인 그릇의 바닥과 같은 모양.

연습문제 5.4

1. (a) 다음 함수의 1계 도함수 $\dfrac{\partial z}{\partial x}$ 및 $\dfrac{\partial z}{\partial y}$ 를 구하고, 안정점을 찾으라.

$$z = 2x^2 + y^2 - 12x - 8y + 50$$

   (b) 상기 함수의 2계 도함수 $\dfrac{\partial^2 z}{\partial x^2}$, $\dfrac{\partial^2 z}{\partial y^2}$ 및 $\dfrac{\partial^2 z}{\partial x \partial y}$ 를 구하고, 안정점이 최소점인지 파악하라.

2. 다음 함수의 안정점을 찾고 특성을 파악하라.

   (a) $f(x, y) = x^3 + y^3 - 3x - 3y$

   (b) $f(x, y) = x^3 + 3xy^2 - 3x^2 - 3y^2 + 10$

3. 2개 상품을 생산하는 한 기업의 이윤함수가 다음과 같다:

$$\pi = 24Q_1 - Q_1^2 - Q_1 Q_2 - 2Q_2^2 + 33Q_2 - 43$$

   이윤을 극대화하는 생산량 수준을 구하라. 안정점에서 최대인지 여부를 2계 도함수를 이용하여 판단하라.

4. 한 기업은 완전경쟁시장의 생산자이고, 2개 상품 G1과 G2를 생산하여 각각 70달러 및 50달러에 판매하고 있다. 이들 상품을 생산하는 데 따른 총비용 함수는 다음과 같다:

$$TC = Q_1^2 + Q_1 Q_2 + Q_2^2$$

   여기서, Q_1 및 Q_2는 상품 G1과 G2에 대한 생산량 수준을 나타낸다. 이윤을 최대화하는 Q_1과 Q_2의 값을 구하고, 달성되는 최대이윤을 구하라.

5. 한 개인의 효용함수가 다음과 같다:

$$U = 260x_1 + 310x_2 + 5x_1 x_2 - 10x_1^2 - x_2^2$$

여기서 x_1은 주당 시간으로 측정되는 휴식의 양, x_2는 주당 달러로 측정되는 소득을 나타낸다. 효용 U를 최대화하는 x_1과 x_2를 구하고, 이 사람의 노동을 주당 1시간 사용하는 데 따라 지급해야 하는 주 1시간당 최소 임금을 구하라.

6. 한 독점적 생산자가 2개 공장에서 서로 동일한 생산물을 생산한다고 하자. 각 공장의 비용함수는 다음과 같다:

$$\text{TC}_1 = 8Q_1, \ \text{TC}_2 = Q_2^2$$

이 생산물에 대한 수요 함수는 $P = 100 - 2Q$이다. 여기서 $Q = Q_1 + Q_2$

이 독점 생산자의 이윤을 최대화하는 Q_1과 Q_2의 수준을 구하라.

7. 서로 다른 수요 함수 $P_1 = 32 - Q_1$ 및 $P_2 = 40 - 2Q_2$를 갖는 2개의 분할된 시장에서 생산물을 판매하는 독점적 생산자를 고려하자. 총비용 함수는 $\text{TC} = 4(Q_1 + Q_2)$이다.

(a) 이윤함수가 다음과 같음을 보여라:

$$\pi = 28Q_1 + 36Q_2 - Q_1^2 - 2Q_2^2$$

(b) 이윤을 최대화하는 Q_1과 Q_2의 수준 및 최대이윤을 구하라. 2계 도함수를 이용하여 최대점 조건 성립 여부를 파악하라.

8. (a) 앞서 문제 7에서 등장하는 독점자가 더 이상 두 시장 간 차별을 못 하게 되었다고 하자. 따라서, 양 시장에 동일한 가격 P를 설정해야 한다. 양 시장의 수요 Q_1과 Q_2를 합한 총수요 Q에 대한 수요 함수는 다음과 같음을 보여라:

$$Q = 52 - \frac{3}{2}P$$

또한, 이윤함수는 $\pi = \frac{1}{3}(92Q - 2Q^2)$임을 보여라.

(b) 상기 (a)에서 최대이윤을 도출하라. 가격차별이 불가능해짐에 따른 기업의 이윤 감소를 구하라.

연습문제 5.4*

1. 다음 함수의 안정점을 찾고 특성을 파악하라.

(a) $f(x, y) = x^3 + x^2 - xy + y^2 + 10$

(b) $f(x, y) = (2xy + y^2)e^x$

(c) $f(x, y) = x^2 - y^2 - 4xy - y^3$

2. 한 기업의 생산함수가 $Q=2L^{1/2}+3K^{1/2}$로 주어졌다고 하자. 여기서 Q, L, K는 각각 생산량, 노동(의 투입량), 자본(의 투입량)을 의미한다. 이 기업의 이윤함수는 $\pi=16L^{1/2}+24K^{1/2}-2L-K$임을 보여라. 최대이윤을 구하고, 이를 달성하는 L과 K를 구하라.

3. 한 기업이 EU 고객에 비해 비 EU 고객에게 50달러의 가격을 더 부과한다고 하자. EU 시장 및 비 EU 시장의 수요 함수는 $20P+Q=5000$로 동일하다고 하자. 생산에 따른 총비용 함수는 $TC=40Q+2000$이다. 여기서 Q는 총수요이다. 이 기업의 가격차별에 따른 최대이윤을 구하라.

4. 한 기업이 생산하는 생산물에 대한 국내 시장과 해외 시장에서의 각 서로 다른 수요 함수가 다음과 같다고 하자:

$$P_1=50-5Q_1, \quad P_2=30-4Q_2$$

총비용 함수는 $TC=10+10Q$라고 하자. (여기서 $Q=Q_1+Q_2$)

가격차별하에서 이 기업의 이윤을 극대화하는 각 시장에서의 가격을 구하라. 이때 달성되는 최대이윤을 구하라.

[앞서 연습문제 4.7*의 문제 3(a)에서 이 문제를 다룬 바 있다.]

5. 한 기업이 두 개의 분할된 시장에서 하나의 상품을 생산하여 판매한다. 두 시장에서 서로 다른 수요 함수는 각각 다음과 같다:

$$P_1+2Q_1=100, \quad 2P_2+Q_2=2a$$

총비용 함수는 다음과 같다:

$$TC=500+10Q \text{ (여기서 } Q=Q_1+Q_2)$$

(a) 가격차별하에서 이윤을 극대화하는 가격을 a의 식으로 기술하라.

(b) 가격차별이 허용되지 않을 때, 이윤을 극대화하는 가격을 a의 식으로 기술하라. 이로부터, a와 무관하게 가격차별하의 이윤이 그렇지 못할 때 이윤보다 항상 크다는 점을 보여라.

6. (a) 한 기업의 생산함수가 $Q=f(K, L)$이라고 하자. 산출물, 자본, 노동에 대한 가격이 각각 p, r, w라고 하자. 이 기업의 이윤함수는 다음과 같음을 보여라:

$$\pi(K, L)=pf(K, L)-rK-wL$$

안정점에서 다음이 성립함을 보여라:

$$\frac{\partial f}{\partial K} = \frac{r}{p}, \quad \frac{\partial f}{\partial L} = \frac{w}{p}$$

이들 결과를 경제학적으로 해석하라.

(b) 상기 (a)의 결과를 이용하여 생산함수가 $Q = K^{1/2} L^{1/2}$이고, $p=24$, $r=1.5$, $w=8$일 때, 이윤을 극대화하는 K와 L을 구하라. 이 결과가 최대점인지 2계 도함수를 이용하여 판단하라.

7. 상품 1과 2를 생산하는 한 생산자를 고려하자. 상품 i에 대한 생산량은 Q_i이고 가격은 p_i라고 하자. 상품 i에 대한 생산비용은 $c_i Q_i^2$이라고 하자. 이 기업의 이윤함수는 다음과 같음을 보여라:

$$\pi(Q_1, Q_2) = p_1 Q_1 + p_2 Q_2 - c_1 Q_1^2 - c_2 Q_2^2$$

이윤 π를 최대화하는 Q_1과 Q_2의 값을 구하고, 2계 도함수를 이용하여 최대점 조건 만족 여부를 파악하라. 최대이윤을 구하라.

8. 상품 A와 B에 대한 가격을 각각 p와 q라고 하자. 상품 A를 x개, 상품 B를 y개 생산하는 데 따른 총비용은 다음과 같다:

$$\text{TC} = 4x^2 + 2y^2 + 2xy + 100$$

이윤을 최대화하는 x와 y를 구하라.

SECTION 5.5

제약 있는 최적화

> **목표**
>
> 이 절을 공부한 후에는 다음을 할 수 있다:
> - 제약하의 최적화를 그림으로 해석한다.
> - 한 기업이 비용 제약하에 생산 최대화를 하면, 각 생산요소에 대해서 각 요소가격 대비 한계생산성이 동일함을 보인다.
> - 소비자가 예산 제약하에 효용 최대화를 하면, 각 상품에 대해서 각 상품 대비 한계효용이 동일함을 보인다.
> - 경제학에서 제약이 있는 최대화 문제를 풀기 위해 제약식을 대입하여 푸는 방법을 이용한다.

> **조언**
>
> 이 절에서는 대입법을 설명하기에 앞서 몇 가지 이론적 논의를 한다. 이 책을 처음 볼 때는 이론 부분은 넘어가서 예제부터 시작해도 좋다.

제5.4절에서 다음과 같은 이변수 함수의 최적화(최대화 또는 최소화)를 다루었다:

$$z = f(x, y)$$

여기서 x와 y는 어떠한 값이라도 가질 수 있었다.[22] 하지만, 앞 절의 서두에 언급했듯이, 그러한 전제는 많은 실제 경제적 상황에서 비현실적이다. 효용을 최대화하고자 하는 개인은 소득 제약에 처하게 되며, 생산량을 최대화하고자 하는 기업도 비용 제약에 처하게 된다.

일반적으로, 최적화 대상 함수 $z = f(x, y)$를 목적함수(objective function)라고 부른다. 이러한 최적화에 제약 $\varphi(x, y) = M$이 결부된다. 이전 절에서는 무조건(비제약) 함수 $f(x, y)$를

---

22 [옮긴이주] 여기서 어떠한 값이라도 가질 수 있다는 것은 실수(real numbers) 내에서 그렇다는 말이다. 보다 확장하여 $a + bi$(여기서 $i = \sqrt{-1}$) 형태의 복소수(complex numbers)까지도 다룰 수 있다. 그러나, 복소수나 복소(수)함수는 이 책의 범위를 크게 뛰어넘는다. 기본적으로 이 책에서는 실가 함수(real valued function)만을 다룬다. 즉, 독립변수도 실수이고 종속변수도 실수이다.

최대화 또는 최소화하는 점 (x, y)를 찾는 것이었다. 하지만, 이 절에서는 그러한 점 (x, y)가 반드시 제약 조건 $\varphi(x, y) = M$를 만족해야 한다.

그림을 이용하여 살펴보면 더욱 명확하다. 특별한 경우로 $Q = f(K, L)$의 생산함수를 지닌 한 기업이 생산량을 최대화하고자 한다고 하자. 자본 K와 노동 L의 사용에 따라 지불하는 가격을 P_K 및 P_L이라고 하자. 그러면, 자본을 K 단위, 노동을 L 단위 사용하는 데 따른 비용은 다음과 같다:

$$P_K K + P_L L$$

이 기업이 정해진 재원 M을 이러한 생산요소 구입 및 사용에 지출한다면, $P_K K + P_L L = M$이 될 것이다.

결국 문제는 다음의 목적함수를 최대화하는 것인데,

$$Q = f(K, L)$$

단 다음과 같은 비용 제약이 있는 것이다:

$$P_K K + P_L L = M$$

그림 5.10에 나타낸 전형적인 등량곡선 지도를 보자. 하나의 등량곡선 상의 임의의 점은 동일한 산출량(생산량)이 나오는 자본과 노동의 조합이다. 생산량이 커질수록 등량곡선은 원점에서 멀어진다. 이 그림에 비용 제약을 나타내는 직선이 그려져 있다. 이를 등비용곡선(isocost curve)이라고 한다. 이는 동일한 생산비용 M이 들게 하는 자본 K 투입량과 노동 L 투입량의 모든 조합을 나타내는 것이다.

그림에 그려진 직선은 $P_K K + P_L L = M$를 만족하는 (K, L)을 그린 것이다. 이로부터 그림에 나타난 직선의 K축 절편은 M/P_K이고 기울기는 $-P_L/P_K$임을 알 수 있다. 그림으로 보면, 우리가 지금 다루는 제약하의 문제는 결국 생산량을 최대화하는 등비용곡선 상의 점을 선택하는 것이다. 바로 그 점에 이 그림에서 점 A로 표시되어 있다. 점 A는 분명히 주어진 등비용 곡선 상에 있으면서 생산량을 최대화하고 있다. 그 등비용곡선 상의 점 A와는 다른 점을 지나는 등량곡선은 더 낮은 생산량을 나타내고 있다는 점을 주목하라. 결과적으로 점 A는 그 점에서 등비용곡선과 등생산곡선이 접하게 된다.

앞서, 등비용곡선의 기울기가 $-P_L/P_K$라고 하였다. 제5.2절에서 한계기술대체율 MRTS를 등량곡선의 기울기에 대해서 부호를 반대로 취하여 정의한 바 있다. 따라서, 점 A에서는 다음이 성립한다.

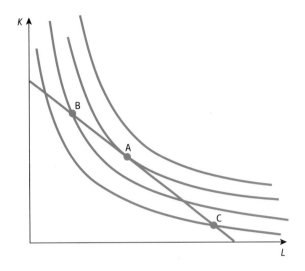

그림 5.10.

$$\frac{P_L}{P_K} = \text{MRTS}$$

또한, $\text{MRTS} = \dfrac{\text{MP}_L}{\text{MP}_K}$ 이므로, 다음을 얻을 수 있다:

$$\frac{P_L}{P_K} = \frac{\text{MP}_L}{\text{MP}_K}$$

생산요소 가격의 비율은 각 생산요소의 한계생산성 비율과 같다.

상기 식을 다시 다음과 같이 정리해보자:

$$\frac{\text{MP}_L}{P_L} = \frac{\text{MP}_K}{P_K}$$

이로부터, 생산량이 비용 제약하에 최대화되면 다음을 알 수 있다.

각 생산요소 가격 대비 각 생산요소의 한계생산성은 모두 같다.

한계생산성은 생산요소의 1단위 추가적 투입에 따른 산출물의 증가분을 나타낸다. 따라서, 이러한 최적화에 따른 결과는 노동을 투입하기 위해 지불되는 마지막 달러로 인해 나오는 추가적 산출물이 자본을 투입하기 위해 지불되는 마지막 달러로 인해 나오는 추가적 산출물과 동일하다는 것을 의미한다.

앞서 주로 생산함수에 초점을 두어 논의했으나, 유사한 상황이 효용최대화 문제에서도 나타난다. 다음의 효용함수를 고려하자.

$$U = U(x_1, x_2)$$

여기서, x_1과 x_2는 각 상품 G1과 G2에 대한 구입·소비량을 나타낸다. 이들 상품 가격을 각각 P_1 및 P_2라고 하고, 이 소비자의 이들 상품 구입에 가용한 재원이 M이라고 하자. 그러면, 이에 따른 예산 제약은 다음과 같다:

$$P_1 x_1 + P_2 x_2 = M$$

이는 앞서 생산함수 사례에서의 비용 제약 역할을 한다. 아울러, 지금 논의하는 효용함수의 무차별 곡선은 생산함수 사례로 치면 등량곡선에 해당한다. 결국, 무차별 곡선 지도에 예산 제약식을 부과하여 분석하는 문제인 것이다. 다소 다른 점은 L축과 K축을 x_1축과 x_2축으로 묘사하였을 뿐이다. 이 문제에서도 결국 최대점에서 예산 제약식과 무차별곡선이 접하게 된다. 따라서, 다음이 성립한다.

$$\frac{P_1}{P_2} = \text{MRCS}$$

제5.2절에서 우리는 다음을 도출한 바 있다:

$$\text{MRCS} = \frac{\partial U / \partial x_1}{\partial U / \partial x_2}$$

편미분 $\partial U / \partial x_i$를 U_i로 표시해보자. 그러면,

$$\frac{P_1}{P_2} = \frac{U_1}{U_2}$$

즉,

> **각 상품의 가격 간 비율은 각 한계효용 간 비율과 같다.**

이를 재정리하면, 다음과 같다:

$$\frac{U_1}{P_1} = \frac{U_2}{P_2}$$

따라서, 예산 제약하의 효용 극대화 문제에 있어,

각 상품 가격 대비 한계효용의 비율은 모든 상품에 대해서 동일하다.

개인소비주체는 각 상품 구매·소비에 있어 예산을 상기 방식으로 배분한다. 즉, 각 상품에 대한 마지막 달러 소비로 인한 추가적 효용이 동일할 때 그 효용이 최대화된다. 이러한 환경에서 소비자는 정해진 예산 내에서 소비에 따른 만족감 최대화를 달성할 수 있다. 그러면서, 소득은 모두 소진하게 된다. 이러한 소비자 선택의 균형은 외생적 조건인 소득이나 각 상품 가격 등이 달라지면 당연히 영향을 받게 된다. 예를 들어, 갑자기 P_1이 상승했고, P_2나 M은 변화가 없다고 하자. 그러면, $\dfrac{U_1}{P_1}=\dfrac{U_2}{P_2}$였던 상태가 $\dfrac{U_1}{P_1}<\dfrac{U_2}{P_2}$가 된다. 즉, 균형이 더 이상 성립하지 않는다. 소비자는 P_1의 상승으로 마지막 지출되는 달러가 상품 G1을 이전만큼 많이 살 수 없다. 그러나 마지막 달러를 갖고 G1을 덜 그리고 G2를 더 구입하여 효용을 증가시킬 수도 있다. 한계효용체감의 법칙에 따라서, U_1은 증가하고 U_2는 감소한다. 결국, 이러한 예산의 재배정이 각 가격 대비 한계효용이 같아지는 수준까지 이루어지고, 균형은 다시 달성된다.

그림을 이용하여 제약하의 최적화에 대해서 쉽게 이해할 수 있다. 이는 미시경제학에서 자주 등장하는 결과들을 이해하는 데에도 도움이 된다. 그러나, 단지 그림만으로 그러한 문제를 풀기는 어렵다. 특히, 특정 생산함수나 효용함수에서 정확한 등량곡선이나 무차별곡선을 정확히 그리는 것은 매우 어렵다. 이제 우리는 대입법(method of substitution)을 공부하도록 한다.

이를 설명하기 위해 다음의 최적화 문제를 고려하자:

목적함수 $z=-2x^2+y^2$의 최소화

단 $y=2x-1$의 제약[23]

아래에서 보듯, 제약을 목적함수에 대입할 수 있다.

$$
\begin{aligned}
z &= -2x^2 + (2x-1)^2 \\
&= -2x^2 + 4x^2 - 4x + 1 \\
&= 2x^2 - 4x + 1
\end{aligned}
$$

---

23 [옮긴이주] 상기 문제를 아래와 같이 간략히 표기하기도 한다. (아래에서 min는 최소화하라는 의미이고, s.t.는 such that 또는 subject to의 약자이다.)

$$\min_{x,y} \ z=-2x^2+y^2$$
$$\text{s.t.}$$
$$y=2x-1$$

이러한 연산으로 인해 z에 어떤 변화가 생겼는지 주목하라. 이제 z는 x와 y의 함수가 아니고, 일변수 x만의 함수이다. 결국, z의 최솟값을 찾는 문제는 제4장에서 다룬 방법을 이용하면 되는 것이다.

안정점에서 다음이 성립한다:

$$\frac{\mathrm{d}z}{\mathrm{d}x} = 0$$

따라서, $x=1$이다. 2계 도함수를 구하여 $x=1$을 대입하면,

$$\frac{\mathrm{d}^2 z}{\mathrm{d}x} = 4 > 0$$

이로부터 $x=1$은 최소점인 안정점이라는 걸 알 수 있다. 이제 다시 $x=1$을 대입하여 그 점에서 z의 값을 구하면,

$$z = 2(1)^2 - 4(1) + 1 = -1$$

따라서, z의 최솟값은 -1이다. 나아가, 이러한 최솟값을 달성하게 하는 y의 값도 $x=1$을 제약식이었던 $y=2x-1$에 대입하여 얻을 수 있다. 즉, $y=1$이다.

결과적으로, 목적함수 z는 점 $(1, 1)$에서 최솟값 -1을 갖는다. 다시 앞서 기술했던 다음의 최적화 문제를 고려하여, 이를 대입법으로 푸는 방법을 알아보자.

목적함수: $z=f(x, y)$
제약: $\varphi(x, y)=M$

1단계

제약식 $\varphi(x, y)=M$를 정리하여 y를 x의 식으로 나타내라.

2단계

앞 단계에서 얻어진 y를 목적함수 $z=f(x, y)$에 대입하여, z를 일변수 x만의 함수로 나타내라.

3단계

일변수 함수의 최대화 이론을 이용하여 안정점을 구하고, 그 특성을 파악한다.

실전문제

1. 다음의 목적함수를 제약 $y=x$를 고려하여, 최댓값을 구하라.

$$z = 2x^2 - 3xy + 2y + 10$$

조언

위의 세 가지 단계 중 가장 어려운 것은 1단계이다. 여기서 제약식을 잘 정리하여 변수 y를 변수 x의 식으로 기술해야 한다. 앞서, 실전문제 1에서는 그 과정이 너무 쉬웠다. 제약식이 선형이고 그 식마저 $y=x$로 간단하기 때문이다.

일반적으로 제약식이 반드시 선형인 것은 아니다. 그래서, 1단계에서 식의 정리가 매우 어려울 수 있다는 점을 염두에 두어야 한다. 때로는 x를 y의 식으로 나타내어 푸는 것이 편리하고 적합할 수 있다. 그러나, 어느 방향으로 해야 한다는 특별한 원칙은 없다.

하지만, 1단계만 해결되면 이후의 최적화 문제를 푸는 과정은 쉽고 빠르게 가능하다.

대입법을 설명하기 위해 아래 두 가지 생산함수를 포함하는 경제학 예제를 풀어보고자 한다. 첫 번째 문제에서는 비용 제약하에 산출량을 최대화하는 문제, 두 번째 문제는 산출량 제약하에 비용을 최소화하는 문제이다.

예제

한 기업의 생산함수가 $Q=4LK+L^2$이며, 자본 K와 노동 L에 대한 가격이 각각 1달러 및 2달러라고 하자. 생산요소 구입에 투입할 수 있는 총비용이 105달러일 때, 최대 산출량 및 이를 달성하는 자본 투입량과 노동 투입량을 구하라. 아울러, 최대점에서 가격 대비 한계생산성의 비율이 각 생산요소에 대해서 동일한지 점검하라.

풀이

비용 제약식은 $K+2L=105$이다. 결국 이러한 제약하에서 목적함수 $Q=4LK+L^2$를 최대화하는 문제이다.

1단계

$$K = 105 - 2L$$

2단계

$$Q = 4L(105 - 2L) + L^2 = 420L - 7L^2$$

이제 Q는 일변수 L만의 함수이다.

3단계

$\dfrac{\mathrm{d}Q}{\mathrm{d}L} = 0$로부터 $420 - 14L = 0$. 따라서, $L = 30$.

이를 다시 2계 도함수에 대입해보자. 그러면, $\dfrac{\mathrm{d}^2 Q}{\mathrm{d}L^2} = -14 < 0$.

따라서, $L = 30$은 최대점인 안정점이다.

최대 산출량은 $L = 30$를 대입하여 얻는다. 즉,

$$Q = 420L - 7L^2$$
$$Q = 420(30) - 7(30)^2 = 6300$$

한편, 이러한 생산량을 달성하게 하는 자본 투입량은 제약 $K = 105 - 2L$에 역시 $L = 30$을 대입하여 얻는다.

$$K = 105 - 2(30) = 45$$

결과적으로, 이 기업은 노동 30 단위, 자본 45 단위를 투입하여 생산할 때 비용 제약을 만족하면서 최대의 생산량 6300 단위를 산출할 수 있다.

다음으로, 가격 대비 한계생산성 비율이 각 요소마다 동일한지 살펴보자. 우선, $Q = 4LK + L^2$로부터 $\mathrm{MP}_L = \dfrac{\partial Q}{\partial L} = 4K + 2L$ 및 $\mathrm{MP}_K = \dfrac{\partial Q}{\partial K} = 4L$를 얻을 수 있다.

따라서, 최적점에서는 $\mathrm{MP}_L = 4(45) + 2(30) = 240$ 및 $\mathrm{MP}_K = 4(30) = 120$이 된다.

이로부터 다음을 알 수 있다:

$$\frac{\mathrm{MP}_L}{P_L} = \frac{240}{2} = 120$$

$$\frac{\mathrm{MP}_K}{P_K} = \frac{120}{1} = 120$$

이들 두 가지는 동일한 값을 갖는다.

실전문제

2. 한 개인의 다음과 같은 효용함수를 고려하자:

$$U = x_1 x_2$$

여기서 x_1과 x_2는 상품 G1과 G2의 구매·소비량을 나타낸다. 각 상품 가격이 각각 2달러 및 10달러이다. 이 소비주체는 소비에 가용한 자원이 총 400달러라고 하자. 효용을 극대화하는 x_1과 x_2를 구하라. 최적점에서 두 상품에 대해서 가격 대비 한계효용이 동일한지 검토하라.

예제

생산함수가 다음과 같은 한 기업을 고려하자:

$$Q = 2K^{1/2}L^{1/2}$$

자본과 노동의 가격은 각각 4달러 및 3달러이다. 이 기업이 160 단위의 산출물을 반드시 생산한다는 전제하에 생산요소 구입에 들어가는 총비용을 최소화하는 자본 투입량과 노동 투입량을 구하라.

풀이

총비용은 TC $= 4K + 3L$이다. 산출량 제약으로 $2K^{1/2}L^{1/2} = 160$가 만족되어야 한다. 결국은 다음의 문제를 푸는 것이다:

> 목적함수: TC $= 4K + 3L$
> 제약: $2K^{1/2}L^{1/2} = 160$

1단계

제약식에서 L을 K의 함수로 나타내보자: $L^{1/2} = \dfrac{80}{K^{1/2}}$ 로부터 $L = \dfrac{6400}{K}$

2단계

상기 L을 TC에 대입하면, TC $= 4K + \dfrac{19200}{K}$이다.

이제 TC는 일변수 K만의 함수이다.

3단계

$\dfrac{\mathrm{dTC}}{\mathrm{d}K} = 0$로부터 $4 - \dfrac{19\,200}{K^2} = 0$이며, $K = \sqrt{4800} = 69.28$이 된다.

TC의 2계 도함수에 이를 대입해보자.

$$\frac{\mathrm{d}^2\mathrm{TC}}{\mathrm{d}K^2} = \frac{38\,400}{K^3} > 0$$

이 식이 0보다 큰 것은 $K > 0$이기 때문이다. 결국, 안정점은 최소점인 것을 알 수 있다. 마지막으로, $K = 69.28$을 제약식에 대입하여 최소점을 달성하는 L도 구해보자.

$$L = \frac{6400}{\mathrm{K}} = \frac{6400}{69.28} = 92.38$$

실전문제

3. 다음과 같은 한 기업의 총비용 함수를 고려하자:

$$\mathrm{TC} = 3x_1^2 + 2x_1 x_2 + 7x_2^2$$

여기서 x_1과 x_2는 각각 상품 G1과 G2의 생산량을 나타낸다.

이 기업이 상품 G1도 40 단위, G2도 40 단위 생산한다는 전제하에 비용을 최소화하는 x_1 및 x_2를 구하라.

주요 용어

등비용곡선(Isocost curve)　동일한 총비용을 유발하는 2개 생산요소 투입량의 모든 조합.

대입법(Method of substitution)　제약하의 최적화 문제를 푸는 데 있어, 제약식을 이용하여 목적함수에 등장하는 변수 중 한 개 변수를 제거하는 방법.

목적함수(Objective function)　제약하에서 최적화 대상 함수.

연습문제 5.5

1. (a) 식 $9x+3y=2$로부터 y를 x의 식으로 풀어라.

   (b) 함수 $z=3xy$를 제약 $9x+3y=2$하에서 극대화하는 과정에서, 앞서 (a)의 결과를 이용하여 $z=2x-9x^2$임을 보이고, z의 최댓값을 구하라. 또한, 그 최댓값을 달성하는 x와 y를 구하라.

2. 다음 제약하의 최대화 문제를 풀어라.

   목적함수: $z=6x-3x^2+2y$

   제약: $y-x^2=2$

3. 다음 제약하의 최대화 문제를 풀어라.

   목적함수: $z=80x-0.1x^2+100y-0.2y^2$

   제약: $x+y=500$

4. 한 기업의 생산함수가 $Q=50LK$라고 하자. 자본 K와 노동 L의 가격은 각각 2달러 및 3달러이다. 생산량이 반드시 1200 단위라는 전제하에 총 생산비용을 최소화하는 K와 L을 구하라.

5. 한 기업이 상품 A를 x 단위, 상품 B를 y 단위 생산할 때 총비용이 다음과 같다고 하자:

   $$TC=22x^2+8y^2-5xy$$

   이 기업이 상품 A와 B를 모두 합하여 20 단위 생산한다고 하자. 이를 제약식으로 표현하라. 이 제약하에 상기 총비용을 최소화하는 상품 A 및 상품 B에 대한 생산량을 도출하라.

6. 다음의 효용극대화 문제를 풀어라.

   목적함수(효용함수): $U=x_1x_2$

   예산 제약: $x_1+4x_2=360$

7. 한 기업이 상품 A와 상품 B를 생산한다. 상품 A를 x만큼 상품 B를 y만큼 생산하는 데 따른 주당 총비용은 다음과 같다:

   $$TC=0.2x^2+0.05y^2+0.1xy+2x+5y+1000$$

   (a) 제약이 전혀 없는 경우, 총비용 TC의 최솟값을 구하라.

   (b) 이 기업이 상품 A와 B를 합하여 500 단위 생산한다는 제약하에, 상기 TC의 최솟값을 구하라.

8. 한 기업의 생산함수가 $Q=AKL$ 라고 하자. 여기서 A는 양의 상수이다. 자본과 노동 각각의 가격이 2달러 및 1달러라고 하자. 이 기업은 이들 생산요소 구입에 총 1000 달러를 투입하고자 한다.

   (a) 비용 제약식을 기술하라.

   (b) 자본의 한계생산성과 노동의 한계생산성을 도출하라.

   (c) 최대 생산량을 달성할 때, 생산요소 가격 간 비율이 각 생산요소의 한계생산성 간 비율이 동일하다는 점을 이용하여, $L=2K$임을 보여라.

   (d) 상기 (a)와 (b)를 이용하여, 생산량 최대화를 달성하는 K와 L을 구하라.

연습문제 5.5*

1. (a) 다음의 제약하의 최소화 문제를 풀어라.

   목적함수: $z=9x^2+2y^2-3xy$

   제약: $x+y=40$

   (b) 다음의 제약하의 최대화 문제를 풀어라.

   목적함수: $-16x^2-2y^2+4x+9y+2xy$

   제약: $y=4x$

2. 한 기업의 생산함수가 $Q=10K^{1/2}L^{1/4}$라고 하자. 자본과 노동에 대한 가격이 각각 4 달러 및 5달러라고 하자. 이 기업은 생산요소 구입에 투입될 수 있는 가용 재원이 총 60달러이다. 최대 산출량을 달성하는 K와 L을 구하라.

3. 한 기업의 생산함수가 다음과 같다:

   $$Q=2L^{1/2}+3K^{1/2}$$

   여기서, Q, L, K는 각각 산출량, 노동, 자본을 나타낸다. 노동 가격은 2달러, 자본 가격은 1달러이고, 산출물 가격은 8달러이다.

   이 기업이 생산요소 구입을 위해 99달러가 있다고 하자.

   이때, 이 기업의 최대이윤 및 이를 달성하는 K와 L을 구하라.

   [연습문제 5.4*의 문제 2에서 다룬 제약이 없는 문제와 비교해보라.]

4. 한 소비자의 효용함수가 다음과 같다:

   $$U = \ln x_1 + 2 \ln x_2$$

   다음의 예산 제약하에서 효용 U를 극대화하는 x_1과 x_2를 구하라.

   $$2x_1 + 3x_2 = 18$$

5. 한 개인의 효용함수 $U = x_1 \sqrt{x_2}$ 를 고려하자. 여기서 x_1과 x_2는 각각 두 상품 각각에 대한 한 달 동안의 소비량을 나타낸다. 상품가격은 각각 2달러 및 4달러이다. 이 상품 구입을 위한 한 달 동안 예산 제약은 총 300달러이다.

   (a) 예산 제약식을 기술하라.

   (b) 예산 제약하에 효용 U의 최댓값이 500임을 보이고, 이를 달성하는 x_1과 x_2를 구하라.

   (c) 다음을 만족하는 세 가지 무차별 곡선을 하나의 평면에 그려라: $x_1 \sqrt{x_2} = 400$, $x_1 \sqrt{x_2} = 500$, $x_1 \sqrt{x_2} = 600$. 이 예산 제약하의 최대화 문제에 있어 최대치는 예산 제약을 나타내는 선이 무차별 곡선과 접한다는 것을 설명하라.

6. 한 기업이 $3K + 2L = 900$의 제약하에 산출량 $Q = K^2 L$을 최대화하고자 한다.

   (a) 최대 산출량을 달성하는 K와 L을 구하라.

   (b) 최대 산출량에 해당하는 점에서 제약식과 등량곡선이 접함을 그려라.

7. 효용함수가 $U(x_1, x_2) = \sqrt{x_1} + x_2$이고 예산 제약이 $x_2 = b - ax_1$라고 하자. 여기서 a와 b는 모두 양수이다.

   (a) 이 문제에서 최대화된 U는 $U^* = \dfrac{4ab + 1}{4a}$이다.

   (b) $\dfrac{\partial U^*}{\partial a}$와 $\dfrac{\partial U^*}{\partial b}$의 부호를 고려하여, a와 b가 각각 변화할 때 최대화된 효용 U^*는 어떻게 변화하는지 기술하라.

SECTION 5.6
라그랑지 승수

> **목표**
>
> 이 절을 공부한 후에는 다음을 할 수 있다:
> - 제약하의 최적화 문제를 풀기 위해 라그랑지 승수법을 이용한다.
> - 라그랑지 승수를 경제적으로 해석한다.
> - 비용제약하의 콥-더글러스 생산함수를 최대화하기 위해 라그랑지 승수법을 이용한다.
> - 기업이 비용 제약하에 생산량을 최대화할 때, 각 요소 가격에 대한 각 요소의 한계생산성 비율이 모두 동일함을 보이기 위해 라그랑지 승수법을 이용한다.

제약하의 최적화 문제를 풀기 위한 라그랑지 승수법을 살펴보도록 하자. 이는 비선형 제약은 물론 2개 변수 이상의 문제를 다루는 데 기본적으로 고려되는 수학적 방법론이다. 또한, 이 방법은 경제학적 문제를 다루는 데 있어서도 유용한 방법과 경제적 해석을 제공한다.

다음의 최적화 문제를 고려하자.

목적함수: $f(x, y)$

제약: $\varphi(x, y) = M$

1단계

목적함수와 제약 식을 결합하여 다음과 같은 새로운 함수를 설정하자.

$$g(x, y, \lambda) = f(x, y) + \lambda[M - \varphi(x, y)]$$

2단계

다음의 연립방정식 체계를 미지수 x, y 및 λ에 관하여 푼다.

$$\frac{\partial g}{\partial x} = 0$$

$$\frac{\partial g}{\partial y} = 0$$

$$\frac{\partial g}{\partial \lambda} = 0$$

상기 1단계에서 스칼라 λ(lambda)를 라그랑지 승수(Lagrange multiplier)라고 한다. 또한, 함수 $g(x, y, \lambda)$를 라그랑지안(Lagrangian)이라고 한다. 이러한 함수 g는 x, y, λ의 3변수 함수이다. 상기 2단계에서 1계 도함수 $\frac{\partial g}{\partial x}$, $\frac{\partial g}{\partial y}$, $\frac{\partial g}{\partial \lambda}$를 계산하여 이를 모두 0으로 놓으면 3개 미지수에 의한 3개 방정식의 연립방정식 체계를 얻게 된다. 이를 풀어서, x, y, λ를 구하면 되며 구해진 (x, y)에서 최적화된다. 또한, 그 최적점에서 구해진 λ는 특별한 의미를 갖게 된다. 이는 이후에 살펴보자.

다음 최적화 문제를 라그랑지 승수법을 이용하여 풀어보자:

목적함수: $x^2 - 3xy + 12x$
제약: $2x + 3y = 6$

1단계
라그랑지안은 다음과 같다:

$$g = x^2 - 3xy + 12x + \lambda[6 - 2x - 3y]$$

2단계

$$\frac{\partial g}{\partial x} = 2x - 3y + 12 - 2\lambda$$

$$\frac{\partial g}{\partial y} = -3x - 3\lambda$$

$$\frac{\partial g}{\partial \lambda} = 6 - 2x - 3y$$

이로부터 아래의 연립방정식을 얻는다.

$$2x - 3y + 12 - 2\lambda = 0$$
$$-3x - 3\lambda = 0$$
$$6 - 2x - 3y = 0$$

이를 풀면, $\lambda = 1$, $x = -1$, $y = 8/3$이다.

결국, 이 최적화 문제의 해는 $(-1, 8/3)$이며 이 점에서 원래 주어진 목적함수의 값은 다음과 같다:

$$x^2 - 3xy + 12x = (-1)^2 - 3(-1)(8/3) + 12(-1) = -3$$

실전문제

1. 라그랑지 승수법을 이용하여 다음의 최대화 문제를 풀어라.

목적함수: $2x^2 - xy$

제약: $x + y = 12$

상기 실전문제 1로 다시 돌아가 보자. 2단계에서 세 번째 방정식은 원래 제약식 그 자체가 된다. 이는 항상 성립하는 성질이다. 라그랑지안은 $g(x, y, \lambda) = f(x, y) + \lambda[M - \varphi(x, y)]$이고, $\dfrac{\partial g}{\partial \lambda} = M - \varphi(x, y) = 0$으로부터 $\varphi(x, y) = M$이 되기 때문이다.

예제

2개의 상품 G1과 G2를 생산하는 독점자의 총비용 함수가 $TC = 10Q_1 + Q_1 Q_2 + 10Q_2$라고 하자. 여기서 Q_1과 Q_2는 G1과 G2의 물량을 각각 나타낸다. 각 상품에 대한 가격을 P_1 및 P_2라고 할 때 각 수요 함수가 다음과 같다고 하자:

$$P_1 = 50 - Q_1 + Q_2$$
$$P_2 = 30 + 2Q_1 - Q_2$$

이 기업의 두 개 상품을 모두 합하여 15개를 생산할 경우, 이 기업의 최대화된 이윤을 구하라. 총생산량이 15개에서 16개로 1개 증가할 때, 최대화된 이윤을 계산하라.

풀이

이윤함수는 $\pi = TR - TC$이다. 여기에서 TC는 다음과 같다:

$$TC = 10Q_1 + Q_1Q_2 + 10Q_2$$

TR은 다음의 두 가지 상품에 대한 TR_1과 TR_2를 합하여 구할 수 있다.

G1 판매에 따른 수입: $TR_1 = P_1Q_1 = (50 - Q_1 + Q_2)Q_1 = 50Q_1 - Q_1^2 + Q_2Q_1$

G2 판매에 따른 수입: $TR_2 = P_2Q_2 = (30 + 2Q_1 - Q_2)Q_2 = 30Q_2 + 2Q_1Q_2 - Q_2^2$

따라서,

$$\begin{aligned} TR &= TR_1 + TR_2 \\ &= 50Q_1 - Q_1^2 + Q_2Q_1 + 30Q_2 + 2Q_1Q_2 - Q_2^2 \\ &= 50Q_1 - Q_1^2 + 3Q_1Q_2 + 30Q_2 - Q_2^2 \end{aligned}$$

이로부터,

$$\begin{aligned} \pi &= TR - TC \\ &= (50Q_1 - Q_1^2 + 3Q_1Q_2 + 30Q_2 - Q_2^2) - (10Q_1 + Q_1Q_2 + 10Q_2) \\ &= 40Q_1 - Q_1^2 + 2Q_1Q_2 + 20Q_2 - Q_2^2 \end{aligned}$$

2개 상품을 합하여 총 15개를 생산하므로 제약식은 $Q_1 + Q_2 = 15$가 된다.

결국 이 문제는 다음의 최대화 문제를 푸는 것이다:

목적함수: $\pi = 40Q_1 - Q_1^2 + 2Q_1Q_2 + 20Q_2 - Q_2^2$

제약: $Q_1 + Q_2 = 15$

1단계

$$g(Q_1, Q_2, \lambda) = 40Q_1 - Q_1^2 + 2Q_1Q_2 + 20Q_2 - Q_2^2 + \lambda(15 - Q_1 - Q_2)$$

2단계

$$\frac{\partial g}{\partial Q_1} = 0, \ \frac{\partial g}{\partial Q_2} = 0, \ \frac{\partial g}{\partial \lambda} = 0$$

이로부터 다음의 연립방정식 체계를 얻는다:

$$40 - 2Q_1 + 2Q_2 - \lambda = 0$$
$$2Q_1 + 20 - 2Q_2 - \lambda = 0$$

$$15 - Q_1 - Q_2 = 0$$

이를 풀면, $\lambda = 30$, $Q_1 = 10$, $Q_2 = 5$를 얻는다.

$Q_1 = 10$ 및 $Q_2 = 5$를 이윤 π에 대입하면,

$$\pi = 40(10) - (10)^2 + 2(10)(5) + 20(5) - 52 = 475$$

즉, 최대화된 이윤은 475가 된다.

다음으로 총생산량이 1 단위 증가할 때[24] 새로운 최대화된 이윤을 구해보자. 첫 번째 방법은 제약식에서 15를 16으로 바꾸고 문제를 다시 푸는 것이다. 그런데, 이런 방법은 지루하고 그럴 필요도 없다. 바로 라그랑지 승수 λ의 값에 근거한 편리한 방법이 있다. 이를 위해서, 총생산량 15를 M으로 바꾸어보자. 그러면, 라그랑지는 다음과 같다:

$$g(Q_1, Q_2, \lambda, M) = 40Q_1 - Q_1^2 + 2Q_1Q_2 + 20Q_2 - Q_2^2 + \lambda(M - Q_1 - Q_2)$$

이 라그랑지를 변수 M에 관하여 편미분해보자. 그러면, 다음을 얻는다:

$$\frac{\partial g}{\partial M} = \lambda$$

여기서 우리는 λ가 수학적으로도 승수이지만 경제학적으로도 승수임을 주목해야 한다. 이는 M이 1 단위 증가할 때 g의 변화를 나타낸다. 특히, 제약 $Q_1 + Q_2 = M$이 만족되면 g는 $40Q_1 - Q_1^2 + 2Q_1Q_2 + 20Q_2 - Q_2^2$이며 이는 이윤을 나타낸다. 따라서, 최적화 문제를 풀어서 나온 라그랑지 승수 값은 총생산량이 1 단위 늘어날 때 최대 이윤이 얼마나 증가하는가를 나타낸다. 이 문제에서는 $\lambda = 30$이므로 이윤은 30만큼 늘어나 505가 된다.

상기 예제에서의 λ가 갖는 의미는 일반적으로도 적용 가능하다. 다음의 최적화 문제를 다시 고려하자.

목적함수: $f(x, y)$
제약: $\varphi(x, y) = M$

이를 라그랑지 승수법을 통해 풀었을 때 나오는 λ 값은 M이 1 단위 증가할 때 최적화 함숫값 f의 변화를 나타낸다.

---

24 [옮긴이주] 즉 제약이 더욱 느슨해질 때, 즉 완화될 때.

실전문제

2. 한 소비자의 효용함수가 다음과 같다고 하자:

$$U(x_1, x_2) = 2x_1x_2 + 3x_1$$

여기서 x_1과 x_2는 각각 상품 G1과 G2에 대한 구매·소비 물량을 나타낸다. G1의 가격은 1달러, G2의 가격은 2달러라고 하자. 이 소비자의 소득이 83달러일 때 라그랑지 승수법을 이용하여 최대화된 효용을 구하고, 이 소비자의 소득이 1달러 증가할 때 새로운 최대화된 효용을 구하라.

라그랑지 승수법을 비용 제약하에 다음과 같은 일반적인 콥—더글러스 생산함수를 최대화하는 문제에 적용해보자.

목적함수: $Q = AK^\alpha L^\beta$ (여기서, A, α, β 모두 양수)

제약: $P_K K + P_L L = M$

이 문제는 특별한 수치가 부여된 문제가 아니라서 다소 어려워 보일 수 있다. 하지만, 다음 단계를 그대로 따르면 된다.

1단계

라그랑지안은 다음과 같다:

$$g = AK^\alpha L^\beta + \lambda[M - P_K K - P_L L]$$

2단계

$\dfrac{\partial g}{\partial K} = 0$, $\dfrac{\partial g}{\partial L} = 0$, $\dfrac{\partial g}{\partial \lambda} = 0$으로부터, 다음을 얻을 수 있다:

$$A\alpha K^{\alpha-1} L^\beta - \lambda P_K = 0 \tag{1}$$

$$A\beta K^\alpha L^{\beta-1} - \lambda P_K = 0 \tag{2}$$

$$M - P_K - P_L L = 0 \tag{3}$$

위의 연립방정식을 푸는 데 있어, $Q = AK^\alpha L^\beta$를 잘 이용할 필요가 있다. 즉,

$$A\alpha K^{\alpha-1}L^{\beta} = \frac{\alpha(AK^{\alpha}L^{\beta})}{K} = \frac{\alpha Q}{K}$$

$$A\beta K^{\alpha}L^{\beta-1} = \frac{\beta(AK^{\alpha}L^{\beta})}{L} = \frac{\beta Q}{L}$$

이로부터 다음을 얻을 수 있다:

$$\frac{\alpha Q}{K} - \lambda P_K = 0 \tag{4}$$

$$\frac{\beta Q}{L} - \lambda P_L = 0 \tag{5}$$

$$P_K K + P_L L = M \tag{6}$$

상기 식 (4)와 (5)로부터,

$$\lambda = \frac{\alpha Q}{P_K K} \text{ 및 } \lambda = \frac{\beta Q}{P_L L}$$

따라서,

$$\frac{\alpha Q}{P_K K} = \frac{\beta Q}{P_L L}$$

이로부터 $P_K K = \dfrac{\alpha}{\beta} P_L L$ 이며, 이를 식 (6)에 대입하여, 다음을 얻는다:

$$L = \frac{\beta M}{(\alpha + \beta)P_L}$$

그리고, 이를 다시 $P_K K = \dfrac{\alpha}{\beta} P_L L$에 대입하여 다음을 얻는다:

$$K = \frac{\alpha M}{(\alpha + \beta)P_K}$$

정리하면, 생산량 Q를 최대화하는 K와 L은 다음과 같다:

$$L = \frac{\beta M}{(\alpha + \beta)P_L}, \ K = \frac{\alpha M}{(\alpha + \beta)P_K}$$

실전문제

3. 라그랑지 승수법을 이용하여 다음의 효용최대화 문제를 풀어라.

목적함수: $U = x_1^{1/2} + x_2^{1/2}$

예산 제약: $P_1 x_1 + P_2 x_2 = M$

앞서 보여준 예제는 경제학 문제를 해결하는 데 있어 수학의 유용함을 보여주고 있다. 그림이나 표를 사용하지 않고 대수와 미적분학을 사용하는 중요한 장점은 일반성이다. 앞으로, 어떠한 형태의 제약이 부여되더라도 콥–더글러스 생산함수에 관한 문제는 앞서 설명한 예제에서 했던 방식을 그대로 따르면 된다. 일반적으로 묘사된 콥–더글러스 생산함수 문제를 푼 결과가 있다면, 구체적인 M, α, β, P_K, P_L의 값이 특정 수치로 주어진 문제를 풀기 위해서는 이들 값을 결과로 나온 일반적 공식에 대입하면 되는 것이다. 나아가 우리는 더욱 일반화된 문제를 다룰 필요도 있다. 즉, 생산함수가 $Q = AK^\alpha L^\beta$로 구체적으로 주어진 것이 아니라, $Q = f(K, L)$로 주어지는 상황이다.

앞서 제5.5절에서 그림에 의존하여 얻었던 결과를 정당화하는 데 있어서도 라그랑지 승수법을 이용할 수 있다. 이 절의 시작 부분에서 비용 제약하에서 생산량 최대화를 하면 각 생산요소 가격 대비 각 생산요소의 한계생산성은 모든 생산요소에 대해서 동일하다고 하였다. 이를 라그랑지 승수법을 이용하여 살펴보자. 다음의 문제를 고려하자:

최대화 목적함수: $Q = f(K, L)$

제약: $P_K K + P_L L = M$

라그랑지안은 다음과 같다:

$$g(K, L, \lambda) = f(K, L) + \lambda(M - P_K K - P_L L)$$

$\dfrac{\partial g}{\partial K} = 0$, $\dfrac{\partial g}{\partial L} = 0$, $\dfrac{\partial g}{\partial \lambda} = 0$로부터 다음을 얻는다:

$$\text{MP}_K - \lambda P_K = 0 \tag{1}$$

$$\text{MP}_L - \lambda P_L = 0 \tag{2}$$

$$M - P_K K - P_L L = 0 \tag{3}$$

$\dfrac{\partial f}{\partial K} = \text{MP}_K$ 및 $\dfrac{\partial f}{\partial L} = \text{MP}_L$ 임을 주목하라.

식 (1)과 (2)로부터,

$$\lambda = \frac{\text{MP}_K}{\text{P}_K}, \quad \lambda = \frac{\text{MP}_L}{\text{P}_L}$$

결국, 다음의 중요한 결과를 얻을 수 있다.

$$\frac{\text{MP}_K}{\text{P}_K} = \frac{\text{MP}_L}{\text{P}_L}$$

주요 용어

라그랑지 승수(Lagrange multiplier) 라그랑지안에 등장하는 변수 λ이며 경제학에서 라그랑지 승수는 제약이 1 단위 느슨해질(완화될) 때 최적화된 함숫값의 변화를 측정한다.

라그랑지안(Lagrangian) 목적함수가 $f(x, y)$이고, 제약이 $\varphi(x, y) = M$인 최적화 문제에서 라그랑지 승수법을 적용하기 위해 새롭게 설정되는 함수 $f(x, y) + \lambda[M - \varphi(x, y)]$. 이 문제에서 안정점이 원래의 제약하의 최적화 문제의 해가 된다.

조언

이하 몇 가지 다른 문제들을 풀어보게 될 것이다. 보다 더 많은 연습이 필요하다고 생각된다면, 제5.5절에서 다루었던 문제들을 라그랑지 승수법을 이용하여 해결해보라.

연습문제 5.6

1. 라그랑지 승수법을 이용하여 제약 $x + 2y = 5$에 준하여 함수 $z = x + 2xy$의 최댓값을 구하라.

2. (a) 라그랑지 승수법을 이용하여 제약 $x + 2y = 40$하에 함수 $z = 4xy$의 최댓값을 찾고, 이를 산출하는 x, y, λ를 구하라.

   (b) 제약이 $x + 2y = 41$일 때 상기 (a)를 다시 반복하라.

   (c) 상기 (a)에서 도출된 라그랑지 승수값이 제약식에서 우변이 1 단위 늘어날 때 최대화된 z의 변화임을 보여라.

3. 한 기업의 생산함수가 $Q = KL$라고 하자. 단위 자본 가격은 2달러, 단위 노동 가격은 1달러이다. 총생산비용이 6달러라고 할 때 최대 산출량을 도출하라.

4. 한 기업의 생산함수가 $Q=80$이라고 하자. 단위 자본 및 단위 노동의 가격이 각각 2달러, 1달러이다. 이 기업은 4000 단위의 생산물을 생산하고자 한다. 그러면서, 비용 최소화를 달성하고자 한다.

(a) 라그랑지안은 다음과 같음을 설명하라:

$$g(K, L, \lambda)=2K+L+\lambda[50-KL]$$

(b) $\dfrac{\partial g}{\partial K}$, $\dfrac{\partial g}{\partial L}$, $\dfrac{\partial g}{\partial \lambda}$를 각각 구하라.

(c) 이 기업의 최소화된 비용을 구하라.

5. 한 기업의 생산함수가 다음과 같다:

$$Q=80KL$$

그리고, 이 기업은 예산 제약 $3K+5L=1500$에 처해 있다.

(a) 다음 라그랑지안의 1계 도함수를 구하라:

$$g(K, L, \lambda)=80KL+\lambda[1500-3K-5L]$$

(b) 생산량을 최대화하는 K와 L을 도출하라.

(c) 전체 예산 제약이 1500에서 1501로 증가할 때, 최대 생산량의 변화를 구하라.

6. 상품 G1과 G2를 생산하는 독점자가 있다. 이 기업의 총비용 함수는 다음과 같다:

$$TC=5Q_1+10Q_2$$

여기서 Q_1과 Q_2는 상품 G1과 G2에 대한 물량을 나타낸다. 각 상품에 대한 가격을 P_1 및 P_2라고 할 때 각 수요 함수는 다음과 같다:

$$P_1=50-Q_1-Q_2$$
$$P_2=100-Q_1-4Q_2$$

이 기업의 총비용이 100달러로 고정되어 있을 때, 최대이윤을 구하라. 아울러, 총비용이 101달러로 증가할 때 새로운 최대 이윤을 구하라.

연습문제 5.6*

1. **(a)** 라그랑지 승수법을 이용하여 제약 $x+y^2=M$하에서 함수 $z=x+2y$의 최적화된 값을 구하라.

   (b) 이 문제에서 라그랑지 승수 λ는 M의 1 단위 증가에 대한 최적화된 값의 변화를 정확히 측정함을 보여라.

2. 생산함수가 다음과 같이 주어졌다: $Q=200K^{0.8}L^{0.6}$

   (a) 생산요소에 대한 제약이 $5K+2L=2000$일 때, 최대화된 Q의 값을 구하라.

   (b) 생산량이 $Q=8000$로 주어졌을 때, 생산요소 총 사용 비용 $C=5K+2L$의 최소화된 값을 구하라.

3. **(a)** 예산 제약이 $3K+5L=3000$일 때, $Q=K^{0.4}L^{0.6}$의 최댓값을 구하라.

   (b) 예산 제약이 (a)에 비해 2배가 되면, 최대 생산량은 어떻게 달라지는가?

4. 자전거를 생산하는 한 제조업 회사의 이윤함수가 다음과 같다고 하자:

$$\pi=5x^2-10xy+3y^2+240x$$

   여기서 x는 자전거 동체의 수, y는 바퀴의 수를 나타낸다. 이 기업은 동체도 바퀴도 여분을 남기지 않는다는 전제하에 최대화된 이윤을 구하라.

5. 비용 제약 $K+4L=16$하에서 $Q=10\sqrt{KL}$의 최댓값을 구하고, 비용 제약이 $K+4L=17$으로 달라질 때, 최대화된 Q의 변화를 구하라.

6. 한 소비자의 효용함수가 다음과 같다고 하자:

$$U=\alpha \ln x_1+\beta \ln x_2$$

   예산 제약 $P_1x_1+P_2x_2=M$하에 최대화된 효용 U를 달성하는 x_1과 x_2를 구하라.

7. 한 광고대행사가 신문 광고에 x달러, 지역 라디오 광고에 y달러를 지출하며, 고객사 매출의 15%를 수수료로 받는다고 하자. 이 대행사가 총 10,000달러를 지출하면, 고객사가 M의 매출을 거두게 되며, $M = \dfrac{100000x}{50+x}+\dfrac{40000y}{30+y}$라고 하자. 라그랑지 승수법을 이용하여 이 대행사가 순수입을 최대화하기 위해서는 신문과 지역 라디오 광고에 각각 얼마를 지출해야 하는가? (소수점 아래 둘째자리까지 구하라.)

8. 상품 A, B, C를 생산하는 한 생산자를 고려하자. 이들 각각에 대한 물량을 x, y, z라고 하자. 이 기업은 A와 B를 모두 합하여 30개 생산하고자 한다. 이 기업의 이윤 함수는 다음과 같다:

$$\pi = 8x + 12y + 4z - 0.5x^2 - 0.5y^2 - z^2$$

이 기업의 이윤을 최대화하는 각 상품 생산량을 도출하라.

9. 한 기업이 프로젝트 A에 x 단위, 프로젝트 B에 y 단위의 자본을 투자하기로 하였다. 프로젝트 A에 대한 기대 수익은 400달러, 프로젝트 B에 대한 기대수익은 800달러이다. 하지만, 이 기업은 윤리적, 환경보호적 정책이 있어 x와 y는 반드시 $x^2 + y^2 - 4x - 6y = 195$를 만족해야 한다. 이 기업의 기대수익을 최대화하기 위해서는 각 프로젝트에 얼마씩 투자해야 하는가?

10. 라그랑지 승수법을 이용하여 다음의 효용최대화 문제를 풀어라.

    최대화 목적함수: $U = U(x_1,\ x_2)$

    예산 제약: $P_1 x_1 + P_2 x_2 = M$

   최대 효용을 달성하는 점에서 모든 상품의 가격 대비 한계효용의 비율이 모두 동일함을 보여라.

11. 제약 $x^2 + y^2 = 1$하에 함수 $z = ax + by$를 최대화하고자 한다. 여기서 a와 b는 양수이다. 라그랑지 승수법을 이용하여 이 문제의 해는 1사분면($x > 0,\ y > 0$)에 존재함을 보여라. 그리고, 최대화된 z는 $\sqrt{a^2 + b^2}$임을 보여라.

수학 심화학습

제5.1절에서 편도함수 $\partial f / \partial x$는 y를 상수로 두고 x만으로 f를 미분하여 얻어진다고 하였다. 이 부록에서는 그러한 계산의 기하학적 의미를 살펴보고자 한다.

그림 5.11에 있는 곡면 $z = f(x, y)$를 잘 살펴보자. 그 곡면 아래로 $x-y$ 평면 상에 직선 $y = b$가 있고 이 직선 위에 점 (a, b)가 놓여 있다. 이 직선을 수직으로 끌어 올려서 곡면과 만나는 점들을 표시하면 하나의 곡선을 얻을 수 있다. 이 곡선은 그림에서 F-G-H인데 이를 따라 움직일 때 y는 $y = b$로 고정된다. 하지만, z는 x가 변화하기 때문에 역시 변하게 된다. 점 (a, b)에서 이 곡선에 접하는 접선의 기울기는 y가 고정된 상태에서 x가 변하는 데 따른 함수 z의 변화율을 나타낸다. 이것이 바로 점 (a, b)에서 평가된 함수 $z = f(x, y)$의 편도함수 $\partial f / \partial x$인 것이다. 곡선 F-G-H를 따라 걷는다면, 기울기는 이 경로가 얼마나 경사되어 있는지를 나타낸다. 그림 5.11을 보면 G 지점에서 오르막길이므로 $f_x(a, b) > 0$이 된다. 또한, 이 곡선은 위로 볼록하다. 그러므로, 2계 도함수에 대해서 $f_{xx}(a, b) < 0$이 성립한다. 유사한 해석을 y에 대한 편도함수에 대해서도 적용할 수 있다. 즉, 그림 5.11에서는 y축과 평행하게 달리는 R-G-S의 기울기이다.

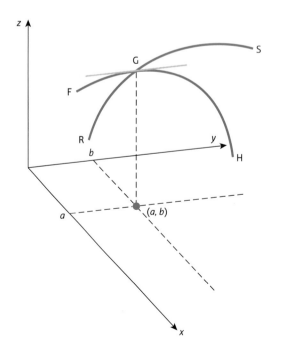

그림 5.11.

이러한 기하학적 해석은 편도함수의 정확한 정의를 이해하는 데 도움이 된다. 그림 5.12에서 점 V는 $x-y$ 평면상의 점 (a, b)의 수직 위로 높이 $f(a, b)$의 지점에 있다. 점 W 는 $x-y$ 평면상의 점 $(a+\Delta x, b)$의 수직 위로 높이 $f(a+\Delta x, b)$에 위치하고 있다. 따라서, 할선 VW의 기울기는

$$\frac{f(a+\Delta x, b) - f(a, b)}{\Delta x}$$

가 된다. 이제 Δx가 점점 작아져 0에 가까워진다고 하자. 그러면, 할선의 기울기는 접선의 기울기를 극한으로 하여 수렴한다. 따라서, 다음과 같이 정의한다:

$$f_x(a, b) = \lim_{\Delta x \to 0} \frac{f(a+\Delta x, b) - f(a, b)}{\Delta x}$$

마찬가지 방식으로,

$$f_y(a, b) = \lim_{\Delta y \to 0} \frac{f(a, b+\Delta y) - f(a, b)}{\Delta y}$$

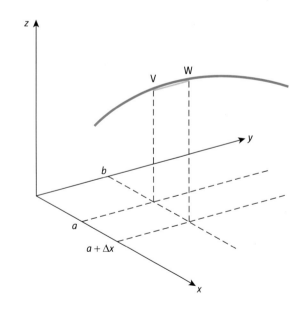

CHAPTER 6
적분

이 장에서 일변수 함수의 적분을 공부함으로써 미적분의 주요 주제들에 대한 설명을 마친다. 두 절로 구성되어 있는데 순서대로 읽는 것이 좋겠다.

6.1절은 미분과 반대되는 과정을 가진 적분의 아이디어에 대해 소개한다. 적분을 통해 어떤 주어진 한계수익함수로부터 총수익함수를 복원하고 그리고 한계비용함수로부터 총비용함수를 복원하는 것 등이 가능해진다. 이를 위해 어떤 새로운 수학적 기교가 요구되지 않는다는 데서 기쁨과 안도감을 느낄 수 있을 것이다. 단지 필요한 것은 여러분의 뇌에 후진 기어를 넣는 것이다. 물론 후진이 직진보다 약간 더 어려울 것이다. 그러나 연습만 한다면 적분도 미분만큼 쉽다는 것을 알게 될 것이다.

6.2절에서는 어떤 함수의 그래프 밑의 면적을 구하는 데 적분이 어떻게 이용되는지에 대해 설명한다. 이 과정을 정적분이라 부른다. 이를 공급 함수와 수요 함수에 적용해 생산자 잉여 및 소비자 잉여를 계산할 수 있다. 또한 정적분은 자본스톡을 결정하고 연속적인 수익 흐름을 할인하는 데도 쓰인다.

SECTION 6.1

부정적분

목표

이 절을 공부한 후에는 다음을 할 수 있다:

- 부정적분 기호를 인식할 수 있다.
- 단순한 거듭제곱함수, 지수함수의 적분을 표현할 수 있다.
- $af(x)+bg(x)$ 형태의 함수를 적분할 수 있다.
- 한계비용함수에서 적분을 통해 총비용함수를 구할 수 있다.
- 한계수익함수에서 적분을 통해 총수익함수를 구할 수 있다.
- 한계소비성향 또는 한계저축성향을 통해 소비함수, 저축함수를 구할 수 있다.

수학에는 서로 상쇄하거나 시작한 지점으로 거꾸로 되돌리는 등 다양한 연산의 짝이 있다. 가장 명백한 짝이 곱하기와 나누기이다. 어떤 숫자에 0이 아닌 상수 k를 곱하고, 그러고 나서 k로 나누면 처음 생각했던 그 숫자로 돌아가게 된다. 이와 같은 상황을 두고 우리는 두 연산은 상호 역(inverse)이다, 라고 말한다. 미적분학에서 미분(differentiation)의 역이 적분(integration)이다.

미분하여

$$f(x)=3x^2$$

이 되는 어떤 함수 $F(x)$를 찾아야 된다고 가정하자.

여러분은 이 경우 $F(x)$를 추측할 수 있겠는가? 주어진 함수가 아주 단순하기 때문에 잘 들여다보면 쉽게 정답을 찾을 수 있다.

$$F'(x)=3x^2=f(x)$$

이므로

$$F(x)=x^3$$

이다.

두 번째 예제로

$$f(x) = x^7$$

을 생각해보자. 미분하여 이같이 되는 함수 $F(x)$를 생각해낼 수 있는가? 거듭제곱함수를 미분하면 차수가 1 감소한다는 것을 상기하고 반대 과정을 밟고

$$F(x) = x^8$$

을 시도해보자. 아쉽게도 이것은 틀렸다. 미분하면

$$8x^7$$

이 되는데 8배 크다. 이에 착안하여

$$F(x) = \frac{1}{8} x^8$$

을 시도해볼 만하다.

$$F'(x) = \frac{8}{8} x^7 = x^7 = f(x)$$

이니까 옳다. 일반적으로, $F'(x) = f(x)$이면 $F(x)$를 $f(x)$의 적분(integral)[가끔은 역도함수(anti-derivative), 원시함수(primitive)]이라 부르고 다음과 같이 표현한다.

$$F(x) = \int f(x) \mathrm{d}x$$

이 개념에 따르면

$$\int 3x^2 \mathrm{d}x = x^3$$

이고

$$\int x^7 \mathrm{d}x = \frac{1}{8} x^8$$

이 된다. 여러분이 풀어야 할 문제다.

$$\int dx$$

를 풀어보자. 이것은 단순히 미분하여 적분 기호 '∫'와 dx 사이의 그것, 1이 되도록 하는 함수를 찾아내라는 명령일 뿐이다. 추측한 것을 미분하라. 그리고 만약 그것이 맞지 않다면 뒤돌아가 계수를 조정하면서 다시 시도해보자.

실전문제

1. 다음을 구하라.

    (a) $\int 2x\,dx$　　　　(b) $\int 4x^3\,dx$　　　　(c) $\int 100x^{99}\,dx$

    (d) $\int x^3\,dx$　　　　(e) $\int x^{18}\,dx$

실전문제 **1** (a)의 경우 아마

$$\int 2x\,dx = x^2$$

이라고 적었을 것이다. 그러나 다른 많은 가능성이 있다. 예를 들어, 두 함수

$$x^2 + 6 \text{과 } x^2 - 59$$

도 미분하면 $2x$가 된다. 상수는 미분하면 0이 되기 때문이다. 사실 x^2에 어떤 상수 c를 더한 함수도 미분하여 $2x$가 된다. 따라서

$$\int 2x\,dx = x^2 + c$$

가 옳다. 임의의 상수 c를 '적분 상수(constant of integration)'라고 부른다. 일반적으로, 만약 $F(x)$가 미분하여 $f(x)$가 되는 함수라면

$$F(x) + c$$

도 그러하다. 그러므로

$$\int f(x)\,dx = F(x) + c$$

이 성립한다. 실전문제 1을 통해 다양한 적분을 찾기 위한 추측훈련을 실시했는데, 이론적으로도 대부분의 적분이 이런 식으로 구해진다. 그러나 복잡한 함수를 적분할 때는 상당한 창의력(과 행운!)이 요구된다. 4장에서 논의했던 미분규칙들과 유사한 규칙들을 만들 수 있지만, 그런 경우에도 우리는 가끔 묘책 또는 비법에 의존해야 한다. 경제학에서 크게 필요하지 않은 부분까지 4장에서 했던 것처럼 하나하나 규칙을 공부해가지는 않을 것이다. 그러나

$$2x - 3x^2 + 10x^3 \text{과 } x - e^{2x} + 5$$

와 같은 단순한 함수들을 직접 적분하는 방법들을 보여주는 것은 의미가 있을 것이다.

우리는

$$\int x^n dx \text{와 } \int e^{mx} dx$$

의 일반식 구하기부터 시작한다. $f(x) = x^n$을 적분하는 데 있어 첫 번째로

$$F(x) = x^{n+1}$$

을 시도해본다. 그런데 이것은

$$F'(x) = (n+1)x^n$$

로 $n+1$배 크다. 따라서

$$F(x) = \frac{1}{n+1} x^{n+1}$$

을 다시 시도해 본다.

$$F'(x) = \frac{n+1}{n+1} x^n = x^n = f(x)$$

로 옳은 시도이다. 따라서

$$\int x^n dx = \frac{1}{n+1} x^{n+1} + c$$

의 결과를 얻는다.

거듭제곱함수를 적분하기 위해 지수에 1을 더하고 그리고 다시 그 수로 나누면 된다. 이 공식은 n이 양수, 음수, 정수 또는 분수일 때 성립하는데 단 하나의 예외가 있다. 바로

$n = -1$일 때이다. 즉, 위의 공식은

$$f(x) = \frac{1}{x}$$

을 적분하는 데 사용할 수 없다. 왜냐하면 0 ($n+1 = -1+1 = 0$)으로 나누는 것이 불가능하기 때문이다. 따라서 이 경우에는 다른 접근법이 요구된다. 4장에서 우리는 이미 자연로그함수

$$\ln x$$

를 미분하면

$$\frac{1}{x}$$

이 된다는 것을 보았다. 따라서

$$\int \frac{1}{x} dx = \ln x + c$$

가 된다.

마지막으로 볼 기본적인 적분은

$$\int e^{mx} dx$$

이다. 4.8절에서 지수함수를 미분할 때는 그 함수에다 x의 계수만 곱하면 된다는 것을 보았다. 따라서 적분을 위해서는 정확하게 반대로 하면 되고 x의 계수로 나누어주면 된다. 즉,

$$\int e^{mx} dx = \frac{1}{m} e^{mx} + c$$

가 된다. 쉽게 확인할 수 있는데,

$$F(x) = \frac{1}{m} e^{mx}$$

을 미분하면

$$F'(x) = \frac{m}{m}e^{mx} = e^{mx}$$

이므로 정확하다.

예제

다음을 구하라.

(a) $\displaystyle\int x^6 dx$　　　　　　　　　(b) $\displaystyle\int \frac{1}{x^2} dx$

(c) $\displaystyle\int \sqrt{x} dx$　　　　　　　　　(d) $\displaystyle\int e^{2x} dx$

풀이

첫 세 문제를 풀기 위해서는

$$\int x^n dx = \frac{1}{n+1}x^{n+1} + c$$

의 공식을 사용하여 적절한 n을 대입하면 된다.

(a) $n=6$으로 두면

$$\int x^6 dx = \frac{1}{7}x^7 + c$$

(b) $n=-2$으로 두면

$$\int \frac{1}{x^2} dx = \int x^{-2} dx = \frac{1}{-1}x^{-1} + c = -\frac{1}{x} + c$$

(c) $n=1/2$으로 두면

$$\int \sqrt{x} dx = \int x^{1/2} dx = \frac{1}{3/2}x^{3/2} + c = \frac{2}{3}x^{3/2} + c$$

(d) $\displaystyle\int e^{2x} dx$를 구하기 위해 공식

$$\int e^{mx} dx = \frac{1}{m}e^{mx} + c$$

에 $m=2$를 대입하면

$$\int e^{2x} dx = \frac{1}{2}e^{2x} + c$$

실전문제

2. 다음을 구하라.

(a) $\int x^4 dx$

(b) $\int \dfrac{1}{x^3} dx$

(c) $\int x^{1/3} dx$

(d) $\int e^{3x} dx$

(e) $\int 1 dx$

(f) $\int x dx$

(g) $\int \dfrac{1}{x} dx$

[힌트: (b), (e), (f)에서 $1/x^3 = x^{-3}$, $1 = x^0$, $x = x^1$임을 이용하라.]

4.2절에서 미분의 세 가지 규칙, 상수 규칙, 합의 규칙, 차의 규칙에 대해 설명했다. 적분이 역연산임을 고려하면, 함수를 적분할 때 이 세 가지 규칙을 적용할 수 있다. 함수의 상수 곱을 적분하는 것은 함수를 적분한 다음 상수를 곱하면 된다. 두 함수의 합 또는 차를 적분하는 것은 각 함수들을 각각 적분한 다음 더하거나 빼면 된다. 이 세 규칙들이 합해져 하나의 규칙이 만들어진다:

$$\int [af(x) + bg(x)]dx = a\int f(x)dx + b\int g(x)dx$$

이를 통해, 아래의 예제가 보여주는 것처럼, 각 항별로 적분이 가능해진다.

예제

다음을 구하라.

(a) $\int (2x^2 - 4x^6)dx$

(b) $\int \left(7e^{-x} + \dfrac{2}{x} \right)dx$

(c) $\int (5x^2 + 3x + 2)dx$

풀이

(a) $\int (2x^2 - 4x^6)dx = 2\int x^2 dx - 4\int x^6 dx$

  $n = 2$와 $n = 6$을

$$\int x^n \mathrm{d}x = \frac{1}{n+1} x^{n+1}$$

에 대입하면

$$\int x^2 \mathrm{d}x = \frac{1}{3} x^3 \text{과} \int x^6 \mathrm{d}x = \frac{1}{7} x^7$$

이 된다. 따라서

$$\int (2x^2 - 4x^6) \mathrm{d}x = \frac{2}{3} x^3 - \frac{4}{7} x^7$$

이 되고, 마지막으로 임의의 상수를 더하면

$$\int (2x^2 - 4x^6) \mathrm{d}x = \frac{2}{3} x^3 - \frac{4}{7} x^7 + c$$

이 된다. 확인을 위해

$$F(x) = \frac{2}{3} x^3 - \frac{4}{7} x^7 + c \text{이면 } F'(x) = 2x^2 - 4x^6 \text{이다.}$$

(b) $\displaystyle\int \left(7\mathrm{e}^{-x} + \frac{2}{x} \right) \mathrm{d}x = 7 \int \mathrm{e}^{-x} \mathrm{d}x + 2 \int \frac{1}{x} \mathrm{d}x$

$$\int \mathrm{e}^{mx} \mathrm{d}x = \frac{1}{m} \mathrm{e}^{mx}$$

에 $m = -1$을 대입하면

$$\int \mathrm{e}^{-x} \mathrm{d}x = \frac{1}{-1} \mathrm{e}^{-x} = -\mathrm{e}^{-x}$$

이다. 또한 분수함수는 적분하여 자연로그함수가 됨을 알고 있다. 즉

$$\int \frac{1}{x} \mathrm{d}x = \ln x$$

따라서

$$\int \left(7\mathrm{e}^{-x} + \frac{2}{x} \right) \mathrm{d}x = -7\mathrm{e}^{-x} + 2\ln x$$

이 되고, 마지막으로 임의의 상수를 더하면

$$\int \left(7\mathrm{e}^{-x} + \frac{2}{x} \right) \mathrm{d}x = -7\mathrm{e}^{-x} + 2\ln x + c$$

가 된다. 확인을 위해

$$F(x) = -7e^{-x} + 2\ln x + c \text{이면 } F'(x) = 7e^{-x} + \frac{2}{x}\text{이다.}$$

(c) $\displaystyle\int (5x^2 + 3x + 2)dx = 5\int x^2 dx + 3\int x dx + 2\int 1 dx$

을

$$\int x^n dx = \frac{1}{n+1}x^{n+1}$$

에 대입하면

$$\int x^2 dx = \frac{1}{3}x^3, \ \int x dx = \frac{1}{2}x^2, \ \int 1 dx = x$$

이 된다. 따라서

$$\int (5x^2 + 3x + 2)dx = \frac{5}{3}x^3 + \frac{3}{2}x^2 + 2x$$

가 되고, 마지막으로 임의의 상수를 더하면

$$\int (5x^2 + 3x + 2)dx = \frac{5}{3}x^3 + \frac{3}{2}x^2 + 2x + c$$

가 된다. 확인을 위해

$$F(x) = \frac{5}{3}x^3 + \frac{3}{2}x^2 + 2x + c \text{이면 } F'(x) = 5x^2 + 3x + 2\text{이다.}$$

조언

예제에서는 어떻게 적분하는가를 보여주기 위해 풀이 과정을 자세히 적었다. 연습을 하다 보면 한 줄에 다 적을 수 있을 것이다. 그럼에도 도출한 결과를 미분하여 정답을 확인하는 것이 중요하다.

우리가 공부한 적분은 x에 대한 함수로 귀결되었다. 다음 절에서는 하나의 숫자로 귀결되는 다른 타입의 적분을 논의할 것이다. 이런 이유로 6.2절의 정적분(definite integral)과 구분하기 위해 부정적분(indefinite integral)이라는 말을 사용한다.

실전문제

3. 다음의 부정적분을 구하라.

(a) $\displaystyle\int (2x - 4x^3)\,\mathrm{d}x$

(b) $\displaystyle\int \left(10x^4 + \frac{5}{x^2}\right)\mathrm{d}x$

(c) $\displaystyle\int (7x^2 - 3x + 2)\,\mathrm{d}x$

4.3절에서 미분의 다양한 경제학적 응용에 대해 설명했다. 기본적인 경제 함수로부터 출발하여 미분을 통하여 그 함수에 대응하는 한계함수를 구할 수 있었다. 적분은 작업을 거꾸로 되돌릴 수 있으므로 어떤 한계함수로부터 원래의 함수를 복원할 수 있게 한다. 예를 들어, 한계비용함수를 적분하여 총비용함수를 구할 수 있다. 마찬가지로, 한계수익함수가 주어지면 이로부터 총수익함수를 구할 수 있고, 다시 수요 함수를 구하는 데 이용될 수 있다. 이러한 아이디어를 다음의 예제에서 설명한다. 또한 경제학적 문제에서 적분 상수가 어떤 특정한 값을 갖는지 설명한다.

예제

(a) 한 기업의 한계비용함수가

$$\mathrm{MC} = Q^2 + 2Q + 4$$

이다. 고정비용이 100일 때, 총비용함수를 구하라.

(b) 독점 생산자의 한계수익곡선이

$$\mathrm{MR} = 10 - 4Q$$

로 주어질 때, 총수익함수를 구하고 이에 대응하는 수요 곡선을 유도하라.

(c) 한계소비성향이

$$\mathrm{MPC} = 0.5 + \frac{0.1}{\sqrt{Y}}$$

로 주어지고, 소득이 100일 때 소비가 85인 소비함수를 구하라.

풀이

(a) 한계비용함수

$$\mathrm{MC} = Q^2 + 2Q + 4$$

에서 총비용함수를 도출해야 한다.

$$MC = \frac{d(TC)}{dQ}$$

이므로

$$TC = \int MC dQ = \int (Q^2 + 2Q + 4)dQ = \frac{Q^3}{3} + Q^2 + 4Q + c$$

이다. 고정비용이 100으로 주어졌다. 고정비용은 생산량에 독립적이고 상품을 하나도 생산하지 않을 때에도 발생하는 비용을 말한다. $Q = 0$을 TC함수에 대입하면

$$TC = \frac{0^3}{3} + 0^2 + 4(0) + c = c$$

이다. 따라서 적분 상수는 생산의 고정비용과 같다. 따라서 $c = 100$이고

$$TC = \frac{Q^3}{3} + Q^2 + 4Q + 100$$

이 된다.

(b) 한계수익함수

$$MR = 10 - 4Q$$

에서 총수익함수를 구해야 한다.

$$MR = \frac{d(TR)}{dQ}$$

이므로

$$TR = \int MR dQ = \int (10 - 4Q)dQ = 10Q - 2Q^2 + c$$

이다. (a)와 달리 이 예제에서는 c를 확정하기 위한 어떤 추가적인 정보도 제공되지 않는다. 그러나 우리는 기업이 생산하지 않으면 수익이 0이라는 것을 알고 있다. 따라서 $Q = 0$일 때 $TR = 0$이다. 이 조건을

$$TR = 10Q - 2Q^2 + c$$

에 추가하면

$$0 = 10(0) - 2(0)^2 + c = c$$

이다. 따라서 적분 상수는 0이 된다. 따라서

$$TR = 10Q - 2Q^2$$

이다. 마지막으로, 총수익함수에서 수요 곡선을 도출할 수 있다. 총수요 함수는 $TR = PQ$이므로, 일반적으로 주어진 수요 함수에 Q를 곱하여 얻어진다. 이번에는 거꾸로 하여, Q를 나누면

$$P = \frac{TR}{Q} = \frac{10Q - 2Q^2}{Q} = 10 - 2Q$$

가 되고, 이것이 수요 함수이다. 즉 수요 함수는

$$P = 10 - 2Q$$

이다.

(c) 한계소비성향

$$MPC = 0.5 + \frac{0.1}{\sqrt{Y}}$$

로부터 소비함수를 구해야 한다.

$$MPC = \frac{dC}{dY}$$

이므로

$$C = \int MPC dY = \int \left(0.5 + \frac{0.1}{\sqrt{Y}} \right) dY = 0.5Y + 0.2\sqrt{Y} + c$$

이다. 여기서 두 번째 항은

$$\int \frac{0.1}{\sqrt{Y}} dY = 0.1 \int Y^{-1/2} dY = 0.1 \left(\frac{1}{1/2} Y^{1/2} \right) = 0.2\sqrt{Y}$$

에서 구해진다. 적분 상수는 $Y = 100$일 때 $C = 85$라는 추가 정보를 통해 계산되는데, 이를 위 식에 대입하면

$$85 = 0.5(100) + 0.2\sqrt{100} + c = 52 + c$$

이므로

$$c = 85 - 52 = 33$$

이다. 따라서

$$C = 0.5Y + 0.2\sqrt{Y} + 33$$

이다.

실전문제

4. (a) 한 기업의 한계비용함수가

$$MC = 2$$

이다. 고정비용이 500일 때 총비용함수를 구하라. 또한 40 단위의 상품을 생산하는 데 드는 총비용을 구하라.

(b) 독점 공급자의 한계수익함수가

$$MR = 100 - 6Q$$

일 때, 총수익함수와 이에 대응하는 수요 함수를 도출하라.

(c) 한계저축성향이

$$MPS = 0.4 - 0.1Y^{-1/2}$$

이고, 수익이 100일 때 저축이 0이라고 한다. 저축함수를 도출하라.

주요 용어

부정적분(Indefinite integration) 역도함수를 구하는 과정.

역도함수(Anti-derivative) 미분하여 도함수가 되는 함수.

원시함수(Primitive) 역도함수의 다른 이름.

적분(Integral) 숫자 $\int_a^b f(x)dx$(정적분) 또는 함수 $\int f(x)dx$(부정적분).

적분(Integration) 정적분 또는 부정적분을 구하고 평가하는 일반적 과정의 일반적 명칭.

적분 상수(Constant of integration) 부정적분을 구할 때 등장하는 임의의 상수.

정적분(Definite integration) 극한을 역도함수에 대입하여 차감함으로써 그래프 아래의 면적을 구하는 작업.

연습문제 6.1

1. 다음을 구하라.

(a) $\int 6x^5 dx$

(b) $\int x^4 dx$

(c) $\int 10e^{10x} dx$

(d) $\int \frac{1}{x} dx$

(e) $\int x^{3/2} dx$

(f) $\int (2x^3 - 6x) dx$

(g) $\int (x^2 - 8x + 3) dx$

(h) $\int (ax + b) dx$

(i) $\int \left(7x^3 + 4e^{-2x} - \frac{3}{x^2} \right) dx$

2. (a) 한계비용이

$$MC = Q + 5$$

이고 고정비용이 20일 때 총비용을 구하라.

(b) 한계비용이

$$MC = 3e^{0.5Q}$$

이고 고정비용이 10일 때 총비용을 구하라.

3. 한계비용함수가

$$MC = 2Q + 6$$

이다. $Q = 8$일 때 총비용이 212라면, $Q = 14$일 때 총비용을 구하라.

4. 다음 한계수익함수들의 총수익과 대응하는 수요 함수를 구하라:

(a) $MR = 20 - 2Q$ (b) $MR = \dfrac{6}{\sqrt{Q}}$

5. 한계소비성향이 0.6이고 소득이 5일 때 소비가 10인 소비함수를 구하라. 대응하는 저축함수를 유도하라.

6. 다음의 노동의 한계생산함수에 대응하는 단기 생산함수를 구하라:

(a) $1000 - 3L^2$ (b) $\dfrac{6}{\sqrt{L}} - 0.01$

7. 한 기업의 한계수익함수와 한계비용함수가 다음과 같다:

$$MR = 10 - 4Q, \ MC = 1$$

고정비용이 4일 때, $Q = 2$일 때의 이윤을 구하라.

연습문제 6.1*

1. 다음을 계산하라.

(a) $\displaystyle\int x(x^5 - 2)\,dx$ (b) $\displaystyle\int x^{10} - 3\sqrt{x} + e^{-x}\,dx$ (c) $\displaystyle\int x^3 - \dfrac{5}{x^6} + \dfrac{2}{x} - 4e^{-4x}\,dx$

2. (a) 한계소비성향이

$$MPC = 20 + \dfrac{10}{Y^{3/4}}$$

이고 $Y = 16$일 때 소비가 420인 소비함수를 구하라.

(b) 한계비용이

$$MC = 15 + 3Q^2$$

일 때, 단위당 가변비용을 구하라.

3. 고정비용이 C이고 한계비용이 다음과 같을 때 총비용함수를 구하라.

(a) $aQ + b$ (b) ae^{bQ}

4. (1) $F(x) = (2x + 1)^5$을 미분하라. 그리고

$$\int (2x + 1)^4 dx$$

를 구하라.

(2) (1)의 방법을 이용해 다음을 구하라.

(a) $\displaystyle\int (3x - 2)^7 dx$ (b) $\displaystyle\int (2 - 4x)^9 dx$

(c) $\displaystyle\int (ax + b)^n dx \quad (n \neq -1)$ (d) $\displaystyle\int \frac{1}{7x + 3} dx$

5. (a) $\sqrt{x}(\sqrt{x} + x^2) = x + x^{5/2}$임을 보이고,

$$\int \sqrt{x}(\sqrt{x} + x^2) dx$$

를 구하라.

(b) (a)에 제시된 접근법을 이용하여 다음 함수들을 적분하라.

$$x^4\left(x^6 + \frac{1}{x^2}\right), \quad e^{2x}(e^{3x} + e^{-x} + 3), \quad x^{3/2}\left(\sqrt{x} - \frac{1}{\sqrt{x}}\right)$$

6. (a) $\dfrac{x^4 - x^2 + \sqrt{x}}{x} = x^3 - x + x^{-1/2}$

임을 보이고,

$$\int \frac{x^4 - x^2 + \sqrt{x}}{x} dx$$

를 구하라.

(b) (a)에 제시된 접근법을 이용하여 다음 함수들을 적분하라.

$$\frac{x^2 - x}{x^3}, \quad \frac{e^x - e^{-x}}{e^{2x}}, \quad \frac{\sqrt{x} - x\sqrt{x} + x^2}{x\sqrt{x}}$$

7. $\text{MPC} = 0.4 + \dfrac{0.4}{\sqrt{Y}}$ 이고 $Y = 100$일 때 $C = 50$인 경우의 저축함수를 구하라.

8. $f''(x) = 6x$, $f(0) = 2$ 그리고 $f'(0) = -4$일 때 $f(x)$를 구하라.

9. (a) 함수 $x \ln x$를 미분하라.

   (b) (a)의 결과를 이용하여 $\int \ln x \, dx$를 구하라.

10. 새로운 노동자에 의해 t 시간 근무 후 매 시간 생산된 생산량 N이

$$\frac{dN}{dt} = 10e^{-0.1t}$$

를 만족한다. 교대 근무 처음에는 상품을 전혀 생산하지 못한다고 가정하고, 8시간 이후에는 시간당 얼마나 많이 생산할 수 있는지 계산하라. 장기적으로는 시간당 얼마나 많은 단위를 생산할 수 있는가?

11. 지역 식료품점 체인에서 개월 후 가게 수 n의 증가율이

$$\frac{dn}{dt} = \frac{3}{\sqrt{t}}$$

을 만족한다. 처음에는 두 개의 가게가 있다. 9개월 후 체인에서 가게의 수를 추정하라.

12. 어떤 기업의 한계수익함수와 한계비용함수가

$$\text{MR} = 240 - 0.6Q^2, \ \text{MC} = 150 + 0.3Q^2$$

으로 주어진다. 고정비용이 50이라면 극대 이윤은 얼마인가?

SECTION 6.2

정적분

목표

이 절을 공부한 후에는 다음을 할 수 있다:

- 정적분 기호를 인식할 수 있다.
- 정적분의 간단한 케이스를 풀이할 수 있다.
- 소비자 잉여를 계산할 수 있다.
- 생산자 잉여를 계산할 수 있다.
- 자본스톡 형성을 계산할 수 있다.
- 연속적인 수익흐름의 현재가치를 계산할 수 있다.

학교에서 배운 지루한 것 중 하나가 면적 구하기일 것이다. 그림 6.1에 그려진 것은 곡선 $y=x^2$과 직선 $x=1$, $x=2$ 그리고 x축으로 둘러싸인 지역이다. 학교에서는 아마 모눈종이 위의 사각형을 세어 이 영역의 면적을 구하라고 요구받았을 것이다. 이 면적을 계산하는 보다 빠르고 정확한 방법은 적분을 이용하는 것이다.

우리는 먼저 함수

$$f(x) = x^2$$

을 미분하여

$$F(x) = \frac{1}{3}x^3$$

을 얻는다. 우리가 원하는 것은 $x=1$과 $x=2$ 사이에서 곡선 아래의 면적을 구하는 것이므로

$$F(1) = \frac{1}{3}(1)^3 = \frac{1}{3}$$

$$F(2) = \frac{1}{3}(2)^3 = \frac{8}{3}$$

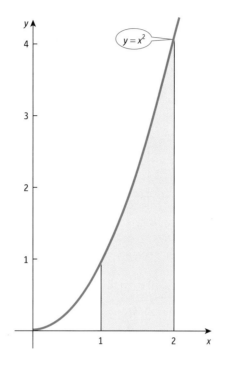

그림 6.1.

을 계산한다. 마지막으로, $F(2)$에서 $F(1)$을 빼서

$$F(2) - F(1) = \frac{8}{3} - \frac{1}{3} = \frac{7}{3}$$

을 얻는다. 이 값이 정확하게 그림 6.1의 영역의 면적이다. 정적분의 용어를 사용하여 나타내면, 우리는 이 면적을

$$\int_1^2 x^2 \mathrm{d}x$$

로 적는다. 일반적으로 정적분(Definite integration)

$$\int_a^b f(x)\mathrm{d}x$$

은 $x=a$과 $x=b$ 사이에서 그래프 $f(x)$ 아래의 면적을 나타낸다. a와 b를 적분의 극한(limits integration)이라 부르는데, 이 절에서 $a<b$를 가정한다. 또한 그림 6.2처럼 $f(x) \geq 0$을 가정한다.

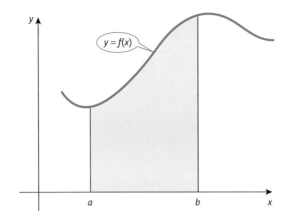

그림 6.2.

정적분을 구하는 방법은 아래와 같다. 미분하여 $f(x)$가 되는 함수 $F(x)$를 구한다. $F(x)$ 구하는 방법은 6.1절에서 이미 설명했다. 그다음 이 새로운 함수 $F(x)$를 $x=a$과 $x=b$에서 평가하여 $F(a)$와 $F(b)$를 구한다. 마지막으로 두 번째 숫자에서 첫 번째 숫자를 빼 답

$$F(b) = F(a)$$

를 구한다. 기호로는

$$\int_a^b f(x)\mathrm{d}x = F(b) - F(a)$$

이다.

두 개의 다른 x값에서 함숫값을 구하고 하나에서 다른 하나를 빼는 과정이 수학에서는 충분히 자주 일어나므로 특별한 기호로 표시할 필요가 있다. $F(b) - F(a)$를 간략하게

$$[F(x)]_a^b$$

로 표현하면, 정적분은 다음과 같이 구해진다:

$$\int_a^b f(x)\mathrm{d}x = [F(x)]_a^b = F(b) - F(a)$$

여기서 $F(x)$는 $f(x)$의 부정적분이다. 이 기호를 이용하면,

$$\int_1^2 x^2\mathrm{d}x$$

은

$$\int_1^2 x^2 \mathrm{d}x = \left[\frac{1}{3}x^3\right]_1^2 = \frac{1}{3}(2)^3 - \frac{1}{3}(1)^3 = \frac{7}{3}$$

과 같이 쓸 수 있다. $F(b)$에서 $F(a)$를 뺄 때 서로 상쇄되므로 정분 상수를 포함할 필요가 없음을 유의하라.

예제

다음의 정적분을 풀어라.

(a) $\displaystyle\int_2^6 3\mathrm{d}x$ 　　　　　　　　　　　　　(b) $\displaystyle\int_0^2 (x+1)\mathrm{d}x$

풀이

(a) $\displaystyle\int_2^6 3\mathrm{d}x = [3x]_2^6 = 3(6) - 3(2) = 12$

이 값은 그래프를 통해 확인할 수 있다. 그림 6.3은 $x=2$, $x=6$ 사이에서 그래프 $y=3$ 아래의 영역을 보여주고 있다. 직사각형이므로 면적은 공식

　　면적＝밑변×높이

를 사용하여 쉽게 구해지는데,

　　면적＝4×3＝12

이다.

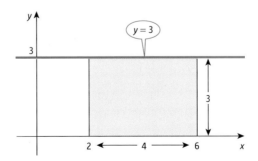

그림 6.3.

(b) $\displaystyle\int_0^2 (x+1)\mathrm{d}x = \left[\frac{x^2}{2} + x\right]_0^2 = \left(\frac{2^2}{2} + 2\right) - \left(\frac{0^2}{2} + 0\right) = 4.$

이 또한 그래프를 통해 확인할 수 있다. 그림 6.4(a)은 $x=0$, $x=2$ 사이에서 그래프 $y=x+1$ 아래의 영역을 보여주고 있다. 이것은 그림 6.4(b)에 그려진 직사각형의 반으로 볼 수 있다. 이 직사각형은 밑변이 2이고 높이가 4이므로, 면적은

$2 \times 4 = 8$

이다. 따라서 6.4(a)에 그려진 영역의 면적은

$\dfrac{1}{2} \times 8 = 4$

이다.

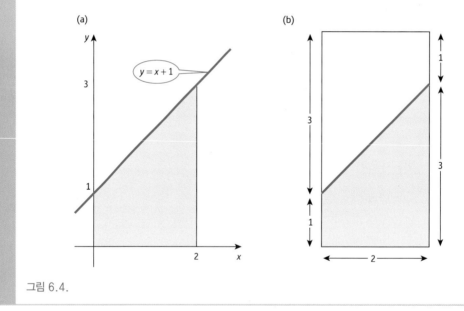

그림 6.4.

예제에서 우리는 의도적으로 아주 간단한 함수를 선택하여 정적분이 실제로 그래프 밑의 면적을 나타냄을 보였다. 그러나 적분의 진정한 아름다움은, 함수가 너무 복잡하여 다른 방법으로는 도저히 계산할 수 없는 그러한 면적을 구하는 데 이용될 수 있다는 것이다.

실전문제

1. 다음의 정적분을 풀어라.

(a) $\displaystyle\int_0^1 x^3 \mathrm{d}x$　　　　　　　　(b) $\displaystyle\int_2^5 (2x+1)\mathrm{d}x$

(c) $\displaystyle\int_1^4 (x^2-x+1)\mathrm{d}x$　　　　　(d) $\displaystyle\int_0^1 \mathrm{e}^x \mathrm{d}x$

정적분의 응용력을 설명하기 위해 우리는 네 가지 주제에 초점을 맞춘다:

- 소비자 잉여
- 생산자 잉여
- 투자 흐름
- 할인

우리는 이들을 순서대로 살펴본다.

6.2.1 소비자 잉여

그림 6.5에 그려진 수요 함수 $P=f(Q)$는 한 상품의 다양한 양의 수요에 대해 지불할 용의가 있는 다른 가격들을 나타낸다. $Q=Q_0$에서 가격 $P=P_0$이다. 그러면 Q_0 단위의 상품에 소요된 총화폐액은 $Q_0 P_0$인데, 이는 직사각형 OABC의 면적으로 주어진다. P_0는 그들이 사는 마지막 단위, 즉 Q_0번째 상품에 대해 지불하기 위해 소비자들이 준비해야 하는 가격이다. 수요 곡선에 의하면 Q_0번째까지의 양에 대해 소비자들은 실제로 더 높은 가격을 지불할 의사가 있다. 따라서 색칠된 면적 BCD는 소비자가 고정가격 P_0를 지불함으로써 얻는 편익이 되므로, 이를 소비자 잉여(consumer's surplus), CS라고 부른다. CS 값은

　면적 BCD = 면적 OABD − 면적 OABC

로 구할 수 있다.

　면적 OABD는 $Q=0$와 $Q=Q_0$ 사이에서 수요 함수 $P=f(Q)$ 아래의 면적으로

$$\int_0^{Q_0} f(Q)\mathrm{d}Q$$

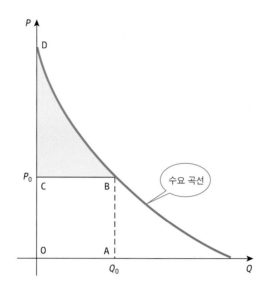

그림 6.5.

와 같다. 영역 OABC는 밑이 Q_0고 높이가 P_0인 직사각형이므로

면적 OABC $= Q_0 P_0$

이다. 따라서

$$\text{CS} = \int_0^{Q_0} f(Q)\mathrm{d}Q - Q_0 P_0$$

이다.

예제

다음의 수요 함수

$$P = 30 - 4Q$$

가 주어질 때 $Q=5$에서의 소비자 잉여를 구하라.

풀이

이 경우

$$f(Q) = 30 - 4Q$$

이고 $Q_0 = 5$이다. 가격은 $Q=5$를

$$P = 30 - 4Q$$

에 대입함으로써 쉽게 얻어지는데,

$$P_0 = 30 - 4(5) = 10$$

이다. 소비자 잉여를 구하는 공식

$$CS = \int_0^{Q_0} f(Q)dQ - Q_0 P_0$$

을 이용하면

$$CS = \int_0^5 (30 - 4Q)dQ - 5(10) = [30Q - 2Q^2]_0^5 - 50$$
$$= [30(5) - 2(5)^2] - [30(0) - 2(0)^2] - 50$$
$$= 50$$

이 된다.

실전문제

2. 다음의 수요 함수

$$P = 100 - Q_2$$

가 주어질 때 $Q = 8$에서의 소비자 잉여를 구하라.

6.2.2 생산자 잉여

그림 6.6에 그려진 공급 함수 $P = g(Q)$는 한 상품의 다양한 양의 공급을 위해 생산자들이 준비해야 하는 다른 가격들을 나타낸다. $Q = Q_0$에서 가격 $P = P_0$이다. 모든 상품이 팔린다는 가정하에 거둬들인 총화폐액은 $Q_0 P_0$인데, 이는 직사각형 OABC의 면적으로 주어진다.

P_0는 그들이 공급하는 마지막 단위, 즉 Q_0번째 상품을 공급하기 위해 생산자들이 준비해야 하는 가격이다. 공급 곡선에 의하면 Q_0번째까지의 양에 대해서 생산자들은 실제로 더 낮은 가격을 받아들일 의사가 있다. 따라서 색칠된 면적 BCD는 생산자가 고정가격

P_0에 판매함으로써 얻게 되는 편익이 되므로, 이를 생산자 잉여(producer's surplus), PS라고 부른다. PS 값은

면적 BCD = 면적 OABC − 면적 OABD

로 구할 수 있다.

영역 OABC는 밑이 Q_0고 높이가 P_0인 직사각형이므로

면적 OABC = $Q_0 P_0$

이다. 그리고, 면적 OABD는 $Q=0$와 $Q=Q_0$ 사이에서 공급 함수 $P=g(Q)$ 아래의 면적으로

$$\int_0^{Q_0} g(Q)\mathrm{d}Q$$

와 같다. 따라서

$$\mathrm{PS} = Q_0 P_0 - \int_0^{Q_0} g(Q)\mathrm{d}Q$$

이다.

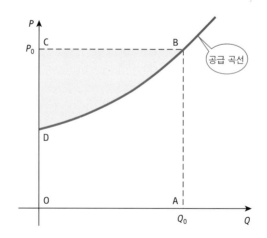

그림 6.6.

예제

수요 함수와 공급 함수가

$$P = 35 - Q_D^2$$

과

$$P = 3 + Q_S^2$$

로 주어질 때 생산자 잉여를 구하라. 순수경쟁을 가정하자.

풀이

순수경쟁에서 가격은 시장에서 결정된다. 그러므로 생산자 잉여를 구하기 전에 먼저 시장균형 가격과 거래량을 찾아야 한다. Q_D와 Q_S의 공통 값을 Q로 두면 수요 함수와 공급 함수가 각각

$$P = 35 - Q^2$$

과

$$P = 3 + Q^2$$

가 된다. 그러면

$$35 - Q^2 = 3 + Q^2$$
$$35 - 2Q^2 = 3$$
$$-2Q^2 = -32$$
$$Q^2 = 16$$

가 되어 해가 $Q = \pm 4$가 된다. 음수는 경제적 의미가 없으므로 무시할 수 있다. 따라서 균형 거래량은 4가 된다. 대응되는 가격은 이 값을 수요 함수나 공급 함수에 대입함으로써 얻을 수 있는데, 수요 함수에 대입하면

$$P_0 = 35 - (4)^2 = 19$$

가 된다. 생산자 잉여의 공식

$$PS = Q_0 P_0 - \int_0^{Q_0} g(Q)\mathrm{d}Q$$

을 사용하면

$$PS = 4(19) - \int_0^4 (3 + Q^2)\mathrm{d}Q$$

$$= 76 - \left[3Q + \frac{Q^3}{3}\right]_0^4$$

$$= 76 - \{[3(4) + \tfrac{1}{3}(4)^3] - [3(0) - \tfrac{1}{3}(0)^3]\}$$

$$= 42\tfrac{2}{3}$$

가 된다.

실전문제

3. 수요 함수와 공급 함수가

$$P = 50 - 2Q_D$$

와

$$P = 10 + 2Q_S$$

로 주어질 때 다음을 구하라. 단, 순수경쟁을 가정하자.

(a) 소비자 잉여   (b) 생산자 잉여

6.2.3 투자 흐름

순투자 I는 자본스톡 K의 변화율로 정의되며, 따라서

$$I = \frac{\mathrm{d}K}{\mathrm{d}t}$$

이다. 여기서 $I(t)$는 연간 현금흐름으로 화폐 단위로 측정되며, $K(t)$는 이러한 투자의 결과로 축적된 자본의 양으로 시점 t에 측정한다.

특정 시점의 자본스톡 공식이 주어지면, 이를 미분하여 순투자를 구할 수 있다. 반대로, 순투자함수를 알고 있다면 이를 적분하여 자본스톡을 구할 수 있다. 특히 $t = t_1$에서 $t = t_2$까지 기간 동안의 자본 형성을 계산하기 위해 우리는 다음 정적분을 한다:

$$\int_{t_1}^{t_2} I(t)\mathrm{d}t$$

예제

투자흐름이

$$I(t) = 9000\sqrt{t}$$

일 때 다음을 계산하라.

(a) 첫 번째 해의 연말부터 네 번째 해의 연말까지의 자본 형성

(b) 자본스톡이 $100,000를 초과하기까지 소요되는 연수

풀이

(a) $t=1$에서 $t=4$까지의 자본 형성을 계산하기 위해 우리는 다음 정적분을 한다:

$$\int_1^4 9000\sqrt{t}\,dt = 9000\int_1^4 t^{1/2}dt = 9000\left[\frac{2}{3}t^{3/2}\right]_1^4 = 9000\left(\frac{16}{3}-\frac{2}{3}\right) = \$42,000$$

(b) 자본스톡을 $100,000 축적하는 데 소요되는 연수를 계산해야 한다. T년 후의 자본스톡은

$$\int_0^T 9000\sqrt{t}\,dt = 9000\int_0^T t^{1/2}dt$$

이다. 이를 이용해

$$9000\int_0^T t^{1/2}dt = 100,000$$

을 만족시키는 T값을 구해야 한다. 적분이

$$9000\left[\frac{2}{3}t^{3/2}\right]_0^T = 9000\left(\frac{2}{3}T^{3/2}-\frac{2}{3}(0)^{3/2}\right) = 6000T^{3/2}$$

이므로 T는

$$6000T^{3/2} = 100,000$$

을 만족시켜야 한다. 이 비선형 방정식은 양변을 6000으로 나누어

$$T^{3/2} = 16.67$$

이고, 양변을 2/3 거듭제곱하여

$$T = 6.5$$

를 얻는다. 따라서 자본스톡은 7년차 중간쯤에 $100,000에 도달한다.

실전문제

4. 투자함수가

$$I(t) = 800t^{1/3}$$

일 때 다음을 계산하라.

(a) 첫 번째 해의 연말부터 여덟 번째 해의 연말까지의 자본 형성

(b) 자본스톡이 $48,600를 초과하기까지 소요되는 연수

6.2.4 할인

제3장에서 어떤 하나의 미래가치 S를 $r\%$ 할인율로 연속적으로 t년 동안 할인할 때 현재 가치 P의 공식

$$P = Se^{-rt/100}$$

이 사용되었다. 그리고 우리는 연금의 아이디어에 대해서도 논의했다. 연금은 기금으로서 일정 금액을 일정 간격으로 연속해서 지불하는 것인데, 우리는 계약된 지불기간 동안 이러한 지급을 담보하기 위해 필요한 원금을 어떻게 계산하는지를 보았다. 이 금액을 연금의 현재가치라 부른다. 만약 그 기금이 매년 연율 $S로 n년 동안 연속적인 수익흐름을 제공해야 한다면, 현재가치는 정적분

$$P = \int_0^n Se^{-rt/100}dt$$

을 계산함으로써 구할 수 있다.

예를 들어, 만약 할인율이 9%이고 5년 동안 매년 $1000의 연속적 수익흐름을 주는 연금의 현재가치는

$$P = \int_0^5 1000e^{-0.09t}dt$$

$$= 1000 \int_0^5 e^{-0.09t}dt$$

$$= 1000 \left[\frac{-1}{0.09} e^{-0.09t} \right]_0^5$$

$$= -\frac{1000}{0.09} [e^{-0.09t}]_0^5$$

$$= -\frac{1000}{0.09} (e^{-0.45} - 1) \qquad \boxed{e^0 = 1}$$

$$= \$4026.35$$

가 된다.

실전문제

5. 할인율이 6%일 때, 매년 고정률 $5000로 10년 동안 연속적인 수익흐름을 주는 연금의 현재가치를 계산하라.

주요 용어

생산자 잉여(Producer's surplus)   공급자들이 상품의 공급을 위해 받아들이기로 했던 낮은 수익을 초과하여 받은 초과 수익.

소비자 잉여(Consumer's surplus)   수요자가 상품을 구입하기 위해 실제 지불한 금액보다 초과하여 준비했던 초과 비용.

순투자(Net investment)   시간에 따른 자본스톡의 변화율: $I = dK/dt$.

적분의 극한(Limits integration)   정적분 $\int_a^b f(x)dx$에 나타나는 숫자 a, b.

정적분(Definite integral) $x=a$와 $x=b$ 사이에서 그래프 $f(x)$ 밑의 면적을 나타내는 수 $\int_a^b f(x)dx$.

연습문제 6.2

1. 다음의 적분을 계산하라.

   (a) $\displaystyle\int_1^3 4x^2\,dx$ (b) $\displaystyle\int_2^3 \frac{2}{x^3}\,dx$

   (c) $\displaystyle\int_1^4 \frac{6}{\sqrt{x}}\,dx$ (d) $\displaystyle\int_1^2 4x^3 - 3x^2 + 4x + 2\,dx$

2. 다음 곡선들 밑의 면적을 정확히 구하라.

   (a) $x=1$과 $x=5$ 사이에서 $y=2x^2+x+3$

   (b) $x=2$과 $x=3$ 사이에서 $y=(x-2)^2$

   (c) $x=4$과 $x=25$ 사이에서 $y=3\sqrt{x}$

   (d) $x=0$과 $x=1$ 사이에서 $y=e^x$

   (e) $x=1$과 $x=e$ 사이에서 $yy=\dfrac{1}{x}$

3. 다음의 정적분을 계산하라:

   (a) $\displaystyle\int_0^2 x^3\,dx$ (b) $\displaystyle\int_{-2}^2 x^3\,dx$

   $x=-2$와 $x=2$ 사이에서 삼차함수의 대략적인 그래프를 그려보고 (b)의 답에 대한 논거를 제시하라. 이 구간에서 x축과 $y=x^3$ 그래프 사이의 실제 면적은 얼마인가?

4. 다음 수요 함수들에 대해서 $P=5$에서의 소비자 잉여를 구하라:

   (a) $P=25-2Q$ (b) $P=\dfrac{10}{\sqrt{Q}}$

5. 다음 공급 함수들에 대해서 $Q=9$에서의 생산자 잉여를 구하라:

   (a) $P=12+2Q$ (b) $P=20\sqrt{Q}+15$

6. 수요 함수

   $$P=50-2Q-0.01Q^2$$

   가 주어질 때 다음에서 소비자 잉여를 구하라.

   (a) $Q=10$ (b) $Q=11$

7. 수요 함수

   $$P=-Q_D^2=4Q_D+68$$

   와 공급 함수

$$P=Q_S^2-2Q_S+12$$

가 주어질 때, 순수경쟁을 가정하고 다음을 구하라.

(a) 소비자 잉여

(b) 생산자 잉여

8. 투자흐름이

$$I(t)=5000t^{1/4}$$

일 때, 2년째 해 말부터 5년째 중반까지의 자본형성을 계산하라. 가장 가까운 정수로 답하라.

9. 투자흐름이

$$I(t)=2400\sqrt{t}$$

일 때,

(a) 처음 4년 동안의 총자본형성을 계산하라.

(b) N번째 년의 연간 자본형성을 구하고, 연간 자본형성이 $4000를 초과하는 첫 번째 해를 구하라.

10. 할인율이 7.5%일 때, 고정연율 $1200로 8년 동안의 수익흐름을 주는 연금의 현재가치를 계산하라.

연습문제 6.2*

1. 다음을 계산하라.

(a) $\int_{-1}^{2} 5x^2-4x+6\,dx$

(b) $\int_{2}^{10} \frac{1}{(2x+5)\sqrt{(2x+5)}}\,dx$

2. (a) 수요 함수

$$P=50-4Q$$

에 대하여 $Q=8$에서의 소비자 잉여를 구하라.

(b) 공급 함수

$$P=6+8Q$$

에 대하여 $Q=a$에서의 생산자 잉여가 400으로 알려져 있다. a의 값을 구하라.

3. 수요 함수

   $$P = 74 - Q_D^2$$

   와 공급 함수

   $$P = (Q_S + 2)^2$$

   가 주어졌다. 순수경쟁을 가정하고 소비자 잉여와 생산자 잉여를 계산하라.

4. 공급 함수와 수요 함수가 각각 $P = Q + 50$과 $P = \dfrac{4000}{Q + 20}$으로 주어질 때, 균형 가격과 균형 거래량, 그리고 소비자 잉여, 생산자 잉여를 계산하라.

5. 공급 함수와 수요 함수가 각각 $P = 20e^{0.4Q}$과 $P = 100e^{-0.2Q}$으로 주어질 때, 균형 가격과 균형 거래량, 그리고 소비자 잉여, 생산자 잉여를 계산하라.

6. 순투자함수가

   $$I(t) = 100e^{0.1t}$$

   일 때,

   (a) 두 번째 해 말부터 다섯 번째 해 말까지의 자본형성

   (b) 자본스톡이 $100,000를 초과하기까지 필요한 연수를 계산하라.

7. 다음의 순투자함수에서 $t = 0$에서 $t = T$ 사이의 자본형성을 구하라.

   (a) $I(t) = At^{\alpha}$

   (b) $I(t) = Ae^{\alpha t}$

   여기서 A와 α는 양수인 상수이다.

8. 할인율이 5%이고 다음의 기간 동안 매년 $1000의 연속적 수익 흐름의 현재가치를 계산하라.

   (a) 3년   **(b)** 10년

   (c) 100년   **(d)** 영구히

9. 할인율이 10%이고 n년 동안 매년 $5000의 연속적인 수익 흐름을 주는 상품의 현재가치가 $25,000이다. n을 소수점 아래 첫째자리까지 구하라.

10. $g(x) = \displaystyle\int_2^x (5t^2 - 2t) dt$일 때 $g'(t)$를 구하라.

11. 할인율이 r%일 경우, 매년 고정율 $S로 n년 동안 연속적인 수익 흐름을 주는 상품의 현재가치를 구하라.

12. 어떤 기업의 이윤함수가 $\pi = f(Q)$이고 생산량 Q가 a와 b 사이에서 변할 때, 그 기업의 평균이윤은

$$\frac{1}{b-a}\int_a^b f(Q)\mathrm{d}Q$$

이다. $TR = 100(1 - e^{-0.1Q})$, $TC = 0.1Q^2 + 2Q + 1$ 그리고 생산량이 3에서 8 사이로 변할 때 기업의 평균이윤을 계산하라.

수학 심화학습

6.2절에서 x축, 곡선 $y=f(x)$ 그리고 수직선 $x=a$, $x=b$ 사이의 면적을 구하기 위해 적분을 사용했다. 모든 경우에 그 영역이 모든 방향으로 한계가 있어 유한한 면적을 주었다. 그러나 가끔은 그림 6.7과 같이 한계가 없는 영역의 면적을 구할 필요가 있다. 무한히 이어지는 영역이 유한의 면적을 가질 수 있다는 것이 놀라울 수 있다. 그렇지만, 그래프가 x축으로 충분히 빠른 속도로 접근한다면 면적 그 자체는 유한하고 우리는 적분을 이용하여 그 값을 구할 수 있다. 공식적으로 다음과 같이 정의한다:

$$\int_a^\infty f(x)\mathrm{d}x = \lim_{N\to\infty}\int_a^N f(x)\mathrm{d}x \quad \text{(극한이 존재한다고 가정)}$$

먼저, $x=a$와 $x=N$ 사이 곡선 아래의 면적을 계산하고, 그다음 N이 ∞로 갈 때 이 값이 수렴하는지 여부를 살펴본다.

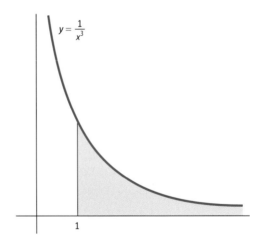

그림 6.7.

예제

다음 적분을 계산하라:

(a) $\displaystyle\int_1^\infty \frac{1}{x^3}\,dx$

(b) $\displaystyle\int_1^\infty \frac{1}{\sqrt{x}}\,dx$

풀이

(a) 먼저 곡선 $y=x^{-3}$ 아래의 면적을 $x=1$과 $x=N$ 사이에서 구한다:

$$\int_1^N x^{-3}\,dx = \left[-\frac{1}{2}x^{-2}\right]_1^N = -\frac{1}{2}N^{-2}+\frac{1}{2} = \frac{1}{2} - \frac{1}{2N^2}$$

부정적분의 정의로부터 N이 한계가 없이 증가할 때 이 값이 어떻게 변하는지 살펴본다.

$$N\to\infty\text{일 때 } \frac{1}{2N^2}\to 0\text{이므로 } \int_1^\infty \frac{1}{x^3}\,dx = \lim_{N\to\infty}\left(\frac{1}{2}-\frac{1}{2N^2}\right) = \frac{1}{2}$$

이 경우 한계가 없는 영역이지만 유한한 면적 1/2의 값을 갖는다.

(b) 먼저 곡선 $y=x^{-\frac{1}{2}}$ 아래의 면적을 $x=1$과 $x=N$ 사이에서 구한다:

$$\int_1^N x^{-\frac{1}{2}}\,dx = \left[2x^{\frac{1}{2}}\right]_1^N = 2N^{\frac{1}{2}}-2 = 2\sqrt{N}-2$$

이 경우 $N\to\infty$일 때 $\sqrt{N}$이 유한하지 않으므로 적분이 존재하지 않는다.

CHAPTER 7

행렬

이 책을 읽으면서 수학에서는 미적분이 매우 중요하고, 다른 모든 주제는 단지 미적분의 변형인 것 같은 느낌을 가질 수 있다. 이는 맞지 않다. 이 장과 다음 장에서 우리는 지금까지와는 완전히 다른 수학 분야를 보게 될 것이다. 제1장에서 공부한 것이 유용하게 사용될 것이다. 물론 그것이 아주 본질적인 것은 아니다. 이 장은 3개의 절을 포함한다. 이들을 순서대로 보아야 한다.

제7.1절에서는 행렬의 개념을 소개한다. 행렬은 표로 나타내는 정보를 묘사하는 편리한 수학적 방식이다. 행렬의 합, 차, 곱을 정의하면 행렬의 대수적 계산이 가능하다. 간단한 경제 문제의 사례가 이들 연산을 설명하는 데 사용될 것이다. 제7.2절에서는 역행렬 계산법을 설명한다. 이는 숫자 연산에서 역수와 유사한 개념이며 행렬로 표현되는 선형연립방정식 체계를 푸는 데 이용된다. 그리하여, 정태분석 문제를 다루는 데 응용될 수 있다. 제7.3절에서는 이른바 크래머 법칙을 다루며, 이를 이용하여 선형연립방정식 체계를 보다 쉽게 풀 수 있다. 이 방법은 미지수를 많이 포함하는 경제모형에서 특정 일부 변수만 구해야 하는 경우 더욱 유용하다.

SECTION 7.1

기본적 행렬 연산

목표

이 절을 공부한 후에는 다음을 할 수 있다:

- 행렬대수의 기호와 용어를 이해한다.
- 행렬의 전치를 구한다.
- 행렬을 더하거나 뺀다.
- 행렬에 스칼라를 곱한다.
- 행렬과 행렬을 곱한다.
- 선형연립방정식 체계를 행렬을 이용하여 표현한다.

한 기업이 G1, G2, G3의 세 가지 유형의 상품을 생산한다고 하자. 이들은 C1과 C2의 두 가지 유형의 고객에게 판매된다.

표 7.1에는 이들 상품의 월 판매량이 제시되어 있다. 이 기업은 한 달 동안 상품 G2를 고객 C1에게 3개 판매했고, 상품 G3를 고객 C2에게 6개 판매한 것이다. 이러한 표를 여러 가지 표기를 생략하고, 다음과 같이 매우 간략하게 중요한 정보만을 압축적으로 표시할 수 있을 것이다:

$$\mathbf{A} = \begin{bmatrix} 7 & 3 & 4 \\ 1 & 5 & 6 \end{bmatrix}$$

이는 행렬의 한 사례이다. 보다 일반적으로, 대괄호 [ ]로 둘러싸인 사각형 모형의 숫자 배열을 행렬(matrix, 복수형은 matrices)이라고 한다.[1] 그리고, 이들 배열을 이루는 각각의 숫자를 원소(entry, element)라고 한다. 행렬은 행(row)과 열(column)로 이루어져 있다. 상기 행렬 $\mathbf{A}$는 2개 행과 3개 열로 이루어져 있다. 그래서, 행렬 $\mathbf{A}$는 차수(order) 2×3 (two by three)인 행렬이다. 차수 $m \times n$ 행렬은 m개의 행, n개의 열을 갖는다.

---

1 [옮긴이주] 행렬을 꼭 [ ]으로 표시해야 하는 것은 아니다. 지금 고등학교 때 나온 행렬과 다른 행렬을 다루는 것이 아니다. ( )로 숫자 배열을 감쌀 수도 있고, 필요에 따라 | |를 이용할 수도 있다. 주로 ( ) 또는 [ ]이 이용된다. 때로는 이런 표시 없이 그냥 숫자 배열만으로 표기하기도 한다.

행렬은 특별한 경우가 아니면 보통 대문자 그 원소는 소문자로 쓴다. 나아가, 이중의 아래첨자를 사용하는데, 행렬 $\mathbf{A}$의 원소 a_{ij}는 행렬 $\mathbf{A}$에서 i번째 행, j번째 열에 위치한 원소를 나타낸다.

상기 행렬 $\mathbf{A}$에서는 $a_{12}=3$이고 $a_{23}=6$이다.

표 7.1

		상품 유형별 판매량		
		G1	G2	G3
고객 유형별	C1	7	3	4
판매량	C2	1	5	6

일반적인 차수 3×2 행렬 $\mathbf{D}$는 다음과 같은 형태를 지닌다:

$$\begin{bmatrix} d_{11} & d_{12} \\ d_{21} & d_{22} \\ d_{31} & d_{32} \end{bmatrix}$$

유사하게, 차수 3×3 행렬 $\mathbf{E}$는 다음과 같은 형태를 지닌다.

$$\begin{bmatrix} e_{11} & e_{12} & e_{13} \\ e_{21} & e_{22} & e_{23} \\ e_{31} & e_{32} & e_{33} \end{bmatrix}$$

실전문제

1. $\mathbf{A} = \begin{bmatrix} 1 & 2 \\ 3 & 4 \end{bmatrix}$, $\mathbf{B} = [1 \quad -1 \quad 0 \quad 6 \quad 2]$, $\mathbf{C} = \begin{bmatrix} 1 & 0 & 2 & 3 & 1 \\ 5 & 7 & 9 & 0 & 2 \\ 3 & 4 & 6 & 7 & 8 \end{bmatrix}$, $\mathbf{D} = [6]$라고 하자.

   (a) 행렬 $\mathbf{A}$, $\mathbf{B}$, $\mathbf{C}$, $\mathbf{D}$의 차수를 기술하라.

   (b) 다음의 각 원소 값은?

   a_{11}, a_{22}, b_{14}, c_{25}, c_{33}, c_{43}, d_{11}

지금까지 행렬이 무엇이고 어떻게 수리적으로 표기하는지 논의하였다. 행렬은 확실히 표에 나온 정보를 묘사하는 편리한 속기 방식이다. 하지만, 우리는 이보다 더 나아가야 한다. 그래서 경제학 문제를 풀기 위해 행렬을 이용할 수 있어야 한다. 이를 위해, 행렬에 대해서 이루어지는 다음의 몇 가지 수학적 연산을 다룰 것이다.

- 전치(transposition)
- 합과 차(addition and subtraction)
- 스칼라곱(scalar multiplication)
- 행렬곱(matrix multiplication)

상기 연산 중 나누기는 없다. 그런데, 행렬로 행렬을 나누는 그런 연산은 없다. 하지만 실수 a로 치면 $1/a$와 유사한 행렬 $\mathbf{A}$에 대한 역행렬 $\mathbf{A}^{-1}$는 정의하여 사용할 것이다. 이는 제7.2절에서 다룬다.

7.1.1 전치

앞서 표 7.1에서 행은 고객 유형, 열은 상품 유형을 나타냈다. 그래서, 그 행렬 표현은 다음과 같다:

$$\mathbf{A} = \begin{bmatrix} 7 & 3 & 4 \\ 1 & 5 & 6 \end{bmatrix}$$

그런데, 표 7.2와 같은 방식으로 동일한 월 판매량 정보를 달리 제시할 수도 있다. 이는 행렬로 다음과 같이 표시할 수 있다:

$$\mathbf{B} = \begin{bmatrix} 7 & 1 \\ 3 & 5 \\ 4 & 6 \end{bmatrix}$$

이때, 우리는 행렬 $\mathbf{A}$와 행렬 $\mathbf{B}$를 서로 전치라고 하고, 다음과 같이 표기한다:

$\mathbf{A}^T = \mathbf{B}$ ($\mathbf{A}$의 전치는 $\mathbf{B}$)

또는

$\mathbf{B}^T = \mathbf{A}$ ($\mathbf{B}$의 전치는 $\mathbf{A}$)

어떤 행렬의 전치(행렬)는 원래 행렬의 행과 열을 바꾼 것이다. 그래서, 원래 행렬의 첫 번째 행은 전치행렬의 첫 번째 열이 되고, 원래 행렬의 2번째 행은 전치행렬의 2번째 열이 된다. 행렬 $\mathbf{A}$의 행의 총 개수는 전치행렬 $\mathbf{A}^T$의 열의 총 개수와 같다. 그 반대도 마찬가지다. 결과적으로, 행렬 $\mathbf{A}$의 차수가 $m \times n$이면, 행렬 $\mathbf{A}^T$의 차수는 $n \times m$이다.

표 7.2

		상품 유형별 판매량	
		C1	C2
고객 유형별 판매량	G1	7	1
	G2	3	5
	G3	4	6

예제

다음 행렬의 전치(행렬)를 구하라.

$$\mathbf{D} = \begin{bmatrix} 1 & 7 & 0 & 3 \\ 2 & 4 & 6 & 0 \\ 5 & 1 & 9 & 2 \end{bmatrix}, \ \mathbf{E} = \begin{bmatrix} -6 \\ 3 \end{bmatrix}$$

풀이

3×4 행렬 $\mathbf{D}$의 전치행렬은 다음의 4×3 행렬이다:

$$\mathbf{D}^{\mathrm{T}} = \begin{bmatrix} 1 & 2 & 5 \\ 7 & 4 & 1 \\ 0 & 6 & 9 \\ 3 & 0 & 2 \end{bmatrix}$$

2×1 행렬 $\mathbf{E}$의 전치행렬은 다음의 1×2 행렬이다:

$$\mathbf{E}^{\mathrm{T}} = [-6 \ \ 3]$$

실전문제

2. 다음 행렬의 전치행렬을 구하라.

$$\mathbf{A} = \begin{bmatrix} 1 & 4 & 0 & 1 & 2 \\ 3 & 7 & 6 & 1 & 4 \\ 2 & 1 & 3 & 5 & -1 \\ 2 & -5 & 1 & 8 & 0 \end{bmatrix}$$

$$\mathbf{B} = [1 \ \ 5 \ \ 7 \ \ 9]$$

$$\mathbf{C} = \begin{bmatrix} 1 & 2 & 3 \\ 2 & 4 & 5 \\ 3 & 5 & 6 \end{bmatrix}$$

특별한 이름을 갖는 특수한 형태의 두 가지 행렬이 있다. 하나는 다음과 같이 한 개의 행으로만 구성된 행렬이다:

$$\mathbf{c} = \begin{bmatrix} 5 & 2 & 1 & -4 \end{bmatrix}$$

이를 행벡터(row vector)라고 부른다. 다음으로 다음과 같이 한 개의 열로만 구성된 행렬도 있다.

$$\mathbf{d} = \begin{bmatrix} -3 \\ 10 \\ 6 \\ -7 \\ 1 \\ 9 \\ 2 \end{bmatrix}$$

이를 열벡터(column vector)라고 부른다. 열벡터의 경우 원소의 수가 너무 많으면 이를 아래로 죽 나열하여 표시하는 것은 책에서 많은 지면을 차지한다. 그래서, 상기 7×1 행렬이자 열벡터 $\mathbf{d}$를 아래와 같이 전치 기호 T를 사용하여 표현하는 경우가 많다:

$$\mathbf{d} = \begin{bmatrix} -3 & 10 & 6 & -7 & 1 & 9 & 2 \end{bmatrix}^{\mathrm{T}}$$

(또는 $\mathbf{d}^{\mathrm{T}} = \begin{bmatrix} -3 & 10 & 6 & -7 & 1 & 9 & 2 \end{bmatrix}$)

7.1.2 합과 차

2개 유형 고객 – 3개 유형 상품 예시로 돌아가자. 아래 행렬 $\mathbf{A}$는 1월 판매량을 나타낸다고 하자.

$$\mathbf{A} = \begin{bmatrix} 7 & 3 & 4 \\ 1 & 5 & 6 \end{bmatrix}$$

다음의 행렬 $\mathbf{B}$는 2월달 판매량을 나타낸다고 하자.

$$\mathbf{B} = \begin{bmatrix} 6 & 2 & 1 \\ 0 & 4 & 4 \end{bmatrix}$$

예를 들어, C1 유형 고객은 1월에는 G1 상품을 7개 구입했고, 2월에는 6개 구입한 것이다. 그래서, C1 유형 고객은 G1 상품을 2개월간 총 $7+6=13$개를 구입한 것이다. 다른 유형 고객, 다른 유형 상품에 대해서도 마찬가지 방식으로 나타내고 있다. 그래서, 2개월간 판매량을 나타내는 행렬 $\mathbf{C}$가 다음과 같이 얻어진다:

$$\mathbf{C} = \begin{bmatrix} 7+6 & 3+2 & 4+1 \\ 1+0 & 5+4 & 6+4 \end{bmatrix} = \begin{bmatrix} 13 & 5 & 5 \\ 1 & 9 & 10 \end{bmatrix}$$

여기서 행렬 $\mathbf{C}$를 행렬 $\mathbf{A}$와 행렬 $\mathbf{B}$의 합(sum)이라고 하고, 다음과 같이 표기한다:

$\mathbf{C} = \mathbf{A} + \mathbf{B}$

일반적으로, 동일한 차수의 두 행렬 간 합 또는 차를 구하기 위해 각 행렬에서 동일 위치에 있는 원소끼리 단순히 더하거나 빼면 된다. 이러한 행렬의 합에 대한 정의로부터 임의의 차수 $m \times n$ 행렬 $\mathbf{A}$와 $\mathbf{B}$에 대해서 다음이 성립한다:

$\mathbf{A} + \mathbf{B} = \mathbf{B} + \mathbf{A}$

이러한 연산을 위해서는 두 개 행렬의 차수가 완전히 동일해야 함을 주목하라. 예를 들어, 다음의 2개 행렬의 합을 구하는 것은 불가능하다.

$$\mathbf{D} = \begin{bmatrix} 1 & -7 \\ 1 & 3 \end{bmatrix}, \quad \mathbf{E} = \begin{bmatrix} 1 & 2 \\ 1 & 1 \\ 3 & 5 \end{bmatrix}$$

행렬 $\mathbf{D}$의 차수는 2×2이고, 행렬 $\mathbf{E}$의 차수는 3×2이기 때문이다.

예제

$\mathbf{A} = \begin{bmatrix} 9 & -3 \\ 4 & 1 \\ 2 & 0 \end{bmatrix}$, $\mathbf{B} = \begin{bmatrix} 5 & 2 \\ -1 & 6 \\ 3 & 4 \end{bmatrix}$ 으로부터 다음을 구하라.

(a) $\mathbf{A} + \mathbf{B}$　　　　　　(b) $\mathbf{A} - \mathbf{B}$　　　　　(c) $\mathbf{A} - \mathbf{A}$

풀이

(a) $\mathbf{A} + \mathbf{B} = \begin{bmatrix} 9 & -3 \\ 4 & 1 \\ 2 & 0 \end{bmatrix} + \begin{bmatrix} 5 & 2 \\ -1 & 6 \\ 3 & 4 \end{bmatrix} = \begin{bmatrix} 14 & -1 \\ 3 & 7 \\ 5 & 4 \end{bmatrix}$

(b) $\mathbf{A} - \mathbf{B} = \begin{bmatrix} 9 & -3 \\ 4 & 1 \\ 2 & 0 \end{bmatrix} - \begin{bmatrix} 5 & 2 \\ -1 & 6 \\ 3 & 4 \end{bmatrix} = \begin{bmatrix} 4 & -5 \\ 5 & -5 \\ -1 & -4 \end{bmatrix}$

(c) $\mathbf{A} - \mathbf{A} = \begin{bmatrix} 9 & -3 \\ 4 & 1 \\ 2 & 0 \end{bmatrix} - \begin{bmatrix} 9 & -3 \\ 4 & 1 \\ 2 & 0 \end{bmatrix} = \begin{bmatrix} 0 & 0 \\ 0 & 0 \\ 0 & 0 \end{bmatrix}$

상기 예제 (c)의 결과는 모든 원소가 0인 3×2 행렬이다. 그러한 행렬을 영행렬(zero matrix)이라고 부르고, **0**으로 표시한다.[2]

예를 들어,

$$[0], \begin{bmatrix} 0 & 0 \\ 0 & 0 \end{bmatrix}, \begin{bmatrix} 0 \\ 0 \\ 0 \\ 0 \end{bmatrix}, \begin{bmatrix} 0 & 0 & 0 & 0 & 0 & 0 \\ 0 & 0 & 0 & 0 & 0 & 0 \\ 0 & 0 & 0 & 0 & 0 & 0 \\ 0 & 0 & 0 & 0 & 0 & 0 \end{bmatrix}$$

이들은 각각 1×1, 2×2, 4×1, 4×6 영행렬이다. 실제로 보게 되는 문제에서 차수가 명확한 경우가 대부분이므로 이들을 굳이 구분하지 않고 **0**으로 표시하는 것이 관행이다.[3]

합과 차의 정의로부터, 임의의 행렬 A에 대해서 다음이 성립한다:

$$\mathbf{A} - \mathbf{A} = \mathbf{0}$$
$$\mathbf{A} + \mathbf{0} = \mathbf{A}$$

행렬 문제에서 행렬 **0**의 역할은 숫자 0의 역할과 유사하다.

실전문제

2. $\mathbf{A} = \begin{bmatrix} 7 & 5 \\ 2 & 1 \end{bmatrix}$, $\mathbf{B} = \begin{bmatrix} 5 \\ 4 \end{bmatrix}$, $\mathbf{C} = \begin{bmatrix} 2 \\ 2 \end{bmatrix}$, $\mathbf{D} = \begin{bmatrix} -6 & 2 \\ 1 & -9 \end{bmatrix}$, $\mathbf{0} = \begin{bmatrix} 0 \\ 0 \end{bmatrix}$라고 하자. 다음을 구하라.

(a) **A** + **B**   (b) **A** + **C**   (c) **B** − **C**

(d) **C** − **0**   (e) **D** − **D**

7.1.3 스칼라 곱

다시 2개 유형 고객 − 3개 유형 상품 사례로 돌아가 보자. 1년 중 각 월의 판매량이 동일하고 1개월의 판매량이 다음의 행렬로 표현된다고 하자:

$$\mathbf{A} = \begin{bmatrix} 7 & 3 & 4 \\ 1 & 5 & 6 \end{bmatrix}$$

---

2 [옮긴이주] 숫자 0으로 표시해도 되고, 영문 대문자 O 또는 볼드체 대문자 **O**으로 표시해도 된다.

3 [옮긴이주] 굳이 필요하다면, $\mathbf{0}_{3 \times 4}$와 같은 표기를 하기도 한다.

예를 들어, 고객 유형 C1은 매월 G1을 7개 구입하는 것이다. 따라서, 1년 동안 G1 총 구입 물량은 12×7=84개가 된다.

　유사한 과정을 다른 유형의 상품과 고객에 대해서 적용할 수 있을 것이다. 그리하여 연간 판매량을 나타내는 행렬은 다음과 같다:

$$\mathbf{B} = \begin{bmatrix} 12 \times 7 & 12 \times 3 & 12 \times 4 \\ 12 \times 1 & 12 \times 5 & 12 \times 6 \end{bmatrix} = \begin{bmatrix} 84 & 36 & 48 \\ 12 & 60 & 72 \end{bmatrix}$$

행렬 $\mathbf{B}$는 행렬 $\mathbf{A}$의 각 원소에 12를 곱하여 얻을 수 있다. 따라서,

$$\mathbf{B} = 12\mathbf{A}$$

일반적으로, 행렬 $\mathbf{A}$에 스칼라 k를 곱한다는 것은 단순히 $\mathbf{A}$의 각 원소에 k를 곱하는 것이다.

$\mathbf{A} = \begin{bmatrix} 1 & 2 & 3 \\ 4 & 5 & 6 \\ 7 & 8 & 9 \end{bmatrix}$ 이면 다음과 같다:

$$2\mathbf{A} = \begin{bmatrix} 2 & 4 & 6 \\ 8 & 10 & 12 \\ 14 & 16 & 18 \end{bmatrix}$$

$$-\mathbf{A} = (-1)\mathbf{A} = \begin{bmatrix} -1 & -2 & -3 \\ -4 & -5 & -6 \\ -7 & -8 & -9 \end{bmatrix}$$

$$0\mathbf{A} = \begin{bmatrix} 0 & 0 & 0 \\ 0 & 0 & 0 \\ 0 & 0 & 0 \end{bmatrix} = \mathbf{0}$$

통상적인 숫자 계산에서는 다음이 성립한다:

$$a(b+c) = ab + ac$$

행렬의 합과 스칼라 곱에 대한 정의로부터 다음을 얻을 수 있다:

$$k(\mathbf{A}+\mathbf{B}) = k\mathbf{A} + k\mathbf{B}$$

여기서, $\mathbf{A}$와 $\mathbf{B}$는 각각 $m \times n$ 행렬이고, k는 스칼라이다.

　행렬의 스칼라 곱에 관련된 또 다른 성질로 다음이 성립한다:

모든 스칼라 k 및 l에 대해서,

$$k(l\mathbf{A}) = (kl)\mathbf{A}$$

(숫자 계산에서는 $a(bc) = (ab)c$가 성립한다.)

실전문제

4. $\mathbf{A} = \begin{bmatrix} 1 & -2 \\ 3 & 5 \\ 0 & 4 \end{bmatrix}$, $\mathbf{B} = \begin{bmatrix} 0 & -1 \\ 2 & 7 \\ 1 & 6 \end{bmatrix}$일 때,

   (1) 다음을 구하라.

   (a) $2\mathbf{A}$ (b) $2\mathbf{B}$

   (c) $\mathbf{A} + \mathbf{B}$ (d) $2(\mathbf{A} + \mathbf{B})$

   이들로부터 다음을 보여라.

   $$2(\mathbf{A} + \mathbf{B}) = 2\mathbf{A} + 2\mathbf{B}$$

   (2) 다음을 구하라.

   (a) $3\mathbf{A}$ (b) $-6\mathbf{A}$

   이로부터 다음을 보여라.

   $$-2(3\mathbf{A}) = -6\mathbf{A}$$

7.1.4 행렬의 곱

조언

아마 지금까지 공부한 행렬 연산은 매우 쉬웠을 것이다. 이제 행렬 곱을 다룰 것이다. 이를 처음 본다면, 이를 이해하고 다루는 노력과 시간을 다소 많이 들여야 한다. 그러나, 걱정 말라. 행렬 간 곱을 수차례 해 보면, 처음에는 다소 이상하고 복잡해 보이지만 방법 자체는 매우 간단하다는 것을 알게 될 것이다.

행벡터와 열벡터를 곱하는 문제부터 다루어보자. 상품 G1, G2, G2에 대한 가격이 각각 50달러, 30달러, 20달러라고 하자. 이를 아래 행벡터로 표시해보자:

$$\mathbf{p} = \begin{bmatrix} 50 & 30 & 20 \end{bmatrix}$$

한 기업이 G1, G2, G2의 각 유형 상품을 총 100개, 200개, 175개를 팔았을 때, 이를 아래 열벡터로 표현할 수 있다:

$$\mathbf{q} = \begin{bmatrix} 100 \\ 200 \\ 175 \end{bmatrix}$$

상품 G1 판매로부터 얻는 수입은 가격 50달러에 판매량 100을 곱하여 나오는 5000달러이다. 유사하게 G2 및 G3 판매 수입도 각각 6000달러, 3500달러이다. 그래서, 이들 모든 상품 판매에 따른 총수입 TR은 14,500달러가 된다. TR은 하나의 수치이고 이는 1×1 행렬로 볼 수 있다. 즉,

$$TR = [14500]$$

이러한 1×1 행렬은 가격 벡터 $\mathbf{p}$와 물량 벡터 $\mathbf{q}$를 곱하여 얻을 수 있다. 즉,

$$\begin{bmatrix} 50 & 30 & 20 \end{bmatrix} \begin{bmatrix} 100 \\ 200 \\ 175 \end{bmatrix} = [14500]$$

14,500이라는 숫자는 벡터 $\mathbf{p}$와 $\mathbf{q}$에서 각 위치에 상응하는 원소들을 곱하고 이들을 모두 합하여 얻을 수 있다. 즉,

$$\begin{bmatrix} 50 & 30 & 20 \end{bmatrix} \begin{bmatrix} 100 \\ 200 \\ 175 \end{bmatrix} = [5000 + 6000 + 3500] = [14500]$$

일반적으로, 행렬 $\mathbf{a}$는 다음과 같은 행벡터, 행렬 $\mathbf{b}$는 다음과 같은 열벡터라고 하자.

$$\mathbf{a} = \begin{bmatrix} a_{11} & a_{12} & a_{13} & \dots & a_{1s} \end{bmatrix}$$

$$\mathbf{b} = \begin{bmatrix} b_{11} \\ b_{21} \\ b_{31} \\ \\ b_{s1} \end{bmatrix}$$

그러면, 두 벡터의 곱 $\mathbf{ab}$는 다음과 같이 정의되어 1×1 행렬이 된다.

$$\mathbf{ab} = [a_{11} \quad a_{12} \quad a_{13} \quad \dots \quad a_{1s}] \begin{bmatrix} b_{11} \\ b_{21} \\ b_{31} \\ \\ b_{s1} \end{bmatrix}$$

한편, 곱해지는 두 개 벡터의 원소 개수는 동일해야 한다. 즉, 벡터 $\mathbf{a}$의 차수가 $1 \times s$이고 벡터 $\mathbf{b}$의 차수가 $t \times 1$일 때, 곱 $\mathbf{ab}$은 $s = t$일 때만 가능한 연산이다.

예제

$\mathbf{a} = [1 \quad 2 \quad 3 \quad 4]$, $\mathbf{b} = \begin{bmatrix} 2 \\ 5 \\ -1 \\ 0 \end{bmatrix}$, $\mathbf{c} = \begin{bmatrix} 6 \\ 9 \\ 2 \end{bmatrix}$일 때, $\mathbf{ab}$ 및 $\mathbf{ac}$를 구하라.

풀이

앞서 행벡터와 열벡터의 곱에 대한 정의에 따라,

$$\mathbf{ab} = [1 \quad 2 \quad 3 \quad 4] \begin{bmatrix} 2 \\ 5 \\ -1 \\ 0 \end{bmatrix} = [1(2) + 2(5) + 3(-1) + 4(0)] = [9]$$

벡터 $\mathbf{a}$는 원소가 4개, 벡터 $\mathbf{c}$는 원소가 3개이다. 따라서, 둘 간 곱이 불가능하다.

실전문제

5. $\mathbf{a} = [1 \quad -1 \quad 0 \quad 3 \quad 2]$, $\mathbf{b} = [1 \quad 2 \quad 9]$, $\mathbf{c} = \begin{bmatrix} 0 \\ -1 \\ 1 \\ 1 \\ 2 \end{bmatrix}$, $\mathbf{d} = \begin{bmatrix} -2 \\ 1 \\ 0 \end{bmatrix}$일 때 다음을 구하라.

(a) $\mathbf{ac}$ (b) $\mathbf{bd}$ (c) $\mathbf{ad}$

다음으로 일반적인 행렬 간 곱에 집중해보자. 행렬 $\mathbf{A}$가 $m \times s$, 행렬 $\mathbf{B}$가 $s \times n$이면 행렬 $\mathbf{C} = \mathbf{AB}$는 $m \times n$이 되며, 그 원소 c_{ij}는 행렬 $\mathbf{A}$의 i-번째 행과 행렬 $\mathbf{B}$의 j-번째 열을 곱한 것이다.

이러한 정의에 대해서 세 가지 유의사항이 있다. 첫째, 행렬 $\mathbf{A}$의 행의 총 개수와 행렬

B의 열의 총 개수가 동일해야 한다. 그렇지 않으면 두 행렬의 곱 **AB**가 정의되지 않는다. 둘째, 행렬 **C**는 $m \times n$ 행렬이 된다. 여기서 m은 행렬 **A**의 행의 수이고, n은 행렬 **B**의 열의 수이다. 마지막으로, **C**의 원소는 행벡터와 열벡터를 곱하여 얻어진다.

아래 예시를 갖고 이 문제를 다루어보자. 다음의 두 개 행렬 **A**와 **B**를 고려하자:

$$\mathbf{A} = \begin{bmatrix} 2 & 1 & 0 \\ 1 & 0 & 4 \end{bmatrix}, \quad \mathbf{B} = \begin{bmatrix} 3 & 1 & 2 & 1 \\ 1 & 0 & 1 & 2 \\ 5 & 4 & 1 & 1 \end{bmatrix}$$

계산에 앞서 두 개 행렬을 곱할 수 있는지 체크해볼 필요가 있다. 또한, 결과로 나오는 행렬의 차수도 미리 파악해본다. 여기서는 행렬 **A**는 2×3 행렬이고, 행렬 **B**가 3×4 행렬이다. 따라서, 행렬 **A**는 3개 열, 행렬 **B**는 동일한 3개 행을 지니고 있으므로, 곱 **AB**가 정의되고 계산된다. 또한, **AB**의 차수는 2×4가 된다. 따라서,

$$\begin{bmatrix} 2 & 1 & 0 \\ 1 & 0 & 4 \end{bmatrix} \begin{bmatrix} 3 & 1 & 2 & 1 \\ 1 & 0 & 1 & 2 \\ 5 & 4 & 1 & 1 \end{bmatrix} = \begin{bmatrix} c_{11} & c_{12} & c_{13} & c_{14} \\ c_{21} & c_{22} & c_{23} & c_{24} \end{bmatrix}$$

이제 해야 할 일은 8개 숫자 c_{ij}를 구하는 것이다.

c_{11}의 경우 첫 번째 행, 첫 번째 열에 위치하고 있다. 그래서, 이는 행렬 **A**의 첫 번째 행과 행렬 **B**의 첫 번째 열을 곱하여 얻게 된다.

$$\begin{bmatrix} 2 & 1 & 0 \\ 1 & 0 & 4 \end{bmatrix} \begin{bmatrix} 3 & 1 & 2 & 1 \\ 1 & 0 & 1 & 2 \\ 5 & 4 & 1 & 1 \end{bmatrix} = \begin{bmatrix} 7 & c_{12} & c_{13} & c_{14} \\ c_{21} & c_{22} & c_{23} & c_{24} \end{bmatrix}$$

숫자 c_{12}는 첫 번째 행, 두 번째 열에 위치한다. 그래서, 행렬 **A**의 첫 번째 행과 행렬 **B**의 두 번째 열을 곱하여 얻는다.

$$\begin{bmatrix} 2 & 1 & 0 \\ 1 & 0 & 4 \end{bmatrix} \begin{bmatrix} 3 & 1 & 2 & 1 \\ 1 & 0 & 1 & 2 \\ 5 & 4 & 1 & 1 \end{bmatrix} = \begin{bmatrix} 7 & 2 & c_{13} & c_{14} \\ c_{21} & c_{22} & c_{23} & c_{24} \end{bmatrix}$$

c_{13}와 c_{14}도 마찬가지 방식으로 얻을 수 있다.

$$\begin{bmatrix} 2 & 1 & 0 \\ 1 & 0 & 4 \end{bmatrix} \begin{bmatrix} 3 & 1 & 2 & 1 \\ 1 & 0 & 1 & 2 \\ 5 & 4 & 1 & 1 \end{bmatrix} = \begin{bmatrix} 7 & 2 & 5 & 4 \\ c_{21} & c_{22} & c_{23} & c_{24} \end{bmatrix}$$

다음으로, 행렬 **C**의 두 번째 열에 위치한 원소를 마찬가지 방식으로 구해보자. 원소 c_{21}, c_{22}, c_{23} 및 c_{24}는 행렬 **A**의 두 번째 행을 행렬 **B**의 4개 열에 각각 곱하여 얻을 수 있다.

$$\begin{bmatrix} 2 & 1 & 0 \\ 1 & 0 & 4 \end{bmatrix} \begin{bmatrix} 3 & 1 & 2 & 1 \\ 1 & 0 & 1 & 2 \\ 5 & 4 & 1 & 1 \end{bmatrix} \begin{bmatrix} 7 & 2 & 5 & 4 \\ 23 & 17 & 6 & 5 \end{bmatrix}$$

상기 예시에서 행렬 **A**와 **B**의 곱인 행렬 **C**의 정의와 계산하여 얻는 방법을 단계적으로 차근차근 설명했다. 그리고, 계산 과정에서 음영도 이용하였다. 하지만, 이는 어디까지나 교육용이고 설명용이다. 계산할 때마다 이렇게 지루하게 해야 하는 것은 아니다. 독자의 계산 능력에 따라 중간 과정을 얼마든지 생략할 수 있다.

조언

두 행렬 간 곱이 정의되는지 곱의 결과가 어떤 차수를 지니는지 먼저 파악하는 방법으로서 두 개 곱하고 자 하는 행렬을 나열하여 차수를 비교하면 된다. 이때 차수의 안쪽에 있는 숫자가 같아야 곱이 정의되고, 곱의 결과는 바깥쪽에 있는 숫자에 의해 결정된다.

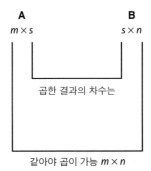

예를 들어, 행렬 **A**, **B**, **C**의 차수가 각각 3×5, 5×2, 3×4이면, 행렬 **AB**는 존재하며 3×2의 차수를 지닌다.

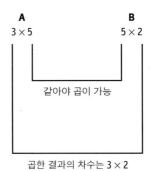

한편, 행렬 **AC**는 존재하지 않는다. 이유는 다음과 같다:

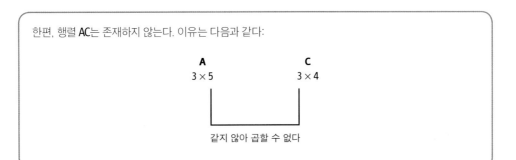

같지 않아 곱할 수 없다

실전문제

6. 다음의 행렬의 차수를 기술하라.

$$\mathbf{A} = \begin{bmatrix} 1 & 2 \\ 0 & 1 \\ 3 & 1 \end{bmatrix}, \quad \mathbf{B} = \begin{bmatrix} 1 & 2 \\ 3 & 4 \end{bmatrix}$$

다음의 행렬 곱이 가능한지 파악하라.

$$\mathbf{C} = \mathbf{AB}$$

행렬 **C**의 차수를 기술하고, 모든 원소를 계산하라.

행렬 연산과 통상적인 숫자 연산의 유사한 측면을 많이 보았다. 숫자 연산의 아래 몇 가지 규칙을 기억해보자:

- $a(a+b) = ab + ac$ (배분법칙)
- $(a+b)c = ac + bc$ (배분법칙)
- $a(bc) = (ab)c$ (결합법칙)
- $ab = ba$ (교환법칙)

우선 궁금한 것은 행렬 대수에서도 상기 규칙이 유사하게 성립하는지 여부일 것이다. 행렬 **A**, **B**, **C**가 합과 곱이 적절하게 정의되는 차수를 지닌다면, 다음이 성립한다:

$$\mathbf{A(B + C)} = \mathbf{AB} + \mathbf{AC}$$
$$\mathbf{(A + B)C} = \mathbf{AC} + \mathbf{BC}$$
$$\mathbf{A(BC)} = \mathbf{(AB)C}$$

하지만, 중요한 점!

숫자 연산에서는 당연히 $ab = ba$이지만, 행렬 연산에서는 그게 안 된다. 행렬 곱 **AB**가 있어도 **BA**는 존재하지 않기도 한다. 존재한다고 하더라도, **AB** = **BA**가 보장되는 것은 아니다. 아래 예시에서 살펴보자.

예제

$A = \begin{bmatrix} 1 & -1 \\ 2 & 1 \end{bmatrix}$, $B = \begin{bmatrix} 1 & 3 \\ 1 & 2 \end{bmatrix}$일 때, 행렬 **AB**와 행렬 **BA**를 구하라.

풀이

두 개 행렬의 차수가 모두 2×2이므로, 곱 **AB**와 **BA** 모두 정의되고 존재한다. 하나씩 계산해보면,

$$AB = \begin{bmatrix} 1 & -1 \\ 2 & 1 \end{bmatrix}\begin{bmatrix} 1 & 3 \\ 1 & 2 \end{bmatrix} = \begin{bmatrix} 0 & 1 \\ 3 & 8 \end{bmatrix}$$

$$BA = \begin{bmatrix} 1 & 3 \\ 1 & 2 \end{bmatrix}\begin{bmatrix} 1 & -1 \\ 2 & 1 \end{bmatrix} = \begin{bmatrix} 7 & 2 \\ 5 & 1 \end{bmatrix}$$

따라서, **AB** ≠ **BA**임을 알 수 있다.

물론, 교환하여 곱하는 것이 동일한 즉 **AB** = **BA**인 경우도 있고, 이를 다음 절에서 다룰 것이다. 그런데 이러한 사례는 매우 예외적이다. 그래서 항상 성립하는 성질이나 특성이 될 수 없고, 일반적으로는 **AB** ≠ **BA**이다.

실전문제

7. $A = \begin{bmatrix} 2 & 1 & 1 \\ 5 & 1 & 0 \\ -1 & 1 & 4 \end{bmatrix}$, $B = \begin{bmatrix} 1 \\ 2 \\ 1 \end{bmatrix}$, $C = \begin{bmatrix} 1 & 2 \\ 3 & 1 \end{bmatrix}$, $D = \begin{bmatrix} 1 & 1 \\ -1 & 1 \\ 2 & 1 \end{bmatrix}$ 및 $E = \begin{bmatrix} 1 & 2 & 3 \\ 4 & 5 & 6 \end{bmatrix}$로부터 다음을 구하라.

(a) **AB**   (b) **BA**   (c) **CD**

(d) **DC**   (e) **AE**   (f) **EA**

(g) **DE**   (h) **ED**

8.　$\mathbf{A} = \begin{bmatrix} 1 & 4 & 7 \\ 2 & 6 & 5 \\ 8 & 9 & 5 \end{bmatrix}$ 및 $\mathbf{x} = \begin{bmatrix} x \\ y \\ z \end{bmatrix}$ 로부터 $\mathbf{Ax}$를 계산하라. 아울러, 아래 선형연립방정식

시스템이 $\mathbf{Ax} = \mathbf{v}$ (여기서, $\mathbf{v} = \begin{bmatrix} -3 \\ 10 \\ 1 \end{bmatrix}$)로 표현할 수 있음을 보여라:

$$x + 4y + 7z = -3$$
$$2x + 6y + 5z = 10$$
$$8x + 9y + 5z = 1$$

우리에게 친숙한 문제를 행렬 기호로 표현하는 방법을 논의하면서 이 절을 마치고자 한다. 앞서 제1.4절에서 선형연립방정식 체계를 풀기 위해 소거법(method of elimination)을 설명한 바 있다. 예를 들어, 다음을 만족하는 미지수 x와 y를 찾아야 한다고 하자.

$$2x - 5y = 6$$
$$7x + 8y = -1$$

이 문제는 앞서 실전문제 8의 결과로부터 다음과 같이 표현할 수 있다.

　$\mathbf{Ax} = \mathbf{v}$

여기서 $\mathbf{A} = \begin{bmatrix} 2 & -5 \\ 7 & 8 \end{bmatrix}$, $\mathbf{x} = \begin{bmatrix} x \\ y \end{bmatrix}$ 및 $\mathbf{v} = \begin{bmatrix} 6 \\ -1 \end{bmatrix}$이다.

$\mathbf{Ax}$를 계산하고 이를 $\mathbf{v}$와 같다고 놓으면,

$$\begin{bmatrix} 2x - 5y \\ 7x + 8y \end{bmatrix} = \begin{bmatrix} 6 \\ -1 \end{bmatrix}$$

따라서,

$$2x - 5y = 6$$
$$7x + 8y = -1$$

일반적으로, n개의 미지수를 포함한 n개의 선형 방정식으로 구성된 연립방정식 시스템은 항상 $\mathbf{Ax} = \mathbf{v}$의 행렬을 이용한 표현으로 기술할 수 있다. 여기서, $\mathbf{A}$는 $n \times n$ 행렬, $\mathbf{x}$와 $\mathbf{v}$는

각각 $n \times 1$ 행렬이다. 행렬 **A**는 각 계수를 포함하고 있고, 벡터 **x**에는 n개의 미지수들이 들어 있다. 벡터 **v**는 각 방정식에서 우변에 들어가는 숫자(상수)가 들어 있다.

선형연립방정식 체계를 행렬을 이용하여 표현하는 것이 어떤 이점이 있는지 현재 단계에서는 감이 잘 안 잡히지만, 행렬 곱의 정의에 근거하여 그러한 행렬을 이용한 기술이 가능하다. 다음 중에서 역행렬 개념을 소개하고, 그것이 행렬로 표현된 선형연립방정식 체계를 푸는 데 어떻게 이용되는지 논의할 것이다.

7.1.5 요약

각 합과 곱이 의미 있게 정의된다면, 다음이 성립한다:

$$\mathbf{A} + \mathbf{B} = \mathbf{B} + \mathbf{A}$$
$$\mathbf{A} - \mathbf{A} = 0$$
$$\mathbf{A} + 0 = \mathbf{A}$$
$$k(\mathbf{A} + \mathbf{B}) = k\mathbf{A} + k\mathbf{B}$$
$$k(l\mathbf{A}) = (kl)\mathbf{A}$$
$$\mathbf{A}(\mathbf{B} + \mathbf{C}) = \mathbf{AB} + \mathbf{AC}$$
$$(\mathbf{A} + \mathbf{B})\mathbf{C} = \mathbf{AC} + \mathbf{BC}$$
$$\mathbf{A}(\mathbf{BC}) = (\mathbf{AB})\mathbf{C}$$

아울러, $\mathbf{AB} \neq \mathbf{BA}$

주요 용어

열벡터(Column vector)   1개의 열로만 구성된 행렬.

영행렬(Zero matrix)   모든 원소가 0인 행렬.

원소(Element or entry)   행렬 속에 들어 있는 개별 숫자들.

전치(Transpose)   어떤 행렬로부터 행과 열을 바꾸어 얻어지는 행렬. **A**의 전치(행렬)은 $\mathbf{A}^\top$로 표시.

차수(Order) 행렬의 차원(dimension) m개의 행, n개의 열을 지닌 행렬의 차수는 $m \times n$.

행렬(Matrix; 복수 matrices)   [ ]로 둘러싸인 행과 열의 체계로 사각 모양으로 배열된 숫자들.

행벡터(Row vector)   1개의 행으로만 구성된 행렬.

연습문제 7.1

1. 햄버거(B1)와 스낵(B2)을 파는 3개 패스트푸드점의 월간 매출액(천 달러 단위)이 다음과 같다:

1월

	R1	R2	R3
B1	35	27	13
B2	42	39	24

2월

	R1	R2	R3
B1	31	17	3
B2	25	29	16

(a) 1월 매출 및 2월 매출을 표시하는 행렬 $\mathbf{J}$와 $\mathbf{F}$를 기술하라.

(b) $\mathbf{J}+\mathbf{F}$를 계산하여, 1월과 2월 두 달간 총 매출액을 구하라.

(c) $\mathbf{J}-\mathbf{F}$를 계산하여, 1월과 2월 매출액의 차이를 구하라.

2. $\mathbf{A} = \begin{bmatrix} 2 & 3 & 1 & 9 \\ 1 & 0 & 5 & 0 \\ 6 & 7 & 8 & 4 \end{bmatrix}$, $\mathbf{B} = \begin{bmatrix} 1 & 7 & 9 & 6 \\ 2 & 1 & 0 & 5 \\ 6 & 4 & 5 & 3 \end{bmatrix}$ 일 때 다음을 구하라.

(a) $2\mathbf{A}$ (b) $2\mathbf{B}$

(c) $2\mathbf{A}+2\mathbf{B}$ (d) $2(\mathbf{A}+\mathbf{B})$

3. 행렬 $\mathbf{A}$, $\mathbf{B}$, $\mathbf{C}$의 차수가 각각 3×3, 2×3, 4×2라고 하자. 다음 중 어떤 계산이 가능한가? 계산이 가능한 경우, 그 계산 결과의 차수를 기술하라.

$$4\mathbf{B},\ \mathbf{A}+\mathbf{B},\ 3\mathbf{B}^{\mathrm{T}}+\mathbf{C},\ \mathbf{AB},\ \mathbf{B}^{\mathrm{T}}\mathbf{A},\ (\mathbf{CB})^{\mathrm{T}},\ \mathbf{CBA}$$

4. 세 가지 상품 P1, P2, P3를 생산하여 2개 고객 유형 C1, C2에게 판매하는 생산자를 고려하자. 각 고객 유형에게 팔리는 각 상품의 수가 다음과 같이 주어져 있다:

$$\mathbf{A} = \begin{array}{c} \\ \text{C1} \\ \text{C2} \end{array} \begin{array}{ccc} \text{P1} & \text{P2} & \text{P3} \\ \begin{bmatrix} 6 & 7 & 9 \\ 2 & 1 & 2 \end{bmatrix} \end{array}$$

이 기업은 각 상품에 대해서 서로 다르지만 고객 유형과 무관하게 가격을 책정하여 판매하고, 각 상품 가격은 다음과 같이 주어진다:

$$\mathbf{B} = \begin{bmatrix} \overset{\text{P1}}{100} & \overset{\text{P2}}{500} & \overset{\text{P3}}{200} \end{bmatrix}^{\mathsf{T}}$$

아울러, 이 기업은 상품 P1, P2, P3를 생산하기 위해 원자재 R1, R2, R3, R4를 투입하며, 각 상품 생산에 투입되는 이들 원자재량(톤으로 측정)은 다음과 같다:

$$\mathbf{C} = \begin{array}{c} \\ \text{P1} \\ \text{P2} \\ \text{P3} \end{array} \begin{bmatrix} \overset{\text{R1}}{1} & \overset{\text{R2}}{0} & \overset{\text{R3}}{0} & \overset{\text{R4}}{1} \\ 1 & 1 & 2 & 1 \\ 0 & 0 & 1 & 1 \end{bmatrix}$$

각 원자재 1톤당 비용은 다음과 같다:

$$\mathbf{D} = \begin{bmatrix} \overset{\text{R1}}{20} & \overset{\text{R2}}{10} & \overset{\text{R3}}{15} & \overset{\text{R4}}{15} \end{bmatrix}^{\mathsf{T}}$$

아울러, $\mathbf{E} = \begin{bmatrix} 1 & 1 \end{bmatrix}$ 이라고 하자.

다음을 계산하고, 그 경제적 의미를 해석하라.

(a) **AB** (b) **AC** (c) **CD**

(d) **ACD** (e) **EAB** (f) **EACD**

(g) **EAB − EACD**

5. 한 기업이 상품 G1, G2, G3를 각각 12 단위, 30 단위, 25 단위를 주문하였고, 각 상품의 단위당 가격은 각각 8달러, 30달러, 15달러이다.

(a) 이를 묘사하는 가격 벡터와 물량 벡터를 기술하고, 행렬 곱을 이용하여 이 주문에 따른 총비용을 계산하라.

(b) G1의 가격이 20% 상승, G2의 가격이 10% 상승, G3의 가격은 변화가 없을 때, 새로운 가격 벡터를 기술하라. 행렬 곱을 이용하여 동일한 주문의 새로운 총비용을 계산하라. 총비용의 전체 상승률을 구하라.

6. (1) $\mathbf{A} = \begin{bmatrix} 1 & 2 \\ 3 & 4 \\ 5 & 6 \end{bmatrix}$, $\mathbf{B} = \begin{bmatrix} 1 & -1 \\ 2 & 1 \\ -3 & 4 \end{bmatrix}$ 일 때 다음을 구하라.

(a) $\mathbf{A}^{\mathsf{T}}$ (b) $\mathbf{B}^{\mathsf{T}}$

(c) $\mathbf{A} + \mathbf{B}$ (d) $(\mathbf{A} + \mathbf{B})^{\mathsf{T}}$

$(\mathbf{A} + \mathbf{B})^{\mathsf{T}}$와 $\mathbf{A}^{\mathsf{T}}$ 및 $\mathbf{B}^{\mathsf{T}}$는 어떤 관계가 있나?

(2) $\mathbf{C} = \begin{bmatrix} 1 & 4 \\ 5 & 9 \end{bmatrix}$, $\mathbf{D} = \begin{bmatrix} 2 & 1 & 0 \\ -1 & 0 & 1 \end{bmatrix}$ 일 때 다음을 구하라.

   (a) $\mathbf{C}^{\mathrm{T}}$ (b) $\mathbf{D}^{\mathrm{T}}$

   (c) $\mathbf{CD}$ (d) $(\mathbf{CD})^{\mathrm{T}}$

7. $\mathbf{A} = \begin{bmatrix} 5 & -3 \\ 2 & 1 \end{bmatrix}$, $\mathbf{B} = \begin{bmatrix} 1 & 5 \\ 4 & 0 \end{bmatrix}$, $\mathbf{C} = \begin{bmatrix} -1 & 1 \\ 1 & 2 \end{bmatrix}$ 일 때, 다음이 성립함을 보여라.

   (a) $\mathbf{A}(\mathbf{B}+\mathbf{C}) = \mathbf{AB}+\mathbf{AC}$ (b) $(\mathbf{AB})\mathbf{C} = \mathbf{A}(\mathbf{BC})$

8. $\mathbf{A} = [1 \quad 2 \quad -4 \quad 3]$, $\mathbf{B} = \begin{bmatrix} 1 \\ 7 \\ 3 \\ 2 \end{bmatrix}$ 일 때, $\mathbf{AB}$와 $\mathbf{BA}$를 계산하라.

9. (a) $\mathbf{A} = \begin{bmatrix} 7 & 5 \\ 1 & 3 \end{bmatrix}$ 및 $\mathbf{x} = \begin{bmatrix} x \\ y \end{bmatrix}$ 일 때, $\mathbf{Ax}$를 계산하라. 이로부터 아래 선형연립방정식

    체계는 $\mathbf{Ax} = \mathbf{v}$ (여기서 $\mathbf{v} = \begin{bmatrix} 3 \\ 2 \end{bmatrix}$)임을 보여라.

$$7x + 5y = 3$$
$$x + 3y = 2$$

   (b) 아래 선형연립방정식 체계를 $\mathbf{Ax} = \mathbf{v}$ 형태의 행렬을 이용한 방정식으로 표현하라.
      여기서, $\mathbf{A}$, $\mathbf{x}$, $\mathbf{v}$ 모두 행렬이다.

$$2x + 3y - 2z = 6$$
$$x - y + 2z = 3$$
$$4x + 2y + 5z = 1$$

연습문제 7.1*

1. 행렬 $\mathbf{A}$, $\mathbf{B}$, $\mathbf{C}$, $\mathbf{D}$의 차수가 각각 3×5, 5×2, 5×5, 3×5라고 하자. 다음의 계산이 가능한지 판단하고, 가능하다면 계산 결과의 차수를 기술하라.

   (a) $7\mathbf{B}$ (b) $(\mathbf{A}+\mathbf{C})^{\mathrm{T}}$ (c) $\mathbf{A} - 2\mathbf{D}$

   (d) $\mathbf{BC}$ (e) $\mathbf{CB}^{\mathrm{T}}$ (f) $\mathbf{D}^{\mathrm{T}}\mathbf{A}$

   (g) $\mathbf{A}^{\mathrm{T}} + \mathbf{B}^{\mathrm{T}}$

2. 다음의 두 개의 행렬 $\mathbf{A}$와 $\mathbf{B}$를 고려하자:

$$\mathbf{A} = \begin{bmatrix} a-1 & b \\ a+b & 3a-b \end{bmatrix}, \quad \mathbf{B} = \begin{bmatrix} 1 & 3a \\ 2c & d+1 \end{bmatrix}$$

$\mathbf{A}=\mathbf{B}$일 때, a, b, c, d를 구하라.

3. 다음의 2개 행렬을 고려하자:

$$\mathbf{A} = \begin{bmatrix} a & b & c \\ d & e & f \end{bmatrix}, \quad \mathbf{B} = \begin{bmatrix} g & h \\ i & j \\ k & l \end{bmatrix}$$

(a) $\mathbf{A}^{\mathrm{T}}$와 $\mathbf{B}^{\mathrm{T}}$를 구하라.

(b) $\mathbf{AB}$와 $\mathbf{B}^{\mathrm{T}}\mathbf{A}^{\mathrm{T}}$를 구하라.

(c) $\mathbf{AB}$와 $\mathbf{B}^{\mathrm{T}}\mathbf{A}^{\mathrm{T}}$는 어떤 관계인가? 이를 이용하여 $(\mathbf{A}^{\mathrm{T}}\mathbf{B}^{\mathrm{T}}\mathbf{C}^{\mathrm{T}})^{\mathrm{T}}$를 간략히 표현하라.

4. 한 스포츠브랜드의 3개 대리점 $\mathbf{A}$, $\mathbf{B}$, $\mathbf{C}$가 있고, 이들은 티셔츠, 운동복, 테니스라켓을 판매한다. 주간 매출과 물품당 이윤이 다음의 표와 같이 주어졌다고 하자.

주당 판매량

	대리점 A	대리점 B	대리점 C
티셔츠	60	40	25
운동복	80	123	90
테니스라켓	10	0	25

물품 1개당 이윤 (달러)

	대리점 A	대리점 B	대리점 C
티셔츠	1	1	1.5
운동복	5	8	6
테니스라켓	20	25	30

상기 표를 나타내는 2개의 3×3 행렬 $\mathbf{S}$와 $\mathbf{P}$를 고려하자.

(a) $\mathbf{SP}^{\mathrm{T}}$를 $\mathbf{A}$라고 할 때, 그 원소 a_{11}를 구하고 이 수치의 의미를 해석하라.

(b) $\mathbf{S}^{\mathrm{T}}\mathbf{P}$를 $\mathbf{B}$라고 할 때, 그 원소 b_{33}를 구하고 이 수치의 의미를 해석하라.

5. 한 작은 섬에 4개 슈퍼마켓 A, L, S, W가 있다고 하자. 올해에는 섬 소비자의 30%가 슈퍼마켓 A를 이용하였고, 20%가 L, 40%가 S, 10%가 W를 이용하였다. 하지만, 앞으로 해마다 다음의 변화가 있게 된다.

A는 고객의 80%를 유지하고, 10%는 L로, 5%는 S로, 5%는 W로 고객을 빼앗긴다.

L은 고객의 90%를 유지하고, 5%는 A로, 5%는 S로 고객을 빼앗긴다.

S는 고객의 75%를 유지하고, 10%는 A로, 10%는 L로, 5%는 W로 고객을 빼앗긴다.

W는 고객의 85%를 유지하고, 5%는 A로, 5%는 L로, 5%는 S로 고객을 빼앗긴다.

(a) 올해 시장점유율을 다음의 벡터로 표기하자:

$$\mathbf{x} = \begin{bmatrix} 0.3 \\ 0.2 \\ 0.4 \\ 0.1 \end{bmatrix}$$

또한, 슈퍼마켓 이용객의 이동성(transition)을 다음의 행렬로 표현할 수 있다:

$$\mathbf{T} = \begin{bmatrix} 0.8 & 0.05 & 0.1 & 0.05 \\ 0.1 & 0.9 & 0.1 & 0.05 \\ 0.05 & 0.05 & 0.75 & 0.05 \\ 0.05 & 0 & 0.05 & 0.85 \end{bmatrix}$$

이때 $\mathbf{Tx}$를 구하고, 각 원소의 의미를 해석하라.

(b) (i)　해마다 소비자 이동성이 상기 이동성 행렬로 동일하다면 2년 후 슈퍼마켓 L 의 시장점유율은?

(ii)　해마다 소비자 이동성이 상기 이동성 행렬로 동일하다면 3년 후 슈퍼마켓 L 의 시장점유율은?

6. $\mathbf{A} = \begin{bmatrix} 3 & -1 & 4 \\ 0 & 2 & 1 \end{bmatrix}$, $\mathbf{B} = \begin{bmatrix} 4 & 0 & 7 \\ 2 & 5 & 1 \end{bmatrix}$일 때, 다음을 만족하는 행렬 $\mathbf{X}$를 구하라:

$$2\mathbf{A} + \mathbf{X}^{\mathrm{T}} = 3\mathbf{B}$$

7. 다음의 행렬 $\mathbf{A}$, $\mathbf{B}$, $\mathbf{C}$를 고려하자:

$$\mathbf{A} = \begin{bmatrix} 3 & -2 & 4 \\ 6 & 1 & 0 \\ -5 & 9 & 5 \end{bmatrix}, \quad \mathbf{B} = \begin{bmatrix} 1 & 5 & 0 \\ 4 & 4 & 7 \\ 2 & 3 & -9 \end{bmatrix}, \quad \mathbf{C} = \begin{bmatrix} 3 & -2 & -7 \\ -4 & 5 & 1 \\ 3 & 0 & 6 \end{bmatrix}$$

$\mathbf{D} = \mathbf{A}(2\mathbf{B} + 3\mathbf{C})$라고 할 때, d_{23}을 구하라.

8. $\mathbf{A} = \begin{bmatrix} a & b \\ c & d \end{bmatrix}$, $\mathbf{A}^{-1} = \dfrac{1}{ad - bc} \begin{bmatrix} d & -b \\ -c & a \end{bmatrix}$, $\mathbf{I} = \begin{bmatrix} 1 & 0 \\ 0 & 1 \end{bmatrix}$, $\mathbf{x} = \begin{bmatrix} x \\ y \end{bmatrix}$라고 하자.

다음을 보여라.

(a) $\mathbf{AI} = \mathbf{IA}$　　　　　　　　　　　　　(b) $\mathbf{A}^{-1}\mathbf{A} = \mathbf{AA}^{-1} = \mathbf{I}$

(c) $\mathbf{Ix} = \mathbf{x}$

9. 다음과 같이 묘사되는 상품시장을 고려하라:

$$C = aY + b,\ I = cr + d$$

아울러, 다음과 같이 묘사되는 통화시장을 고려하자:

$$M_S = M_S^*,\ M_D = k_1 Y + k_2 r + k_3$$

상기 양시장이 모두 균형을 이룰 때, $\mathbf{Ax} = \mathbf{v}$를 만족하는 행렬 $\mathbf{A}$를 구하라.

(단, 여기서 $\mathbf{x} = \begin{bmatrix} x \\ y \end{bmatrix}$, $\mathbf{v} = \begin{bmatrix} M_s^* - k_3 \\ b + d \end{bmatrix}$이다.)

SECTION 7.2

역행렬

이 절과 다음 절에서는 정방행렬(square matrix)만을 다룬다. 정방행렬은 행과 열이 수가 동일한 행렬을 의미한다. 편의와 설명을 위해, 우리는 주로 2×2 행렬 또는 3×3 행렬을 보게 될 것이다. 하지만, 여기서 다루는 내용, 개념, 방법은 임의의 n에 대해서 $n \times n$ 행렬에도 적용 가능하다. 아주 특수한 경우가 아니면, 행렬 대수도 일반적인 숫자의 대수와 크게 다르지 않음을 살펴보았다. 하지만, 숫자들의 대수에 있어서는 우리가 반드시 고려해야 하는 두 가지가 있다. 첫째, 다음을 만족하는 1의 존재이다.

$a1 = a$ 및 $1a = a$ (여기서, a는 모든 실수)

둘째, 0이 아닌 a에 대해서 다음을 만족하는 a^{-1}가 존재한다는 것이다.

$a^{-1}a = aa^{-1} = 1$　　　　　　a^{-1}을 $\frac{1}{a}$로 표시하는 경우가 많다

이러한 내용은 2×2 행렬에서도 유사하게 전개되는데, 앞서 연습문제 7.1*에서 문제 8을 잘 풀어보았다면 이미 감을 잡았을 것이다. 즉, 그 문제의 (a)에서 2×2 행렬 **A**에 대해서 **AI** = **IA** = **A**임을 보았다. 여기서 $\mathbf{I} = \begin{bmatrix} 1 & 0 \\ 0 & 1 \end{bmatrix}$이다.

이러한 행렬 **I**를 단위행렬(identity matrix)이라고 한다. 이는 숫자로 치면 1과 같은 역할을 한다. 한편, 그 문제의 (b)에서 2×2 행렬 $\mathbf{A} = \begin{bmatrix} a & b \\ c & d \end{bmatrix}$에 대해서 다른 행렬

$$\mathbf{A}^{-1} = \frac{1}{ad-bc}\begin{bmatrix} d & -b \\ -c & a \end{bmatrix}$$ 가 있고, $\mathbf{A}^{-1}\mathbf{A} = \mathbf{A}\mathbf{A}^{-1} = \mathbf{I}$ 가 성립함을 보았다.

이러한 행렬 $\mathbf{A}^{-1}$ 를 행렬 $\mathbf{A}$ 의 역행렬(inverse matrix or inverse)이라고 한다. 숫자로 치면 역수와 유사하다. 언뜻 보기에 $\mathbf{A}^{-1}$ 가 다소 복잡해 보이지만, $\mathbf{A}$ 가 다음과 같이 주어지면 $\mathbf{A}^{-1}$ 를 쉽게 도출할 수 있다.

$$\mathbf{A} = \begin{bmatrix} a & b \\ c & d \end{bmatrix}$$

우선 a 와 d 의 자리가 서로 바뀌고, b 와 c 에 대해서는 (−)를 붙인다. 그런 후, 그 행렬의 앞에 스칼라 $\frac{1}{ad-bc}$ 를 곱해준다. 그것이 아래와 같은 $\mathbf{A}^{-1}$ 이다:

$$\mathbf{A}^{-1} = \frac{1}{ad-bc}\begin{bmatrix} d & -b \\ -c & a \end{bmatrix}$$

이때, $ad-bc$ 를 행렬 $\mathbf{A}$ 의 행렬식(determinant)이라고 하고, 다음과 같이 표기한다:

$$\det(\mathbf{A}), \ |\mathbf{A}|, \ \begin{vmatrix} a & b \\ c & d \end{vmatrix}$$ [4]

> *a*와 *d*의 자리 변경
> *b*와 *c*의 부호 변경 및 각 원소를 *ad−bc*로 나눔

그리하여, 위의 $\mathbf{A}^{-1}$ 를 구하는 마지막 단계에서 $|\mathbf{A}| = 0$ 이면 $\mathbf{A}^{-1}$ 는 존재하지 않는다. 숫자로 치면 0의 역수 0^{-1} 이 없는 것과 유사하다. 한편, 행렬의 행렬식이 0이 아니면 그 행렬을 비특이(non-singular)하다고 한다.[5] 반면, 그것이 0이면 그 행렬을 특이(singular)하다고 한다.[6]

예를 들어, 다음의 두 가지 행렬을 고려하자:

$$\mathbf{A} = \begin{bmatrix} 1 & 2 \\ 3 & 4 \end{bmatrix}, \ \mathbf{B} = \begin{bmatrix} 2 & 5 \\ 4 & 10 \end{bmatrix}$$

행렬 A의 행렬식은 아래와 같다:

$$\det(\mathbf{A}) = \begin{vmatrix} 1 & 2 \\ 3 & 4 \end{vmatrix} = 1(4) - 2(3) = 4 - 6 = -2$$

이로부터, $\det(\mathbf{A}) \neq 0$ 이며 행렬 $\mathbf{A}$ 는 비특이행렬이고 역행렬이 존재함을 알 수 있다.

---

4 [옮긴이주] 이들 기호 외에 $\left\|\begin{matrix} a & b \\ c & d \end{matrix}\right\|$ 를 사용하기도 한다.

5 [옮긴이주] 또는 정칙(regular)이라고 한다.

6 [옮긴이주] 또는 비정칙(irregular)이라고 한다.

$\mathbf{A}^{-1}$를 구해보자. 일단, 1과 4의 자리를 바꾸고, 2와 3의 부호를 바꾼다. 그리고, 상기 계산한 행렬식 −2로 모든 원소를 나눈다. 그래서, 다음을 얻을 수 있다:

이와 같이 2×2 행렬의 역행렬을 구하는 것은 매우 익숙해야 한다.

$$\mathbf{A}^{-1} = -\frac{1}{2}\begin{bmatrix} 4 & -2 \\ -3 & 1 \end{bmatrix} = \begin{bmatrix} -2 & 1 \\ 3/2 & -1/2 \end{bmatrix}$$

$\mathbf{A}^{-1}$를 갖고, $\mathbf{A}^{-1}\mathbf{A}$ 및 $\mathbf{A}\mathbf{A}^{-1}$이 $\mathbf{I}$가 되는지 확인해보자.

$$\mathbf{A}^{-1}\mathbf{A} = \begin{bmatrix} -2 & 1 \\ 3/2 & -1/2 \end{bmatrix}\begin{bmatrix} 1 & 2 \\ 3 & 4 \end{bmatrix} = \begin{bmatrix} 1 & 0 \\ 0 & 1 \end{bmatrix}$$

$$\mathbf{A}\mathbf{A}^{-1} = \begin{bmatrix} 1 & 2 \\ 3 & 4 \end{bmatrix}\begin{bmatrix} -2 & 1 \\ 3/2 & -1/2 \end{bmatrix} = \begin{bmatrix} 1 & 0 \\ 0 & 1 \end{bmatrix}$$

다음으로, 상기 행렬 $\mathbf{B}$의 행렬식은 아래와 같이 0이다.

$$\det(\mathbf{B}) = \begin{vmatrix} 2 & 5 \\ 4 & 10 \end{vmatrix} = 2(10) - 5(4) = 20 - 20 = 0$$

$\det(\mathbf{B}) = 0$이므로, 행렬 $\mathbf{B}$는 특이행렬이다. 그래서 역행렬도 없다.

실전문제

1. 다음 행렬이 특이행렬인지 비특이행렬인지 판단하라. 역행렬이 존재하면 구하라.

$$\mathbf{A} = \begin{bmatrix} 6 & 4 \\ 1 & 2 \end{bmatrix}, \quad \mathbf{B} = \begin{bmatrix} 6 & 4 \\ 3 & 2 \end{bmatrix}$$

역행렬이 필요한 이유 중 하나는 행렬로 표현되는 방정식을 풀기 위함이다. 이는 일반적인 숫자들의 방정식을 풀 때 역수가 필요한 것과 유사하다. 우리는 이미 제7.1절에서 선형연립방정식 체계를 행렬을 이용하여 표현하는 방법을 다룬 바 있다.[7]

임의의 2×2 체계 $ax+by=e$, $cx+dy=f$는 $\mathbf{A}\mathbf{x}=\mathbf{v}$의 형태로 기술될 수 있다. 여기서, $\mathbf{A} = \begin{bmatrix} a & b \\ c & d \end{bmatrix}$, $\mathbf{x} = \begin{bmatrix} x \\ y \end{bmatrix}$, $\mathbf{v} = \begin{bmatrix} e \\ f \end{bmatrix}$이다.

---

7 [옮긴이주] '행렬을 이용하여 표현하는 식' 또는 '행렬을 이용하여 표현하는 방정식' 등으로 기술하고 있는 점에 유의하라. 이를 행렬에 의한 식이라고 하여 행렬식이라고 하면 안 된다. 행렬식은 행렬에서 determinant를 나타내는 특별한 용어이다.

행렬로 표현된 식 $\mathbf{Ax}=\mathbf{v}$에서 계수 행렬 $\mathbf{A}$와 우변 상수 행렬 $\mathbf{v}$는 주어져 있고, 결국 미지수 벡터 $\mathbf{x}$를 구해야 한다. 그래서, $\mathbf{Ax}=\mathbf{v}$의 양변에 $\mathbf{A}^{-1}$을 곱하여 다음을 도출할 수 있다.

$$\mathbf{A}^{-1}(\mathbf{Ax})=\mathbf{A}^{-1}\mathbf{v}$$
$$(\mathbf{A}^{-1}\mathbf{A})\mathbf{x}=\mathbf{A}^{-1}\mathbf{v} \qquad \text{(결합법칙)}$$
$$\mathbf{Ix}=\mathbf{A}^{-1}\mathbf{v} \qquad \text{(역행렬의 정의와 성질)}$$
$$\mathbf{x}=\mathbf{A}^{-1}\mathbf{v} \qquad \text{(연습문제 7.1* 문제 8의 (c))}$$

해를 포함하는 벡터 $\mathbf{x}$는 결국 벡터 $\mathbf{v}$에 역행렬 $\mathbf{A}^{-1}$을 곱하여 얻을 수 있다. 단, 이러한 논의는 당연히 $\mathbf{A}^{-1}$가 존재할 때 가능하다. 만일, 계수 행렬 $\mathbf{A}$가 특이행렬이고 그래서 역행렬이 존재하지 않는다면, 해당 선형연립방정식 체계의 해는 유일한 해로 도출되지 못한다. 해가 무한히 많거나 아예 존재하지 않는다.

조언

이 절에서 다룬 구체적인 문제들은 이미 제1.4절에서 다룬 바 있는 소거법을 이용하여 다룰 수도 있다. 제1.4절과 제1.5절을 다시 한번 복습하는 것도 좋다.

다음 예제에서는 수요–공급 모형에서 균형 가격을 찾는 데 역행렬을 이용하는 방법을 설명한다.

예제

2개 상품에 대한 각 균형 가격 P_1과 P_2는 다음의 방정식을 만족해야 한다고 하자.

$$-4P_1+P_2=-13$$
$$2P_1-5P_2=-7$$

상기 체계를 행렬을 이용하여 표현하라. 그리고 P_1과 P_2를 구하라.

풀이

아래의 행렬을 이용한 표현으로 가능하다.

$$\begin{bmatrix} -4 & 1 \\ 2 & -5 \end{bmatrix}\begin{bmatrix} P_1 \\ P_2 \end{bmatrix}=\begin{bmatrix} -13 \\ -7 \end{bmatrix}$$

이는 $\mathbf{A} = \begin{bmatrix} -4 & 1 \\ 2 & -5 \end{bmatrix}$, $\mathbf{x} = \begin{bmatrix} P_1 \\ P_2 \end{bmatrix}$, $\mathbf{v} = \begin{bmatrix} -13 \\ -7 \end{bmatrix}$으로 두면, $\mathbf{Ax} = \mathbf{v}$와 같은 식이다.

행렬 $\mathbf{A}$의 행렬식은 다음과 같다:

$$\begin{vmatrix} -4 & 1 \\ 2 & -5 \end{vmatrix} = (-4)(-5) - 1 \cdot 2 = 18$$

따라서, 그 역행렬 $\mathbf{A}^{-1}$는 다음과 같다:

$$\mathbf{A}^{-1} = \frac{1}{18} \begin{bmatrix} -5 & -1 \\ -2 & -4 \end{bmatrix}$$

$\mathbf{Ax} = \mathbf{v}$의 양변에 상기 $\mathbf{A}^{-1}$를 곱하여, 아래와 같이 $\mathbf{x}$를 구할 수 있다.

$$\mathbf{x} = \mathbf{A}^{-1}\mathbf{v} = \frac{1}{18} \begin{bmatrix} -5 & -1 \\ -2 & -4 \end{bmatrix} \begin{bmatrix} -13 \\ -7 \end{bmatrix} = \frac{1}{18} \begin{bmatrix} 72 \\ 54 \end{bmatrix} = \begin{bmatrix} 4 \\ 3 \end{bmatrix}$$

따라서, $P_1 = 4$, $P_2 = 3$이다.

실전문제

2. 2개 상품에 대한 각 균형 가격 P_1과 P_2는 다음의 방정식을 만족해야 한다고 하자.

$$9P_1 + P_2 = 43$$
$$2P_1 + 7P_2 = 57$$

상기 체계를 행렬을 이용하여 표현하라. 그리고 P_1과 P_2를 구하라.
[이 문제는 이미 제1.5절의 실전문제 4에서 다룬 바 있다. 제1장에서 소개한 소거법과 지금 다루고 있는 행렬을 이용하는 방법을 서로 비교해보면 좋다.]

연립방정식은 거시경제학에서도 등장한다. 다음과 같은 간단한 2개 부문 거시경제학 구조방정식 모형에서 소비 C와 소득 Y의 균형 수준을 도출해보자.

$$Y = C + I^*$$
$$C = aY + b$$

여기서 a와 b는 각각 $0 < a < 1$ 및 $b > 0$을 만족하는 모수이고, I^*는 외생적으로 주어진 투자의 양을 나타낸다.

이러한 간략한 구조형 모형으로부터 축약형 모형을 도출하는 방법을 앞서 제5.3절에서 다룬 바 있다. 여기서 이 문제를 행렬을 이용하여 다시 재점검해보자. 목표는 내생변수인 소득 Y와 소비 C를 외생변수 I^* 및 모수 a, b로 표시하는 것이다. 이를 위해, Y와 C를 미지수로 보고 이를 구하면 된다. Y와 C 이들이 모두 좌변으로 가도록 각 개별 방정식을 잘 정리해보자.

즉, $Y=C+I^*$로부터,

$$Y-C=I^* \tag{1}$$

또한 $C=aY+b$로부터,

$$-aY+C=b \tag{2}$$

(미지수 Y 관련된 항이 앞으로 오도록 정리한 것이다.)

상기 (1)과 (2)를 다음과 같이 행렬을 이용하여 표시할 수 있다.

$$\begin{bmatrix} 1 & -1 \\ -a & 1 \end{bmatrix} \begin{bmatrix} Y \\ C \end{bmatrix} = \begin{bmatrix} I^* \\ b \end{bmatrix}$$

이는 $\mathbf{Ax}=\mathbf{v}$(단, 여기서 $\mathbf{A}=\begin{bmatrix} 1 & -1 \\ -a & 1 \end{bmatrix}$, $\mathbf{x}=\begin{bmatrix} Y \\ C \end{bmatrix}$, $\mathbf{v}=\begin{bmatrix} I^* \\ b \end{bmatrix}$)의 형태를 지닌다.

행렬 $\mathbf{A}$의 행렬식은 다음과 같다:

$$\begin{vmatrix} 1 & -1 \\ -a & 1 \end{vmatrix} = 1 \cdot 1 - (-1)(-a) = 1-a$$

이는 $a<1$이므로 0이 아니다. 이로부터 $\mathbf{A}^{-1}$는 다음과 같다:

$$\mathbf{A}^{-1} = \frac{1}{1-a} \begin{bmatrix} 1 & 1 \\ a & 1 \end{bmatrix}$$

따라서, $\mathbf{x}$는 다음과 같이 구해진다:

$$\mathbf{x} = \mathbf{A}^{-1}\mathbf{v} = \frac{1}{1-a} \begin{bmatrix} 1 & 1 \\ a & 1 \end{bmatrix} \begin{bmatrix} I^* \\ b \end{bmatrix} = \frac{1}{1-a} \begin{bmatrix} I^*+b \\ aI^*+b \end{bmatrix}$$

이로부터,

$$Y = \frac{I^*+b}{1-a}, \quad C = \frac{aI^*+b}{1-a}$$

역행렬의 역할에 주목할 필요가 있다. 역행렬은 구조형 거시경제학 모형의 균형을 구하는 데 있어 매우 유용한 방법을 제공하지만, 추가적으로 중요한 경제학적 의미를 지니고 있다. 그래서, 이를 잘 해석해야 한다. 이를 보기 위해, 외생적 투자의 양 I^*가 ΔI^*만큼 증가하여 $I^*+\Delta I^*$가 되었다고 하자. 이때 모수 b는 불변이다. 그러면, 새로운 C와 Y의 균형 수준은 상기 구해진 식에 I^* 대신 $I^*+\Delta I^*$를 대입하여 구하면 될 것이다. 즉, Y와 C의 새로운 균형 수준은 각각 다음과 같다:

$$\frac{I^*+\Delta I^*+b}{1-a} \text{ 및 } \frac{a(I^*+\Delta I^*)+b}{1-a}$$

따라서, I^*의 변화에 따른 균형 소득 Y의 변화는 다음과 같다:

$$\Delta Y = \frac{I^*+\Delta I^*+b}{1-a} - \frac{I^*+b}{1-a} = \left(\frac{1}{1-a}\right)\Delta I^*$$

그리고 균형 소비 C의 변화는 다음과 같다:

$$\Delta C = \frac{a(I^*+\Delta I^*)+b}{1-a} - \frac{aI^*+b}{1-a} = \left(\frac{a}{1-a}\right)\Delta I^*$$

다시 살펴보면, Y와 C의 변화 분은 I^* 변화분에 아래를 각각 곱하여 얻어지게 되는 것이다:

$$\frac{1}{1-a}, \quad \frac{a}{1-a}$$

이러한 연유로, 우리는 $\frac{1}{1-a}$를 소득 Y에 대한 투자승수라고 부르며, $\frac{a}{1-a}$를 소비 C에 대한 투자승수라고 부른다.

이제 앞서 $\mathbf{A}$의 역행렬 $\mathbf{A}^{-1}$를 살펴보자.

$$\mathbf{A}^{-1} = \begin{bmatrix} \dfrac{1}{1-a} & \dfrac{1}{1-a} \\[2ex] \dfrac{a}{1-a} & \dfrac{1}{1-a} \end{bmatrix}$$

이로부터, 앞서 설명한 투자승수가 $\mathbf{A}^{-1}$의 첫 번째 열에 차례로 있음을 알 수 있다. 아울러, 유사한 방식으로 그 두 번째 열은 Y와 C 각각에 대한 최소자율소비 b의 변화에 대한 승수임을 보일 수 있다. 결국, 역행렬 $\mathbf{A}^{-1}$의 4개 각 원소는 아래와 같이 해석 가능하다:

$$\begin{array}{c} I^* \\ \begin{array}{c} Y \\ C \end{array} \begin{bmatrix} Y\text{에 대한 투자승수} & Y\text{에 대한 최소자율소비 승수} \\ C\text{에 대한 투자승수} & C\text{에 대한 최소자율소비 승수} \end{bmatrix} \end{array}$$

실전문제

3. 한 상품의 시장에서 일반적인 선형의 공급 방정식과 수요 방정식이 다음과 같이 주어진다:

$$P = aQ_S + b \qquad (a > 0, \ b > 0)$$
$$P = -cQ_D + d \quad (c > 0, \ d > 0)$$

균형 가격 P와 균형 물량 Q는 아래를 만족함을 보여라:

$$\begin{bmatrix} 1 & -a \\ 1 & c \end{bmatrix} \begin{bmatrix} P \\ Q \end{bmatrix} = \begin{bmatrix} b \\ d \end{bmatrix}$$

상기 체계를 풀어서, P와 Q를 a, b, c 및 d의 식으로 나타내라. b의 변화에 따른 Q에 대한 승수를 구하고, b의 증가에 따라 Q가 감소함을 보여라.

행렬식, 역행렬, 단위행렬의 개념을 3×3 행렬에도 동일하게 적용할 수 있다. 3×3 단위행렬은 다음과 같다:

$$\mathbf{I} = \begin{bmatrix} 1 & 0 & 0 \\ 0 & 1 & 0 \\ 0 & 0 & 1 \end{bmatrix}$$

임의의 3×3 행렬 $\mathbf{A}$에 대해서 다음은 항상 성립함을 알 수 있다:

$$\mathbf{AI} = \mathbf{IA} = \mathbf{A}$$

3×3 행렬에 대해서 행렬식과 역행렬을 설명하기에 앞서, 여인수(cofactor)라는 새로운 개념을 알아야 한다. 행렬 $\mathbf{A}$의 원소 a_{ij}에 대응하여 여인수 A_{ij}가 존재한다. 3×3 행렬은 총 9개의 원소가 있으므로, 각각에 상응하여 여인수 9개가 나오게 된다. 여인수 A_{ij}는 행렬 A에서 i번째 행과 j번째 열을 삭제하여 나오는 2×2 행렬의 행렬식인데, 그 부호에 있어 아래와 같은 방식으로 부여되어야 한다:

$$\begin{bmatrix} + & - & + \\ - & + & - \\ + & - & + \end{bmatrix}$$

예를 들어, 여인수 A_{23}를 계산해보자. 이는 원소 a_{23}에 상응하는 여인수이다. 따라서, 행렬 $\mathbf{A}$에서 아래와 같이 원소들을 삭제한다.

$$\mathbf{A} = \begin{bmatrix} a_{11} & a_{12} & a_{13} \\ a_{21} & a_{22} & a_{23} \\ a_{31} & a_{32} & a_{33} \end{bmatrix}$$

원소 a_{23}이 2번째 행, 3번째 열에 위치하고 있기 때문이다. 그러면, 아래의 2×2 행렬을 얻는다:

$$\begin{bmatrix} a_{11} & a_{12} \\ a_{31} & a_{32} \end{bmatrix}$$

일단 상기 2×2 행렬의 행렬식을 계산하고, (그 부호만이 문제인데) a_{23}의 원래 위치를 고려하여 부호로 (−)가 붙어야 한다.

$$\begin{bmatrix} + & - & + \\ - & + & - \\ + & - & + \end{bmatrix}$$

따라서, 여인수 A_{23}은 다음과 같다:

$$\begin{aligned} \mathbf{A}_{23} &= - \begin{vmatrix} a_{11} & a_{12} \\ a_{31} & a_{32} \end{vmatrix} \\ &= -(a_{11}a_{32} - a_{12}a_{31}) \\ &= -a_{11}a_{32} + a_{12}a_{31} \end{aligned}$$

예제

다음 행렬 $\mathbf{A}$의 모든 여인수를 구하라.

$$\mathbf{A} = \begin{bmatrix} 2 & 4 & 1 \\ 4 & 3 & 7 \\ 2 & 1 & 3 \end{bmatrix}$$

풀이

여인수 A_{11}을 구해보자. 이는 원소 $a_{11}=2$에 상응하는 여인수이다. 따라서, 행렬 **A**에서 1번째 행, 1번째 열을 삭제하자. 그러면 아래의 2×2 행렬이 나온다:

$$\begin{bmatrix} 3 & 7 \\ 1 & 3 \end{bmatrix}$$

여기에 부호를 붙여야 하는데, a_{11}을 고려하면 (+)가 된다.

$$\begin{bmatrix} + & - & + \\ - & + & - \\ + & - & + \end{bmatrix}$$

따라서,

$$\begin{aligned} A_{11} &= + \begin{vmatrix} 3 & 7 \\ 1 & 3 \end{vmatrix} \\ &= +(3(3) - 7(1)) \\ &= 9 - 7 \\ &= 2 \end{aligned}$$

이다. 다음으로 A_{12}를 구해보자. 이는 $a_{12}=4$에 상응하는 여인수이다. 따라서, 행렬 **A**에서 1번째 행, 2번째 열을 삭제하여 아래 2×2 행렬을 얻는다:

$$\begin{bmatrix} 4 & 7 \\ 2 & 3 \end{bmatrix}$$

부호는 a_{12}를 생각하면 (−)이다.

$$\begin{bmatrix} + & - & + \\ - & + & - \\ + & - & + \end{bmatrix}$$

따라서, 여인수 A_{12}는 다음과 같다:

$$\begin{aligned} A_{12} &= - \begin{vmatrix} 4 & 7 \\ 2 & 3 \end{vmatrix} \\ &= -(4(3) - 7(2)) \\ &= -(12 - 14) \\ &= 2 \end{aligned}$$

마찬가지 방식으로 우리는 나머지 여인수를 아래와 같이 구할 수 있다:

$$A_{13} = + \begin{vmatrix} 4 & 3 \\ 2 & 1 \end{vmatrix} = -2$$

$$A_{21} = - \begin{vmatrix} 4 & 1 \\ 1 & 3 \end{vmatrix} = -11$$

$$A_{22} = + \begin{vmatrix} 2 & 1 \\ 2 & 3 \end{vmatrix} = 4$$

$$A_{23} = - \begin{vmatrix} 2 & 4 \\ 2 & 1 \end{vmatrix} = 6$$

$$A_{31} = + \begin{vmatrix} 4 & 1 \\ 3 & 7 \end{vmatrix} = 25$$

$$A_{32} = - \begin{vmatrix} 2 & 1 \\ 4 & 7 \end{vmatrix} = -10$$

$$A_{33} = + \begin{vmatrix} 2 & 4 \\ 4 & 3 \end{vmatrix} = -10$$

실전문제

4. 다음 행렬의 모든 여인수를 구하라.

$$\mathbf{A} = \begin{bmatrix} 1 & 3 & 3 \\ 1 & 4 & 3 \\ 1 & 3 & 4 \end{bmatrix}$$

다음으로 3×3 행렬의 행렬식과 역행렬을 구하는 방법을 살펴보도록 하자. 먼저 행렬식은 아무 행이나 또는 아무 열이나 택하고, 택해진 행이나 열을 따라 원소에 그 원소에 상응하는 여인수를 곱한 후 모두 더하여 구한다. 계산해보면 알겠지만, 그 결과는 어느 행을 택하든 어느 열을 택하든 동일하다. 아래 행렬 **A**의 행렬식을 구하기 위해서 이 행렬의 첫 번째 행이 선택되었다고 하자.

$$\mathbf{A} = \begin{bmatrix} a_{11} & a_{12} & a_{13} \\ a_{21} & a_{22} & a_{23} \\ a_{31} & a_{32} & a_{33} \end{bmatrix}$$

그러면, 다음과 같다:

$$\det(\mathbf{A}) = a_{11}A_{11} + a_{12}A_{12} + a_{13}A_{13}$$

행렬 A에서 두 번째 열을 택해도 된다. 즉,

$$\det(\mathbf{A}) = a_{12}A_{12} + a_{22}A_{22} + a_{32}A_{32}$$

어느 행, 어느 열을 택하든 그 결과는 동일하다는 것은 매우 유용한 성질이다. 이를 바탕으로 행렬식이 제대로 계산되었는지 체크할 수도 있다. 나아가, 어떤 특정 행이나 열을 택하는 것이 해당 행렬식을 구하는 데 매우 편리할 수 있다.

예제

다음 행렬의 행렬식을 구하라.

$$\mathbf{A} = \begin{bmatrix} 2 & 4 & 1 \\ 4 & 3 & 7 \\ 2 & 1 & 3 \end{bmatrix}, \quad \mathbf{B} = \begin{bmatrix} 10 & 7 & 5 \\ 0 & 2 & 0 \\ 2 & 7 & 3 \end{bmatrix}$$

풀이

앞선 예제에서 행렬 $\mathbf{A}$에 대해서는 아홉 가지 여인수를 모두 계산한 바 있다. 어느 행, 어느 열을 택해도 무방하다. 두 번째 행을 택해보자. 각 원소는 4, 3, 7이고 이들에 대한 여인수는 $A_{21} = -11$, $A_{22} = 4$, $A_{23} = 6$이었다. 따라서, A의 행렬식은 다음과 같다:

$$\begin{vmatrix} 2 & 4 & 1 \\ 4 & 3 & 7 \\ 2 & 1 & 3 \end{vmatrix} = 4(-11) + 3(4) + 7(6) = 10$$

맞는지 확인하기 위해 3번째 열을 따라 행렬식을 계산해보자. 이들 각 원소는 1, 7, 3이고, 각 상응하는 여인수는 $A_{13} = -2$, $A_{23} = 6$, $A_{33} = -10$이다. 따라서,

$$1(-2) + 7(6) + 3(-10) = 10$$

역시 10으로 동일하다. 관심이 있다면, 1번째 행, 3번째 행, 1번째 열, 2번째 열을 각각 선택하여 그 경우에도 10이 나오는지 확인해보라.

아래 행렬 $\mathbf{B}$를 잘 살펴보라.

$$\mathbf{B} = \begin{bmatrix} 10 & 7 & 5 \\ 0 & 2 & 0 \\ 2 & 7 & 3 \end{bmatrix}$$

일반적으로는 3×3 행렬의 행렬식을 구하려면 어느 행 또는 어느 열이든 그것을 따라서 3개의 여인수를 알아야 한다. 그러나 이 경우는 특이한데 2번째 행 때문이다. 그 행에

는 0이 2개나 있다. 이런 문제에 있어서는 행렬식을 빨리 정확히 얻기 위해서, 2번째 행을 택하는 것이 좋을 것이다. (물론, 어느 행, 어느 열을 택해도 결과는 같다!)

2번째 행을 택하면, 행렬 $\mathbf{B}$의 행렬식은 다음과 같다:

$$\det(\mathbf{B}) = b_{21}B_{21} + b_{22}B_{22} + b_{23}B_{23}$$
$$= 0B_{21} + 2B_{22} + 0B_{23} = 2B_{22}$$

결국 우리는 B_{22}라는 여인수 1개만 알아내면 되는 것이다. 행렬 $\mathbf{B}$에서 2번째 행, 2번째 열을 지우면 아래의 2×2 행렬을 얻는다.

$$\begin{bmatrix} 10 & 5 \\ 2 & 3 \end{bmatrix}$$

부호가 문제인데 b_{22}를 고려하여 (+)가 된다.

따라서,

$$B_{22} = + \begin{vmatrix} 10 & 5 \\ 2 & 3 \end{vmatrix} = 20$$

이로부터, $\det(\mathbf{B}) = 2B_{22} = 2 \cdot 20 = 40$임을 알 수 있다.

실전문제

5. 다음 행렬의 행렬식을 구하라.

$$\mathbf{A} = \begin{bmatrix} 1 & 3 & 3 \\ 1 & 4 & 3 \\ 1 & 3 & 4 \end{bmatrix}, \quad \mathbf{B} = \begin{bmatrix} 270 & -372 & 0 \\ 552 & 201 & 0 \\ 999 & 413 & 0 \end{bmatrix}$$

[힌트: 행렬 $\mathbf{A}$의 행렬식을 계산하기 위해 실전문제 4를 참고하라.]

다음으로 역행렬을 알아보자. 3×3 행렬 $\mathbf{A} = \begin{bmatrix} a_{11} & a_{12} & a_{13} \\ a_{21} & a_{22} & a_{23} \\ a_{31} & a_{32} & a_{33} \end{bmatrix}$의 역행렬은 다음과 같다:

$$\mathbf{A}^{-1} = \frac{1}{|\mathbf{A}|} \begin{bmatrix} A_{11} & A_{21} & A_{31} \\ A_{12} & A_{22} & A_{32} \\ A_{13} & A_{23} & A_{33} \end{bmatrix}$$

결국, **A**의 모든 여인수만 구해지면, $\mathbf{A}^{-1}$를 얻는 것은 쉽다. 일단 여인수를 아래와 같이 자연스러운 위치에 둔다.

$$\begin{bmatrix} A_{11} & A_{12} & A_{13} \\ A_{21} & A_{22} & A_{23} \\ A_{31} & A_{32} & A_{33} \end{bmatrix}$$

이 행렬을
adjugate matrix라고
부른다

다음으로 그 전치를 취한다.

$$\begin{bmatrix} A_{11} & A_{21} & A_{31} \\ A_{12} & A_{22} & A_{32} \\ A_{13} & A_{23} & A_{33} \end{bmatrix}$$

이 행렬을
adjoint matrix라고
부른다[8]

마지막으로, 스칼라 $\dfrac{1}{|\mathbf{A}|}$를 곱하여 다음을 얻는다.

$$\mathbf{A}^{-1} = \frac{1}{|\mathbf{A}|} \begin{bmatrix} A_{11} & A_{21} & A_{31} \\ A_{12} & A_{22} & A_{32} \\ A_{13} & A_{23} & A_{33} \end{bmatrix}$$

각 원소를 A의
행렬식으로 나눈다

만일, $|\mathbf{A}|=0$이면 0으로 나누는 연산은 없으므로 상기 마지막 단계가 불가능하다. 이런 경우 앞서 2×2 행렬의 경우와 마찬가지로 행렬이 특이행렬이며 그 역행렬은 존재하지 않는다.

조언

구한 역행렬이 맞는지 점검하기 위해 아래 계산을 해보는 것도 좋다.

$\mathbf{A}^{-1}\mathbf{A}=\mathbf{I}$ 및 $\mathbf{A}\mathbf{A}^{-1}=\mathbf{I}$

---

8 [옮긴이주] adjugate matrix, adjoint matrix에 대한 국문 용어를 굳이 사용하지 않았다. 딸림행렬, 부수행 렬이란 용어를 사용하기도 하지만, 어떤 용어도 부자연스럽다. 앞서 여인수(여인자라고도 함)라는 용어도 그런 면이 있다. 번역하지 말고 단지 cofactor로 알고 있는 게 나을 수 있다.

예제

다음 행렬 A의 역행렬을 구하라.

$$\mathbf{A} = \begin{bmatrix} 2 & 4 & 1 \\ 4 & 3 & 7 \\ 2 & 1 & 3 \end{bmatrix}$$

풀이

각 여인수는 다음과 같이 계산된다:

$$A_{11}=2, \qquad A_{12}=2, \qquad A_{13}=-2$$
$$A_{21}=-11, \qquad A_{22}=4, \qquad A_{23}=6$$
$$A_{31}=25, \qquad A_{32}=-10, \qquad A_{33}=-10$$

자연스러운 위치에 두어 아래의 adjugate matrix를 얻는다.

$$\begin{bmatrix} 2 & 2 & -2 \\ -11 & 4 & 6 \\ 25 & -10 & -10 \end{bmatrix}$$

전치를 취하여 아래의 adjoint matrix를 얻는다.

$$\begin{bmatrix} 2 & -11 & -25 \\ 2 & 4 & -10 \\ -2 & 6 & -10 \end{bmatrix}$$

마지막으로 행렬 **A**의 행렬식 $|\mathbf{A}|=10$으로 나누어준다:

$$\mathbf{A}^{-1} = \frac{1}{10} \begin{bmatrix} 2 & -11 & 25 \\ 2 & 4 & -10 \\ -2 & 6 & -10 \end{bmatrix} = \begin{bmatrix} 1/5 & -11/10 & 5/2 \\ 1/5 & 2/5 & -1 \\ -1/5 & 3/5 & -1 \end{bmatrix}$$

맞는지 확인을 위해 아래를 체크해보자.

$$\mathbf{A}^{-1}\mathbf{A} = \begin{bmatrix} 1/5 & -11/10 & 5/2 \\ 1/5 & 2/5 & -1 \\ -1/5 & 3/5 & -1 \end{bmatrix}\begin{bmatrix} 2 & 4 & 1 \\ 4 & 3 & 7 \\ 2 & 1 & 3 \end{bmatrix} = \begin{bmatrix} 1 & 0 & 0 \\ 0 & 1 & 0 \\ 0 & 0 & 1 \end{bmatrix} = I \checkmark$$

$$\mathbf{A}\mathbf{A}^{-1} = \begin{bmatrix} 2 & 4 & 1 \\ 4 & 3 & 7 \\ 2 & 1 & 3 \end{bmatrix}\begin{bmatrix} 1/5 & -11/10 & 5/2 \\ 1/5 & 2/5 & -1 \\ -1/5 & 3/5 & -1 \end{bmatrix} = \begin{bmatrix} 1 & 0 & 0 \\ 0 & 1 & 0 \\ 0 & 0 & 1 \end{bmatrix} = I \checkmark$$

실전문제

6. 다음 행렬의 역행렬(존재한다면)을 구하라.

$$\mathbf{A} = \begin{bmatrix} 1 & 3 & 3 \\ 1 & 4 & 3 \\ 1 & 3 & 4 \end{bmatrix}, \quad \mathbf{B} = \begin{bmatrix} 270 & -372 & 0 \\ 552 & 201 & 0 \\ 999 & 413 & 0 \end{bmatrix}$$

[힌트: 앞서 실전문제 4와 5를 활용하라.]

3×3 행렬의 역행렬은 3개 미지수가 있는 3개 방정식으로 구성된 연립방정식 체계를 푸는 데 이용될 수 있다. 일반적인 3개 미지수가 있는 선형연립방정식 체계는 다음과 같이 표현 가능하다:

$$a_{11}x + a_{12}y + a_{13}z = b_1$$
$$a_{21}x + a_{22}y + a_{23}z = b_2$$
$$a_{31}x + a_{32}y + a_{33}z = b_3$$

이는 다음과 같이 행렬을 이용한 표현으로 바꿀 수 있다:

$$\mathbf{Ax} = \mathbf{v}$$

여기서 $\mathbf{A} = \begin{bmatrix} a_{11} & a_{12} & a_{13} \\ a_{21} & a_{22} & a_{23} \\ a_{31} & a_{32} & a_{33} \end{bmatrix}$, $\mathbf{x} = \begin{bmatrix} x \\ y \\ z \end{bmatrix}$, $\mathbf{v} = \begin{bmatrix} b_1 \\ b_2 \\ b_3 \end{bmatrix}$ 이다.

미지수 벡터 $\mathbf{x}$는 계수 행렬 $\mathbf{A}$의 역행렬을 양변에 곱하여 구할 수 있다. 즉,

$$\mathbf{x} = \mathbf{A}^{-1}\mathbf{v}$$

예제

세 가지 상품에 대한 각 가격을 P_1, P_2, P_3라고 할 때 균형에서 다음을 만족한다고 하자.

$$2P_1 + 4P_2 + P_3 = 77$$
$$4P_1 + 3P_2 + 7P_3 = 114$$
$$2P_1 + P_2 + 3P_3 = 48$$

풀이

상기 문제를 행렬을 이용하여 표현하면 다음과 같다:

$$\mathbf{A}\mathbf{x} = \mathbf{v}$$

여기서, $\mathbf{A} = \begin{bmatrix} 2 & 4 & 1 \\ 4 & 3 & 7 \\ 2 & 1 & 3 \end{bmatrix}$, $\mathbf{x} = \begin{bmatrix} P_1 \\ P_2 \\ P_3 \end{bmatrix}$, $\mathbf{v} = \begin{bmatrix} 77 \\ 114 \\ 48 \end{bmatrix}$ 이다.

계수 행렬의 역행렬은 앞서 이미 구한 바 있다. 즉,

$$\mathbf{A}^{-1} = \begin{bmatrix} 1/5 & -11/10 & 5/2 \\ 1/5 & 2/5 & -1 \\ -1/5 & 3/5 & -1 \end{bmatrix}$$

따라서,

$$\begin{bmatrix} P_1 \\ P_2 \\ P_3 \end{bmatrix} = \begin{bmatrix} 1/5 & -11/10 & 5/2 \\ 1/5 & 2/5 & -1 \\ -1/5 & 3/5 & -1 \end{bmatrix} \begin{bmatrix} 77 \\ 114 \\ 48 \end{bmatrix} = \begin{bmatrix} 10 \\ 13 \\ 5 \end{bmatrix}$$

결국, $P_1 = 10$, $P_2 = 13$, $P_3 = 5$임을 알 수 있다.

실전문제

7. 세 가지 서로 다른 상품의 세 가지 가격이 균형에서 다음을 만족한다고 하자. 각 균형 가격을 구하라.

$$P_1 + 3P_2 + 3P_3 = 32$$
$$P_1 + 4P_2 + 3P_3 = 37$$
$$P_1 + 3P_2 + 4P_3 = 35$$

[힌트: 앞서 실전문제 6을 활용하라.]

이 절에서는 2×2 및 3×3 행렬에 집중하여 논의하였다. 하지만, 차수가 $n \times n$인 어떠한 행렬로도 이 절의 논의를 확장하여 적용할 수 있다. 다만, 차수가 늘어나면 여인수를 구하는 수고와 시간이 늘어난다. 따라서, 연립방정식 체계를 풀기 위하여 선호되는 방식은 앞서 제1.4절에서 보았던 소거법을 사용하는 것이다. 컴퓨터는 상당히 큰 차수의 정방행렬의 역행렬을 쉽게 그리고 빠르게 계산하고, 방정식이 여러 개 있는 연립방정식 체계도 1~2초도 안 되어 풀어낸다. 이 역시 기본적으로 소거법을 이용하여 작동하는 것이다.

주요 용어

단위행렬(Identity matrix) $n \times n$ 단위행렬 I는 대각선 위치 원소가 1이고 나머지는 0이다. A가 $n \times n$ 행렬이면 AI=IA=A.

비특이행렬(Non-singular matrix)   행렬식이 0이 아닌 정방행렬.

여인수(Cofactor)   원소 a_{ij}에 상응하는 여인수는 원래 행렬에서 i번째 행, j번째 열을 삭제하여 얻은 행렬식을 계산한 후, 여기에 $i+j$가 짝수인지 음수인지에 따라 (+) 부호 또는 (−) 부호를 붙인 것이다. 즉 부호는 $(-1)^{i+j}$임.

역행렬(Inverse matrix)   행렬 A의 역행렬 A^{-1}는 $A^{-1}A=AA^{-1}=I$를 만족하는 행렬이다.

정방행렬(Square matrix)   행의 총수와 열의 총수가 동일한 행렬.

특이행렬(Singular matrix)   행렬식이 0인 정방행렬로, 그 역행렬은 존재하지 않는다.

행렬식(Determinant)   행렬식은 임의의 행 또는 임의의 열 중 아무 행 또는 열을 택한 후, 택해진 행이나 열을 따라 원소와 그 상응하는 여인수를 곱하고 더하여 구해진다.

연습문제 7.2

1. (a) 다음 행렬의 행렬식을 구하라.

   (i) $\begin{bmatrix} 2 & 7 \\ 1 & 4 \end{bmatrix}$ (ii) $\begin{bmatrix} 5 & 6 \\ 3 & 4 \end{bmatrix}$

   (iii) $\begin{bmatrix} -2 & -10 \\ 1 & 4 \end{bmatrix}$ (iv) $\begin{bmatrix} -6 & -4 \\ -8 & -7 \end{bmatrix}$

   (b) 상기 (a)의 각 행렬의 역행렬을 구하라.

2. $\mathbf{A} = \begin{bmatrix} 2 & 1 \\ 5 & 1 \end{bmatrix}$, $\mathbf{B} = \begin{bmatrix} 1 & 0 \\ 2 & 4 \end{bmatrix}$라고 하자.

   (1) 다음을 계산하라.

   (a) $|\mathbf{A}|$ (b) $|\mathbf{B}|$ (c) $|\mathbf{AB}|$

   $|\mathbf{A}|$ 및 $|\mathbf{B}|$와 $|\mathbf{AB}|$는 어떤 관계가 있는가?

   (2) 다음을 계산하라.

   (a) $\mathbf{A}^{-1}$ (b) $\mathbf{B}^{-1}$ (c) $(\mathbf{AB})^{-1}$

   $\mathbf{A}^{-1}$ 및 $\mathbf{B}^{-1}$와 $(\mathbf{AB})^{-1}$는 서로 어떤 관계가 있는가?

3. 다음의 2개 행렬이 모두 특이행렬이라고 하자.

   $\begin{bmatrix} 2 & -1 \\ 3 & a \end{bmatrix}$, $\begin{bmatrix} 2 & b \\ 3 & -4 \end{bmatrix}$

   a와 b의 값을 구하라.

4. 다음의 행렬 곱을 계산하라: $\begin{bmatrix} 5 & -3 \\ -10 & 8 \end{bmatrix}\begin{bmatrix} 8 & 3 \\ 10 & 5 \end{bmatrix}$

   이로부터 행렬 $\begin{bmatrix} 8 & 3 \\ 10 & 5 \end{bmatrix}$의 역행렬을 구하라.

5. 행렬을 이용하여 아래 연립방정식의 해를 구하라.

   (a) $3x+4y=-1$, $5x-y=6$ (b) $x+3y=8$, $4x-y=6$

6. (a) 다음 행렬의 역행렬을 구하라.

   $$\begin{bmatrix} 3 & -1 \\ -2 & 9 \end{bmatrix}$$

   (b) 2개 서로 다른 상품에 대한 수요 및 공급 곡선이 다음과 같다고 하자:

   $$Q_{D_1}=100-2P_1+P_2$$
   $$Q_{D_2}=5+2P_1-3P_2$$
   $$Q_{S_1}=-10+P_1$$
   $$Q_{S_2}=-5+6P_2$$

   여기서 Q_{D_i}, Q_{S_i} 및 P_i는 각각 상품 i에 대한 수요량, 공급량, 가격을 나타낸다. 2개 상품의 균형 가격은 다음의 연립방정식 체계를 만족해야 함을 보여라.

   $$3P_1-P_2=110$$
   $$-2P_1+9P_2=10$$

   상기 (a)를 이용하여 균형 가격을 도출하라.

7. 2개 서로 다른 상품에 대한 수요 및 공급 곡선이 다음과 같다고 하자:

   $$Q_{D_1}=50-2P_1+P_2$$
   $$Q_{D_2}=10+P_1-4P_2$$
   $$Q_{S_1}=-20+P_1$$
   $$Q_{S_2}=-10+5P_2$$

   (a) 각 상품에 대한 균형 가격은 다음을 만족해야 함을 보여라.

   $$\begin{bmatrix} 3 & -1 \\ -1 & 9 \end{bmatrix}\begin{bmatrix} P_1 \\ P_2 \end{bmatrix}=\begin{bmatrix} 70 \\ 20 \end{bmatrix}$$

   (b) 상기 (a)에서 2×2 행렬의 역행렬을 구하고, 각 균형 가격을 도출하라.

8. a, b, k는 0이 아닌 수라고 하자. 다음을 보여라.

(a) 다음의 2×2 행렬은 특이행렬이다.

(i) $\begin{bmatrix} a & 0 \\ b & 0 \end{bmatrix}$ (ii) $\begin{bmatrix} a & b \\ ka & kb \end{bmatrix}$ (iii) $\begin{bmatrix} a & b \\ \frac{1}{b} & \frac{1}{a} \end{bmatrix}$

(b) 다음의 각 행렬은 비특이행렬이다.

(i) $\begin{bmatrix} a & b \\ 0 & k \end{bmatrix}$ (ii) $\begin{bmatrix} 0 & a \\ -a & 0 \end{bmatrix}$ (iii) $\begin{bmatrix} a & b \\ -b & a \end{bmatrix}$

연습문제 7.2*

1. 다음의 2개 행렬이 모두 특이행렬이라고 하자.

$$\mathbf{A} = \begin{bmatrix} 1 & 2 \\ a & b \end{bmatrix}, \quad \mathbf{B} = \begin{bmatrix} a & 4 \\ 2 & b \end{bmatrix}$$

a와 b의 값을 구하라.

2. (a) $\mathbf{A} = \begin{bmatrix} a & b \\ c & d \end{bmatrix}$ 및 $\mathbf{B} = \begin{bmatrix} e & f \\ g & h \end{bmatrix}$ 로부터, $\mathbf{AB}$를 계산하라.

(b) $\det(\mathbf{AB}) = \det(\mathbf{A}) \cdot \det(\mathbf{B})$임을 보여라.

(c) $\mathbf{A}$가 특이행렬, $\mathbf{B}$가 비특이행렬이면, $\mathbf{AB}$는 어떠한가? 답하고 간략히 설명하라.

3. 다음의 행렬 중 역행렬이 존재하지 않는 행렬은?

$$\mathbf{A} = \begin{bmatrix} 1 & 1 \\ 1 & 0 \end{bmatrix}, \quad \mathbf{B} = \begin{bmatrix} 1 & 0 \\ 0 & 1 \end{bmatrix}, \quad \mathbf{C} = \begin{bmatrix} 0 & 1 \\ 1 & -1 \end{bmatrix}, \quad \mathbf{D} = \begin{bmatrix} 1 & -1 \\ -1 & 0 \end{bmatrix}, \quad \mathbf{E} = \begin{bmatrix} -1 & 0 \\ 0 & 1 \end{bmatrix}$$

4. 다음 행렬의 행렬식을 구하라.

$$\begin{bmatrix} 5 & -2 & 3 \\ 4 & -1 & -5 \\ 6 & 7 & 9 \end{bmatrix}$$

5. 다음 행렬의 여인수 A_{23}을 구하라.

$$\mathbf{A} = \begin{bmatrix} 5 & -2 & 7 \\ 6 & 1 & -9 \\ 4 & -3 & 8 \end{bmatrix}$$

6. 다음 행렬의 역행렬이 존재한다면 구하라.

$$\mathbf{A} = \begin{bmatrix} 2 & 1 & -1 \\ 1 & 3 & 2 \\ -1 & 2 & 1 \end{bmatrix}, \quad \mathbf{B} = \begin{bmatrix} 1 & 4 & 5 \\ 2 & 1 & 3 \\ -1 & 3 & 2 \end{bmatrix}$$

이들 행렬은 특이행렬인가, 비특이행렬인가?

7. 다음의 상품시장을 고려하라.

$$C = aY + b \quad (0\ a < 1,\ b > 0)$$

$$I = cr + d \quad (c < 0,\ d > 0)$$

또한, 다음의 화폐시장을 고려하라.

$$M_S = M_S^*$$

$$M_D = k_1 Y + k_2 r + k_3 \qquad (k_1,\ k_3 > 0,\ k_2 < 0)$$

양 시장 모두 균형을 이루고 있을 때, 소득 Y와 이자율 r은 다음의 행렬에 의한 식을 만족함을 보여라.

$$\begin{bmatrix} 1-a & -c \\ k_1 & k_2 \end{bmatrix} \begin{bmatrix} Y \\ r \end{bmatrix} = \begin{bmatrix} b+d \\ M_s^* - k_3 \end{bmatrix}$$

이로부터 Y와 r을 구하라. 통화공급량 M_S^*의 변화에 따른 이자율 변화에 대한 승수를 기술하라. 통화공급량이 늘어날 때 이자율은 하락함을 보여라.

8. 다음 행렬의 행렬식을 a에 관한 식으로 기술하라.

$$\mathbf{A} = \begin{bmatrix} 2 & 1 & 3 \\ 1 & 0 & a \\ 3 & 1 & 4 \end{bmatrix}$$

$a \neq 1$일 때, 행렬 $\mathbf{A}$는 비특이행렬임을 보이고, $\mathbf{A}^{-1}$를 구하라.

9. 다음의 역행렬을 구하라.

$$\begin{bmatrix} -2 & 2 & 1 \\ 2 & -5 & -1 \\ 2 & -1 & -6 \end{bmatrix}$$

연습문제 1.5*에 있는 문제 6에 나온 세 가지 상품 모형의 균형 가격들을 도출하라.

10. 다음 행렬의 역행렬을 구하라. 물론, 역행렬은 a에 관한 식을 포함하게 된다.

$$\mathbf{A} = \begin{bmatrix} 6 & 3 & a \\ 5 & 4 & 2 \\ 7 & 2 & 3 \end{bmatrix}$$

다음의 연립방정식 체계가 유일한 해를 갖기 위한 a의 값은?

$$6x + 3y + az = b$$
$$5x + 4y + 2z = c$$
$$7x + 2y + 3z = d$$

11. 다음 행렬의 행렬식이 $(a-b)(a-c)(c-b)$임을 보여라.

$$\mathbf{A} = \begin{bmatrix} 1 & 1 & 1 \\ a & b & c \\ a^2 & b^2 & c^2 \end{bmatrix}$$

다음의 연립방정식 체계가 유일한 해를 갖기 위해서는 a, b, c가 서로 달라야 함을 보여라.

$$x + y + z = 1$$
$$ax + by + cz = m$$
$$a^2x + b^2y + c^2z = n$$

SECTION 7.3
크래머 법칙

> **목표**
>
> 이 절을 공부한 후에는 다음을 할 수 있다:
> - 선형연립방정식 체계를 푸는 방법으로 역행렬을 이용하는 방법의 한계를 이해한다.
> - 선형연립방정식 체계를 풀기 위해 크래머 법칙을 이용한다.
> - 정태 거시경제학 모형을 분석하기 위해 크래머 법칙을 이용한다.
> - 2개 국가 무역 모형을 풀기 위해 크래머 법칙을 이용한다.

앞서 제7.2절에서 2×2 행렬과 3×3 행렬의 행렬식과 역행렬을 계산하는 방법을 다루었다. 이러한 개념은 미지수가 더 많은 즉 더 큰 연립방정식 체계를 푸는 데도 확장하여 이용할 수 있다. 하지만, 다루는 행렬의 차원이 커질수록 계산 노력과 시간은 어마어마하게 들어가게 된다. 예를 들어, 다음의 행렬로 표현된 연립방정식 체계를 역행렬을 이용하여 풀어야 한다고 하자.

$$\begin{bmatrix} 1 & 0 & 2 & 3 \\ -1 & 5 & 4 & 1 \\ 0 & 7 & -3 & 6 \\ 2 & 4 & 5 & 1 \end{bmatrix} \begin{bmatrix} x_1 \\ x_2 \\ x_3 \\ x_4 \end{bmatrix} = \begin{bmatrix} -1 \\ 1 \\ -24 \\ 15 \end{bmatrix}$$

이 경우, 계수 행렬은 4×4 차수이고 포함하는 원소가 16개이다. 이들 각 원소에 대응한 여인수가 있을 것이다. 이들은 특정 행, 특정 열을 제외한 3×3 행렬의 행렬식에 아래 패턴에 따른 부호가 붙은 것이다.

$$\begin{bmatrix} + & - & + & - \\ - & + & - & + \\ + & - & + & - \\ - & + & - & - \end{bmatrix}$$

아울러, 행렬식은 임의의 행이나 열을 따라서 원소에 여인수를 곱하고 모두 더하여 구해지며, 각 여인수를 앞서 보여준 방식으로 위치시키고 행렬식을 나누어 역행렬이 얻어진다. 이러한 작업은 성실히 공부하는 학생도 두려운 계산 과정이다. 아울러, 현실적으로 접하는 문제에서는 일부 특정 변수 x_i에만 관심을 갖는 경우도 많다. 예를 들어, 위의 체계에서 x_3가 이자율인데 이 변수에만 관심이 있는 경우이다. 이런 상황에서 x_1, x_2 및 x_4가 필요하지도 않은데, 역행렬을 구하여 이를 모두 계산하려는 상당한 노력을 들이는 것은 낭비이기도 하다.

이 절에서는 한 번 계산에 한 변수만 찾아내는 대안적 방법을 소개한다. 이를 통해, 연립방정식 체계에서 일부 미지수의 해만 필요한 경우에는 시간과 노력을 아낄 수 있다. 이러한 방법은 이른바 크래머 법칙(Cramer's rule)으로 알려져 있다. 단지, 행렬식 계산만 잘하면 된다. $n \times n$ 연립방정식 체계 $\mathbf{Ax} = \mathbf{v}$에 대해서 크래머 법칙을 적용하면, 미지수 벡터 x의 i번째 원소 x_i의 해는 다음과 같다:

$$x_i = \frac{\det(\mathbf{A}_i)}{\det(\mathbf{A})}$$

여기서 잘 보아야 한다. 상기 식에서 $\mathbf{A}_i$는 $\mathbf{A}$의 i번째 열을 연립방정식의 우변 $\mathbf{v}$로 대체한 행렬이다. 연습 삼아, 다음의 2×2 연립방정식 체계를 고려하자:

$$\begin{bmatrix} 7 & 2 \\ 4 & 5 \end{bmatrix} \begin{bmatrix} x_1 \\ x_2 \end{bmatrix} = \begin{bmatrix} -6 \\ 12 \end{bmatrix}$$

상기 체계에서 x_2를 구해보자. 이는 크래머 법칙에 따라 다음과 같다:

$$x_2 = \frac{\det(\mathbf{A}_2)}{\det(\mathbf{A})}$$

여기서

$$\mathbf{A} = \begin{bmatrix} 7 & 2 \\ 4 & 5 \end{bmatrix} \text{ 및 } \mathbf{A}_2 = \begin{bmatrix} 7 & -6 \\ 4 & 12 \end{bmatrix}$$

이다. x_2에 대한 해는 두 행렬식의 비(ratio)인데, 분모는 원래 행렬 $\mathbf{A}$의 행렬식이고, 분자는 행렬 $\mathbf{A}$의 2번째 열을 원래 체계의 우변에 있던 $\begin{bmatrix} -6 \\ 12 \end{bmatrix}$로 대체한 행렬의 행렬식임을 주목하라. 이때, 각 행렬식은 다음과 같이 쉽게 구해진다:

$$\det(\mathbf{A}_2) = \begin{vmatrix} 7 & -6 \\ 4 & 12 \end{vmatrix} = 7(12) - (-6)(4) = 108$$

$$\det(\mathbf{A}) = \begin{vmatrix} 7 & 2 \\ 4 & 5 \end{vmatrix} = 7(5) - 2(4) = 27$$

따라서, $x_2 = \dfrac{108}{27} = 4$ 이다.

예제

크래머 법칙을 이용하여 다음 연립방정식 체계에서 x_1의 해를 구하라.

$$\begin{bmatrix} 1 & 2 & 3 \\ -4 & 1 & 6 \\ 2 & 7 & 5 \end{bmatrix} \begin{bmatrix} x_1 \\ x_2 \\ x_3 \end{bmatrix} = \begin{bmatrix} 9 \\ -9 \\ 13 \end{bmatrix}$$

풀이

크래머 법칙으로 인해 다음과 같다:

$$x_1 = \frac{\det(\mathbf{A}_1)}{\det(\mathbf{A})}$$

여기서 $\mathbf{A}_1 = \begin{bmatrix} 1 & 2 & 3 \\ -4 & 1 & 6 \\ 2 & 7 & 5 \end{bmatrix}$ 이며, 이 A에 상기 연립방정식 체계의 우변 $\begin{bmatrix} 9 \\ -9 \\ 13 \end{bmatrix}$ 을 대체하면

$\mathbf{A}_1 = \begin{bmatrix} 9 & 2 & 3 \\ -9 & 1 & 6 \\ 13 & 7 & 5 \end{bmatrix}$ 이다. 이들 행렬의 행렬식은 다음과 같이 계산된다.

$$\begin{aligned}
\det(\mathbf{A}_1) &= \begin{vmatrix} 9 & 2 & 3 \\ -9 & 1 & 6 \\ 13 & 7 & 5 \end{vmatrix} \\
&= 9 \begin{vmatrix} 1 & 6 \\ 7 & 5 \end{vmatrix} - 2 \begin{vmatrix} -9 & 6 \\ 13 & 5 \end{vmatrix} + 3 \begin{vmatrix} -9 & 1 \\ 13 & 7 \end{vmatrix} \\
&= 9(-37) - 2(-123) + 3(-76) \\
&= -315
\end{aligned}$$

및

$$\begin{aligned}
\det(\mathbf{A}) &= \begin{vmatrix} 1 & 2 & 3 \\ -4 & 1 & 6 \\ 2 & 7 & 5 \end{vmatrix} \\
&= 1 \begin{vmatrix} 1 & 6 \\ 7 & 5 \end{vmatrix} - 2 \begin{vmatrix} -4 & 6 \\ 2 & 5 \end{vmatrix} + 3 \begin{vmatrix} -4 & 1 \\ 2 & 7 \end{vmatrix} \\
&= 1(-37) - 2(-32) + 3(-30) \\
&= -63
\end{aligned}$$

결국,

$$x_1 = \frac{\det(\mathbf{A}_1)}{\det(\mathbf{A})} = \frac{-315}{-63} = 5$$

실전문제

1. (a) 크래머 법칙을 이용하여, 다음의 연립방정식 체계에서 x_2를 구하라.

$$2x_1 + 4x_2 = 16$$
$$3x_1 - 5x_2 = -9$$

   (b) 크래머 법칙을 이용하여, 다음의 연립방정식 체계에서 x_3를 구하라.

$$4x_1 + x_2 + 3x_3 = 8$$
$$-2x_1 + 5x_2 + x_3 = 4$$
$$3x_1 + 2x_2 + 4x_3 = 9$$

다음으로 경제학 모형을 분석하기 위해 크래머 법칙을 이용해보자. 우선, 정부까지 포함하는 3부문 거시경제 모형을 보자.

조언

정부 지출과 조세를 거시경제 모형에 포함하는 것은 앞서 제5.3절에서 다루었다. 그때 사용했던 방법과 이 절에서 사용하는 방법을 비교해보는 것도 좋다.

예제

다음의 구조방정식들을 만족하는 3부문 거시경제 모형을 고려하자. Y는 소득, Y_d는 가처분소득, T는 조세를 나타낸다.

$$Y = C + I^* + G^*$$
$$C = aY_d + b\,(0 < a < 1,\ b > 0)$$
$$Y_d = Y - T$$
$$T = tY + T^*\,(t < 1,\ T^* > 0)$$

상기 체계는 $\mathbf{A}\mathbf{x} = \mathbf{v}$로 표현 가능하며, 여기서

$$\mathbf{A} = \begin{bmatrix} 1 & -1 & 0 & 0 \\ 0 & 1 & -a & 0 \\ -1 & 0 & 1 & 1 \\ -t & 0 & 0 & 1 \end{bmatrix},\quad \mathbf{x} = \begin{bmatrix} Y \\ C \\ Y_d \\ T \end{bmatrix},\quad \mathbf{v} = \begin{bmatrix} I^* + G^* \\ b \\ 0 \\ T^* \end{bmatrix}$$ 임을 보여라.

균형 소득 Y를 도출하기 위해 크래머 법칙을 이용하라.

풀이

이 모형에서 내생변수는 Y, C, Y_d 및 T이다. 그래서, 주어진 구조방정식 모형을 잘 정리하여 이들 변수들이 좌변으로 등장하게 해야 한다. 아울러, 미지수 벡터 **x**는 다음과 같이 주어진다:

$$\begin{bmatrix} Y \\ C \\ Y_d \\ T \end{bmatrix}$$

따라서, 이들 변수들이 Y, C, Y_d 및 T의 순서로 나타나도록 각 구조방정식을 정리해야 할 것이다. 예를 들어, 3번째 구조방정식 $Y_d = Y - T$로부터 $-Y + Y_d + T = 0$를 얻을 수 있다. 다른 방정식에 대해서도 유사하게 정리하면 다음을 얻는다:

$$Y - C = I^* + G^*$$
$$C - aY_d = b$$
$$-Y + Y_d + T = 0$$
$$-tY + T = T^*$$

상기 연립방정식은 아래와 같은 행렬을 이용한 표현으로 전환이 가능하다:

$$\begin{bmatrix} 1 & -1 & 0 & 0 \\ 0 & 1 & -a & 0 \\ -1 & 0 & 1 & 1 \\ -t & 0 & 0 & 1 \end{bmatrix} \begin{bmatrix} Y \\ C \\ Y_d \\ T \end{bmatrix} = \begin{bmatrix} I^* + G^* \\ b \\ 0 \\ T^* \end{bmatrix}$$

이로부터 첫 번째 미지수인 Y를 구하기 위해 크래머 법칙을 적용하면,

$$Y = \frac{\det(\mathbf{A}_1)}{\det(\mathbf{A})}$$

여기서, $\mathbf{A}_1 = \begin{bmatrix} I^* + G^* & -1 & 0 & 0 \\ b & 1 & -a & 0 \\ 0 & 0 & 1 & 1 \\ T^* & 0 & 0 & 1 \end{bmatrix}$ 이고, $\mathbf{A} = \begin{bmatrix} 1 & -1 & 0 & 0 \\ 0 & 1 & -a & 0 \\ -1 & 0 & 1 & 1 \\ -t & 0 & 0 & 1 \end{bmatrix}$ 이다.

이들 $\mathbf{A}_1$과 $\mathbf{A}$는 둘 다 0을 많이 포함하고 있어서, 각 행렬식을 구하는 것이 비교적 쉬운 편이다. $\mathbf{A}_1$의 행렬식을 구하기 위해 첫 번째 행을 따라 전개하여 다음을 얻을 수 있다. 첫 번째 행에서 3, 4번째 원소는 0이므로 그에 해당하는 여인수를 구할 필요가 없다.

$$\det(\mathbf{A}_1) = (I^* + G^*)\begin{vmatrix} 1 & -a & 0 \\ 0 & 1 & 1 \\ 0 & 0 & 1 \end{vmatrix} - (-1)\begin{vmatrix} b & -a & 0 \\ 0 & 1 & 1 \\ T^* & 0 & 1 \end{vmatrix}$$

상기 식에서 첫 번째 항에 있는 3×3 행렬의 행렬식을 구하면 다음과 같다:

$$\begin{vmatrix} 1 & -a & 0 \\ 0 & 1 & 1 \\ 0 & 0 & 1 \end{vmatrix} = (1)\begin{vmatrix} 1 & 1 \\ 0 & 1 \end{vmatrix} = 1 \text{ (첫 번째 열 전개를 택함)}$$

두 번째 항에 있는 3×3 행렬식은 다음과 같다:

$$\begin{vmatrix} b & -a & 0 \\ 0 & 1 & 1 \\ T^* & 0 & 1 \end{vmatrix} = b\begin{vmatrix} 1 & 1 \\ 0 & 1 \end{vmatrix} - (-a)\begin{vmatrix} 0 & 1 \\ T^* & 1 \end{vmatrix} = b - aT^*$$

결국,

$$\det(\mathbf{A}_1) = (I^* + G^*)(1) - (-1)(b - aT^*) = I^* + G^* + b - aT^*$$

유사한 방식으로,

$$\det(\mathbf{A}) = (1)\begin{vmatrix} 1 & -a & 0 \\ 0 & 1 & 1 \\ 0 & 0 & 1 \end{vmatrix} - (-1)\begin{vmatrix} 0 & -a & 0 \\ -1 & 1 & 1 \\ -t & 0 & 1 \end{vmatrix}$$

행렬식 $\begin{vmatrix} 0 & -a & 0 \\ -1 & 1 & 1 \\ -t & 0 & 1 \end{vmatrix} = -(-a)\begin{vmatrix} -1 & 1 \\ -t & 1 \end{vmatrix} = a(-1 + t)$ 로부터,

$$\det(\mathbf{A}) = (1)(1) - (-1)a(-1 + t) = 1 - a + at$$

결국 다음과 같은 소득 Y에 대한 균형 수준을 도출할 수 있다:

$$Y = \frac{I^* + G^* + b - aT^*}{1 - a + at}$$

실전문제

2. 크래머 법칙을 이용하여 아래 체계에서 Y_d의 균형 수준을 도출하라.

$$\begin{bmatrix} 1 & -1 & 0 & 0 \\ 0 & 1 & -a & 0 \\ -1 & 0 & 1 & 1 \\ -t & 0 & 0 & 1 \end{bmatrix}\begin{bmatrix} Y \\ C \\ Y_d \\ T \end{bmatrix} = \begin{bmatrix} I^* + G^* \\ b \\ 0 \\ T^* \end{bmatrix}$$

[계수 행렬의 행렬식은 앞선 예제에서 이미 계산한 바 있다.]

마지막으로 외국과의 무역을 모형화한 것을 소개하면서 이 절을 마치고자 한다. 앞서 보았던 많은 거시경제학 모형은 다른 국가의 행태가 해당 거시경제의 소득에 영향이 없음을 암묵적으로 전제한 것이다. 이는 현실과 맞지 않다. 따라서, 무역을 하는 국가 간 경제가 어떻게 상호작용하는지 분석해보자. 이런 상황을 간략한 모형으로 표현하기 위해 국가 1, 2가 있고 정부 부문은 없다고 하자. 이들 국가 1, 2는 서로 간 무역을 하지만 다른 국가와는 무역 거래가 없다고 가정하자. 국가 1의 소득을 Y_1, 소비를 C_1과 같은 방식으로 표기하자. 정부 부문이 없으므로, 국가 i 경제의 균형에서 다음 식을 만족한다:

$$Y_i = C_i + I_i + X_i - M_i$$

여기서 I_i는 국가 i 경제의 투자, X_i와 M_i는 국가 i 경제의 수출 및 수입을 나타낸다. 앞서 보았던 모형과 마찬가지로 투자 I_i는 외생적으로 I_i^*로 주어졌다고 하자. 단지 2개 국가 간 무역을 고려하고 있으므로, 한 국가의 수출은 다른 국가의 수입과 같고, 역으로 수입은 다른 국가의 수출과 같다. 즉,

$$X_1 = M_2, \ X_2 = M_1$$

이때, 수입에 그 국가의 소득 중 일정 부분이 소요된다고 하자. 즉,

$$M_i = m_i M_i$$

여기서 m_i는 한계수입 성향으로 $0 < m_i < 1$을 만족한다.

이제, C_i와 M_i에 대한 식이 주어지면, 미지수 Y_1과 Y_2를 포함하는 2개의 연립방정식을 얻을 수 있고, 이를 크래머 법칙을 이용하여 풀거나 역행렬을 이용하는 방법으로 풀 수 있다.

예제

2개 무역하는 국가의 상황을 모형화한 다음의 방정식들을 고려하자.

$$Y_1 = C_1 + I_1^* + X_1 - M_1 \qquad\qquad Y_2 = C_2 + I_2^* + X_2 - M_2$$
$$C_1 = 0.8Y_1 + 200 \qquad\qquad\qquad C_2 = 0.9Y_2 + 100$$
$$M_1 = 0.2Y_1 \qquad\qquad\qquad\qquad M_2 = 0.1Y_2$$

이러한 체계를 행렬을 이용한 식으로 표현하고, Y_1의 균형수준을 I_1^* 및 I_2^*의 식으로 도출하라. Y_1에 대한 I_2^*의 변화에 따른 승수를 기술하고, 국가 2의 투자 증가에 따른 국가 1의 소득 변화를 기술하라.

풀이

이 문제에서 Y_1, C_1, M_1, Y_2, C_2, M_2의 6개 내생변수에 관한 6개의 방정식이 있다. 하지만, 이를 6×6 행렬을 이용하여 푸는 것보다는 단지 2개 변수에 대한 2개 방정식으로 축약시키는 계산을 우선 적용하는 것이 낫다. 이를 위해, C_1과 M_1을 첫 번째 방정식에 대입해보자. 즉,

$$Y_1 = 0.8Y_1 + 200 + I_1^* + X_1 - 0.2Y_1$$

아울러, $X_1 = M_2 - 0.1Y_2$이므로,

$$Y_1 = 0.8Y_1 + 200 + I_1^* + 0.1Y_2 - 0.2Y_1$$

이를 다시 쓰면,

$$0.4Y_1 - 0.1Y_2 = 200 + I_1^* \text{ 및 } -0.2Y_1 + 0.2Y_2 = 100 + I_2^*$$

국가 2에 대해서도 유사한 방식으로 정리하여 이를 종합하여 아래와 같이 기술할 수 있다.

$$\begin{bmatrix} 0.4 & -0.1 \\ -0.2 & 0.2 \end{bmatrix} \begin{bmatrix} Y_1 \\ Y_2 \end{bmatrix} = \begin{bmatrix} 200 + I_1^* \\ 100 + I_2^* \end{bmatrix}$$

크래머 법칙에 따라,

$$Y_1 = \frac{\begin{vmatrix} 200 + I_1^* & -0.1 \\ 100 + I_2^* & 0.2 \end{vmatrix}}{\begin{vmatrix} 0.4 & -0.1 \\ -0.2 & 0.2 \end{vmatrix}} = \frac{50 + 0.2I_1^* + 0.1I_2^*}{0.06}$$

국가 1의 소득 Y_1에 대한 국가 2의 외생적 투자 I_2^*의 승수를 구하기 위해서, I_2^*가 ΔI_2^*만큼 늘어났을 때 Y_1에 어떤 변화가 일어나는지 보자. 이를 위해, I_2^* 대신 $I_2^* + \Delta I_2^*$를 대입하여 새로운 Y_1을 구하면 다음과 같다:

$$\frac{50 + 0.2I_1^* + 0.1(I_2^* + \Delta I_2^*)}{0.06}$$

따라서, Y_1의 변화는 다음과 같다:

$$\Delta Y_1 = \frac{50 + 0.2I_1^* + 0.1(I_2^* + \Delta I_2^*)}{0.06} - \frac{50 + 0.2I_1^* + 0.1I_2^*}{0.06}$$

$$= \frac{0.1}{0.06}\Delta I_2^*$$

$$= \frac{5}{3}\Delta I_2^*$$

결과적으로, 국가 2의 투자가 증가할 때 국가 1의 소득은 증가한다는 것을 알 수 있다. 나아가, 5/3>1이므로 국가 2 투자의 증가보다 국가 1 소득의 증가는 더 크다.

실전문제

3. 다음의 방정식으로 묘사되는 2개 국가 간 무역 및 거시경제 모형을 고려하자.

$$Y_1 = 1 + I_1^* + X_1 - M_1 \qquad Y_2 = C_2 + I_2^* + X_2 - M_2$$
$$C_1 = 0.7Y_1 + 50 \qquad C_2 = 0.8Y_2 + 100$$
$$I_1^* = 200 \qquad I_2^* = 300$$
$$M_1 = 0.3Y_1 \qquad M_2 = 0.1Y_2$$

상기 연립방정식 체계를 행렬을 이용하여 묘사하라. Y_1과 Y_2의 균형 수준을 도출하라. 이들 국가 간 국제수지(balance of payments)를 구하라.

주요 용어

크래머 법칙(Cramer's rule) 연립방정식 체계 **Ax=v**를 풀기 위해 행렬식을 이용하는 방법. 미지수 벡터 x의 i번째 미지수 x_i는 det($\mathbf{A}_i$)/det($\mathbf{A}$)로 구해지는바, 여기서 $\mathbf{A}_i$는 행렬 $\mathbf{A}$의 i번째 열을 벡터 **v**로 대체하여 얻어지는 행렬이다.

연습문제 7.3

1. (a) 다음의 행렬식을 계산하라.

(i) $\begin{vmatrix} 4 & 2 \\ 1 & 3 \end{vmatrix}$ (ii) $\begin{vmatrix} -7 & 2 \\ 5 & 3 \end{vmatrix}$ (iii) $\begin{vmatrix} 4 & -7 \\ 1 & 5 \end{vmatrix}$

(b) 상기 (a)를 이용하여 다음의 연립방정식 체계의 해를 구하라.

$$4x + 2x = -7$$
$$x + 3y = 5$$

2. 크래머 법칙을 이용하여 다음의 각 연립방정식에서 x를 구하라.

   (a) $7x - 3y = 4$, $2x + 5y = 7$

   (b) $3x + 4y = 5$, $2x + 5y = 12$

   (c) $x + 4y = 9$, $2x - 7y = 3$

3. 크래머 법칙을 이용하여 다음의 각 연립방정식에서 y를 구하라.

   (a) $x + 3y = 9$, $2x - 4y = -2$

   (b) $5x - 2y = 7$, $2x + 3y = -1$

   (c) $2x + 3y = 7$, $3x - 5y = 1$

4. 크래머 법칙을 이용하여 다음의 각 연립방정식 체계의 해를 구하라.

   (a) $4x + 3y = 1$, $2x + 5y = -3$

   (b) $4x + 3y = 1$, $2x + 5y = 11$

   (c) $4x + 3y = -2$, $2x + 5y = -36$

5. 서로 연관되어 있는 2개 상품에 대한 각 수요 함수와 공급 함수가 다음과 같다:

$$Q_{D_1} = 400 - 5P_1 - 3P_2$$
$$Q_{D_2} = 300 - 2P_1 - 3P_2$$
$$Q_{S_1} = -60 + 3P_1$$
$$Q_{S_2} = -100 + 2P_2$$

   (a) 각 균형 가격은 다음을 만족함을 보여라.

$$\begin{bmatrix} 8 & 3 \\ 2 & 5 \end{bmatrix} \begin{bmatrix} P_1 \\ P_2 \end{bmatrix} = \begin{bmatrix} 460 \\ 400 \end{bmatrix}$$

   (b) 크래머 법칙을 이용하여, 상품 1의 균형 가격을 구하라.

6. 다음과 같이 묘사되는 2개 부문 거시경제학 모형을 고려하자.

$$Y = C + I^*$$
$$C = aY + b$$

   (a) 상기 체계를 $\mathbf{Ax} = \mathbf{v}$의 형태로 기술하라.

   여기서, $\mathbf{x} = \begin{pmatrix} Y \\ C \end{pmatrix}$, $\mathbf{A}$는 2×2 행렬, $\mathbf{v}$는 2×1 행렬이다.

(b) 크래머 법칙을 이용하여 상기 체계에서 C를 구하라.

7. 한 기업의 총수입 함수가 $TR = aQ + bQ^2$으로 표현된다고 하자.

　(a) $Q = 2$일 때 $TR = 14$이며, $Q = 3$일 때 $TR = 9$라고 하자. 이때, 계수 a와 b가 만족해야 하는 연립방정식을 기술하라.

　(b) 상기 (a)에서 도출된 체계를 크래머 법칙을 이용하여 풀고, $Q = 1$일 때 총수입을 구하라.

연습문제 7.3*

1. **(a)** 크래머 법칙을 이용하여 아래를 풀어 x를 구하라.

$$\begin{bmatrix} 3 & -2 & 4 \\ 1 & 4 & 0 \\ 5 & 7 & 0 \end{bmatrix} \begin{bmatrix} x \\ y \\ z \end{bmatrix} = \begin{bmatrix} 11 \\ 9 \\ 19 \end{bmatrix}$$

　(b) 크래머 법칙을 이용하여 아래를 풀어 y를 구하라.

$$\begin{bmatrix} 4 & 5 & 0 \\ -1 & 2 & 3 \\ 6 & -1 & 2 \end{bmatrix} \begin{bmatrix} x \\ y \\ z \end{bmatrix} = \begin{bmatrix} 0 \\ 19 \\ -30 \end{bmatrix}$$

　(c) 크래머 법칙을 이용하여 아래를 풀어 z를 구하라.

$$\begin{bmatrix} 4 & -8 & 2 \\ 1 & 0 & 6 \\ -3 & 6 & 2 \end{bmatrix} \begin{bmatrix} x \\ y \\ z \end{bmatrix} = \begin{bmatrix} -43 \\ 0 \\ 34 \end{bmatrix}$$

2. 행렬 $\begin{bmatrix} 1 & -1 & 0 & 0 \\ 0 & 1 & -a & 0 \\ -1 & 0 & 1 & 1 \\ -t & 0 & 0 & 1 \end{bmatrix}$의 행렬식은 $1 - a + at$이다. 크래머 법칙을 이용하여 아래 연립방정식 체계에서 C에 대한 해를 구하라.

$$\begin{bmatrix} 1 & -1 & 0 & 0 \\ 0 & 1 & -a & 0 \\ -1 & 0 & 1 & 1 \\ -t & 0 & 0 & 1 \end{bmatrix} \begin{bmatrix} Y \\ C \\ Y_d \\ T \end{bmatrix} = \begin{bmatrix} I^* + G^* \\ b \\ 0 \\ T^* \end{bmatrix}$$

3. 다음의 3부문 거시경제 모형을 고려하자:

$$Y = C + I^* + G^*$$
$$C = a(Y - T) + b$$
$$T = tY + T^*$$

(a) 상기 모형을 $\mathbf{Ax} = \mathbf{v}$의 형태로 기술하라. 여기서 $\mathbf{x} = \begin{bmatrix} Y \\ C \\ T \end{bmatrix}$, $\mathbf{A}$는 3×3 행렬, $\mathbf{v}$는 3×1 행렬이다.

(b) 크래머 법칙을 이용하여 상기 연립방정식 체계를 풀어 Y를 구하라.

4. 다음과 같은 구조방정식들로 묘사되는 거시경제 모형을 고려하자:

$$Y = C + I^* + G^* + X^* - M$$
$$C = aY + b \qquad\qquad (0 < a < 1, \ b > 0)$$
$$M = mY + M^* \qquad\qquad (0 < m < 1, \ M^* > 0)$$

상기 체계를 $\mathbf{Ax} = \mathbf{v}$의 형태로 기술하라.

여기서 $\mathbf{A} = \begin{bmatrix} 1 & -1 & 1 \\ -a & 1 & 0 \\ -m & 0 & 1 \end{bmatrix}$, $\mathbf{x} = \begin{bmatrix} Y \\ C \\ M \end{bmatrix}$, $\mathbf{v} = \begin{bmatrix} I^* + G^* + X^* \\ b \\ M^* \end{bmatrix}$

크래머 법칙을 이용하여 $Y = \dfrac{b + I^* + G^* + X^* - M^*}{1 - a + m}$임을 보여라. 소득 Y에 대한 최소 자율투자 승수를 도출하고, I^*가 증가할 때 Y가 증가함을 보여라.

5. 다음의 거시경제 모형을 고려하자:

국민소득: $Y = C + I + G^* \qquad (G^* > 0)$

소비: $C = aY + b \qquad (0 < a < 1, \ b > 0)$

투자: $I = cr + d \qquad (c < 0, \ d > 0)$

통화공급: $M_s^* = k_1 Y + k_2 r \qquad (k_1 > 0, \ k_2 < 0, \ M_s^* > 0)$

상기 체계를 $\mathbf{Ax} = \mathbf{v}$로 표현하라.

여기서, $\mathbf{A} = \begin{bmatrix} 1 & -1 & -1 & 0 \\ -a & 1 & 0 & 0 \\ 0 & 0 & 1 & -c \\ k_1 & 0 & 0 & k_2 \end{bmatrix}$, $\mathbf{x} = \begin{bmatrix} Y \\ C \\ I \\ r \end{bmatrix}$, $\mathbf{v} = \begin{bmatrix} G^* \\ b \\ d \\ M_s^* \end{bmatrix}$이다.

크래머 법칙을 이용하여 $r = \dfrac{M_s^*(1 - a) - k_1(b + d + G^*)}{k_2(1 - a) + ck_1}$을 도출하라.

이자율 r에 대한 정부 지출 승수를 도출하고, 외생적 정부 지출 G^*가 증가할 때 이자율 r이 증가함을 보여라.

6. 다음의 서로 무역하는 2개 국가 경제 모형을 고려하자:

$$Y_1 = C_1 + I_1^* + X_1 - M_1 \qquad Y_2 = C_2 + I_2^* + X_2 - M_2$$

$$C_1 = 0.6Y_1 + 50 \qquad C_2 = 0.8Y_2 + 80$$

$$M_1 = 0.2Y_1 \qquad M_2 = 0.1Y_2$$

$I_2^* = 70$이고, 국제수지가 서로 0일 때 I_1^*의 값을 구하라.

[힌트: 3개 미지수 Y_1, Y_2 및 I_1^*에 대한 3개 방정식의 연립방정식 체계를 설정하라.]

7. 다음의 보다 일반화된 2개 국가 간 무역 및 거시경제 모형을 고려하자:

$$Y_1 = C_1 + I_1^* + X_1 - M_1 \qquad Y_2 = C_2 + I_2^* + X_2 - M$$

$$C_1 = a_1 Y_1 + b_1 \qquad C_2 = a_2 Y_2 + b_2$$

$$M_1 = m_1 Y_1 \qquad M_2 = m_2 Y_2$$

여기서, $i = 1$, 2에 대해서 모두 $0 < a_i < 1$, $b_i > 0$, $0 < m_i < 1$이다.

상기 체계를 행렬을 이용한 표현으로 기술하라.

크래머 법칙을 이용하여 Y_1을 구하라.

Y_1에 대한 I_2^*의 변화에 따른 승수를 도출하라.

한 국가의 투자 변화가 다른 국가의 소득에 미치는 영향을 기술하라.

수학 심화학습

제3장에서 합의 기호로서 Σ를 사용한 바 있다. 이를 행렬 곱에서 곱해진 결과로 나온 행렬의 원소를 묘사하는 데 유용하게 사용할 수 있다. 2×3 행렬 **A**와 3×3 행렬 **B**가 있을 때, 행렬곱 **AB**의 결과인 행렬 **C**를 고려하자. 각 행렬의 원소를 해당 행렬 표시 대문자에 상응하는 소문자로 표현하면 다음이 성립할 것이다.

$$\begin{bmatrix} c_{11} & c_{12} & c_{13} \\ c_{21} & c_{22} & c_{23} \end{bmatrix} = \begin{bmatrix} a_{11} & a_{12} & a_{13} \\ a_{21} & a_{22} & a_{23} \end{bmatrix} \begin{bmatrix} b_{11} & b_{12} & b_{13} \\ b_{21} & b_{22} & b_{23} \\ b_{31} & b_{32} & b_{33} \end{bmatrix}$$

이로부터

$$c_{11} = a_{11}b_{11} + a_{12}b_{21} + a_{13}b_{31}$$

임을 알 수 있다. 또한 이를 Σ를 이용하여 표현하면 $c_{11} = \sum_{k=1}^{3} a_{1k}b_{k1}$ 이 된다.

유사하게 $c_{23} = a_{21}b_{13} + a_{22}b_{23} + a_{23}b_{33} = \sum_{k=1}^{3} a_{2k}b_{k3}$ 을 알 수 있다.

일반적으로, $m \times s$ 행렬 **A**와 $s \times n$ 행렬 **B**에 대해서 두 행렬의 곱인 **AB**를 **C**라고 하면 행렬 **C**는 아래의 원소를 갖는 $m \times n$ 행렬이다.

$$c_{ij} = a_{i1}b_{1j} + a_{i2}b_{2j} + a_{i3}b_{3j} + \ldots + a_{is}b_{sj} = \sum_{k=1}^{s} a_{ik}b_{kj}$$

CHAPTER 8
선형계획법

제약 조건하에 이변량 변수의 함수를 최적화하는 몇 가지 방법을 제5장에서 설명했다. 경제학에서 변수들 사이의 모든 관계가 방정식으로 표현되는 것은 아니며, 우리는 이 장에서 부등식으로 주어진 제약조건인 경우를 고려할 것이다. 최적화될 함수가 선형이고 부등식이 모두 선형이면, 주어진 최적화 문제는 선형계획법 중 하나가 된다. 단순화를 위해 우리는 단 두 개의 미지수에 관련된 문제에 집중하고 그래프를 이용하여 해를 설명할 것이다.

이 장은 두 개의 절로 구성되며, 두 개의 절을 순서대로 읽어야 한다. 8.1절에서는 기본적인 수학 기법에 대해 설명하고 문제에 해가 없거나 무한히 많은 해가 있는 특별한 경우를 고려한다. 8.2절은 먼저 글로 주어진 경제적 문제가 어떻게 선형계획법 문제로 표현될 수 있고 어떻게 풀이되는지를 살펴본다.

이 장의 내용은 그래프에 직선을 그리는 방법만 이해하면 되므로 어느 단계에서나 읽을 수 있다.

SECTION 8.1

선형계획 문제에 대한 기하학적 해법

목표

이 절을 공부한 후에는 다음을 할 수 있다:

- 선형 부등식으로 정의된 영영을 식별할 수 있다.
- 동시적 선형 부등식에 의해 정의된 실행가능영역을 그릴 수 있다.
- 선형계획 문제를 그래프를 통해 해결할 수 있다.
- 선형계획 문제는 무한히 많은 해결 방법을 가질 수 있음을 알 수 있다.
- 선형계획 문제는 유한 해를 가질 수 없다는 점을 이해할 수 있다.

8.1절과 8.2절에서는 선형계획법 문제를 설정하고 해결하는 방법을 설명한다. 이 과정은 두 단계로 분리된다. 첫 번째 단계는 문제의 공식화에 관한 것이다; 처음에 글로 주어진 문제를 수학 기호로 표현하는 것이다. 두 번째 단계는 이러한 문제의 실제 해결 방법을 포함한다. 경험에 의하면 학생들은 일반적으로 첫 번째 단계를 더 어렵게 생각한다. 이러한 이유로 우리는 8.2절까지 문제를 공식화하는 것을 뒤로 미루고 수학적 해법에 대한 방법들을 연구하는 것으로 시작한다.

조언

이러한 방법들을 사용하여 해결할 수 있는 문제 유형에 대한 느낌을 얻으려면 8.2절에 제시된 예제 중 하나 또는 두 가지를 훑어보는 것이 좋다.

선형계획법을 고려하기 전에 선형 부등식에 대해 알고 있어야 한다. 1.1절에서 우리는 선형방정식의 형태가 다음과 같음을 발견하였다.

$$dx + ey = f$$

그리고 이는 그래프에 직선으로 나타낼 수 있다. 등호(=)를 다음의 약(강)부등호들 중 하나로 대체하면 두 변수를 포함한 선형 부등식에 대하여 비슷한 기하학적 해석을 할 수 있다.

< (보다 작은)

≤ (보다 작거나 같은)

> (보다 큰)

≥ (보다 크거나 같은)

이것을 설명하기 위해 단순한 부등식을 고려해보자.

$$y \geq x$$

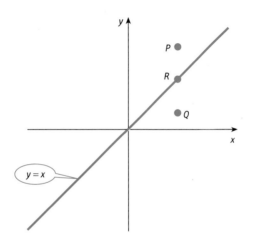

그림 8-1.

우리는 이 부등식이 참인 좌표(x, y)를 식별하고 싶다. 이것은 분명히 그림 8.1에 있는 이 직선과 관련이 있다.

$$y = x$$

만약 점 P가 이 직선의 위에 있다면 y의 좌표는 x의 좌표보다 크게 되고, 그 결과

$$y > x$$

유사하게, 만약 점 Q가 이 직선의 아래에 있다면 y의 좌표는 x의 좌표보다 작게 되고, 그 결과

$$y < x$$

정확히 이 직선 위에 놓여 있는 점 R의 좌표는 다음을 만족한다.

$$y = x$$

따라서 우리는 아래의 부등식이

$$y \geq x$$

$y = x$ 선 위 또는 선의 위에 있는 모든 점들을 포함하는 것을 안다.

이 영역을 그림으로 나타낼 수 있다면 유용하다. 우리는 좌표 평면의 절반을 음영 처리하여 이것을 수행한다. 여기에는 두 가지 관점이 있다. 일부 사람들은 부등식이 참이 되는 점들을 포함하는 지역에 음영을 넣기를 좋아한다. 다른 사람들은 부등식이 틀린 지역에 음영을 넣기를 선호한다. 이 책에서 우리는 후자의 접근법을 채택하였고 그림 8.2에서 볼 수 있듯이 우리가 관심이 없는 영역을 항상 음영 처리한다. 이것은 이상한 선택으로 보일지 모르지만, 이렇게 만드는 이유는 곧 명백해질 것이다.

일반적으로 다음 형태의 부등식을 그리기 위해서는

$$dx + ey < f$$
$$dx + ey \leq f$$
$$dx + ey > f$$
$$dx + ey \geq f$$

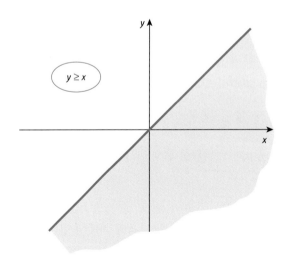

그림 8-2.

우리는 먼저 이에 대응하는 선을 그린다.

$$dx + ey = 0$$

그런 다음 이 선의 어느 쪽 영역을 다룰지 결정한다. 이것을 수행하기 위한 쉬운 방법은 하나의 '검정 점(test point)' (x, y)를 선택하는 것이다. 실제로 이 점이 선 위에 있지 않다면 어떤 점이 선택되는지는 중요하지 않다. 그런 다음 이 x와 y 숫자들을 원래 부등식에 대입한다. 부등식이 충족되면 검정 점을 포함하는 면이 관심 영역이 된다. 만약 그렇지 않다면, 우리는 이 직선의 반대편에 있는 영역으로 간다.

다음 지역에 대해서

$$2x + y < 4$$

우리는 먼저 다음 직선을 그린다.

$$2x + y = 4$$

$x = 0$일 때 우리는

$$y = 4$$

를 얻고 $y = 0$일 때 우리는

$$2x = 4$$

로 써 $x = 4/2 = 2$이다.

그림 8.3은 위 직선은 $(0, 4)$가 $(2, 0)$을 지나가는 것을 보여준다. 이 직선의 위쪽 영역에 속한 임의의 좌표$(3, 2)$를 검정 점으로 선택하자. $x = 3$과 $y = 2$를 수식 $2x + y$에 대체하면

$$2(3) + 2 = 8$$

이것은 4보다 작지 않고, 그래서 이 검정 점은 이 부등식을 만족하지 않는다. 관심 영역은 이 직선 아래에 놓인다. 이것은 그림 8.4에 나와 있다. 이 예제에서 기호 < 가 기호 ≤ 대신에 사용되었다.

이런 이유로 선 위의 점들은 관심 영역에 포함되지 않는다. 우리는 경계선으로 점선(파선)을 사용하여 이를 나타내기로 하였다.

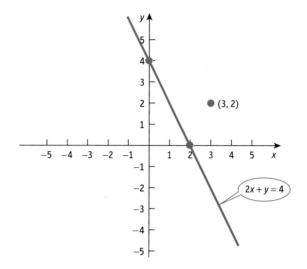

그림 8-3.

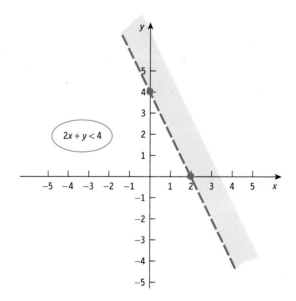

그림 8-4.

실전문제

1. 다음 직선을 그려라.

$$-x + 3y = 6$$

검정점 $(1, 4)$을 고려해서 다음 영역을 나타내라.

$$-x + 3y > 6$$

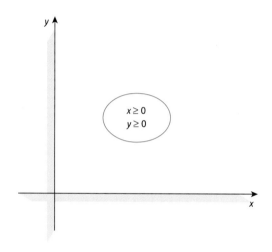

그림 8-5.

우리는 이제 동시 선형 부등식에 의해 정의된 영역에 대해 고려한다. 이것은 실행가능영역(feasible region)으로 알려져 있다. 이것은 동시에 여러 부등식을 만족하는 점(x, y)들로 구성된다. 우리는 각 부등식에 의해 정의된 영역을 차례로 그림으로써 이를 확인한다. 실행가능영역은 모든 개별 영역의 교차하는 부분에 해당하는 평면의 음영 처리되지 않은 부분이다.

이것을 설명하기 위해서, 다음과 같이 정의된 실행가능영역을 고려해보자.

$$x + 2y \leq 12$$
$$-x + y \leq 3$$
$$x \geq 0$$
$$y \geq 0$$

이 문제에서 가장 다루기 쉬운 부등식들은 $x, y \geq 0$이다. 이것들은 x와 y가 음수가 아니라는 것을 나타낼 뿐이므로 그림 8.5와 같이 우리는 위쪽 오른쪽 사분면에 있는 점들만을 고려해야 한다.

다음 부등식에 대해서

$$x + 2y \leq 12$$

우리는 다음 경계선을 그릴 필요가 있다.

$$x + 2y = 12$$

$x = 0$일 때 우리는

$$2y = 12$$

를 얻고 그래서 $y = 12/2 = 6$이다.

$y = 0$일 때 우리는

$$x = 12$$

를 얻는다.

이 경계선은 $(0, 6)$과 $(12, 0)$을 지나간다.

검정 점으로 $(0, 0)$을 선택하는데 이는 우리가 해야 할 산술계산의 양을 최소화하기 때문이다.

$$0 + 2(0) \leq 12$$

이것은 분명히 참이다. 이제 원점을 포함하는 영역이 선 아래에 있으므로 그 위에 있는 영역을 음영 처리한다. 이것은 그림 8.6에 나와 있다.

다음 부등식에 대해서

$$-x + y \leq 3$$

우리는 다음 경계선을 그릴 필요가 있다.

$$-x + y = 3$$

$x = 0$일 때 우리는

$$y = 3$$

을 얻고

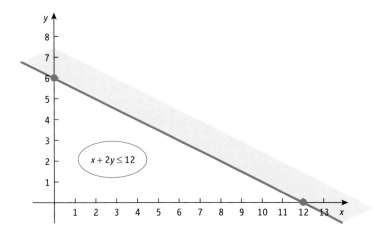

그림 8-6.

$y = 0$일 때 우리는

$-x = 3$

을 얻고 그래서 $x = 3/(-1) = -3$이다.

이 경계선은 $(0, 3)$과 $(0, -3)$을 지나간다. 불행히도, 두 번째 점은 우리가 그렸던 것처럼 도표에 있지 않다. 이 단계에서 우리는 x축을 -3을 포함하도록 다시 그리거나 그림에 있는 선상의 다른 점을 찾아볼 수 있다. 예를 들어 $x = 5$로 하면

$-5 + y = 3$

그래서 $y = 3 + 5 = 8$이 된다. 따라서 이 선은 $(5, 8)$을 지나가며 이제 이 선을 그리기 위해 $(0, 3)$과 함께 그래프를 그릴 수 있다. 검정 점에서 부등호는

$-0 + 0 \leq 3$

이다. 이것은 분명히 참이다. 원점을 포함하고 있기 때문에 우리는 경계선 아래 영역에 관심이 있다. 우리는 이것을 종전과 같이 다른 쪽 영역을 음영 처리하여 나타낸다. 전체 그림은 그림 8.7에 나와 있다.

네 가지 부등식을 모두 만족하는 점들 (x, y)는 음영이 없는 가운데 '빈 공간'에 있어야 한다. 덧붙여서 이것은 우리가 관심 영역을 음영으로 처리하는 규칙을 채택하지 않은 이유에 대한 설명이다. 우리가 그렇게 했더라면, 우리는 도표에서 가장 진하게 음영이 된 부분을 확인해야 하는데 이는 쉬운 것이 아니다.

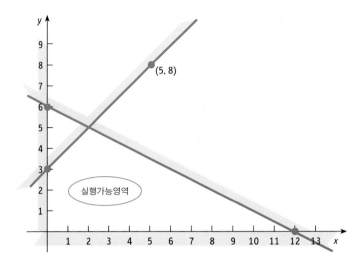

그림 8–7.

실전문제

2. 다음의 실행가능영역을 그려라.

$$x + 2y \leq 10$$
$$3x + y \leq 10$$
$$x \geq 0$$
$$y \geq 0$$

우리는 이제 선형계획 문제가 무엇을 의미하는지 그리고 이러한 문제를 어떻게 도식화하여 해결할 수 있는지를 설명할 수 있다. 우리는 실제로 두 가지 약간 다른 해결 방법을 제시하고자 한다. 이 중 하나는 상당히 정교하고 사용하기 어렵지만 다른 하나는 더 간단하다. '더 어려운' 방법을 가지고 괴롭히는 것에 대한 정당성은 '더 쉬운' 방법에 대한 동기를 제공한다는 것이다. 또한 이것은 때때로 발생하는 하나 또는 두 가지의 까다로운 문제를 처리하는 데 도움이 된다. 우리는 구체적인 예를 통해 이 두 가지 방법을 소개할 것이다.

다음의 선형계획법 문제를 풀어라.

극소화 : $-2x + y$

제약 조건 :

$$x + 2y \leq 12$$
$$-x + y \leq 3$$
$$x \geq 0$$
$$y \geq 0$$

일반적으로 선형계획 문제를 다루는 데 있어 세 가지 구성요가 있다. 첫째, 결정되어야 할 몇 가지 미지수가 있다. 이 예제에서는 단지 두 개의 미지수 x, y가 있다. 두 번째, 다음과 같은 형태의 수학적 표현이다.

$$ax + by$$

그리고 우리는 이것을 극대화 또는 극소화하기를 원한다. 이러한 표현은 목적함수(objective function)라 불린다. 이 예제에서, $a = -2$, $b = 1$이고 이 문제는 최소화 문제 중 하나이다. 마지막으로 미지수인 x와 y는 선형 부등식 집합들의 대상이다. 꽤 자주 (항상 그렇지만은 않지만) 두 개의 부등식 $x \geq 0$과 $y \geq 0$이 있다. 이것은 비음제약(nonnegative restriction)이라 불린다. 이 예제에서는 비음제약을 포함한 총 네 개의 제약이 있다.

기하학적으로, 동시 선형 부등식을 만족하는 (x, y) 점들의 집합은 좌표평면에서 실행가능영역을 나타낸다. 사실 이 특별한 문제에 대해 실행가능영역은 이미 그림 8.7에 그려져 있다.

문제는 이제 목적함수의 값을 최소화하는 실행가능영역 내에서 그 점을 식별하려고 시도하는 것이다. 이를 수행하는 간단한 방법(naïve way) 중 하나는 시행착오 법을 사용하는 것이다. 즉 우리는 영역 내의 모든 지점에서 목적함수를 평가하고 가장 작은 값을 갖는 점을 선택할 수 있다. 예를 들어, (1, 1)은 영역 안에 있고, $x = 1$과 $y = 1$의 값이 다음 식에 대입되었을 때

$$-2x + y$$

우리는

$$-2(1) + 1 = -1$$

을 얻는다. 비슷하게 우리는 (3.4, 2.1)을 시도해볼 수 있고, 이것은

$$-2(3.4) + 2.1 = -4.7$$

을 생산한다.

$-4.7 < -1$이므로 이것은 개선이 된 것이다.

이 접근 방법의 단점은 영역 안에 무한히 많은 점들이 존재해서 우리가 해결책을 확신할 수 있기까지 꽤 오랜 시간이 걸린다는 것이다. 보다 체계적인 접근법은 상수 c의 다양한 값에 대해 실행가능영역의 꼭대기에 직선 계열을 중첩하는 것이다.

$$-2x + y = c$$

목적함수를 되돌아보면, 숫자 c는 우리가 최소화하고자 하는 것임을 알 수 있다. 이러한 방정식이 직선을 나타내는 것은 놀라운 일이 아니다. 실제로, 우리는 직선이 2의 기울기와 c의 y절편을 가지는 것을 안다. 결과적으로, 이 모든 선들은 서로 평행하며, 정확한 위치는 숫자 c에 의해 결정된다.

이제 $y = 0$일 때 방정식은

$$0 = 2x + c$$

이고 해는 $x = -c/2$이다. 따라서 이 선은 점$(-c/2, 0)$을 지나간다. 그림 8.8에는 c의 값이 0에서 -24까지 범위에 있는 선들의 선택이 그려져 있다. 이 선들이 통과하는 정보 $(-c/2, 0)$를 사용하여 그려졌으며 이 선들은 2의 기울기를 가진다. c가 0에서 -24까지 감소할 때, 선들은 실행가능영역을 가로질러 왼쪽에서 오른쪽으로 이동한다는 사실에 주목하라. 또한, 일단 c가 -24보다 작아지면 그 선들은 더 이상 이 지역을 교차하지 않는다. 따라서 c의 최솟값은 -24이다(이는 목적함수의 값이다). 여기에 $c = -24$일 때,

$$-2x + y = c$$

이 선은 정확히 한 지점$(12, 0)$에서 실행가능영역과 교차한다. 이것이 우리 문제의 해가 되어야 한다. 점$(12, 0)$은 필요에 따라 실행가능영역에 놓여 있으며 또한 이것은 아래 선 위에 있기 때문이다.

$$-2x + y = -24$$

우리는 목적함수에 상응하는 값이 최솟값인 -24임을 안다. 실행가능영역의 다른 지점들 또한 이 선 위에 놓여 있다.

$$-2x + y = c$$

하지만 c값은 더 크다.

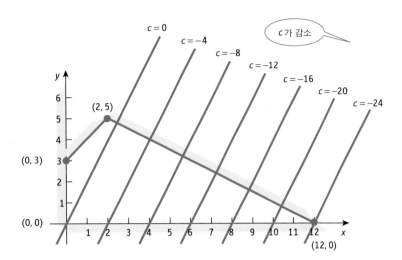

그림 8-8.

실전문제

3. 다음의 선형계획 문제를 고려해보자.

극대화 $-x + y$

제약 조건

$$3x + 4y \leq 12$$
$$x \geq 0$$
$$y \geq 0$$

(a) 실행가능영역을 스케치하라.

(b) 다음 5개의 선들을 같은 도표에 스케치하라.

$y = x + c$

$c = -4, -2, 0, 1, 3$

[힌트: $y = x + c$ 형태의 선들은 1의 기울기를 가지며 점 $(0, c)$과 $(-c, 0)$를 통과한다.]

(c) 주어진 선형계획 문제를 풀기 위해 (b)의 답을 이용하라.

앞에서 살펴보았던 문제와 실전문제 3에서는 실행가능영역의 꼭짓점 중 하나에서 목적함수의 최적 값(optimal value)을 얻었다. 이것은 단순히 우연의 일치가 아니다. 모든 선형계획 문제의 해법은 항상 꼭짓점 중 하나에서 발생하는 것을 알 수 있다.

결과적으로, 초기에 제안된 시행착오(trial-and-error) 접근법은 결국 그렇게 간단한 방법이 아니다. 해를 구할 수 있는 유일한 후보자들은 꼭짓점에 위치해 있기 때문에 유한한 개수의 점들만 검사하면 된다. 이 방법을 요약하면 다음과 같다.

1단계

실행가능영역을 그려라.

2단계

실행가능영역에 있는 꼭짓점들을 확인하고 그 좌표를 찾아라.

3단계

모서리에서 목적함수를 평가하고 극댓값 또는 극솟값을 갖는 함수를 선택해라.

앞의 예제로 돌아가서 다음의 순서를 따라가자.

1단계

그림 8.7에 실행가능영역이 이미 그려져 있다.

2단계

좌표 $(0, 0)$, $(0, 3)$, $(2, 5)$, $(12, 0)$은 네 개의 꼭짓점에 있다.

3단계

꼭짓점 좌표	목적함수
$(0, 0)$	$-2(0) + 0 = 0$
$(0, 3)$	$-2(0) + 3 = 3$
$(2, 5)$	$-2(2) + 5 = 1$
$(12, 0)$	$-2(12) + 0 = -24$

우리는 이것으로부터 극솟값은 목적함수가 -24인 좌표 $(12, 0)$에서 발생함을 알 수 있다. 덧붙여 말해서, 우리가 또한 극댓값을 원한다면 더 이상의 노력 없이 추론 가능하다. 위의 표로부터 최댓값은 3이며, 이는 좌표 $(0, 3)$에서 발생한다.

예제

다음 선형계획 문제를 풀어라.

극대화: $5x + 3y$

제약:

$$2x + 4y \leq 8$$
$$x \geq 0$$
$$y \geq 0$$

풀이

1단계

비음제약(non-negativity constraints)인 $x \geq 0$, $y \geq 0$은 영역이 양의 사분면의 좌표축에 한정됨을 나타낸다.

직선 $2x + 4y = 8$은 좌표 $(0, 2)$와 $(4, 0)$을 지난다. 또한 검정 점 $(0, 0)$에서 부등식

$$2x + 4y \leq 8$$

는

$$0 \leq 8$$

이고, 이는 참이다. 그러므로 우리는 직선 아래 영역에 관심이 있는데 이는 이 지역이 검정 점 $(0, 0)$을 포함하고 있기 때문이다. 실행가능영역은 그림 8.9에 스케치되어 있다.

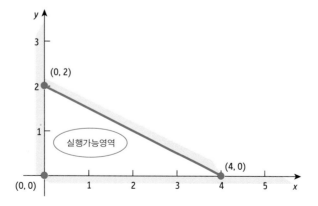

그림 8-9.

2단계

실행가능영역은 다음 세 개의 꼭짓점 $(0, 0)$, $(0, 2)$, $(4, 0)$을 가지는 삼각형이다.

3단계

꼭짓점 좌표	목적함수
$(0, 0)$	$5(0) + 3(0) = 0$
$(0, 2)$	$5(0) + 3(2) = 6$
$(4, 0)$	$5(4) + 3(0) = 20$

목적함수의 극댓값은 20이고 이는 $x = 4$ 그리고 $y = 0$에서 발생한다.

실전문제

4. 다음의 선형계획 문제를 풀어라.

극소화 : $-x + y$

제약 :

$2x + y \leq 2$

$x \geq 0$

$y \geq 0$

5. 다음의 선형계획 문제를 풀어라.

극대화 : $3x + 5y$

제약 :

$x + 2y \leq 10$

$3x + y \leq 10$

$x \geq 0$

$y \geq 0$

[힌트: 실전문제 2번에서 답을 찾을 수 있을 것이다.]

1.4절에서 우리는 어떻게 선형연립방정식의 해를 구하는지를 보았다. 우리는 이러한 시스템이 항상 유일한 해를 가지는 것이 아니라는 사실을 발견하였다. 해가 없거나 아니면 무수히 많은 해들을 가질 수 있는 문제를 가질 가능성이 있다. 선형계획법에서도 유사

한 상황이 발생한다. 우리는 이 특별한 경우를 설명하는 두 가지 예를 고려하여 이 절을 마치고자 한다.

예제

다음 선형계획 문제를 풀어라.

극대화: $x + 2y$

제약:

$$2x + 4y \leq 8$$
$$x \geq 0$$
$$y \geq 0$$

풀이

1단계

실행가능영역은 앞의 예제 그림 8.9에 스케치되어 있는 것과 같다.

2단계

전과 같이 실행가능영역은 3개의 꼭짓점 $(0, 0)$, $(0, 2)$, $(4, 0)$을 가진다.

3단계

꼭짓점 좌표	목적함수
$(0, 0)$	$0 + 2(0) = 0$
$(0, 2)$	$0 + 2(2) = 4$
$(4, 0)$	$4 + 2(0) = 4$

그러나 이번에는 극댓값 4가 두 개의 모서리 $(0, 2)$와 $(4, 0)$에서 발생한다. 이는 문제의 해가 유일한 해를 가지지 않음을 보여준다. 여기서 무슨 일이 일어나고 있는지를 설명하기 위해 이 장의 시작 부분에서 소개한 방법으로 돌아간다. 우리는 목적함수를 임의의 상수 c와 동일하게 설정함으로써 얻은 선들의 집합을 겹쳐놓았다.

이 평행선

$$x + 2y = c$$

는 점 $(0, c/2)$와 $(c, 0)$을 통과한다.

그림 8.10은 0과 4 사이의 c값에 대한 선들의 선택을 보여준다. 이 특정 값은 실행가능 영역을 가로지르는 선을 생성하기 때문에 선택된다. c가 증가함에 따라 선들은 왼쪽에서 오른쪽 영역으로 이동해 간다. 더욱이, c가 4보다 커지면 선은 더 이상 영역을 교차하지 않는다. 따라서 c(즉, 목적함수)가 취할 수 있는 최댓값은 4이다. 그러나 한 점에서만 영역을 교차하는 선 대신에

$$x + 2y = 4$$

이것은 점들의 모든 선분을 따라 교차한다.

두 모서리 $(0, 2)$와 $(4, 0)$을 연결하는 선상의 모든 점들이 해가 된다. 이것은 이 선분의 임의의 점은 실행가능영역에 있고 이 선에 대한 목적함수의 해당 값은 최댓값이 4이기 때문이다.

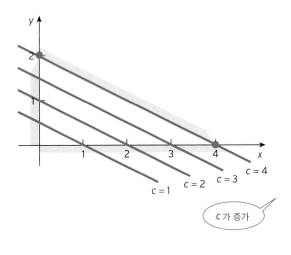

그림 8-10.

이 예제는 일반적인 결과를 제시한다. 만약 3단계에서 최대(또는 최소)가 두 모서리에서 발생하면 이 문제는 무수히 많은 해를 가진다. 이 두 모서리를 포함하여 두 모서리를 연결하는 선분의 임의의 모든 점은 해가 된다.

예제

다음 선형계획 문제를 풀어라.

극대화: $3x + 2y$

제약 조건:

$$x + 4y \geq 8$$
$$x + y \geq 5$$
$$2x + y \geq 6$$
$$x \geq 0$$
$$y \geq 0$$

이 문제가 극대화가 아닌 극소화의 문제인 경우 해에 대해 무엇을 말할 수 있는가?

풀이

1단계

실행가능영역은 앞의 예제 그림 8.9에 스케치되어 있는 것과 같다.

평소처럼 비음제약조건은 양의 사분면만 고려하면 된다는 것을 나타낸다.

이 선 $x + 4y = 8$은 $(0, 2)$와 $(8, 0)$을 통과한다.

이 선 $x + y = 5$는 $(0, 5)$와 $(5, 0)$을 통과한다.

이 선 $2x + y = 6$는 $(0, 6)$과 $(3, 0)$을 통과한다.

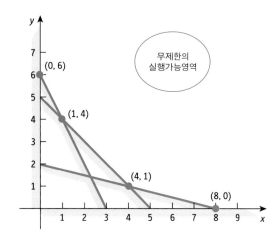

그림 8-11.

또한 검정 점 (0, 0)은 세 개의 부등호가 모두 '≥'이기 때문에 해당 제약 조건을 충족하지 못하다. 따라서 우리는 그림 8.11에서 볼 수 있듯이 이 선들 위의 모든 영역에 관심이 있다.

2단계

실행가능영역은 네 개의 (0, 6), (1, 4), (4, 1), (8, 0) 모서리를 가진다.

3단계

꼭짓점 좌표	목적함수
(0, 6)	3(0) + 2(6) = 12
(1, 4)	3(1) + 2(4) = 11
(4, 1)	3(4) + 2(1) = 14
(8, 0)	3(8) + 2(0) = 24

위의 표로부터, 목적함수의 최솟값과 최댓값은 11과 24이며 (1, 4)와 (8, 0)에서 각각 발생한다. 그러나 실행가능영역 모든 면을 포함하지 않는다는 점에서 약간 특이한 상황을 가진다. 우리는 실행가능영역이 경계가 없다고 하였다. 이는 이 영역의 위는 열려 있으며, 엄밀히 말해서 이러한 영역의 꼭짓점에 대해서 이야기하는 것은 이치에 맞지 않는다. 우리는 이 경우에 쉬운 방법을 적용하는 것이 정당한가? 이 질문에 답하기 위해서

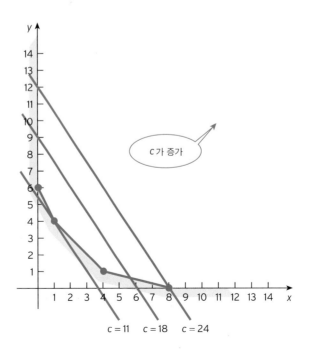

그림 8-12.

$$3x + 2y = c$$

그림 8.12와 같이 목적함수를 나타내는 선들을 겹쳐놓아 보자.

$c = 11$일 때 이 선은 단 하나의 점 $(1, 4)$에서 영역과 교차한다. 그러나 c가 이 값으로부터 증가하면서 이 선들은 실행가능영역으로 이동하고 아무리 큰 c가 될지라도 이 영역을 떠나지 않는다. 결과적으로, 문제가 극대화 문제의 하나라면 우리는 하나의 유한 해를 가지고 있지 않다고 결론을 내린다. 우리는 $3x + 2y$에 x와 y의 큰 값을 대체할 수 있고 계속 증가하는 결과를 얻을 수 있다. 반면에 문제가 극소화 문제의 하나라면 꼭짓점 $(1, 4)$에서 하나의 해를 갖는다. 이것은 물론 '쉬운' 방법을 사용하여 이전에 얻은 해이다.

이 예는 실행가능영역이 제한되지 않는(unbounded) 경우 선형계획 문제가 유한 해를 가질 수 없다는 것을 보여준다. 그러나 하나의 해가 존재할 때, 그것은 정상적인 방법으로 꼭짓점을 검사함으로써 간단히 발견될 수 있다. 실제로, 선형계획법 문제는 현실적인 경제 상황에서 발생한다. 그러므로 우리는 문제가 합리적인 답(즉, 유한한 값)을 가질 것으로 기대할 것이기 때문에 해가 존재하지 않는다는 어려움은 거의 발생하지 않는다.

주요 용어

목적함수(Objective function) 선형계획 문제에 최적화된 함수.

무제한 영역(Unbounded region) 다각형으로 완전히 둘러싸여 있지 않은 실행가능영역. 관련된 선형계획 문제는 유한한 해를 가질 수 없다.

비음제약조건(Non-negativity constraints) $x \geq 0, y \geq 0$ 등.

실행가능영역(Feasible region) 선형계획 문제에서 모든 제약조건을 만족하는 점들의 집합.

연습문제 8.1

1. 다음 중 부등식을 만족하는 점은 어는 것인가?

   $$2x - 3y > -5?$$

   $(1, 1), (-1, 1), (1, -1), (-1, -1), (-2, 1), (2, -1), (-1, 2), (-2, -1)$

2. 정수 좌표를 가진 얼마나 많은 점들이 아래와 같이 정의된 실행가능영역에 놓여 있는가?

$$3x + 4y \leq 12, \ x \geq 0, \ y \geq 1?$$

3. 다음 부등식 집합에 의해 정의된 실행가능영역을 스케치해보라.

(a) $5x + 3y \leq 30$
$\quad 7x + 2y \leq 28$
$\quad x \geq 0$
$\quad y \geq 0$

(b) $2x + 5y \leq 20$
$\quad x + y \leq 5$
$\quad x \geq 0$
$\quad y \geq 0$

(c) $x - 2y \leq 3$
$\quad x - y \leq 4$
$\quad x \geq 1$
$\quad y \geq 0$

4. 문제 3에 대한 답을 사용하여 다음 선형계획 문제를 해결하라.

(a) 극대화: $4x + 9y$
$\quad$ 제약: $5x + 3y \leq 30$
$\quad\quad 7x + 2y \leq 28$
$\quad\quad x \geq 0$
$\quad\quad y \geq 0$

(b) 극대화: $3x + 6y$
$\quad$ 제약: $2x + 5y \leq 20$
$\quad\quad x + y \leq 5$
$\quad\quad x \geq 0$
$\quad\quad y \geq 0$

(c) 극대화: $x + y$
$\quad$ 제약: $x - 2y \leq 3$
$\quad\quad x - y \leq 4$
$\quad\quad x \geq 1$
$\quad\quad y \geq 0$

5. 문제가 극소화가 아닌 극대화 문제 중 하나인 경우 문제 4(c)에 대한 답에 무엇을 말할 수 있는가? 실행가능영역에 대한 다음 선들의 집합을 겹쳐서 답을 설명하라.

$$x + y = c$$

6. 가능하다면 목적함수의 극솟값을 구하고 다음 제약 조건에 따라 $3x - 4y$를 구하라.

$$-2x + y \leq 12, \ x - y \leq 2, \ x \geq 0, y \geq 0$$

7. 문제 6에 명시된 선형계획 문제의 해에 대하여 만약 아래와 같은 상황을 가질 경우에 대해 설명하라.

(a) 만약 목적함수가 극소화 대신 극대화되는 경우라면?

(b) 만약 두 번째 제약조건이 $x + y \leq 2$로 변경되고 문제가 극소화 문제 중 하나인 경우라면?

(c) 만약 두 번째 제약조건이 $3x + 4y \leq 24$로 변경되고 문제가 극대화 문제 중 하나인 경우라면?

연습문제 8.1*

1. 점 $(x, 3)$은 부등식 $-5x - 2y \leq 13$을 만족한다. x의 가능한 가장 작은 값을 찾아라.

2. 다음의 다섯 가지 부등식은 실행가능영역을 정의한다. 실행가능영역이 변경되지 않으면서 어느 항목을 목록에서 제거할 수 있는가?

    A: $\quad -x + y \leq 10$

    B: $\quad\ \ x + y \leq 20$

    C: $\quad x - 2y \geq -8$

    D: $\qquad\ \ x \geq 0$

    E: $\qquad\ \ y \geq 0$

3. 다음의 선형계획 문제를 해결하라.

    (a) 극대화: $2x + 3y$ (b) 극대화: $-8x + 4y$

    제약조건: $2x + y \leq 8$ 제약조건: $x - y \leq 2$

    $\qquad\qquad x + y \leq 6$ $\qquad\qquad 2x - y \leq -3$

    $\qquad\quad x + 2y \leq 10$ $\qquad\qquad\ x - y \geq -4$

    $\qquad\qquad\quad x \geq 0$ $\qquad\qquad\qquad x \geq 0$

    $\qquad\qquad\quad y \geq 0$ $\qquad\qquad\qquad y \geq 0$

4. 다음의 각 문제들이 해를 갖지 못하는 이유를 설명하라.

    (a) 극대화: $x + y$ (b) 극대화: $x + y$

    제약조건: $y \geq 2$ 제약조건: $2x - y \geq -1$

    $\qquad\qquad x \leq 2$ $\qquad\qquad x - 2y \leq 2$

    $\qquad\quad x - y \leq 1$ $\qquad\qquad\quad x \geq 0$

    $\qquad\qquad\quad x \geq 0$ $\qquad\qquad\quad y \geq 0$

    $\qquad\qquad\quad y \geq 0$

5. 다음 선형계획 문제를 해결하라.

    극대화: $6x + 2y$

    제약조건: $x - y \geq 0$

    $\qquad\qquad 3x + y \geq 8$

    $\qquad\qquad\quad x \geq 0$

    $\qquad\qquad\quad y \geq 0$

6. 문제 3(a)에서 주어진 선형계획 문제가 다음과 같이 행렬 표기법으로 나타낼 수 있음을 보여라.

극대화 : $\mathbf{c}^\mathsf{T}\mathbf{x}$

제약조건 : $\mathbf{Ax} \leq \mathbf{b}$

$\qquad\quad \mathbf{x} \geq \mathbf{0}$

여기서, $\mathbf{c}$, $\mathbf{x}$, $\mathbf{0}$은 2×1 행렬이고, $\mathbf{A}$는 3×2 행렬, $\mathbf{b}$는 3×1 행렬이다.

7. (a) 다음 선형계획 문제를 고려해보자.

극소화: $x + y$

제약조건: $2x + y \geq 16$

$\qquad\qquad\ 2x + 3y \geq 24$

$\qquad\qquad -x + y \leq 12$

$\qquad\qquad\qquad\ x \geq 0$

$\qquad\qquad\qquad\ y \geq 0$

(i) 실행가능영역을 스케치하고 꼭짓점의 정확한 좌표를 찾아라.

(ii) 각 꼭짓점에서 목적함수의 값을 표로 만들어 최적 점의 좌표를 기술하라.

(iii) 실행가능영역을 그리는 데 있어 다섯 가지 제약 조건 중 하나는 필요하지 않다. 중복 제약 조건은 무엇인지 기술하라.

(b) 문제가 다음 중 하나로 변경되면 해에 대해 무엇을 말할 수 있는가?

(i) 극대화 : $x + y$

(ii) 극소화 : $2x + y$

그리고 이것은 (a)와 동일한 제약 조건이 적용되는가? 당신의 답변에 대한 이유를 제시하라.

(c) (a)의 목적함수가 다음과 같이 변경되었다.

$ax + 2y$

여기서 a는 양의 상수이다.

문제는 이전과 같은 제약 조건의 극소화 문제의 하나로 남아 있다. 선형계획 문제의 해가 $x = 12$, $y = 0$인 가장 큰 a의 값을 찾아라. 그리고 그 이유를 신중하게 설명하라.

SECTION 8.2
선형계획법의 응용

목표

이 절을 공부한 후에는 다음을 할 수 있다:

- 선형계획 문제에서 선택변수(decision variables)를 확인할 수 있다.
- 목점함수에 대한 표현식을 찾고 극대화 또는 극소화해야 하는지 결정할 수 있다.
- 문제 사항(problem specification)의 모든 제약 조건을 쓸 수 있다
- 글로 표현된 선형계획 문제를 해결하고 대답이 올바른지 확인할 수 있다.
- 값을 산출하고 잠재가격을 해석할 수 있다.

지금까지의 과정을 통해 선형계획법은 추상적인 문제를 해결하기 위해 고안된 수학적 기법이라는 인상을 받았을 것이다. 선형계획 문제는 구체적은 상황에서 발생하기 때문에 오해의 소지가 있다.

사실 선형계획 문제는 수익을 극대화하거나 비용을 극소화하기 위해 노동, 기계, 시간 또는 원자재와 같은 유한 자원을 할당해야 하는 업무(business) 관리자에게 중요한 도구이다. '계획(프로그래밍, programming)'이라는 단어는 일정 계획 또는 관리 계획이라는 의미로 사용된다. 이 절에서 우리는 대략 문제의 공식화(problem formulation)라고 불릴 수 있는 중요한 기술을 개발할 것이다. 여기서 우리는 글로 막연하게 주어지는 정보를 가지고 시작하여 더 정확한 수학적 언어를 사용하여 표현하도록 노력하려고 한다. 선형계획 문제가 오직 두 개의 변수만을 포함하면 우리는 8.1절에서 설명된 기하학적 해법을 사용하여 해결할 수 있다. 현실 세계에서의 문제는 더 많은 변수를 포함할 수 있다. 이러한 상황에서 우리는 이를 해결하기 위해 심플랙스법(simplex method)을 기반으로 한 전문 컴퓨터 패키지를 사용할 것이다. 그러나 문제 공식화를 설명하기 위해 우리는 오직 두 개의 변수만을 포함하는 예제로 시작한다.

공예품 작업실은 유리그릇과 접시를 만들고, 매주 만드는 모든 제품을 판매할 수 있다. 유리 제품은 2단계로 제작된다. 첫 번째 단계에서 용융(molten) 유리는 용광로에서 꺼내어 취관(녹인 유리의 모양을 잡을 때 입으로 바람을 불어 넣는 긴 대롱)의 끝 부분에 놓는다. 숙련된 유리 제조인(glassblowers)은 유리를 원하는 모양으로 성형한다. 두 번째 단

계에서 유리는 두 번째 노[furnace: 이는 어닐러(annealer)라고 불린다] 안에서 제어된 방식으로 냉각되는데 이는 응력을 줄이는 데 도움이 되고 유리가 깨지는 것을 방지한다.

　　이 스튜디오는 매주 각자 35시간 동안 일하는 두 명의 유리 제조인을 고용하고 어닐링[1]을 위해 매주 130시간을 사용할 수 있다. 유리 제조에 사용되는 주요 원료는 실리카(silica) 모래이며 스튜디오는 매주 45kg을 주문한다. 유리그릇과 접시는 각각 1kg의 모래가 필요하다. 그릇을 만드는 데 2시간, 접시를 만드는 데 1시간이 소요된다. 어닐러에서 그릇을 식힐 필요가 있는 시간은 4시간이고 접시는 1시간이 필요하다.

　　그릇과 접시를 파는 것으로 만들어진 이익은 각각 150달러와 100달러이다. 물론 시간이나 재료에 제한이 없다면 스튜디오는 유리그릇만을 만들어 주간 수익을 극대화할 수 있다. 그러나 우리는 제한된 자원을 가지고 선형계획법을 사용하여 최상의 조합을 결정한다.

　　8.1절에서 언급했듯이, 선형계획 문제를 구성하는 세 가지 요소가 있다: 미지수, 극대화 또는 극소화가 필요한 목적함수, 제약조건들. 우리는 이들 각각을 차례로 고려할 것이다.

　　스튜디오는 매주 얼마만큼의 그릇과 접시를 만들지 결정해야 한다. 따라서 이 값은 문제의 미지수이며[선택변수(decision variables)라고 함]이며 x와 y 문자로 나타낸다. 즉 우리는 다음과 같이 표현할 수 있다.

- x = 그릇 개수
- y = 접시 개수

목표는 이익을 극대화하는 것이므로 x와 y의 관점에서 이것에 대한 수식을 찾을 필요가 있다. 스튜디오는 모든 그릇에 대해 150달러의 이익을 만들어내며, 이 중 x개를 만들기 때문에 총 이익은 $150x$가 된다. 마찬가지로 접시의 판매로 얻은 이익은 $100y$이므로 그릇과 접시로 얻는 이익은

$$150x + 100y$$

가 된다.

　　이것이 우리가 극대화하고자 하는 목적함수이다. 이제 가용할 수 있는 제안된 자원을 고려하고 제약조건을 얻기 위해 주어진 정보를 사용한다. 유리 제조인에 대한 주당 사용 가능한 시간의 총량은 70시간이고 그릇과 접시를 만드는 데 필요한 시간은 각각 2시간,

---

1 [옮긴이주] 어닐링(annealing): 융해한 유리를 성형한 후에 냉각하는 도중 혹은 한 번 냉각한 후에 냉각온도 범위까지 다시 가열하여 유리 속의 뒤틀림을 충분히 제거하여 냉각하는 일련의 작업을 의미한다.

1시간이다. 따라서 x개의 그릇과 y개의 접시가 만들어지면 필요한 총 시간은

$$2x + y$$

이다. 그래서 우리는

$$2x + y \leq 70$$

을 얻을 수 있다. 어닐링하는 데 필요한 시간의 총량은

$$4x + y$$

이다. 그리고 이것은 이용 가능한 130시간을 초과해서는 안 되기 때문에 우리는

$$4x + y \leq 130$$

이 필요하다. 유사하게, 주문한 모래의 양은 45kg이므로

$$x + y \leq 45$$

가 된다. 이제 겉으로 보기에는 문제에 주어진 더 이상의 제약은 없어 보인다. 하지만 우리는 두 가지 중요한 제약인 비음제약조건을 놓치고 있다는 것을 당신에게 확신시켜야 한다.

$$x \geq 0, \ \ y \geq 0$$

이것은 명시적으로 언급되지는 않았지만, 음수의 물건을 만들 수 없다는 것은 명백하다. 이제 이 문제는 다음과 같이 수학적으로 나타낼 수 있다:

극대화 $150x + 100y$ (이익)

제약조건

$$2x + y \leq 70 \qquad \text{(유리제품 제조 시간)}$$
$$4x + y \leq 130 \qquad \text{(어닐링 시간)}$$
$$x + y \leq 45 \qquad \text{(실리카 모래의 양)}$$
$$x \geq 0$$
$$y \geq 0$$

이제 이 문제는 8.1절에서 설명한 방법을 사용하여 풀 수 있다.

1단계

여느 때와 다름없이 비음제약조건은 양의 사분면에 있는 점만을 고려하면 된다는 것을 나타낸다.

직선 $2x + y = 70$은 점 $(0, 70)$과 $(35, 0)$을 통과한다.

직선 $4x + y = 130$은 점 $(0, 130)$과 $(32.5, 0)$을 통과한다.

직선 $x + y = 45$는 점 $(0, 45)$과 $(45, 0)$을 통과한다.

또한 원점을 검정 점으로 사용하면 관심 영역이 이 세 직선 아래에 있음을 알 수 있다. 이것은 그림 8.13에 그려져 있다.

2단계

실행가능영역은 다음 5개의 꼭짓점을 가진다 : $(0, 0)$, $(0, 45)$, $(25, 20)$, $(30, 10)$, $(32.5, 0)$

3단계

꼭짓점	이익
$(0, 0)$	0
$(0, 45)$	4500
$(25, 20)$	5750
$(30, 10)$	5500
$(32.5, 0)$	4875

최대 주간 이익은 5750달러이며, 그릇 25개와 접시 20개를 만들 때 발생한다.

최적 해 $(25, 20)$을 주는 꼭짓점은 모래와 유리 제조로부터 발생하는 제약 조건에 해당하는 직선 $x + y = 45$와 $2x + y = 70$이 교차하는 점이다. 이 두 자원에 대해 수학적으로 부등식 '$\leq$'이 등식 '$=$'으로 대체되었으므로 유리 제조 시간과 모래 양은 완전히 활용된다. 반면에 어닐링을 위한 직선은 최적을 통과하지 못하므로 이 제약 조건에 약간의 여유가 있다. 어닐링 시간에 대한 식에 $x = 20$과 $y = 20$을 대입하면

$4x + y = 4 \times 25 + 20 = 120$

이 된다. 사용할 수 있는 시간은 130시간이었으므로 이 시간 중 10시간은 사용되지 않았다.

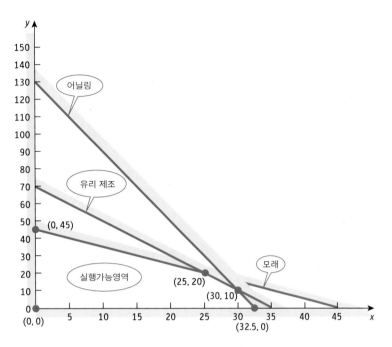

그림 8-13.

실전문제

1. 어떤 전자제품회사가 TAB1과 TAB2라는 두 가지 태블릿 모델을 출시하기로 결정했다. TAB1의 각 장치를 만드는 데 드는 비용은 120달러이고 TAB2를 만드는 데 드는 비용은 160달러이다. 이 회사는 이것이 위험한 사업이라는 것을 인식하고 총 주간 생산비용을 4000달러로 제한하기로 결정했다. 또한 숙련 노동력 부족으로 인해 일주일에 생산할 수 있는 태블릿의 총 수는 30개 이하이다. 각각의 제품으로부터 얻는 이익은 TAB1의 경우 60달러이고 TAB2의 경우 70달러이다. 이익을 극대화하기 위해 이 기업은 어떻게 생산을 해야 하는가?

비즈니스 프로젝트를 계획할 때 중요한 작업 중 하나는 추가 자원을 구입하는 것이 가치가 있는지를 결정하는 것이다. 유리 제조 문제에 있어서 스튜디오는 유리 제조 또는 어닐링에 사용할 수 있는 시간을 늘리는 옵션을 고려할 수 있다. 또한 여분의 모래를 구입하면 최대 이익에 어떤 현상이 일어나는지 조사할 수 있다. 이러한 변화는 이 스튜디오가 이익을 극대화하기 위해 만들어야 하는 그릇과 접시의 수와 어떤 차이를 만드는가? 이 질문들은 한 번에 하나의 제약 조건을 변경하는 식으로 문제를 고쳐봄으로써 대답할 수 있다. 대부분의 소프트웨어 패키지는 이 정보를 자동으로 제공하므로 관리자는 자원의 작은 변화에 대해 최적해가 얼마나 민감한지를 한눈에 알 수 있다.

이 아이디어를 설명하기 위해 유리 제조인 중 하나가 일주일에 한 시간 더 일하지만 다른 모든 요소들은 변경되지 않는 경우를 생각해보자. 문제 사양과 유일한 차이점은 유리 제조에 대한 제약조건이

$2x + y \leq 70$에서 $2x + y \leq 71$로

바뀐 것이다. 이것은 단지 $(0, 70)$과 $(35, 0)$을 연결하는 선이 $(0, 71)$과 $(35.5, 0)$을 연결하는 선으로 이동한 것이다. 실행가능영역은 거의 변경되지 않기 때문에 최적 점은 여전히 유리 제조에 대한 제약과 모래 양에 대한 제약의 경계를 나타내는 선의 교차점에 있게된다. 이를 다이어그램에 정확하게 그리기보다는 연립방정식을 풀어서 새로운 점을 찾는 것이 더 쉽다.

$x + y = 45$

$2x + y = 71$

두 번째 식에서 첫 번째 방정식을 빼면 $x = 26$이 된다. 이 값을 두 방정식에 대입하면 $y = 19$가 됨을 쉽게 알 수 있다. 새로운 이익은

$150 \times 26 + 100 \times 19 = 5800$달러

가 된다. 이것은 이전의 5750달러의 이익과 비교된다. 그래서 유리 제조에 사용할 수 있는 시간이 1 단위 증가하면 이익이 50달러 증가한다. 이 값을 잠재가격(shadow price)이라고 부르며 이것은 이전에 만난 한계 개념과 유사하다. 잠재가격은 해당 자원의 추가 1 단위 소비에 대해 기꺼이 지불할 수 있는 최대 할증액(maximum premium)을 나타낸다. 스튜디오는 50달러 미만의 가격으로 제공되는 유리 제조업의 추가 시간을 환영할 것이다. 이 예제에서 어닐링의 잠재가격은 분명히 0이다. 우리는 어닐링 시간의 10시간은 사용되지 않았음을 이미 알고 있으므로 추가 시간을 제공하더라도 전반적인 이익에 영향을 미

치지 않는다. 이는 제약 조건에 여유가 있을 때 모든 자원에 대한 경우이다(이것은 실행 가능영역의 최적 점이 하나의 꼭짓점에서 다른 꼭짓점으로 이동하기에는 변화가 그렇게 크지 않는 경우에 나타남).

실전문제

2. 유리 스튜디오 문제로부터 여분의 모래가 사용 가능하고 그리하여 잠재가격을 계산할 수 있을 때 실행가능영역의 최적 꼭짓점의 좌표를 찾아라.

예제

보험회사는 주당 40시간을 일하는 상근 직원과 주당 20시간을 일하는 비상근 직원을 고용한다. 상근 직원에게는 주당 800달러가 지급되고, 비상근 직원에게는 주당 320달러가 지급된다. 또한 비상근 직원의 수가 상근 직원 수의 3분의 1을 넘지 않아야 한다는 것이 회사의 정책이다. 주당 근로 시간이 900인 경우 최소비용으로 작업량을 완료하기 위해 각 유형의 근로자를 몇 명씩 고용해야 하는가?

풀이

회사는 상근 인력 x와 비상근 인력 y를 고용한 경우 x와 y를 선택하여 주간 급여비용을 극소화하고자 한다. 또한 상근 직원과 비상근 직원에게 각각 800달러와 320달러를 지급하기 때문에 총 임금 계산서는 다음과 같고

$$800x + 320y$$

이것이 극소화되어야 하는 목적함수이다.

상근 직원은 주당 40시간을 일하고 비상근 직원은 주당 20시간을 일하므로 주당 총 근무 시간은

$$40x + 20y$$

이것은 적어도 900시간 이상이어야 하므로 우리는 다음과 같은 제약 조건을 얻는다.

$$40x + 20y \geq 900$$

회사에 대한 추가적인 제약조건은 비상근 직원의 수가 정규 직원 수의 3분의 1을 초과할 수 없다는 사실에서 비롯된다. 예를 들어 회사에서 30명의 정규 직원을 고용하고 있다면 10명 이상의 직원을 고용할 수 없다.

$$1/3 \times 30 = 10$$

일반적으로, x가 상근 직원의 수를 그다음 비상근 직원의 수를 나타내는 경우, y는 $x/3$을 초과할 수 없다. 즉,

$$y \leq x/3$$

또한 우리는 명백한 비음제약조건을 가지고 있다.

$$x \geq 0, \; y \geq 0$$

이제 완전한 문제가 다음과 같이 명시될 수 있다:

$$\text{극소화} : 800x + 320y$$
$$\text{제약조건} : 40x + 20y \geq 900$$
$$y \leq x/3$$
$$x \geq 0$$
$$y \geq 0$$

이제 8.1절에서 설명된 방법을 적용하여 해결할 수 있다.

1단계

실행가능영역은 일반적인 방법으로 스케치할 수 있다.

직선 $y = x/3$은 $(0, 0)$, $(3, 1)$, $(6, 2)$ 등을 통과한다. 불행히도 원점이 실제로 이 직선 위에 있기 때문에 다른 점을 검정 점으로 사용하는 것이 필요하다. 예를 들어 $x = 30$, $y = 5$를 부등식에 대입하면

$$y \leq x/3$$

이것은

$$5 \leq (30)/3$$

이 된다.

이 부등식은 명확하게 사실이며, 이 직선 아래에 있는 $(30, 5)$가 관심 영역에 있음을 나타낸다. 제약조건

$$40x + 20y \geq 900$$

은 다루기 쉽다.

이 선은 $(0, 45)$와 $(22.5, 0)$을 통과하고 원점을 검정 점으로 사용하면 선 아래 영역을 음영 처리해야 할 필요가 있음을 나타낸다. 실행가능영역은 그림 8.14에 그려져 있다.

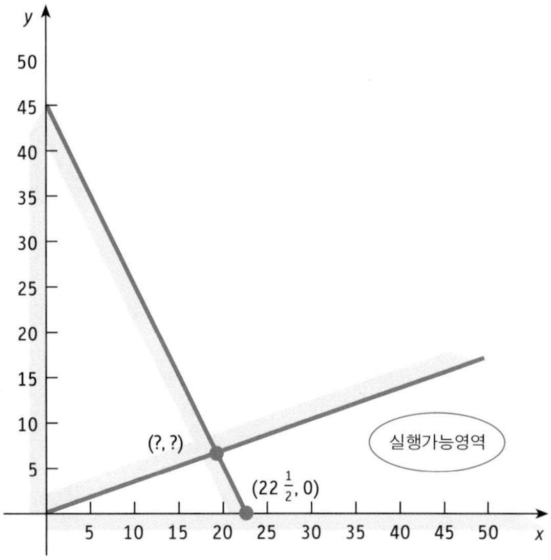

그림 8-14.

2단계

실행가능영역은 두 개의 꼭짓점을 가진다. 이들 중 하나는 분명히 (22.5, 0)이다. 그러나 도표에서 다른 모서리의 좌표를 직접 적는 것은 불가능하다. 이것은 두 선의 교차점에 의해 형성된다.

$$y = x/3 \qquad\qquad\qquad (1)$$
$$40x + 20y = 900 \qquad\qquad\qquad (2)$$

그래서 우리는 이 체계(system)를 대수적으로 풀어야 한다. 이 경우 가장 쉬운 방법은 식 (1)을 식 (2)로 대체하여 y를 제거하는 것이다. 이것은

$$40x + \frac{20}{3}x = 900$$

이고

$$\frac{140}{3}x = 900$$

이것은 다음과 같은 해를 가진다.

$$x = \frac{2700}{140} = \frac{135}{7} = 19^2/_7$$

마지막으로, 식 (1)로부터

$$y = \frac{1}{3}x = \frac{1}{3} \times \frac{135}{7} = \frac{45}{7} = 6\frac{3}{7}$$

그러므로 실행가능영역은 좌표$(19^2/_7, 6^3/_7)$과 $(22^1/_2, 0)$를 가진다.

3단계

꼭짓점	목적함수
$(19^2/_7, 6^3/_7)$	$17,485^5/_7$
$(22^1/_2, 0)$	18,000

최소비용은 17,485.71달러이고 이것은 $x = 19^2/_7$, $y = 6^3/_7$일 때 발생한다. 이것은 우리의 원래 문제에 대한 해답인 것처럼 보일 수 있다. 이것은 확실히 수학적으로는 정확하지만 이것은 $^2/_7$의 근로자를 고용하는 것이 타당하지 않기 때문에 우리가 찾고 있는 해가 될 수 없다. 우리는 좌표가 정수인 점에만 관심이 있다. 이와 같은 문제는 정수계획 (integer programming) 문제라고 한다. 우리는 실행가능영역 안에서 목적함수를 최소화하는 정수 x와 y의 점을 찾아야 한다. 최소비용 꼭짓점에서 가까운 실행가능영역이 확대된 그림은 그림 8.15와 같고 다음 표는 최적해가 (20, 5)임을 나타낸다.

꼭짓점	목적함수
(20, 5)	17,600
(20, 6)	17,920
(21, 5)	18,400
(21, 6)	18,720

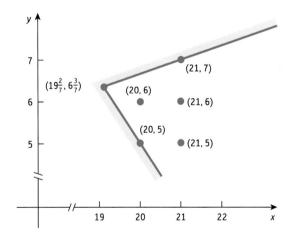

그림 8-15.

전체 숫자 좌표가 있는 이웃의 다른 점은 (20, 6), (20, 7), (21, 5) 등이 있다. 그러나 이들 모두는 x의 값이 크거나 y의 값이 더 크므로 (또는 둘 다) 더 큰 총 비용을 발생시킨다. 따라서 회사는 급여 청구서를 최소화하기 위해 20명의 상근 직원과 5명의 비상근 직원을 고용해야 한다.

조언

이 예에서는 원래 문제를 되돌아보고 최종 답이 올바른지 확인해야 할 필요성이 있음을 강조한다. 이것은 선형계획 문제를 해결할 때 생각 없이 단지 해답을 적고 그리고 그것에 명확하게 밑줄을 긋고 다음 문제로 넘어갈 때 유혹에 빠지기 쉽다. 불행하게도 문제를 정립하고 실행가능영역을 스케치할 때 모두 실수하기 쉽다. 해의 유효성을 확인하는 데 잠시 시간을 할애하면 이전 사례에서와 같이 해법 절차에 대한 가능한 수정을 제안할 뿐만 아니라 실수를 발견하는 데 도움이 될 수 있을 것이다.

(4) 원래의 문제에 대한 해답으로 최종 답이 의미가 있는지를 확인하라.

실전문제

3. 개인은 필수 재화와 서비스에 대해 근로 소득의 95%를 소비하며 유행하는 의류와 극장 방문으로 나뉘는 고급 재화에 지출되는 금액은 5%에 불과하다. 각 의류 품목의 비용은 150달러이고 극장 입장료는 70달러이다. 이에 해당하는 효용함수는 다음과 같다.

$$U = 3x + 7y$$

여기서 x와 y는 유행하는 의류의 수와 연간 극장 방문 횟수를 각각 나타낸다. 1년 내내 합당한 외관을 유지하려면 해마다 적어도 9개의 새로운 의류 품목을 구입해야 한다. 연간 근로 소득이 42,000달러라면 효용을 극대화하는 x와 y의 값을 찾아라.

> **주요 용어**
>
> **결정변수(Decision variable)**　제어할 수 있는 선형계획 문제에서 알려지지 않은 것들.
> **잠재가격(Shadow price)**　사용 가능한 자원 중 한 단위 증가로 인해 목적함수의 최적 값이 변경되는 것.
> **정수계획법(Integer programming)**　해를 찾기 위한 선형계획 문제는 전체 수 좌표를 가진 실행가능영역의 점으로 제한된다.

연습문제 8.2

1. 한 제조업체는 경주용 자전거의 두 가지 모델인 B와 C를 생산하며 각 모델은 2개의 기계 공장의 생산 공정을 거쳐야 한다. 기계 공장 1은 매월 120시간을 사용할 수 있고 기계 공장 2는 매월 180시간을 사용할 수 있다. B 유형의 각 자전거 제조는 기계 공장 1에서 6시간, 기계 공장 2에서 3시간이 소요된다. C 유형의 자전거 한 대를 제조하는 데 소요되는 시간은 기계 공장 1에서 4시간, 기계 공장 2에서 10시간이 소요된다. B와 C 유형의 자전거당 이익이 180달러와 220달러인 경우 제조업체는 총 이익을 극대화하기 위해 생산을 어떻게 조정해야 하는가?

2. 어떤 작은 회사는 비알코올성 칵테일 리터 팩 'Caribbean'과 'Mr Fruity'를 각각 1달러와 1.25달러에 판매한다. 각각은 신선한 오렌지, 파인애플, 사과 주스를 다른 비율로 혼합하여 만든다. Caribbean은 오렌지 1, 파인애플 6, 사과 1의 비율로 구성된다. Mr Fruity는 오렌지 2, 파인애플 3, 사과 1의 비율로 구성된다. 이 회사는 매주 300리터의 오렌지 주스와 1125리터의 파인애플 주스, 195리터의 사과 주스를 리터당 0.72달러, 0.62달러, 0.48달러로 구입할 수 있다.

   회사가 이익을 극대화하기 위해 생산해야 하는 'Caribbean'과 'Mr Fruity'의 팩의 수를 구하라. 비알코올성 칵테일은 인기가 높기 때문에 회사가 생산하는 모든 것을 팔수 있다고 가정하자.

3. 학생 식단에서 식사는 쇠고기 버거와 칩으로 구성되어 있다. 쇠고기 버거는 영양소 N1이 1 단위, N2가 4 단위 그리고 온스(ounce)당 125칼로리를 가지고 있다. 칩은 영양소 N1이 1/2 단위 N2가 1 단위 그리고 온스당 60칼로리를 가진다. 학생의 건강을 위해 식사에는 적어도 N1이 7 단위, N2가 22 단위가 포함되어야 한다.

   영양에 대한 요구사항을 충족시키고 칼로리의 수를 최소화하기 위해 학생은 다음 식당 방문 시 무엇을 요청해야 하는가?

4. 한 이탈리아 레스토랑에서는 파스타 또는 피자를 마음대로 선택할 수 있다. 파스타 요리를 만들기 위해 3달러의 비용이 들어가며 파스타는 13달러에 판매된다. 피자의 경우는 2달러의 비용이 들고 10달러에 판매된다. 일주일에 조리할 수 있는 식사의 최대 수는 1200이며 이 식당의 주당 예산은 3000달러이다. 얼마나 많은 파스타와 피자 요리가 이익을 극대화하기 위해 매주 요리되어야 하는가?

5. 어느 소규모 제조업체는 수요가 생산능력을 초과하는 A와 B 두 가지 종류의 제품을 생산한다. A와 B의 제품의 생산 비용은 각각 6달러와 3달러이며 판매가격은 7달러와 4달러이다. 또한 운송비용은 A제품은 20센트이고 B제품은 30센트이다. 은행의 대출 조건은 최대 주간 생산비용을 2700달러, 주간 운송비용을 120달러로 제한한다. 이 제조업체는 수익을 극대화하기 위해 생산을 어떻게 조정해야 하는가?

6. 한 출판사는 『미시경제학』과 『거시경제학』이라는 두 권의 교과서를 제작하기 위해 공장의 한 섹션을 사용하기로 결정했다. 권당 이익은 『미시경제학』의 경우 12달러이고 『거시경제학』의 경우 18달러이다. 『미시경제학』의 경우 권당 인쇄에는 12분이 필요하며 제본에는 18분이 필요하다. 『거시경제학』의 경우는 권당 인쇄에는 15분이, 제본에는 9분이 필요하다. 인쇄에 사용할 수 있는 시간은 10시간이며 제본에는 10.5시간을 사용할 수 있다. 이익을 극대화하기 위해서는 각각 몇 권을 생산해야 하는가?

7. 어떤 식품 생산자는 일주일에 7일 운영되는 P1과 P2 두 개의 가공 공장을 사용한다. 가공 후, 쇠고기는 고품질, 중간품질, 저품질 식품으로 등급이 매겨진다. 고품질 쇠고기는 푸줏간 주인에게 판매되고 중간 품질 쇠고기는 슈퍼마켓 기성품에 사용되면 저품질 쇠고기는 개밥으로 사용된다. 생산자는 매주 고품질 120kg, 중간급 240kg, 저품질 80kg을 제공하기로 계약했다. 공장 P1을 가동하려면 하루에 4000달러가 필요하고 공장 P2를 가동하려면 하루에 3200달러가 필요하다. 하루 동안 공장 P1은 60kg의 고품질 쇠고기, 20kg의 중간품질 쇠고기 그리고 40kg의 저품질 쇠고기를 가공한다. 공장 P2는 고품질 20kg, 중간품질 20kg, 저품질 120kg을 가공한다. 가장 경제적으로 쇠고기 계약을 이행하기 위해 각 공장은 매주 며칠을 운영해야 하는가?

8. [이 문제에서는 선형계획 문제를 공식화해야 한다. 당신이 이것을 풀 수 있을 것으로 예상되지 않는다.]

미국의 한 대학은 9000명의 학생들을 위한 충분한 공간을 가지고 있다. 정부의 규제로 인해 적어도 75% 공간이 미국 학생들에게 주어져야 하지만 나머지는 비미국 시민에게 주어질 수 있다. 캠퍼스에는 5000개의 주거 공간이 있다. 모든 유학생과 미국 학생의 4분의 1 이상은 캠퍼스 내 장소를 제공받아야 한다. 대학은 미국 학생들에게 12,000달러의 수업료를 받고 해외 유학생들에게는 15,000달러의 수업료를 받는다. 학교는 수업료를 극대화하기 원한다.

미국 학생에게 주어진 장소 수에 x를 사용하고 유학생을 위한 장소 수를 y로 사용해서 다음 질문에 답하라.

(a) 목적함수에 대한 표현식을 적고 목적함수를 극대화할 것인지 또는 최소화할 것인지에 대해 설명하라.

(b) 실행가능영역을 정의하는 다섯 가지 제약조건을 적어보고 이유에 대해 신중하게 설명하라.

(c) (a)와 (b)에서 원래 문제의 어느 부분이 간과되었는지를 확인하라.

연습문제 8.2*

1. Leo는 한 주에 12.5달러어치의 사탕, 감자칩, 그리고 사과를 구매한다. 감자칩 한 봉지는 0.65달러이고, 사탕 한 봉지는 0.85달러, 그리고 사과 1개는 0.5달러이다. 일주일에 소비되는 감자칩, 사탕, 사과의 개수는 최소한 7개가 되어야 하며 그는 적어도 사탕보다 두 배의 감자칩을 먹는다. 그의 새로운 건강 식단은 사탕과 감자칩의 총 수가 사과의 1/3을 넘지 않아야 한다. s를 사탕 봉지 수, c를 감자칩 봉지 수, 그리고 a를 사과의 개수라고 하면 다음 중 어느 2개가 실행가능영역을 정의하는 제약조건이 되는가?

(1) $3c + 3x \leq a$

(2) $s \geq 0.5c$

(3) $0.65s + 0.85c + 0.5a \geq 12.5$

(4) $a + c + s > 7$

(5) $s \leq c - a$

(6) $17s + 10a + 13c \leq 250$

(7) $c \leq 2s$

(8) $a + c + s \leq 7$

(9) $3c + 3s + a \leq 0$

(10) $3s - 3c + a \geq 0$

2. 한 개인병원은 미용과 정형외과 수술을 전문으로 하고 있다. 성형 수술을 받는 환자로부터 얻은 이익은 12,000달러이고 정형외과 수술로 발생하는 이익은 14,000달러이다. 성형 수술을 받는 환자는 1.5시간의 수술 시간이 필요하고 수술 후에는 12시간의 치료가 필요하다. 정형외과 수술은 받는 환자는 2시간의 수술 시간이 필요하고 수술 후에는 10시간의 치료가 필요하다. 매주 병원은 총 18시간의 수술 시간과 120시간의 수술 후 치료를 제공할 수 있다. 총 이익을 극대화하기 위해 병원은 매주 몇 명의 미용 환자와 정형외과 환자를 받아야 하는가?

3. 한 회사는 X와 Y 두 제품을 생산한다. 제품 X를 1 단위 만들기 위해서는 3 단위의 원자재와 2 단위의 노동력이 필요하다. 제품 Y를 1 단위 만들기 위해서는 5 단위의 원자재와 2 단위의 노동력이 필요하다. 원자재와 노동력에 사용 가능한 총 단위 수는 각각 31,500과 17,000이다. 회사는 제품 X를 제조하고 판매하는 데 15달러의 이익을 얻으며 Y로부터는 20달러의 이익을 얻는다.

    (a) 이익 극대화를 위한 선형계획 문제를 공식화하라.

    (b) 선형계획 문제를 그림으로 풀어보라.

    (c) 원자재에 대한 잠재가격을 찾고 그 값에 대한 해석을 하라.

4. 한 아웃도어 의류 업체는 왁스 재킷과 바지를 만든다. 재킷 1개를 만드는 데 1시간이 필요하고 바지 1개를 만드는 데 40분이 걸린다. 재킷 1개를 만드는 데 소요되는 재료의 가격은 32달러이고 바지의 경우 40달러이다. 이 회사는 재킷과 바지 생산에 주당 34시간만을 할애할 수 있으며 회사는 총 주간 재료비용은 1200달러를 넘어서는 안 된다. 이 회사는 재킷 1개를 팔아서 12달러의 이득이 생기고 바지 1개를 팔아서 14달러의 이익이 생긴다. 시장 조사에 따르면 회사는 생산되는 모든 재킷을 판매할 수 있지만 바지의 경우 최대 재킷의 절반만을 판매할 수 있는 것으로 나타난다.

    (a) 이 회사는 수익을 극대화하기 위해 매주 얼마나 많은 재킷과 바지를 생산해야 하는가?

    (b) 수요의 변화로 인해 회사는 바지에 대한 이윤폭을 변경해야 한다.

    (c) 재킷의 이윤폭을 12달러로 유지하고 제조상의 제약조건이 변하지 않는다고 가정하고 최적 생산을 위한 전략을 변경하기 전에 회사가 허용할 수 있는 바지의 최소 또는 최대 이윤폭을 찾아라.

5. 한 농부는 최소한의 비용으로 돼지에게 먹이를 주고 싶지만 각 돼지는 최소 1.6kg의 단백질과 적어도 0.3kg의 아미노산, 0.3kg 이하의 칼슘을 매일 섭취해야 한다. 이용 가능한 식품은 다음 표와 같은 성분을 포함하고 있는 어분과 육분이다:

	사료 1kg당 단백질 kg	사료 1kg당 칼슘 kg	사료 1kg당 아미노산 kg
어분	0.60	0.05	0.18
육분	0.50	0.11	0.05

어분은 kg당 0.65달러인 반면 육분은 kg당 0.52달러이다. 최저 비용 급식 식단을 결정하라.

6. 한 개인은 A, B, C 회사에 300,000달러를 투자하고자 한다. 다음 표는 각 회사의 예상 위험 비율, 배당률과 성장률을 보여준다.

회사	위험 비율(%)	배당률(%)	성장률(%)
A	10	15	10
B	15	5	25
C	5	5	15

이 사람은 최소한의 위험으로 300,000달러를 모두 투자하려고 하지만 예상 배당금은 최소 10%, 성장률은 적어도 투자의 15%가 되는 것을 확신하기를 원한다.

(a) 만약 x와 y가 각각 A 회사와 B 회사에 투자한 금액을 나타내는 경우, 문제는 다음과 같이 공식화될 수 있음을 보여준다:

$$극소화 : 0.05x + 0.1y + 15,000$$
$$제약조건: \qquad 0.1x \geq 15,000$$
$$-0.05x + 0.1y \geq 0$$
$$x + y \leq 300,000$$
$$x \geq 0, \, y \geq 0$$

(b) (a)의 선형계획 문제를 해결하여 A, B, C 회사에 대한 최적 투자를 결정하라.

7. 한 컴퓨터 게임 공급 업체는 A와 B 두 곳의 창고를 가지고 있으며 각기 다른 지역에 위치하고 있다. 창고 A는 게임 90장을 재고로 가지고 있으며 창고 B에는 60장을 가지고 있다. C 도시의 고객들이 50장을 요청하고 D 도시의 고객들은 80장을 요청하고 있다. C 도시와 D 도시의 고객들에게 게임 한 장을 배송하는 비용은 다음 표와 같다.

From/To	C	D
A	$1	$1.30
B	$0.90	$1.10

(a) 만약 공급자가 배송비용을 최소화하기 위해 배송을 정비하기를 희망한다면 문제가 두 가지 변수를 포함하는 선형계획 문제로 작성될 수 있음을 보여라.

(b) (a)의 문제에 대해서 실행가능영역을 그리고 최적 배송방법을 결정하라.

8. 한 회사는 X와 Y라는 두 가지 제품을 만들고 판매한다. 각 제품의 판매가격은 각각 120달러와 258달러이다. 각 제품의 1개 물품을 만들기 위한 자원 소요량은 표에 나열되어 있다.

제품	X	Y
원료 1	5 kg	8 kg
원료 2	1kg	1 kg
기계가동시간	3 hours	8 hours
노동시간	3 hours	10 hours

각 자원의 단가와 자원 보유수준은 표에 나와 있다:

제품	비용	총 보유량
원료 1	$ 3 per kg	6150 kg
원료 2	$ 5 per kg	1086 kg
기계가동시간	$ 8 per hour	5190 hours
노동시간	$ 12 per hour	5250 hours

(a) 이익을 극대화할 수 있는 선형계획 문제를 공식화하고 해결하라.

(b) 기계가동시간에 대한 잠재가격에 대해 설명하라. 이 자원의 사용을 늘리라고 회사에 조언하겠는가?

수학 심화학습

n개의 선택변수에 대한 일반적인 선형계획 문제를 설명함으로써 이 장을 마치도록 한다. 문제는 목적함수를 극대화하거나 극소화하는 것이다:

$$z = c_1 x_1 + c_2 x_2 + \dots + c_n x_n$$

m개의 제약식 :

$$a_{11} x_1 + a_{12} x_2 + \dots + a_{1n} x_n \leq b_1$$
$$a_{21} x_1 + a_{22} x_2 + \dots + a_{2n} x_n \leq b_2$$
$$\dots$$
$$a_{m1} x_1 + a_{m2} x_2 + \dots + a_{mn} x_n \leq b_n$$

그리고 비음제약조건

$$x_1 \geq 0, \ x_2 \geq 0, \ \dots, \ x_n \geq 0$$

여기서 c_i, a_{ij}, b_j는 상수로 주어졌다.

주어진 문제의 선형 제약 중 하나라도 '$\geq$' 기호로 표시되어 있으면 양측에 -1을 곱하여 위의 형식으로 항상 다시 표현할 수 있다. 두 가지 다른 공식이 가능하다. 시그마 표기법에서 문제는 극대화 또는 극소화이다.

$$z = \sum_{i=1}^{n} c_i x_i \quad \text{제약조건} \quad \sum_{j=1}^{n} a_{ij} x_j \leq b_i, \ x_j \geq 0$$

그리고 행렬표기법에서 극대화 또는 극소화

$$\mathbf{c}^T \mathbf{x} \ \text{제약조건} \ \mathbf{A}\mathbf{x} \leq \mathbf{b}, \ \mathbf{x} \geq \mathbf{0}$$

CHAPTER 9

동학

이번 장에서는 경제구조의 동학(Dynamics)을 간단히 소개한다. 지금까지의 모형들은 모두 정적인 모형이었다. 마술처럼 순식간에 가격과 소득이 균형을 이룬다는 것을 암묵적으로 가정하고 있다. 하지만 경제 변수에는 각기 다른 시차가 포함되어 있다. 실제로 경제 모형이 성립하는 데 걸리는 시간은 동태적인 것으로 알려져 있으며, 이것은 실제로 균형 값이 이루어진 것인지, 균형을 이루었다면 각각의 변수가 정확히 어떻게 그러한 값에 근접하게 되었는지 판단할 수 있게 한다. 이번 장은 순서에 상관없이 읽을 수 있는 두 개의 부분으로 구성되어 있다.

9.1절에서는 시간 t가 이산형 정수를 갖는 변수인 경우를 살펴본다. 이것은 변수가 일정한 기간 이후에만 변화하는 상황을 의미한다. 예를 들어 어떤 농산물 가격은 한 시즌에서 다음 시즌으로 넘어갈 때는 변하지만, 각각의 시즌 동안에는 변하지 않는다. 이렇게 시간에 의존하는 경우 다음과 같이 아래 첨자를 사용하여 정확하게 표현할 수 있다. 첫 번째 기간 동안의 가격은 P_1, 두 번째 기간 동안의 가격은 P_2, ... 한 기간의 가격에 대한 식을 P_t, 그 전 기간을 P_{t-1}이라고 할 때, 이것을 차분방정식이라고 하며 이러한 방정식의 해답을 구하기 위한 방법을 서술하고 있다.

9.2절에서는 시간이 일정한 구간 안의 가능한 모든 값을 갖는 연속 변수인 경우를 살펴본다. 이것은 변수가 어느 순간부터 다음 순간까지 변화하는 상황을 의미한다. 예를 들어 석유와 같은 특정 상품의 가격은 순간적으로 변화할 뿐만 아니라 계절을 기준으로도 고정되어 있지 않다. 이러한 시간의 의존성은 일반적인 표기법 $P(t)$로 표현한다. 이러한 경우 미분 $P'(t)$를 사용하여 t에 대한 P의 변화율을 모형화하는 것이 적절하다. 어떠한 함수의 도함수를 포함한 방정식을 미분방정식이라고 하며, 이러한 방정식을 계산하는 방법을 소개하고자 한다.

이 책과 같은 기본서는 동학의 수학적인 풍부한 맛을 보여줄 수는 없다. 그럼에도 불구하고 거시경제와 미시경제학 모두에서 동태적인 모형을 계산하는 방법을 소개하고 있다. 따라서 이번 장이 독자들에게 고급 방법과 모형을 다루고 있는 다른 책을 읽기 위한 기초가 되기를 바란다.

SECTION 9.1

차분방정식

> **목표**
>
> 이 절을 공부한 후에는 다음을 할 수 있다:
>
> - 차분방정식의 여함수를 찾을 수 있다.
> - 차분방정식의 특수해를 구할 수 있다.
> - 경제제도의 안정성을 분석할 수 있다.
> - 시차가 포함된 국민소득결정모형을 풀 수 있다.
> - 시차가 있는 공급을 고려한 단일상품시장모형을 풀 수 있다.

차분방정식(difference equation)[혹은 점화식(recurrence relation)]은 연속적인 숫자가 연임되는 방정식이다. 예를 들면, 방정식

$$Y_t = 2Y_{t-1}$$

은 어떤 숫자가 전기의 자기 자신에 두 배가 되는 과정을 나타내고 있다. 다음과 같이 무수히 많은 과정들이 이러한 조건을 만족시키고 있다.

2, 4, 8, 16, …

5, 10, 20, 40, …

−1, −2, −4, −8, …

이러한 과정을 고유하게 나타내기 위하여, 첫 번째 항과 같은 몇 가지 추가 정보가 필요하다. 첫 번째 항은 Y_0로 쓰는 것이 일반적이며, 여기에 특정한 값이 주어지면 나머지 부분을 알 수 있다.

만약 $Y_0 = 3$이라면,

$$Y_1 = 2Y_0 = 2 \times 3 = 6$$
$$Y_2 = 2Y_1 = 2 \times 6 = 12$$
$$Y_3 = 2Y_2 = 2 \times 12 = 24$$

위의 식을 다음과 같이 쓴다면,

$$Y_1 = 2Y_0 = 2^1 \times 3$$
$$Y_2 = 2Y_1 = 2^2 \times 3$$
$$Y_3 = 2Y_2 = 2^3 \times 3$$

일반적으로 다음과 같이 표현할 수 있다.

$$Y_t = 3(2^t)$$

이러한 차분방정식의 해는 다음과 같으며,

$$Y_t = 2Y_{t-1}$$

초기 조건(initial condition) $Y_0 = 3$이다.

다음 문제는 여러분 스스로 차분방정식을 풀 수 있는 기회를 제공하고 있다.

실전문제

1. 주어진 초기 조건으로부터 시작하여 각각 이어지는 네 개의 과정을 적어라. 이러한 과정을 적절한 제곱을 사용하여 표현함으로써 t에 관한 일반적인 Y_t의 공식으로 나타내라.

   (1) (a) $Y_t = 3Y_{t-1}$; $Y_0 = 1$ (b) $Y_t = 3Y_{t-1}$; $Y_0 = 7$

        (c) $Y_t = 3Y_{t-1}$; $Y_0 = A$

   (2) (a) $Y_t = \dfrac{1}{2}Y_{t-1}$; $Y_0 = 1$ (b) $Y_t = \dfrac{1}{2}Y_{t-1}$; $Y_0 = 7$

        (c) $Y_t = \dfrac{1}{2}Y_{t-1}$; $Y_0 = A$

   (3) $Y_t = bY_{t-1}$; $Y_0 = A$

실전문제 1의 마지막 문제에 대한 결과는 일반식(general equation)의 해를 보여주고 있다.

$$Y_t = bY_{t-1} \tag{1}$$

초기 조건

$$Y_0 = A$$

따라서

$$Y_t = A(b^t)$$

경제모형의 차분방정식을 다루기에 앞서, 다음과 같은 더욱 일반적인 방정식의 해결법을 알아야 한다.

$$Y_t = bY_{t-1} + c \qquad (2)$$

이제 오른편에 0이 아닌 상수 c가 포함되었다. 몇 가지 용어를 정의하면서 시작해보자. 식 (2)의 일반해(general solution)는 여함수(complementary function, CF)와 특수해(particular solution, PS)라고 알려진 두 개의 식에 대한 합으로 나타낼 수 있다. 상수항 c가 0일 때 식 (2)의 해를 여함수라고 말할 수 있다. 이러한 경우, 식 (2)는 식 (1)과 같이 간단하게 나타낼 수 있으며, 따라서 다음과 같이 쓸 수 있다.

$$CF = A(b^t)$$

충분히 찾아낸 식 (2)의 모든 해답은 특수해(particular solution)라고 말할 수 있다. 이것은 처음에 언급했던 것보다 쉽게 사용할 수 있기 때문에 어떻게 쓸 수 있는지 간략하게 살펴보자. 최종적으로 CF와 PS를 찾고 난 후, 식 (2)의 일반해는 다음과 같이 나타낼 수 있다.

$$Y_t = CF + PS = A(b^t) + PS$$

여기서 A는 더 이상 초깃값 Y_0와 같지 않으며, 다음 예제에서 볼 수 있듯이 쉽게 계산할 수 있다.

예제

주어진 초기 조건을 이용하여 다음 차분방정식을 풀어라. 각각의 해에 대한 성질을 설명하라.

(a) $Y_t = 4Y_{t-1} + 21;\ Y_0 = 1$ (b) $Y_t = \dfrac{1}{3}Y_{t-1} + 8;\ Y_0 = 2$

풀이

(a) 차분방정식

$$Y_t = 4Y_{t-1} + 21$$

을 일반적인 형태로 나타내면 다음과 같고,

$$Y_t = bY_{t-1} + c$$

따라서 여함수와 특수해를 사용하여 풀 수 있다. 여함수는 오른편의 상수항에 0을 대입했을 때 방정식의 일반해이다. 즉, 다음과 같은 방정식

$$Y_t = 4Y_{t-1}$$

의 해는 $A(4^t)$이다.

우리가 찾아야 하는 원래의 방정식

$$Y_t = 4Y_{t-1} + 21$$

의 어떠한 해라도 특수해라고 할 수 있다. 실제로 Y_t의 수열에 대하여 생각해보아야 하고, 다음과 같이 치환될 때,

$$Y_t - 4Y_{t-1}$$

상수 값 21을 구할 수 있다. 한 가지 적용시킬 수 있는 명백한 순서는 특정 숫자의 상수항 D이다.

$$Y_t = D$$

위 식을 다음과 같이 치환하면,

$$Y_t = 4Y_{t-1} + 21$$

다음과 같은 식을 구할 수 있다.

$$D = 4D + 21$$

(t의 값에 상관없이 $Y_t = D$이고, 따라서 Y_{t-1}은 D와 같다.) 이러한 대수방정식을 다음과 같이 재배치할 수 있고,

$$-3D = 21$$

따라서 $D = -7$이다.

여함수를 다음과 같이 나타낼 수 있다는 것을 확인하였기 때문에,

$$CF = A(4^t)$$

특수해는 다음과 같다.

$$PS = -7$$

따라서

$$Y_t = CF + PS = A(4^t) - 7$$

위의 식은 다음 차분방정식의 일반해이다.

$$Y_t = 4Y_{t-1} + 21$$

다음의 초기 조건을 만족시킬 수 있는 정확한 해를 찾기 위하여,

$$Y_0 = 1$$

일반해에 $t = 0$을 대입하면

$$Y_0 = A(4^0) - 7 = 1$$

이러한 조건에 따라

$$A - 7 = 1$$

그래서

$$A = 8$$

해는 다음과 같다.

$$Y_t = 8(4^t) - 7$$

그림 9.1은 이러한 해를 그림으로 보여주고 있으며, Y_t는 t에 대하여 그려져 있다. 강조된 부분을 부드러운 곡선으로 연결하고 싶다는 생각이 들 수도 있다. 하지만 t는 정수 값만을 취할 수 있기 때문에 불가능하다.

결과적으로 '계단'을 만들기 위하여 수평선을 점선으로 연결하였고, 이것은 t가 불연속하다는 사실을 더욱 잘 보여주고 있다. 그림 9.1은 t가 증가하는 것과 상관없이 Y_t 값이 증가한다는 것을 보여주고 있다. 이러한 부분은 t가 증가할 때 4^t 또한 증가하기 때문에 Y_t에 대한 공식에서도 분명하게 확인할 수 있다. 우리는 시간이 일정하게 발산(diverges uniformly)하거나 폭발(explodes)한다는 말로 이것을 설명할 수 있다. 이러한 종류의 움직임은 다음 식의 모든 해에서 발생한다고 예상할 수 있고,

$$Y_t = A(b^t) + PS$$

여기서 $b > 1$이다.

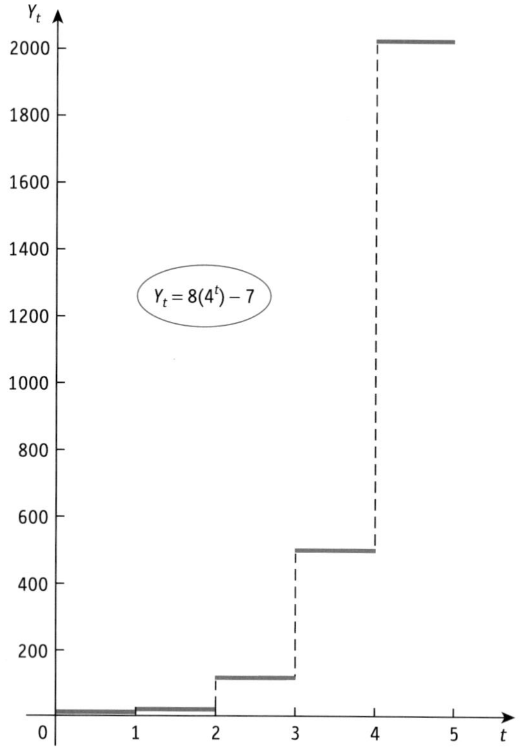

그림 9-1.

(b) 다음 차분방정식은 문제 **(a)**와 유사한 방법으로 풀 수 있다.

$$Y_t = \frac{1}{3}Y_{t-1} + 8$$

여함수가 다음과 같이 주어지면,

$$CF = A\left(\frac{1}{3}\right)^t$$

특수해를 구하기 위하여 상수항 D를 다음과 같이 쓸 수 있다.

$$Y_t = D$$

위 식을 차분방정식에 대입하면

$$D = \frac{1}{3}D + 8$$

$D = 12$를 구할 수 있고, 따라서

$$PS = 12$$

따라서 일반해는 다음과 같다.

$$Y_t = CF + PS = A\left(\frac{1}{3}\right)^t + 12$$

최종적으로 A의 특정한 값은 다음의 초기 조건으로부터 구할 수 있다.

$$Y_0 = 2$$

$t = 0$으로 두었을 때 일반해는

$$2 = A\left(\frac{1}{3}\right)^0 + 12 = A + 12$$

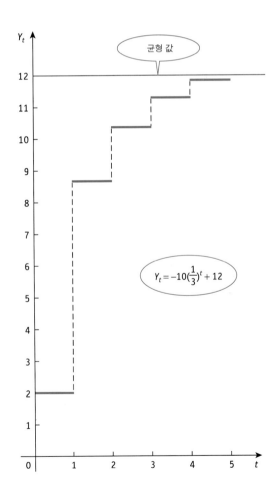

그림 9-2.

따라서 A는 -12이다. 해는 다음과 같다.

$$Y_t = -10\left(\frac{1}{3}\right)^t + 12$$

그림 9.2는 이러한 해를 보여주고 있으며, Y_t의 값이 증가하지만 결국 12에 정착하는 것을 확인할 수 있다. 우리는 이러한 모습을 시간의 흐름이 12로 균등하게 수렴 (converges uniformly)한다고 말하며, 균형 값(equilibrium value)이라고 부를 수 있다. 이러한 모양은 t가 증가함에 따라 $(1/3)^t$는 감소하기 때문에 Y_t에 대한 식에도 분명히 나타나 있다. 사실상 여함수는 제거되고, 특수해만 남게 된다. 특수해는 Y_t의 균형 값인 반면에, 여함수는 위의 경우 t가 증가함에 따라 0으로 수렴하는 균형으로부터의 편차를 측정할 수 있다. 이러한 종류의 특징은 $0 < b < 1$일 때 다음 식의 모든 해에서 예상할 수 있다.

$$Y_t = A(b^t) + \text{PS}$$

실전문제

2. 주어진 초기 조건을 이용하여 다음의 차분방적식을 풀어라:

(a) $Y_t = -\frac{1}{2}Y_{t-1} + 6$; $Y_0 = 0$

(b) $Y_t = -2Y_t + 9$; $Y_0 = 4$

각각에 대응하는 '계단' 모양의 그림을 그리고 t의 증가에 따른 해의 질적인 변화를 설명하라.

앞선 예제와 실전문제 2의 결과는 다음과 같이 요약할 수 있다:

$b > 1$일 때 Y_t는 균등발산(uniform divergence)한다.

$0 < b < 1$일 때 Y_t는 균등수렴(uniform convergence)한다.

$-1 < b < 0$일 때 Y_t는 진동수렴(oscillatory convergence)한다.

$b < -1$일 때 Y_t는 진동발산(oscillatory divergence)한다.

나머지 가능성 $b = 1$, $b = -1$, $b = 0$에 대해서는 이번 절의 끝부분에 있는 연습문제 9.1의 1번 문제에서 다루고 있으며, Y_t는 b가 0일 때 수렴하지만, b가 1 또는 -1일 때 발산하는 것을 확인할 수 있다. 결국 차분방정식의 해는 b가 $-1 < b < 1$의 범위 안에 있을 때

균형 상태에 이른다고 결론 내릴 수 있다.

만약 경제 모형이 수렴한다면, 이러한 모형은 안정적(stable)이라고 한다. 만약 변수가 발산한다면, 불안정적(unstable)이라고 한다.

이제 차분방정식을 거시경제학과 미시경제학에 적용한 두 가지 예를 살펴보자:

- 국민소득결정
- 수요와 공급 분석

각각의 예를 차례대로 살펴보자.

9.1.1 국민소득결정

1.7절에서는 구조방정식을 포함한 일반적인 2부분 모형을 소개하였고,

$$Y = C + I$$
$$C = aY + b$$
$$I = I^*$$

여기서 b와 I^*는 자율적 소비와 투자, a는 $0 < a < 1$의 범위 안에 있는 한계소비성향을 나타낸다. 이와 같은 형태의 방정식을 적어보면, 소비는 해당 기간의 국민소득에 달려 있으며 즉시 균형을 이루는 한 기간만을 암묵적으로 가정하고 있다는 것을 알 수 있다. 실제로 소비와 국민소득 사이에는 시차가 존재한다. t기의 소비 C_t는 이전 기간 $t - 1$의 국민소득 Y_{t-1}에 의하여 결정된다. 이에 해당하는 소비함수는 다음과 같다.

$$C_t = aY_{t-1} + b$$

만약 모든 기간 동안의 투자가 동일하다고 가정하면, 어떠한 상수 I^*에 대하여 다음과 같이 쓸 수 있다.

$$I_t = I^*$$

최종적으로 돈의 흐름이 각 기간에서 균형을 이룬다면, 다음을 구할 수 있다.

$$Y_t = C_t + I_t$$

위의 식에 C_t와 I_t에 대한 식을 대입하면 다음과 같고,

$$Y_t = aY_{t-1} + b + I^*$$

이것을 이번 절의 표준형 차분방정식으로 구분한다. 따라서 이러한 방정식을 풀고, 시간의 흐름에 대하여 분석할 수 있다.

예제

다음과 같은 2부분 모형을 생각해보자:

$$Y_t = C_t + I_t$$
$$C_t = 0.8Y_{t-1} + 100$$
$$I_t = 200$$

$Y_0 = 1700$일 때 Y_t에 대한 식을 구하라. 이러한 모형이 안정적인가 불안정적인가?

풀이

C_t와 I_t에 대한 식을 다음에 대입하면,

$$Y_t = C_t + I_t$$

아래와 같다.

$$Y_t = (0.8Y_{t-1} + 100) + 200$$
$$= 0.8Y_{t-1} + 300$$

여함수는 다음과 같이 주어지고,

$$\text{CF} = A(0.8)^t$$

특수해를 구하기 위하여 특정한 상수 D를 다음과 같이 쓸 수 있다.

$$Y_t = D$$

위 식을 차분방정식에 대입하면,

$$D = 0.8D + 300$$

$D = 1500$을 구할 수 있다. 따라서 일반해는

$$Y_t = A(0.8)^t + 1500$$

초기 조건은

$$Y_0 = 1700$$

이것을 이용하면

$$1700 = A(0.8)^0 + 1500 = A + 1500$$

따라서 A는 200이다. 해는 다음과 같다.

$$Y_t = 200(0.8^t) + 1500$$

t가 증가함에 따라, $(0.8)^t$는 0으로 수렴하고, 결국 Y_t는 1500의 균형 수준에 수렴하게 된다. 따라서 위의 모형은 안정적이다. 주목해야 할 점은 0.8이 0과 1 사이에 있기 때문에, 시간의 흐름이 균등수렴한다는 것이다.

실전문제

3. 다음과 같은 2부분 모형을 생각해보자:

$$Y_t = C_t + I_t$$
$$C_t = 0.9Y_{t-1} + 250$$
$$I_t = 350$$

$Y_0 = 6500$일 때 Y_t에 대한 식을 구하라. 이러한 모형이 안정적인가 불안정적인가?

앞선 예제와 실전문제 3에서는 모형이 안정적이면서 균등수렴한다는 것에 주목하였다. 일반식으로 다시 돌아가 보면

$$Y_t = aY_{t-1} + b + I^*$$

Y_{t-1}의 계수는 한계소비성향을 나타내고, 이것은 0과 1 사이에 있다고 알려져 있기 때문에 위 식은 항상 일반적인 2부분 모형이 된다는 것을 쉽게 알 수 있다.

9.1.2 수요 공급 분석

1.5절에서는 폐쇄 시장에서 하나의 재화에 대한 단순한 수요 공급 모형을 소개하였다. 수요 함수와 공급 함수가 모두 선형이라고 가정하면,

$$Q_S = aP - t$$
$$Q_D = -cP + d$$

어떠한 양의 상수 a, b, c, d에 대하여 위와 같은 관계를 구할 수 있다. (앞서 Q에 대한 P를 적어보았고, 가로축은 Q 세로축은 P로 나타내어 수요와 공급 곡선을 그려보았다. 현재의 문맥에서는 반대로 Q를 P에 대한 함수로 적는 것이 더욱 편리하다는 것을 알 수 있다.) 위의 방정식을 적어보면, 암묵적으로 단 하나의 기간에만 관련되어 있다는 것을 가정하고 있고, 이것은 수요와 공급은 오직 해당 기간의 가격에 의존하며, 즉시 균형에 이른다는 것을 의미한다. 하지만 어떤 재화에는 수요와 공급에 대한 시차가 존재한다. 예를 들어 농부의 경우 판매하는 시기보다 앞서서 씨앗을 정확하게 얼마나 심어야 하는지 결정해야 한다. 이러한 결정은 씨앗을 심을 때 가격을 기준으로 하는 것이지 수확 시기의 알 수 없는 가격을 기준으로 하고 있지 않다. 즉, t 시점의 공급 Q_S는 이전 시점 $t-1$의 가격 P_{t-1}에 의존한다. 이와 같은 시간 의존적 수요 공급 방정식은 다음과 같다.

$$Q_{S_t} = aP_{t-1} - b$$
$$Q_{D_t} = -cP_t + d$$

만약 각각의 시점에서 수요와 공급이 일치하고, 모든 재화가 판매된다고 가정하면,

$$Q_{D_t} = Q_{S_t}$$

따라서

$$-cP_t + d = aP_{t-1} - t$$

위의 방정식을 아래와 같이 다시 적을 수 있고

$$-cP_t = aP_{t-1} - b - d \quad (\text{양변에 } d \text{를 빼주면})$$

$$P_t = \left(-\frac{a}{c}\right)P_{t-1} + \frac{b+d}{c} \quad (\text{양변을 } -c \text{로 나눠주면})$$

위와 같은 일반적인 형태의 차분방정식을 얻을 수 있다. 따라서 방정식을 일반적인 방법으로 풀 수 있고 시간의 흐름에 따라 분석할 수 있다. 우선 P_t에 대한 식을 구한 후, 수요 방정식

$$Q_t = -cP_t + d$$

를 사용하여 P_t에 대한 식을 오른쪽에 대입하면 Q_t에 해당하는 식을 추측해낼 수 있다.

예제

다음과 같은 수요와 공급 방정식을 생각해보자.

$$Q_{S_t} = 4P_{t-1} - 10$$
$$Q_{D_t} = -5P_t + 35$$

시장이 균형 상태라고 가정하고 $P_0 = 6$일 때 P_t와 Q_t에 대한 식을 구하라. 이러한 상태가 안정적인가 불안정적인가?

풀이

만약

$$Q_{D_t} = Q_{S_t}$$

이면,

$$-5P_t + 35 = 4P_{t-1} - 10$$

이것을 다시 정리하면 다음과 같다.

$$-5P_t = 4P_{t-1} - 45 \quad \text{(양변에 35를 빼주면)}$$
$$P_t = -0.8P_{t-1} + 9 \quad \text{(양변을 } -5\text{로 나눠주면)}$$

여함수는 다음과 같고,

$$\text{CF} = A(-0.8)^t$$

특수해를 구하기 위하여 특정한 상수 D에 대하여

$$P_t = D$$

위와 같이 적을 수 있다. 위 식을 차분방정식에 대입하면

$$D = -0.8D + 9$$

$D = 5$인 해를 구할 수 있다. 따라서 일반해는

$$P_t = A(-0.8)^t + 5$$

초기 조건은 $P_0 = 6$,

$$6 = A(-0.8)^0 + 5 = A + 5$$

따라서 A는 1이다. 해는 다음과 같다.

$$P_t = (-0.8)^t + 5$$

(b) 주어진 식으로부터 이어지는 4개의 수열 항을 적어라.

$$Y_t = Y_{t-1} + 4;\ Y_0 = 3$$

t에 대한 Y_t의 식을 적어라.

3. 초기 조건 $Y_0 = a$일 때, 주어진 차분방정식의 해를 구하라.

$$Y_t = bY_{t-1} + c$$

4. 다음과 같은 2부분 모형을 생각해보자:

$$Y_t = C_t + I_t$$
$$C_t = 0.85Y_{t-1} + 300$$
$$I_t = 0.15Y_{t-1} + 100$$

초기 조건 $Y_0 = 4000$일 때, Y_t에 대한 식을 구하라. 이러한 모형은 안정적인가 불안정적인가?

5. 다음과 같은 수요와 공급 방정식을 생각해보자.

$$Q_{S_t} = aP_{t-1} - b$$
$$Q_{D_t} = -cP_t + d$$

여기서 상수항 a, b, c, d는 모두 양수이다.

(a) 시장이 균형이라고 가정할 때, 다음을 증명하라.

$$P_t = \left(-\frac{a}{c}\right)P_{t-1} + \frac{b+d}{c}$$

(b) $\dfrac{b+d}{a+c}$가 (a)에서 주어진 차분방정식의 특수해임을 증명하고, 일반해의 식을 적어라.

(c) (a)에서 구한 해가 수렴할 수 있는 조건을 서술하고, 균형 가격과 수량을 구하라. 결과를 간단하게 설명하라.

6. 시장모형의 P_t와 P_{t-1}을 연결하는 축약식을 찾아라.

$$Q_{S_t} = aP_t - b$$
$$Q_{D_t} = -cP_t + d$$
$$P_t = P_{t-1} - e\left(Q_{S_{t-1}} - Q_{D_{t-1}}\right)$$

7. 은행은 개인에게 매월 $r\%$의 이자율로 $\$A$만큼의 대출을 제공한다. 개인은 매월 $\$a$만큼의 대출금을 지불한다. u_t가 t개월 후의 미결제 잔액을 나타낼 때 다음을 설명하고,

$$u_t = \left(1 + \frac{r}{1200}\right)u_{t-1} - a$$

다음을 증명하라.

$$u_t = \left(A - \frac{1200a}{r}\right)\left(1 + \frac{r}{1200}\right)^t + \frac{1200a}{r}$$

N개월 후 대출금이 상환된다고 할 때, 월별 상환금액을 적어라.

8. 다음과 같은 차분방정식을 생각해보자.

$$Y_t = 0.1Y_{t-1} + 5(0.6)^t$$

(a) 여함수를 구하라.

(b) 주어진 식에 $Y_t = D(0.6)^t$를 대입하고, 특수해를 구하라.

(c) (a)와 (b)에서 얻은 답을 이용하여 일반해를 구하고, 초기 조건 $Y_0 = 9$를 만족시키는 정확한 해를 구하라.

(d) (c)에서 구한 해는 안정적인가 불안정적인가?

9. 다음과 같은 차분방정식을 생각해보자.

$$Y_t = 0.2Y_{t-1} + 0.8t + 5$$

(a) 여함수를 구하라.

(b) 주어진 식에 $Y_t = Dt + E$를 대입하고, 특수해를 구하라.

(c) (a)와 (b)에서 얻은 답을 이용하여 일반해를 구하고, 초기 조건 $Y_0 = 10$을 만족시키는 정확한 해를 구하라.

(d) (c)에서 구한 해는 안정적인가 불안정적인가?

SECTION 9.2

미분방정식

목표

이 절을 공부한 후에는 다음을 할 수 있다:

- 미분방정식의 여함수를 찾을 수 있다.
- 미분방정식의 특수해를 찾을 수 있다.
- 경제제도의 안정성을 분석할 수 있다.
- 연속적인 시간의 국민소득결정모형을 풀 수 있다.
- 연속적인 시간의 수요와 공급 모형을 풀 수 있다.

미분방정식(differential equation)은 미지의 함수에 대한 도함수를 포함하고 있는 함수이다. 6장에서 이미 몇 가지 예를 다루었다. 예를 들어 6.2절에서는 다음과 같은 관계에 주목하였고,

$$\frac{dK}{dt} = I$$

여기서 K와 I는 각각 자본금과 총 투자를 나타내고 있다. $I(t)$에 대한 임의의 식이 주어지면, 이것은 미지의 함수 $K(t)$에 대한 미분방정식을 나타낸다. 이와 같이 간단한 경우에는 t에 대해 양변을 적분하여 미분방정식을 풀 수 있다. 예를 들어, $I(t) = t$일 때 방정식은

$$\frac{dK}{dt} = t$$

따라서

$$K(t) = \int t\,dt = \frac{t^2}{2} + c$$

여기서 c는 적분의 상수이다. 함수 $K(t)$는 미분방정식의 일반해(general solution)라고 말할 수 있고, c는 임의의 상수(arbitrary constant)라고 부른다. 정확하게 고유한 해를 찾기 위해

서는 몇 가지 추가정보가 필요하다. 이러한 정보는 일반적으로 $t = 0$일 때의 K값으로부터 초기 조건(initial condition)과 같은 형태로 주어진다. 예를 들면, 초기 자본금이 500이라고 생각해보자. 일반해에 $t = 0$을 대입하면,

$$K(t) = \frac{t^2}{2} + c$$

이에 따라

$$K(0) = \frac{0^2}{2} + c = 500$$

따라서 c는 500이다. 결과적으로 해는

$$K(t) = \frac{t^2}{2} + 500$$

이번 절에서는 다음 식과 같이 방정식의 우변에 y에 대한 항이 포함되어 있는 좀 더 복잡한 방정식에 대하여 알아보자.

$$\frac{dy}{dt} = 3y$$

앞선 방정식의 해는 y에 3을 곱한 것으로 구분되는 미지의 함수 $y(t)$이다. 4.8절에서 보았듯이, e^{mt}는 그 자체를 m번 곱한 것으로 구분할 수 있기 때문에, 해가 될 수 있는 가능성은 다음과 같다.

$$y = e^{3t}$$

하지만, 아래의 함수를 포함하여 많은 함수가 비슷한 속성을 가지고 있다.

$$y = 2e^{3t}, \ y = 5e^{3t}, \ y = -7.52e^{3t}$$

실제로 아래와 같은 임의의 함수는

$$y = Ae^{3t}$$

다음과 같은 미분방정식을 만족시킨다.

$$\frac{dy}{dt} = 3(Ae^{3t}) = 3y$$

상수 A의 정확한 값은 다음과 같은 초기 조건으로부터 결정된다.

$y(0) = 5$

일반해에 $t = 0$의 초기 조건을 대입하면,

$y(t) = Ae^{3t}$

따라서

$y(0) = Ae^0 = A$

따라서 A는 5이다. 해는 다음과 같다.

$y(t) = 5e^{3t}$

실전문제

1. (a) 초기 조건 $y(0) = 6$을 만족시키는 미분방정식의 해를 구하라.

$$\frac{dy}{dt} = 4y$$

(b) 초기 조건 $y(0) = 2$를 만족시키는 미분방정식의 해를 구하라.

$$\frac{dy}{dt} = -5y$$

다음과 같은 미분방정식에서

$$\frac{dy}{dt} = my + c$$

m과 c는 상수이다. 방정식 (1)의 일반해는 여함수(CF)와 특수해(PS)로 알려진 두 개별함수의 합이다. 이러한 것은 앞선 절에서 살펴보았던 차분방정식의 결과와 거의 동일한 방식으로 정의할 수 있다. 여함수(complementary function)는 우변의 상수에 0을 대입했을 때 방정식 (1)의 해이다. 즉, 여함수는 다음 식의 해이다.

$$\frac{dy}{dt} = my$$

실전문제 1의 결과는 여함수를 다음과 같이 보여주고 있다.

$$\mathrm{CF} = A\mathrm{e}^{mt}$$

특수해(particular solution)는 원래 방정식 (1)을 찾을 수 있는 모든 해이다. 이것은 9.1절에서 보았던 것과 같이 '추측'에 따라 구할 수 있다. 최종적으로 CF와 PS가 구해지면, 방정식 (1)의 일반해는 다음과 같이 쓸 수 있다.

$$y = \mathrm{CF} + \mathrm{PS} = A\mathrm{e}^{mt} + \mathrm{PS}$$

기존의 방식과 같이, A의 특정한 값은 초기 조건을 통하여 계산의 가장 마지막 부분에서 얻을 수 있다.

예제

주어진 초기 조건에 따라 다음의 미분방정식을 풀어라.

$$\frac{\mathrm{d}y}{\mathrm{d}t} = -2y + 100$$

(a) $y(0) = 10$ (b) $y(0) = 90$ (c) $y(0) = 50$

각각의 해에 대한 성질을 설명하라.

풀이

미분방정식은 다음과 같고,

$$\frac{\mathrm{d}y}{\mathrm{d}t} = -2y + 100$$

일반적인 형태로 나타내면

$$\frac{\mathrm{d}y}{\mathrm{d}t} = my + c$$

따라서 여함수와 특수해를 이용하여 방정식을 풀 수 있다.

여함수는 상수항이 0일 때 방정식의 일반해이다: 즉, 다음 방정식의 해이고,

$$\frac{\mathrm{d}y}{\mathrm{d}t} = -2y$$

$A\mathrm{e}^{-2t}$이다. 특수해는 원래 방정식의 다음과 같이 구할 수 있는 모든 해이다.

$$\frac{\mathrm{d}y}{\mathrm{d}t} = -2y + 100$$

사실상 함수 $y(t)$에 대하여 생각해볼 필요가 있고, 다음과 같이 나타낼 때

$$\frac{\mathrm{d}y}{\mathrm{d}t} + 2y$$

100의 상수 값을 구할 수 있다. 한 가지 분명하게 적용할 수 있는 함수는 어떠한 상수 D에 대한 상수함수이다.

$$y(t) = D$$

위의 식을 다음 식에 적용하면,

$$\frac{\mathrm{d}y}{\mathrm{d}t} = -2y + 100$$

아래와 같은 식을 구할 수 있다.

$$0 = -2D + 100$$

(상수는 미분하면 0이 되기 때문에 $\mathrm{d}y/\mathrm{d}t = 0$이라는 것에 주목하자.) 이러한 대수방정식은 다음과 같이 재배치될 수 있고,

$$2D = 100$$

따라서 $D = 50$.
앞서 여함수가 다음과 같이 주어진다는 것을 확인했기 때문에,

$$\mathrm{CF} = A\mathrm{e}^{-2t}$$

특수해는 다음과 같다.

$$\mathrm{PS} = 50$$

따라서

$$y(t) = \mathrm{CF} + \mathrm{PS} = A\mathrm{e}^{-2t} + 50$$

위의 식은 다음과 같은 미분방정식의 일반해이다.

$$\frac{\mathrm{d}y}{\mathrm{d}t} = -2y + 100$$

(a) 다음의 초기 조건을 만족시키는 정확한 해를 찾기 위하여

$$y(0) = 10$$

일반해에 간단하게 $t = 0$를 대입하면

$$y(0) = Ae^0 + 50 = 10$$

위의 식은 다음과 같고,

$$A + 50 = 10$$

따라서

$$A = -40$$

해는 다음과 같다.

$$y(t) = -40e^{-2t} + 50$$

t에 대한 y의 그래프는 그림 9.3의 아래쪽 그림과 같이 나타난다. 그래프를 보면 t가 충분히 큰 경우 $y(t)$는 초깃값인 10으로부터 시작해서 50에 수렴하는 모습을 보이고 있다. 일반적으로 이러한 극한은 균형 값(equilibrium value)이라고 하며 특수해와 동일하다. 여함수는 균형으로부터의 편차를 측정할 수 있다.

(b) 초기 조건이 다음과 같다면,

$$y(0) = 90$$

일반해에 $t = 0$을 대입할 수 있고,

$$y(t) = Ae^{-2t} + 50$$

따라서

$$y(0) = Ae^0 + 50 = 90$$

$A = 40$의 해를 갖는다. 결과적으로

$$y(t) = 40e^{-2t} + 50$$

t에 대한 y의 그래프는 그림 9.3의 위쪽 그림과 같이 나타난다. 그래프를 보면 $y(t)$는 초깃값인 90으로부터 감소하기 시작해서 50에 수렴하는 모습을 보이고 있다.

(c) 초기 조건이 다음과 같다면,

$$y(0) = 50$$

일반해에 $t = 0$을 대입할 수 있고,

$$y(t) = Ae^{-2t} + 50$$

따라서

$$y(0) = Ae^0 + 50 = 50$$

$A = 0$의 해를 갖는다. 따라서

$$y(t) = 50$$

t에 대한 y의 그래프는 그림 9.3의 수평선과 같이 나타난다. 이러한 경우 y값은 초기 균형 값과 동일하고, 항상 일정한 값을 유지한다.

주목해야 할 것은 $y(t)$의 해는 결국 초기 조건과 관계없이 균형 값에 수렴한다는 것이다. 다음과 같은 식에서 t의 계수는 음수이기 때문에,

$$CF = Ae^{-2t}$$

t가 증가함에 따라 CF는 0으로 수렴하는 것이다. 따라서 $m < 0$일 때 다음 방정식의 어떠한 해라도

$$y(t) = Ae^{mt} + D$$

수렴할 것이라고 기대할 수 있다.

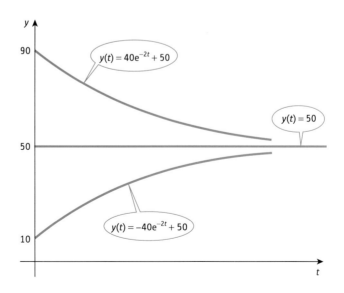

그림 9-3.

실전문제

2. 주어진 초기 조건으로부터 다음 미분방정식을 풀어라. t가 증가함에 따른 해의 성질을 설명하라.

$$\frac{dy}{dt} = 3y - 60; \quad y(0) = 30$$

앞선 예제와 실전문제 2의 결과는 다음과 같이 요약할 수 있다:

• 만약 $m < 0$라면 $y(t)$는 수렴한다.
• 만약 $m > 0$라면 $y(t)$는 발산한다.

t가 증가함에 따라 변수가 수렴할 때마다 경제모형은 안정적(stable)이라고 말할 수 있다. 위의 결과는 다음과 같은 경제모형에서

$$\frac{dy}{dt} = my + c$$

y가 음수일 때는 안정적이라는 것을 나타내고, 양수일 때는 불안정적이라는 것을 나타낸다. 물론 m이 0일 수도 있다. 따라서 미분방정식은 다음과 같고,

$$\frac{dy}{dt} = c$$

임의의 상수 d에 대하여 적분하면 다음과 같은 식을 구할 수 있다.

$$y(t) = \int c \, dt = ct + d$$

따라서 위의 모형은 c가 0이 아니라면 불안정하고, 이러한 경우 $y(t)$는 모든 t에 대하여 상수값 d를 갖는다.

이제 미분방정식을 미시경제학과 거시경제학 각각에 적용한 두 가지 예를 살펴보고자 한다:

• 국민소득결정
• 수요와 공급 분석

위의 예를 차례대로 살펴보자.

9.2.1 국민소득결정

일반적인 2부분 모형의 방정식은 다음과 같이 정의할 수 있다.

$$Y = C + I \qquad\qquad\qquad (1)$$
$$C = aY + b \qquad\qquad\qquad (2)$$
$$I = I^* \qquad\qquad\qquad (3)$$

우선 간략하게 보면, 위의 식은 경제가 이미 균형 상태에 있다는 것을 나타낸다. 식 (1)의 좌변은 생산요소에 대한 지불금으로 주어지는 기업에서 가계로 가는 자금의 흐름이다. 식의 우변은 기업이 투자의 형태나 가구의 재화 구입으로부터 얻는 총 자금의 흐름이다. 실제로 균형 값은 즉시 달성되지 않기 때문에 국민소득이 시간에 따라 어떻게 변하는지에 대한 다른 가정을 해야 한다. Y의 변화율은 초과 지출 $C + I - Y$에 비례한다고 가정하는 것이 합리적이며, 이것은 임의의 양의 조정계수(adjustment coefficient) α에 대한 다음과 같은 식으로 나타낼 수 있다.

$$\frac{dY}{dt} = \alpha(C + I - Y) \qquad\qquad\qquad (1')$$

위와 같은 식에 따르면

- $C + I > Y$일 때, $dY/dt > 0$을 구할 수 있고, 따라서 지출과 소득 사이의 균형을 이루기 위하여 Y는 증가한다.
- $C + I = Y$일 때, $dY/dt = 0$을 구할 수 있고, 따라서 Y는 균형조건에서 일정하게 유지된다.
- $C + I < Y$일 때, $dY/dt < 0$을 구할 수 있고, 따라서 지출과 소득 사이의 균형을 이루기 위하여 Y는 감소한다.

일반적인 식 (2)와 (3)을 새로운 식 (1')에 대입하면 다음과 같은 식을 구할 수 있고,

$$\frac{dY}{dt} = \alpha(aY + b + I^* - Y)$$
$$= \alpha(a - 1)Y + \alpha(b + I^*)$$

이와 같은 식을 이번 절에서의 표준형 미분방정식으로 구분한다.

예제

다음과 같은 2부분 모형을 생각해보자.

$$\frac{\mathrm{d}Y}{\mathrm{d}t} = 0.5(C + I - Y)$$

$$C = 0.8Y + 400$$

$$I = 600$$

$Y(0) = 7000$일 때 $Y(t)$에 대한 식을 구하라. 이러한 모형은 안정적인가 불안정적인가?

풀이

아래의 식에 C와 I에 대한 식을 대입하면,

$$\frac{\mathrm{d}Y}{\mathrm{d}t} = 0.5(C + I - Y)$$

다음과 같다.

$$\frac{\mathrm{d}Y}{\mathrm{d}t} = 0.5(0.8Y + 400 + 600 - Y)$$

$$= -0.1Y + 500$$

여함수는 다음과 같고,

$$\mathrm{CF} = A\mathrm{e}^{-0.1t}$$

임의의 상수 D에 대한 특수해를 구하기 위하여 다음과 같은 식을 쓸 수 있다.

$$Y(t) = D$$

위의 식을 미분방정식에 대입하면,

$$0 = -0.1D + 500$$

$D = 5000$의 해를 구할 수 있다. 따라서 일반해는 다음과 같다.

$$Y(t) = A\mathrm{e}^{-0.1t} + 5000$$

다음과 같은 초기 조건에 따라

$$Y(0) = 7000$$

아래의 식을 구할 수 있고,

$$A + 5000 = 7000$$

따라서 A는 2000이다. 해는 다음과 같다.

$$Y(t) = 2000\mathrm{e}^{-0.1t} + 5000$$

첫 번째 항이 음의 지수이기 때문에, t가 증가함에 따라 0으로 수렴한다. 결과적으로 $Y(t)$는 5000의 균형 값으로 수렴하고 따라서 모형은 안정적이다.

실전문제

3. 다음과 같은 2부분 모형을 생각해보자.

$$\frac{\mathrm{d}Y}{\mathrm{d}t} = 0.1(C + I - Y)$$

$$C = 0.9Y + 100$$

$$I = 300$$

$Y(0) = 2000$일 때 $Y(t)$에 대한 식을 구하라. 이러한 모형은 안정적인가 불안정적인가?

앞선 예제와 실전문제 3에서는 거시경제모형이 안정적이라는 것에 주목하였다. 일반식을 다시 생각해보면,

$$\frac{\mathrm{d}Y}{\mathrm{d}t} = \alpha(a - 1)Y + \alpha(b + I^*)$$

위와 같은 모형은 Y의 계수가 음수이기 때문에 항상 2부분 모형의 하나가 된다는 것을 쉽게 알 수 있다. 이것은 앞서 언급한 바와 같이 $\alpha > 0$이고, 한계소비성향 a가 1보다 작기 때문이다.

9.2.2 수요와 공급 분석

어떠한 양의 상수 a, b, c, d에 대한 일반적인 선형 단일재화시장모형을 정의하는 방정식은 다음과 같다.

$$Q_S = aP - t \tag{1}$$

$$Q_D = -cP + d \tag{2}$$

9.1절에서와 같이, 편의상 P에 대한 Q의 식으로 작성하였다. 앞에서는 다음과 같이 단순히 수요와 공급이 일치한다고 함으로써 균형 가격과 수량을 계산하였다:

$$Q_S = Q_D$$

위와 같은 관계를 적어보면, 암묵적으로 단숨에 균형이 이루어진다고 가정하고 있으며, 이러한 방식은 균형을 이루기까지의 과정을 생략하고 있다. 한 가지 가능한 가정은 가격변화율이 초과수요 $Q_D - Q_S$에 비례한다는 것이고, 이것은 어떠한 양의 조정계수 α에 대하여 다음과 같이 나타낼 수 있다.

$$\frac{dP}{dt} = \alpha(Q_D - Q_S)$$

위와 같은 식에 따르면,

- $Q_D > Q_S$일 때, $dP/dt > 0$을 구할 수 있고, 수요와 공급이 균형을 이루기 위하여 P는 증가한다.
- $Q_S = Q_D$일 때, $dP/dt = 0$을 구할 수 있고, P는 균형조건에서 일정하게 유지된다.
- $Q_D < Q_S$일 때, $dP/dt < 0$을 구할 수 있고, 수요와 공급이 균형을 이루기 위하여 P는 감소한다.

식 (1)과 (2)를 방정식 (3)에 대입하면 다음과 같은 일반적인 형태의 미분방정식을 구할 수 있다.

$$\frac{dP}{dt} = \alpha[(-cP + d) - (aP - b)] = -\alpha(a + c)P + \alpha(d + b)$$

예제

다음과 같은 시장모형을 생각해보자.

$$Q_S = 3P - 4$$

$$Q_D = -5P + 20$$

$$\frac{dP}{dt} = 0.2(Q_D - Q_S)$$

$P(0) = 2$일 때 $P(t)$, $Q_S(t)$, $Q_D(t)$에 대한 식을 구하라. 이러한 모형은 안정적인가 불안정적인가?

풀이

Q_D와 Q_S에 대한 식을 아래의 식에 대입하면,

$$\frac{dP}{dt} = 0.2(Q_D - Q_S)$$

다음과 같다.

$$\frac{dP}{dt} = 0.2[(-5P + 20) - (3P - 4)] = -1.6P + 4.8$$

여함수는 다음과 같고,

$$CF = Ae^{-1.6t}$$

어떠한 상수 D에 대한 특수해를 구하기 위하여 다음과 같은 식을 쓸 수 있다.

$$P(t) = D$$

위의 식을 미분방정식에 대입하면 다음과 같고,

$$0 = -1.6D + 4.8$$

$D = 3$의 해를 구할 수 있다. 따라서 일반해는 다음과 같다.

$$P(t) = Ae^{-1.6t} + 3$$

다음과 같은 초기 조건에 따라

$$P(0) = 2$$

아래의 식을 구할 수 있고,

→

$$A + 3 = 2$$

따라서 A는 -1이다. 해는 다음과 같다.

$$P(t) = -e^{-1.6t} + 3$$

수요와 공급 방정식에서 $Q_D(t)$와 $Q_S(t)$에 대응하는 식을 찾을 수 있고, 따라서

$$Q_S(t) = 3P - 4 = 3(-e^{-1.6t} + 3) - 4 = -3e^{-1.6t} + 5$$

$$Q_D(t) = -5P + 20 = -5(-e^{-1.6t} + 3) + 20 = 5e^{-1.6t} + 5$$

위의 세 가지 방정식은 모두 t가 증가할 때 0으로 수렴하는 음의 지수를 포함하고 있기 때문에 모형은 안정적이라는 것에 주목하자. 결과적으로 가격 $P(t)$는 균형 가격 3으로 수렴하고, $Q_S(t)$와 $Q_D(t)$는 모두 균형 수량 5로 수렴한다.

실전문제

4. 다음과 같은 시장모형을 생각해보자.

$$Q_S = 2P - 2$$

$$Q_D = -P + 4$$

$$\frac{dP}{dt} = \frac{1}{3}(Q_D - Q_S)$$

$P(0) = 1$일 때, $P(t)$, $Q_S(t)$, $Q_D(t)$에 대한 식을 구하라. 이러한 모형은 안정적인가 불안정적인가?

앞선 예제와 실전문제 4에서 단일재화시장모형은 안정적이라는 것에 주목하였다. 다음과 같은 일반식을 다시 살펴보면,

$$\frac{dP}{dt} = -\alpha(a + c)P + \alpha(d + b)$$

P의 계수가 음수이기 때문에 항상 안정적이라는 것을 확인할 수 있다. 또한 이것은 앞서 언급했듯이 α, a, c가 양수이기 때문에 가능한 것이다.

주요 용어

미분방정식(Differential equation)   미지의 함수에 대한 도함수를 연결하는 방정식.

미분방정식의 균형 값(Equilibrium value of a differential equation)   시간의 흐름에 영향을 받지 않는 미분방정식의 해; t가 무한대로 갈 때 $y(t)$의 극한값.

미분방정식의 여함수(Complementary function of a differential equation)   미분방정식 $\dfrac{dy}{dt} = my + c$에 대한 상수 c에 0을 대입했을 때의 해.

미분방정식의 일반해(General solution of a differential equation)   임의의 상수가 포함된 미분방정식의 해. 여함수와 특수해의 합.

미분방정식의 특수해(Particular solution of a differential equation) $\dfrac{dy}{dt} = my + c$와 같은 미분방정식의 해법 중 하나.

안정적 균형(Stable equilibrium)   관련된 미분방정식의 해가 수렴하는 경제모형.

임의의 상수(Arbitrary constant)   미분방정식에 대한 일반해의 불특정한 상수를 나타내는 문자.

조정계수(Adjustment coefficient)   국민소득의 변화율이 초과지출에 비례한다고 가정하는 단순한 거시경제모형의 비례상수.

초기 조건(Initial condition)   미분방정식의 유일한 해를 구하기 위하여 주어져야 하는 $Y(0)$의 값.

연습문제 9.2

1. 주어진 초기 조건에 따라 적분을 사용하여 각각의 미분방정식을 풀어라.

   (a) $\dfrac{dy}{dt} = 2t; \ y(0) = 7$ (b) $\dfrac{dy}{dt} = e^{-3t}; \ y(0) = 0$

   (c) $\dfrac{dy}{dt} = t^2 + 3t - 5; \ y(0) = 1$

2. 주어진 초기 조건에 따라 다음 미분방정식을 풀어라.

   $$\dfrac{dy}{dt} = -3y + 180$$

   (a) $y(0) = 40$ (b) $y(0) = 80$ (c) $y(0) = 60$

   각각의 해에 대한 성질을 설명하라.

3. 투자 원금은 \$60이다. 투자에 대한 t일 후의 가치 $I(t)$를 만족시키는 미분방정식은 다음과 같다.

   $$\dfrac{dI}{dt} = 0.002I + 5$$

   27일 후 투자에 대한 가치를 소수점 아래 둘째자리까지 계산하라.

4. 다음과 같은 2부분 모형을 생각해보자.

$$\frac{dY}{dt} = 0.5(C + I - Y)$$

$$C = 0.7Y + 500$$

$$I = 0.2Y + 500$$

$Y(0) = 15,000$일 때, $Y(t)$에 대한 식을 구하라. 이러한 모형은 안정적인가 불안정적인가?

5. 다음과 같은 2부분 모형을 생각해보자.

$$\frac{dY}{dt} = 0.3(C + I - Y)$$

$$C = 0.8Y + 300$$

$$I = 0.7Y + 600$$

$Y(0) = 200$일 때, $Y(t)$에 대한 식을 구하라. 이러한 모형은 안정적인가 불안정적인가?

6. 다음과 같은 시장모형을 생각해보자.

$$Q_S = 3P - 1$$

$$Q_D = -2P + 9$$

$$\frac{dP}{dt} = 0.5(Q_D - Q_S)$$

$P(0) = 1$일 때, $P(t)$, $Q_S(t)$, $Q_D(t)$에 대한 식을 찾아라. 이러한 모형은 안정적인가 불안정적인가?

7. 석유 매장량이 일정한 비율 $k > 0$로 감소한다고 할 때 다음과 같이 나타낼 수 있고,

$$\frac{dN}{dt} = -kN$$

여기서 N은 t년 후에 남아 있는 석유의 양을 나타낸다.

(a) 현재 석유 매장량이 A배럴이라고 할 때, $N(t)$에 대한 식을 적어라.

(b) 현재 매장량이 $(\ln 2)/k$라고 할 때 이것이 절반으로 줄어드는 데 걸리는 시간을 계산하라.

연습문제 9.2*

1. 초기 조건 $y(0) = 4$일 때, 다음 미분방정식의 해를 구하라.

$$\frac{dy}{dt} = 3t^2 - \frac{4}{\sqrt{t}}$$

2. 다음과 같은 시장모형을 생각해보자.

$$Q_S = 4P - 3$$

$$Q_D = -2P + 13$$

$$\frac{dP}{dt} = 0.4(Q_D - Q_S)$$

$P(0) = 2$일 때, $Q_D(t)$에 대한 식을 구하라.

3. \$4000의 원금이 연이자율 6%로 투자되었고, t년 후 투자금액에 대한 미래가치는 $S(t)$라고 할 때 다음과 같이 나타낼 수 있다.

$$\frac{dS}{dt} = 0.06S$$

(a) 위의 식을 t에 대한 S의 식으로 풀어라.

(b) 모형이 어떻게 구성되어 있는지 설명하라.

4. 초기 조건 $y(0) = 10$일 때, 다음 미분방정식을 풀어라.

$$\frac{dy}{dt} = 8e^{-2t}$$

t에 대한 y의 그래프를 그려라.

5. 다음과 같은 2부분 모형을 생각해보자.

$$\frac{dY}{dt} = 0.4(C + I - Y)$$

$$C = 0.6Y + 400$$

$$I = 0.8Y + 500$$

$Y(0) = 100$일 때, $Y(2.4)$에 가장 근사하는 정수 값을 구하라.

6. 다음과 같은 2부분 거시경제모형을 생각해보자.

$$\frac{dY}{dt} = 0.2(C + I - Y)$$

$$C = 0.8Y + 420$$

$$I = 300$$

(a) $Y(0) = 800$일 때, $Y(t)$에 대한 식을 구하라.

(b) 위의 결과에 따라 저축함수 $S(t)$에 대한 식을 구하라.

(c) 소득이 4150으로 감소하는 데 걸리는 시간을 구하고, 현재의 소득변화율을 구하라. 답을 가장 근사하는 정수로 써라.

7. 다음 식은 시간과 경제 변수 간의 관계를 나타내고 있다.

$$R(t) = \frac{6}{1 + t^2} + 3e^{-0.4t}$$

균형 값 R을 구하라.

8. 경제성장의 단순한 모형은 세 가지 가정을 전제하고 있다.

(1) 저축 S는 소득 Y에 비례하기 때문에,

$$S = \alpha Y \quad (\alpha > 0)$$

(2) 투자 I는 Y의 변화율에 비례하기 때문에,

$$I = \beta \frac{dy}{dt} \quad (\beta > 0)$$

(3) 투자와 저축은 일치하기 때문에

$$I = S$$

위의 조건에 따라 $Y(0)$에 대한 $Y(t)$의 식을 적어라. 이러한 모형은 안정적인가 불안정적인가?

9. 다음 모형은 초기 조건 $S(0) = C$로부터 신제품의 t개월 후 월별 판매량 $S(t)$을 나타내는 미분방정식이다.

$$\frac{dS}{dt} = k(M - S)$$

여기서 k, M, C는 양의 상수이다.

(a) $S(t) = M(1 - e^{-kt}) + Ce^{-kt}$임을 보여라.

(b) t에 대한 S의 그래프를 그리고, 장기적으로 판매량을 예측하여 설명하라.

(c) $S(0) = 100$, $S(6) = 2000$, $M = 5000$이라면, 위의 모형에 따라 향후 1년간 월별 매출을 예측하라.

10. 다음과 같은 식이

$$y(t) = Ae^{mt} - \frac{c}{m}$$

아래와 같은 식의 해가 되는 것을 미분방정식에 대입하여 증명하라.

$$\frac{dy}{dt} = my + c$$

11. 다음과 같은 미분방정식을 생각해보자.

$$\frac{dy}{dt} = -2y + 5e^{3t}$$

(a) 여함수를 구하라.

(b) 주어진 식에 $y = De^{3t}$를 대입하여 특수해를 찾아라.

(c) (a)와 (b)의 결과를 이용하여 일반해를 구하고 결과에 따라 초기 조건 $y(0) = 7$을 만족시키는 정확한 해를 구하라.

(d) (c)에서 구한 결과가 안정적인가 불안정적인가?

12. 다음과 같은 미분방정식을 생각해보자.

$$\frac{dy}{dt} = -y + 4t - 3$$

(a) 여함수를 구하라.

(b) 주어진 식에 $y = Dt + E$를 대입하여 특수해를 찾아라.

(c) (a)와 (b)의 결과를 이용하여 일반해를 구하고 결과에 따라 초기 조건 $y(0) = 1$을 만족시키는 정확한 해를 구하라.

(d) (c)에서 구한 결과가 안정적인가 불안정적인가?

수학 심화학습

9.1절에서 다루었던 차분방정식의 해를 정식으로 도출하면서 이번 장을 마무리하고자 한다:

$Y_t = bY_{t-1} + c$ 그리고 $Y_0 = a$.

$t = 1, 2, 3$을 순서대로 적어보면

$Y_1 = bY_0 + c = ab + c$

$Y_2 = bY_1 + c = b(ab + c) + c = ab^2 + bc + c$

$Y_3 = bY_2 + c = b(ab^2 + bc + c) + c = ab^3 + b^2c + bc + c$

이어서 적어보면

$Y_t = ab^t + b^{t-1}c + b^{t-2}c + \ldots + b^2c + bc + c$

$\quad = ab^t + c(1 + b + b^2 + \ldots + b^{t-1})$

괄호 안의 식은 b의 비율을 갖는 등비급수의 첫 번째 t 항을 나타낸다. 만약 $b \neq 1$이라고 가정한다면 다음과 같이 쓸 수 있고,

$$Y_t = ab^t + c\left(\frac{b^t - 1}{b - 1}\right)$$

$$= \left(a + \frac{c}{b-1}\right)b^t - \frac{c}{b-1}$$

따라서 9.1절에서 사용한 '$Y_t = Ab^t + PS$'의 양식을 확인할 수 있다.

예제

차분방정식 $Y_t = -2Y_{t-1} + 9$; $Y_0 = 4$를 풀어라.

풀이

일반해에 $a = 4$, $b = -2$, $c = 9$를 대입하면 다음과 같다.

$$Y_t = \left(4 + \frac{9}{-2-1}\right)(-2)^t - \frac{9}{-2-1} = (-2)^t + 3$$

위의 식은 9.1절 실전문제 2(b)에서 다루었던 것과 동일한 차분방정식이다.

해답

CHAPTER 1

Section 1.1

실전문제

1 (a) -30 (b) 2 (c) -5

   (d) 5 (e) 36 (f) -1

2 (a) -1 (b) -7 (c) 5

   (d) 0 (e) -91 (f) -5

3 (a) 19 (b) 1500 (c) 32 (d) 35

4 (a) $x+9y$ (b) $2y+4z$ (c) 불가능한

   (d) $8r^2+s+rs-3s^2$ (e) $-4f$

   (f) 불가능한   (g) 0

5 (a) $5z-2z^2$ (b) $-3y$ (c) $z-x^2$

6 (a) $7(d+3)$ (b) $4(4w-5q)$

   (c) $3(3x-y+3z)$ (d) $5Q(1-2Q)$

7 (a) x^2+x-6 (b) x^2-y^2

   (c) $x^2+2xy+y^2$

   (d) $5x^2-3xy+5x-2y^2+2y$

8 (a) $(x+8)\,(x-8)$

   (b) $(2x+9)\,(2x-9)$

연습문제 1.1 (p. 21)

1 (a) -20 (b) 3 (c) -4 (d) 1

   (e) -12 (f) 50 (g) -5 (h) 3

   (i) 30 (j) 4

2 (a) -1 (b) -3 (c) -11 (d) 16

   (e) -1 (f) -13 (g) 11 (h) 0

   (i) -31 (j) -2

3 (a) -3 (b) 2 (c) 18 (d) -15

   (e) -41 (f) -3 (g) 18 (h) -6

   (i) -25 (j) -6

4 (a) $2PQ$ (b) $8I$ (c) $3xy$

   (d) $4qwz$ (e) b^2 (f) $3k^2$

5 (a) $19w$ (b) $4x-7y$ (c) $9a+2b-2c$

   (d) x^2+2x (e) $4c-3cd$ (f) $2st+s^2+t^2+9$

6 (a) 10 (b) 18 (c) 2000

   (d) 96 (e) 70

7 (a) 1 (b) 5 (c) -6 (d) -6

   (e) -30 (f) 44

8 (a) 16

   (b) 계산으로 표현된 -42, 당신의 계산기는 BIDMAS 를 사용하므로 먼저 16을 얻고 0에서 빼서 최종 답을 얻는다(-16). 올바른 답을 얻으려면, 대괄호를 사용해야 한다:

     ($-$ 4   ) x^2 =

9 (a) 9 (b) 21; 아니다

10 (a) 43.96 (b) 1.13 (c) 10.34 (d) 0.17

   (e) 27.38 (f) 3.72 (g) 62.70 (h) 2.39

11 (a) $7x-7y$ (b) $15x-6y$

   (c) $4x+12$ (d) $21x-7$

   (e) $3x+3y+3z$ (f) $3x^2-4x$

   (g) $-2x-5y+4z$

12 (a) $5(5c+6)$ (b) $9(x-2)$

   (c) $x(x+2)$ (d) $4(4x-3y)$

   (e) $2x(2x-3y)$ (f) $5(2d-3e+10)$

13 (a) $x^2+7x+10$ (b) a^2+3a-4

   (c) $d^2-5d-24$ (d) $6s^2+23s+21$

   (e) $2y^2+5y+3$ (f) $10t^2-11t-14$

   (g) $9n^2-4$ (h) $a^2-2ab+b^2$

14 (a) $6x+2y$ (b) $11x^2-3x-3$

(c) $14xy+2x$

(d) $6xyz+2xy$

(e) $10a-2b$

(f) $17x+22y$

(g) $11-3p$

(h) x^2+10x

15 (a) $(x+2)(x-2)$

(b) $(Q+7)(Q-7)$

(c) $(x+y)(x-y)$

(d) $(3x+10y)(3x-10y)$

16 (a) $4x^2+8x-2$

(b) $-13x$

17 $S = 1.2N+3000E+1000(A-21)$；$\$204,000$

18 (a) $C = 80+60L+K$

(b) $C = 10+1.25x$

(c) $H = 5a+10b$

(d) $X = Cd+cm$

연습문제 1.1* (p. 24)

1 (a) 3

(b) 5

(c) -7

2 (a) $2-7-(9+3) = -17$

(b) $8-(2+3)-4 = -1$

(c) $7-(2-6+10) = 1$

3 (a) -6

(b) 6

(c) -5

(d) -96

(e) -1

(f) 6

(g) $\dfrac{5}{4}$

(h) 63

4 (a) 6

(b) 2

(c) 5

5 $-y^2+xy-5x+2y-6$

6 (a) $2x-2y$

(b) $2x$

(c) $-2x+3y$

7 (a) $x^2-2x-24$

(b) $6x^2-29x+35$

(c) $6x^2+2xy-4x$

(d) $12-2g+3h-2g^2+gh$

(e) $2x-2x^2-3xy+y-y^2$

(f) $a^2-b^2-c^2-2bc$

8 (a) $3(3x-4y)$

(b) $x(x-6)$

(c) $5x(2y+3x)$

(d) $3xy(y-2x+4)$

(e) $x^2(x-2)$

(f) $5xy^3(12x^3y^3-3xy+4)$

9 (a) $(p+5)(p-5)$

(b) $(3c+8)(3c-8)$

(c) $2(4v+5d)(4v-5d)$

(d) $(4x^2+y^2)(2x+y)(2x-y)$

10 (a) $112,600,000$

(b) 1.7999

(c) $283\,400$

(d) $246,913,577$

11 (a) $\pi = 12y-3x-800$

(b) $\$5800$

(c) $0 \le y \le x$

(d) $\pi = 9x-800$

12 (a) $2KL(L+2)$

(b) $(L-0.2K)(L+0.2K)$

(c) $(K+L)^2$

Section 1.2

실전문제

1 (a) $\dfrac{3}{5}$

(b) $\dfrac{4}{5}$

(c) $\dfrac{1}{2y}$

(d) $\dfrac{1}{2+3x}$

(e) $\dfrac{1}{x-4}$

2 (a) $\dfrac{3}{8}$

(b) $\dfrac{1}{2}$

(c) $\dfrac{3}{4}$

(d) $\dfrac{1}{18}$

3 (a) $\dfrac{2}{7}$

(b) $\dfrac{11}{15}$

(c) $\dfrac{5}{36}$

4 (a) $\dfrac{5}{x+2}$

(b) $\dfrac{x(x+1)}{x+10}$

(c) $\dfrac{5}{x+1}$

(d) $\dfrac{(x+3)}{(x+1)(x+2)}$

5 (a) 6

(b) 12

(c) $-\dfrac{3}{4}$

(d) $\dfrac{9}{5}$

(e) $-\dfrac{3}{2}$

6 (a) $12>9$ (참)

(b) $12>6$ (참)

(c) $3>0$ (참)

(d) (c)와 같다

(e) $2>1$ (참)

(f) $-24>-12$ (거짓)

(g) $-6>-3$ (거짓)

(h) $2>-1$ (거짓)

(i) $-4>-7$ (참)

7 (a) $x>-7$

(b) $x \ge 2$

연습문제 1.2 (p. 45)

1 (a) $\dfrac{1}{2}$

(b) $\dfrac{3}{4}$

(c) $\dfrac{3}{5}$

(d) $\dfrac{1}{3}$

(e) $\dfrac{4}{3}=1\dfrac{1}{3}$

2 (a) $\dfrac{7}{20}$

(b) $\dfrac{14}{25}$

(c) $1\dfrac{3}{5}$

3 (a) $\dfrac{2x}{3}$

(b) $\dfrac{1}{2x}$

(c) $\dfrac{1}{ac}$

(d) $\dfrac{2}{3xy}$

(e) $\dfrac{3a}{4b}$

4 (a) $\dfrac{p}{2q+3r}$

(b) $\dfrac{1}{x-4}$

(c) $\dfrac{b}{2a+1}$

(d) $\dfrac{2}{3-e}$

(e) $\dfrac{1}{x-2}$

5 $\dfrac{x-1}{2x-2} = \dfrac{x-1}{2(x-1)} = \dfrac{1}{2}$; 다른 두 가지는 분자/분모에 공통 요소가 없다.

6 (a) $\dfrac{3}{7}$ (b) $-\dfrac{1}{3}$ (c) $\dfrac{5}{6}$ (d) $\dfrac{7}{20}$

(e) $\dfrac{7}{18}$ (f) $\dfrac{5}{6}$ (g) $\dfrac{5}{8}$ (h) $\dfrac{2}{5}$

(i) $\dfrac{7}{12}$ (j) $\dfrac{1}{30}$ (k) $\dfrac{2}{27}$ (l) $\dfrac{21}{2} = 10\dfrac{1}{2}$

7 38

8 (a) $\dfrac{1}{x}$ (b) $\dfrac{2}{5}$ (c) $\dfrac{3x-2}{x^2}$

(d) $\dfrac{7y+2x}{xy}$ (e) 3 (f) $\dfrac{15c+10d}{36}$

(g) $\dfrac{x+2}{x+3}$ (h) $\dfrac{18h^2}{7}$ (i) $\dfrac{t}{20}$ (j) 1

9 (a) 5 (b) 6 (c) 18 (d) 2

(e) 10 (f) -1 (g) 60 (h) $1\dfrac{2}{3}$

(i) -5 (j) -3 (k) -2 (l) $-3\dfrac{2}{3}$

(m) $3\dfrac{1}{4}$ (n) 3 (o) $\dfrac{1}{4}$

10 (a), (d), (e), (f)

11 (a) $x>1$ (b) $x\le 3$ (c) $x<-3$ (d) $x>2$

12 $\dfrac{2}{x^3}$

13 (a) $-\dfrac{7}{26}$ (b) $x\le 10$

연습문제 1.2* (p. 49)

1 (a) $\dfrac{x-3}{2}$ (b) $\dfrac{3}{2x-1}$ (c) 4

(d) -1 (e) $\dfrac{1}{x-6}$ (f) $\dfrac{x+3}{x+4}$

(g) $\dfrac{1}{2x^2-5x+3}$ (h) $\dfrac{2x+5y}{3}$

2 (a) $\dfrac{5}{7}$ (b) $\dfrac{1}{10}$ (c) $\dfrac{3}{2}$ (d) $\dfrac{5}{48}$

(e) $\dfrac{8}{13}$ (f) $\dfrac{11}{9}$ (g) $\dfrac{141}{35}$ (h) $\dfrac{34}{5}$

(i) 6 (j) $\dfrac{7}{10}$ (k) $\dfrac{7}{9}$ (l) 4

3 (a) $x+6$ (b) $\dfrac{x+1}{x}$ 혹은 동등하게 $1+\dfrac{1}{x}$

(c) $\dfrac{5}{xy}$ (d) $\dfrac{5x+2}{6}$

4 (a) $-\dfrac{11}{7}$ (b) 1 (c) $-\dfrac{35}{9}$ (d) 8

(e) $\dfrac{4}{5}$ (f) $\dfrac{1}{4}$ (g) $-\dfrac{11}{7}$ (h) 8

(i) 9 (j) $\dfrac{71}{21}$ (k) 7 (l) -9

(m) 1 (n) -5 (o) 3 (p) 5

5 $1.6+\dfrac{5x}{7}=6.75;\;\;$ \$7.21

6 (a) \$3221.02 (b) \$60,000 (c) 10

7 (a) $x<-8\dfrac{3}{5}$ (b) $x>-\dfrac{12}{13}$ (c) $x\le 13$

(d) $x>-3$ (e) $-1<x\le 3$

8 (a) $9000+50x$

(b) $10,800 \le 9000+50x \le 12,500;\;\;36\le x\le 70$

9 $-3,\,-2,\,-1,\,0$

10 (a) $\dfrac{3}{2x-1}$ (b) -1 (c) $x\ge\dfrac{11}{5}$

11 $\dfrac{x(x-1)}{2}$

Section 1.3

실전문제

1 그림 S1.1에서 다섯 점 모두 직선상에 놓여 있음을 주목하라.

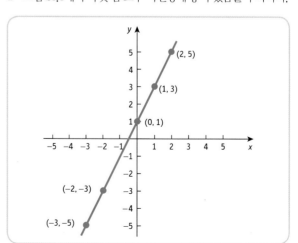

그림 S1.1

2

좌표	확인	
$(-1, 2)$	$2(-1)+3(2) = -2+6 = 4$	✓
$(-4, 4)$	$2(-4)+3(4) = -8+12 = 4$	✓
$(5, -2)$	$2(5)+3(-2) = 10-6 = 4$	✓
$(2, 0)$	$2(2)+3(0) = 4+0 = 4$	✓

그래프는 그림 S1.2에 그려져 있다.

그래프는 $(3, -1)$이 선상에 있지 않음을 보여준다.

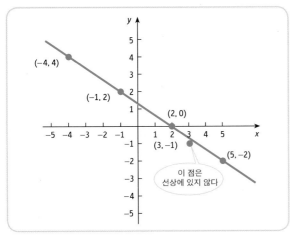

그림 S1.2

3 $(2, 1)$과 $(-2, -5)$는 선상에 있다. 이 선은 그림 S1.3에 그려져 있다.

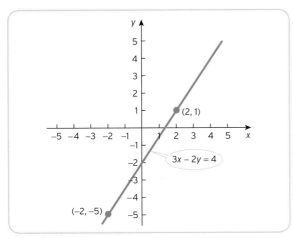

그림 S1.3

4 $(0, -1)$과 $(2, 0)$는 선상에 있다. 이 선은 그림 S1.4에 그려져 있다.

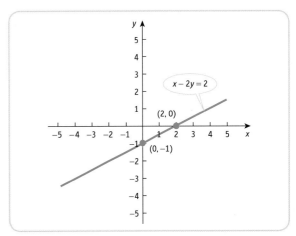

그림 S1.4

5 그림 S1.5에서 교차점은 $(1, -1/2)$이다.

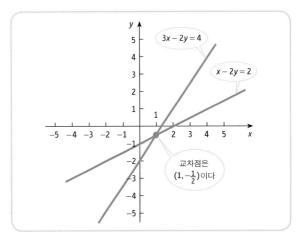

그림 S1.5

6 (a) $a=1$, $b=2$. 그래프는 그림 S1.6에 그려져 있다.

(b) $a=-2$, $b=1/2$. 그래프는 그림 S1.7에 그려져 있다.

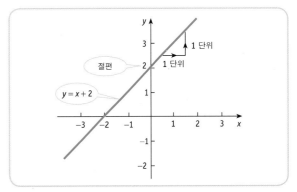

그림 S1.6

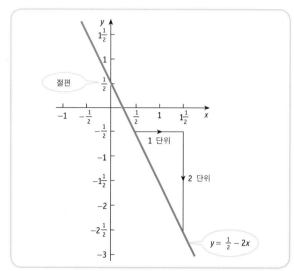

그림 S1.7

연습문제 1.3 (p. 66)

1 그림 S1.8에서 교점은 (2, 3)이다.

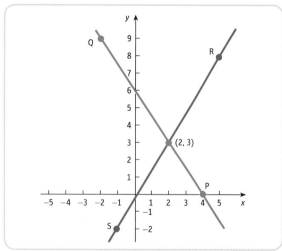

그림 S1.8

2 (a) 그래프는 그림 S1.9에 그려져 있다.

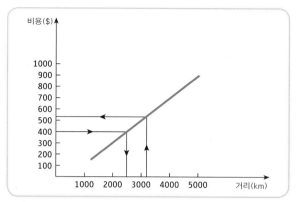

그림 S1.9

(b) (i) $540   (ii) 2500 km

3 A, C, D, E

4 (a) 6   (b) −1; (6, 2), (1, −1)

5

x	y
0	8
6	0
3	4

그래프는 그림 S1.10에 그려져 있다.

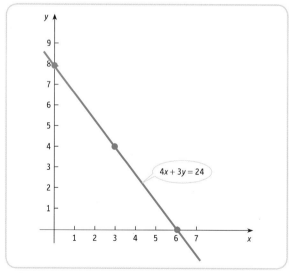

그림 S1.10

6 (a) $(-2, -2)$ (b) $(2, 1\frac{1}{2})$ (c) $(1\frac{1}{2}, 1)$ (d) $(10, -9)$

7 (a) 5, 9   (b) 3, -1   (c) -1, 13   (d) 1, 4

   (e) $-2, \frac{5}{2}$ (f) 5, -6

8 (a) 그래프는 그림 S1.11에 그려져 있다.

   (b) 그래프는 그림 S1.12에 그려져 있다.

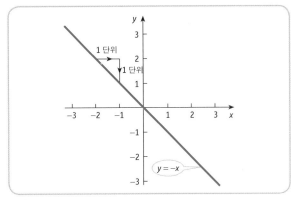

그림 S1.11

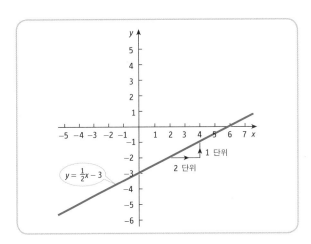

그림 S1.12

9 (a) $C = 4 + 2.5x$

   (b) 그래프는 그림 S1.13에 그려져 있다.

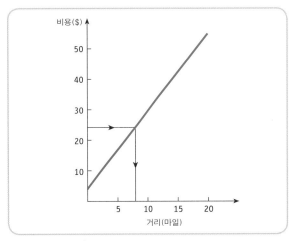

그림 S1.13

   (c) 8마일

10 (a) 그래프는 그림 S1.14에 그려져 있다.

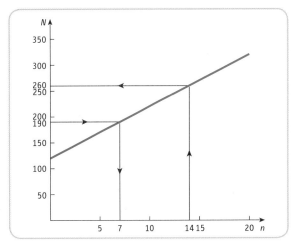

그림 S1.14

   (b) (i) $N = 260$ (ii) $n = 7$

   (c) 기울기=10; 이것은 각 카페에 고용된 직원의 수이
       다. 절편=120; 회사를 관리하는 직원 수.

11 (a) $9000   (b) $18,600 (c) $500   (d) $12

연습문제 1.3* (p. 68)

1 (5, −2), (10, 1), (0, −5)

2 (a) (2, 5)   (b) (1, 4)   (c) (−2, 3)   (d) (−8, 3)

3 (a) 7, −34   (b) −1, 1   (c) $\frac{3}{2}$, −3   (d) 2, $\frac{5}{2}$
   (e) $\frac{1}{5}$, 0   (f) 0, 2
   (g) 수직선, $x=4$는 기울기가 없으며 y−축을 만나지 않는다.

4 (b)와 (d)

5 (a) $0.5x+70$ (b) $x+20$ (c) 100

6 (a) −12   (b) $b = 408$ (c) $M = 300$
   (d) $P = \$20$

7 (1) 기울기는 각각 $-\frac{a}{b}$ 및 $-\frac{d}{e}$인 $ae=bd$인 $\frac{a}{b} = \frac{d}{e}$일 때 선은 평행하다.
   (2) 평행선으로 해답이 존재하지 않는다.

8 $\left(0, \frac{c}{b}\right), \left(\frac{c}{a}, 0\right)$

Section 1.4

실전문제

1 (a) $x = 1, y = -\frac{1}{2}$ (b) $x = 3, y = 2$

2 (a) 답이 없다.
   (b) 무한개의 많은 해답이 존재한다.

3 $x = 1, y = -1, z = 1$

연습문제 1.4 (p. 83)

1 (a) $x = -2, y = -2$ (b) $x = 2, y = 3/2$
   (c) $x = 3/2, y = 1$ (d) $x = 10, y = -9$

2 (a) $x+y = 3500$
       $30x+25y = 97,500$
   (b) 1500

3 선들이 그림 S1.15에 그려져 있다.
   (a) 무한개로 많이
   (b) 답이 없음

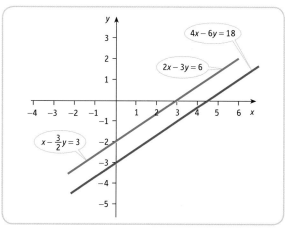

그림 S1.15

4 (a) 무한개로 많이   (b) 답이 없음

5 $k = -1$

연습문제 1.4* (p. 84)

1 (a) $x = 2, y = 5$ (b) $x = 1, y = 4$
   (c) $x = -2, y = 3$ (d) $x = -8, y = 3$

2 (a) $a = 4, b = 8$ (b) $a = -3, b \neq \frac{1}{2}$

3 첫 번째 방정식에 d를 곱하고 두 번째 방정식에 a를 곱하여 x를 제거하라.

4 (a) $x = 3, y = -2, z = -1$
   (b) $x = -1, y = 3, z = 4$

5 (a) 답이 없음
   (b) 무한개로 많이

6 $k = 6$; 그렇지 않으면 답이 없음.

7 $98.85

Section 1.5

실전문제

1 (a) 0   (b) 48   (c) 16   (d) 25
   (e) 1   (f) 17

함수 g는 f의 효과를 반전시키고 시작한 곳으로 되돌아간다. 예를 들어, 만약 25를 함수 f에 넣으면, 발신 번호는 0이다; 그리고 0을 g에 넣으면 원래 숫자인 25가 생성된다. 우리는 g가 f의 역(그리고 그 반대)이라고 말함으로써 이것을 설명한다.

2 (0, 75)와 (25, 0)을 통과하는 수요 곡선은 그림 S1.16 에서 그려진다. 이 다이어그램으로부터 우리는 다음을 본다.

(a) $P = 6$일 때 $Q = 23$

(b) $Q = 19$일 때 $P = 18$

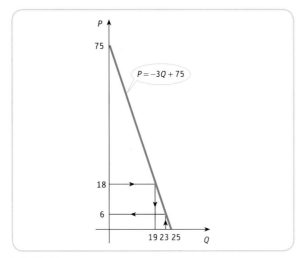

그림 S1.16

3 (a) $Q = 21$과 $P = 36$

(b) $Q = 18$과 $P = 48$. 소비자는 추가로 \$12를 지불한다. 세금의 나머지 \$1는 회사에서 지불한다.

4 $P_1 = 4$, $P_2 = 7$, $Q_1 = 13$, $Q_2 = 14$. 상품은 보완재이다.

연습문제 1.5 (p. 103)

1 (a) 21   (b) 45

(c) 15   (d) 2

(e) 10   (f) 0; 역수

2 공급 곡선은 그림 S1.17에 그려져 있다.

(a) 11   (b) 9

(c) 0; 가격이 7 아래로 떨어지면 회사는 어떤 상품도 생산할 계획이 없다.

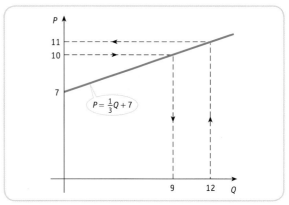

그림 S1.17

3 (a) 수요는 173이다. 추가 광고 비용은 12이다.

(b) 정상재

4 (a) 23

(b) 대체 가능한; P_A의 증가는 Q의 증가로 이어진다.

(c) 6

5 $a = -6$, $b = 720$

6 (a) 20, 10, 45; 선은 이 세 점을 통과한다.

(b) (50, 0)과 (0, 50)을 통과한 선은 $Q=20$, $P=30$

(c) 균형 가격은 상승한다; 균형량은 증가한다.

7 6

8 $P_1=40$, $P_2=10$; $Q_1=30$, $Q_2=55$

9 (a) $Q=30$

(b) 대체 가능한; 예를 들어 P_r의 계수가 양수이기 때문에.

(c) $P = 14$

(d) (i) 기울기 $= -20$, 절편 $= 135$

(ii) 기울기 $= -\dfrac{1}{20}$, 절편 $= 6.75$

연습문제 1.5* (p. 105)

1 (a) P_S가 올라감에 따라, 소비자들은 고려 중인 재화로 전환할 가능성이 있으므로 이 재화에 대한 수요도 증가한다: 즉, 그래프가 오른쪽으로 이동한다.

(b) P_C가 올라감에 따라 전체 상품 묶음에 대한 수요가 줄어들기 때문에 그래프가 왼쪽으로 이동한다.

(c) 광고가 선전을 촉진하고 성공한다고 가정하면 수요가 증가하고 그래프는 오른쪽으로 이동한다. 마약과 같은 일부 상품의 경우 광고 캠페인은 소비를 막기 위한 것이므로 그래프가 왼쪽으로 이동한다.

2 $m = -\dfrac{3}{2}, \quad c = 9$

3 0과 30

4 (1) $P = 30, \ Q = 10$

(2) 새로운 공급 방정식은 0.85이다.

$P = 2Q_S + 10; \ P = 33.6, \ Q = 9.28.$

5 (a) 17, 9   (b) \$324

6 $P_1 = 20, \ P_2 = 5, \ P_3 = 8; \ Q_1 = 13, \ Q_2 = 16, \ Q_3 = 11$

7 $P = 2Q_S + 40 + t$에 대한 공급 방정식을 변경하라. 균형에서

$-3Q + 60 = 2Q + 40 + t$

$-5Q = -20 + t$

$Q = 4 - \dfrac{t}{5}$

$P = 48 + \dfrac{3}{5}t$을 얻기 위해 대입한다.

(a) $t = 5$; 회사는 \$2를 지불한다.

(b) $P = 45, \ Q = 5$

8 (a) $a > 0, \ b > 0, \ c < 0, \ d > 0$

(b) $Q = \dfrac{d - b}{a - c}, \ P = \dfrac{ad - bc}{a - c}$

Section 1.6

실전문제

1 (a) $Q = 8$

(b) $Q = 2P - 26$ (괄호 곱셈하기)

(c) $Q = 2 \times 17 - 26 = 8$

2 (a) $x = \sqrt{\dfrac{y}{6}}$ (b) $x = \dfrac{1}{7}\left(\dfrac{1}{y} + 1\right)$

3 (a) $x = \left(\dfrac{1+a}{1-c}\right)y$ (b) $x = \dfrac{-2 - 4y}{y - 1}$

연습문제 1.6 (p. 117)

1 $Q = \dfrac{1}{2}P - 4; \ 22$

2 (a) $y = 2x + 5$ (b) $y = 2(x+5)$

(c) $y = \dfrac{5}{x^2}$ (d) $y = 2(x+4)2 - 3$

3 (a) 5를 곱한다. 3을 더한다.

(b) 3을 더한다. 5를 곱한다.

(c) 6을 곱한다. 9를 뺀다.

(d) 4로 제곱한다. 6을 뺀다.

(e) 2로 나눈다. 7을 더한다.

(f) 역수를 취한다. 2로 곱한다.

(g) 3을 더한다. 역수를 취한다.

4 (a) $x = \dfrac{1}{9}(y + 6)$ (b) $x = 3y - 4$

(c) $x = 2y$ (d) $x = 5(y - 8)$

(e) $x = \dfrac{1}{y} - 2$ (f) $x = \dfrac{1}{3}\left(\dfrac{4}{y} + 7\right)$

5 (a) $P = \dfrac{Q}{a} - \dfrac{b}{a}$ (b) $Y = \dfrac{b + 1}{1 - a}$

(c) $P = \dfrac{1}{aQ} - \dfrac{b}{a}$

6 $x = \dfrac{3}{y + 2}$

7 (a) $D = \dfrac{HQ^2}{2R}$ (b) $H = \dfrac{2DR}{Q^2}$

연습문제 1.6* (p. 118)

1 (1) (a) 9를 곱한다. 1을 더한다.

(b) −1로 곱한다. 3을 더한다.

(c) 5로 제곱한다. 8을 뺀다.

(d) 3을 곱한다. 5의 제곱근을 더한다.

(e) 제곱한다 8을 더한다. 역수를 취한다. 4를 곱한다.

(2) (a) $x = \dfrac{y - 1}{9}$ (b) $x = 3 - y$

(c) $x = \pm\sqrt{\dfrac{y + 8}{5}}$ (d) $x = \dfrac{y^2 - 5}{3}$

(e) $x = \pm\sqrt{\dfrac{4}{y} - 8}$

2 (a) $x = \dfrac{c - a}{b}$ (b) $x = \dfrac{a^2 - b}{a + 1}$

(c) $x = (g - e)^2 - f$ (d) $x = \dfrac{ma^2}{b^2} + n$

(e) $x = \dfrac{n^2}{m^2} + m$ (f) $x = \left(\dfrac{a^2 + b^2}{b - a}\right)^2$

3 $t = \dfrac{V + 1}{V - 5}; \ 11$

4 $r = 100\left(\sqrt[n]{\dfrac{S}{P}} - 1\right)$

5 (a) $G = Y(1-a+at) + aT - b - I$

(b) $T = \dfrac{G + b + I - Y(1 - a + at)}{a}$

(c) $t = \dfrac{G + b + I - Y + aY - aT}{aY}$

(d) $a = \dfrac{G + b + I - Y}{T - Y + tY}$

Section 1.7

실전문제

1 $S = 0.2Y - 25$ (항들을 모은다)

2 $Y = 210$; $Y = 215$

3 $Y = 400$

4 $Y = 2950$; $r = 8$

교차점은 좌표(8, 2950)을 가지고 있기 때문에, 그림 S1.18의 IS 곡선과 LM 곡선은 이를 확인한다. I의 변화는 LM 일정에 영향을 미치지 않는다. 그러나 자율적인 투자 수준이 현재 수준인 1200에서 증가하면 IS 일정의 오른쪽이 올라간다. IS 곡선이 위쪽으로 이동하여 r과 Y가 모두 증가한다.

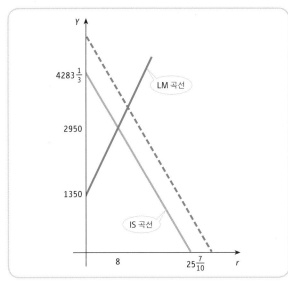

그림 S1.18

연습문제 1.7 (p. 136)

1 MPC $= 0.75$; MPS $= 0.25$

2 (a) MPC $= 0.7$; MPS $= 0.3$

(b) $C = 0.7Y + 100$

3 (a) 40

(b) 0.7; $Y = \dfrac{10}{7}(C - 40)$; 100

4 (a) $S = 0.1Y - 72$ (b) $S = 0.2Y - 100$

5 (a) 325   (b) 225   (c) 100

6 $10a + b = 28$

$30a + b = 44$

$a = 0.8$, $b = 20$; $Y = 165$

7 187.5

연습문제 1.7* (p. 137)

1 (a) $S = 0.3Y - 30$ (b) $S = \dfrac{10Y - 500}{Y + 10}$

2 $C = \dfrac{aI^* + b}{1 - a}$

3 $a = \dfrac{Y - b - I^*}{Y}$

4 825

5 $Y = 2500$, $r = 10$

6 $a = \dfrac{Y - 74}{Y - 20}$; $a = 0.6$, $C = 131$

7 (a) 증가한다   (b) 감소한다

CHAPTER 2

Section 2.1

실전문제

1 (a) $x = \pm 10$ (b) $x = \pm 2$

(c) $x = \pm 1.73$ (d) $x = \pm 2.39$

(e) 해가 없다   (f) 해가 없다

(g) $x = 0$

2 (a) $x = 10$ 그리고 $-\dfrac{1}{2}$ (b) $x = -\dfrac{3}{2}$

(c) 해가 없다   (d) $x = 2$ 그리고 3

3 (a)

x	-2	-1	0	1	2	3	4
$f(x)$	-22	-12	-6	-4	-6	-12	-22

그래프는 그림 S2.1에 그려져 있다.

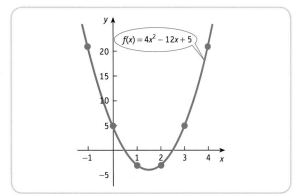

$f(x) = 4x^2 - 12x + 5$

그림 S2.1

(b)

x	-1	0	1	2	3	4
$f(x)$	21	5	-3	-3	5	21

그래프는 그림 S2.2에 그려져 있다.

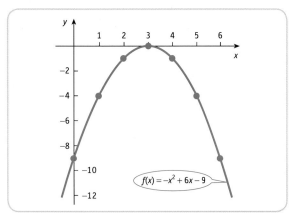

$f(x) = -x^2 + 6x - 9$

그림 S2.2

(c)

x	0	1	2	3	4	5	6
$f(x)$	-9	-4	-1	0	-1	-4	-9

그래프는 그림 S2.3에 그려져 있다.

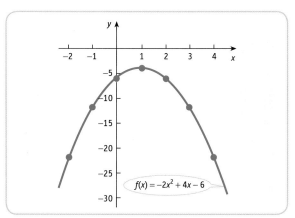

$f(x) = -2x^2 + 4x - 6$

그림 S2.3

4 (a) 그래프는 그림 S2.4에 그려져 있다.

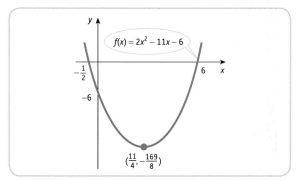

$f(x) = 2x^2 - 11x - 6$

$\left(\frac{11}{4}, -\frac{169}{8}\right)$

그림 S2.4

(b) 그래프는 그림 S2.5에 그려져 있다.

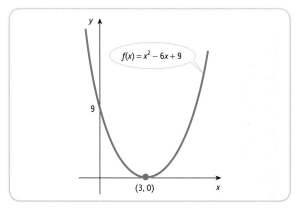

$f(x) = x^2 - 6x + 9$

$(3, 0)$

그림 S2.5

5 (a) $-\dfrac{1}{2} \leq x \leq 6$

   (b) $x = 3$을 제외한 모든 값을 해로 갖는다.

6 (a) $1 \leq x \leq 4$

   (b) $x < -2,\ x \geq 1$

7 $Q = 2$ 그리고 $P = 38$

연습문제 2.1 (p. 164)

1 (a) ± 9

   (b) ± 6

   (c) ± 2

   (d) $-2,\ 4$

   (e) $-9,\ -1$

2 (a) $1,\ -3$

   (b) $\tfrac{1}{2},\ -10$

   (c) $0,\ -5$

   (d) $-5/3,\ 9/4$

   (e) $5/4,\ 5$

3 (a) $0.44,\ 4.56$

   (b) $-2.28,\ 0.22$

   (c) $-0.26,\ 2.59$

   (d) $-0.30,\ 3.30$

   (e) -2

   (f) 해가 없다

4 (a) $-4,\ 4$

   (b) $0,\ 100$

   (c) $5,\ 17$

   (d) 9

   (e) 해가 없다

5 그래프는 그림 S2.6에 그려져 있다.

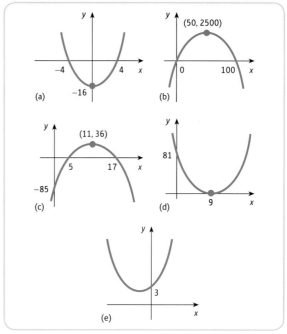

그림 S2.6

6 (a) $x \leq -4,\ x \geq 4$ (b) $0 < x < 100$

   (c) $5 \leq x \leq 17$ (d) $x = 9$

   (e) x의 모든 값

7 (a) $56.166,\ 56.304,\ 56.35,\ 56.304,\ 56.166,\ 55.936,$ $55.614,\ 55.2$

   그래프는 그림 S2.7에 그려져 있다.

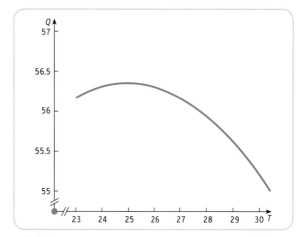

그림 S2.7

    (b) 생산 수준은 25℃에서 최댓값을 갖는다. 따라서 온도가 증가할수록 산출량은 감소할 것이다.

8 (a) $x < 0$, $x > 3$ (b) $x \leq -1$, $x \geq 1$

   (c) $-4 < x < 1$

9 $Q = 4$, $P = 36$

10 $P = 22$, $Q = 3$

11 (a) \$277   (b) 85

연습문제 2.1* (p. 166)

1 (a) ± 13 (b) -3, 13 (c) -2, 9

2 $-7d$, d

3 (a) 3, -8 (b) $\dfrac{2}{3}$, $-\dfrac{9}{2}$ (c) 0, $\dfrac{3}{4}$ (d) $\dfrac{1}{6}$ (두 배)

   (e) 2, -1, 4

4 (a) 7, 8 (b) 0.22, 2.28

   (c) ± 3 (d) 7 (두 배)

   (e) 해가 없다   (f) 10, 19

5 (a) $x \leq -8$, $x \geq 8$ (b) $1 \leq x \leq 9$

   (c) $-7 < x < -\dfrac{1}{2}$ (d) $-1 \leq x \leq \dfrac{5}{3}$

   (e) $x = -1$

6 $c = 12$; 6

7 $k = 27$

8 (a) $x \leq -3$, $x \geq 4$ (b) $-1 < x < 2$

   (c) $x \leq 1$, $2 \leq x \leq 3$ (d) $2 \leq x < 3$, $x > 5$

9 \$2250

10 120.76

11 (a) $P = 18$ (b) $B = 15$

12 (b) \$18와 \$40 사이   (c) \$29

13 $P = 5$, $Q = 65$

Section 2.2

실전문제

1 $TR = 1000Q - Q^2$

   그래프는 그림 S2.8에 그려져 있다.

   $Q = 500$ 그리고 $P = 500$

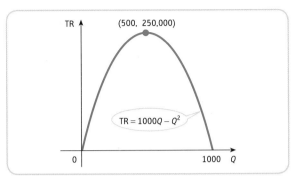

그림 S2.8

2 $TC = 100 + 2Q$

   $AC = \dfrac{100}{Q} + 2$

   총비용 함수의 그래프는 그림 S2.9에 그려져 있다.

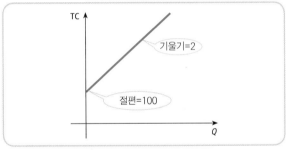

그림 S2.9

평균비용 함수의 그래프는 그림 S2.10에 그려져 있다.

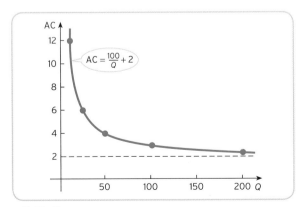

그림 S2.10

3 $\pi = -Q^2 + 18Q - 25$

이윤함수의 그래프는 그림 S2.11에 그려져 있다.

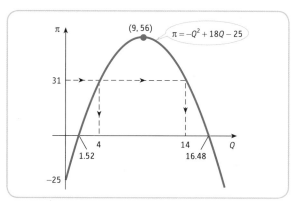

그림 S2.11

(a) $Q = 4$ 그리고 14

(b) $Q = 9$; $\pi = 56$

연습문제 2.2 (p. 179)

1 (a) $P = 50$; $TR = 500$

(b) $TC = 150$

(c) $\pi = 350$

2 (a) $4Q$

(b) 7

(c) $10Q - 4Q^2$

그래프는 그림 S2.12, S2.13, 그리고 S2.14에 그려져 있다.

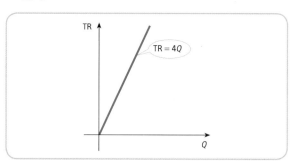

그림 S2.12

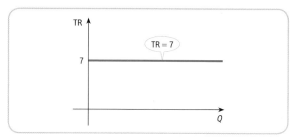

그림 S2.13

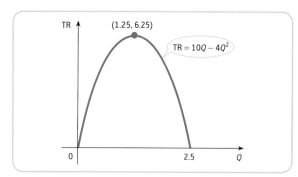

그림 S2.14

3 (a) $P = 50 - 4Q$

(b) $P = \dfrac{10}{Q}$

4 $TC = 500 + 10Q$; $AC = \dfrac{500}{Q} + 10$

그래프는 그림 S2.15와 S2.16에 그려져 있다.

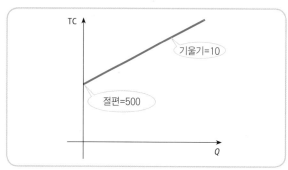

그림 S2.15

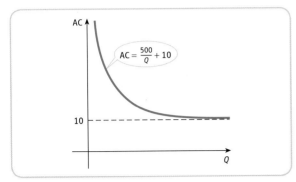

그림 S2.16

5 $TC = Q^2+Q+1$; $AC = Q+1+\dfrac{1}{Q}$

그래프는 그림 S2.17과 S2.18에 그려져 있다.

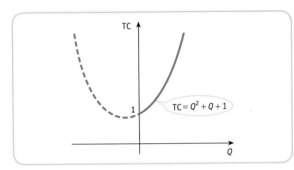

그림 S2.17

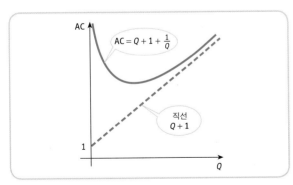

그림 S2.18

6 $TC = 5Q+100$

7 (a) $VC = \$76$ (b) $\$47,600$

8 (a) $\$5.50$ (b) $x > 40$

9 $\pi = -2Q^2+20Q-32$

   (a) 2, 8   (b) 20   (c) 5

10 TR과 TC의 그래프는 그림 S2.19에 그려져 있다.

   (a) 1, 5   (b) 3

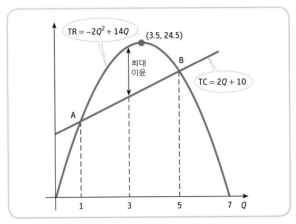

그림 S2.19

11 (a) $TR = PQ = 60Q-Q^2$

   그래프는 (0, 0), (60, 0)을 지나는 역포물선(inverted parabola)의 형태를 갖는다.

   (b) $TC = 100+(Q+6)Q = Q^2+6Q+100$

   Q로 나눠서 AC를 찾는다.

   $31, 26, 27\dfrac{2}{3}, 31$; $Q = 10$

   (c) $\pi = TR - TC = 60Q-Q^2-(Q^2+6Q+100)$

   $= -2Q^2+54Q-100$

   인수분해를 하면 $Q = 2$, 25

   $Q = 13.5$일 때 $\pi = 264.5$이다.

연습문제 2.2* (p. 181)

1 15 그리고 $\dfrac{2}{3}$; 최대 이윤은 $Q = 7\dfrac{5}{6}$일 때 $154\dfrac{1}{12}$이 된다.

2 $a+b+c = 9$

   $4a+2b+c = 34$

   $9a+3b+c = 19$

   $a = -20$, $b = 85$, $c = -56$; $\pi = -36$

3 (a) 20   (b) 800

4 (a) $TR = \dfrac{cQ - bQ^2}{a}$ (b) $TC = eQ + d$

   (c) $AC = e + \dfrac{d}{Q}$

   (d) $\pi = \dfrac{-bQ^2 + (c - ae)Q - ad}{a}$

5 (a) Ennerdale: 0.5aN+0.25(1−a)N

North Borsetshire: 15+0.3N

두 값을 같게 하면 관계식을 얻을 수 있다.

1/5에 수렴하는 L자 모양의 곡선을 갖는다.

(b) a<0.4일 때 $N>300$이므로 300회 이상의 인출을 한다면 Ennerdale을 선택한다.

Section 2.3

실전문제

1 (a) 100 (b) 10 (c) 1 (d) 1/10

(e) 1/100 (f) 1 (g) −1 (h) 1/343

(i) 81 (j) 72 101 (k) 1

2 (a) 4 (b) 3 (c) 32 (d) $\dfrac{1}{4}$

(e) 1

3 (a) x^6 (b) $x^{1/2}$ (c) $x^6 y^{12}$ (d) $x^3+x^{1/2}y^3$

4 (a) $f(K, L) = 7KL^2$

$f(\lambda K, \lambda L) = 7(\lambda K)(\lambda L)^2$

$= 7\lambda K \,\lambda^2 L^2$ (법칙 4)

$= (\lambda\lambda^2)(7KL^2)$

$= \lambda^3 f(K, L)$ (법칙 1)

3 > 1이므로 규모수익 체증.

(b) $f(K, L) = 50K^{1/4}L^{3/4}$

$f(\lambda K, \lambda L) = 50(\lambda K)^{1/4}(\lambda L)^{3/4}$

$= 50\lambda^{1/4}K^{1/4}\lambda^{3/4}L^{3/4}$ (법칙 4)

$= (\lambda^{1/4}\lambda^{3/4})(50K^{1/4}L^{3/4})$

$= \lambda^1 f(K, L)$ (법칙 1)

규모수익 불변

5 (1) (a) 3 (b) 2 (c) 1 (d) 0

(e) −1 (f) −2

(2) (1)과 같다.

6 (a) $\log_b\left(\dfrac{xz}{y}\right)$

(b) $\log b(x^4 y^2)$

7 (a) $x = 1.77$ (b) $x = 1$

연습문제 2.3 (p. 203)

1 (a) 64 (b) 2 (c) 1/3

(d) 1 (e) 1 (f) 6

(g) 4 (h) 1/343

2 (a) a^{11} (b) b^5 (c) c^6

(d) $x^2 y^2$ (e) $x^3 y^6$ (f) y^{-4}

(g) x^4 (h) f^7

(i) y^3 (j) x^5

3 (a) $x^{\frac{1}{2}}$ (b) x^{-2} (c) $x^{\frac{1}{3}}$

(d) x^{-1} (e) $x^{-\frac{1}{2}}$ (f) $x^{\frac{3}{2}}$

4 (a) 3600 (b) 200,000

5 (a)와 (b) 함수의 동차의 차수는 각각 7/12와 2이다. 따라서 (a) 함수는 규모수익 체감이고 (b)함수는 규모수익 체증을 나타낸다. (c) 함수는 동차함수가 아니다.

6 (a) 2 (b) −1 (c) −3

(d) 6 (e) ½ (f) 1

7 (a) 2 (b) 1 (c) 0

(d) ½ (e) −1

8 (a) $\log_b(xz)$ (b) $\log_b\left(\dfrac{x^3}{y^2}\right)$

(c) $\log_b\left(\dfrac{y}{z^3}\right)$

9 (a) $2\log_b x+\log_b y$ (b) $\log_b x-2\log_b y$

(c) $2\log_b x+7\log_b y$

10 (a) 1.29 (b) 1.70

(c) 6.03 (d) 8.31

11 (1) (a) 5 (b) $-\dfrac{1}{2}$

(2) $\log_b\left(\dfrac{x^2}{y^4}\right)$

(3) 69.7

12 (1) (a) 4 (b) −2 (c) 2

(2) (a) $x^3 y$ (b) $x^{15} y^5$ (c) $x^2 y^2$

13 (a) 98, 115, 125, 134, 140, 146

(b) 그래프는 그림 S2.20에 그려져 있다.

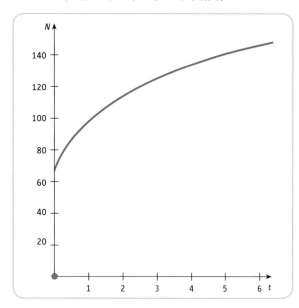

그림 S2.20

불만 횟수는 증가하지만 증가율은 감소한다.

14 9

연습문제 2.3* (p. 206)

1 (a) 8   (b) 1/32   (c) 625

(d) $2\dfrac{1}{4}$ (e) 2/3

2 (a) y^2 (b) xy^2 (c) x^4y^2

(d) 1   (e) 2   (f) $5pq^2$

3 (a) x^{-7} (b) $x^{1/4}$ (c) $x^{-3/2}$

(d) $2x^{11/2}$ (e) $8x^{-4/3}$

4 $3x^3y^7$

5 $A[b(\lambda K)^a+(1-b)(\lambda L)^a]^{1/a}$

$= A[b\lambda^a K^a+(1-b)\lambda^a L^a]^{1/a}$ (법칙 4)

$= A[(\lambda^a)(bK^a+(1-b)L^a)]^{1/a}$ (인수분해)

$= A(\lambda^a)^{1/a}[bK^a+(1-b)L^a]^{1/a}$ (법칙 4)

$= \lambda A[bK^a+(1-b)L^a]^{1/a}$ (법칙 3)

so $f(\lambda K, \lambda L) = \lambda^1 f(K, L)$이 된다.

6 (a) 2/3   (b) 3   (c) 1/4

7 (a) $\log_b(1)$ (b) $\log_b\left(\dfrac{x^3}{y^2}\right)$ (c) $\log_b\left(\dfrac{x^5 y}{z^2}\right)$

(d) $\log_b(b^2 x^3)$

8 (a) $2\log_b x+3\log_b y+4\log_b z$

(b) $4\log_b x-2\log_b y-5\log_b z$

(c) $\log_b x - \dfrac{1}{2}\log_b y - \dfrac{1}{2}\log_b z$

9 (a) $-q$ (b) $2p+q$ (c) $q-4r$ (d) $p+q+2r$

10 (a) 78.31   (b) 1.48   (c) 3   (d) 0.23

11 (a) $x \le 0.386$ (3 dp)

(b) $x > 14.425$

12 $x = 3$

13 (1) $\dfrac{2}{3}$; 규모수익 불변

14 (1) (a) $\dfrac{2}{3}$ (b) $-\dfrac{1}{2}$

(2) $y = \dfrac{1}{7}x^2$

15 $\log_{10} x^2 - \log_{10}\sqrt{y} - \log_{10}10$

$= \log_{10}\left(\dfrac{x^2}{\sqrt{y}}\right) - 1$

$= \log_{10}\left(\sqrt{\dfrac{x^4}{y}}\right) - 1$

16 (a) $L = \left(\dfrac{Q}{AK^\alpha}\right)^{1/\beta}$ (b) $L = \left(\dfrac{(Q/A)^\alpha - bK^\alpha}{1-b}\right)^{1/\alpha}$

17 (a) 1   (b) 2   (c) n   (d) 3

Section 2.4

실전문제

1

x	-3	-2	-1	0	1	2	3
3^x	0.04	0.11	0.33	1	3	9	27
3^{-x}	27	9	3	1	0.33	0.11	0.04

$3x$와 3^{-x}의 그래프는 그림 S2.21과 S2.22에 그려져 있다.

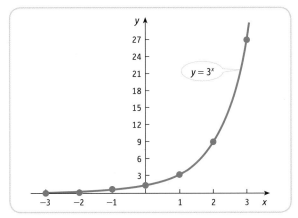

그림 S2.21

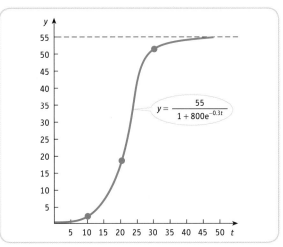

그림 S2.23

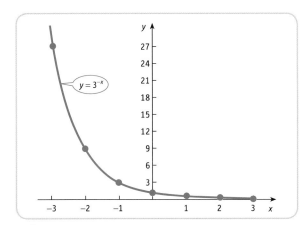

그림 S2.22

4 (a) $2 \ln a + 3 \ln b$ (b) $\ln\left(\dfrac{x^{1/2}}{y^3}\right)$

5 (a) 5백만 달러와 3.7백만 달러

   (b) 4년

6 (1) 0.99 그리고 2.80

   (2) 그래프는 그림 S2.24에 그려져 있다.

     절편 0.41; 기울기 0.20

   (3) $A = 0.2$, $B = e^{0.41} = 1.5$

   (4) (a) 9100

     (b) 2.4×10^8; $t = 60$에서의 값은 주어진 자료의 범위를 벗어난 값이기 때문에 (b)의 값을 신뢰할 수 없다.

2 (a) 2.718 145 927, 2.718 268 237, 2.718 280 469

   (b) 2.718 281 828; (a)의 값들이 (b)의 값으로 가까워진다.

3 (1) (a) 0.07%   (b) 1.35%

       (c) 18.44%   (d) 50.06%

   (2) 55%

   (3) (1)과 (2)의 정보를 이용하여 y를 t에 대해 그린 그래프가 그림 S2.23에 그려져 있다. 초반에는 천천히 증가하다 $t = 10$과 $t = 30$ 사이에서 급격하게 증가한다는 것을 알 수 있다. 하지만 증가율은 시장포화수준에 근접할수록 감소한다.

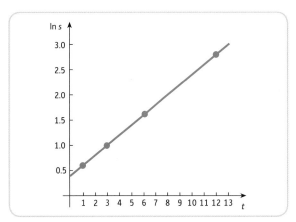

그림 S2.24

연습문제 2.4 (p. 219)

1 (1) (a) 33   (b) 55   (c) 98

(2) 100

(3) t에 대한 N의 그래프는 그림 S2.25에 그려져 있다. 그림 S2.25에 그려진 그래프를 학습곡선이라고 부른다. 교육을 받은 초기에 노동자는 적은 수의 상품을 생산한다. 하지만 연습과 함께 산출량이 빠르게 증가하여 매일 100개의 상품을 생산할 수 있게 된다.

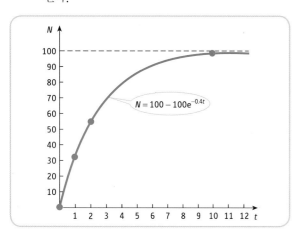

그림 S2.25

2 (a) $\ln x + \ln y$ (b) $\ln x + 4 \ln y$

(c) $2 \ln x + 2 \ln y$ (d) $5 \ln x - 7 \ln y$

(e) $\frac{1}{2} \ln x - \frac{1}{2} \ln y$

(f) $\frac{1}{2} \ln x + 3/2 \ln y - \frac{1}{2} \ln z$

3 (a) $\ln x^3$ (b) $\ln\left(\dfrac{x^4 z^5}{y^3}\right)$

4 (a) 1.77   (b) -0.80 (c) 해가 없다

(d) 0.87   (e) 0.22   (f) 0.35

5 $A = 50{,}000$, $a = 0.137$

(a) \$25,205   (b) \$0

6 (a) e^5 (b) 1

7 91.6

8 규모수익 체증

연습문제 2.4* (p. 221)

1 \$162.19

2 (a) 1.13   (b) 1.79   (c) 8.77

3 방정식

$$N = c(1 - e^{-kt}) = c - ce^{-kt}$$을 정리하면

$$e^{-kt} = \frac{c - N}{c}$$을 얻는다.

양변에 자연로그를 취해주면 다음을 얻는다.

$$-kt = \ln\left(\frac{c - N}{c}\right)$$

$$t = -\frac{1}{k}\ln\left(\frac{c - N}{c}\right)$$

$$= \frac{1}{k}\ln\left(\frac{c - N}{c}\right)^{-1} = \frac{1}{k}\ln\left(\frac{c}{c - N}\right)$$

(a) 350,000

(b) 60일

(c) 시장포화수준은 700,000으로 손익분기점을 위한 수량보다 적다. 따라서 신문사를 팔아야 한다.

4 $\ln Q = \ln 3 + \frac{1}{2}\ln L + \frac{1}{3}\ln K$

$y = \ln Q$, $x = \ln K$로 놓으면 다음의 식을 얻는다.

$$y = \tfrac{1}{3}x + (\ln 3 + \tfrac{1}{2} \ln L)$$

이 식은 '$y = ax + b$'의 형태로 기울기 $\frac{1}{3}$, 절편 $= \ln 3 + \frac{1}{2} \ln L$을 갖는다.

5 (a) $\ln Q = \ln(AL^n) = \ln A + \ln L^n = \ln A + n \ln L$

(b)

$\ln L$	0	0.69	1.10	1.39	1.61
$\ln Q$	-0.69	-0.46	-0.33	-0.22	-0.16

(c) $n = 0.34$, $A = 0.50$

6 (a) $3y^2 + 13y - 10$

(b) $y = e^x$로 놓으면 (a)의 값은 -0.405가 된다.

7 (a) $y = \dfrac{1}{b}\ln\left(\dfrac{x}{a}\right)$ (b) $x = \dfrac{1}{2}\ln(e^y - 3)$

8 (a) 6   (b) -1 또는 2   (c) 25   (d) 0.26   (e) ± 1.655

9 $P = \dfrac{\ln(A/B)}{k_1 + k_2}$

CHAPTER 3

Section 3.1

실전문제

1 (a) $0.29   (b) $937.50   (c) $139.20

2 (a) 10%   (b) $1564   (c) $8835

3 (a) $7.345백만   (b) $760억

　　(c) 7%

4 (a) 8750   (b) 750   (c) 80%

5 (a) 82% 증가   (b) 58% 감소

　　(c) 45% 감소

6 100, 101.5, 105.4, 104.3, 106.9

7 (a) 5.7% 증가   (b) 18.4% 증가

　　(c) 12.0% 증가

8 2000/01년 가격 기준의 값을 완성하면 표 S3.1과 같다. 2000/01 동안 연봉의 실질 변화는 없다. 하지만 2001년 이후에는 인상률이 인플레이션을 앞지르며 실질 연봉은 꾸준히 증가하였다.

표 S3.1

	연도				
	00	**01**	**02**	**03**	**04**
실질 연봉	18.1	18.1	19.0	21.7	23.2

연습문제 3.1 (p. 243)

1 (a) $\dfrac{7}{20}$ (b) $\dfrac{22}{25}$ (c) $2\dfrac{1}{2}$ (d) $\dfrac{7}{40}$

　　(e) $\dfrac{1}{500}$

2 (a) 1.2   (b) 7.04   (c) 2190.24   (d) 62.72

3 (a) 60%   (b) 22

4 (a) 1.19   (b) 3.5   (c) 0.98   (d) 0.57

5 (a) 4% 증가   (b) 42% 증가

　　(c) 14% 감소   (d) 245% 증가

　　(e) 0.25% 증가   (f) 96% 감소

6 (a) $18.20   (b) 119,244   (c) $101.09

　　(d) $1610   (e) $15,640

7 35%

8 (a) $15.50   (b) $10.54   (c) 32%

9 $862.50

10 (a) $26,100

　　(b) 31% (가장 가까운 백분율)

11 (a) 37.5% 증가   (b) 8.9% 증가

　　(c) 6.25% 감소

12 1160만 달러

13 50   60   72   86   100

가격이 지난 5년 동안 안정적인 증가율을 갖고 꾸준히 증가하였다.

14 (a) 1월   (b) 4800   (c) 133

15 (1) 1985

　　(2) (a) 30% (b) 52.3% (c) 13.1% (d) 9.4%

　　(3) (a) 25% (b) 44% (c) 10.6% (d) 11.1%

　　(4) 1985년부터 2000년의 기간 동안 대중교통 비용은 민간교통 비용보다 빠르게 증가하였다. 그러나 마지막 5년 동안은 그러한 추세가 멈추었고 오히려 역전되었다.

16 964, 100, 179, 750; 예를 들어 계절적 변화

17 (a) 83.3, 100, 91.7, 116.7, 125, 147.9

　　(b) 64.8   (c) 2013

연습문제 3.1* (p. 246)

1 $140

2 $977.50

3 (a) $90

　　(b) 40%; 20% 할인은 원래의 값이 아닌 처음 할인된 가격에 적용한다.

4 (a) $720

　　(b) 새로운 가격의 40%는 처음 가격의 40%보다 작은 값이다.

　　(c) 0.6으로 나눠준다.

5 (a) $850   (b) 19% 감소

　　(c) 23.5% 증가

6 (a) 100, 101.7, 113.1, 116.9

　　(b) 실질 산출: 236, 229.2, 244.7, 244.7
　　　　Index: 100, 97.1, 103.7, 103.7

　　(c) 실질 값으로 교육지출은 2005년에 2.9% 감소, 2006년에는 6.8% 증가, 그리고 2007년에는 변화가 없었다.

7 (a) 각각 1 그리고 6

   (b) 142, 150

   (c) 94, 87, 83, 75, 79

   (d) 110만 그리고 160만

8 (a) 239.2, 242, 243.69, 243.43, 250.73, 258.56

   98.8, 100, 100.7, 100.6, 103.6, 106.8

   (b) 297   (c) 3.5%

9 (a) 100, 97, 112

   (b) 2014년에 상품 A와 C의 가격이 바뀌었지만 그 영향은 서로 상쇄되었고 기업이 C 상품을 더 많이 구매한 점이 지표에 큰 영향을 주었다. 2015년에는 상품 B 가격이 소폭 감소하였다. 그러나 기업이 상품 B를 상대적으로 적게 구매하였고 다른 두 상품의 가격이 큰 폭으로 증가하였다.

10 (a) 100, 107, 146

   (b) 2013년은 기준 연도이므로 변화가 없다.

   2014년에는 각 상품을 더 구매하여 지표가 증가하였다.

   2015년에는 상품 A를 두 배 주문하였는데 시장가격도 상승하였다. 이 점은 전보다 훨씬 높은 지표로 반영되었다.

Section 3.2

실전문제

1 $S = 1000(1.08)^{10} = \$2158.92$

2 4년

3 (1) (a) \$33.71   (b) \$33.77   (c) \$33.79

   (d) \$33.81   (e) \$33.82   (f) \$33.82

   (2) \$33.82

4 13.86%

5 12.55%

6 9년

연습문제 3.2 (p. 262)

1 \$6753.29; 50%

2 \$23,433.19

3 (a) \$619,173.64   (b) 13

4 15년

5 \$42,868.75

6 (a) \$13,947.94   (b) \$14,156.59

   (c) \$14,342.45   (d) \$14,381.03

7 B 계좌가 더 높은 수익을 준다.

8 \$205.44

9 36.6년

10 17.0년

11 이자에 대한 이자가 부과된다; 26.82%

12 7.25%

13 (a) 6년   (b) 5.19%

14 \$4410; \$5143.82; 28.60%

15 21.70%

16 $P = S\left(1 + \dfrac{r}{100}\right)^{-n}$

17 5.75%

18 (a) \$28,000   (b) \$25,920   (c) 2015

연습문제 3.2* (p. 263)

1 13년

2 \$158.45

3 (a) Midwest   (b) BFB

4 (a) \$35,000   (b) 7년

5 7.67%

6 가구점 B

7 (a) 단위 기간당 이자율은 $(r/k)\%$이고 t년 동안 kt 기간이 있다. 따라서 $S = P\left(1 + \dfrac{r}{100k}\right)^{kt}$.

   (b) $m = \dfrac{100k}{r}$이면 $\dfrac{r}{100k} = \dfrac{1}{m}$이고 $kt = \dfrac{mrt}{100k}$이다.

   따라서 지수법칙 3에 의해

   $$S = P\left(1 + \frac{1}{m}\right)^{rtm/100} = P\left[\left(1 + \frac{1}{m}\right)^{m}\right]^{rt/100}$$ 이 된다.

(c) $m = 100k/r$ 이기 때문에 빈도가 증가하면 $(k \to \infty)$ $m \to \infty$이 되고 $\left(1 + \dfrac{1}{m}\right)^m$은 e로 수렴한다.

이것을 (b)의 결과에 대입하면 $S = Pe^{rt/100}$이 된다.

8 22년

9 (a) 1.5%　　(b) 17.87%

10 $100(g^{1/n} - 1)$

11 (b) $100e^{r/100} - 100$

Section 3.3

실전문제

1 (a), (c), (d), 그리고 (e)의 등비는 각각 2, −3, ½, 그리고 1.07이다.

수열 (b)는 등비수열이 아니다.

2 (a) 1; 31　　　　　(b) 4386.52

3 (a) $15,645.49　　(b) 12년

4 $177.69

5 36년

연습문제 3.3 (p. 276)

1 11,463.88

2 (a) $78,227.44　　(b) $78,941.10

3 $983.26

4 17년

5 2억 톤

6 $19,053.06

7 (a) $13,586.80

　　(b) $35,868;　$17,169.80

8 $966.43

연습문제 3.3* (p. 277)

1 −16,777,215

2 (a) $9280.71　　　(b) $9028.14

3 140,040

4 $424.19

　　(a) $459.03　　　(b) $456.44

5 $313,238

6 $31,876.08

7 $rS_n = r(a + ar + ar^2 + \ldots + ar^{n-1})$

　　　$= ar + ar^2 + ar^3 + \ldots + ar^n$

이 식은 S_n에서 초항 a가 없고 대신 ar^n이 추가로 있는 것과 유사하다. 따라서 rS_n으로부터 S_n을 빼주면 중간의 항들은 상쇄되고 다음의 항들만 남는다.

$rS_n - S_n \quad\quad = ar^n - a$

$(r-1)S_n \quad\quad = a(r^n - 1)$　　　(양변을 인수분해한다)

$S_n = a\left(\dfrac{r^n - 1}{r - 1}\right)$　　　　(양변을 $r-1$로 나눠준다)

r의 지수가 0부터 $n-1$까지 모두 n개이므로 S_n은 등비수열의 연속되는 n개 항의 합을 나타낸다. 0으로는 나눌 수 없기 때문에 마지막 값은 $r = 1$일 때 정의되지 않는다.

8 (a) $480

　　(b) $3024.52

　　(c) n회 상환 후 대출 잔액은 다음과 같다.

$((((8480 - A)R - A)R - A)R \ldots - A)R$

$= 8480R^n - AR(1 + R + R^2 + \ldots + R^{n-1})$

$= 8480R^n - AR\left(\dfrac{R^n - 1}{R - 1}\right)$

이 값을 0으로 하는 A를 찾으면 원하는 공식을 얻는다.

　　(d) $637.43

Section 3.4

실전문제

1 (a) $55,839.48

　　(b) $54,881.16

2 (a) NPV = $452; 양수이므로 투자가치가 있다.

　　(b) $r = 16\%$; IRR이 시장 이자율보다 높으므로 투자가치가 있다.

3 프로젝트 A의 NPV는 $2221.90이다. 프로젝트 B의 NPV는 $2354.70이므로 프로젝트 B에 투자한다.

4 $180,146.91

5 표 S3.2에 결과를 정리하였다. 두 프로젝트의 현재가치는 원래의 투자금액보다 훨씬 작은 금액이다. 결과적으로 두

프로젝트의 NPV는 음수이고 모두 투자하지 않는 것이 바람직하다. 즉 연복리 15%에 초기 투자금액 $10,000 모두를 투자하는 것이 더 높은 수익을 기대할 수 있다.

표 S3.2

| | 할인된 수입 | |
| | ($) | |
연도 말	프로젝트 1	프로젝트 2
1	1739.13	869.57
2	1512.29	756.14
3	1972.55	1315.03
4	1715.26	3430.52
5	1491.53	1988.71
총액	8430.76	8359.97

6 9%; 이 값은 시장 이자율보다 높다. 따라서 이 프로젝트에 투자하는 것이 바람직하다.

7 소득 흐름은 표 S3.3에 정리되어 있다.

표 S3.3

| | 현금 흐름 | 현재가치 |
연도 말	($)	($)
1	70	64.81
2	70	60.01
3	1070	849.40
총 현재가치		974.22

연습문제 3.4 (p. 294)

1 (a) $5974.43

(b) $5965.01

2 (a) 7%

(b) 다른 위험이 없다면 투자하라고 조언한다.

3 프로젝트 2

4 $4,567,138.81

5 옵션 2

6 6.27%

7 (a) 할인율은 4%와 5% 사이에 있다. 약 4.1% 또는 4.2%에 해당한다.

(b) 투자 권유를 하지 않는다.

8 프로젝트 B가 최선이다.

9 (a) $379.08   (b) $1000

10 프로젝트 A $PV = 626.38$

프로젝트 B $PV = 1248.28$

프로젝트 B를 선택한다.

11 20.3%

연습문제 3.4* (p. 296)

1 $257.85

2 $5000

3 $31,250

4 $61,672.67

5 $38,887.69

6 27%

7 $349.15

8 (a) $400,000

(b) $92,550.98

(c) $307,449.02

9 (a) 333백만 달러

(b) $5\left(\dfrac{1-(1.06)^{1-n}}{1.06^2 - 1.06} \right)$

(c) (b)에서 5를 50으로 바꿔준 식

(d) 12

10 $49,280

11 $R(1+r/100)^{-1} + R(1+r/100)^{-2} + \ldots + R(1+r/100)^{-n}$

$= \dfrac{R}{1+r/100}\left(\dfrac{1-(1+r/100)^{-n}}{1-(1+r/100)^{-1}} \right)$

$= R\left(\dfrac{1-(1+r/100)^{-n}}{1+r/100-1} \right)$

$= 100R\left(\dfrac{1-(1+r/100)^{-n}}{r} \right)$

(a) $1488.94   (b) $\dfrac{100R}{r}$

12 (b) 1%

CHAPTER 4

Section 4.1

실전문제

1 (a) 2   (b) −1   (c) 0

2 계산기를 이용해 소수점 아래 둘째자리까지의 삼차함수 값을 구하면 다음과 같다.

x	−1.50	−1.25	−1.00	−0.75	
$f(x)$	−3.38	−1.95	−1.00	−0.42	

x	−1.50	−0.25	−0.00	−0.25	0.50
$f(x)$	−0.13	−0.02	0.00	0.02	0.13

x	0.75	1.00	1.25	1.50
$f(x)$	0.42	1.00	1.95	3.38

함수의 그래프는 그림 S4.1과 같다.

$f'(-1) = 3.0$; $f'(0) = 0$; $f'(1) = 3.0$

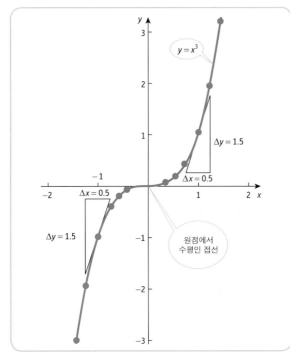

그림 S4.1

3 $f'(x) = 3x^2$

따라서 $f'(-1) = 3$; $f'(0) = 0$; $f'(1) = 3$.

4 (a) $5x^4$ (b) $6x^5$ (c) $100x^{99}$

(d) $-x^{-2}$ (e) $-2x^{-3}$

연습문제 4.1 (p. 313)

1 (a) 2   (b) −1   (c) 0

2 −⅔; 우하향

3 $f(x)=5$의 그래프가 그림 S4.2에 그려져 있다. 그래프는 수평이고 따라서 모든 x값에 대해 0의 기울기를 가진다.

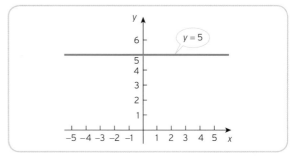

그림 S4.2

4 $7x^6$; 448

5 (a) $8x^7$ (b) $50x^{49}$ (c) $19x^{18}$ (d) $999x^{998}$

6 (a) $-\dfrac{3}{x^4}$ (b) $\dfrac{1}{2\sqrt{x}}$ (c) $-\dfrac{1}{2x\sqrt{x}}$ (d) $\dfrac{3\sqrt{x}}{2}$

7 3, 1.25, 0, −0.75, −1, −0.75, 0, 1.25

(a) −3   (b) 0   (c) 1

연습문제 4.1* (p. 314)

1 $x = 0$일 때, $y = a(0)+b = b$. ✔

$x = 1$일 때, $y = a(1)+b = a+b$. ✔

기울기 $= \dfrac{(a+b) - b}{1 - 0} = a$

2 (a) $15x^{14}$ (b) $\dfrac{9x^3\sqrt{x}}{2}$ (c) $\dfrac{\sqrt[3]{x}}{3x}$ (d) $-\dfrac{1}{4\sqrt[4]{x}\,x}$

(e) $-\dfrac{13\sqrt{x}}{2x^8}$

3 (a) (i) 2, 2.0248…   (ii) 0.24845…

(iii) 0.25

(b) (i) 8, 8.3018…   (ii) 3.01867…

(iii) 3

(c) (i) 0.5, 0.4986… (ii) −0.06135…

(iii) −0.0625

세 경우 모두 현의 기울기가 접선의 기울기의 훌륭한 근사치를 준다.

4 (a) (8, 4) (b) $(\pm 3, \pm 243)$

(c) $-\left(-\dfrac{1}{2}, 4\right)$ (d) $\left(4, \dfrac{1}{8}\right)$

Section 4.2

실전문제

1 (a) $12x^2$ (b) $-2/x^3$

2 (a) $5x^4+1$ (b) $2x$

3 (a) $2x-3x^2$ (b) $\dfrac{3}{x^4}$

4 (a) $45x^4+4x$ (b) $40x^7+3/x^2$

(c) $2x+6$ (d) $8x^3+36x^2-8x+7$

5 134

연습문제 4.2 (p. 323)

1 (a) $10x$ (b) $-3/x^2$ (c) 2 (d) $2x+1$

(e) $2x-3$ (f) $3+7/x^2$ (g) $6x^2-12x+49$

(h) a (i) $2ax+b$ (j) $2/\sqrt{x} + 3/x^2 - 14/x^3$

2 (a) 27 (b) 4 (c) 2 (d) −36

(e) 3/8

3 $4x^3+6x$

(a) $9x^2-8x$ (b) $12x^3-6x^2+12x-7$ (c) $2x-5$

(d) $1+\dfrac{3}{x^2}$ (e) $-\dfrac{2}{x^3}+\dfrac{4}{x^2}$ (f) $\dfrac{3}{x^2}-\dfrac{10}{x^3}$

4 (a) 14 (b) $6/x^4$ (c) 0

5 4.

6 0; 수평인 접선, 즉 포물선의 꼭짓점이 x=3에 있어야 한다.

7 $\dfrac{1}{\sqrt{x}}$

(a) $\dfrac{5}{2\sqrt{x}}$ (b) $x^{-2/3}$ (c) $\dfrac{3}{2}x^{-1/4}$ (d) $-\dfrac{5}{2}x^{-3/2}$

8 (a) $2P+1$ (b) $50-6Q$ (c) $-30/Q^2$

(d) 3 (e) $5/\sqrt{L}$ (f) $-6Q^2+30Q-24$

연습문제 4.2* (p. 324)

1 $\dfrac{3}{2}$

2 (a) $4P+1$ (b) $40-\dfrac{9}{2}\sqrt{Q}$ (c) $-\dfrac{20}{Q^2}+7$

(d) $4Y+3$ (e) $200+\dfrac{1}{L\sqrt[4]{L}}$ (f) $-3Q^2+40Q-7$

3 −40; 오목

4 (a) 우상향; $f'(-1) = 1 > 0$

(b) 오목; $f'(-1) = -72 < 0$

5 $f'(x) = 6ax+2b > 0$에서 $x > -b/3a$

$f'(x) = 6ax+2b > 0$에서 $x < -b/3a$

6 $y=x-3$

7 (a) $f'(x) = -\dfrac{aA}{x^{a+1}} < 0$이므로 함수는 감소한다.

(b) $f''(x) = \dfrac{a(a+1)A}{x^{a+2}} > 0$이므로 함수는 볼록하다.

(c) 그래프는 그림 S4.3에 있다.

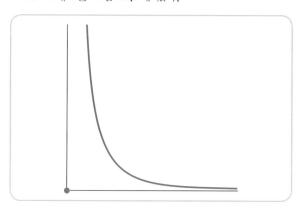

그림 S4.3

(d) 임금 $100,000 상위에서 임금이 증가함에 따라 고정 범위의 임금을 받는 사람들의 비율은 감소한다. 예를 들어, $150,000에서 $200,000를 사이를 받는 사람들이 $100,000에서 $150,000를 받는 사람들보다 적다.

8 $r=\gamma$으로 상수

Section 4.3

실전문제

1 TR $= 60Q - Q^2$

   (1) MR $= 60 - 2Q$; -40

   (2) (a) 500   (b) 459

   따라서 TR이 -41만큼 변한다. 이는 (1)에서 얻은 정확한 값과 근사적으로 동일하다.

2 MR $= 1000 - 8Q$; 760

   (a) 총수익은 약 2280 증가한다.

   (b) 총수익은 약 1520 감소한다.

3 MC $= 2$이므로 생산량에 관계없이 Q 1 단위 증가는 항상 TC 2 단위의 증가를 초래한다.

4 $Q = 50L^{1/2}$

   (a) 25   (b) $\dfrac{25}{3}$ (c) 0.25

   L이 증가함에 따라 이들 값들이 감소한다는 사실은 이 함수에 대해 한계생산성체감의 법칙이 작용한다는 의미이다.

5 MPS $= 0.6$; MPC $= 0.4$

   이는 현재 수준의 소득에서, 국민소득 1 단위의 증가가 0.6 단위의 저축 그리고 0.4 단위의 소비 증가를 발생시킴을 의미한다.

연습문제 4.3 (p. 341)

1 TR $= 100Q - 4Q^2$, MR $= 100 - 8Q$; 1.2

2 TR $= 80Q - 3Q^2$이므로 MR $= 2P - 80$

3 TR $= 100Q - Q^2$; MR $= 100 - 2Q$. TR과 MR의 그래프가 그림 S4.4와 S4.5에 그려져 있다. $Q = 50$일 때 MR $= 0$. 이 Q값이 TR이 극대가 되는 값이다.

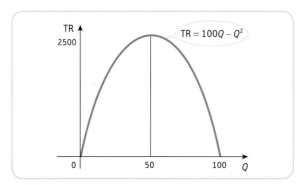

그림 S4.4

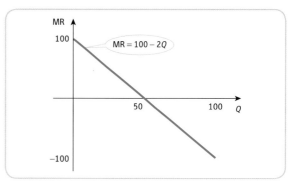

그림 S4.5

4 TC $= 15 + 2Q^2 + 9Q$; 15; $4Q + 9$

5 (a) 49.98   (b) 49.8   (c) 48

   (d) 30

6 MPC $= 1/6$, MPS $= 5/6$. 국민소득이 1 단위 증가하면 대략 소비의 증가는 1/6 그리고 저축의 증가는 5/6이다.

7 13

8 1월 6일 정오에 기업의 주가는 하루 25센트의 비율로 증가한다. 1월 7일까지 주식은 약 25센트 오를 것이다.

9 TR $= 3000Q - 2Q^{3/2}$;   MR $= 3000 - 3\sqrt{Q}$

   MR $= 2991$; 즉, Q가 9에서 10으로 오를 때 TR이 대략 2991 변한다.

연습문제 4.3* (p. 343)

1 (a) TR $= 100Q - 4Q^{3/2} - 3Q^2$

   (b) MR $= 100 - 6Q^{1/2} - 6Q$; MR $= 28$

   (c) 7 (6.78과 비교)

2 (a) MPC $= 0.96$, MPS $= 0.04$

   (b) $S = 0.2Y - 100 - 0.01Y^2$

3 (a) TC $= 100 + 2Q + Q^2/10$ MC $= 2 + Q/5$

   (b) MC $= 8$; $\Delta(\text{TC}) \cong 16$

   (c) 100

4 모든 $L > 10$에 대해 $\dfrac{d^2 Q}{dL^2} = 12 - 1.2L < 0$

5 (a) $MP_L = \dfrac{5}{2}L^{-1/2} - 0.1$

   (b) $L = 625$; 생산이 $L = 625$일 때 극대화된다.

   (c) $\dfrac{d^2 Q}{dL^2} = -\dfrac{5}{4}L^{-3/2} < 0$

6 36

7 MC = 20. 따라서 Q가 1 단위 증가할 때 TC가 20 단위 증가한다.

Q = 219일 때 MR = 18. 따라서 Q가 220이 되면 TR은 약 18 오른다. 이윤의 전체적 변화는 대략 18 − 20 = −2, 따라서 이윤이 감소한다.

8 25; Q가 25에서 26으로 증가할 때 이윤은 대략 25 증가한다.

9 $\dfrac{d(AC)}{dQ} = a - \dfrac{c}{Q^2} = \dfrac{MC - AC}{Q}$

Section 4.4

실전문제

1 (a) $15(3x-4)^4$ (b) $3(x^2+3x+5)^2(2x+3)$

(c) $\dfrac{-2}{(2x-3)^2}$ (d) $\dfrac{2}{\sqrt{(4x-3)}}$

2 (a) $(3x-1)^5(21x-1)$

(b) $\dfrac{x^3}{\sqrt{(2x+3)}} + 3x^2\sqrt{(2x+3)}$

(c) $\dfrac{-2}{(x-2)^2}$

3 (a) $\dfrac{-2}{(x-2)^2}$ (b) $\dfrac{2}{(x+1)^2}$

연습문제 4.4 (p. 354)

1 (a) $15(5x+1)^2$ (b) $16(2x-7)^7$

(c) $5(x+9)^4$ (d) $24x(4x^2-7)^2$

(e) $8(x+2)(x^2+4x-3)$ (f) $\dfrac{1}{\sqrt{2x+1}}$

(g) $\dfrac{-3}{(3x+1)^2}$ (h) $\dfrac{-8}{(4x-3)^3}$

(i) $\dfrac{-1}{(2x+3)\sqrt{(2x+3)}}$

2 (a) $(9x+4)(3x+4)$ (b) $x(5x-4)(x-2)^2$

(c) $\dfrac{3x+4}{2\sqrt{x+2}}$ (d) $(4x+3)(x+6)^2$

(e) $(8x+13)(x+5)^2$ (f) $x^2(14x-15)(2x-5)^3$

3 (a) $\dfrac{-5}{(x-5)^2}$ (b) $\dfrac{7}{(x+7)^2}$ (c) $\dfrac{-5}{(x-2)^2}$

(d) $\dfrac{-25}{(3x+1)^2}$ (e) $\dfrac{6}{(5x+6)^2}$ (f) $\dfrac{-19}{(3x-7)^2}$

4 $10(5x+7) = 50x+70$

5 $7x^6+24x^5+20x^4$

6 (a) $(100-4Q)(100-Q)^2$ (b) $\dfrac{4000}{(Q+4)^2}$

7 MPC = 1.78, MPS = −0.78. 국민소득이 1 단위 오르면, 소비는 1.78 단위 증가하는 반면, 저축은 0.78 단위 감소한다.

연습문제 4.4* (p. 355)

1 (a) $20(2x+1)^9$ (b) $3(x^2+3x-5)^2(2x+3)$

(c) $-7/(7x-3)^2$ (d) $-2x/(x^2+1)^2$

(e) $4/\sqrt{(8x-1)}$

(f) $-2(6x-5)^{-\frac{4}{3}} = \dfrac{-2}{(6x-5)\sqrt[3]{6x-5}}$

2 (a) $5x(x+2)(x+5)^2$ (b) $x^4(4x+5)(28x+25)$

(c) $\dfrac{x^3(9x+8)}{2\sqrt{(x+1)}}$

3 (a) $\dfrac{x^3+8x}{(x+4)^2}$ (b) $\dfrac{3}{(x+1)^2}$

(c) $\dfrac{x^2(5x-6)}{2(x-1)^{3/2}}$

4 (a) $(x-3)^3(5x-3)$ (b) $\dfrac{3x-3}{\sqrt{2x-3}}$

(c) $\dfrac{3x^2(x+5)}{(3x+5)^3}$ (d) $\dfrac{1-x^2}{(x^2+1)^2}$

(e) $\dfrac{ad-bc}{(cx+d)^2}$

(f) $[ac(m+n)x+mad+ncb](ax+b)^{m-1}(cx+d)^{n-1}$

(g) $(6x^2+17x+6)(x+2)(x+3)^2$

5 $\dfrac{-4}{(2x+1)^3}$

6 (a) $\dfrac{100-3Q}{\sqrt{(100-2Q)}}$ (b) $\dfrac{2000+500Q}{(2+Q)^{3/2}}$

7 1.098; −0.098; 소득이 1 단위 오르면, 소비는 이보다 더 많이 증가하는 반면, 초과분은 저축에서 가져온다.

8 몫의 규칙을 이용하라. Q가 증가함에 따라 MC가 감소하고 2로 수렴한다.

9 TR = $aQ-Q(bQ+c)^{1/2}$를 미분하기 위해 곱의 규칙을 이용하라.

Section 4.5

실전문제

1 −0.26

2 (a) $P=10$이면 $|E|=1/9<1$이어서 비탄력적.

(b) $P=50$이면 $|E|=1$이어서 단위탄력적.

(c) $P=90$이면 $|E|=9$이어서 탄력적.

3 $-\dfrac{47}{36}$;   7.7%

4 (a) 0.333175   (b) $\dfrac{1}{3}$

연습문제 4.5 (p. 371)

1 $-43/162 = -0.27$

2 $-22/81 = -0.27$; 소수점 아래 둘째자리까지 일치

3 (a) $-1/4$ (b) $-1/4$

(c) $-9/8$

4 (a) −0.312이므로 비탄력적

(b) 이코노미 클래스 비행권에 대한 수요가 가격 상승에 더 민감할 것으로 예측되므로 E가 더 크다.

5 (a) −2이므로 가격이 2% 오를 때 수요는 4% 떨어진다.

(b) −3.88%

6 (a) $1-\dfrac{400}{Q}$ (b) 200

(c) $MR = 20-0.1Q$

7 (a) $0.2P$

(b) $0.1P^2=Q-4$ (양변에서 4를 뺀다)

$P^2 = 10(Q-4) = 10Q-40$ (양변에 10을 곱한다)

$P = \sqrt{(10Q-40)}$ (양변에 제곱근을 취한다)

$\dfrac{dP}{dQ} = \dfrac{5}{\sqrt{(10Q-40)}}$

(c) $\dfrac{1}{dP/dQ} = \dfrac{\sqrt{(10Q-40)}}{5}$

$= \dfrac{P}{5} = 0.2P = \dfrac{dQ}{dP}$

(d) $E = 10/7$

8 1.46;   (a) 탄력적   (b) 7.3%

연습문제 4.5* (p. 373)

1 −1.54

2 0.25%

3 $4P/(4P-60)$; 7.5

4 $E = -\dfrac{1}{n}$ 으로 상수

5 $\dfrac{aP}{aP+b}$

(a) 만약 $b=0$이면 $E=1$.

(b) 만약 $b>0$이면 $aP+b>aP$이어서 $E = \dfrac{aP}{aP+b}<1$.

거래량을 횡축, 가격을 종축으로 놓고 그리면, 그래프가 원점을 지날 때 공급이 단위탄력적이고 절편이 양일 때 비탄력적이다.

6 (1) 0.528

(2) $\dfrac{0.2P^2}{40+0.1P^2}$ (a) 4.2%   (b) 20

7 (a) $Q = \dfrac{P-b}{a} \Rightarrow \dfrac{dQ}{dP} = \dfrac{1}{a}$

$E = P \times \dfrac{\cancel{a}}{P-b} \times \dfrac{1}{\cancel{a}} = \dfrac{P}{P-b}$

(b) $a = \dfrac{2}{5}, b = 9$

8 (b) (i) 3   (ii) 1.5   (iii) $\dfrac{5\sqrt{P}}{10\sqrt{P}-4}$

Section 4.6

실전문제

1 (a) 하나의 극소점 $(-2, -47)$이 있다.

그래프는 그림 S4.6에 있다.

(b) 극소점이 $(2, -1)$, 극대점이 $(3, 0)$. 그래프는 아래 테이블의 함숫값을 바탕으로 그려지는데 그림 S4.7에 있다.

x	−10	0	2	3	10
$f(x)$	3887	27	−1	0	−833

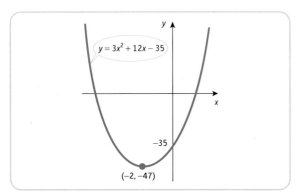

그림 S4.6

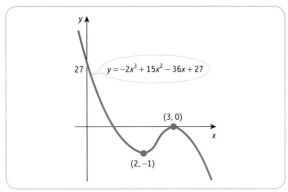

그림 S4.7

2 $L=10;\ \mathrm{MP}L=\mathrm{AP}L=2000$

3 (a) $Q=5$

    (b) $Q=4$에서 극대 이윤, $\pi=30;\ \mathrm{MR}=\mathrm{MC}=4$

4 $Q=6;\ \mathrm{AC}=\mathrm{MC}$

5 $t=12.5$

연습문제 4.6 (p. 395)

1 (a) $(1/2,\ 5/4)$에서 극대점; 그래프는 그림 S4.8에 있다.

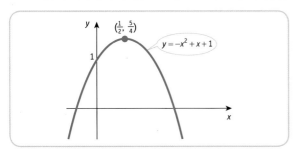

그림 S4.8

(b) $(2,\ 0)$에서 극소점; 그래프는 그림 S4.9에 있다.

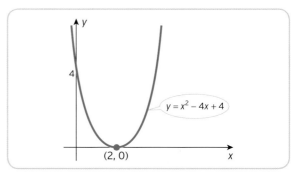

그림 S4.9

(c) $(10,5)$에서 극소; 그래프는 그림 S4.10에 있다.

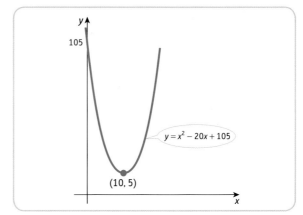

그림 S4.10

(d) $(1,\ 2)$에서 극대, $(-1,\ -2)$에서 극소; 그래프는 그림 S4.11에 있다.

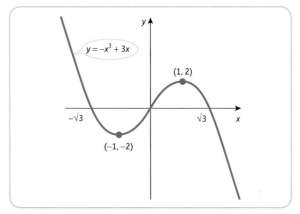

그림 S4.11

2 10

3 30; $\mathrm{MP}_L = 450 = \mathrm{AP}_L$

4 (a)　$\mathrm{TC} = 13 + (Q+2)Q$

$\qquad = 13 + Q2 + 2Q$

$\mathrm{AC} = \dfrac{\mathrm{TC}}{Q} = \dfrac{13}{Q} + Q + 2$

Q	1	2	3	4	5	6
AC	16	10.5	9.3	9.3	9.6	10.2

그래프는 그림 S4.12에 있다.

(b)　그림 S4.12에서 극소 평균비용은 9.2

(c)　$Q = \sqrt{13}$에서 극소, 여기서 $\mathrm{AC} = 9.21$.

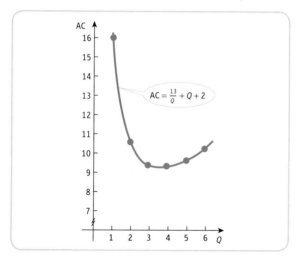

$$\mathrm{AC} = \frac{13}{Q} + Q + 2$$

그림 S4.12

5 (a)　$\mathrm{TR} = 4Q - \dfrac{Q^2}{4}$

$\pi = \dfrac{-Q^3}{20} + \dfrac{Q^2}{20} + 2Q - 4$

$\mathrm{MR} = 4 - \dfrac{Q}{2}$

$\mathrm{MC} = 2 - \dfrac{3Q}{5} + \dfrac{3Q^2}{20}$

(b)　4

(c)　$\mathrm{MR} = 2 = \mathrm{MC}$

6 $\dfrac{1}{6}$

7 (a)　$\mathrm{TC} = 2Q^2 - 36Q + 200$

$\mathrm{AC} = \dfrac{\mathrm{TC}}{Q} = 2Q - 36 + \dfrac{200}{Q}$

(b)　$Q = 10 \;\Rightarrow\; \mathrm{AC} = 4$

$Q = 10$에서 $\dfrac{\mathrm{d}^2(\mathrm{AC})}{\mathrm{d}Q^2} = 0.4 > 0$이므로 극소.

(c)　$Q = 10 \;\Rightarrow\; \mathrm{MC} = 4 = \mathrm{AC}$

8 56.25

9 $440

10 37.037

연습문제 4.6* (p. 397)

1 531.5

2 세 함수의 그래프가 그림 S4.13에 있다. 정지점이 (a)에서는 변곡점, (b)에서는 극소, 그리고 (c)에서는 극대이다.

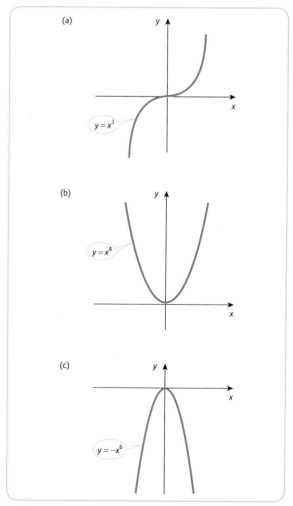

그림 S4.13

3 $TC = 2Q^2 + 15$, $AC = 2Q + \dfrac{15}{Q}$,

$MC = 4Q$; $\sqrt{7.5}$; $AC = 11 = MC$

4 (a) (6, 492)는 극대, (10, 460)은 극소.

(b) 그래프가 그림 S4.14에 있다.

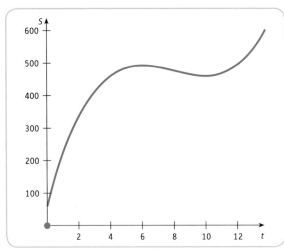

그림 S4.14

(c) 492와 465

5 167

6 (a) 15

(b) $Q = 15 - \dfrac{t}{10}$ 이 $P = 140 + \dfrac{2t}{5}$ 를 준다.

P가 140에서 $140 + \dfrac{2t}{5}$ 로 올라서, 증가는 $\dfrac{2t}{5}$ 이다.

7 $a = -7$, $b = 16$, $c = -7$

8 (a) 그래프가 그림 S4.15에 있다.

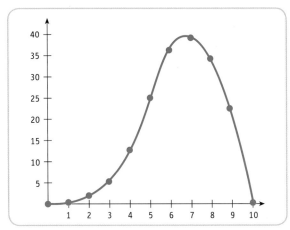

그림 S4.15

(b) $TR = 39.0625$, $Q = 6.875$

(c) 5

Section 4.7

실전문제

1 (a) $TR = (25 - 0.5Q)Q = 25Q - 0.5Q^2$

$TC = 7 + (Q + 1)Q = Q^2 + Q + 7$

$MR = 25 - Q$

$MC = 2Q + 1$

(b) 그림 S4.16에서 MR과 MC의 교차는 $Q = 8$에서 일어난다. MC 곡선이 아래에서 위로 MR 곡선을 자르므로, 이는 극대점이어야 한다.

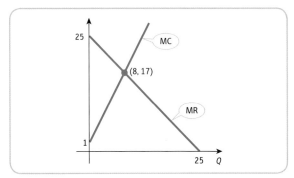

그림 S4.16

2 $MC = 100$

(a) $P_1 = \$200$, $P_2 = \$150$

(b) $P = \$500/3$

차별이 있는 경우, 이윤은 $10,000$.

차별이 없는 경우, 이윤은 8333

3 국내시장: $|E| = 2$

해외시장: $|E| = 3$

기업은 국내시장에서 더 높은 가격을 매기는데, 이는 국내시장이 더 낮은 값의 $|E|$을 가지기 때문이다.

연습문제 4.7* (p. 412)

1 (a) $TR = aQ^2 + bQ$, $TC = dQ + c$

(b) $MR = 2aQ + b$, $MC = d$

(c) 방정식 $2aQ + b = d$ 는 해 $Q = \dfrac{d - b}{2a}$ 를 가진다.

2 (a) 극대 총수익에서 $\mathrm{MR} = \dfrac{d(\mathrm{TR})}{dQ} = 0$이므로 $E = -1$

  (b) 극대는 $Q = 10$일 때이다.

3 (a) $P_1 = \$30$, $P_2 = \$20$ (b) $P = \$24.44$

  (a)와 (b)의 이윤은 각각 \$95, \$83.89이다.

4 논리는 본문에 주어진 것과 유사하다. 다만 <가>로 대체된다.

5 (a) $\dfrac{d^2 C}{dQ^2} = 2DRQ^{-3} > 0$ (b) $\sqrt{2DRH}$

6 (a) C = \$4000과 EOQ = 40

  (b) C = \$3200과 EOQ = 50

  (c) C = \$8000과 EOQ = 80

  (d) 주문비용을 k배 줄이면 (늘리면) 극소 총비용은 $\sqrt{k}$ 배 준다(는다). 보유비용도 마찬가지이다.

7 $AC = aQ + b + \dfrac{c}{Q}$; $2\sqrt{ac} + b$

8 논리는 AP_L에 대한 것과 유사하다.

9 새로운 공급 곡선은 $P = aQ_S + b + t$.

  균형에서 $aQ + b + t = -cQ + d$ 이므로,

  해는 $Q = \dfrac{d - b - t}{a + c}$

  따라서 $tQ = \dfrac{(d-b)t - t^2}{a+c}$ 을 미분하면

  $\dfrac{d - b - 2t}{a + c}$가 되고, $t = \dfrac{d-b}{2}$일 때 0이 된다.

  2계 도함수는

  $\dfrac{-2}{a+c} < 0$이 되어 정지점이 극대임을 확인시켜준다.

Section 4.8

실전문제

1

x	0.50	1.00	1.50	2.00
$f(x)$	−0.69	0.00	0.41	0.69

x	2.50	3.00	3.50	4.00
$f(x)$	0.92	1.10	1.25	1.39

자연로그함수의 그래프는 그림 S4.17에 그려져 있다.

$f'(1) = 1$

$f'(2) = \dfrac{1}{2}$

$f'(3) = \dfrac{1}{3}$

이 결과들은 $f'(x) = 1/x$임을 의미한다.

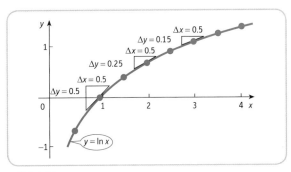

그림 S4.17

2 (a) $3e^3 x$ (b) $-e^{-x}$ (c) $1/x$ (d) $1/x$

3 (a) $x3(1 + 4\ln x)$ (b) $2xe^{x^2}$

  (c) $\dfrac{x + 2 - x\ln x}{x(x+2)^2}$

4 (a) $\dfrac{7x + 6}{x(x+2)}$ (b) $\dfrac{2x + 6}{x(2x+3)}$

5 P의 식으로 나타내면 총수익함수는

  $\mathrm{TR} = PQ = 1000 P e^{-0.2P}$

  이고 총비용함수는

  $\mathrm{TC} = 100 + 2Q = 100 + 2000 e^{-0.2P}$

  따라서

  $\pi = \mathrm{TR} - \mathrm{TC}$

  $= 1000 P e^{-0.2P} - 2000 e^{-0.2P} - 100$

  이윤극대화를 위해서는 $P = 7$.

6 $E = -2.05$

연습문제 4.8 (p. 426)

1 (a) $6e^6 x$ (b) $-342 e^{-342} x$

  (c) $-2e - x + 4ex$ (d) $40e^4 x - 4x$

2 (1) (a) \$4885.61 (b) \$4887.57; 196

  (2) $160 e^{0.04t}$; 195.42

3 (a) $\dfrac{1}{x}$ (b) $\dfrac{1}{x}$

4 (a) $3x^2 e^{x^3}$ (b) $\dfrac{4x^3 + 6x}{x^4 + 3x^2}$

5 (a) $(4x^3+2x^4)e^2x$

(b) $\ln x+1$

6 (a) $\dfrac{2e^{4x}(2x^2 - x + 4)}{(x^2 + 2)^2}$

(b) $\dfrac{e^x(x\ln x - 1)}{x(\ln x)^2}$

7 (a) $(1,\ e^{-1})$에서 극대; 그래프는 그림 S4.18에 있다.

(b) $(1,\ -1)$에서 극대; 그래프는 그림 S4.19에 있다.

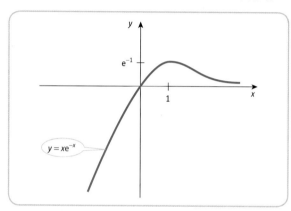

그림 S4.18

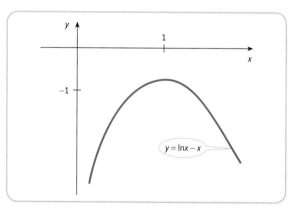

그림 S4.19

8 (a) 2359.88, 2313.15이므로 46.7 감소

(b) $\dfrac{dS}{dt} = -47.2$이므로 근사치가 훌륭하다.

9 49

10 50

11 $E = -\dfrac{10}{Q}$이므로 $Q = 10$일 때 -1.

연습문제 4.8* (p. 427)

1 (a) $2e^{2x}+12e^{-4}x$ (b) $(4x+1)e^4x$

(c) $\dfrac{-(x + 2)e^{-x}}{x^3}$ (d) $(m\ln x+1)x^{m-1}$

(e) $\ln x$ (f) $\dfrac{(n\ln x - 1)x^{n-1}}{(\ln x)^2}$

(g) $\dfrac{(amx + bm - an)e^{mx}}{(ax + b)^{n+1}}$ (h) $\dfrac{(ax\ln bx - n)e^{ax}}{x(\ln bx)^{n+1}}$

(i) $\dfrac{2e^x}{(e^x + 1)^2}$

2 (a) $\dfrac{1}{x(1 + x)}$ (b) $\dfrac{9x - 2}{2x(3x - 1)}$ (c) $\dfrac{1}{1 - x^2}$

3 (a) $\dfrac{dy}{dx} \div y = Ake^{kt} \div Ae^{kt} = k$

(b) (i) a와 b

(ii) $\dfrac{\text{GDP}}{N} = \dfrac{A}{B}e^{(a-b)t}$

성장률이 $(a-b)$인 지수함수형이다.

4 (a) $4x^3(1-x^2)e^{-2x^2}$ (b) $\dfrac{1 - x}{x(x + 1)}$

5 (a) $\left(-\dfrac{1}{a}, \dfrac{-e^{-1}}{a}\right)$에서 극대.

(b) $\left(-\dfrac{b}{2a}, \ln\left(-\dfrac{b^2}{4a}\right)\right)$에서 극대.

6 (b) $\dfrac{4(x + 1)}{(2x + 1)(4x + 3)}$

7 100

8 $\dfrac{(2Q + 1)(3\ln(2Q + 1) - 20)}{6Q}$

9 (a) $\dfrac{(2Q^2 - 1)e^{Q^2}}{Q^2}$ (b) $\dfrac{1}{3Q + 1} + \ln\left(\dfrac{2Q}{3Q + 1}\right)$

10 (a) $E = \dfrac{-P}{100}$이므로 $0 < P \le 100$에서 수요는 비탄력적.

(b) 100

11 2

12 (a) $\dfrac{dy}{dt} = \dfrac{abke^{-at}}{(1 + be^{-at})^2} > 0$이므로 기울기는 양.

(b) $\dfrac{d^2y}{dt^2} = \dfrac{a^2bke^{-at}(-1 + be^{-at})}{(1 + be^{-at})^3}$

$(-1+be^{-at})$을 제외한 모든 인자가 t의 값에 관계없이 양이다.

$(-1+be^{-at})$는 $t < \dfrac{\ln b}{a}$일 때 양이고 $t > \dfrac{\ln b}{a}$일 때 음이다.

(c)　T 곡선은 $\left(0, \dfrac{k}{1+b}\right)$에서 y축을 지나고, $t \to \infty$일 때 $e^{-at} \to 0$이므로 k에 접근한다.

(d)　그래프는 그림 S4.20에 그려져 있다.

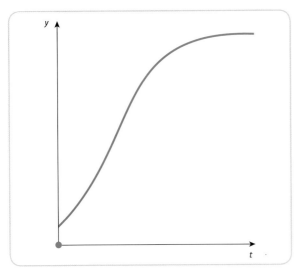

그림 S4.20

13 (a)　$PV = Ve^{-0.1t} = 2e^{\sqrt{t}} \times e^{-0.1t}$　　　(b)　25

CHAPTER 5

Section 5.1

실전문제

1 (a)　-10　　(b)　-1　　(c)　2

(d)　21　　(e)　0　　(f)　21

2 (a)　$\dfrac{\partial f}{\partial x} = 20x^3 - 0 = 20x^3$; $\dfrac{\partial f}{\partial y} = 0 - 2y = -2y$

(b)　$\dfrac{\partial f}{\partial x} = 2xy^3 - 10$; $\dfrac{\partial f}{\partial y} = 3x^2y^2 - 0 = 3x^2y^2$

3 (a)　$f_{xx} = 60x^2$

$f_{yy} = 2$

$f_{yx} = f_{xy} = 0$

(b)　$f_{xx} = 2y^3$

$f_{yy} = 6x^2y$

$f_{yx} = f_{xy} = 6xy^2$

4　$f_1 = \dfrac{\partial f}{\partial x_1} = x_2 + 5x_1^4$

$f_{11} = \dfrac{\partial^2 f}{\partial x_1^2} = 20x_1^3$

$f_{21} = \dfrac{\partial^2 f}{\partial x_1 \partial x_2} = 1$

5　$\dfrac{\partial z}{\partial x} = 1$, $\dfrac{\partial z}{\partial y} = 4$

(a)　z는 약 0.3 정도 증가

(b)　점 $(2, 6)$에서, $z = 14$; 점 $(1.9, 6.1)$, $z = 14.29$, 따라서 정확한 증감은 0.29

6 (a)　$\dfrac{dy}{dx} = \dfrac{-y}{x - 3y^2 + 1}$　　(b)　$\dfrac{dy}{dx} = \dfrac{y^2}{5y^4 - 2xy}$

연습문제 5.1 (p. 447)

1　324; 75; 0

2 (a)　$f(a, a) = 2a^2 + aa = 3a^2$

(b)　$f(b, -b) = 2b^2 + b(-b) = b^2$

3　$f(2x, 2y) = (2x)(2y)^2 + 4(2x)^3$

$= 2x \times 4y^2 + 4 \times 8x^3$

$= 8xy^2 + 32x^3$

$= 8(xy^2 + 4x^3)$

$= 8f(x, y)$

4 (a)　$f_x = 2x$, $f_y = 20y^4$

(b)　$f_x = 9x^2$, $f_y = -2ey$

(c)　$f_x = y$, $f_y = x + 6$

(d)　$f_x = 6x^5y^2$, $f_y = 2x^6y + 15y^2$

5　$f_x = 4x^3y^5 - 2x$

$f_y = 5x^4y^4 + 2y$

$f_x(1, 0) = -2$

$f_y(1, 1) = 7$

6 (a)　-0.6

(b)　-2

(c)　-2.6

7 (a) $f_x = -3x^2 + 2$, $f_y = 1$

$$\frac{dy}{dx} = \frac{-3x^2 + 2}{1} = 3x^2 - 2$$

(b) $y = x^3 - 2x + 1$, $\dfrac{dy}{dx} = 3x^2 - 2$ ✓

8 (a) $\dfrac{\partial z}{\partial u} = 1 + 2v$, $\dfrac{\partial z}{\partial v} = 2v + 2u$, $\dfrac{\partial z}{\partial w} = -15w^2$

(b) $\dfrac{\partial z}{\partial u} = 3u^{-1/2}v^{1/3}w^{1/6}$, $\dfrac{\partial z}{\partial v} = 2u^{1/2}v^{-2/3}w^{1/6}$,

$$\frac{\partial z}{\partial w} = u^{1/2}v^{1/3}w^{-5/6}$$

9 (a) 21.5

(b) 24.575; 12.5%

연습문제 5.1* (p. 448)

1 $85 \neq 91$; 모든 y에 대해서 $(0, y)$

2 $f(kw, kx, ky) = 5(kw)^{0.34}(kx)^{0.25}(ky)^{0.41}$

$$= 5k^{0.34}w^{0.34}k^{0.25}x^{0.25}k^{0.41}y^{0.41}$$

$$= 5k^{0.34 + 025 + 0.41}w^{0.34}x^{0.25}y^{0.41}$$

$$= 5kf(w, x, y)$$

3

	f_x	f_y	f_{xx}	f_{yy}	f_{xy}	f_{yx}
(a)	y	x	0	0	1	1
(b)	$e^x y$	e^x	$e^x y$	0	e^x	e^x
(c)	$2x + 2$	1	2	0	0	0
(d)	$4x^{-3/4}y^{3/4}$	$12x^{1/4}y^{-1/4}$	$-3x^{-7/4}y^{3/4}$	$-3x^{1/4}y^{-5/4}$	$3x^{-3/4}y^{-1/4}$	$3x^{-3/4}y^{-1/4}$
(e)	$\dfrac{-2y}{x^3} + \dfrac{1}{y}$	$\dfrac{1}{x^2} - \dfrac{x}{y^2}$	$\dfrac{6y}{x^4}$	$\dfrac{2x}{y^2}$	$-\dfrac{2}{x^3} - \dfrac{1}{y^2}$	$\dfrac{-2}{x^3} - \dfrac{1}{y^2}$

4 78; 94; 6.2

5 (a) $\dfrac{\partial z}{\partial u} = 24(6u + vw^3)$, $\dfrac{\partial z}{\partial v} = 4w^3(6u + vw^3)^3$,

$$\frac{\partial z}{\partial w} = 12vw^2(6u + vw^3)^3$$

(b) $\dfrac{\partial z}{\partial u} = \sqrt{w}e^{-vw}$, $\dfrac{\partial z}{\partial v} = -uw\sqrt{w}e^{-vw}$,

$$\frac{\partial z}{\partial w} = \frac{u}{2\sqrt{w}}e^{-vw} - uv\sqrt{w}e^{-vw}$$

6 $f_x(e, 1) = 3$; $f_y(e, 1) = -2e$; $f_{xx}(e, 1) = 6e^{-1}$; $f_{yy}(e, 1)$
$= 4e$; $f_{xy}(e, 1) = -6$

7 $1/3$

8 $f_1 = \dfrac{x_3^2}{x_2}$; $f_2 = -\dfrac{x_1 x_3^2}{x_2^2} + \dfrac{1}{x_2}$; $f_3 = \dfrac{2x_1 x_3}{x_2} + \dfrac{1}{x_3}$;

$$f_{11} = 0; \quad f_{22} = \frac{2x_1 x_3^2}{x_2^3} - \frac{1}{x_2^2}; \quad f_{33} = \frac{2x_1}{x_2} - \frac{1}{x_3^2};$$

$$f_{12} = \frac{x_3^2}{x_2^2} = f_{21}; \quad f_{13} = -\frac{2x_3}{x_2} = f_{31};$$

$$f_{23} = \frac{-2x_1 x_3}{x_2^2} = f_{32}$$

9 예를 들어, $f(x, y) = x^3 y^2 + 3x^2 y$

10 5

11 2.5

12 (a) $\dfrac{-3x^2 y - 4y^2}{x^3 + 8xy}$ (b) $\dfrac{-4x^{-2/3}y^{1/4} - 1}{3y^{-3/4}}$

(c) $\dfrac{-y^2}{1 + xy}$ (d) $\dfrac{-x^2 - 2xy + y^2}{-x^2 + 2xy + y^2}$

Section 5.2

실전문제

1 (a) -0.14 (b) -0.14 (c) 0.12

0.6%. 소득의 증가는 수요의 증가를 유발. 정상재(normal)

2 $\dfrac{\partial U}{\partial x_1} = 2948$, $\dfrac{\partial U}{\partial x_2} = 140$

$\Delta U = -848$

한계효용체감의 법칙이 모든 x_1 및 x_2에 대해서 성립

3 21.06; \$42.12

4 $MP_K = 2K$ 및 $MP_L = 4L$

(a) $MRTS = \dfrac{MP_L}{MP_K} = \dfrac{4L}{2K} = \dfrac{2L}{K}$

(b) $K\dfrac{\partial Q}{\partial K} + L\dfrac{\partial Q}{\partial L} = K(2K) + L(4L)$

$$= 2(K^2 + 2L^2) = 2Q \quad ✓$$

연습문제 5.2 (p. 463)

1 1. 2.71; 1보다 크기 때문에 우등재(superior)

2 (a) $-20/1165$　　　　　(b) $-3/233$

　(c) $40/233$; -0.04%; 보완재(complementary)

3 (a) $2x^2+y^2 = 36$

　(b) 16 및 4 따라서 점 $(4, 2)$에서 접선의 기울기는 -4

4 (a) 80　　(b) 540

5 1

6 $\dfrac{\partial U}{\partial x_1} = \dfrac{1}{5}$ 및 $\dfrac{\partial U}{\partial x_2} = \dfrac{5}{12}$

　(a) $37/60$　　(b) $12/25$

7 $MP_K = 8$, $MP_L = 141/4$　　(a) $1^{25/32}$　　(b) $1^{25/32}$

8 $K(6K^2+3L^2)+L(6LK) = 6K^3+9L^2K = 3(K^3+3L^2K)$

9 (a) -0.5; -1.5

　A는 단위탄력적이고, B는 탄력적이므로 B는 가격변화에 더욱 민감하다.

　(b) 0.5; 1.5

　A는 소득탄력성이 1보다 작으므로 정상재

　B는 소득탄력성이 1보다 크기 때문에 우등재

10 (a) $18(\lambda K)^{1/6}(\lambda L)^{5/6} = 18\lambda^{1/6}K^{1/6}\lambda^{5/6}L^{5/6} = \lambda(18K^{1/6}L^{5/6})$
$= \lambda Q$

　(b) $MP_K = 3K^{-5/6}L^{5/6}$; $MP_L = 15K^{1/6}L^{-1/6}$

　(c) (i) 감소한다　　(ii) 증가한다

연습문제 5.2* (p. 464)

1 (a) 0.4　　　　　　　(b) 3.2%

　$E<1$이므로 이 상품은 소득비탄력적임. 이 상품의 시장점유율은 경제 규모가 커지면서 줄어든다.

2 0.5

3 16

4 $A(\lambda K)^\alpha(\lambda L)^\beta = A\lambda^\alpha K^\alpha \lambda^\beta L^\beta = \lambda^{\alpha+\beta}Q$

5 (a) $\dfrac{\partial U}{\partial x_1} = 0.7Ax_1^{-0.3}x_2^{0.5} > 0$

　　(곱해지는 모든 항이 양수이므로)

　상품 1을 1 단위 더 소비하여 효용은 증가한다.

　(b) $\dfrac{\partial^2 U}{\partial x_1 \partial x_2} = 0.35Ax_1^{-0.3}x_2^{-0.5} > 0$

　　(곱해지는 모든 항이 양수이므로)

한 상품을 추가로 소비하면 다른 상품의 한계효용을 증가시킨다.

　(c) $\dfrac{\partial^2 U}{\partial x_1^2} = -0.21Ax_1^{-1.3}x_2^{0.5} < 0$

상품 1의 추가적 소비는 상품 1의 한계효용을 감소시킨다. 즉, 상품 1에 있어 한계효용체감의 법칙 작용.

6 그래프는 아래 그림 S5.1에 제시하였다. 이는 MRTS$=-(-5/7)=5/7$임을 보여준다.

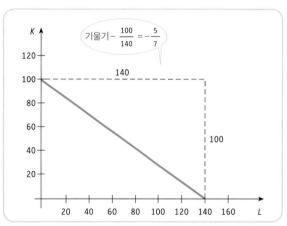

그림 S5.1

7 (a) $MP_K = \dfrac{10}{3}$;　　$MP_L = \dfrac{21}{2}$

　(b) $\Delta Q \approx -11$

　(c) 3.15; 노동의 1 단위 증가 시 자본이 3.15 단위 감소해야 생산량이 동일하다.

8 (a) $MP_K = AbK^{\alpha-1}[\ ]^{\frac{1}{\alpha}-1}$; $MP_L = A(1-b)L^{\alpha-1}[\ ]^{\frac{1}{\alpha}-1}$

　　MRTS$= \dfrac{MP_L}{MP_K} = \dfrac{1-b}{b} \times \dfrac{L^{\alpha-1}}{K^{\alpha-1}} = \dfrac{1-b}{b}\left(\dfrac{K}{L}\right)^{1-\alpha}$

　(b) $KAbK^{\alpha-1}[\ ]^{\frac{1}{\alpha}-1} + LA(1-b)L^{\alpha-1}[\ ]^{\frac{1}{\alpha}-1}$
　　$= A(bK^\alpha + (1-b)L^\alpha)[\ ]^{\frac{1}{\alpha}-1}$
　　$= A[\ ]^{\frac{1}{\alpha}}$
　　$= Q$

9 (a) 보완재; P_A의 계수가 음수

　(b) (i) $E_P = \dfrac{-b}{100}$

　　(ii) $E_{P_A} = -\dfrac{3c}{500}$

(iii) $E_Y = \dfrac{d}{5}$

(c) $a = 4310$, $b = 5$, $c = 2$, $d = 1$

10 (a) $\dfrac{\partial Q}{\partial P_A} = kbP^{-a}P_A^{b-1}Y^c > 0$;

대안적 상품 가격이 증가함에 따라 고려하는 상품의 수요는 증가

(c) 소득 중 소비 비중 PQ/Y에 대한 소득 Y에 의한 편도함수는 다음과 같은 양수이다:

$$k(c-1)P^{1-a}P_A{}^b Y^{c-2} > 0.$$

11 (a) MRCS $= \dfrac{2}{3}$;

상수이므로 무차별곡선은 직선.

(b) MRCS $= \dfrac{3x_2}{x_1}$;

x_1에 관하여 감소한다. 따라서 무차별 곡선은 볼록(convex)하다.

(c) MRCS $= \dfrac{1}{3}\sqrt{\dfrac{x_2}{x_1}}$;

x_1에 관하여 감소한다. 따라서 무차별 곡선은 볼록하다.

Section 5.3

실전문제

1 $C = a\left(\dfrac{b + I^*}{1 - a}\right) + b$

$\dfrac{\partial S}{\partial I^*} = \dfrac{a}{1 - a} > 0$

$(\because 0 < a < 1)$

따라서, I^*의 증가는 C의 증가를 유발하고, C의 증가는 2이다.

2 (a) C, I, G, X, M를 Y의 방정식에 대입하여 다음을 얻는다:

$Y = aY + b + I^* + G^* + X^* - (mY + M^*)$

이로부터,

$(1 - a + m)Y = b + I^* + G^* + X^* - M^*$

따라서

$Y = \dfrac{b + I^* + G^* + X^* - M^*}{1 - a + m}$

(b) $\dfrac{\partial Y}{\partial X^*} = \dfrac{1}{1 - a + m}$

$\dfrac{\partial Y}{\partial m} = \dfrac{b + I^* + G^* + X^* - M^*}{(1 - a + m)^2}$

X^*의 증가는 Y의 증가를 유발. m의 증가는 Y의 증가를 유발

(c) $Y = 2100$; $\Delta Y = \dfrac{100}{3}$

3 d가 약간 증가하면 절편이 올라가면서 수요 곡선이 약간 위로 움직인다. 그림 S5.2는 균형 물량이 Q_1에서 Q_2로 증가함을 보여주고 있다. $\partial Q / \partial d > 0$임을 확인할 수 있다.

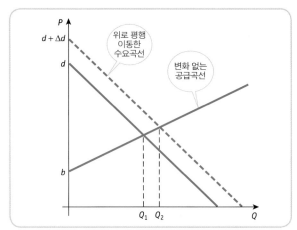

그림 S5.2

연습문제 5.3* (p. 477)

1 (a) 방정식 (3)과 (4)를 (2)에 대입하면,

$C = a(Y - T^*) + b = aY - aT^* + b$ (7)

(5), (6), (7)을 (1)에 대입하면,

$Y = aY - aT^* + b + I^* + G^*$

따라서,

$Y = \dfrac{-aT^* + b + I^* + G^*}{1 - a}$

아울러, 상기 (7)로부터

$C = a\left(\dfrac{-aT^* + b + I^* + G^*}{1 - a}\right) - aT^* + b$

$= \dfrac{a(-aT^* + b + I^* + G^*) + (1 - a)(-aT^* + b)}{1 - a}$

$= \dfrac{aI^* + aG^* - aT^* + b}{1 - a}$

(b) $\dfrac{a}{1-a} > 0$; C는 증가   (c) 1520; 18만큼 증가

2 $\dfrac{-a(b + I^* + G^* - aT^*)}{(1 - a - at)^2}$

3 (1) 주어진 관계식에서

$$C = aY_d + b$$
$$Y_d = Y - T$$
$$T = tY + T^*$$

이를 결합하면, $C = a(Y - tY - T^*) + b$

유사하게, $M = m(Y - tY - T^*) + M^*$

이들과 I, G, X를 Y의 방정식에 대입하면 그 결과를 얻는다.

(2) (a) $\dfrac{\partial Y}{\partial T^*} = \dfrac{m - a}{1 - a + at + m - mt}$

분자는 $m < a$이므로 음수

분모는 $(1-a) + at + m(1-t)$로 표현 가능; 이는 3개 양수의 합이므로 양수. 따라서, 최소자율조세수입 승수는 음수.

(b) $\dfrac{\partial Y}{\partial G^*} = \dfrac{1}{1 - a + at + m - mt} > 0$

(3) (a) 1000   (b) $\Delta Y = 20$ (c) $\Delta T^* = 33\frac{1}{3}$

4 균형 물량은 $\dfrac{d - b}{a + c}$

이를 공급 곡선 또는 수요 곡선에 넣어 $P = \dfrac{ad + bc}{a + c}$를 얻을 수 있으며, 다음을 얻을 수 있다:

$$\frac{\partial P}{\partial a} = \frac{c(d - b)}{(a + c)^2} > 0, \quad \frac{\partial P}{\partial b} = \frac{c}{a + c} > 0$$

$$\frac{\partial P}{\partial c} = \frac{c(d - b)}{(a + c)^2} < 0, \quad \frac{\partial P}{\partial d} = \frac{a}{a + c} > 0$$

a, b, d의 증가는 P의 증가, c의 증가는 P의 감소를 유발

5 (a) $C = aY_d + b = a(Y - T) + b = a(Y - T^*) + b$

$$Y = C + I + G = a(Y - T^*) + b + I^* + G^*$$
$$(1 - a)Y = -aT^* + b + I^* + G^* \Rightarrow$$
$$Y = \frac{1}{1 - a}(b - aT^* + I^* + G^*)$$

(b) $\dfrac{\partial Y}{\partial G^*} = \dfrac{1}{1 - a}$; $\dfrac{\partial Y}{\partial T^*} = -\dfrac{a}{1 - a}$;

$\Delta Y = 1$

(c) 1

6 (1) 2번째, 3번째 식을 첫 번째 식에 대입하면,

$$Y = aY + b + cr + d$$

이로부터,

$$(1 - a)Y - cr = b + d \qquad (1)$$

(2) 1번째, 2번째 식을 3번째 식에 대입하면,

$$k_1 Y + k_2 r + k_3 = M_S^*$$

이로부터,

$$k_1 Y + k_2 r = M_S^* - k_3 \qquad (2)$$

(3) (a) 상기 (1)과 (2)로부터 r을 제거하면

$$ck_1 Y + k_2(1 - a)Y = c(M_S^* - k_3) + k_2(b + d)$$

양변을 $ck_1 + k_2(1-a)$로 나눈다.

(b) $\dfrac{c}{(1-a)k_2 + ck_1}$, 분자와 분모가 모두 양수라서 양수

7 (a) $Y_d = Y - T = Y - (tY + T^*) = (1 - t)Y - T^*$

$$C = aY_d + b = a[(1 - t)Y - T^*] + b = a(1 - t)Y - aT^* + b$$
$$Y = C + I = a(1 - t)Y - aT^* + b + cr + d$$
$$(1 - a(1 - t))Y = -aT^* + b + cr + d$$
$$\Rightarrow Y = \frac{b + d - aT^* + cr}{1 - a(1 - t)}$$

(b) $\dfrac{\partial Y}{\partial c} = \dfrac{r}{1 - a(1 - t)}$;

$$\frac{\partial Y}{\partial a} = \frac{-T^* + (1 - t)(b + d + cr)}{(1 - a(1 - t))^2}$$

(c) $0 < t < 1$ 그리고 $0 < a < 1 \Rightarrow$

$$0 < a(1 - t) < 1 \Rightarrow 1 - a(1 - t) > 0$$

$$r > 0 \Rightarrow \frac{\partial Y}{\partial c} > 0 \Rightarrow Y \text{ 증가}$$

(d) $Y = 2800$; $\Delta Y = 46.25$

8 (a) $\pi = (a - bQ)Q - (f + vQ) = -bQ^2 + (a - v)Q - f$

안정점에서, $Q = \dfrac{a - v}{2b}$.

(b) $\dfrac{\partial \pi}{\partial a} = \dfrac{a - v}{2b}$, $\dfrac{\partial \pi}{\partial b} = -\dfrac{(a - v)^2}{4b^2}$.

$$\frac{\partial \pi}{\partial f} = -1, \quad \frac{\partial \pi}{\partial v} = -\frac{a - v}{2b}$$

(c)   (a)로부터, $Q = \dfrac{a-v}{2b}$이므로 $a-v>0$.

상기 (b)에서 첫 번째 승수만 양(+)이고, 나머지는 음(−)이다. a의 증가는 최대이윤의 증가를 유발한다. 반면 b, f, v의 증가는 최대이윤의 감소를 유발한다.

Section 5.4

실전문제

1 $(0, 1)$ → 안장점

2 상품 G1 판매에 따른 총수입:

$$\text{TR}_1 = P_1 Q_1 = (50 - Q_1)Q_1 = 50Q_1 - Q_1^2$$

상품 G2 판매에 따른 총수입:

$$\text{TR}_2 = P_2 Q_2 = (95 - 3Q_2)Q_2$$
$$= 95Q_2 - 3Q_2^2$$

두 개 상품 판매에 따른 총수입:

$$\text{TR} = \text{TR}_1 + \text{TR}_2$$
$$= 50Q_1 - Q_1^2 + 95Q_2 - 3Q_2^2$$

이윤은 다음과 같다:

$$\pi = \text{TR} - \text{TC}$$
$$= (50Q_1 - Q_1^2 + 95Q_2 - 3Q_2^2) - (Q_1^2 + 3Q_1Q_2 + Q_2^2)$$
$$= 50Q_1 - 2Q_1^2 + 95Q_2 - 4Q_2^2 - 3Q_1Q_2$$

$Q_1 = 5$, $Q_2 = 10$; $P_1 = 45$ and $P_2 = 65$

3 $P_1 = 200$, $P_2 = 150$, $\pi = 10\,000$

연습문제 5.4 (p. 493)

1 (a) $\dfrac{\partial z}{\partial x} = 4x - 12$, $\dfrac{\partial z}{\partial y} = 2y - 8$; $(3,4)$

(b) $\left(\dfrac{\partial^2 z}{\partial x^2}\right)\left(\dfrac{\partial^2 z}{\partial y^2}\right) - \left(\dfrac{\partial z}{\partial x \partial y}\right)^2 = 4 \times 2 - 0^2 > 0$

→ 안장점 아님

$\dfrac{\partial^2 z}{\partial x^2} > 0, \dfrac{\partial^2 z}{\partial y^2} > 0$ → 최소점

2 (a) $(1, 1)$ 최소점; $(-1, -1)$
최대점; $(1, -1)$ 및 $(-1, 1)$ 안장점

(b) $(2, 0)$ 최소점; $(0, 0)$ 최대점; $(1, 1)$ 및 $(1, -1)$ 안장점

3 $Q_1 = 9$, $Q_2 = 6$

$$\dfrac{\partial^2 \pi}{\partial Q_1^2} = -2 < 0, \dfrac{\partial^2 \pi}{\partial Q_2^2} = -4 < 0$$

$$\left(\dfrac{\partial^2 \pi}{\partial Q_1^2}\right)\left(\dfrac{\partial^2 \pi}{\partial Q_2^2}\right) - \left(\dfrac{\partial^2 \pi}{\partial Q_1 \partial Q_2}\right)^2$$

$$= (-2)(-4) - (-1)^2 = 7 > 0 \Rightarrow \text{따라서 최대점임}$$

4 최대이윤은 1300달러이고, 이는 $Q_1 = 30$ 및 $Q_2 = 10$에서 달성됨

5 $x_1 = 138$, $x_2 = 500$; 시간당 16.67달러

6 $Q_1 = 19$, $Q_2 = 4$

7 (a) $\pi = (32 - Q_1)Q_1 + (40 - 2Q_2)Q_2 - 4(Q_1 + Q_2)$
$$= 32Q_1 - Q_1^2 + 40Q_2 - 2Q_2^2 - 4Q_1 - 4Q_2$$
$$= 28Q_1 + 36Q_2 - Q_1^2 - 2Q_2^2$$

(b) $Q_1 = 14$; $Q_2 = 9$; $\pi = 358$

$$\left(\dfrac{\partial^2 \pi}{\partial Q_1^2}\right)\left(\dfrac{\partial^2 \pi}{\partial Q_2^2}\right) - \left(\dfrac{\partial \pi}{\partial Q_1 \partial Q_2}\right)^2 = (-2) \times (-4) - 0^2 > 0$$

→ 안장점 아님

$\dfrac{\partial^2 \pi}{\partial Q_1^2} < 0, \dfrac{\partial^2 \pi}{\partial Q_2^2} < 0$ → 최대점

8 (a) $Q_1 = 32 - P$; $Q_2 = 20 - \dfrac{1}{2}P$ 의 두 가지를 합하여

해당 총수요 함수 $Q = 52 - \dfrac{2}{3}$를 구할 수 있다.

이를 변형하면, $P = \dfrac{104}{3} - \dfrac{2}{3}Q$.

따라서, $\pi = \left(\dfrac{104}{3} - \dfrac{2}{3}Q\right)Q - 4Q = \dfrac{1}{3}(92Q - 2Q^2)$

(b) $Q = 23$에서 달성되며 새로운 최대이윤은 $\pi = 352\dfrac{2}{3}$

따라서, 최대이윤이 $5\dfrac{1}{3}$ 만큼 감소한다.

연습문제 5.4* (p. 494)

1 (a) $(0, 0)$은 최소점, $\left(-\dfrac{1}{2}, -\dfrac{1}{4}\right)$은 안장점

(b) $(0, 0)$은 안장점, $(-2, 2)$은 최소점

(c) $(0, 0)$은 안장점, $\left(-\dfrac{20}{3}, -\dfrac{10}{3}\right)$는 최소점

2 최대이윤은 $L = 16$, $K = 144$에서 달성되며 176달러.

3 346,500달러

4 최대이윤은 $P_1 = 30$ 및 $P_2 = 20$에서 달성되며 95달러

5 (a) $P_1 = 55$; $P_2 = 0.5a+5$

(b) $P = 15+0.4a$

(a)에서 이윤: $\pi_a = 512.5+0.5(a-10)^2$.

(b)에서 이윤: $\pi_b = -437.5+10a+0.4a^2$.

따라서, $\pi_a - \pi_b = 0.1(a-100)^2 \geq 0$

6 (a) 최대이윤에서 한계생산성은 각 요소의 상품 가격 대비 상대가격과 동일

(b) $K = 4096$; $L = 512$

7 $Q_i = \dfrac{p_i}{2c_i}$; $\pi = \dfrac{p_1^2}{4c_1} + \dfrac{p_2^2}{4c_2}$

8 $x = \dfrac{2p-q}{14}$; $y = \dfrac{4q-p}{14}$

Section 5.5

실전문제

1 점 $(1,\ 1)$에서 최댓값 11

2 $x_1 = 100$, $x_2 = 20$

$\dfrac{U_1}{P_1} = \dfrac{20}{2} = 10$, $\dfrac{U_2}{P_2} = \dfrac{100}{10} = 10$

3 $x_1 = 30$, $x_2 = 10$

연습문제 5.5 (p. 507)

1 (a) $y = \dfrac{2}{3} - 3x$

(b) 점 $\left(\dfrac{1}{9}, \dfrac{1}{3}\right)$에서 최댓값 $\dfrac{1}{9}$

2 점 $(3,\ 11)$에서 최댓값 13

3 27,000

4 $K = 6$ 및 $L = 4$

5 $x+y = 20$; 생산물 A는 6 단위, 생산물 B는 14 단위

6 8100

7 (a) 1000

(b) 15,985

8 (a) $2K+L = 1000$

(b) $MP_K = AL$, $MP_L = AK$

(c) $\dfrac{MP_K}{MP_L} = \dfrac{AL}{AK} = \dfrac{L}{K} \Rightarrow \dfrac{L}{K} = \dfrac{2}{1} \Rightarrow L = 2K$

(d) $K = 250$; $L = 500$

연습문제 5.5* (p. 508)

1 (a) $(10, 30)$에서 최솟값 1800

(b) $\left(\dfrac{1}{2},\ 2\right)$에서 최댓값 10

2 $K = 10$, $L = 4$

3 최대이윤은 165달러, $K=81$ 및 $L=9$일 때 달성.

4 $x_1 = 3$, $x_2 = 4$

5 (a) $2x_1+4x_2 = 300$

(b) $x_1 = 100$; $x_2 = 25$

(c) 그림 S5.3 참조

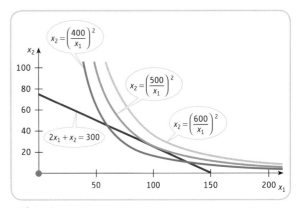

그림 S5.3

6 (a) $K = 200$; $L = 150$

(b) 그림 S5.4 참조

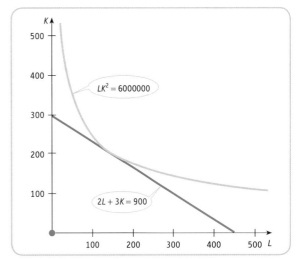

그림 S5.4

7 (a) $U = \sqrt{x_1} + x_2 = x_1^{1/2} + b - ax_1$로부터

$x_1 = \dfrac{1}{4a^2}$에서 최대화

(b) $\dfrac{\partial U^*}{\partial a} = -\dfrac{1}{4a^2} < 0$

→ a의 증가는 최대화된 효용 U^*을 감소시킴

$\dfrac{\partial U^*}{\partial b} = 1$

→ b의 1 단위 증가는 최대화된 효용 U^*를 1 단위 증가시킴

Section 5.6

실전문제

1 (2, 10)에서 최적화된 값 −12를 가짐

2 최대화된 효용은 1849; 1892

3 $x_1 = \dfrac{P_2 M}{P_1(P_1 + P_2)}$; $x_2 = \dfrac{P_1 M}{P_2(P_1 + P_2)}$

연습문제 5.6 (p. 518)

1 9

2 (a) 800; $x = 20$, $y = 10$, $\lambda = 40$

(b) 840.5; $x = 20.5$, $y = 10.25$, $\lambda = 41$

(c) 라그랑지 승수는 40, 실제 변화는 40.5로 서로 거의 근사적으로 동일

3 4.5

4 (b) $\dfrac{\partial g}{\partial K} = 2 - \lambda L$, $\dfrac{\partial g}{\partial L} = 1 - \lambda K$, $\dfrac{\partial g}{\partial \lambda} = 50 - KL$

(c) $L = 10$, $K = 5$

5 (a) $\dfrac{\partial g}{\partial K} = 80L - 3\lambda$, $\dfrac{\partial g}{\partial L} = 80K - 5\lambda$,

$\dfrac{\partial g}{\partial \lambda} = 1500 - 3K - 5L$

(b) $K = 250$, $L = 150$ (c) 4000

6 $Q_1 = 10$, $Q_2 = 5$에서 최대화된 이윤 600달러. 라그랑지 승수는 3. 따라서, 총비용이 1 단위 증가할 때 최대이윤은 603달러로 상승

연습문제 5.6* (p. 520)

1 (a) $z = M + 1$

(b) M이 1 단위 상승하며 z도 1 단위 상승; 라그랑지 승수값이 1

2 (a) 585,412 (b) 93.2

3 (a) 375.5   (b) 2배

4 제약은 $y = 2x$; $x = 40$, $y = 80$에서 최대이윤 4800달러

5 40; 2.5

6 $x_1 = \dfrac{\alpha M}{(\alpha + \beta)P_1}$, $x_2 = \dfrac{\beta M}{(\alpha + \beta)P_2}$

7 $x = 6715.56$; $y = 3284.44$ (각 단위는 달러)

8 $x = 13$, $y = 17$, $z = 2$

9 $x = 6$, $y = 11$

10 $\dfrac{U_1}{P_1} = \lambda = \dfrac{U_2}{P_2}$

11 $x = \dfrac{a}{\sqrt{a^2 + b^2}}$, $y = \dfrac{b}{\sqrt{a^2 + b^2}}$

CHAPTER 6

Section 6.1

실전문제

1 (a) x^2 (b) x^4

(c) x^{100} (d) $\dfrac{1}{4}x^4$

(e) $\dfrac{1}{19}x^{19}$

2 (a) $\dfrac{1}{5}x^5 + c$ (b) $-\dfrac{1}{2x^2} + c$

(c) $\dfrac{3}{4}x^{4/3} + c$ (d) $\dfrac{1}{3}e^{3x} + c$

(e) $x + c$ (f) $\dfrac{x^2}{2} + c$

(g) $\ln x + c$

3 (a) $x^2 - x^4 + c$ (b) $2x^5 - \dfrac{5}{x} + c$

(c) $\dfrac{7}{3}x^3 - \dfrac{3}{2}x^2 + 2x + c$

4 (a) $TC = 2Q + 500$; $TC = 580$

(b) $TR = 100Q - 3Q^2$; $P = 100 - 3Q$

(c) $S = 0.4Y - 0.2Y^{1/2} - 38$

연습문제 6.1 (p. 538)

1 (a) $x^6 + c$ (b) $\dfrac{1}{5}x^5 + c$

  (c) $e^{10}x + c$ (d) $\ln x + c$

  (e) $\dfrac{2}{5}x^{5/2} + c$ (f) $\dfrac{1}{2}x^4 - 3x^2 + c$

  (g) $\dfrac{1}{3}x^3 - 4x^2 + 3x + c$ (h) $\dfrac{ax^2}{2} + bx + c$

  (i) $\dfrac{7}{4}x^4 - 2e^{-2x} + \dfrac{3}{x} + c$

2 (a) $TC = \dfrac{Q^2}{2} + 5Q + 20$ (b) $TC = 6e^{0.5}Q + 4$

3 380

4 (a) $TR = 20Q - Q^2$; $P = 20 - Q$

  (b) $TR = 12\sqrt{Q}$; $P = \dfrac{12}{\sqrt{Q}}$

5 $C = 0.6Y + 7$, $S = 0.4Y - 7$

6 (a) $1000L - L^3$ (b) $12\sqrt{L} - 0.01L$

7 6

연습문제 6.1* (p. 539)

1 (a) $\dfrac{x^7}{7} - x^2 + c$ (b) $\dfrac{x^{11}}{11} - 2x\sqrt{x} - e^{-x} + c$

  (c) $\dfrac{x^4}{4} + \dfrac{1}{x^5} + 2\ln x + e^{-4x} + c$

2 (a) $C = 20(Y + 2Y^{1/4} + 1)$ (b) $VC = 15 + Q^2$

3 (a) $TC = \dfrac{aQ^2}{2} + bQ + C$ (b) $TC = \dfrac{a}{b}(e^{bQ} - 1) + C$

4 (1) $F'(x) = 10(2x+1)^4$는 10배 크다.

    적분은 $\dfrac{1}{10}(2x+1)^5 + c$.

  (2) (a) $\dfrac{1}{24}(3x-2)^8 + c$ (b) $-\dfrac{1}{40}(2-4x)^{10} + c$

  (c) $\dfrac{1}{a(n+1)}(ax+b)^{n+1} + c$ (d) $\dfrac{1}{7}\ln(7x+3) + c$

5 (a) $\dfrac{1}{2}x^2 + \dfrac{2}{7}x^{7/2} + c$

  (b) $\dfrac{1}{11}x^{11} + \dfrac{1}{3}x^3 + c$; $\dfrac{1}{5}e^{5x} + e^x + \dfrac{3}{2}e^{2x} + c$; $\dfrac{1}{3}x^3 - \dfrac{1}{2}x^2 + c$

6 (a) $\dfrac{1}{4}x^4 - \dfrac{1}{2}x^2 + 2x^{\frac{1}{2}} + c$

  (b) $\ln x + \dfrac{1}{x} + c$; $-e^{-x} + \dfrac{1}{3}e^{-3x} + c$; $\ln x - x + \dfrac{2}{3}x^{3/2} + c$

7 $S = 0.6Y - 0.2\sqrt{Y} - 8$

8 $f(x) = x^3 - 4x + 2$

9 (a) $\ln x + 1$ (b) $x\ln x - x + c$

10 $N = 100(1 - e^{-0.1t})$; 55; 100

11 20

12 550

Section 6.2

실전문제

1 (a) $\dfrac{1}{4}$ (b) 18

  (c) 16.5   (d) $e - 1$

2 341.33

3 (a) 100   (b) 100

4 (a) 9000   (b) 27

5 $37,599.03

연습문제 6.2 (p. 556)

1 (a) $\dfrac{104}{3}$ (b) $\dfrac{5}{36}$

  (c) 12   (d) 16

2 (a) $\dfrac{290}{3}$ (b) $\dfrac{1}{3}$

  (c) 234   (d) $e - 1$

  (e) 1

3 (a) 4

  (b) 0. 그래프는 그림 S6.1에 그려져 있다. 적분은 그래프가 x축 위에 있으면 양, x축 밑에 있으면 음의 값을 준다. 이 경우 양의 면적과 음의 면적이 동일하여 서로 상쇄된다. 실제 면적은 0과 2 사이의 면적의 두 배가 되어 8이다.

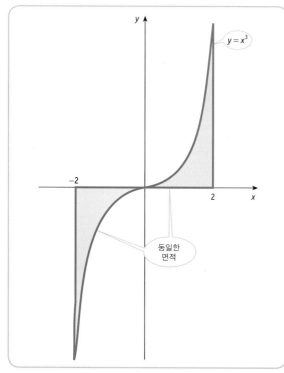

그림 S6.1

4 (a) 100   (b) 20

5 (a) 81   (b) 180

6 (a) $\dfrac{320}{3}$ (b) 129.87

7 (a) 120.8   (b) 51.24

8 $16,703

9 (a) 12,800   (b) $1600\left(N^{\frac{3}{2}}-(N-1)^{\frac{3}{2}}\right)$; 네 번째 해

10 $72,190.14

연습문제 6.2* (p. 557)

1 (a) 27   (b) $\dfrac{2}{15}$

2 (a) 128   (b) 10

3 각각 $83\dfrac{1}{3}$과 $133\dfrac{1}{3}$

4 $P = 80$, $Q = 30$; $CS = 1265.2$; $PS = 450$

5 $P = 58.48$, $Q = 2.682$, $CS = 50.7$, $PS = 60.7$

6 (a) $427.32   (b) 47번째 년 동안

7 (a) $\dfrac{AT^{\alpha+1}}{\alpha+1}$ (b) $\dfrac{A}{\alpha}(e^{\alpha T}-1)$

8 (a) $2785.84   (b) $7869.39
    (c) $19,865.24   (d) $20,000

9 6.9년

10 $5x^2-2x$

11 $\dfrac{100S}{r}(1-e^{-nr/100})$

12 26.5

CHAPTER 7

Section 7.1

실전문제

1 (a) 2×2, 1×5, 3×5, 1×1
    (b) 1, 4, 6, 2, 6, ?, 6; c_{43}의 값은 존재하지 않음

2 $\mathbf{A}^T = \begin{bmatrix} 1 & 3 & 2 & 2 \\ 4 & 7 & 1 & -5 \\ 0 & 6 & 3 & 1 \\ 1 & 1 & 5 & 8 \\ 2 & 4 & -1 & 0 \end{bmatrix}$

$\mathbf{B}^T = \begin{bmatrix} 1 \\ 5 \\ 7 \\ 9 \end{bmatrix}$

$\mathbf{C}^T = \begin{bmatrix} 1 & 2 & 3 \\ 2 & 4 & 5 \\ 3 & 5 & 6 \end{bmatrix} = \mathbf{C}$

3 (a) $\begin{bmatrix} 1 & 7 \\ 3 & -8 \end{bmatrix}$ (c) $\begin{bmatrix} 3 \\ 2 \end{bmatrix}$ (d) $\begin{bmatrix} 2 \\ 2 \end{bmatrix}$ (e) $\begin{bmatrix} 0 & 0 \\ 0 & 0 \end{bmatrix}$

(b)는 계산 불가

4 (1) (a) $\begin{bmatrix} 2 & -4 \\ 6 & 10 \\ 0 & 8 \end{bmatrix}$ (b) $\begin{bmatrix} 2 & -2 \\ 4 & 14 \\ 2 & 12 \end{bmatrix}$

(c) $\begin{bmatrix} 1 & -3 \\ 5 & 12 \\ 1 & 10 \end{bmatrix}$ (d) $\begin{bmatrix} 2 & -6 \\ 10 & 24 \\ 2 & 20 \end{bmatrix}$

(a) 및 (b)로부터, $2\mathbf{A} + 2\mathbf{B} = \begin{bmatrix} 2 & -6 \\ 10 & 24 \\ 2 & 20 \end{bmatrix}$, 이는 (d)와 동일.

따라서, $2(\mathbf{A}+\mathbf{B}) = 2\mathbf{A}+2\mathbf{B}$

(2) (a) $\begin{bmatrix} 3 & -6 \\ 9 & 15 \\ 0 & 12 \end{bmatrix}$ (b) $\begin{bmatrix} -6 & 12 \\ -18 & -30 \\ 0 & -24 \end{bmatrix}$

(a)로부터, $-2(3A) = \begin{bmatrix} -6 & 12 \\ -18 & -30 \\ 0 & -24 \end{bmatrix}$

따라서, $-2(3A) = -6A$

5 (a) [8]([8]은 실수 8과 같다)

(b) [0]([0]은 실수 0과 같다)

(c) 계산 불가

6 $AB = \begin{bmatrix} 7 & 10 \\ 3 & 4 \\ 6 & 10 \end{bmatrix}$

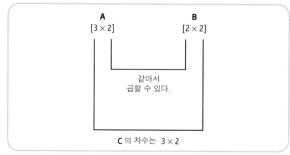

그림 S7.1

7 (a) $\begin{bmatrix} 5 \\ 7 \\ 5 \end{bmatrix}$ (d) $\begin{bmatrix} 4 & 3 \\ 2 & -1 \\ 5 & 5 \end{bmatrix}$

(f) $\begin{bmatrix} 9 & 6 & 13 \\ 27 & 15 & 28 \end{bmatrix}$ (g) $\begin{bmatrix} 5 & 7 & 9 \\ 3 & 3 & 3 \\ 6 & 9 & 12 \end{bmatrix}$

(h) $\begin{bmatrix} 5 & 6 \\ 11 & 15 \end{bmatrix}$

(b), (c), (e)는 계산 불가

8 방정식: $x+4y+7z=-3$, $2x+6y+5z=10$, $8x+9y+5z=1$

Ax는 다음의 3×1 행렬

$\begin{bmatrix} x+4y+7z \\ 2z+6y+5z \\ 8x+9y+5z \end{bmatrix}$

우변 상수항 고려하여, $v = \begin{bmatrix} -3 \\ 10 \\ 1 \end{bmatrix}$.

따라서, 상기 방정식은 $Ax = v$로 표현 가능

연습문제 7.1 (p. 581)

1 (a) $\mathbf{J} = \begin{bmatrix} 35 & 27 & 13 \\ 42 & 39 & 24 \end{bmatrix}$ $\mathbf{F} = \begin{bmatrix} 31 & 17 & 3 \\ 25 & 29 & 16 \end{bmatrix}$

(b) $\begin{bmatrix} 66 & 44 & 16 \\ 67 & 68 & 40 \end{bmatrix}$ (c) $\begin{bmatrix} 4 & 10 & 10 \\ 17 & 10 & 8 \end{bmatrix}$

2 (a) $\begin{bmatrix} 4 & 6 & 2 & 18 \\ 2 & 0 & 10 & 0 \\ 12 & 14 & 16 & 8 \end{bmatrix}$ (b) $\begin{bmatrix} 2 & 14 & 18 & 12 \\ 4 & 2 & 0 & 10 \\ 12 & 8 & 10 & 6 \end{bmatrix}$

(c) $\begin{bmatrix} 6 & 20 & 20 & 30 \\ 6 & 2 & 10 & 10 \\ 24 & 22 & 26 & 14 \end{bmatrix}$

(d) 앞서 (c)와 동일

3 $4B$, $(CB)^{\mathsf{T}}$, CBA가 계산 가능하며,
차수는 각각 2×3, 3×4, 4×3

4 (a) $\begin{bmatrix} 5900 \\ 1100 \end{bmatrix}$

각 소비자가 지불하는 총비용

(b) $\begin{bmatrix} 13 & 7 & 23 & 22 \\ 3 & 1 & 4 & 5 \end{bmatrix}$

각 소비자에 판매하는 모든 상품을 제작하는 데 투입되는 원자재의 양

(c) $\begin{bmatrix} 35 \\ 75 \\ 30 \end{bmatrix}$

각 상품을 제작하는 데 들어가는 원자재 구입 비용

(d) $\begin{bmatrix} 1005 \\ 205 \end{bmatrix}$

각 소비자에 판매하는 모든 상품을 제작하는 데 들어가는 비용

(e) [7000]([7000]은 실수 7000과 같다)
두 소비자에게 판매한 총 판매수입

(f) [1210]([1210]은 실수 1210과 같다)
원자재 구입을 위한 총비용

(g) [5790]([5790]은 실수 5790과 같다)
순이익

5 (a) $[8 \quad 30 \quad 15]\begin{bmatrix} 12 \\ 30 \\ 25 \end{bmatrix} = [1 \quad 3 \quad 7 \quad 1]$

(b) 1300.2; 5.2% 감소

6 (1) (a) $\begin{bmatrix} 1 & 3 & 5 \\ 2 & 4 & 6 \end{bmatrix}$ (b) $\begin{bmatrix} 1 & 2 & -3 \\ -1 & 1 & 4 \end{bmatrix}$

(c) $\begin{bmatrix} 2 & 1 \\ 5 & 5 \\ 2 & 10 \end{bmatrix}$ (d) $\begin{bmatrix} 2 & 5 & 2 \\ 1 & 5 & 10 \end{bmatrix}$

$(\mathbf{A+B})^T = \mathbf{A}^T + \mathbf{B}^T$: → 합의 전치는 각 전치의 합

(2) (a) $\begin{bmatrix} 1 & 5 \\ 4 & 9 \end{bmatrix}$ (b) $\begin{bmatrix} 2 & -1 \\ 1 & 0 \\ 0 & 1 \end{bmatrix}$

(c) $\begin{bmatrix} -2 & 1 & 4 \\ 1 & 5 & 9 \end{bmatrix}$ (d) $\begin{bmatrix} -2 & 1 \\ 1 & 5 \\ 4 & 9 \end{bmatrix}$

$(\mathbf{CD})^T = \mathbf{D}^T \mathbf{C}^T$: → 곱의 전치는 곱해진 방향의 역방향으로 전치의 곱

7 (a) $\mathbf{B+C} = \begin{bmatrix} 0 & 6 \\ 5 & 2 \end{bmatrix} \rightarrow \mathbf{A(B+C)} = \begin{bmatrix} -15 & 24 \\ 5 & 14 \end{bmatrix}$

$\mathbf{AC} = \begin{bmatrix} -8 & -1 \\ -1 & 4 \end{bmatrix} \rightarrow \mathbf{AB+AC} = \begin{bmatrix} -15 & 24 \\ 5 & 14 \end{bmatrix}$

(b) $\mathbf{AB} = \begin{bmatrix} -7 & 25 \\ 6 & 10 \end{bmatrix}$ 이므로 $(\mathbf{AB})\mathbf{C} = \begin{bmatrix} 32 & 43 \\ 4 & 26 \end{bmatrix}$

$\mathbf{BC} = \begin{bmatrix} 4 & 11 \\ -4 & 4 \end{bmatrix}$ 이므로 $\mathbf{A(BC)} = \begin{bmatrix} 32 & 43 \\ 4 & 26 \end{bmatrix}$

8 $\mathbf{AB} = [9];$ $\mathbf{BA} = \begin{bmatrix} 1 & 2 & -4 & 0 \\ 7 & 14 & -28 & 21 \\ 3 & 6 & -12 & 9 \\ -2 & -4 & 8 & -6 \end{bmatrix}$

9 (a) $\begin{bmatrix} 7x + 5y \\ x + 3y \end{bmatrix}$

(b) $\mathbf{A} = \begin{bmatrix} 2 & 3 & -2 \\ 1 & -1 & 2 \\ 4 & 2 & 5 \end{bmatrix}$, $\mathbf{x} = \begin{bmatrix} x \\ y \\ z \end{bmatrix}$, $\mathbf{v} = \begin{bmatrix} 6 \\ 3 \\ 1 \end{bmatrix}$

연습문제 7.1* (p. 583)

1 (a), (c), (f)는 계산 가능, 각각 차수는 5×2, 3×5, 5×5

2 $a = 2$, $b = 6$, $c = 4$, $d = 5$

3 (a) $\mathbf{A}^T = \begin{bmatrix} a & d \\ b & e \\ c & f \end{bmatrix}$, $\mathbf{B}^T = \begin{bmatrix} g & i & k \\ h & j & l \end{bmatrix}$

(b) $\mathbf{AB} = \begin{bmatrix} ag + bi + ck & ah + bj + cl \\ dg + ei + fk & dh + ej + fl \end{bmatrix}$

$\mathbf{B}^T \mathbf{A}^T = \begin{bmatrix} ga + ib + kc & gd + ie + kf \\ ha + jb + lc & hd + je + lf \end{bmatrix}$

(c) $(\mathbf{AB})^T = \mathbf{B}^T \mathbf{A}^T$

$(\mathbf{A}^T \mathbf{B}^T \mathbf{C}^T)^T = \mathbf{CBA}$

4 (a) $a_{11} = 137.50$

해당 스포츠브랜드 모든 대리점에서의 티셔츠 판매 이윤

(b) $b_{33} = 1327.50$

대리점 C에서 모든 제품 판매 이윤

5 (a) 연말에 A, L, S, W의 시장점유율은 각각 29.5%, 25.5%, 33%, 12%가 됨

(b) (i) 29.8% (ii) 33.2%

6 $\begin{bmatrix} 6 & 6 \\ 2 & 11 \\ 13 & 1 \end{bmatrix}$

7 -109

8 (a) $\mathbf{AI} = \begin{bmatrix} a & b \\ c & d \end{bmatrix} \begin{bmatrix} 1 & 0 \\ 0 & 1 \end{bmatrix} = \begin{bmatrix} a & b \\ c & d \end{bmatrix} = \mathbf{A}$

또한 $\mathbf{IA} = \mathbf{A}$.

(b) $\mathbf{A}^{-1} \mathbf{A}$

$= \dfrac{1}{ad - bc} \begin{bmatrix} d & -b \\ -c & a \end{bmatrix} \begin{bmatrix} a & b \\ c & d \end{bmatrix}$

$= \dfrac{1}{ad - bc} \begin{bmatrix} da - bc & db - bd \\ -ca + ac & -cb + ad \end{bmatrix}$

$= \dfrac{1}{ad - bc} \begin{bmatrix} ad - bc & 0 \\ 0 & ad - bc \end{bmatrix} = \begin{bmatrix} 1 & 0 \\ 0 & 1 \end{bmatrix}$

또한, $\mathbf{AA}^{-1} = \mathbf{I}$.

(c) $\mathbf{Ix} = \begin{bmatrix} 1 & 0 \\ 0 & 1 \end{bmatrix} \begin{bmatrix} x \\ y \end{bmatrix} = \begin{bmatrix} x \\ y \end{bmatrix} = \mathbf{x}$

9 $\begin{bmatrix} k_2 & k_1 \\ -c & 1-a \end{bmatrix}$

Section 7.2

실전문제

1 행렬 $\mathbf{A}$는 비특이하다. 역행렬은 다음과 같다:

$\begin{bmatrix} 1/4 & -1/2 \\ -1/8 & 3/4 \end{bmatrix}$

행렬 $\mathbf{B}$는 특이행렬이고, 역행렬은 없다.

2 $\begin{bmatrix} 9 & 1 \\ 2 & 7 \end{bmatrix}\begin{bmatrix} P_1 \\ P_2 \end{bmatrix} = \begin{bmatrix} 43 \\ 57 \end{bmatrix}$을 풀면 된다.

이로부터 $\begin{bmatrix} P_1 \\ P_2 \end{bmatrix} = \begin{bmatrix} 9 & 1 \\ 2 & 7 \end{bmatrix}^{-1}\begin{bmatrix} 43 \\ 57 \end{bmatrix} = \begin{bmatrix} 4 \\ 7 \end{bmatrix}$

3 균형에서: $Q_S = Q_D = Q$

공급 곡선: $P = aQ + b$

수요 곡선: $P + cQ = d$

행렬로 아래와 같이 표현 가능

$\begin{bmatrix} 1 & -a \\ 1 & c \end{bmatrix}\begin{bmatrix} P \\ Q \end{bmatrix} = \begin{bmatrix} b \\ d \end{bmatrix}$

따라서, $P = \dfrac{cb + ad}{c + a}$, $Q = \dfrac{-b + d}{c + a}$

승수는 $\dfrac{-1}{c + a}$이며, 이는 음수.

따라서, b의 증가는 균형 물량 Q의 감소를 유발

4 $A_{11} = 7$ $A_{12} = -1$

$A_{13} = -1$ $A_{21} = -3$

$A_{22} = 1$ $A_{23} = 0$

$A_{31} = -3$ $A_{32} = 0$

$A_{33} = 1$

5 1, 0

6 $\mathbf{A}^{-1} = \begin{bmatrix} 7 & -3 & -3 \\ -1 & 1 & 0 \\ -1 & 0 & 1 \end{bmatrix}$, B는 특이행렬로 역행렬 없음

7 $\begin{bmatrix} P_1 \\ P_2 \\ P_3 \end{bmatrix} = \begin{bmatrix} 8 \\ 5 \\ 3 \end{bmatrix}$

연습문제 7.2 (p. 604)

1 (a) (i) 1   (ii) 2   (iii) 2   (iv) 10

(b) (i) $\begin{bmatrix} 4 & -7 \\ -1 & 2 \end{bmatrix}$ (ii) $\begin{bmatrix} 2 & 3 \\ -1.5 & 2.5 \end{bmatrix}$

(iii) $\begin{bmatrix} 2 & 5 \\ -0.5 & -1 \end{bmatrix}$ (iv) $\begin{bmatrix} -0.7 & 0.4 \\ 0.8 & -0.6 \end{bmatrix}$

2 (1) (a) $|\mathbf{A}| = -3$ (b) $|\mathbf{B}| = 4$

(c) $\mathbf{AB} = \begin{bmatrix} 4 & 4 \\ 7 & 4 \end{bmatrix}$

$|\mathbf{AB}| = -12$ → $|\mathbf{AB}| = |\mathbf{A}|\,|\mathbf{B}|$

행렬 곱의 행렬식은 각 행렬식의 곱과 동일

(2) (a) $\mathbf{A}^{-1} = \begin{bmatrix} -1/3 & 1/3 \\ 5/3 & -2/3 \end{bmatrix}$

(b) $\mathbf{B}^{-1} = \begin{bmatrix} 1 & 0 \\ -1/2 & -1/4 \end{bmatrix}$

(c) $(\mathbf{AB})^{-1} = \begin{bmatrix} -1/3 & 1/3 \\ 7/12 & -1/3 \end{bmatrix}$

이상의 결과는 $(\mathbf{AB})^{-1} = \mathbf{B}^{-1}\mathbf{A}^{-1}$를 시사하며, 이는 일반적으로 성립.

즉, 행렬 곱의 역행렬은 각 역행렬의 역방향 곱과 동일

3 $a = -3/2$, $b = -8/3$

4 $\begin{bmatrix} 10 & 0 \\ 0 & 10 \end{bmatrix}$ → 역행렬: $\dfrac{1}{10}\begin{bmatrix} 5 & -3 \\ -10 & 8 \end{bmatrix}$

5 (a) $x = 1$, $y = -1$ (b) $x = 2$, $y = 2$

6 (a) $\dfrac{1}{25}\begin{bmatrix} 9 & 1 \\ 2 & 3 \end{bmatrix}$

(b) $P_1 = 40$, $P_2 = 10$

7 (a) $50 - 2P_1 + P_2 = -20 + P_1 \Rightarrow 3P_1 - P_2 = 70$

$10 + P_1 - 4P_2 = -10 + 5P_2 \Rightarrow -P1 + 9P_2 = 20$

(b) 역행렬: $\dfrac{1}{26}\begin{bmatrix} 9 & 1 \\ 1 & 3 \end{bmatrix}$ → $\dfrac{1}{26}\begin{bmatrix} 9 & 1 \\ 1 & 3 \end{bmatrix}\begin{bmatrix} 70 \\ 20 \end{bmatrix} = \begin{bmatrix} 25 \\ 5 \end{bmatrix}$

8 (a) (i) $a \times 0 - b \times 0 = 0$ (ii) $kab - kab = 0$

(iii) $\dfrac{a}{a} - \dfrac{b}{b} = 1 - 1 = 0$

(b) (i) $ak \neq 0$ (ii) $a^2 > 0$ (iii) $a^2 + b^2 > 0$

연습문제 7.2* (p. 606)

1 $a = \pm 2$, $b = \pm 4$

2 (a) $\begin{bmatrix} ae + bg & af + bh \\ ce + dg & cf + dh \end{bmatrix}$

(b) $\det(\mathbf{A}) = ad - bc$; $\det(\mathbf{B}) = eh - fg$

$\det(\mathbf{A}) \times \det(\mathbf{B}) = (ad - bc)(eh - fg)$

$\qquad\qquad = adeh - adfg - bceh + bcfg$

$\det(\mathbf{AB}) = (ae + bg)(cf + dh) - (af + bh)(ce + dg)$

$\qquad\qquad = acef + adeh + bcfg + bdgh - acef - adfg$

$\qquad\qquad\quad - bceh - bdgh$

$\qquad\qquad = adeh + bcfg - adfg - bceh$

(c) AB는 특이행렬; $\det(AB) = \det(A) \times \det(B)$
$$= 0 \times \det(B) = 0$$

3 D

4 364

5 7

6 $|A| = -10 \neq 0$. 행렬 A는 비특이.

$$A^{-1} = \begin{bmatrix} 1/10 & 3/10 & -1/2 \\ 3/10 & -1/10 & 1/2 \\ -1/2 & 1/2 & -1/2 \end{bmatrix}$$

행렬 A가 대칭행렬(symmetric matrix)이면 A^{-1}도 대칭
행렬임에 주목.

행렬 B의 행렬식은 0이므로 역행렬 없음

7 상품시장 균형에서 $Y = C + I$이므로 C와 I에 주어진 식
대입.

이로부터 $(1-a)Y - cr = b + d$ ⟨1⟩

화폐시장 균형에서 $M_S = M_D$

이로부터 $k_1 Y + k_2 r = M_S^* - k_3$ ⟨2⟩

상기 ⟨1⟩과 ⟨2⟩를 합하여 행렬을 이용하여 표현하면 다
음과 같다:

$$\begin{bmatrix} 1-a & -c \\ k_1 & k_2 \end{bmatrix} \begin{bmatrix} Y \\ r \end{bmatrix} = \begin{bmatrix} b+d \\ M_S^* - k_3 \end{bmatrix}$$

따라서, $\begin{bmatrix} Y \\ r \end{bmatrix} = \dfrac{1}{k_2(1-a) + ck_1} \times \begin{bmatrix} k_2 & c \\ -k_1 & 1-a \end{bmatrix} \begin{bmatrix} b+d \\ M_S^* - k_3 \end{bmatrix}$

이로부터, $Y = \dfrac{k_2(b+d) + c(M_S^* - k_3)}{k_2(1-a) + ck_1}$ 및

$$r = \dfrac{k_1(b+d) + (1-a)(M_S^* - k_3)}{k_2(1-a) + ck_1}$$

통화공급승수는

$$\dfrac{\partial r}{\partial M_S^*} = \dfrac{1-a}{k_2(1-a) + ck_1}$$

(분자는 $a < 1$이므로 양수, 분모는 k_2가 음수, $1-a$가 양
수, c가 음수, k_1이 양수라서 결국 음수)

8 $a - 1 \neq 0$

$$\dfrac{1}{a-1} \begin{bmatrix} -a & -1 & a \\ 3a-4 & -1 & 3-2a \\ 1 & 1 & -1 \end{bmatrix}$$

9 $A^{-1} = \dfrac{1}{-41} \begin{bmatrix} 29 & 11 & 3 \\ 4 & 10 & -1 \\ 9 & 2 & 8 \end{bmatrix};$ $\begin{bmatrix} P_1 \\ P_2 \\ P_3 \end{bmatrix} = \begin{bmatrix} 20 \\ 5 \\ 8 \end{bmatrix}$

10 $|A| = 45 - 18a \rightarrow a = 2.5$이면 $|A| = 0$이 되어 주어진
연립방정식 체계가 유일한 해를 갖지 않는다.

11 (a) $a^2c - a^2b - ac^2 + ab^2 + bc^2 - b^2c$

(b) a, b, c가 모두 서로 다르면, $(a-b)(a-c)(c-b)$는 0
이 아님

Section 7.3
실전문제

1 (a) $x_2 = \dfrac{-66}{-22} = 3$ (b) $x_3 = \dfrac{26}{26} = 1$

2 $y_d = \dfrac{-T^* - (I^* + G^*)(-1+t) - b(-1+t)}{1 - a + at}$

3 $\begin{bmatrix} 0.6 & -0.1 \\ -0.3 & 0.6 \end{bmatrix} \begin{bmatrix} Y_1 \\ Y_2 \end{bmatrix} = \begin{bmatrix} 250 \\ 400 \end{bmatrix}$

$Y_1 = 766.67$, $Y_2 = 2100$; 20

연습문제 7.3 (p. 617)

1 (a) (i) 10 (ii) −31 (iii) 27

(b) $x = -3.1$, $y = 2.7$

2 (a) 1 (b) 1 (c) 5

3 (a) 2 (b) −1 (c) 1

4 (a) $x = 1$, $y = -1$

(b) $x = -2$, $y = 3$

(c) $x = 7$, $y = -10$

5 (a) $400 - 5P_1 - 3P_2 = -60 + 3P_1 \Rightarrow 8P_1 + 3P_2 = 460$

$300 - 2P_1 - 3P_2 = -100 + 2P_2 \Rightarrow 2P_1 + 5P_2 = 400$

(b) $32\dfrac{6}{17}$

6 (a) $\begin{bmatrix} 1 & -1 \\ -a & 1 \end{bmatrix} \begin{bmatrix} Y \\ C \end{bmatrix} = \begin{bmatrix} I^* \\ b \end{bmatrix}$

(b) $C = \dfrac{\begin{vmatrix} 1 & I^* \\ -a & b \end{vmatrix}}{\begin{vmatrix} 1 & -1 \\ -a & 1 \end{vmatrix}} = \dfrac{b + aI^*}{1-a}$

7 (a) $\begin{pmatrix} 2 & 4 \\ 3 & 9 \end{pmatrix} \begin{pmatrix} a \\ b \end{pmatrix} = \begin{pmatrix} 14 \\ 9 \end{pmatrix}$

(b) $a = 15$; $b = -4$; TR = 11

연습문제 7.3* (p. 619)

1 (a) 1　　(b) 4　　(c) 1/2

2 $\dfrac{b - aT^* + a(I^* + G^*)(t - 1)}{1 - a + at}$

3 (a) $\begin{bmatrix} 1 & -1 & 0 \\ -a & 1 & a \\ -t & 0 & 1 \end{bmatrix} \begin{bmatrix} Y \\ C \\ T \end{bmatrix} = \begin{bmatrix} I^* + G^* \\ b \\ T^* \end{bmatrix}$

(b) $Y = \dfrac{I^* + G^* + b - aT^*}{1 - a + at}$

4 방정식을 다시 정리하면,

$Y - C + M = I^* + G^* + X^*$

$-aY + C + 0M = b$

$-mY + 0C + M = M^*$

최소자율투자 승수는 $\dfrac{1}{1 - a + m}$, $1 - a$와 m이 양수라서 양수임.

5 승수: $\dfrac{-k_1}{k_2(1 - a) + ck_1}$

분자와 분모가 모두 음수라서 이 승수는 양수임

6 식을 다시 정리하면,

$0.6Y_1 - 0.1Y_2 - I_1^* = 50$

$-0.2Y_1 + 0.3Y_2 = 150$

$0.2Y_1 - 0.1Y_2 = 0$

(국제수지가 0이므로 $M_1 = X_1$ 및 $M_1 = M_2$)

크래머 법칙을 이용하여,

$I_1^* = \dfrac{\det(A_3)}{\det(A)} = \dfrac{4}{0.04} = 100$

7 $\begin{bmatrix} 1 - a_1 + m_1 & -m_2 \\ -m_1 & 1 - a_2 + m_2 \end{bmatrix} \begin{bmatrix} Y_1 \\ Y_2 \end{bmatrix} = \begin{bmatrix} b_1 + I_1^* \\ b_2 + I_2^* \end{bmatrix}$

$Y_1 = \dfrac{(b_1 + I_1^*)(1 - a_2 + m_2) + m_2(b_2 + I_2^*)}{(1 - a_1 + m_1)(1 - a_2 + m_2) - m_1 m_2}$

승수: $\dfrac{m_2}{(1 - a_1 + m_1)(1 - a_2 + m_2) - m_1 m_2} \to$ 양수

$a_i < 1$, $1 - a_i + m_i > m_i$, $(1 - a_1 + m_1)(1 - a_2 + m_2) > m_1 m_2$

→ 분자와 분모 모두 양수라서 양수)

한 국가의 국민소득은 타 국가의 투자가 늘어날 때 증가함)

CHAPTER 8

Section 8.1

실전문제

1 직선과 영역은 그림 S8.1에 나와 있다.

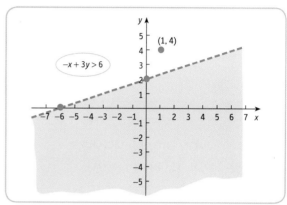

그림 S8.1

2 실행가능영역은 그림 S8.2에 나와 있다.

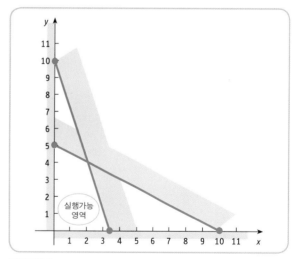

그림 S8.2

3 (a)와 (b)에 대한 답은 그림 S8.3에 나와 있다.

(c) c가 3보다 커지면 이 선은 더 이상 실행가능영역과 교차하지 않는다. 따라서 c의 최댓값(즉, 목적 함수)은 3이며, $x = 0$, $y = 3$일 때 모서리 $(0, 3)$에서 나타난다.

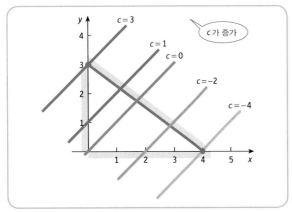

그림 S8.3

4 최솟값은 −2이고, (0, 3)에서 나타난다.

5 최댓값은 26이고, (2, 4)에서 나타난다.

연습문제 8.1 (p. 643)

1 (1, 1), (1, −1), (−1, −1), (2, −1), (−2, −1)

2 6

3 (a), (b), (c)에 대한 실행가능영역은 각각 그림 S8.4, S8.5 및 S8.6에서 스케치되어 있다.

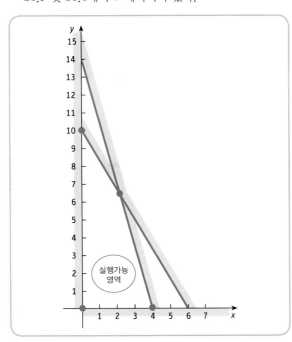

그림 S8.4

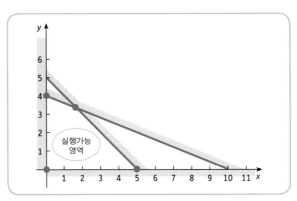

그림 S8.5

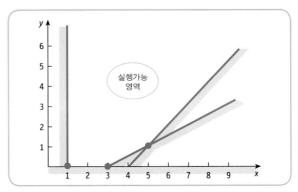

그림 S8.6

4 (a) 최댓값은 90이고, (0, 10)에서 나타난다.

(b) 최솟값은 25이고, (5/3, 10/3)에서 나타나난다. 정확한 좌표는 대수적 방법을 사용하여 다음 연립방정식을 풀면 찾을 수 있다.

$$2x + 5y = 20$$

$$x + y = 5$$

(c) (c) 최솟값은 1이고, (1, 0)에서 나타난다.

5 그림 S8.7은 문제가 유한한 해를 가지지 않음을 보여준다. 선 $x + y = c$는 (c, 0)과 (0, c)를 통과한다. c가 증가함에 따라 이 선들은 경계가 없이 오른쪽으로 영역을 가로질러 이동한다.

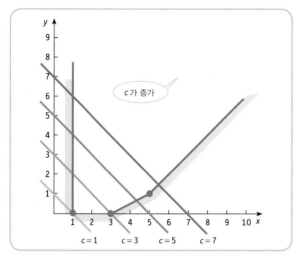

그림 S8.7

6 그림 S8.8은 문제가 유한한 해를 가지지 않음을 보여준다.

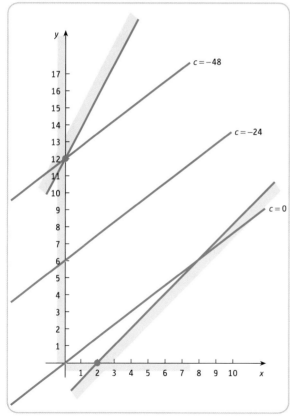

그림 S8.8

7 (a) (2, 0)에서 유일 해를 가진다.

(b) (0, 2)에서 유일 해를 가진다.

(c) 무한히 많은 해를 가진다.

연습문제 8.1* (p. 645)

1 -3.8

2 A

3 (a) 최댓값은 16이고 좌표(2, 4)에서 나타난다.

(b) 최댓값은 12이며, (0, 3)과 (1, 5)를 연결하는 선 위의 임의의 점에서 나타난다.

4 (a) 제약들이 모순적이기 때문에 실행가능영역이 없다.

(b) 실행가능영역이 제한되지 않아 목적함수가 이 영역에서 취할 수 있는 값에는 제한이 없다.

5 극솟값은 -16이며 이는 두 모서리 (2, 2)와 (8/3, 0)에서 나타난다. 그래서 이 두 점을 연결하는 선분 위의 어떤 점도 해가 된다.

6 $\mathbf{c} = \begin{bmatrix} 2 \\ 3 \end{bmatrix}$, $\mathbf{x} = \begin{bmatrix} x \\ y \end{bmatrix}$, $\mathbf{b} = \begin{bmatrix} 8 \\ 6 \\ 10 \end{bmatrix}$, $\mathbf{0} = \begin{bmatrix} 0 \\ 0 \end{bmatrix}$, $\mathbf{A} = \begin{bmatrix} 2 & 1 \\ 1 & 1 \\ 1 & 2 \end{bmatrix}$

7 (a) (i) Line 1: (8, 0)과 (0, 16)을 지나간다.

Line 2: (12, 0)과 (0, 8)을 지나간다.

Line 3: (0, 12)과 예를 들어 (8, 20)를 지나간다.

음영은 y = 0, 선 1과 선 2의 아래쪽 영역과 선 3의 위쪽 영역이다.

모서리 : (12, 0), (6, 4)

다음 연립방정식을 풀면

$2x+y = 16$

$-x+y = 12$

세 번째 모서리 $\left(1\frac{1}{3}, 13\frac{1}{3}\right)$을 얻을 수 있다.

(ii) 모서리	목적함수
(12, 0)	12
(6, 4)	10
$\left(1\frac{1}{3}, 13\frac{1}{3}\right)$	$14\frac{2}{3}$

최적 점은 (6, 4)이다.

(iii) $x \geq 0$

(b) (i) $x+y$는 경계선 없이 $x+y=c$선만큼 오른쪽으로 영역을 지나치면서 증가하기 때문에 해가 없다.

(iii) 무한히 많은 해를 가진다; $(6, 4)$와 $\left(1\frac{1}{3}, 13\frac{1}{3}\right)$ 사이의 선분상의 임의의 점들이 해가 된다.

(c) 선 $2x+3y=24$는 $y=8-\frac{2}{3}x$로 재정리할 수 있고, $-\frac{2}{3}$의 기울기를 가진다.

선 $ax+2y=c$는 $y=\frac{c}{2}-\frac{a}{2}x$로 재정리할 수 있고, $-\frac{a}{2}$의 기울기를 가진다.

Section 8.2

실전문제

1 회사는 최대 이익 19,000달러를 얻기 위해 20개의 TAB1 모델 태블릿과 10개의 TAB2 모델 태블릿을 생산하여야 한다.

2 $(24, 22)$; \$50

3 우리는 1년에 아홉 가지의 옷을 사고 10번 극장에 가야 한다.

연습문제 8.2 (p. 658)

1 제조업체는 최대 5100달러의 이익을 얻기 위해 매월 B 유형 자전거 10대와 C 유형 자전거 15대를 생산해야 한다.

2 회사는 최대 이익 650.70달러의 이익을 얻기 위해 매주 720개의 'Caribbean' 리터 팩과 630개의 'Mr Fruity' 리터 팩을 생산해야 한다.

3 학생은 최소 860칼로리를 섭취하기 위해 6온스의 칩과 4온스의 햄버거를 주문해야 한다. 이 문제는 최소화 문제이기 때문에 제한되지 않은 실행가능영역은 여기서 아무런 차이를 나타내지 않는다.

4 각 600개

5 A 유형 375개와 B 유형 150개

6 『거시경제학』40권, 『미시경제학』0권

7 공장 P1은 주당 하루 가동하고 공장 P2는 주당 3일 가동해야 한다.

8 (a) $12,000x + 15,000y$; 극대화

(b) 총 학생 수는 $x+y$이고 이는 9000을 넘어서는 안 된다. 따라서

$$x+y \le 9000$$

예를 들어, 적어도 학생들의 $\frac{3}{4}$이 미국 시민권자이면,

$$(x+y) \le x \Rightarrow 3x+3y \le 4x \Rightarrow x \ge 3y$$

미국 학생들의 4분의 1과 함께 미국 이외의 모든 학생들은 주거지를 제공받아야 한다. 따라서

$$y+\frac{1}{4}x \le 5000$$

미국 학생들이 남은 유일한 학생들이기 때문에 모든 여유분은 미국 학생들에 의해 자동으로 채택된다.

$$x \ge 0;\ y \ge 0$$

(c) x와 y는 전체 학생 수여야만 한다.

연습문제 8.2* (p. 660)

1 1과 6

2 4명의 미용 환자와 6명의 정형외과 환자

3 (a) X 제품의 수를 x, Y 제품의 수를 y라 하면, 문제는 다음과 같다.

극대화 $15x+20y$ (이익)

제약조건

$3x+5y \le 31,500$ (원자재)

$2x+2y \le 17,000$ (노동력)

$x \ge 0,\ y \ge 0$ (비음조건)

(b) X 제품 5500개와 Y 제품 3000개

(c) 2.5달러; 원자재의 가격이 2.5달러 이하이면 추가 원자재를 공급하는 것은 가치가 있다.

4 (a) 이 회사는 최대 444달러의 이익을 얻기 위해 매주 30개의 재킷과 6개의 바지를 생산해야 한다.

(b) 바지 한 개의 이윤폭은 8달러에서 14달러 사이여야 한다.

5 최적식단은 어분 1.167kg과 육분 1.800kg으로 구성되며 돼지 한 마리당 최소비용은 하루에 1.69달러이다.

6 (b) 최적 투자 금액은 A 회사에 150,000달러, B 회사와 C 회사에 각 75,000달러이다.

7 (a) 창고 A(B)에서 지역 C로 보낸 게임의 수를 x로 표시하고 창고 A(B)에서 지역 D로 보낸 게임의 수를 y로 표시하면, 문제는 다음과 같다.

극소화 $0.1x+0.2y+133$ (비용)

$x+y \le 90$ (창고 A의 물품)

$x+y \ge 70$ (창고 B의 물품)

$0 \le x \le 50,\ 0 \le y \le 80$

(b) 실행가능영역은 그림 S8.9에 그려져 있다.

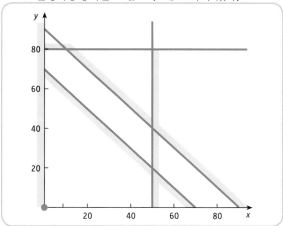

그림 S8.9

8 (a) X 제품의 수를 x, Y 제품의 수를 y라 하면, 문제는 다음과 같다.

극대화 $40x + 45y$ (이익)

$5x + 8y \leq 6150$ (원자재 1)

$x + y \leq 1086$ (원자재 2)

$3x + 8y \leq 5190$ (기계가동시간)

$3x + 10y \leq 5250$ (노동시간)

$x \geq 0, \ y \geq 0$ (비음조건)

X 제품 846개와 Y 제품 240개

(b) 0; 자원의 사용을 늘리라고 회사에 조언하지 않는다.

CHAPTER 9

Section 9.1

실전문제

1 (1) (a) 1, 3, 9, 27; 3^t

(b) 7, 21, 63, 189; $7(3^t)$

(c) A, $3A$, $9A$, $27A$; $A(3^t)$

(2) (a) $1, \dfrac{1}{2}, \dfrac{1}{4}, \dfrac{1}{8}; \left(\dfrac{1}{2}\right)^t$

(b) $7, 7\left(\dfrac{1}{2}\right), 7\left(\dfrac{1}{4}\right), 7\left(\dfrac{1}{8}\right), 7\left(\dfrac{1}{2}\right)^t$

(c) $A, A\left(\dfrac{1}{2}\right), A\left(\dfrac{1}{4}\right), A\left(\dfrac{1}{8}\right), A\left(\dfrac{1}{2}\right)^t$

(3) A, Ab, Ab^2, Ab^3; $A(b^t)$

2 (a) $Y_t = -4\left(-\dfrac{1}{2}\right)^t + 4$

그림 S9.1의 계단 모양에서 확인할 수 있듯이, Y_t는 $Y_t = 4$를 기준으로 왔다 갔다 하는 모습을 보이고 있다. 또한, t가 증가함에 따라 이러한 진동 폭은 줄어들고, Y_t는 4로 수렴하고 있다. 진동수렴은 $-1 < b < 0$일 때 다음 식의 모든 해에서 기대할 수 있다.

$Y_t = A(b^t) + \text{PS}$

(b) $Y_t = (-2)^t + 3$. 그림 S9.2에서 볼 수 있듯이, Y_t는 3을 기준으로 왔다 갔다 하는 모습을 보이고 있으며, t가 증가함에 따라 이러한 진동은 발산하고 있다. 진동발산은 $b < -1$일 때 다음 식의 모든 해에서 기대할 수 있다.

$Y_t = A(b^t) + \text{PS}$

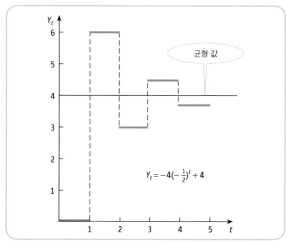

그림 S9.1

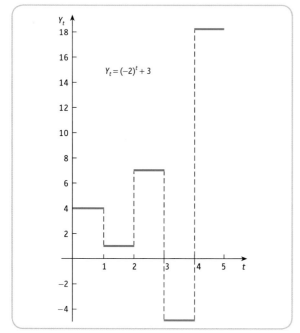

$Y_t = (-2)^t + 3$

그림 S9.2

따라서 모든 t에 대하여 $Y_t = 3$이고, 이러한 값에 고정되어 있다.

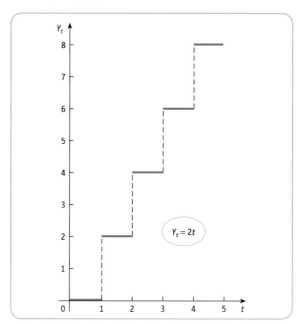

$Y_t = 2t$

그림 S9.3

3 $Y_t = 500(0.9)^t + 6000$; stable.

4 $P_t = \left(-\dfrac{1}{2}\right)^t + 10$

$Q_t = -2\left(-\dfrac{1}{2}\right)^t + 2$

모형은 안정적이다.

5 $P_t = -12(-1.5)^t + 40$

$Q_t = 24(-1.5)^t + 40$

모형은 불안정적이다.

연습문제 9.1 (p. 681)

1 (a) $Y_0 = 0$, $Y_1 = 2 = 2 \times 1$,

$Y_2 = 4 = 2 \times 2$, $Y_3 = 6 = 2 \times 3$, ...

따라서 $Y_t = 2t$이고, 그림 S9.3과 같이 균등발산하는 모습을 보인다.

(b) $Y_0 = 4$, $Y_1 = 2$, $Y_2 = 4$, $Y_3 = 2$, ...

Y_t는 t가 짝수일 때는 4이고, 홀수일 때는 2이다. 따라서 Y_t는 그림 S9.4에서 볼 수 있듯이 일정한 폭으로 진동한다.

(c) $Y_0 = 3$, $Y_1 = 3$, $Y_2 = 3$, $Y_3 = 3$, ...

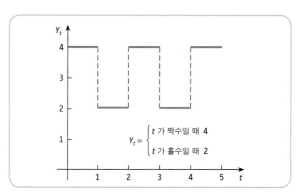

$Y_t = \begin{cases} t\,\text{가 짝수일 때 } 4 \\ t\,\text{가 홀수일 때 } 2 \end{cases}$

그림 S9.4

2 (a) $Y_t = -7\left(\dfrac{1}{4}\right)^t + 8$; 8에 대하여 균등수렴.

(b) $Y_t = (-4)^t + 1$; 진동발산.

3 $Y_t = 500(0.8^t) + 2500$; 안정적.

4 $P_t = 10(-0.5)^t + 60$; 안정적.

5 3100

6 다음과 같은 식을 얻기 위하여 가정 (1)과 (2)를 (3)에 대입하면

$\beta(Y_t - Y_{t-1}) = \alpha Y_t$

위의 식을 정리하면,

$$Y_t = \left(\frac{\beta}{\beta - \alpha}\right)Y_{t-1}$$

해는 다음과 같다.

$$Y_t = \left(\frac{\beta}{\beta - \alpha}\right)^t Y_0$$

만약 $\alpha = 0.1$ 그리고 $\beta = 1.4$라면, $Y_t = (1.08)^t Y_0$. t가 증가함에 Y_t는 균등발산하고, 따라서 불안정적이다.

연습문제 9.1* (p. 682)

1 균등수렴

2 (a) -1, $1/2$, 2, -1; $1/2$

   (b) 7, 11, 15, 19; $Yt = 4t+3$

3 $Y_t = \dfrac{c(1 - b^t)}{1 - b} + ab^t$

4 $Yt = 4000+400n$ 따라서 불안정적

5 (a) $aPt-1-b = -cPt+d$

$$\Rightarrow -cP_t = aP_{t-1} - (b + d) \Rightarrow P_t = -\frac{a}{c}P_{t-1} + \frac{b + d}{c}$$

   (b) $P_{t-1} = P_t = D$

$$D = -\frac{aD}{c} + \frac{b + d}{c} \Rightarrow (a + c)D = b + d$$

$$\Rightarrow D = \frac{b + d}{a + c}$$

$$P_t = A\left(-\frac{a}{c}\right)^t + \frac{b + d}{a + c}$$

   (c) $a < c$

$$P = \frac{b + d}{a + c}$$

$$Q = a\left(\frac{b + d}{a + c}\right) - b = \frac{a(b + d) - b(a + c)}{a + c} = \frac{ad - bc}{a + c}$$

6 $P_t = (1 - ae - ce)P_t - 1 + e(b + d)$

7

$$\frac{rA}{1200\left[1 - \left(1 + \dfrac{r}{1200}\right)^{-N}\right]}$$

8 (a) $CF = A(0.1)^t$

   (b) $PS = 6(0.6)^t$

   (c) $Y_t = A(0.1)^t+6(0.6)^t$, $Y_t = 3(0.1)^t+6(0.6)^t$

   (d) 안정적

9 (a) $CF = A(0.2)^t$

   (b) $PS = t+6$

   (c) $Y_t = A(0.2)^t+t+6$, $Y_t = 4(0.2)^t+t+6$

   (d) 불안정적

Section 9.2

실전문제

1 (a) $y = 6e^{4t}$

   (b) $y = 2e-5^t$

2 $y(t) = 10e^{3t}+20$

그림 S9.5는 t에 대한 y를 보여주고 있고 $y(t)$가 빠르게 발산하는 모습을 확인할 수 있다. $m > 0$일 때 다음 식의 모든 해가 발산하는 것을 예상할 수 있다.

$$y(t) = Ae^{mt}+D \ (A \neq 0)$$

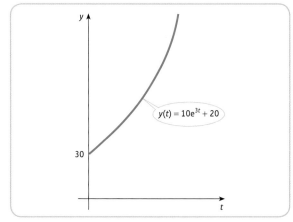

그림 S9.5

3 $Y(t) = -2000e^{-0.01t}+4000$

여함수는 음의 지수이고 따라서 t가 증가함에 따라 $Y(t)$는 4000의 균형 값으로 수렴하기 때문에 모형은 안정적이다.

4 $P(t) = -e^{-t}+2$

$$QS(t) = -2e^{-t}+2$$

$$QD(t) = e^{-t}+2$$

위의 식은 모두 음의 지수를 포함하고 있기 때문에 모형은 안정적이다.

연습문제 9.2 (p. 699)

1 (a) t^2+7 (b) $-1/3e^{-3t}+1/3$

   (c) $1/3t^3+3/2t^2-5t+1$

2 (a) $-20e^{-3t}+60$; $y(t)$는 40부터 60까지 균일하게 증가
       한다.

   (b) $20e^{-3t}+60$; $y(t)$는 80부터 60까지 균일하게 감소한다.

   (c) 60; $y(t)$는 모든 시간에 대하여 균형 값 60으로 동일
       하다.

3 $202.04

4 $Y(t) = 5000e^{-0.05t}+10000$; 안정적

5 $Y(t) = 2000e^{0.15t}-1800$; 불안정적

6 $P(t) = -e^{-2.5t}+2$; $Q_S(t) = -3e^{-2.5t}+5$; $Q_D(t) = 2e^{-2.5t}+5$;
   안정적.

7 (a) $N = Ae^{-kt}$

연습문제 9.2* (p. 701)

1 $t^3 - 8\sqrt{t} + 4$

2 $\dfrac{1}{3}(23 + 4e^{-2.4t})$

3 (a) $S = 4000e^{0.06t}$ (b) 연속적

4 $y = 14-4e^{-2t}$; y에 대한 그래프는 초깃값 10으로부터 증
   가하여 14에서 수렴하는 형태로 나타난다.

5 1200

6 (a) $Y = 4400e^{-0.04t}+3600$

   (b) $S = 8808080e^{-0.04t}+300$

   (c) $t = 52$; $dY/dt = -22$

7 0

8 가정 (1)과 (3)을 (2)에 대입하면

   $$\beta\frac{dY}{dt} = \alpha Y$$

   위의 식을 정리하면

   $$\frac{dY}{dt} = \frac{\alpha}{\beta}Y$$

   따라서 해는

   $$Y(t) = Y(0)e^{(\alpha/\beta)t}$$

   $\alpha/\beta > 0$이기 때문에 모형은 불안정적이다.

9 (b) 그래프는 그림 S9.6과 같다.

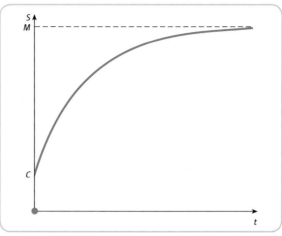

그림 S9.6

   $t \to \infty$에 따라 $S(t) \to M$

   (c) 3164

10 우변은 다음과 같고,

   $$my + c = m\left(Ae^{mt} - \frac{c}{m}\right) + c$$

   $$= Ame^{mt} - c + c = Ame^{mt}$$

   위와 같은 식은 $y(t)$의 도함수로 인식할 수 있다.

11 (a) Ae^{-2t}

   (b) e^{3t}

   (c) $Ae^{-2t}+e^{3t}$; $6e^{-2t}+e^{3t}$

   (d) 불안정적

12 (a) Ae^{-t}

   (b) $4t-7$

   (c) $y = Ae^{-t}+4t-7$; $y = 8e^{-t}+4t-7$

   (d) 불안정적

용어정리

가변비용(Variable costs) 산출량에 따라 변하는 총비용.

가처분 소득(Disposable income) 세금과 부가적 혜택의 공제 후 가계 소득.

감소 함수(Decreasing function) x가 증가함에 따라 y가 감소하는 함수 $y = f(x)$.

감채기금(Sinking fund) 미래의 채무이행을 위해 일정 간격마다 저축하는 금액의 합.

개구간(Open interval) 두 개의 주어진 수를 제외한 모든 실수의 집합: $a < x < b$.

결정변수(Decision variable) 제어할 수 있는 선형계획 문제에서 알려지지 않은 것들.

경사(Slope) 기울기의 다른 표현.

경제적 주문량(Economic order quantity) 주문비용과 보관비용을 포함한 총비용을 최소화하는 상품의 주문량.

계수(Coefficient) 식 $4x + 7yz^2$에서 숫자 4와 7과 같은 대수 항에 있는 변수의 수치 승수.

계수(Modulus) 숫자의 크기 또는 양의 값.

고정비용(Fixed costs) 산출량에 영향을 받지 않는 총비용.

공급 함수(Supply function) 가격을 포함하여 공급된 수량과 공급에 영향을 미치는 다양한 요소 간의 관계.

공급의 가격 탄력성(Price elasticity of demand) 가격의 변화로 인한 공급 변화의 민감도를 측정하는 수단: (공급의 퍼센트 변화)÷(가격의 퍼센트 변화)

과세(Taxation) 개인의 소득과 부를 기반으로 한 정부에 지불되는 돈(직접 과세)과 지출에 근거한 재화나 용역 제공자가 지불한 돈(간접세).

구간(Interval) 두 개의 주어진 숫자 사이(가능한 모든 것을 포함하는)의 모든 실수의 집합.

구조 방정식(Structural equations) 거시 경제 모형에서 성립해야 할 균형 조건들을 묘사하는 각 방정식의 집합.

국민 소득(National income) 기업에서 가계로 가는 화폐의 흐름.

(국지적) 극대점(Maximum (local) point) 곡선 위에서 근방의 다른 값과 비교해 가장 높은 함수 값을 주는 점; 그러한 점에서는 1계 도함수 값이 영이고 2계 도함수 값이 영 또는 음이다.

(국지적) 극소점(Minimum (local) point) 곡선 위에서 근방의 다른 값과 비교해 가장 낮은 함수 값을 주는 점; 그러한 점에서는 1계 도함수 값이 영이고 2계 도함수 값이 영 또는 양이다.

규모수익 체감(Decreasing returns to scale) 생산요소의 증가비율에 비해 산출량의 증가비율이 작은 생산함수를 갖는 경우: $f(\lambda K, \lambda L) = \lambda^n f(K, L)$, $0 < n < 1$.

규모수익 불변(constant returns to scale) 생산요소의 증가비율과 산출량의 증가비율이 같은 생산함수를 갖는 경우: $f(\lambda K, \lambda L) = \lambda f(K, L)$.

규모수익 체증(Increasing returns to scale) 생산요소의 증가비율에 비해 산출량의 증가비율이 높은 생산함수를 갖는 경우: $f(\lambda K, \lambda L) = \lambda^n f(K, L)$, $n > 1$.

균등발산수열(Uniformly divergent sequence) 유한한 극한 없이 점진적으로 증가(또는 감소)하는 일련의 수열.

균등수렴수열(Uniformly convergent sequence) 유한한 극한으로 점진적으로 증가(또는 감소)하는 일련의 수열.

균형(시장)[Equilibrium (Market)] 이 상태는 공급량과 수요량이 같을 때 발생한다.

균형예산승수(Balanced budget multiplier) 정부 지출의 증가가 전액 조세를 통해 조달된다는 전제하에, 정부 지출로 인한 소득 증가를 계산하는 데 있어 정부 지출 증가분에 곱해지는 항으로 $\partial Y / \partial G^*$.

기울기(Gradient) 선의 기울기는 가파름의 정도를 측정하는 것으로, 임의의 두 점 사이에서 수직의 변화를 수평의 변화로 나눈 것이다. 곡선 위 한 점에서의 기울기는 그 점에서의 접선의 기울기이다.

내부수익률(IRR, interest rate of return) 순 현재가치가 0이 되는 이자율.

내생 변수(Endogenous variable) 모형 내에서 값이 결정되는 변수.

노동(Labour) 생산 과정에서 사람이 투입되는 모든 형태.

노동의 평균생산(Average product of labour) [노동생산성 (Labour productivity)]   노동자당 생산: $AP_L = Q/L$.

노동의 한계생산(Marginal product of labour)   노동을 1 단위 더 투입함으로써 얻어지는 추가적인 산출: $MP_L = dQ/dL$.

다항식(Polynomial) $a_x x^n + a^{n-1} x^{n-1} + \ldots + a_0$의 형태를 갖는 함수.

단리(Simple interest)   원래의 금액에 더해지지 않고 투자자에게 직접 지급되는 이자.

단위행렬(Identity matrix) $n \times n$ 단위행렬 I는 대각선 위치 원소가 1이고 나머지는 0이다. A가 $n \times n$ 행렬이면 AI=IA=A.

대수적 분수(Algebraic fractions) $p(x)$와 $q(x)$는 $ax^2 + bx + c$ 또는 $dx + e$와 같은 대수식이며 두 식의 비율.

대입법(Method of substitution)   제약하의 최적화 문제를 푸는 데 있어, 제약식을 이용하여 목적함수에 등장하는 변수 중 한 개 변수를 제거하는 방법.

대체재(Substitutable good)   서로 대체할 수 있는 한 쌍의 상품. 그것 중 하나의 가격이 올라감에 따라 다른 하나에 대한 수요가 증가한다.

도함수(Derivative)   곡선 위 한 점에서의 접선의 기울기. $x=a$에서의 도함수는 $f'(a)$.

독립 변수(Independent variable)   종속 변수의 값을 결정하는 값을 갖는 변수; $y = f(x)$에서 독립 변수는 x이다.

독점자(Monopolist)   산업의 유일한 기업.

돈에 대한 예비 수요(Precautionary demand for money)   예기치 않은 미래 지출을 위해 개인이나 기업이 보유한 돈.

돈에 대한 투기 수요(Speculative demand for money)   정부 채권과 같은 대체 자산에 투자할 목적으로 기업이나 개인에 의해 저지된 돈.

동류항(Like terms)   동일한 대수 기호 조합의 배수.

동차의 차수(Degree of homogeneity) $f(\lambda K, \lambda L) = \lambda^n f(K,L)$에서의 숫자 n.

동차함수(homogeneous function)   모든 투입량이 상수 λ배만큼 될 때 산출량이 λ^n배로 변하는 함수. n은 동차의 차수를 의미.

동태분석(Dynamics)   균형의 시간에 따른 변화의 분석.

동학(Dynamics)   균형 값이 시간의 흐름에 따라 어떻게 변하는지를 분석하는 것.

두 제곱의 차이(Difference of two squares) $a^2 - b^2 = (a + b)(a - b)$라고 표시된 대수 결과.

등가분수(Equivalent fractions)   다른 것처럼 보이지만 같은 수치 값을 갖는 분수.

등량곡선(Isoquant)   동일한 생산량을 창출하는 모든 요소 조합 궤적이 그리는 곡선.

등비(Geometric ratio)   등비수열에서 곱해지는 수.

등비급수(Geometric series)   연속되는 등비수열의 합.

등비수열(Geometric progression)   연속되는 수의 비가 일정한 수열, n번째 수열은 ar^{n-1}의 형태를 갖는다.

등비용곡선(Isocost curve)   동일한 총비용을 유발하는 2개 생산요소 투입량의 모든 조합.

등차수열(Arithmetic progression)   연속되는 수의 차이가 상수인 수열, n번째 수열은 $a+bn$의 형태를 갖는다.

라그랑지 승수(Lagrange multiplier)   라그랑지안에 등장하는 변수 λ이며 경제학에서 라그랑지 승수는 제약이 1 단위 느슨해질(완화될) 때 최적화된 함숫값의 변화를 측정한다.

라그랑지안(Lagrangian)   목적함수가 $f(x, y)$이고, 제약이 $\varphi(x, y)=M$인 최적화 문제에서 라그랑지 승수법을 적용하기 위해 새롭게 설정되는 함수 $f(x, y)+\lambda[M-\varphi(x, y)]$. 이 문제에서 안정점이 원래의 제약하의 최적화 문제의 해가 된다.

라스파이레스 지수(Laspeyres index)   기준 연도의 값으로 가중평균한 지수.

로그(Logarithm)   주어진 밑수가 특정 숫자와 같은 값을 갖기 위해 거듭제곱해야 하는 지수.

명목 자료(Nominal data)   측정 당시의 화폐 가치.

모수(Parameter) $ax^2 + bx + c$의 상수 a, b 및 c와 같이 특정 값에 영향을 미치지만 수학 표현식의 일반 형식에는 영향을 주지 않는 상수.

모형화(Modelling)   실용경제학의 일부 측면을 (단순화해) 나타내는 수학적 이론의 창조의 한 부분.

목적함수(Objective function)   제약하에서 최적화 대상 함수.

목적함수(Objective function)   선형계획 문제에 최적화된 함수.

무제한 성장(Unlimited growth)   경계 없이 꾸준히 증가하는 경제 변수를 설명할 때 사용하는 용어.

무제한 영역(Unbounded region)   다각형으로 완전히 둘러싸여 있지 않은 실행가능영역. 관련된 선형계획 문제는 유한한 해를 가질 수 없다.

무차별 곡선 지도(Indifference map)   여러 무차별 곡선들을 나타낸 그림으로 원점에서 멀어질수록 효용이 큰 것.

무차별 곡선(Indifference curve)   동일한 효용을 주는 모든 상품 조합 궤적이 그리는 곡선.

미래가치(future value)   투자의 한 기간 또는 여러 기간 이후의 최종 가치.

미량증감공식(Small increments formula)   함수 $z=f(x, y)$에 대해서 근사식 $\Delta z \cong \dfrac{\partial z}{\partial x} \Delta x + \dfrac{\partial z}{\partial y} \Delta y$.

미분(Differentials)   증감분의 극한치로 극한 개념하에 근사식 $\Delta z \cong \dfrac{\partial z}{\partial x} \times \Delta x$ 또는 $dz = \dfrac{\partial z}{\partial x} \times dx$로 쓸 수 있다. 여기서 dz,

dx는 미분이다.

미분(Differentiation)　함수의 1계 도함수를 결정하는 과정.

미분방정식(Differential equation)　미지의 함수에 대한 도함수를 연결하는 방정식.

미분방정식의 균형 값(Equilibrium value of a differential equation)　시간의 흐름에 영향을 받지 않는 미분방정식의 해; t가 무한대로 갈 때 $y(t)$의 극한값.

미분방정식의 여함수(Complementary function of a differential equation)　미분방정식 $\dfrac{dy}{dt} = my + c$에 대한 상수 c에 0을 대입했을 때의 해.

미분방정식의 일반해(General solution of a differential equation)　임의의 상수가 포함된 미분방정식의 해. 여함수와 특수해의 합.

미분방정식의 특수해(Particular solution of a differential equation)　$\dfrac{dy}{dt} = my + c$와 같은 미분방정식의 해법 중 하나.

방정식(Equations)　변수의 특정 값에 대해서만 적용되는 두 대수식의 방정식.

범위(Range)　함수의 출력 집합을 구성하는 숫자.

변곡점인 정지점(Stationary point of inflection)　극대도 극소도 아닌 정지점; 이러한 점에서 1계 도함수와 2계 도함수가 영이다.

보완재(Complementary good)　함께 소비되는 재화의 쌍. 어느 쪽의 가격이 올라갈지라도 두 상품에 대한 수요는 둘 다 감소한다.

복리(Compound interest)　초기 투자에 더해지는 이자로, 이후 기간에 이자의 이자가 더해진다.

볼록(Convex)　$f''(x) > 0$일 때, 그래프는 위쪽으로 휜다.

부정적분(Indefinite integration)　역도함수를 구하는 과정.

분모(Denominator)　분수의 맨 아래에 있는 숫자(또는 식).

분배 법칙(Distributive law)　a, b, c에 대해 $a(b + c) = ab + ac$라는 산술 법칙.

분자(Numerator)　분수의 맨 위에 있는 숫자(또는 식).

불연속(Discontinuous)　모든 구간에서 연속이 아닌 함수. 그래프는 등락이나 격차가 존재한다.

비교정태분석(Comparative statics)　경제모형에서 계수 변화가 유발하는 균형 수치 변화에 대한 분석.

비례인자(Scale factor)　백분율 변화를 구할 때 최종 가격을 얻기 위해 곱해야 하는 수.

비음제약조건(Non-negativity constraints)　$x \geq 0, y \geq 0$ 등.

비탄력적 수요(Inelastic demand)　수요의 퍼센트 변화가 대응하는 가격의 퍼센트 변화보다 작은 경우: $|E| < 1$.

비특이행렬(Non-singular matrix)　행렬식이 0이 아닌 정방행렬.

생산요소(Factors of production)　재화와 서비스를 생산하기 위한 투입물: 노동, 토지, 자본, 원자재 등.

생산자 잉여(Producer's surplus)　공급자들이 상품의 공급을 위해 받아들이기로 했던 낮은 수익을 초과하여 받은 초과 수익.

생산함수(Production function)　상품의 산출량과 상품을 생산하기 위한 투입 간의 관계.

선의 기울기(Slope of a line)　기울기라고도 알려져 있는데, x가 1 단위 증가하면 y값이 변경된다.

선형 방정식(Linear equation)　$dx + ey = f$의 방정식.

소비 함수(Consumption function)　국민 소득과 소비의 관계.

소비자 잉여(Consumer's surplus)　수요자가 상품을 구입하기 위해 실제 지불한 금액보다 초과하여 준비했던 초과 비용.

수식의 이항(Transpose a formula)　다른 문자 중 하나를 주어로 만들기 위한 수식의 재배열.

수요 함수(Demand function)　가격을 포함하여 수요량과 수요에 영향을 미치는 다양한 요인 간의 관계.

수요의 가격 탄력성(Price elasticity of demand)　가격의 변화로 인한 수요 변화의 민감도를 측정하는 수단: (수요의 퍼센트 변화) ÷ (가격의 퍼센트 변화).

수요의 교차 가격 탄력성(Cross-price elasticity of demand)　특정 재화에 있어 다른 재화 가격의 변화에 따른 수요의 반응: (수요의 % 증가) ÷ (다른 대안적 재화 가격의 % 증가).

수요의 단위 탄력성(Unit elasticity of demand)　수요의 퍼센트 변화가 가격의 퍼센트 변화와 같은 경우: $|E| = 1$.

수요의 소득 탄력성(Income elasticity of demand)　소득 변화에 대한 수요의 반응: (수요의 % 증가) ÷ (소득의 % 증가).

순 현재가치(NPV, net present value)　수입 흐름의 현재가치에서 초기 비용을 빼준 값.

순투자(Net investment)　시간에 따른 자본스톡의 변화율: $I = dK/dt$.

숫자선(Number line)　점이 원점에서 (부호가 있는) 거리만큼 실수를 나타내는 무한 선.

시계열 (Time series)　시간 경과에 따른 데이터 변동을 나타내는 일련의 숫자.

실질 자료(Real data)　인플레이션 조정된 화폐 가치.

실행가능영역(Feasible region)　선형계획 문제에서 모든 제약 조건을 만족하는 점들의 집합.

아래끝(Lower limit)　시그마 기호의 아래 있는 숫자로 합의 첫 번째 항을 가리킨다.

안장점(Saddle point)　말안장의 중심과 같이 최소점도 아니고 최대점도 아닌 안정점.

안정적 (불안정적) 균형(Stable (unstable) equilibrium)　관련

된 차분방정식의 해가 수렴(발산)하는 경제모형.

안정적 균형(Stable equilibrium) 관련된 미분방정식의 해가 수렴하는 경제모형.

여인수(Cofactor) 원소 a_{ij}에 상응하는 여인수는 원래 행렬에서 i번째 행, j번째 열을 삭제하여 얻은 행렬식을 계산한 후, 여기에 $i+j$가 짝수인지 음수인지에 따라 (+) 부호 또는 (−) 부호를 붙인 것이다. 즉 부호는 $(-1)^{i+j}$임.

역도함수(Anti-derivative) 미분하여 도함수가 되는 함수.

역함수(Inverse function) $y = f(x)$일 때 $x = f^{-1}(y)$가 되도록 주어진 함수 f의 효과를 뒤바꾸는 f^{-1}로 작성된 함수.

역행렬(Inverse matrix) 행렬 A의 역행렬 $\mathbf{A}^{-1}$는 $\mathbf{A}^{-1}\mathbf{A}=\mathbf{A}\mathbf{A}^{-1}=\mathbf{I}$를 만족하는 행렬이다.

역흐름도(Reverse flow chart) 역순으로 조작의 원래 순서의 반대를 나타내는 순서도.

연금(Annuity) 시간이 지남에 따라 정기적으로 동일한 지급이 이루어지도록 고안된 일괄 투자.

연립 선형 방정식(Simultaneous linear equations) 방정식과 미지수가 같은 (보통) 선형 방정식의 기울기의 해는 동시에 모든 방정식을 만족시키는 미지수의 값으로 구성된다.

연속(Continuous) 펜을 떼지 않고 그릴 수 있는 함수. 형식적으로 정의역에서 $\lim_{x \to a} f(x) = f(a)$를 만족할 때.

연속복리(Continuous compounding) 이자 지급 횟수가 증가할 때 수렴하는 복리 이자.

연이율(Annual percentage rate) 여러 기간의 복리계산을 포함한 연간 이자.

열등재(Inferior good) 소득이 증가함에 따라 수요가 감소하는 재화.

열벡터(Column vector) 1개의 열로만 구성된 행렬.

영행렬(Zero matrix) 모든 원소가 0인 행렬.

오목(Concave) $f''(x)<0$일 때, 그래프는 아래쪽으로 휜다.

오일러 정리(Euler's theorem) 생산함수가 규모수익 불변인 경우, 각 생산요소가 각 한계생산성만큼의 가치를 지니어 그만큼 사용료가 지불된다면, 이들 모든 사용 비용의 합은 전체 생산량과 같다.

완전경쟁(Perfect competition) 동질적인 상품을 시장가격에 판매하는 무수히 많은 기업들이 존재하는 산업에 진입장벽이 없는 상황.

외생 변수(Exogenous variable) 모형 외부에서 값이 결정되는 변수.

우등재(Superior good) 정상재로서 소득이 1% 증가할 때 그 소비가 1% 초과하여 증가하는 재화.

(유)도함수(Derived function) 함수 f 위 임의의 한 점에서의 기울기를 주는 규칙 f'.

원금(Principal) 초기 투자 금액의 총합.

원소(Element or entry) 행렬 속에 들어 있는 개별 숫자들.

원시함수(Primitive) 역도함수의 다른 이름.

원점(Origin) 좌표축이 교차하는 점.

위끝(Upper limit) 시그마 기호의 위에 있는 숫자로 합의 마지막 항을 가리킨다.

음적 미분법(Implicit differentiation) 변수 y가 x에 관한 어떤 식으로 표현되는 양적 방식이 아닌 음적 방식으로 표현된 경우, dy/dx를 계산하는 방식.

이변수 함수(Function of two variables) 순서가 중요한 순서 쌍으로서 x와 y가 들어오면 유일하게 결정되는 z를 산출하는 규칙.

이윤(Profit) 총수입에서 총비용을 뺀 값: π=TR−TC.

인수(Factor) 다른 모든 인자에 의해 곱해질 때, 완전한 식을 제공하는 식의 부분.

인수분해(Factorisation) 괄호를 사용하여 보다 간단한 표현의 산물로서 식을 작성하는 과정.

인플레이션(Inflation) 12개월 동안의 가격 증가율.

임의의 상수(Arbitrary constant) 미분방정식에 대한 일반해의 불특정한 상수를 나타내는 문자.

자본(Capital) 재화와 서비스를 생산하는 데 사용되는 사람이 만든 모든 자산.

자본의 한계생산성(Marginal product of capital) 자본의 1 단위 증가에 따른 추가적 생산량: $MP_K = \partial Q / \partial K$.

자연로그(Natural logarithm) 밑수를 e로 하는 로그; 만약 $M=e^n$이면 n은 M의 자연로그이다. $n=\ln M$으로 표현한다.

자율적 소비(Autonomous consumption) 소득이 없을 때의 소비 수준.

자율적 저축(Autonomous savings) 소득이 없을 때 저축에서 인출.

잠재가격(Shadow price) 사용 가능한 자원 중 한 단위 증가로 인해 목적함수의 최적 값이 변경되는 것.

적분 상수(Constant of integration) 부정적분을 구할 때 등장하는 임의의 상수.

적분(Integral) 숫자 $\int_a^b f(x)dx$(정적분) 또는 함수 $\int f(x)dx$(부정적분).

적분(Integration) 정적분 또는 부정적분을 구하고 평가하는 일반적 과정의 일반적 명칭.

적분의 극한(Limits integration) 정적분 $\int_a^b f(x)dx$에 나타나는 숫자 a, b.

전치(Transpose) 어떤 행렬로부터 행과 열을 바꾸어 얻어지는 행렬. A의 전치(행렬)은 $\mathbf{A}^\mathsf{T}$로 표시.

절댓값(Absolute value) 숫자의 크기 또는 양수 값.

절편(Intercept) 그래프가 좌표축 중 하나와 교차하는 지점.

점 탄력성(Point elasticity) 곡선 위 특정한 점에서 측정된 탄력성, $E = \dfrac{P}{Q} \times \dfrac{dQ}{dP}$.

점화식(Recurrence relation) 차분방정식의 또 다른 표현. Y_{t-1}(Y_{t-2}, Y_{t-3} 등도 가능)에 대한 Y_t의 식.

접선(Tangent) 곡선을 딱 한 점에서만 스치는 직선.

정방행렬(Square matrix) 행의 총수와 열의 총수가 동일한 행렬.

정부 지출(Government expenditure) 정부가 국방, 교육, 보건, 경찰 등에 소비된 총 화폐금액.

정상재(Normal good) 소득이 증가함에 따라 수요가 증가하는 재화.

정수계획법(Integer programming) 해를 찾기 위한 선형계획 문제는 전체 수 좌표를 가진 실행가능영역의 점으로 제한된다.

정의역(Domain) 함수에 대한 입력값으로 사용되는 숫자.

정적분(Definite integration) 극한을 역도함수에 대입하여 차감함으로써 그래프 아래의 면적을 구하는 작업.

정적분(Definite integral) $x=a$와 $x=b$ 사이에서 그래프 $f(x)$ 밑의 면적을 나타내는 수 $\int_a^b f(x)dx$.

정지점(Stationary point) 그래프 상에서 접선이 수평선인 점들; 정지점에서 1계 도함수가 영이다. 전환점, 극점이라고도 한다.

정태 분석(Statics) 시간과 무관하게 경제 모형에서 내생변수의 균형을 찾는 것.

제거법(Elimination method) 하나의 배수에(또는 배수로부터) 하나의 방정식의 배수를 더하여(또는 빼서) 방정식의 시스템에서 변수를 제거하는 방법.

제곱근(Square root) 거듭제곱하여 주어진 수와 같은 값을 갖는 수, $x=\pm\sqrt{c}$의 형태를 갖는 방정식 $x^2 = c$의 해.

제한된 성장(Limited growth) 시간에 따라 증가하지만 장기적으로 어느 고정된 값으로 수렴하는 경제 변수를 설명할 때 사용하는 용어.

조정계수(Adjustment coefficient) 국민소득의 변화율이 초과지출에 비례한다고 가정하는 단순한 거시경제모형의 비례상수.

종속 변수(Dependent variable) 독립 변수에 의해 취해진 값에 의해 값이 결정되는 변수; $y = f(x)$에서 종속 변수는 y이다.

종속변수(Dependent variable) 독립변수가 지니는 값에 따라 결정되는 변수로 함수 $z=f(x, y)$에서 z.

좌표(Coordinates) 축 집합을 기준으로 한 점의 위치를 결정하는 숫자 집합.

증가 함수(Increasing function) x가 클수록 y가 증가하는 함수 $y = f(x)$.

지수 형태(exponential form) 지수를 이용하여 표현한 수. 예를 들어 2^5는 32의 지수 형태이다.

지수(exponent) 변수의 위첨자: $2x^5$에서의 지수는 5이다.

지수(Index number) 기준 연도로부터의 비례인자에 100을 곱한 값.

지수함수(Exponential function) 함수 $f(x) = e^x$; 밑수를 $e=2.718281...$로 갖는 지수 함수.

직각쌍곡선(Rectangular hyperbola) 수학자들이 함수 $f(x)= a+\dfrac{b}{x}$와 같이 수평축과 수직축에 수렴하는 그래프를 일컫는 말.

차분방정식(Difference equation) 일련의 숫자들이 연속되는 항으로 이루어진 방정식.

차분방정식의 균형 값(Equilibrium value of a difference equation) 시간의 흐름에 영향을 받지 않는 차분방정식의 해: n이 무한대로 갈 때 Y_n의 극한값.

차분방정식의 여함수(Complementary function of a difference equation) 상수 c에 0을 대입했을 때 차분방정식 $Y_t = bY_{t-1} + c$의 해.

차분방정식의 일반해(General solution of a difference equation) 어떠한 정수가 포함된 차분방정식의 해. 여함수와 특수해의 합.

차분방정식의 특수해(Particular solution of a difference equation) $Y_t = bY_{t-1} + c$와 같은 차분방정식의 해법 중 하나.

차수(Degree) 다항식에서 가장 큰 지수.

차수(Order) 행렬의 차원(dimension) m개의 행, n개의 열을 지닌 행렬의 차수는 $m \times n$.

초기 조건(Initial condition) 차분방정식의 유일한 해를 구하기 위하여 주어져야 하는 Y_0의 값.

초기 조건(Initial condition) 미분방정식의 유일한 해를 구하기 위하여 주어져야 하는 $Y(0)$의 값.

총비용(Total cost) 총가변비용과 고정비용의 합: TC = TVC+FC.

총수입(Total revenue) 기업의 총 상품 판매 금액: TR=PQ.

최대점(Maximum point) 함수에서 가장 높은 함숫값을 갖는 독립변수 값으로 그 근방에서 산꼭대기 같은 모양.

최소자율소비 승수(Autonomous consumption multiplier) 최소자율소비 증가로 인해 유발되는 소득 증가를 계산하는 데 있어, 최소자율소비 증가분에 곱해지는 항으로 $\partial Y/\partial b$.

최소점(Minimum point) 함수에서 가장 낮은 함숫값을 갖는 독립변수 값으로 그 근방에서 움푹 파인 그릇의 바닥과 같은 모양.

최적화(Optimization) 함수의 최적점(보통 정지점)을 결정하는 것.

축약형(Reduced form) 거시경제 모형으로 구조 방정식을 풀어서 내생변수를 여러 외생변수 및 계수의 식으로 나타낸 방정식.

콥-더글러스 생산함수(Cobb-Douglas production function) $Q=AK^\alpha L^\beta$의 형태를 갖는 생산함수.

크래머 법칙(Cramer's rule) 연립방정식 체계 $\mathbf{Ax}=\mathbf{v}$를 풀기 위해 행렬식을 이용하는 방법. 미지수 벡터 x의 i번째 미지수 x_i는 $\det(\mathbf{A}_i)/\det(\mathbf{A})$로 구해지는바, 여기서 $\mathbf{A}_i$는 행렬 $\mathbf{A}$의 i번째 열을 벡터 $\mathbf{v}$로 대체하여 얻어지는 행렬이다.

탄력적 수요(Elastic demand) 수요의 퍼센트 변화가 대응하는 가격의 퍼센트 변화보다 큰 경우: $|E|>1$.

투자(Investment) 즉각적인 소비가 아닌 생산의 창출.

투자승수(Investment multiplier) 외생적 투자 증가로 인해 발생하는 소득 증가를 도출하는 데 있어 투자 증가분에 곱해지는 항으로 $\partial Y/\partial I^*$.

특이행렬(Singular matrix) 행렬식이 0인 정방행렬로, 그 역행렬은 존재하지 않는다.

파셰 지수(Passche index) 현재 연도의 값으로 가중평균한 지수.

판별식(Discriminant) b^2-4ac, 2차 방정식 $ax^2+bx+c=0$의 해의 개수를 알고자 할 때 이용된다.

편도함수(Partial derivative) 2개 또는 그 이상 개수의 변수가 독립변수인 다변수 함수에 대한 특정 변수 외 다른 변수는 모두 상수로 간주한 후, 그 특정 변수로 미분하여 얻어지는 도함수.

평균수익(Average revenue) 산출 단위당 총수익: $AR=TR/Q=P$.

평균비용(Average costs) 총비용을 산출량으로 나눈 값: $AC=TC/Q$.

폐구간(Closed interval) 두 개의 주어진 수 사이의 모든 실수의 집합: $a \leq x \leq b$.

포물선(Parabola) 2차 함수의 그래프 모양.

한계기술대체율(Marginal rate of technical substitution: MRTS) 생산 요소인 노동이 1 단위 감소할 때 변화 전과 동일한 생산량을 유지하기 위해 필요한 다른 생산 요소의 추가적 투입량: $MRTS = MP_L \div MP_K$.

한계비용(Margin cost) 1 단위 추가적인 산출에 드는 비용: $MC=d(TC)/dQ$.

한계상품대체율(Marginal rate of commodity substitution: MRCS) 한 상품에 대한 소비가 1 단위 감소할 때 변화 전과 동일한 효용을 유지하기 위해 필요한 다른 상품에 대한 추가적 소비량: $MRCS = \partial U/\partial x_1 \div \partial U/\partial x_2$.

한계생산체감의 법칙(Law of diminishing marginal productivity) 노동력의 크기가 일정 규모 이상 넘어가면, 노동 1 단위 증가로 인한 산출의 증가가 감소한다: 충분히 큰 L에 대해 $d^2Q/dL^2<0$.

한계소비성향 승수(Marginal propensity to consume multiplier) MPC의 변화로 유발되는 소득 변화를 도출하는 데 있어 MPC 증가분에 곱해지는 항으로 $\partial Y/\partial a$.

한계소비성향(Marginal propensity to consume) 국민소득의 증가 중 소비로 가는 부분: $MPC=dC/dY$.

한계소비성향(Marginal propensity to consume) 소비에 대한 국민 소득의 상승분. 이는 소비 함수의 기울기이다.

한계수익(Marginal revenue) 상품을 1 단위 더 판매함으로써 얻는 추가적인 수익: $MR=d(TR)/dQ$.

한계저축성향(Marginal propensity to save) 국민소득의 증가 중 저축으로 가는 부분: $MPS=dS/dY$.

한계효용(Marginal utility) 하나의 상품을 1 단위 더 소비할 때 증가하는 만족감: $\partial U/\partial x_i$.

한계효용체감의 법칙(Law of diminishing marginal utility) 추가적 상품 소비에 따른 효용의 증가가 결국은 감소한다는 법칙: 즉, 충분히 큰 x_i에 대해서 $\partial^2 U/\partial x_i^2<0$.

할인(Discounting) 미래가치로부터 현재가치를 찾아내기 위해 시간을 거슬러 올라가는 과정.

할인율(Discount rate) 미래가치로부터 현재가치를 계산하기 위해 시간을 거슬러 올라갈 때 사용되는 이자율.

함수(Function) 수신 번호 x를 고유하게 정의된 발신 번호 y에 할당하는 규칙.

항등식(Identities) 변수의 모든 값에 대해 적용되는 두 대수식의 동등성.

행렬(Matrix; 복수 matrices) [ ]로 둘러싸인 행과 열의 체계로 사각 모양으로 배열된 숫자들.

행렬식(Determinant) 행렬식은 임의의 행 또는 임의의 열 중 아무 행 또는 열을 택한 후, 택해진 행이나 열을 따라 원소와 그 상응하는 여인수를 곱하고 더하여 구해진다.

행벡터(Row vector) 1개의 행으로만 구성된 행렬.

현(Chord) 곡선 위의 두 점을 연결하는 직선.

현재가치(Present value) 고정된 미래 시점에 특정 미래가치가 되기 위해 필요한 초기 투자.

호 탄력성(Arc elasticity) 곡선 위 두 점 사이에서 측정된 탄력성.

화폐 공급(Money supply) 은행 예금에 보관된 돈과 함께 유통되는 지폐와 동전.

화폐의 거래 수요(Transactions demand for money) 재화와 용역의 일상 거래에 사용되는 돈.

효용(Utility) 재화(상품과 서비스) 소비에 따른 만족감, 기쁨.

흐름도(Flow chart) 작업 순서와 순서를 나타내는 지침 박스로 구성된 다이어그램.

1계 도함수(First-order derivative) 독립변수의 변화에 따른

어떤 함수의 변화율. 함수 $y=f(x)$의 도함수와 같고 $f'(x)$ 또는 dy/dx로 나타낸다.

2계 도함수(Second-order derivative)   1계 도함수의 도함수. 원래의 함수 $y=f(x)$를 두 번 연속으로 미분하여 얻어지며 $f''(x)$ 또는 d^2y/dx^2으로 나타낸다.

2계 편도함수(Second-order partial derivative)   1계 편도함수의 편도함수. 예를 들어, 함수 f에 대해서 y로 편미분한 후 x로 편미분하여 2계 편도함수 f_{yx}를 얻음.

2차 함수(Quadratic function) $f(x)=ax^2+bx+c$, $a \neq 0$의 형태를 갖는 함수.

IS 일정(IS schedule)   재화 시장에서의 균형의 가정에 기초한 국민 소득과 이자율의 관계식.

LM 일정(LM schedule)   화폐 시장의 균형에 대한 가정에 기초한 국민 소득과 이자율에 관한 방정식.

L자 모양 곡선(L-shaped curve)   경제학자들이 함수 $f(x)=a+\dfrac{b}{x}$와 같이 L과 비슷하게 생긴 그래프를 일컫는 말.

U자 모양 곡선(U-shaped curve)   경제학자들이 포물선과 같이 알파벳 U와 비슷한 형태의 곡선을 일컫는 말.

x축(x axis)   왼쪽으로부터 오른쪽을 가리키는 수평 좌표축.

y축(y axis)   위쪽으로 향하는 수직 좌표축.

INDEX